长沙

城与人

主编 ◉ 张湘涛

湘潭大学出版社

《长沙:城与人》编委会

目 录

绪论 长沙：城与人

“万里长沙沙万里”，提到长沙，你就会想起那长长的一望无际的白沙。据说长沙得名于万里沙祠。晋阚马因著《十三州志》云：汉“有万里沙祠，而西自湘州，至东莱万里，故曰长沙”。沙祠者，祭礼沙土之神也。有的说，“长沙”指的是天上的星星。二十八宿中的轸宿有一附星，名为“长沙”，所以长沙又被称为“星沙”、“星城”。

星辰闪耀，长沙也就给了人无限辽阔的想象。“天浮湘水阔，树入楚山低。”（明刘宪《发长沙》）万里长沙，寥阔江天，引人浮想联翩。

长沙也是妖娆的，“南国有佳人，轻盈绿腰舞……翩若兰苕翠，婉若游龙举”（唐代李群玉《长沙九日登东楼观舞二首》），长沙就如同那“南国佳人”，春夏秋冬，四时风景，如诗如画。

长沙更是厚重的，吾道南来，岳麓一脉，衡云湘水有斯文，贯穿起一代代的才人，也使长沙成了湖湘文化的中心。

长沙又是悲壮的。屈贾之乡，古代流寓长沙的，多为遭贬之人。长沙也历经劫难。金兵屠城，元军破城，太平军围城，现代焦土抗战，文夕大火，长沙以其永不屈服的斗志，一次次完成自己的凤凰涅槃。

“独立寒秋，湘江北去”，长沙以其得天独厚的山水洲城，展现这个城市的秀美，显露这个城市的品格，也昭示着一种精神。

一

长沙的品格，首先跟山有关。

这山，当然首推岳麓山。

20世纪初，一个叫宇野哲人的日本人，登上岳麓山顶的云麓宫，俯瞰长沙：

> 书院之连，水陆洲之烟树，长沙之千门万户，悉在脚底。宫之后园，有望湘亭，立于亭上，湘水湘山，尽收双眸之中，使人不觉大呼快哉。予谓长沙之景在湘江，不登岳麓山，则不足以语长沙。

这段文字，出自宇野哲人的《长沙纪行》。一个外国人，第一次来长沙，凭他的直觉，就把握了长沙这个城市的脉搏。

岳麓山不高，海拔300米。岳麓山也不奇，无险可倚。但它作为南岳七十二峰之尾，位湘水一侧，“西南云气来衡岳，日夜江声下洞庭”，统领山水洲城。

岳麓山的魅力首先在于它的人文底蕴。岳麓书院、爱晚亭、清风峡、白鹤泉、麓山古寺、禹王碑、云麓宫……随便一处地方，便是一段历史、一番故事、一种文化。禹王碑里，有着大禹治水的丰功伟绩。岳麓书院、麓山古寺、云麓宫，从岳麓山底，迤逦而上。岳麓书院“地接衡湘”，“学宗邹鲁”，修儒家心性之学，“学达性天”，成“道南正脉”。而作为“汉魏最初名胜，湖湘第一道场”的麓山古寺，钟声远播，佛相庄严，以另外一种方式点化苍生，济世救民。而云麓宫，居岳麓山顶，接缥缈之云气，“对云绝顶犹为麓，求道安心即是宫”，更有了中国道家的一份旷达与安然。儒、佛、道，共守着一座山，就这样并行不悖，各司其职，各尽其能。

岳麓山是人文学术荟萃之地，是宗教圣地，也是无数英雄的魂归之所。辛亥革命志士、抗日英烈、人民革命烈士、文化教育名流……生前叱咤风云，建立丰功伟业，身后，归葬岳麓，便成了一种荣誉，一种象征。就像近代民主革命家陈天华，以《猛回头》、《警世钟》试图唤醒国民，甚至不惜以蹈海之举，明报国之志。有人挽以联云：

骇浪惊涛，先生去矣，枪林弹雨，吾辈为之，为其易，为其难，惟死可生生可死。

衡云湘树，魂兮归来，沅芷澧兰，人如可作，同此心，同此理，以歌当哭哭当歌。

魂兮归来，岳麓山便成了其长眠之所。

青山有幸埋忠骨。那些前赴后继，心忧天下，敢为人先，寻求济民救国之道的英烈们，他们构成了岳麓山之魂，某种意义上便代表了长沙的精神。

“闻道吾山胜，寻幽一揽奇”。围绕岳麓山，绵延开去，大大小小的山峰，环伺长沙。它们各具特点，山高水长、峰林竞秀的大围山，神、奇、幽、秀的道吾山，云雾长封钟灵秀的黑麋峰，万佛灵山、禅宗祖庭的沩山，五福寺院聚一地的芙蓉山，还有风光秀丽的大王山，比岳麓山高但自居卑处仰岳的谷山……它们以独具个性的风景与人文底蕴，成为长沙的风景，也昭示着各自的品格与魅力。

二

一座城市，没有水，就没有灵气。

所幸长沙有湘江，有湘江的支流浏阳河、沩水、捞刀河、靳江……它们纵横交错，成了这座城市的血脉。

而湘江，不止是长沙的，也是湖南的。

说起湖南，就会想到“三湘四水”。“四水”即人人熟知的湘、资、沅、澧。而说到“三湘”，就有不同的说法了。有说是湘北、湘中、湘南。而清代王文清《湘水记》中称：

潇湘、蒸湘、沅湘，三水皆纬流，而经之者湘水也。湘源出阳朔，至永州，潇水入焉，曰“潇湘”；至衡州，蒸水来会，曰“蒸湘”；卒与沅水合于沅江，曰“沅湘”。此三湘之所由名也。

潇湘、蒸湘、沅湘，之谓“三湘”，这成了更通行的说法。他们都与湘江有关。于是，湘江成了湖南的母亲河。

而湖南有时直接被称为潇湘。“潇”即潇水，“湘”自然是湘江。湘江的源头，传统的说法，正源是广西兴安县白石乡的海洋河，北流至兴安县分水塘与灵渠汇合称湘江。而据专家考证，河源应为潇水，它发端于永州市蓝山县紫良瑶族乡的野狗岭，在永州市的苹岛汇合广西来水称湘江。以河长、流域面积还是径流量论，潇水都应该是湘江之正源。

潇湘一路北去，经衡阳、株洲、湘潭，流经长沙，汇入洞庭湖。它流经长沙市境约 25 公里，在境内西接靳江、沩水，东纳浏阳河、捞刀河，贯穿起长沙的一部长长的历史。清代张璨《湘江吊古赋》云：

窃以为斯地也，自有天地，几历沧桑。太初荒忽，断自虞唐。则有露坛月馆，玉字金相。宝瓮浮来，传重华之膺运；元彝梦去，卜文命之克昌。此帝王之盛轨，而简册之辉煌也。……至若历数形胜，细举兴亡。子弟长沙，孙文台（孙坚）横戈之地；忠贤晋室，陶士行（陶侃）建节之场。是皆磊磊落落，炳炳烺烺。名悬霄汉，烈若旂常。岂与夫白鹿潭露，鹈管山霜，悼无传于异代，同灭没于荒疆哉？若其电掣烟高，导文澜于屈贾；天心月窟，衍道脉于朱张。搔首楼头，杜陵之物色未杳；挥毫池畔，褚公之墨渖犹芳。浯溪磨崖之俊伟，红亭石鼓之铿锵。莫不传流风于琬琰，挹盛事与缥缃。气挟江山之助，名争日月之光。固斯文之一致，等万古而齐量。

山水洲城，水是其灵魂。湘江也直接参与到长沙人的生活中，与长沙人的生活与精神息息相关。何立伟写《湘水亲亲》，说小时候在湘江边玩耍，“那河水在天底下闪闪亮亮，仿佛是本命年里藏在腰间的绸带，亲得系住了我的一生，亲到了命里头。”他有太多太多的关于这条河水的记忆，他在许多文字里都写到她：

我的文字就像是我的手，轻轻抚摸着我脑子里头的那条湘江河。我把她写得尽量地美。是因为她不只是流淌在我们城市的河床上，她还流淌在我的悠长的生命回忆里。只有回忆，才能把许多的事情沉淀净化，让它呈现出最精致最玲珑的轮廓来。

一个人在水边上生长，水就流在他的血脉里了。为什么沈从文的小说里有那么多关于水的一往情深的描写呢？为什么谭盾要创作《永恒的水》呢？我想，没有别的什么解释，就是因为他们是在水边上生长的。不管走到哪里，故乡之水都会沸腾在他的血管里，变成天籁，变成圣音，变成生存之上的一道诗意的彩虹。

学者黄稼辉，也写过一篇关于湘江的文字：

早就想来看看，橘子洲头的湘江，但总是少了一份情趣，一则，湘江的品性是天生注定的，她很刚毅；二则，白丁出身的我，少了一份书香门第的文人气，难以多愁善感。但今夜的湘江之行，却改变了我的想法，也重温了文人的旧梦。

不敢游湘江，这是源于中国的文人故事。湘江北去，西侧是衡岳七十二峰之尾的岳麓山，此山不高，但有着数不尽的灵气。单是一个“惟楚有材，于斯为盛”的岳麓书院，就可以写出一部厚厚的中国文化史来；单是在岳麓书院读过书的学子生员，就可以搅动中国的历史风云。“中兴将相，什九湖湘”，“天下不可一日无湖南”这都与岳麓书院有关。千年的书院，千年的书院学子，承载的是千年的历史沧桑。

但我终于约伴同来，带着少年的意气，夜泊湘江。“不废江河万古流”，有谁，以带病之身，从千里之外的福建，涉水跋山三月余，只缘夜渡湘江，好在清晨的书院里，讲讲自己“存天理而灭人欲”的困惑，那是被皇帝封为当代“圣人”的朱熹；有谁，离开自己的讲席，那皇帝赐封的书院的讲席，扶着多病的朱夫子，来到湘江边，一叶扁舟，一壶浊酒，一弯新月，以尽自己的地主之谊，那是张栻，岳麓书院的山长。多年过后，“朱张渡”成了湘江两岸人们挥之不去的心理地名。我想，只要有“朱张渡”存在，就会有更多的人在这里启航，走上人生的征程，只要有“朱张渡”的存在，湖湘学者就会有存在的勇气。又一个八百年过去，湘江依旧，书院依旧，橘子洲头依旧。湖南的一个小山沟里，走出了一个十八岁的少年，他是毛泽东，他在“朱张渡”边的一间学舍，夜游湘江，在橘子洲头指点江山，激扬文字，他于1916年在湘江边创办了《湘江评论》、《新湖南》，他是一个“问苍茫大地，谁主沉浮”的湖湘书生，他是一个秉承屈原“问天”精神的“问地”学子。屈原的“问天”精神造就了楚文学乃至中国文学的内在气质，毛泽东的“问地”情怀，将湖湘子弟敢为人先的气概传播九州乃至世界各地，让世人记住了湖湘，也将感谢湖湘。

今夜，我们要游湘江，我们要回到八百年前，我们要去找找“朱张渡”，找找使湖湘子弟不再野蛮，而具有心怀天下大志的那两位思想者。因为湖湘人知道，只有自朱熹以来，湖南人才敢和中原人一样谈论天下，天下也不再是中州的天下，而是包括南蛮之地的湖湘人的天下。今夜，让我们夜泊湘江吧，夜泊“朱张渡”边的湘江，就在橘子洲头。

我们一行颇为庞大，约二十人，其中不乏著名的文人，那些道德文章俱佳的湖湘学者。也有我们学生后辈，那承载着湖湘文化使命的年轻一代。我们租了三艘船，其中两艘是用来游览湘江夜色的，而那一艘，我们用来生火做饭。我们要在夜色苍茫、灯火阑珊处细细品味湖湘文化的内在之美，去对酒当歌，去举杯邀月。我们也要在杜甫忧国忧民而终老他乡的湘江上去体悟湖湘人的忧患意识，那可是屈原、贾谊、杜甫、柳宗元、王船山、魏源、曾国藩、左宗棠、郭嵩焘、杨昌济、唐才常、黄兴、陈天华及以后的邓中夏，蔡和森喝过的湘江水，那可是具有他们一样忧患情怀的湘江水啊。

……

那晚，我也是游湘江的那一群人中的一位。那一夜，喝着湘江的水，吃着湘江的鱼，唱着与湘江有关的歌：浏阳河弯过了几道弯，几十里水路到湘江……看着沉静的岳麓山、橘子洲、流光溢彩的城市，在长沙生活 30 多年，一直把自己当做外乡人的我，突然有种融入了这个城市的感觉。

三

每个城市，都会有他的品格与韵味。

而这，当然与其人其地有关。

“长沙”在历史上屡经变迁。秦国设“长沙郡”，涵盖今湖南大部分。汉代则有长沙国。三国和西晋时期，长沙为长沙郡郡治，属古荆州。隋朝更名潭州。唐朝潭州长沙郡领长沙、湘潭、湘乡、益阳、醴陵、浏阳六县。明朝设长沙府，辖长沙、善化、浏阳、宁乡、益阳、湘阴、安化、湘潭、湘乡、醴陵、攸县十一县和茶陵州。清朝基本上沿袭明制。民国二十二年长沙县、市分治，设“长沙市”，为湖南直辖市，也一直是湖南省的省会。如今的长沙，辖六区三县，包括长沙市区（芙蓉区、天心区、岳麓区、开福区、雨花区、望城区）及长沙县、宁乡县、浏阳市。

长沙国在东汉末年，即达到210多万人口。宋以后，历史上几次大的战乱，也给长沙城以毁灭性的打击。一是南宋建炎四年(1130)，金兵灭北宋后进攻长沙，“屠其城而去”。二是元初至元十二年（1275），元军围攻长沙达三月之久，最终城破。元末明初，朱元璋和陈友谅围绕长沙进行了四年之久的争夺，造成极大的破坏。明末清初，先有李自成的农民起义军和明王朝残余势力联合抗清，后有吴三桂的三藩之乱……而最近的一次是抗战时的“长沙大火”，敌人未来，先自焚城，一座城市顿时化为灰烬。

长沙真是一座悲情城市，但长沙也是一座乐观的永不屈服的城市。

提到长沙，除了岳麓山与湘江，你可能马上还会想到雄踞城南，与岳麓山隔江相望的天心古阁、定王台，紫薇开福的古开福寺，还有承接湖湘文化之源的屈子祠、贾太傅祠，还有长沙的许多老街道：营盘街、坡子街、太平街……

这些名胜、老街，勾起的是历史的记忆。当你步入天心阁，西门的“潇湘古阁，秦汉名城”，东门的“湘流北去，岳色南来”，两副门联，一下子就让这座古阁融入了古老的历史，融入了潇湘的无边风景中。

“四面云山都入眼，万家烟火总关心”，长沙的山山水水，长街短巷，一楼一寺，都在诉说着历史，它们与人的生存、精神也都是息息相关的。长沙的寺庙、教堂、道观，承载的可能是长沙人的心灵寄托与梦想。而屈子祠里，“何处招魂，香草还生三户地；当年呵壁，湘流应识九歌心”，贾太傅祠内，“亲不负楚，疏不负梁，爱国忠君真气节；骚可为经，策可为史，经天行地大文章”，屈贾的德行文章，都成了湖湘文化之根脉。而定王筑台望母，成就了一段感天动地的孝文化之歌。至于长沙的街街巷巷，不止是历史，是文化，更成就了长沙人的生活本身。

长沙城不断地毁而重建，长沙人又始终顽强地保持着自己的历史记忆。“文革”时，很多街道的名字被改得面目全非。二十世纪八十年代初，又被恢复过来。红光街恢复为平地一声雷，幸福里恢复为落星田，新泉街恢复为玉泉街，大寨里恢复为徐祠巷，新革坪恢复为县府坪，大庆村恢复为皇仓湾，育红街恢复为苏家巷，利民井恢复为观音井，文化坪恢复为东文庙坪，新俗洲恢复为小瀛洲，宏图街恢复为斗姥阁，东方巷恢复为走马楼，幸福街恢复为青山祠，武卫岗恢复为祝威岗，反资街恢复为一步两搭桥，群众巷恢复为吊马庄，五一新村恢复为轩辕殿，反帝巷恢复为潮宗街，反帝坪恢复为长寿里，学工街恢复为学宫街，建新街恢复为局关祠，永红巷恢复为乐古道巷，向阳岭恢复为留芳岭，跃进巷恢复为百善台，朝阳路恢复为开福寺路……反帝路先改名为北站路，后再恢复为湘雅路。

革命不应该“革”文化的“命”。而文化不仅是物象，也是一种符号象征。符号就是从命名开始的。虽然只是一个名字的更改，这里面却包含着历史文化记忆的复原。因为很多的老街老巷，承载的不仅是一座城市的历史，也有着许多个体的生命记忆。

四

惟楚有材，于斯为盛。

纳于大麓，藏之名山。

岳麓山之有名，还因为有一个岳麓书院。

长沙之所以成为湖湘文化的中心，在很大程度上也是因为有一个岳麓书院。

明代吴道行写《岳麓山水记》，谓：“岳麓之胜，甲湖湘而光古今也。然而岳麓之传自书院，其重以朱张，况乎禹碑蝌蚪，千秋心慕，递汉、晋、唐、宋以迄于今，帝子名贤，禅宗羽客，风韵如新。夫岂非山川奇异，足畅胸襟而开清旷之致也。”

曾任岳麓书院院长的朱汉民先生，与邓洪波合著《岳麓书院史话》，书的序把岳麓书院称之为“士人精神的家园，湖湘文化的圣殿”。

岳麓书院所在地本来是一座寺院，至今麓山寺碑还耸立在书院里。北宋开宝六年（973），潭州太守朱洞将僧人兴办的学校扩建为书院。王禹偁《潭州岳麓山书院记》称：“谁谓潇湘？兹为洙泗。谁谓荆蛮？兹为邹鲁。”曾经的南蛮之地，因为有了书院，就可与孔孟的家乡一较高下了。

在岳麓书院的发展史上，因为第一任山长周式的努力，使岳麓书院跻身全国四大书院之列。而在南宋，因为理学大师张栻的主教，因为朱张会讲，更使岳麓书院名声大噪。

《岳麓书院史话》将张栻在教育上对岳麓书院的贡献归纳为三点：

其一，教育宗旨的转变。反对以应付科举考试为目的，以汉唐的传记经学为教学内容，提出“盖欲成就人才，以传道而济斯民也”。

其二，教学方法的转变。致力于“传道授业解惑”，使教学方法灵活多样。

其三，机构功能的变化。使书院既发挥教育功能，又增加学术研究的功能。

岳麓书院历经宋元明清，虽中间有起落兴衰，但始终不辍，延续了湖湘的学脉。书院除了讲学、藏书，还兼祭祀。接受祭祀之人，除了大成殿的至圣先师孔子，还有濂溪祠专祀周敦颐，四箴亭专祀程颢、程颐，崇道祠专祀朱熹、张栻，六君子堂祭祀六位有功于书院的先儒，慎斋祠专祀院长罗典，船山祠专祀书院的学生王夫之，屈子祠奉祀屈原。

孔子是儒家的祖师，屈原是中国士人的精神领袖。周敦颐是儒家理学一派的开山祖师，二程以其“天理”之学成为理学之洛学的奠基人。洛学南传，形成两大支派：以朱熹为代表的福建“闽学”，以胡宏、张栻为代表的湖南“湖湘学”。朱张会讲，使这两大学派在碰撞中相互激励、补充，成就了理学的兴盛。岳麓书院成为“道南正脉”，也就顺理成章了。

作为千年学府的岳麓书院，不仅名师不断，学生亦英才辈出。书院学生王夫之成为专祀对象就不用说了。特别是近现代湖湘大地上人才群体，陶澍、魏源、曾国藩、左宗棠、郭嵩焘、胡林翼、刘坤一、唐才常、熊希龄、杨昌济、程潜等，都从书院走出，天灵地杰，成就种种功业。

“院以山名，山因院盛，千年学府传于古；人因道立，道以人传，一代风流直到今。”中日甲午战争后，维新变法运动兴起，废科举、兴学堂。1897 年湖南时务学堂创办，后相继改名求实书院、湖南大学堂。1903 年与岳麓书院合并改为湖南高等学堂。辛亥革命后，改学堂为学校，拟办湖南大学，期间先后迁入湖南高等师范学校、湖南公立工业专门学校，至 1926 年湖南大学正式成立。岳麓书院完成了从传统书院到现代大学的转型。

与此相应，在湘江的对岸，长沙城南妙高峰下，南宋的张浚、张栻父子也创办了一所书院：城南书院。它与岳麓书院遥相呼应，发挥着各自的功能。而当朱熹到岳麓书院，张栻居城南书院，每日过江会谈，然后有了著名的朱张渡。同样是在清末，在“废科举、兴学堂”的新政下。1903，城南书院改办为湖南全省师范学堂，1907 年更名为湖南省立初级师范，1912 又更名为湖南公立第一师范学校。汇聚了徐特立、杨昌济等名师，培养了毛泽东、蔡和森、何叔衡、任弼时、李维汉等名人，一座新式的师范学校就这样名扬天下。

“惟楚有材，三湘弟子遍天下；于世无偶，百代弦歌贯古今。”一千多年前，中国的高等学府，就在以自己的方式培养一代代的人才。奇怪的是，中国的知识界在追踪中国大学的历史时，只肯认同西方意义上的“大学”（最初其实也是教会学校），而把中国式的“书院”排除在外。就像湖南大学，在1996年立的一块纪念碑上，写着：岳麓书院创建于1020年，湖南大学定名70周年。如此模棱两可，类似玩文字游戏的表述，让人感慨。那岳麓书院新建的大门里，也分明写着“千年学府”：千百年楚材导源于此，近世纪湘学与日争光。为什么就不能理直气壮地说：“千年学府”就是我们自己的“大学”呢？

自然，以西方意义的“大学”论，湖南的“大学”最“古老”的不是湖南大学，而是湘雅医学院。1906年，美国人休姆在长沙创办了第一家新式医院：雅礼医院。入乡随俗，休姆也给自己取了一个中国式的名字：敝姓胡，名美。

1914年，美国雅礼会与湖南育群学会达成协议，在长沙创办一所医学校、一所医院、一所护病学校，从湖南和雅礼会中各取一字，于是有了“湘雅”。

1917年，湘雅红楼竣工，它成为长沙的一座标志性建筑。半部中华医学史，被认为就浓缩在这幢红楼里了。

与中国雅礼会相关的，还有雅礼中学、雅礼大学堂。贾南溪和杰西卡在《雅礼协会百年史》中这样描绘“中国雅礼大学”：

人们期待已久的中国雅礼大学于1914年9月正式成立。其课程设置，主要借鉴了当时中国已建立的教会大学，设立了德国课、西方文明课、数学、自然科学、宗教和教育学等。除了汉语课和中国文学课，其他课程基本上都用英语授课。盖葆耐尽量保证学校的高学术标准和教员的数量，与医院竞争资金。盖葆耐写道：“如果文科学院的职工在追求专业理想方面没有得到鼓励，它就有被边缘化的可能。”到1920年，雅礼大学仅有40名学生，而中学却有159名。

长沙的文脉、学脉，就是这样在“中学”与“西学”的交汇中，逐渐形成了自己的传统。

五

来自美国的胡美医生，在《道一风同》中，描述他在长沙，从遭疑惧到逐渐融入长沙的过程：

从早到晚，川流不息的人匆匆来去。随着时间的流逝，这些男人和女人，搬运工、轿夫和水夫，都进入我的世界，不再是遥远的不为人知的生命。他们成为我的邻居和朋友。我们居住在一起，不再有本地人和外国人的区别，而是同为市民，一起分享伟大省城的生活。

在胡美离开长沙的时候，许多人来送他，场面颇为感人：“送行的人群护送我们到长沙北的火车站，队伍像巨龙一样蜿蜒穿过干枯的田地，前面两个人拿着两根长长的竹竿，上面缠着两串鞭炮，每串有1万个小鞭炮，中间夹有大鞭炮，不时以巨大的爆炸声打断温和的砰砰声。”

想起当年美国的柏生士来长沙勘测铁路，他在《到长沙勘测粤汉铁路线》中的感叹：

湖南省的省会长沙因其极端的排外而成为整个清帝国最令人感兴趣的地方之一。迄今为止仅有两三个外国人而并没有传教士进得了长沙城。这几位外国人也是坐在遮得严严实实的轿子里偷偷进入的。如同中国所有的城池，长沙城有高大的城墙，有坚固的城门。这些城门晚上都紧紧地关闭着，透露出一种极其原始守旧的气息。

长沙是守旧的，又是新潮的。能得风气之先的，也常常是长沙人。正像第一个提出“师夷长技以制夷”的，是岳麓书院的学生魏源。第一个走出国门的，是同样出自岳麓书院的长沙人郭嵩焘。推行改革，推动湖南新政，在谭嗣同、黄遵宪等人的活动下，1879年，时务学堂在长沙应运而生。熊希龄成为学堂总理，梁启超为中学总教习。时务学堂开了长沙新学之先河，20世纪初，长沙创办了一系列新式学堂，如明德、周南、雅礼、长郡等中学，楚怡、修业等小学。雅礼中学由美国的雅礼协会创办。而像周南女中，得风气之先，成为中国近代最早的女校之一。长沙是较早接纳来自异域的西医院的城市，以此成就了“南湘雅、北协和”的美誉。而屹立于湘江中心的橘洲岛，则成了在长沙的外国人的社交中心，“万国俱乐部”。

日本的宇野哲人在《长沙纪行》中这样描写上个世纪初的长沙：

谚称湖南六水三山一耕地，其耕地不足则可知。又言湖广熟，天下足，其土地肥沃，物产丰富，亦可知。长沙是其省城，人口凡50万，其市街之宽，仅二三间。极其狭窄，如坡子街、南正街、太平街及青石桥等繁华之处，或轿舆穿梭，或洋车奔驰，背负肩担者，往来如织，摩肩击毂。又控洞庭，带湘江，水运之便，四通八达，实是湖南货物之一大集散地，而不待粤汉铁路之开通也。不独贸易之上如此，旧来健儿多出湖南，慷慨气节之士甚众。且有“湖南绅士比地方官大”之谚，北京朝廷之中，湖南人亦成重心，隐然被视为一敌国。若期待将来中国局势有所发展，湖南人定占其中之重要部分，此一点毋庸怀疑。从经济上而言，从政治上而言，抑或从予等中国民族研究上而言，湖南绝非等闲之地。况我国之文明来自湖南文明处甚多，湘山湘水，宛如家国乡园。其地虽以卑湿为人所知，然对习惯于祖国多湿气候之同胞而言，恐无任何障碍。有识之士，切莫将眼光停在大江之上，请直往长沙一观。

长沙的魅力，不只在于山水洲城，还有背后蕴含的一种魅力。不信，“请直往长沙一观”。

六

长沙的风景承载了长沙的文化、精神，他们也早就融进了长沙人的日常生活中，成为普通人生活的一个组成部分。

就像长沙的市树市花，香樟 PK 银杏，杜鹃 PK 芙蓉，最终是更为大众化的与市民更贴心的香樟、杜鹃入选。1985 年，长沙确定香樟为市树，杜鹃花为市花，以此作为长沙美好的象征。当初，在评选市花的过程中，迎春花、月季花、山茶花、玉兰花、栀子花、桂花、芙蓉花和杜鹃花，都曾成为入选评比的对象，最后剩下芙蓉和杜鹃竞争。湖南古代被称为芙蓉国，毛泽东的诗词“我欲因之梦寥廓，芙蓉国里尽朝晖”，更是深入人心。但富贵的芙蓉，最终还是让位给了那漫山遍野开着的，更具平民情怀，被称为映山红的杜鹃花。市树呢，银杏也曾经作为候选，银杏树在秋天固然美丽，但是喜干，在长沙不易成活，而樟树，在长沙这片湿地则到处生长，高大挺拔，四季常青。于是，更接地气的在长沙街头到处都是樟树，最终脱颖而出。

而之后在“长沙精神”的评选中，香樟、杜鹃所展现的风采，蕴含的气质，又成了长沙精神的象征。有市民在《长沙晚报》撰文：“我爱长沙，它像麓山伟峻，像湘水纯清，像杜鹃热烈，像香樟高洁。”

爱长沙，每个人可能都有不一样的理由。有的源于观感，有的出自味觉，有的因为情怀。或者，长沙的风物、街道、名胜，时时就是你生活的一部分。清代的陈葵与友人夜游岳麓山，写下《春夜游岳麓记》：

夜已分，环山无居民，鸣吠四绝。当是时，春欲暮，风不甚劲寒，是夜气尤澄澈。纤云不起，明月孤悬；草木露凝，山谷肃穆；万籁俱寂，俯仰无著；苍苍沈沈，乍有乍无；天乐天香，如晤如闻；回顾茫茫，相对无言，不知月之已西垂矣。

直到现在，长沙人还喜欢夏夜去岳麓山休闲、乘凉。我也很多次，有过与友人、与学生夜游岳麓山的经历。在观景台看长沙夜景，在穿石坡湖边、在爱晚亭里吹夜风，聊天，常常聊到很晚，那种万籁俱寂、仿佛远离尘世的感觉，让人许多年后仍然记忆犹新。

生活、工作在岳麓书院的诗人、学者江堤，因为日夕与书院相伴，笔下的书院，就更多了一份入心的体察，细致的情怀。于是，书院的亭、台、楼、轩、门、窗、庭院、讲台、斋舍、曲廊……也就有了生命与情感。他在《山间庭院》里写庭院里的窗：

这庭院窗户的煽情之处，在于时间给了它们美好的想象，所有的故事都是时间馈赠的，望着那些古窗，如同望着一件陈旧的画框，望着一张有年份的油画，一部宋版的书，岁月的鸟啭虫吟、风雨雷电都在上面留着。

……从前的学生在窗下读书，常常读得山重水复、月白风清、大彻大悟。那个时候，风总是柔若无骨地吹，花漫不经心地开放，雪花飘然，月亮一年四季都挂在窗前，人被风花雪月娇宠着，不免会有一些风月情愫。

一个人，可以每天守着这么一方庭院，读书、著文、漫步、发呆……真好。当拐枣结果的时候，“每年的这个季节，我总是坐在树下，等着孩子到来。那些孩子不认得我，我也不认得那些孩子，到后来不知是哪个秋天，我正坐在树下发呆，就见一个孩子爬起来叫爸爸，四下并无别的大人，于是认真地看了一眼那个孩子，一看吓一跳，原是我儿子。如此说来，我在这树下已经坐了好多年了。”

岁月催人老。再看看树，看院子，他们一点也没有老。岁月流逝，不小心，人也已不在。英年早逝的江堤，也许不过像那庭院里的窗户闭合了眼睛，就着清风，一枕酣然。

天人相和，物我不分，你中有我，我中有你。作家何立伟自小生活在长沙，他说，长沙的许多街巷，是他再熟悉不过的。因为那是他小时候玩耍之地。而岳麓山，也是他经常光顾的地方。与爱人的第一次约会，也是在山间林下。当有了孩子：

我儿子长到五六岁时，我常常带着他到兰涧的石头下捉小螃蟹。老小天真，嬉乐无穷。亭子的上方，有一座茶坊，就是到了现在，我也常同一些朋友在此喝茶聊天，偶尔踏着夜色上来，端坐山影里，直至通宵达旦，看山高月小，听水落石出，简直诗意盎然。我有时想，这样的生活，只怕唯有长沙的作家方是得天独厚吧。

一个人拥有这样的“长沙岁月”，日子过得自然是兴味盎然。中央电视台拍纪录片《一个人和一座城市》，选中的长沙的“一个人”，就是何立伟。他曾谈到，10 多年前，深圳的一位年轻的摄影家，为了出一本五六十年代出生的作家艺术家的肖像相册，名叫《我们这一代》，来找他，在他家里拍了大半卷胶片，但始终没找到感觉。然后，带着他在长沙的旧街老巷里游走，最后，在望麓园的一幢青砖黑瓦的旧院子门前拍下了一张照片。他找到感觉了。“他的感觉就是，某个人，应当和某种生活氛围融为一体。作为一个长沙的本土作家，他身上应当浸透长沙古铜色的生活底蕴和气味。他是这样理解了我，也是这样理解了长沙。他在长沙的某个地方看见了我，也在我身上某个地方看见了长沙。”

一个人与一座城市，就这样有了内在的契合。

七

城与人，有时真的是需要一些缘分的。二十世纪八十年代初，我大学毕业分到长沙来，那时对长沙真的没有什么好感。嫌它脏、乱，嫌长沙话粗，特别是看长沙女人吵架，不堪入耳，以致在长沙生活几十年，一直拒绝说长沙话……后来，对长沙慢慢习惯了，后来，对长沙有了些依依的感觉。也许是长沙越来越漂亮了，也许是长沙的美食，先从味觉上把你俘虏了，而长沙人的直率、霸蛮，也让你觉得有了几分可爱之处。后来，不经意的，在外人眼里，你也成了一个长沙人。

因为长沙早已进入到你的生活中，成为你生命的一部分。

有一段时间，总有学生带我穿街走巷去觅食，南门口、坡子街、麻园岭、古道巷，或者某个不知名的小街……吃地道的长沙家常味，体会一番“长沙是我家，人人都爱它”的感觉。还有，一帮年轻老师，在自行车上，拴一根自制的钓竿，清早，穿过大半个长沙城，去捞刀河、湘江钓鱼。鱼能不能钓着是一回事，要的是在蓝天白云下、在河边沙滩上的那份自在。还有，在白沙井旁，在湘江边，在南郊公园，在岳麓山顶，师生、朋友品茶、喝酒、聊天。我在一篇名为《温一碗酒》的文章中引欧阳修《醉翁亭记》中的名句云：

醉翁之意不在酒，在乎山水之间。

酒桌上，其实并不在乎你能喝多少，大家斗斗嘴，闹一闹，真正让人留恋的是那种氛围。

去得最多的是岳麓山顶的一个店子，露天，树荫下，十几张桌子，春看花开，夏吹凉风，秋伴桂香，冬沐阳光，每季各有风景。加上菜好吃，价也不高，引来众多食客，不光是爬山人，还有不少人专门从市里开车赶过来，只为一饱口福和眼福。

吃过喝过后，再在山顶看城市夜景，然后一群人一边下山，一边吼《妹妹你大胆地往前走》、《九月九的酒》……一次，吼着吼着，就来到了穿石坡湖边，大家在湖心的亭子里玩“真话大冒险”

的游戏，玩着玩着，一阵笛声从长廊那头传来，吹的是《送别》：

长亭外，古道边，芳草碧连天。晚风拂柳笛声残，夕阳山外山。

天之涯，地之角，知交半零落。一壶浊酒尽余欢，今宵别梦寒。

笛声在晚风中飘着，颇有些如泣如诉的感觉，大家也不由自主地安静下来，心头有了些别样的愁绪。远远地聆听不过瘾，索性把吹笛者请过来，两个男孩，一长笛，一短笛，湖大的学生，经常在晚上上山来习艺，不想就被我们碰上了。那晚我们请他们吹了很多曲子，夜色如水，笛声也如水一般，在你周围弥漫，慢慢又浸到你的心里去。那笛声，那朦胧的水，那亭子，那一片静默的树林，远处隐隐的光，真的让人有一种远离尘嚣的感觉。

也曾游道吾山、芙蓉山，骑车上黑麋峰，暑期在大围山租一间小木屋，读书、写作、休闲。在大围山住了半个月，我在《山上的小屋》里写道：

从“梦”的世界里醒来，累了，便在小屋的木梯上坐一会，看流水，看蓝天白云，看对面的山。山上的树，尽管是一色的绿，却有不同的绿法。有带鹅黄的嫩绿，有粉绿，有墨绿，一层一层的，洇染开来。小屋内外，一天不同的时间，不同的天气，也在不断变幻着色彩与情调。早上，阳光穿过树梢，透过窗户，拥进来，然后，满屋都是灿烂的金黄了。这时，屋旁树上的知了，也兴奋起来，经常声嘶力竭地叫着，叫床似的，没完没了。拉开门，坐在门边写作，音乐从电脑里流出来，和着无边的山色，涌动着，弥漫开去，又仿佛可以一直流到你的心的深处。中午，阳光被挡在了树后，一切都安静下来。黄昏时分，满天的彩霞挂在山腰，然后，慢慢地，天色一点点地暗下去，山色如黛，山峦也慢慢变成了朦胧的剪影。灯光下，屋前的狗尾巴花，黄黄白白，一片一片的，在晚风中自在地招摇。这个黄昏，你的心也就飘飘的，柔柔的了。

有了一份闲适的心情，你才有心思看蝴蝶调情，蜻蜓示爱，蚂蚁打架，或者与四脚蛇对视，共度一个黄昏。这时，你也就与那山、那水、那里的生物，融为一体了。

停下匆匆的脚步，细细地品尝，慢慢地感受。

城市，在每个人眼中，便会有不相似的风景，不一样的味道。

第一编

山之魂

岳麓山：青山有幸埋忠骨

濒临湘江西岸的岳麓山，又称灵麓峰，是长沙市区西面的屏障、南岳七十二峰之尾，南北朝刘宋时的《南岳记》说："南岳周围八百里，回雁为首，岳麓为足。"它海拔300.8米，主峰云麓石骨苍秀，廊殿楼阁依山畔石错落有致如若契星衔月，前有凤凰、玉屏、天马三山，后有桃花、绿峨两岭，南有金牛岭，北有圭峰，呈莲蓬簇拥之势，因寓吉祥之意而备受佛家喜爱，"西南云气来衡岳，日夜江声下洞庭"这一对联极好地概括了其山川形势。四周，谷山、乌山、大王山、昭山等十余座山峰侧立于旁，有前呼后拥的王者风范、领袖气质，难怪唐诗人刘禹锡会写下"群峰朝拱如骏奔"的诗句。尤其是登山远眺，湘江如飘带轻拂，橘子洲若舟浮于江心，古城新街尽在紫气青烟之中，这样的山水洲城融为一体，怎不叫人心旷神怡？因而，明朝的吴道行（1560～1644，宁乡人，明代岳麓书院最后一任山长）在《岳麓山水记》中就感叹道："岳麓之胜，甲湖湘而光古今也。"

一、湘楚名胜绝无虚

岳麓山植物资源丰富，有174科559属977种，其中晋朝的罗汉松、唐代的银杏、宋时的香樟、明清的枫香……这些千年古树遒劲高耸，挺拔蓬勃，清朝的张九镒（约1763年左右在世，字权万，号橘州，又号退谷，湘潭人，乾隆四十二年岳麓书院山长）就咏叹道："翻风啸雨插云根，百尺森然独踞尊。"凌玉垣（字荻舟，长沙人，清道光举人，官工部屯田司主事）更是赞叹它们："阅世存孤直，虬枝出远天。空山聚风雨，白日独云烟。"岳麓山更多的是虬枝曲干的枫、梓、松、栗杂落各处，相互映衬，大量的常绿植物，蓊郁青葱；山涧泉流，多孔多姿，颇可欣赏，绿水终年不涸，润喉沁脾，颇感清幽。尤其是那秋冬之交，红枫丛林尽染，红桔满挂枝头，山艳如画。晚清学者朱滋丹（晚清学者，同治年间客居长沙）在《岳麓山赋》中慨然落笔说：

若夫岩花艳吐，崖树阴浓，枫岭飘红，松峦积素；金燃晓光，珠点夕露，雨洗烟空，月明云路。此又四序之芳华，非一时之可遘。

岳麓山荟萃了湘楚文化的精华，名胜古迹众多。"山林岳壑文物遍地，涧流泉石皆有文章"，这是其精妙写照。除却麓山寺、岳麓书院、爱晚亭等天下闻名的景观，这里的传说与传奇真是俯仰皆是。

麓山寺后，古树环抱，泉从石罅溢出，冬夏不涸，清洌甘甜，人称白鹤泉，相传古时候曾有一对仙鹤常飞至此乃得此名。宋代赵抃（1008～1084，字阅道，今浙江衢县人，景祐进士，曾任殿中侍御史、参知政事等职）有《白鹤泉》一诗流存：

灵脉本无源，因禽漱玉泉；
自非流异禀，谁识洞中仙。

还有张栻（1133～1180，字敬夫，号南轩，南宋理学家、教育家）的“满座松声闻金石，微澜鹤影漾瑶琨”、李纲（1083～1140，字伯纪，号梁溪先生，北宋末、南宋初抗金名臣，民族英雄）的“泉味俨如昔，松竹自碧鲜”，明朝皇甫涣（字时亭，江苏吴江人，嘉靖进士）的“爱此一泓水，曾栖灵物来”，都是乐为人咏的好诗句。清光绪三年（1877），粮道夏献云（约1856年前后在世，字芝岑，江西新建人）在泉上建亭，惜抗战时被毁，新中国成立后又新建一亭，碧瓦朱栏，颇见风雅。

白鹤泉西南的印心石屋又名“御书亭”，系山墙上嵌的一巨幅汉白玉石匾，高0.93米、宽2.88米，中刻楷书“印心石屋”四个大字，端庄朴雅，笔力遒劲，匾左刻“道光乙未秋月”，右刻“御笔”、“太子少保兵部尚书两江总督臣陶澍谨领恭摹”，正中上方刻有“道光之宝”的御玺篆章，周围装饰着二龙戏珠的花纹，是极为珍贵的文物。

穿石坡，是岳麓山东南幽谷中的一处自然景观，林壑清幽，巨石横亘，山涧清溪自云麓峰经此直下山脚的枫林村，终年不竭，尤以溪流穿越巨石而过，叹为观止。现有穿石坡湖西岸边修建了一座两层的古香古色的楼阁，一层为茶室，二层为观景平台，颇得游人喜欢。建于1985年的万景园，占地6600平方米，建筑面积1590平方米，各类植物、山石盆景竞相争妍，尤以桂林山水、张家界石林、黄山绝壁迎客松倍为尊贵，是学习园林艺术的最佳场所。

占地40亩的鸟语林，征集了中外珍稀鸟类近200个品种约5000只鸟，除国家一、二级保护的丹顶鹤、白鹤、红腹锦鸡等，还有国外的金刚鹦鹉、黑天鹅、鹈鹕、火烈鸟等珍稀鸟类，是湖南省唯一的大型鸟类观赏、鸟艺表演乐园。

山巅的禹王碑面东而立，高1.7米，宽1.4米，碑文9行，每行9字，计77字，字如蝌蚪，既不同于甲骨钟鼎，也不同于籀文蝌蚪，据估计为道家的一种符录，记述和歌颂了大禹治水的丰功伟绩，弥足珍贵。唐韩愈（768～824，字退之，河南孟州人，唐代著名文学家、思想家）所言的“科斗拳身薤倒披，鸾飘凤泊拿虎螭”、明车以遵（明万历中人，车大任之子，工诗，有《高露堂集》等）所叹的“苍水元彝曾授简，宣房汉帝但沉薪”，还有石公荫（福建漳浦人，明崇祯戊辰进士，知长沙府）的《登禹碑亭憩望》、李先登的《岣嵝碑磴歌》，清朝陶士偰（1692～1773，字伦宰，号嵇山，宁乡人）的《岳麓禹碑歌》、张九钧（字陶万，号甄斋，湘潭人，雍正进士，官浙江温处道，后主讲邵阳濂溪书院）的《星沙纪古》、沈一揆（清康熙年间学者，进士，辽宁中绥中人，官云南道监察御史）的《禹碑》、万贡珍（江苏宜兴人，字荔门，清道光癸未进士，官归德府知府）的《登岳麓冒雨寻禹碑步尧农韵》以及简徐芳（字在雍，一字蔚子，湘乡人，明末主讲濂溪书院，清顺治常德训导）、陈三立（1853～1937，字伯严，号散原，江西修水人，近代同光体诗派重要代表人物）的诗作，都说明此处景致的魅力非同一般。

禹碑北面的箬篢谷，在宋代曾是繁华热闹之地，著名的景点当时计有禹迹溪、抱黄洞、旧吹香亭（清代移至岳麓书院）、道中庸亭、极高明亭、拖船埠、赫曦台（清代移至岳麓书院）等。米芾（1051～1107，字元章，时人号襄阳漫士、海岳外史，自号鹿门居士，北宋著名书法家、鉴定家、画家）曾言他因太过于喜欢此地竟然将脚泡在泉水里，在秋天温暖的阳光里不知不觉睡着了，待醒来，他因久泡泉水脚转筋，病痛欲死，但离开长沙后，他竟宣称：“安得缩脚三十年，重往石山浸足眠。”此谷明朝时繁盛不再，但即便是到清朝，也依然吸引着无数的文人墨客到访。曾国藩（1811～1872，字伯涵，号涤生，谥文正，双峰人，道光进士，历任直隶总督、两江总督等）就叹道：“钱塘画师天所纵，手割湘云落此间。风枝雨叶战寒碧，明窗大几生虚澜。”张九镒也赋诗说：“影筛月梢梢，音戛风簌簌。构庐于其间，吟啸破幽独。”

谷中的蟒蛇洞又名抱黄洞，相传乃宋祥符年间（1008～1016）道士张抱黄炼丹升仙之处，后为一千年蟒蛇占据，每年7月15日出洞为害，吐舌为桥，蛇眼圆瞪像灯笼，口中发出美妙动人的音乐，引诱凡人成为其口食，却为荆江二州刺使陶侃识破，便一箭射去，顿时天灯熄灭，桥也无影无踪。于是便留下了射蛟台等遗迹。宋人刘子澄（字清叔，江西吉安人，嘉定进士，曾任零阳知府等）赋诗曰："连天七十二云屏，真境先于翠麓呈。洞发金光丹气结，泉流乳白玉华生。江心雁影重临宇，谷口禽呼自答名。闲步不教方外觉，破烟双鹤已来迎。"

岳麓山更是人文的胜地。唐代，骆宾王、杜甫、李白、杜牧、李商隐等著名诗人往来吟咏，更有湖湘本地俊杰王磷、李群玉等撰文作诗，联句竞对。宋朝，湖湘学派的创始人之一胡寅（1098～1156，字明仲，学者称致堂先生，宋福建武夷山人，后迁居衡阳，著名理学家）目睹国家的内忧外患，心急如焚，某次游山时听到秦桧党羽刘旦来湘做官，气愤异常，便挥笔在麓山寺墙壁上大书了"是何南海之鳄鱼，来作长沙之鸟"，引用韩愈《祭鳄鱼文》的喻义，将刘旦比喻成凶残虚伪的潮州鳄鱼，极尽嘲讽之能事，极为湘人所称颂。

岳麓山历代诗歌遍地，除却以上人物，仅仅为山题诗的作者中，还有唐宋之问、刘昭禹、韩偓，宋王禹偁、谭意歌、朱熹、张栻，明胡耀、龙孔然、王守仁、李永敷、廖道南、杨基、朱常瀶、江有溶、毛伯温、张治、胡顺华、陶汝鼐、谭元春、吴道行，清陈载华、袁枚、张鸣珂、陈锐、钱沣、张九键、王象天、薛柱斗、凌玉垣、陶澍、刘蓉、罗源汉、聂铣敏、黄道让、邓泌科、黄性震、释文惺、范秉秀、释觉慧、周崇旦、黄本骥、彭珴、邓士锦、朱怡典、八指头陀、黄冰，民国蔡锷、程颂万、刘善泽、罗庶丹、熊瑾玎、彭靖等。

其中，刘昭禹（约909年前后在世，字休明，桂阳人）所说的

“湘西斜日边，峭入几寻天”、“崖崚危溅瀑，林罅静通仙”和谭意歌（后名文婉，小字英奴，生于广东英德，晚唐名士谭从道之女）所叙“清猿啸月千岩晓，古木吟风一径斜”写尽了其山势形貌，朱熹（1130～1200，字元晦，又字仲晦，号晦庵，晚称晦翁，谥文，世称朱文公，江西婺源人，著名理学家、教育家）的“悠然一长啸，妙绝两无伦”与胡耀的“江带练光牵迴野，雾随鸟影散春田”写出了登高望远之妙，而更多的诗人则是寓景寄怀，如宋之问（约656～712，字延清，名少连，山西汾阳人，初唐诗人，与沈佺期并称“沈宋”）“况满室兮童稚，攒众虑于心胸”的牵挂、王禹偁（954～1001，北宋白体诗人、散文家，字元之，山东巨野人，北宋诗文革新运动的先驱）“回日期君直西掖，当阶红药正开花”的期待、张栻“螟色须回首，天涯话故乡”的恋旧、陶汝鼐（1601～1683，字仲调，一字燮友，别号密庵，又号石溪农，宁乡人，明亡削发为僧，号忍头陀，著名学者）“空响岂惟声在树，秋容不肯淡诸天”的豪迈……无不跃然纸上，让人读之慨然。

二、忠义世传名山幸

然而，更令游人望而敬止却又纷至沓来的是这山麓间埋葬的忠义之士。他们为民族，为国家的振兴，书写了一篇篇传奇。

湖南人的忠义精神，除却屈贾诗篇有所描绘，最早的本土实践者当为西汉长沙王吴芮家族。吴芮（前241～前201），是现江西省余干县人，是吴国开氏始祖泰伯的第廿九世孙，少小聪颖，熟练兵法、阵法与医学。公元前207年得民众拥护而任职江西番县，世称番君。后响应农民起义军，率众归附项羽，着部属梅鋗与女婿英布率百越之众助项羽攻破咸阳而被封为衡山王，后归顺刘邦，被封为长沙王。天下一统后，刘氏王朝中的八大外姓王除却吴氏，无一善终。《史记》载“长沙王者，著令甲，称其忠焉”，可见其未“走狗烹”的原因即其忠义。

吴芮有五子（也有人说六子）一女。长子吴臣一脉世袭长沙王至第五代吴著无子而终，次子吴郢被封为义陵侯，三子吴浅为便侯，四子吴阳为沅陵侯。一门王侯众多并拥军二十余万，梅山后裔、百越之族竞相归附且一直没有反叛朝廷，甚至在平叛淮南王英布中大举灭亲，“诸吕构祸，吴楚连兵。条侯出讨，壮武奉迎。薄窦恩泽，张赵忠贞。本枝分廕，肺腑归诚。新市死事，建陵勋荣。咸开青社，俱受丹旌。旋窥甲令，吴便有声。”（《史记》）这种忠义，不只是形势所逼，更多的是主事者眼界高远，为避免生灵涂炭愿舍己而顾全大局所使然，也难怪之后的《汉书》至《资治通鉴》都会大书特书，更难怪深受影响的曾国藩在幕僚劝他起兵为王时会说“吾读长沙王传，莫不忠心，背逆之道，空留戳骨骂名”了。

吴氏长沙王的忠义，感召了一代代的长沙人，辛弃疾等的义勇更进一步构筑了湖南人的血性，并经千年延绵，逐步发展，演绎出一种精忠报国、勇赴国难、无畏生死的大勇气、大胆识。

最著名的当数南宋末抗元将领李芾（？～1276），字叔章，祖籍河北永年，后迁河南开封。他曾为湖南提刑，力主训练兵士与金作战，但遭到以宰相贾似道为首的投降派排挤。贾似道被贬后，李芾出任潭州知州兼湖南安抚使。当时，湖北许多郡县都已归附元朝，李芾许多好友劝他不要上任。李芾说：“吾岂昧于谋身哉？第以世受国恩，虽废弃中犹思所以报者，今幸用我，我以家许国矣。”当时李芾有一女儿不幸病死，他悲恸欲绝，但想到自己身负重任，遂挥泪前行。德祐元年（1275）七月，李芾到达潭州，当时潭州兵力都已外调，李芾仓促募兵，勉强招满3000人。这时，元朝右丞相阿里海牙攻下江陵后集中力量进攻潭州。李芾派兵迎敌，但大将于兴中箭身亡，元军很快包围了潭州。在此情况下，李芾亲自迎敌。十月，宋军几乎弹尽粮绝，李芾“日以忠义勉其将士”，率领宋军坚持抵抗。当时宋军“死伤相藉，人犹饮血乘城殊死战”。元军派人来劝降，“李芾杀之以殉”。除夕，元兵登上潭州城门。李芾召心腹沈忠杀他及全家，说：“吾力竭，理当死，吾家人亦不可辱于俘，汝尽杀之，而后杀我。”沈忠伏地磕头不肯，据《宋史》记载，当时“芾固命之”，沈忠只得含泪应允，随取酒让李芾家属喝醉，“乃刃之”，“芾亦引颈受刃”。李芾的这种英雄气概激励了不同时代、不同地区、不同民族甚至不同国家的人民与志士，为国家危难、为正义信仰而战斗。

正是因为李芾的带头，当时南宋大将们均率家属以死报国。潭州学界的领军人物尹谷在城破时积薪闭户全家人坐在一起点火自焚；参议杨霾投水自尽而妻妾竟随之；岳麓书院的几百名文弱书生毅然放下书本操起长矛登城死守……硝烟散尽，元军所看到的，只是一座遍地死尸的空城。

诗人郑思肖（1241～1318，宋末诗人、画家，福建连江人）记载了这一悲壮，说：

举家自杀尽忠臣，仰面青天哭断云。
听到北人歌里唱，潭州城是铁州城。

为大节大义而死理所当然，死得其所，这就是湖南人的骨气与傲然，也就是这种血骨构建了整个中华民族的脊梁。大学士李东阳（1447～1516，字宾之，号西涯，祖籍茶陵，官吏部尚书、华盖殿大学士，死后赠太师，谥文正，明朝内阁首辅大臣，茶陵诗派主要代表人物）在《长沙竹枝词》中讲到的“马殷宫前江水流，定王台下暮云收。有井犹名贾太傅，无人不祭李潭州”，指的就是这点。

而到明代，吴道行、郭金台、王夫之等见明朝大势已去，吴道行绝食七天而亡，郭金台（字幼隗，湘潭人，本姓陈氏，名湜，明末清初人，著名教育家，晚年任教于衡山书院）归隐衡山，临终前自刻墓碑云“明遗民郭金台之墓”，王夫子（1619～1692，字而农，号姜斋，衡阳人，世称船山先生，明末清初杰出的思想家、教育家）多次举兵起义抗清，失败后著书立说宣扬抗清思想，绝迹世外四十多年……这些，都表现了忠君爱国、忠义大节的民族气节。到清代，曾国藩、左宗棠、胡林翼、罗绕典、刘坤一等人率领的湘军，所向披靡，屡救朝廷于危亡之际，遂名扬天下，让湖湘的敢为人先、铁血济世、大义担当有了明确的注脚与标识。

三、志士葬骨遗湘风

岳麓山不仅见证了这些历史的风云变幻，而且在20世纪之后一度成为聚啸山林、号令天下的策源地，也让众多的英烈魂归斯所，为世人所瞩目。

这些革命志士墓葬群，大体可划分为三类。第一类也是最多的一类是辛亥革命烈士墓。其墓的密集与影响力，全国只有打响共和武装起义第一枪的武昌起义发生地——武汉的伏虎山或可与其一较高低。

岳麓山上归葬的辛亥革命烈士中，名气的最大的有三人。一是被尊称为“武国父”的黄兴（1874～1916，近代民主革命家，中华民国的创建者之一，长沙县人）。1905年8月同盟会成立后，黄兴主要精力付诸于从事武装起义。他亲自参与或指挥钦州、防城起义，镇南关（今友谊关）起义，钦州、廉州、上思起义与云南河口之役，广州新军起义。这些起义都以失败告终，但黄兴仍以饱满的激情又投入下一次战斗。在1911年的黄花岗起义中，他率敢死队百余人猛攻两广总督衙门，右手受伤断去两指，后至香港养伤。但10月10日武昌起义爆发后，他就于28日赶到武汉，被任命为革命军战时总司令。他率民军在汉阳前线与清军奋战二十余日，直至11月27日汉阳失陷后才辗转至上海。1916年10月31日，黄兴积劳成疾，因食道与胃静脉曲张破裂出血在上海去世。孙中山闻讯后悲痛欲绝，亲自主持治丧活动，次年4月15日国葬黄兴于岳麓山小月亮坪。

二是葬于麓山寺后的蔡锷（1882～1916，云南护国军总司令，邵阳人)。蔡锷被誉为“人中吕布，马中赤兔”，在云南响应武昌起义，被推举为云南都督，但不久即被调到北京被袁世凯监视。1915年袁世凯要称帝期间，蔡锷以住院治疗为由借机从北京潜回到云南，与唐继尧（1883～1927，又名荣昌，字蓂赓，云南会泽人，滇军创始人与领导者）等人宣布云南独立，并组织护国军，发动了护国战争。12月，在与优势袁军激战于四川泸州（今泸县）和纳溪时，他率军彻底击败了袁军，迫使袁世凯取消帝制，有力地维护了共和的胜利成果。1916年11月8日，蔡锷因喉疾不幸在日本福冈去世，1917年4月12日国葬于岳麓山。孙中山为其作挽联：“平生慷慨班都护，万里间关马伏波。”瞻蔡锷墓，不由想到电影《知音》——当年因一曲“高山流水觅知音”，蔡锷将军和红尘知己小凤仙走到了一起，得知将军病逝噩耗，小凤仙毁琴谢知己，“将军拔剑南天起，我愿作长风绕战旗”，在如泣如诉的歌声中，一艘小船载着悲痛欲绝、肠断天涯的小凤仙渐渐远去……电影故事给蔡锷将军的戎马生涯增添了浪漫而传奇的色彩，展示了其风流倜傥的儒将风度。

三是曾任武汉文学社社长、被孙中山誉为中华民国“开国元勋”的蒋翊武（1884～1913，武昌起义的主要组织者和领导者，澧县人)。墓葬于爱晚亭上。他是武昌起义革命军临时总指挥。当起义计划暴露、形势十分危急之时，他毅然决定提前起义，打响了推翻清政府的关键一役。之后反对独裁，促使文学社集体加入同盟会，主办《民心报》，拥护孙中山武力讨袁主张，积极参加二次革命，担任鄂豫招抚使。1913年在广西全州被捕。蒋翊武在狱中历数袁世凯罪恶，并作遗书数千言。9月9日坐红毯从容就义时，他还对围观群众讲演革命大义。1916年归葬于岳麓山。蒋翊武狱中作得四首《绝命诗》，甚能体现其革命情操。

其一：

当年豪气今何在？如此江山怒不平。
嗟我寂冤终无了，空留弩剑作寒鸣。

其二：

只知离乱逢真友，谁识他乡是故乡？
从此情丝牵未断，忍余红泪对残阳。

其三：

痛我当年何昧昧？只知相友不相知；
而今相识有如此，满载仁声长相思。

其四：

斩断尘根感晚秋，中原无主倍增愁！
是谁支得江山住？只有余哀逐水流。

雄踞一方、号令天下的辛亥志士还有：葬于禹王碑下方的焦达峰（1886～1911，湖南军政府都督，浏阳人）、云麓宫下的刘昆涛（1887～1918，著名护法将军，醴陵市人）、湖南大学知新村后山坡上的林修梅（1880～1921，孙中山大总统府代理参军长，临澧县人）墓、青枫峡上方的刘道一（1884～1906，萍浏醴起义领导者，中国同盟会会员，为革命捐躯的第一人，湘潭县人）和覃振（1884～1947，辛亥革命先驱，桃源县人）、云麓宫下方的陈作新（1870～1911，湖南军政府副都督，浏阳人）。尤其是焦达峰、陈作新二人，曾任湖南都督与副都督，兵不血刃占领长沙，成立军政府，为湖南的辛亥历史写下最为光辉的一笔，可惜忽视了身边的敌人，被新军管带梅馨所率的叛军设计杀死。叛军冲进都督府前，有人劝焦达峰暂避，他却浩气凛然地说："余惟一身受之，毋令残害我湘民；且余信革命终当成功，若辈反复，自有天谴。"这份从容淡定，乃得其前辈谭嗣同的风范。

干革命，必得有人鼓与呼。素以敢为人先的湖南人，在辛亥革命中，勇赴国难，蹈死不顾，其中以两人的牺牲最为警醒时人。一是陈天华（1875～1905，华兴会创始人之一，革命宣传家，新化县人），二是姚宏业（1881～1906，教育家，益阳市赫山区人）。1905年，陈天华和姚宏业一同在日本留学，并从事革命活动。但同年11月2日，日本文部省发表"取缔规则"，对中国留学生的革命活动严厉禁止。次日，8000名留学生群体集会抗议，但关键时刻中国留学生总会负责人纷纷趁机隐退，不肯担负领导责任。悲愤的陈天华遂于12月18日在日本大森海投海自杀，以死来警醒国人。姚宏业继承陈天华的遗志回国创办公学兴国，然而办学过程中困难重重，求助政府无效，求助绅、商、学界又无效，他愤而于1906年3月27日投黄浦江自杀。陈、姚自杀身亡后，禹之谟（1866～1907，民国奠基者、实业家，双峰县人）等人发动公葬运动，公迎陈姚二人遗体归葬岳麓山麓山寺右，这在当时引起巨大轰动，长沙市民默立街头十余里，白旌漫天，"长沙一夜白"之景令意欲捕人的军警也感动不已，自觉加入其行列中。而一年之后，因此举动，禹之谟被当权政府陷害，惨死狱中。英勇无畏的长沙市民又为其举行公葬，埋于陈、姚二人之侧，称陈天华、姚宏业、禹之谟为"长沙辛亥公葬三杰"。

也正是在他们的壮举激励下，后来者络绎不绝。以实业或教育救国而为辛亥革命做出贡献的志士中，有葬于云麓峰西侧公路下方的胡子靖（1872～1940，明德中学创立者，湘潭市人）。埋葬得更多的是走上前线，发动革命而牺牲的烈士，计有：黄兴墓下方的谭馥（1878～1909，湘乡市人）、五轮塔东入口的杨卓林（1876～1907，醴陵市人）、穿石坡下方的李仲麟（1886～1920，醴陵市人）、禹之谟墓左侧的彭遂良（1880～1911，宜章人）与彭昭（1886～1911，宜章人）、张辉瓒墓附近的童健吾（1884～1911，岳阳市人)、“印心石屋”石刻上方的易本羲（1887～1911，湘乡市人)、焦达峰墓下方的余昭常（1868～1911，浏阳人)、赫石坡景区的葛谦（1885～1908，湘乡市人)、五轮塔左下方的阎松年（1883～1911)、与谭馥墓相邻的黎萼（1884～1947，雨花区人)、覃振墓南侧的刘康侯（？～1912)、赫石坡的黎尚雯（1868～1917，浏阳人)，麓山景区管理处后方山坡的辛亥援鄂汉阳阵亡将士（贺汉云、李国卿、王炳初、石玉亭、刘冤生、彭德安、文光斗、严少全、罗清云、曾宽之、冯以义、冯润臣、王贵卿、左永兴、杨义胜、邓皇桂，另有无名烈士2人)、五轮塔下方的辛亥援鄂民五护国阵亡将士（熊亮、黄心田、王晃秋、许在堂、熊毓播、周国宾、徐履中、刘亚清、谈星堂、宁××、熊南生、谢贤士、朱积达、郭长贵，另有无名烈士4人)，还有至今不知其详细生平经历的万贵先、莫师长、杨岿山、刘志高、黄年近等人。这里面，要提到一位女子，即刘道一的夫人曹庄。她生前积极支持丈夫的革命事业，在得知丈夫牺牲后，她也自缢殉节。1912年，孙中山以临时大总统名义发布命令，将刘道一、曹庄烈士夫妇遗骸合葬于岳麓山。宋时唐庚（1070～1120，字子西，四川眉州人，绍兴进士，曾任提举京畿平官）所吟的“山带湘灵惨，川含楚些清”，用于此处，或许更为称意。

这些辛亥革命志士，多出生于诗书饱学之家、自身传统学术功底深厚，后又留学日本等地，较早地接触了资产阶级革命思想，他们化理想为行动，积极投身于救国救亡的运动中来蹈死不顾，短短一二十年间，湖南弹丸之地居然集中涌现出如此众多的舍身取义之士，不引起全国瞩目敬视那才可怪。

同时，他们的人格品质更为人所称颂。讲政治、顾全大局、淡泊名利、维持团结甚至忍辱负重，让他们成为时代楷模。以黄兴为例：1907年，光复会的章太炎、陶成章等人以潮州起义失败为由，要求罢免孙中山的总理职务，另举黄兴担任，黄兴坚决推辞。1909

年秋天，陶成章等起草《孙文罪状》，再次对孙中山发难，要求改选同盟会总理，黄兴极力进行抵制。他在给孙中山的信中，表达了“陶等虽悍，弟当以身力拒之”的态度。1914年，针对讨袁的方式孙、黄再次出现分歧。孙中山把革命失败的原因归咎于党员不听话，特别点名说黄兴不听话，要求另组秘密的中华革命党，以服从他为第一要旨。黄兴无奈下离开日本前往美国。在旧金山时，他接到一些拥护者的来信，希望他另行组党，但黄兴回复说：“领袖惟有孙中山，其他不知也！”而在孙中山发动二次革命时，黄兴回到中国，在江苏积极响应，发动起义，完全没有因之前的个人嫌隙而有所迟缓。如果说曾国藩、左宗棠们创下了武装湘军的品牌，那么黄兴则为湘军品牌增添了更多的领袖气质、更多的团体精神和组织原则，这也为毛泽东、刘少奇、任弼时、彭德怀、贺龙等无产阶级领袖树立了效仿的榜样，是湖南近现代史上人才辈出的重要因素。

第二类，抗日英烈之墓。长沙战役，是抗日战争时期中国战场的一场非常重要的战役，共有四次作战，因而有部分将士的遗骨得葬于兹。

第一次会战，也称湘北会战（日方称湘赣会战），是欧洲大战爆发后日军对中国正面战场的第一次大攻势，时间始于1939年9月14日。日军第11集团军集中步兵10万，陆军航空兵团约100架飞机及海军一部的强大兵力，采取其传统的“分进合击，正面突破、两翼包抄”的战术，分别从赣西、鄂南、湘北三个方向会攻长沙。国民党第九战区在司令薛岳的指挥下沉着应战，军民表现出了空前高涨的抗日意志，与日军进行了异常激烈的战斗，日军被迫放弃攻势退却。至10月15日后中国军队占据主动，日军此役伤亡达2万人。从五轮塔顺山而上，在接近山顶的响鼓岭，一个凉亭中巍然屹立着一块两米多高的石碑——长沙会战碑。碑立于1941年，记述了第一次会战中第九战区全体将士奋勇抗日的悲壮事迹，虽历时久远，但碑上的字迹依然可辨，读来让人热血沸腾。郝石坡立有陆军第73军抗战阵亡将士公墓，这里埋葬着该军所属暂编第5师师长彭士量（1904～1943，号秋湖，浏阳人）及其麾下的将士，还有第77师、193师、50师及军司令部直属部队众多官兵。公墓是1946年春由73军最后一任军长韩俊指令专人督修的。公墓由忠义观、陵墓、墓碑、石阶、墓庐等部分组成，均以花岗石铺砌，从山坡下到墓区约百余米台阶。墓呈正方形，二级基座，墓座居中，墓碑方柱平顶，立于其上，正面向东，中刻楷书“陆军七十三军抗战阵亡将士公墓”，另一面碑词“精神不死”为蒋介石所书，碑阴及两侧分别刊“凛冽万古”、“碧血丹心光耀天地”、“名山忠骨万古长存”的字样。墓后为存放阵亡将士骨灰处，有门洞三个，中门上额题名“忠义观”，两侧刻对联“忠昭大麓；义塞苍冥”，左侧门题名“履义”，右侧门题名“蹈仁”。公墓附近，另有侯鹏飞（国民党第28军15师43旅旅长）墓、赵楚卿（国民党第28军15师43旅旅参谋长）墓。位于黄爱、庞人铨墓至五道梯处，遗存有国民党陆军第4军抗战阵亡将士墓。湖南师大武装部北侧和文学院樟园内则有陆军第10军抗战阵亡将士墓。云麓宫前的护栏上还雕刻着5000位第一次长沙会战阵亡的将士名录。一个名字就是一部个人的抗战史。鏖战日寇的岁月虽已过去，但留下一个名字，是对他们的尊重，也表达着后人不忘历史、继承遗志的决心。

第二次会战，始于1941年9月。日军强渡新墙河，月底攻陷长沙，但因粮弹损耗很大、战线过长、后勤保障困难，10月1日开始撤退。中国军队随即展开追击作战并于10月5日夺回原阵地。日军此役付出了2万余人伤亡的代价。并且，中国第6战区乘机对宜昌之敌发动猛攻，歼灭日军七千余人，使宜昌作战成为当年正面战场唯一一次主动发动的进攻战役。

第三次会战，是最为鼓舞人心的一次作战。日军为了阻止中国军队援助英军保卫香港，于1941年12月23日强渡新墙河开始进攻。长沙守军依托各阵地逐次抵抗，连续挫败日军进攻，而第二线反击兵团周密协同对日军进行合围，日军补给线被截断、几近弹绝，日军见势不妙立即退却，我军合围部队也马上转为阻击、截击、尾击作战，穷追不舍，多处予敌以重大打击，共毙伤日军5万余人，俘虏139人。至1942年1月15日，日军退过新墙河，恢复了战前态势。战争是残酷的，即便是被称为“长沙大捷”、牺牲人数最少的第三次会战，中国军也伤亡了28116人。从爱晚亭走过往后两三百米，有一个防空洞，旁边一块石碑上刻着“第九战区司令部战时指挥部（遗址）”。这是第三次会战时薛岳的前线指挥所。就在这个如今被铁门拦住、一团漆黑的山洞里，薛岳和他的军队首脑们指挥了这场震惊中外的大捷。距防空洞口10多米处，有一棵130多年的老枫树依然郁郁葱葱，它是历史的见证者，如今，它见证着鲜血换来的和平，也见证着这座山与这座城的变化与发展。

第四次会战，也称长衡会战，始于1944年5月27日。日军出动36万余人向长沙攻击，中国军队30万人迎敌。因为战区司令长官骄傲轻敌，指挥失当，守军违抗增兵重点防守岳麓山之军令，失去岳麓山上的炮兵阵地，长沙中国守军不仅失去炮火支援，而且处于敌人炮火威胁之下，伤亡惨重，被迫撤离。1944年6月17日长沙陷落。之后，守城的陆军第四军军长张德能因失职在重庆被处决。

四次长沙会战，意义深远，影响甚巨。其一，粉碎了日军企图集中打击第9战区主力、在政治上实施以打诱降的计划，相反，动摇了日本部分官兵的必胜信念，增强了中国军民的抗日意志；其二，太平洋战争爆发以后在英美等国军队接连失利的形势下，长沙会战的胜利，增强了同盟国必胜的信心，直接使印度加入了同盟国阵营；第三，中国军队总结了抗战以来会战失败的经验教训，改变了以前层层设防、逐次防线地与日军进行阵地防御战的呆板挨打战术，转为只以部分部队坚守正面既设阵地，逐次予敌消耗，主动转移至敌之侧翼，继之以伏击、侧击、尾击等各种手段逐次消耗敌兵力，待敌进入预定决战区域，集中使用绝对优势兵力将敌一举围歼，薛岳称之为“天炉战法”，这在战略防御阶段不失为一种有效的办法，后来陆续在其他地方得以推广。

当然，抗日阵亡的远不止长沙战役的将士，在那场民族大灾难当中，湖湘子弟中的不少人为了救国救亡，赴汤蹈火，青史永铭。后山山麓，就葬有齐学启（1890～1945，国民党新38师副师长）、张镜远（1907～1938，国民党第36军第5师代理师长）两位将军。

前一位是宁乡人，与孙立人率军赴缅配合盟军作战。仁安羌援救英军声名远扬，卡萨痛击日寇让敌闻名丧胆，被俘斥敌决意求死报国义胆冲天，在仰光中央监狱俘虏集中营中训责汉奸中外动容。冯玉祥将军称其“宁死不屈世惊叹，壮烈足称中华魂”，实在一点也不为过。

后一位是安徽含山人。1938年11月，在岳阳北城陵矶在炮艇、登陆艇的强攻掩护下，日军两装备精良的加强大队（营）进犯。张率军顽强阻击，屡败敌军。后来日军调动其空中优势飞机密集轰炸，使中国官兵伤亡惨重。中国军队渐渐失去战斗力。27日，城陵矶落入敌手。张镜远举枪自尽，以身殉国。

第三类，人民革命烈士之墓。最有名的当然是萧劲光（1903～1989，人民海军的主要创建者，中国人民解放军开国十大将之一）墓园。与安葬在岳麓山的其他名人不同，萧劲光的老家就在山脚下的赵家洲巷，现故居与墓园山下山上遥相呼应。他早年在长沙名校长郡中学读书，并加入社会主义青年团，直到1921年4月和刘少奇等一起到苏联莫斯科东方大学学习，他生活于斯近二十载，对山上的一草一木皆有感情。1993年，湖南省人民政府为他在岳麓山立下了铜像。铜像为半身胸像，着大将军服，十分威武。铜像前有一广场，周围松柏环绕，显得庄重肃穆。

除此外，还有电视塔旁的陈明仁（1903～1974，1955年上将）与谢芳如合葬墓，篬筤谷谷口左侧山坡上的高继青（1927～1949，爱国学生的杰出代表）墓，枫林路与半山亭景区中途的萧伟（1920～1948，醴陵矿警队武装起义领导者，萧劲光之侄）墓，桃源村上方的黄爱（1897～1922年，工人领袖）墓、庞人铨（1898～1922年，工人领袖）墓，白鹤泉附近的黄静源（1900～1925，湖南早期工运领袖）墓，某偏僻处的汪先宗（1890～1925，早期湖南农运领袖）墓等。青山埋忠骨，功勋载史册，这些革命烈士的事迹也因墓而彰明，成为思想政治教育的重要场所。

岳麓山当然不仅只是政治人物和将士的舞台，更是文化教育的风水宝地。

作为我国古代著名的四大书院之一的岳麓书院，是岳麓山的一块金字招牌，更为岳麓山的钟灵毓秀填注了文脉资源，从北宋以来就成为中国学术界的一个重镇。自然，其中名师不断，周式、张栻、朱熹、陈傅良、真德秀、魏了翁、张忠恕、吴澄、吴猎、欧阳守道、叶性、陈论、李东阳、王守仁、季本、罗洪先、邹元标、张元忭、吴道行、高世泰、车万育、陈际鼎、廖俨、李文炤、易宗涒、曹耀珩、房逢年、王文清、周焘、旷敏本、吴荣光、毕沅、吴大澂、万年茂、张九镒、罗典、王坦修、袁名曜、贺长龄、欧阳厚均、丁善庆、周玉麒、徐棻、王先谦、程颂万、谭嗣同、梁启超、陈宝箴、皮锡瑞、宾步程等先后在此执教或讲学，是教师群中的杰出代表。

他们教书育人，开启智慧，是文化教育湘军的先导，是无论如何称颂也不为过的。正如全国政协原副主席、中国佛教协会常务理事周叔弢（1891～1984）撰联所称“院以山名，山因院盛，千年学府传于古；人因道立，道以人传，一代风流直到今”，没有这学术重镇一贯的专注、精心的灌溉，不会如泉般接连涌现湖湘大地上那天灵地杰般的政治改良派人才群（陶澍、贺长龄、严如煜、魏源）、中兴将相人才群（曾国藩、左宗棠、郭嵩焘、胡林翼、李元度、刘蓉、刘长佑、曾国荃、刘坤一）、维新变法派人才群（谭嗣同、唐才常、沈荩、黄遵宪)、资产阶级民主革命派人才群(蔡锷、黄兴、蒋翊武、陈天华、程潜)、新民主主义革命家人才群(毛泽东、蔡和森、邓中夏、何叔衡、李达、罗章龙、甘泗淇、谢觉哉、何长工、袁任远、周小舟)等。岳麓山也有幸留下了众多教育家的灵柩,使其教育的传统火薪不散。

粗略统计,葬在此山的文化教育名师,除却葬在飞来石右侧的吴道行、赫石坡的陈开金、归宿亭东侧的龙均甫、纪忠亭南的彭家贞(号香山,清嘉庆辛酉科举人)外,还有:穿石坡原教育公墓区的谢祖尧(1889~1946,明德中学代校长、湖南第一师范学校校长)、丁文江(1887~1936,地质学家、地质教育家,是中国地质事业的奠基人之一,著名的汉语语言文字学家)、李相琼(1899~1947,稻田女校教务主任兼化学教员)、夏开权(1901~1948,民国教育部参事、立法院立法委员)、彭先泽(1902~1951,"中国黑茶理论之父",湖南修业农校茶科主任、湖南省农业改进所茶作系主任、安化茶场场长、克强学院教授),赫石坡的易鼎新(1887~1953,湖南大学代理校长)、任凯南(1884~1949,湖南大学校长、武汉大学经济学主任,经济学家)、缪恩钊(1893~1959,湖南大学教授)、李蕃熙(1895~1951,湖南大学机械系系主任兼教务长,教授)与夫人伏淑纯、黎潍荪(湖南高工校长)、曾昭权(? ~1952,曾国藩曾孙,湖南大学工学院电机系主任、教授)、方梗楚(湖南大学电机系教授)、方授楚(1898~1956,湖南大学、湖南师范学院中文系教授)、董爽秋(1896~1980,湖南师范学院和湖南大学生物系教授、系主任)、唐艺菁(湖南大学土木系主任、教授),七十三军墓右方的杨树达(1885~1956,湖南文史馆馆长、中国科学院哲学社会科学学部委员),林修梅墓南侧的董纯(1903~1954),后山桃花岭联络村二环线西南的方叔章(1882~1953,省文史馆副馆长)。

这些文化教育大家,或是学术楷模,或为行为典范,皆以忠于知识、仗义执言而著称，一抔黄土何能淹没其燿燿光芒？以明末吴道行为例：他一生提倡治国平天下的“有用之学”。东林学派传人高世泰称赞他：“道以朱张为宗，与文端（顾宪成）、忠宽揆（高攀龙）固一也，可不谓衡湘之贤哲哉？”他培养出了与顾炎武、黄宗羲齐名的大思想家王夫之，可谓名动天下。崇祯十七年（1644）三月明王朝覆亡，吴道行“郁郁不自得，一日趋吉藩故邸，望阙痛哭展拜，舆归（岳麓）山中，不食而卒”，以死明志，最终实践了他的老师张元忭所教诲的“爱国忠君仗至诚，休将一念坏平生。勿欺请绎宣尼训，留取丹心答圣明”的人生理想，表现了“衡湘贤哲”的清白与高洁。明代最后一任长沙知府堵胤锡为其撰《吴嵝山墓碑》，碑文中云：

长沙之岳麓，为距于郡，为客为贤者区数，为名物景光。先生当若地，近厥幽居，讲学于山堂，志纪其胜迹，而不足以竟先生之奇，毕岳麓之事。于是怀忠感赋，绝笔甲申，千秋已矣，一笑冥冥。度麓阡陌，升麓冈原。营苍筤以栽魄，抱苍白而长眠。先生以岳麓为生死焉。

如今墓碑已毁，幸清代陈运溶将其全文收录在《湘诚访古录》中，碑文才得以流传。

惟楚有材，于斯为盛。不错，只要到过岳麓山走进过岳麓书院的人，都会油然而生这样的嗟叹。朱张会讲的历史镜头会在人们脑中放映，朗朗书声吟诗作赋问道探研的图景似在眼前，而一个个或学识渊博或气节凛然或指点江山者亦会走出课本，向你微笑，向你疾呼，向你招手……确实乎“惟楚有材，三湘弟子遍天下；于世无偶，百代弦歌贯古今”。你可以不熟悉书院的历史，可以不太了解岳麓山，但是，这里的古木苍苍会告诉你一切答案。书院里的古木以桑、槐、樟为主，多高大如磐，直耸云霄，树龄大多在 100 至 200 年之间，但 500 年以上的也不在少数。据说，朱熹在此讲学时，就曾手植樟树一株，人称“朱子樟”。清人吴敏树（1805～1873，字本深，岳阳县人，木半湖文派的创始人，清道光举人，著名的文学家、经史学家）写有一诗说：

万木仰一秀，大根蟠众灵。
昔贤留仿佛，兹贤见仪型。
干抱风霜黑，枝扶天地青。
当年习礼处，槐市愧谈经。

八月槐花盛开时，从头门过赫曦台跨大门而入，槐蕊漫撒，馨香伴你；而桑樟青青，魁然而立；一路行来，既有书香萦绕，又有色香俱佳的景致入目入鼻，真是令人兴奋。古语说：“槐花黄，举子忙。”秋冬之际，正是科举考试举行之时，为考上进士高中状元，成千上万的童生们聚于这深宅古院刻苦研读，那该是一副怎样叫人惊叹的景象。《三辅黄图》中载：“仓之北，为槐市，列槐数百行为队，无墙屋，诸生朔望会此市，雍容揖让，议或论槐下。”从此可见这文化市场盛况一斑。古人称读书的地方为桑槐之地，意喻为读书人必须像春蚕食桑一样，勤奋学习才有所成，其鞭策力可谓极大之有。岳麓书院二门有匾书“潇湘槐市”，四字极赞此处盛事，符合人事，又契合风水，确为妙题。

认真研究可以知道，岳麓书院之所以名冠古今，留传下来，生脉不息，与它的开放政策是分不开的。在学员的录取上，它不拘于地域，也很少论及出身，这在思想禁锢的年代是少见的。更少见的是它的教学能适应时代的发展，在内容和方式上更新。在文人相轻特别严重的宋朝，张栻作为山长，不囿成见，力邀与已齐名的朱熹来院讲学，开创了很好的学术之风。到清末，民族危难，又有王先谦等人吸纳新学，讲究时务，变革学制，开新风育新材，为资产阶级民主革命和新民主主义革命培养了一大批骨干分子。这实是走在时代先列之举。其实这种开放在植树栽木上也显示了出来。书院中除种桑槐樟木以外，不乏桂花树、朴树、枫树、银杏，各类树木杂植，缤纷而立，各显风采；院门前还有书院八景之一的“桃坞烘霞”，桃木春花灿烂，秋果累累；后有东晋陶侃命名的杉庵，古杉林立，独成风景；至于饮马池边的柳、曲涧畔的竹、爱晚亭上的枫，皆另有情致，尽显妙处。从木上，我们可以领悟人生的斑斓，体悟个性。它们或许正见证了历史的风起云涌，也见证了岳麓书院海纳百川的胸怀吧。

十年树木，百年树人。岳麓山如此多的忠魂聚集，如此多的义士慷慨悲歌，引无数英雄折腰，能修得如斯福分佳缘，恐怕得寻根到两千多年前的西汉吧。

这让人不由想起一则与西汉第一任长沙王吴芮相关的民间故事——刘氏王朝缔建以后，聪颖的张良看到了“走狗烹”的危险，遂以告老还乡之名避祸来到长沙。吴芮见到多年的老友十分高兴，不仅美酒佳肴款待，还叫上自己的夫人——中国历史上第一位著名的女诗人毛萍及五子前来陪宴。酒酣之余，吴芮得意地告诉张良，他前些日子叫人仔细勘查了长沙王府对面的岳麓山，觉得是块极得龙脉的风水宝地，意欲百年之后以此作为家族坟冢，以让后代延绵不断享尽荣华富贵。张良闻言，问：“王欲得百年之好，还是千年之好?”吴芮回答：“当然是欲得千年之好。”张良正声说：“占山为王者，不过百年；望山而安者，千载流传！流水权贵，蝼蛄无情；青山忠义，古木留芳!”这话打动了吴芮，他于是一改初衷，将自己的墓地定在了韭菜园，并给子孙立下遗嘱，只能归葬于素有“小岳麓”之称的谷山下，日夜翘望岳麓！吴氏一脉，果然以后屡代人才辈出，西汉时其家族 5 人封王 9 人封侯无祸而荣极一时，后嗣中为东汉缔建立下不世之功的吴汉家族百年内竟出现四十余个相侯，唐朝时吴翥、吴融父子以诗书著称并被冠为“吴氏文字”，南宋时吴玠、吴璘兄弟所率的吴家军让岳飞也见之下马以礼……

客观地说，与其说是张良的指点、吴芮的领悟拯救并重振了吴氏，不如说是他们舍弃私利，自觉守护住了岳麓山的精灵而有了丰厚的回报！

大围山：山高水长峰林秀

大围山又名首禅山，矗立在湘赣交界处，西距长沙148公里、浏阳市区67公里，东临江西铜鼓，南接万载，北靠平江。它群峰逶迤，层峦叠嶂，盘绕150余公里，如同游龙盘柱。清嘉庆《一统志》说：大围山“岗峦围绕，盘踞四县，因名大围”。

一、一色好景令人奇

大围山向以森林茂密，资源丰富，风景秀丽，气候宜人闻名，被称为“湘东绿色明珠”，现为国家森林公园、国家地质公园。这里，一年四季景各异，山上山下两重天，而且朝夕有别。初春，满山翠绿、繁花似锦，十里桃花、五彩缤纷，鸟语花香，流水欢歌；盛夏，杜鹃花开，姹紫嫣红，流泉飞瀑，层峦叠翠，高原纵马，浪遏飞舟；深秋，红枫胜火，层林尽染，松竹相映，凝紫飞红，登高远眺，绚丽醉人；入冬，银装素裹，玉树琼枝，雾凇冰挂，晶莹高洁，高山滑雪，风光尽览。清代诗人彭开勋作诗说：

森森清浏出，群山大合围。
地形包脉络，天堑蕴心机。
四至舆图古，三边界画微。
江西诸郡在，处处溉田肥。

李荣陛（约1775年前后在世，字莫基，号厚冈，清江西万载人，乾隆年间进士，曾任永兴知县等，晚年主持大理书院）在《游大围山记》一文中，比较了其与周围诸山的不同：

盖此山绝胜约有数端：他名山多驱使岩石神镂鬼琢，离合以成奇。而大围际天皆土，望如阵云，自然岩整，一也。他山过于险阻，末锐，或不可措足。大围四周拔起三四十里，其巅转迤平，村坞通达经行十一日不厌，二也。他山攀陟未半，已忧枯渴，而大围愈高愈润，空水相涵，动人江湖之兴，三也。他山聚奇，山内夹辅难匀，大围各面所临，兄弟儿孙依之连体，数百里为一叶，大围之名，四也。此其荦荦尤大者。

大围山面积有 7 万余亩，主峰七星岭海拔 1607.8 米，为湘东第一高峰。峰间地势平缓宽阔，形成西宽东窄之势。“山根东走盘吴尾，水势西流灌楚头”，清人张帜诗作《登大围山》中这两句，是对其地势的最佳描绘。大围山云海缭绕，山势竣拔，雨量充沛，植被丰富，原始次生林和人工林浑然一体，形成一片绿色的海洋，现已经发现的植物种类有 23 个群系、3000 多种，列入国家一、二类保护树种的有 17 种。由于山高林密，植被覆盖率达 99.5%，构成“夏无酷暑冬无严寒”的森林小气候，大围山俨然就是大自然恩赐的“天然空调”。其年平均气温 11.4℃，夏天平均气温 20℃，尤其是平地酷暑难耐之时，此处却山风习习，捧一壶茶，对一溪水，持一卷书行走其间，好生惬意！元代大文学家、史学家欧阳玄对此赞不绝口，其咏《大围山》诗曰：

大围山高高几许，绝顶嵯峨戴林坞。
石隙花开自春夏，地炉僧拥无寒暑。
清流白鹇涤毛距，绿树黄熊引筋膂。
山腰日午婴儿啼，知有雷公出行雨。

尤其这里的马尾漕景区，因瀑布多、气势雄伟而特色鲜明。瀑布是负氧离子的天然“发生器”，故该景区负氧离子含量高，而科学实验早已证明负氧离子是空气中的“维生素”，对人体非常有益。

密布的山峰、溪谷等，又为动物的栖息、生长、繁殖提供了很好的自然条件。已发现的野生动物有60余种，兽类有猴、野猫、野猪、獾、野兔、獐、鹿、刺猬等；鸟类有鹞、鹰、睢鸠、野鸡、猫头鹰、啄木鸟、相思鸟、画眉、雁鹤、鸳鸯、鸬鹚等；水生及两栖类有大鲵、鲤鱼、鳜鱼、鳟鱼、鳅、蛙、虾、蟹、蚌、螺等；昆虫类有野蚕、柞蚕、蜘蛛、蝇虎、蟋蟀、蚱蜢、螳螂、蜻蜓、野蜂、萤等；爬行类有蛇、蜥蜴、鳖、龟等；还有蝎、蜈蚣、百节虫、斑蝥等毒虫。其中列入国家一、二类保护动物达14种，国家一级保护动物有金钱豹、云豹、黄腹角稚、白颈长尾雉等。森林中生活的彩蝶有1200多个品种，实堪称“天然动植物博物馆”。

有着“千年长旱不断流、万年连雨水碧青”美誉的大围山，水的精灵无处不在。譬如栗木桥的龙泉溪，行程1.7公里，如同一条蓝色丝带披在大围山的身上。从山底往上走，一路都是水声，或高或低的节奏里，谱写着生活的乐章，但大围山的水似是不甘寂寞，不肯满足于约从之俗。她们忽而在急转中潇洒地摆出身段，忽而在平缓中怒卷腾升发出震天咆哮，忽而又在急骤中平静下来唱一曲安然之歌。就拿瀑布来说，她们的姿态也是千奇百怪的。有的如泼墨作山水画，粗略几笔中水如细雨款款而下；有的如彩虹，一柱水流弧形飞下，直撞大地；有的一波三折，像那急性者的跌跌撞撞；有的万流归一，分而又骤，恰合人生之道；有的像长句，一路畅通无阻，让人生快意；有的似短章，停顿颇多，很令人遐思……大围山的水似乎都有自由的灵魂，都不甘于受到约束，她们狂放不羁的态势里展现的是活泼泼的生命，是那谁也无法阻挡的激情。龙须瀑布、五桥喷雪、枫林瀑布……听听名字都是美的，飞珠溅玉，声响数里，那就足以打动你的心弦了。再如海拔在960—1500米之间的船底窝，这是大围山森林公园的核心地带，位于西南部，全长2.1公里，有一环形游道贯穿全程，沿途一边流水潺潺，顽石星落，一边乔木高大葱笼，一路走过去有观不尽的怡然幽雅山水，又有听不完的美丽动听的交响乐章。还有东麓园竹林上方的马尾槽瀑布，全程长1.6公里，瀑布长有30—40米，宽10米，水的流量不大，就像马尾，但纷纷扬扬的雨丝碰溅到崖石飞落下来，洒在面上如同母亲的抚摸，让你油生亲切感。走至七星峰山顶，有一小平原，长约17公里呈带状，长满了苔地灌丛植物，原上有玉泉、天星等天然湖泊48个，总面积4公顷，又有“白沙湖”之称。秋天，湖畔芦花似雪飘飞，有“西峰雪影”之美誉。

但更可爱的是其间的奇峰异石。山上岩石神工镂琢，离合成奇，群峰献秀，秀丽无比，古人称赞它为“南衡七二峰峦外，别样岩蛲足胜游”确有道理。大围山的石头很有性情。这些石头或圆或方或什么也不像，她们静立水中，岿然不动，在幽恬的氛围里显得特别地从容，特别地豁达，虽然好些并不魁梧，也并不大气，但那种特有的凛凛之风还是不由自主地感动着人们。她们稳稳地屹立于水中，以自由的姿态迎接着水波的冲击。她们既不张牙舞爪地吓人，而是平静默默地生存在不停的涮洗之中，又不软弱地随波逐流，而是以己之力承受着考验。她们似乎并不畏于岁月的浸润，而是不折不挠地展现着自己，她们不拒人于千里之外，但亦不让人随便靠近，于是有了供人观赏的美丽。这很易让人想起人身上的骨头，她们坚实而美丽地根植在肌肉之中，以自己的骨性支撑着一个巨大的肌体的运动。这种硬与韧的结合是无隙可击的，否则，意味的只是瘫痪与死亡。这时，你会想到：人活在这世界上是很不容易的，他（她）必然要受生活之水的冲刷或肆虐，不少人就因无法忍受这冲击而被淘汰，或随波逐流最终无功于世，要想有骨性地生活，必得有石之硬坚，还需不折不挠。这样的感悟似乎到处可有。

譬如吻石，两块亲密无间挨在一块的圆石，在翠竹掩映下稍有点调皮。当地人编了一则故事，说是大围山脚下的东门镇上的王员外，生有一女，天姿聪慧、温柔贤淑，并且美貌如花，不少富家子弟登门求亲。王小姐却都不喜欢，而钟情于和自己一起长大的长工伊妈的儿子伊杰。在门当户对的年代，他们的爱情自然遭到家庭的反对。王员外看中了前镇大米商的财产，不顾王小姐的感受，答应了米商儿子的求亲。王小姐和伊杰知道后又气又急，他们连夜从家里偷跑出来，走到了大围山上，在此开荒种地，男耕女织。经过他们的整理，山上的一草一木变得更加青翠，花朵更加娇艳。但好景不长，王员外打听到了女儿的下落，立即派人上山来找，意欲强行带她回到镇上。这一切，被山上的山神钟大仙看得一清二楚，他非常赞同王、伊二人的结合，觉得应该帮他们一把。因此，当王员外派人来到那儿时，钟大仙就把他俩变成两块石头，亲密地靠在一块儿，这样自然是人找不到，王员外甚至自己找上山来也无功而返。当然，这都是钟大仙使的障眼法。王小姐和伊杰百年之后，也就真化为了两块石头，紧紧相依，不离不弃。这样的故事，对于家庭离异越来越多、夫妻关系越来越利益化的当下，有着别样的苦涩与敬重，流传开来也就不足为怪了。

再如，王母教子。这是七星岭最大的石群，同时也是一处典型的地质遗迹景观——漂砾群。其由一群巨石组成，其中最高的石组高约 4 米，由两块石头组成，形如一老妇人坐立于山顶，石组的旁边还有 6 块相对小一些的石块，恰似一群小孩子在聆听母亲的教导。这种富于生活气息的天然景观，很容易产生联想。而如此形式的石头，大围山数不胜数——古竺装寺的前面有两块巨石，高 5 米，宽 3 米，两石相对而立，形似一扇门，故被称为“关门石”，相传朱元璋的大将常遇春曾经在此习武，这又为此石增添了几分神秘色彩；栗木桥景区的“仙姝舞练”，水流湍急却未磨平石头，反尖锐无比，就像是舞刀弄剑时划过的痕迹，堪称奇迹，相传七仙女常常偷下凡间来此玩耍，王母为了阻止她们的行径震落许多天河的石头在此，七仙女心中不满，拿出刀剑在此舞弄了一回，便留下了如此遗迹；船底窝景区的“中流砥柱”，巨石巍然，四四方方，若一石柱，屹立于激流之中，相传是大禹奉命治水，梦中伏羲给他的定海神针所化……

又如，白面石。位于鸡笼尖海拔1100米处，一尊高达41米的巨型花岗岩体高耸，面南背北，雄伟壮观，黑白分明。相传很久以前，这里生活着黑白两位将军，白面将军武艺高强，救世济贫，不计个人名利，而黑面将军胡作非为，坏事干尽。黑面将军看到白面将军深得人心，便想杀了他做这里的山大王，于是他相约决战一场。本来，白面将军不准备应战，但黑面将军居然以百姓相挟。这可激怒了白面将军，他果敢出手，一时风雨大作，电闪雷鸣，势不可挡。黑面将军便使诡计，告饶求和，却在白面将军不防时暗剑伤人。白面将军虽刀劈了黑面将军，亦因伤势过重而阵亡，就化为了如今这块白色巨石。白面石壁下曾修建有白面将军庙，始建于清同治年间，以花岗岩石料砌墙，一进三间横排列，中间供奉白面将军神位，庙名“白面护国将军正宫”，又于1940年在长田村的观音座莲山坡上建有石基土砖木结构的分庙，庙名“白面护国将军行宫”，但遗憾的是两庙皆在1973年被毁，如今只留有遗址。这附近，还有宋代徽猷阁大学士大理寺卿汤璹的坟墓，汤是大围山人，刚直不阿，在外漂泊几十年，犹不忘家乡，死后归葬于白面石下方，石羊、石马陈列左右，并在墓旁建有守墓庐，可见其受人尊敬。

还如，七星望月。据说远古时候天上的王母有七个女儿，均生得兰心惠质，美丽无比。七仙女常拨开云头往下观看，只见人间到处奇山秀水，美不胜收，心里便无限向往。一日，她们乘王母不备，偷出天宫，飞落在大围山上。百鸟在她们四周歌唱，麋鹿在她们四周欢舞，山泉在她们脚下弹琴……她们嬉戏于林间草地，感受到了一种从未有过的快乐。她们便跳进湖里洗澡。洗完澡，又躺在芳草地上，解下身上的彩带向四周抛撒，犹若撒下满天花雨。顿时，满山姹紫嫣红，这就是现在数万亩的高山杜鹃花海。后来七仙女要回天宫，一人留下一根玉簪作纪念，玉簪落地即化为巨石，便被称为“七星望月”。当地的山峰也就称“七星峰”，仙女曾洗过澡的湖泊称为“天星湖”。

大围山的石头如此奇异，让人浮想翩翩，却是有科学依据的。大围山地区属于花岗岩中山地貌，地貌的形成除第四纪以来流水侵蚀作用及风化剥蚀作用外，重要的是第四纪冰川的剥蚀铲刮及堆积作用。这里的花岗岩呈球状风化发育，也就造型琳琅满目，有的如鸟巢，有的如切开的葱头，有的像岩壁裂生，惟妙惟肖。对于地质爱好者来说，大围山还是考察第四纪冰川地质的绝佳出处。我省的第四纪冰川遗迹，截至 2007 年底尚未发现比较典型、系统而完整的，但大围山填补了这一空白，其遗迹十分醒目。经初步观察，其地质类型有冰斗、冰窖、U 形谷、葫芦谷、悬谷、漂砾、冰臼漂砾、冰川堆积之冰碛泥砾等，可与庐山相媲美。

除却水、石，颇值一说的是其乔木。所谓山得水而秀，水因林更美。大围山的美正是如此。沿船底窝溪流直下，行半小时，道旁还有两棵青松，一为马尾，一为黄山，一树粗糙，一树细密，紧密依偎在一起，如夫妻般恩爱有加，被游客称之为夫妻松，在此照相合影留念者甚众。从整体来看，大围山的乔木依下而上分别是柳杉群、楠竹林、杜鹃林以及最具保护价值的黄山松。山顶的黄山松，有“围山松涛”之景，自然成了狂吟的对象。明代诗人薛宣（1389～1464，字德温，号敬轩，河津人，著名学者和文学家、教育家）对松感叹道：

日月每从波底出，峰峦常在气中浮；
人生忘节当如此，屹立狂澜几万秋。

然而，最为人所赞赏的是五指峰的高山杜鹃。五指峰是一个天然的盆景园，每一棵矮小的灌木都是一个天然的盆景，而以杜鹃最多，比重占到60%左右，其伴生树种有白檀、笔杆竹、柃木、胡颓子、川冬青、枸骨冬青、马尾松、黄山松、白豆杉、杉木林等灌木或小乔木，山谷中多小乔木，且有成片的麦冬分布，山坡上多为灌木，丛中杂生草本为五节芒。每年五月上中旬，五指峰便成了红色的海洋，三万多亩高山杜鹃花竞相开放，以红色的映山红为主，还有云锦杜鹃、紫花杜鹃等，粉红、紫色、黄色、白色，交相辉映，五彩缤纷，非常壮观。之所以能有这上万亩杜鹃成片生长，得益于大围山地处亚热带季风性湿润气候区，其母岩为花岗岩，土壤成酸性，而杜鹃花正是酸性土壤的指示性植物，加之旅游开发前人迹罕至，因而才得以保存了原始状态。

南麓的大围山峡谷，也即花门河很值得特别一说。花门河汇集了大围山近百公里的高山清泉，形成了最密集的大围山瀑布群。峡谷幽深奇峻，河水晶莹剔透，两岸悬崖高耸，是一道没有污染的原始原貌的自然风景线。花门河沿途有 48 个潭、48 个滩、39 道湾，还有龙王潭、琵琶漕、情人谷、殉情岩、龙虎滩、龟形漩涡、美女梳妆等神奇的景致和传说。乘上一片无动力的小舟，依托她温柔与澎湃的液流，穿峡谷、渡险滩、越激流、过卵石、转旋涡、冲浪尖，人与自然交织、和谐统一，可尽情感受花门河带来的刺激、浪漫与欢快，也可享受峡谷两岸的美丽风光，真是“人随山水转，心往画中游”。更令人激动的是，举世闻名的浏阳河源头就在这里形成。浏阳河，似乎就是大围山流下的一行清亮的眼泪，真纯而又多情。这条九曲十八湾的河流，不仅流水清澈，两岸古树参天，沿途村舍炊烟袅袅，而且与湘江血肉相连，不但是湘江的一条主要支流，还是一条湖湘文化的支脉。沿着她的水路行走，你随时就能看到一个个伟大的灵魂和不朽的背影，你随时能感应到一个个铿锵坚固的文化标志，你随时能见证到一道道幽深莫测的历史刻痕。谭嗣同、唐才常、焦达峰、陈作新、欧阳予倩、胡耀邦、王震、宋任穷、杨勇、王首道、李志民、李贞、彭珮云……这些才俊名媛，谁没喝过浏阳河的水呢？“浏阳河，弯过了几道湾，几十里水路到湘江……”这首浸润着水乡特色的《浏阳河》，婉约高亢，飞越了千山万水，落到每一个人的心中。

二、人文经脉绵延长

自然，相对于自然景观，大围山更吸引人的是其人文景观。远在新石器时期，大围山境内就有人类居住。考古学家曾在大围山发现商周文化遗址 1 处、龙山文化遗址 3 处。从大围山镇楚东村新田坳、金钟桥村金钟组、朱家坪、中岳村等地遗址中，出土了大量的石斧、石凿、石箭簇、穿孔石马片、印纹硬陶等，这可以印证早先人类的踪迹。清嘉庆年间（1796～1820），在金钟桥法林寺附近出土了一口南宋编钟，钟面上铸有“大宋国潭州浏阳县流阳乡金溪北十二都金钟山，绍熙二年”诸字，由此推断该地域内的行政建置史可以上溯上千年。东门镇古代与外界沟通以水路运输为主，一年四季，乌篷船、秋江船在大溪河上往返穿梭，十分热闹。

大围山曾经是湘东最大的佛教圣地，有玉泉寺、陈真人庙、七星庙、白面将军庙、红莲寺、唐兴寺等大型寺庙遗址。历代曾有一些高僧和文人学士慕名来寺云游求学，从信士们当年踏出的青石古道及断瓦残垣中，仍依稀可辨当年香火之旺盛。当然，最有名的乃是红莲寺，又名玉泉寺，处大围山地质公园的腹地，距七星岭约 2.5 公里，海拔高度约 1400 米。寺庙由龙树菩萨的传人始建于南北朝的梁武帝时期，距今约 1600 年。寺院的第一个兴盛时期在唐朝，至北宋复又扩建，南宋时期又进入第二个鼎盛时期，据说常住僧众数百人。及至明初，寺院因战火而毁，后得到简单修复，更名为玉泉寺，但规模形制已大不如前。到清末，玉泉寺再度被毁，残砖碎瓦随处可见。近年，中国佛协副会长圣辉大和尚曾多次光临此地，指导红莲寺的恢复重建，现寺院已经初见规模。还有一个唐兴寺，相传寺名为唐代书法家褚遂良题写，智俨禅师曾在此开讲，可见其当时之兴隆了。

大围山也是道教的重要阵地。唐代杜光庭所著的《洞天福地记》将大围山列为第十三洞天——“好生玄上之天”，说明此地曾经道家兴隆，名家辈出，仙迹屡现，但因留下来的资料太少，到底出了哪些神仙，出了哪些道教名家，至今不可考。但位于船底窝景区入口处的青云观遗址，可作一些佐证。据史籍，青云观始建于唐，但此后战火纷飞、朝代更替、信仰改变等导致其几建几废，虽成废墟，却是道家在此未曾消亡的明证。现已经得到部分重修，正面三清殿，立元始天尊、道德天尊、灵宝天尊三尊大像，东殿真武帝，祭道教护法神张真武，西殿关圣帝，祭拜关羽。观不甚高大，白墙红瓦，翘檐斗角，宁静得像一只归山的大鹤。最吸引人的是此观处山丛之中，青山寂寂，耳可听山涧溪流哗哗，真是静中有动，动静宜然。这可联想到道家的八卦与宗义，真是佩服前人的智慧与谋略了。

近代，大围山风云屡起，名人迭出。首先值得一说的是围山书院。现处在东门小学校园内。书院的创始人是涂启先，字舜臣，清道光十四年（1834）出生于大围山都佳塅，同治年间参加科考获得湖南优贡生。涂启先本来有机会进京做官，但他没有上任，而是潜心兴教，曾在长沙岳麓书院、浏阳南台书院教学。这期间，他结识了谭继洵。1879 年，涂启先受谭继洵之邀，为其子嗣襄、嗣同授业。涂启先思想开明，授课时不受前人注解束缚，常抒发反对列强入侵的爱国感慨，这对幼年的谭嗣同影响很大。后来，谭嗣同在北京参与戊戌变法。涂启先在给自己好友、谭嗣同的另一位恩师欧阳中鹄的一封信中，表达了对谭嗣同的理解，对社会变革的关心，更体现了其爱国忧民的情怀。信中，他写道：

> 天下之祸亟也，马关条约真将中国国体元气一句丧尽。赖刘渊亭（即刘永福）孤撑残局。鄙意窃谓之道，必先裁冗官、厚廉俸、简繁文，与谭子（即谭嗣同）诸说相辅，此则变法……区区之意，欲先于学校中，聘延良师、购书籍、招俊士、习算法……

1898年春，他捐出自家20亩桔园和部分钱物，通过社会筹资，筹建了围山书院。当年的书院为青砖、石柱、木梁结构，柱子是十余米高的麻石柱，空间显得很开阔，现仅存有前厅和中厅两个部分，因年久失修，房屋已经列为危房。院内有两个天井，外天井种了两棵桂花树，内天井种了两棵罗汉松，皆是涂启先亲手所栽，现均已枝繁叶茂，即使是生长速度极慢的罗汉松，树冠也早已盖过屋顶。书院的办学宗旨为12字：“忧国爱民，思想开明，治学严谨。”涂启先是意欲将围山书院打造成岳麓书院一样的千年学府而泽被后世的，自己也雄心勃勃，立志老有所为。然而，就在书院即将竣工之际，清光绪二十四年（1898）9月28日，谭嗣同等六位参与维新变法的义士就义于北京菜市口，惊闻噩耗，64岁的涂启先老泪纵横，此后郁郁寡欢，次年病逝。

清末民国时期，围山书院作为大围山地区的一所重要学校，培育了大批人才。石敬平、鲁宗敬、涂焕陶（1910~1993，曾为国民党陆军少将旅长，后于1948年率军起义，1956年授解放军大校衔）等爱国将领，鲁立刚、钟楚笙（1889~1961，名国陶，新民学会会员）、涂文等学者，都是在围山书院启蒙的；而陈锡虞（1895~1930，曾任湘苏维埃肃反委员会委员）、黄建中、吴兆甘、李笠渔（1896~1933，曾任红三军团保卫部副部长，后在福建阵亡）、张恺吾（1905~1932，红十六军独立团政委，后在江西万载株潭阵亡）、李鸿翼（1890~1932，平浏长县独立团政委，在围山书院成立浏阳第一个共产主义小组，后在白沙濠溪病故，1956年被追认为烈士）等革命先行者则都曾在围山书院学习、任教、战斗过。

其中最出名的有五位：其一是石敬平（1916~1990），原名李梓荣，1937年加入中国共产党，参加了中央苏区反“围剿”和长征。解放战争时期曾任东北军区司令部参谋处处长兼测绘学校校长，1950年任东北军区装甲兵参谋长，后任总参谋部叁部4局政治委员、9局局长，总参谋部三部顾问等职。1955年被授予大校军衔，1964 年晋升为少将军衔。荣获三级八一勋章、二级独立自由勋章、二级解放勋章和一级红星功勋荣誉章等。

其二是鲁宗敬（1898～1976），又名鲁忠敬，黄埔军校二期毕业，参加过北伐战争和抗日战争等，授国民党中将衔。鲁宗敬深得蒋介石赏识，1947 年在鲁氏五修族谱时，蒋介石为其题词“光前裕后”，落款盖着“蒋中正”的朱砂印章，当时的国民党“党政军”大员孙科、李宗仁、白崇禧、居正、张群、陈诚、程潜、吴铁城、张治中、朱家骅、张发奎、薛岳、顾祝同等 20 人也同时题词，可见其人声誉之隆、交友之广，因而此族谱堪称湖南最牛的族谱了。

其三是鲁立刚（1899～1985），名直厚，拜师竺可桢门下，系 20 世纪前半叶湖南著名的地理教员和中学校长。曾任教于明德中学、周南中学、湖南一师、省立一中、省立二中、长郡中学等，去台湾前为湖南省教育厅厅长。他潜心教育事业近 40 年，抗战时与人创办有《湖南日报》，又为湖南气象事业开创者。

其四是涂文（1896～1975），原名涂传宪，别号奇恋，体育学者、教授，我国体操和韵律体操的开拓者，曾在东南大学、河南师范、北京大学、清华大学、云南大学、湖南大学、山西大学等校任教，曾有“中国的麦可乐”之称。在 20 世纪二十年代和三十年代前期，与胡耕九被人称之为“北涂南胡”，并称为“南北杠王”。

其五是黄建中（1892～1928），1921 年曾因参加李维汉、李富春等发起组织的工学世界社而遭法国警察逮捕和遣送回国。1923 年加入中国共产党，曾创办《枫林周刊》，组织青年农民补习班，在农民、学生中秘密发展党、团员，其中易荡平、汤学成、汤烈成等人后来都成了红军师团一级的领导干部。黄建中后加入彭德怀的工农红军第五军，任特务大队党代表，在去上海途中被捕牺牲。

其次，要说一说谭嗣同了。谭嗣同（1865～1898），字复生，号壮飞，是中国近代著名的改良派、政治家、思想家。其所著的

《仁学》是维新派的第一部哲学著作，也是中国近代思想史中的重要著作。光绪二十一年（1895）5月2日，康有为联合在京参加会试的1000多名举人上书清政府，要求拒和、迁都、变法。谭嗣同感同身受，坚决支持康有为等的举动，对清政府“竟忍以四万万七千万人民之身家性命一举而弃之”的妥协行径极为愤慨，对帝国主义的侵略义愤填膺，坚决反对签订和约。在变法思潮的影响下，他开始“详考数十年之世变，而切究其事理”，苦思精研挽救民族危亡的根本大计。他感到“大化之所趋，风气之所溺，非守文因旧所能挽回者”，必须对腐朽的封建专制制度实行改革，才能救亡图存。次年，他结交了梁启超、翁同和等人，成为变法维新中的积极分子。1898年初，谭嗣同创建南学会，办《湘报》，宣传变法，抨击旧政，成为维新运动的激进派。同年8月，因为翰林院侍读学士徐致靖的推荐，谭嗣同被光绪帝征召入京。9月5日，光绪下诏授给谭嗣同和林旭、刘光第、杨锐四品卿衔军机章京，参与变法。但掌权的慈禧太后等人早有密谋，发动兵变，废黜光绪帝，意欲一举扑灭新政。谭嗣同密会当时掌握兵权的袁世凯，要袁带兵入京，除掉顽固派。袁世凯表面同意即刻回到天津率兵入京，实际向荣禄告密。1898年9月21日，慈禧发动政变，连发谕旨捉拿维新派。谭嗣同听到政变消息后置自己的安危于不顾，多方活动，筹谋营救光绪帝，但措手不及，计划均告落空。在这种情况下，他决心以死来殉变法事业，用自己的牺牲去向封建顽固势力作最后一次反抗。他说：“各国变法无不从流血而成，今日中国未闻有因变法而流血者，此国之所以不昌也。有之，请自嗣同始。”9月28日，谭嗣同在北京宣武门外的菜市口刑场英勇就义，年仅33岁，同时被害的维新人士还有林旭、杨深秀、刘光第、杨锐、康广仁，六人并称“戊戌六君子”。临刑前，谭嗣同大声朗诵绝命诗：

有心杀贼，无力回天；
死得其所，快哉快哉！

康有为曾经这样赞扬谭嗣同："挟高士之才，负万夫之勇，学奥博而文雄奇，思深远而仁质厚，以天下为己任，以救中国为事，气猛志锐。"梁启超则直称他为"中国为国流血第一士"。

除了参与变法维新，谭嗣同在学术上也屡有成就。他在思想上兼容并蓄，既有唯物主义也有唯心主义，既有自然科学又有社会科学，既有宗教、哲学又有政治思想，这样就形成了一个融中西古今之学于一体的庞杂体系。在哲学上，他杂糅儒、释、道、墨各家和西方资产阶级自然科学、社会政治经济学说，指出世界是物质的原质所构成，其本体是"仁"，世界的存在和发展都是由于"仁"的作用；在佛学上，他将佛法精神贯注于现实社会，使大乘佛教走出深深锁居的围墙，重现其刚健雄猛的精神。如果说东晋时期鸠摩罗什的弟子僧肇是"理论佛学"的肇始者，那么谭嗣同却为现代人开拓了"应用佛学"的领域，被誉为"佛学彗星"。

谭嗣同敢为天下先、不惜用生命唤醒国民精神的行径，极大地激励了湖湘子弟。继他之后，他的浏阳同乡唐才常（1867～1900，字黻丞、佛尘，同谭被称为"浏阳二杰"）1900年在上海组织自立会，建立自立军，意欲辅佐光绪帝而在汉口、汉阳、安徽、江西、湖南等地同时起事，最后因泄密被捕。面对敌人的劝降，唐才常说："此才常所为，勤王事，酬死友，今请速杀！"并于狱中题诗："剩好头颅酬故友，无损面目见群魔。"

一方山水养一方人，一方烈士热一方土，浏阳之所以在近当代人才辈出，当得益于大围山这山与浏阳河这水了。其实，早在他们之前，这青山秀水就已经滋养出了大批敢于穷究真理、不计个人得失的仁人义士了。

被誉为"中国花炮祖师"的唐人李畋（621～690）为制作爆竹，历尽艰辛，手足多次伤损，住屋亦毁于硝火，且未能按时婚娶，直到中年才与一唐姓贫女结为夫妻。他继续从事爆竹制作和硝药提炼，直至因积劳成疾病逝。

宋朝的浏阳县令杨时（福建人），在任时浏阳遭旱遇饥荒。他毅然开皇仓放粮救济灾民，并为此丢了官。但他一点也不后悔，后来官至龙图阁大学士，死后谥号为“文靖”。

元代的欧阳玄（1283～1357），字原功，号圭斋，又号平心老人，官至翰林学士承旨，去世后追封为楚国公。他在史书修订上功勋卓绩，曾奉诏修《皇朝经世大典》，又主持编修《四朝实录》，后又诏修宋、辽、金三史。他坚持原则，“发凡举例，俾论撰有所依据。史官中有悻悻露才，论议不公者，玄不以口舌争，俟其呈稿，援笔窜定之，统系自正。至于论、赞、表、奏，皆玄属笔。”这样严谨、务实的写作作风，被人称为史学一代宗师也就不足为怪了。

再应说一说的是锦绶堂了。锦绥堂处于国家第二批传统保护村落——楚东村内，是长沙规模最大的清代建筑群。光绪二十三年（1897），县衙的禀生涂寿朋为祖母刘氏盖了一座大院，供她颐养天年。刘氏为纪念其夫涂儒玫，将老屋命名为“锦绶堂”。这座大院原本有大小房间、楼舍108间，房舍由17个环抱天井的小四合院组成；每个小单元又有廊舍相连，单看小巧精致，整体看气势雄浑。前庭、后厅两边有数列对称厢房，每处厢房都有突出高耸的凉亭，顶板装饰着八仙过海、麻姑献寿、唐僧取经等神仙图案的“藻井”。在屋檐下的青砖上，塑有用铜丝为骨架、桐油石灰为内胎、外涂彩漆的“檐画”，内容为《三国演义》《杨家将》的戏剧人物故事及24孝人物故事，具有浓郁的中国古典特色。

33年后，这里成为了中国首个省级苏维埃的驻地。1930年7月30日，湖南省苏维埃政府在长沙正式成立，当时主席李立三不在，王首道成为代理主席。这是红军第一次攻占省会城市，也是唯一一个在省会城市成立的苏维埃政府。但由于国民党的反扑，红军不得不转移。《中共浏阳地方史》以及诸多资料显示，“8月5日分两路撤离长沙，一路经黄花退至平江，省苏维埃政府机关随王首道经永安撤往浏阳，8 月 11 日入驻浏阳东门锦绶堂。”1931 年的 3 月，湖南省苏维埃政府迁驻锦绶堂办公，时任省苏主席的是杨幼麟，刘建中、赖汝樵、李宗白等负责人也迁居于此。除省苏维埃政府机关外，同时进驻的还有共青团湖南省委、中共湘东特委等单位。

这里也是湘鄂赣第一次党代会的会址。1931 年 7 月 5 日，中共湘鄂赣边特委在这家大屋召开湘鄂赣第一次党员代表大会，中共中央派出黄火青出席指导。据记载，当时有来自湘东北、赣西北、鄂东南 20 余县的约 200 名代表前来报到。大会期间，来了大批红 16 军的战士当警卫，东门四周都布了防线，马鞍山、大坳上、羊牯垴直到茅埠、金钟桥都布了岗哨，往上游直到上庄、平江界上都有红军哨卡。党代会一共开了十多天，这次党代会决定建立中共湘鄂赣省委，选举李宗白为书记，通过了反对盲动主义、发展党的组织、扩大红军武装、加强赤卫队和地方游击队武装、实行土地法等十项决议。

如今的锦绶堂，虽已经风光不再，但穿过一层层古旧的木门、一条条布满青苔的廊道，还是能品味出历史的纯度。在楚东村，还有浆兴古街、鲁家老屋、钟家老屋，秋收起义马鞍山主阵地、战壕、碉堡……那些历史的印痕，让平淡的日子极可嚼咀。

更为人所记忆的还是上坪会议。1927 年秋，毛泽东领导了著名的秋收起义。据《中共浏阳党史大事记》记载，9 月 11 日毛泽东率领第三团在铜鼓起义，12 日下午攻克浏阳白沙镇。这是其生平指挥的第一仗，也是秋收起义的第一枪。但 14 日遭敌反扑，东门失守，毛泽东决定兵分三路撤向白沙上坪。

也就是在上坪，毛泽东初步形成了农村包围城市的战略思路。据《中共党史》第八章记述：14 日晚，毛泽东在上坪召开紧急会议，决定改变攻打长沙的计划，命令部队迅速到文家市集中。此次会议在陈锡虞家召开，与会人员是第三团连以上干部。会后，毛泽东将意见报告了中共湖南省委。15 日晚，得到湖南省委的同意，停止执行攻打长沙计划。可以肯定地说，如果没有上坪会议，也就没有文家市会师，更没有井冈山革命根据地，上坪会议在红军和中国共产党史上的意义也就是非同一般了。在扁担坳、桃树岩一带，毛泽东、彭德怀、滕代远、王首道、胡耀邦等留下的光辉足迹还有很多，他们探索富国强民的道路、追寻革命真理的红色事迹，永远在发光发亮。

如今的大围山已经成为旅游胜地，春赏花，夏漂流，秋品果，冬滑雪，四季客流满满，熙熙攘攘。还有人深情地总结了大围山在长沙地区的十个“最”，那就是最高大的山脉、最原始的森林、最密集的瀑布、最清新的空气、最凉爽的夏天、最壮观的云海、最早见的太阳、最绚丽的山花、最丰饶的物种、最好玩的地方。这样的总结，无疑会让大围山满意，也足以让先驱者们会心地微笑。

道吾山：吾山雪霁一声钟

坐落在浏阳市城北 6. 5 公里处的道吾山，古称白鹤山，又名赵王山，西起蕉溪东达宝盖，逶迤六十余里，是长沙地区的名山胜地之一。清人韩爔称：“环浏皆山也。峻特奇耸，望而智为灵岫绝峤者，则惟道吾。”这里山峦重叠，峻特奇耸，群峰竞秀，峰岭起伏，怪石深壑，灵岫绝峤，沟谷纵横，山泉涓涓，瀑布遍地，土地肥沃，林木茂密，季相缤纷，资源丰富，风景绮丽。清嘉庆时浏阳县令赵嘉程（字纯斋，正蓝旗人，乾隆举人）曾作《游道吾山》诗：

闻道吾山胜，寻幽一揽奇。
境随九阪折，势压万山卑。
灵迹昭龙洞，禅关证虎池。

凭高为四望，麓暮楚云垂。

赵晟也作诗说：

岩窅峰峦一境幽，翠屏环合护清浏。
泉声半自云中出，树色翻疑涧下浮。
万壑烟岚横怪石，千家郛廓豁双眸。
太平图画从天设，长此钟灵纪胜游。

主峰五老峰，海拔786.4米，晴日无云，可极目远眺岳麓、洞庭，明人萧敷称其“雄镇古潭州”，是古浏阳八景之一“吾山雪霁”的观赏处。明朝罗源潜感叹说：“吾山玉屑合奇观，胜地高天一色看。最妙日华来照澈，莲花峰在水晶盘。”清人周忠信（浏阳人，乾隆举人）作《浪淘沙·吾山雪霁》称赞：“五老倚寒霄，皓首相招，水帘千尺卷冰绡。漫道峨嵋多胜概，此亦堪描。”更有一不知名的诗人题诗说：

画屏千仞接楼空，六出谁将罨碧峰。
林谷气严藏虎豹，石潭寒重锁蛟龙。
日华浮处青光霭，云影临时翠尚封。
几度凭栏闲纵目，错教人讶玉芙蓉。

一、旅游好地，名景殊优

“山岭巍峨势接天”的道吾山旅游资源丰富，奇花异草遍布山岗，飞禽走兽随处可见，气候宜人，空气清新，景色迷人，环境幽雅，是人们休闲避暑的乐园、游览观光的胜地，素以神、奇、幽、秀而闻名，有二湖、三洞、六泉、十潭、十三溪、二十八岩、七十一峰之美景，其中以“三绝（引路古松群、千年古刹兴华禅寺、高山天湖）四奇（烟雨、雾霏、云瀑、雪霁）”最负盛名。清人黎宗炼（字天石，浏阳人）的《游道吾山》称：

群动亦云息，游人殊未闲。
直从飞鸟外，深入乱松间。
涧水悬清汉，斜阳见远山。
溪花及幽草，剧欲破禅颜。

现道吾山已被划为风景名胜区，分为六大景区43个景点，主要集中于集里街道办事处境内方圆15平方公里处，尤以春看烟雨、夏观云瀑、秋望雾海、冬赏雪霁四大自然奇观最为人所赞赏。略举其二。

天湖，即道吾山水库，位于老龙潭上，海拔高度546米，山水相连，水天一色，水面11．3公顷，库容108万立方米，面积广阔，规模不逊于新疆天池，微波粼粼，清澈如镜，水深质佳，入口甘甜，被划为一级水源保护地。它的四面有莲花峰、五老峰、象王峰、狮子岭环抱；湖中有岛，岛上有亭，还有白龙泉和兴华禅寺；湖畔有天湖宾馆、幽篁山庄、羡鱼亭、购物街等人文景观；湖岸有狮子岩、飞来岩、龙影石、罗汉洞等自然景观。

引路松，为道吾山一道独特的树林风景线。自双溪桥沿东谷山麓石级游道曲折盘旋而上，直抵兴华禅寺约2.5公里，两旁尽植松柏，虬枝舒展，绿荫如盖，生气勃勃，每株径粗两三人合抱，高达四五丈。相传明朝重修华兴禅寺时，365僧各植一松于入山路旁，形成如此绝景，现存108株，恰好与梁山英雄好汉同数，故又称“好汉松”。其实，1930年以前，此处的松树尚存200余株，但国民党军队陈光中部驻此地时，为了阻止红军进攻，就伐去了百余株构筑工事，其后又陆续遭滥伐，实是可惜。另还有十余棵，翡翠中卓然拔出，高达40米，树龄1100余年，传为唐僧人所种。

道吾山上古迹甚多，神、奇、幽、秀、旷俱备，前人记有24景：祖师岩、冷泉井、回龙桥、引路松、挂剑泉、老龙潭、明月湖、龙卷田、虎爬丘、莲花峰、兴华寺、白龙泉、五老峰、罗汉洞、白鹤山、挂榜山、吾山雪霁、失马桥、龙形石、棋盘石、雷劈石、定心桥、裴休亭。举三景言之。

白龙泉（又名龙湫），处兴华寺后殿右边，为一清泉池，以古砖砌成圆形，直径1.3米，侧有“白龙泉”石碑。泉井细沙作底，岁无盈涸，水藻鲜碧，凉水清澈，冷冽而甘，传闻曾为“贡泉”。泉中有小鱼长三四寸许，鳞甲隐见，蜿蜒其中，即称“沙湫龙”，曾由唐仁宗封为“白衣龙王”，旧时民间有人祭拜此物，以接龙求雨。清《道吾山记》曾载：“龙湫沸，灌溉民田，是有功于民，非徒一丘一壑供逸士之盘桓而已。”

挂剑泉，处兴华禅寺后面，为道吾山的水源，来自莲花山，又集东西两冲水流入老龙潭，灌溉寺前田亩，再从寺右山顶直泻山麓，形成瀑布，高百余丈，飞泉喷沫，霜雾凝结，状若银剑高悬，故得挂剑泉之名。清人吴翌风（乾隆时人）有诗云：

谁掣匡庐瀑，移来挂此山。
高飞翠微上，散在乱松间。
天霁烟长湿，苔侵石作斑。
老僧不爱听，乞食暝方还。

可惜今已不存。

五老峰为道吾山山景之最壮观者。从同治《浏阳县志·地舆》所载“道吾山七十一峰”看，其中以五老、玳瑁、卓锡、西来、万寿、象王、狮子、望日、释迦等九峰为高，而五老是群峰中之最高者，为县北屏障。明末清初人史大成（1621～1682，字及超，号立庵，浙江鄞县人，清顺治十二年［1655］汉榜状元）赞叹道吾山之峰峦峻拔，有“崒嵂吾山共几盘，莲花峰入碧云端。九天閶闔回头远，三楚河山指掌看”的诗句；又有“撑半天，振衣而星半右摘者，五老峰也”的描写；还有“其峰高者曰五老，绝顶足眺洞庭”

之记载；邑人亦有“晴日无云，登五老峰绝顶，可望长沙岳麓”之说。五老峰绝顶有棋盘石，可容四五十人，乃观日出之佳处。相传当年吕洞宾和张果老曾在此弈棋，棋毕留此石作镇山之宝。清朝诗人韩爆曾在此即兴赋诗：“五老峰头云气清，洞庭遥指一痕明……偶来登眺成佳会，一脉传灯三世盟。”之后，他又作《道吾山》诗说：

曲磴盘旋数十层，纡回鸟道诱人行。
龙藏渊静超三峡，雷劈分明胜五丁。
怪石穿空天作险，潺流沸涧地为鸣。
老僧久住忘清韵，笋润茶香洗浴情。

二、佛事昌盛，二派祖庭

古语云：“天下名山僧占多。”道吾山有如此胜景，其奇特的气脉、奇丽的风光自然吸引名僧足登。从道吾山山名到山上的雄狮护法（狮子岩）、罗汉洞、引路松、释伽峰、玳瑁峰、飞塔留迹（飞来石）、金刚塔、回护亭、钦赐牌、定心石等诸多景点，无不披上浓厚的佛教文化色彩。

但多年来，道吾山养在深闺人不识，直至唐大和（827～835）年间。晚唐著名的僧人宗智（即圆智，769～835）是留于史籍的第一位来到者。

《宋高僧传》卷第十一载：

释圆智，俗姓张，豫章海昏人也。总丱之年顿求出离，礼涅槃和尚躬执缾屦。爰登戒地誓叩禅门，见乎药山示其心决。后居长沙道吾山，海众相从犹蜂蚁之附王焉。以太和九年乙卯九月十一日长逝，享年六十七。阇维得不灰之骨数片，脑盖一节特异而清莹，其色如金其响如铜。乃建塔于石霜山，敕谥修一大师宝相之塔。得其道者则普会焉。智公初领悟药山宗旨，俨师诲之曰："吾无宝玉大弓以为分器，今赏汝犊鼻一腰，虽云微末而表亲褒欤。"南岳僧玄泰著碑颂。

相传，宗智入山未及顶，为巨石所阻而坐石穴。忽有白衣老人自称沙伽龙，近前致礼说："师为开山祖，待师久矣。"宗智答道："吾志唯此，道成吾矣。"语毕，风驰电掣，石裂道开，宗智从此割茅斩棘，辟地开山，并以"道吾"名此山，建道吾寺。不久，唐文宗（827～840年在位）疾，出榜求医。忽有白衣老人入奏："我潭州道吾山沙伽龙也，帝疾明日自愈。"说罢，腾云而去。文宗次日果愈，乃遣大臣至道吾山，敕建护国兴华大禅寺，封沙伽龙为"白衣龙王"。

作为六祖青原系下三世法孙，宗智的禅学功底甚高，《五灯会元》等佛籍中记载的公案有二十余则，略取其三。

其一：一日，山问："子从何处来?"师曰："游山来。"山曰："不离此室，速道将来。"师曰："山上乌儿头似雪，涧底游鱼忙不彻。"这里记述的是宗智的师父药山惟俨对他的一次勘辩，即通过对话考量其对禅的理解。宗智把参禅说成是游山，惟俨就追问他游山即参禅的感悟，宗智按其要求作答，但答得实在高明，两句七律诗表面是在描述游山所见，实则是以山喻尘世，以鸟和鱼喻芸芸众生，以飞鸟游鱼之类的烦恼喻尘世之苦，表达众生要想脱离苦海摆脱烦恼只有参禅悟道进入出离生死的"彼岸世界"。

其二：僧问："万里无云未是本来天，如何是本来天?"师曰："今日好晒麦。"向宗智提问的僧人已经看出了说"万里无云是本来天"的错误，即以偏概全、把幻相当本质，但他还是要寻根究底："那什么是本来天呢?"僧人已经犯了妄执之念却不自觉。同时，所问的这个问题太大，也太深奥了，但宗智却是举重若轻、漫不经心地作了回答，"既然万里无云天气好，那就好晒麦子，磨成面粉作食物了。"所答似乎与提问毫无关系，但这是因僧人提问而触发的自性直觉感悟状态，是对禅界的描绘，表达了切断意路、直下会取的禅旨。

其三：师一日提笠出，云岩指笠曰：“用这个作什么?”师曰：“有用处。”岩曰：“忽遇黑风猛雨来时如何?”师曰：“盖覆着。”岩曰：“他还受盖覆么?”师曰：“虽然如是，且无渗漏。”云岩昙晟是曹洞宗开派大师洞山良价的师父，与宗智为同门师兄弟。这段文字记录了他们之间的一次对话。云岩的提问“用这个作什么”，不仅止于表面，而另有寓意——自性人人具足，何须笠子遮蔽？宗智是个聪明人，回答得十分活络，却不说出具体的用处，从而逼得云岩针对斗笠的用处再问：既然自性无须遮蔽，但如遇到外境外尘的强大干扰，那该怎么办？宗智用一句“覆盖着”给予明确回答，似乎与问话不契合，露出了马脚，因而云岩有了反问：既然习禅的目的是为了明心见性，自性绝不能被覆盖，宗智的回答岂不是大错特错？但宗智机智回答另有用处：虽然自性不能被覆盖，但也不能被渗漏呀！一语双关，巧合无痕，显得特别的高明。也正是因为宗智悟禅的聪颖，云岩对他尊敬有加，死前还遗书给自己的师兄辞别。事实上，这对师兄弟感情也十分深厚，见云岩在南泉普愿处不能悟道只得回到药山处追问什么是“异类中行”，宗智着急得不自觉地咬破了手指头，鲜血四溢。也正因此，宗智一派除得自身临济宗的大力鼎助外，还甚得曹洞宗的支持，这也是其后来名声大振、法脉广延的重要原因。

当然，宗智最大的贡献却是培育了一批优秀的徒众。接替宗智掌管兴华寺的第二任主持是从盛，青原系第七世。《景德传灯录》载：

湖南浏阳道吾山从盛禅师。师初住高安龙回。有僧问：“如何是觌面事?”师曰：“新罗国去也。”问：“如何是龙回家风?”师曰：“纵横射直。”问：“如何是灵源。”师曰：“嫌什么。”曰：“近者如何?”师曰：“如人饮水。”问：“穷子投师乞师拯济。”师曰：

“莫是屈着汝么。”曰:“争奈穷何?”师曰:“大有人见。”

青原系第八世则为契诠。《五灯会元》载:

潭州道吾契诠禅师。僧问:“师唱谁家曲?宗风嗣阿谁?”师曰:“凤岭无私曲,如今天下传。”曰:“如何是道吾境?”师曰:“溪花含玉露,庭果落金台。”曰:“如何是境中人?”师曰:“拥炉披古衲,曝日枕山根。”问:“牛头未见四祖时如何?”师曰:“玉上青蝇。”曰:“见后如何?”师曰:“红炉焰里冰。”

从盛和契诠都是宗智的高徒,然而,给宗智带来最大声名的乃是他的另一高足——石霜寺祖师庆诸(807~888),系青原系南岳下十世。他俗姓陈,庐陵(今江西)新淦人。出家后曾到洛阳学律,不满足,回南方,先参沩山灵祐,后参道吾宗智。宗智死前说:“我心中有一物,久而为患,谁能为我除之?”庆诸回答说:“心物俱非,除之益患。”得到宗智的印可。还有一次,听人转述洞山良价的话:“秋初夏末,兄弟或东去西去,直须向万里无寸草处去。”并问这样的地方怎么去,没有人答话。他说:“何不道出门便是草?”良价听说后,称赞道:“此是一千五百人善知识语。”他的机锋有时用诗句,如人问“如何是佛法大意”,他说:“落花随水去。”又问这是什么意思,他说:“修竹引风来。”

庆诸住潭州石霜山,受到唐朝宰相裴休的崇敬,唐僖宗曾遣使赐他紫衣,庆诸坚辞不受。他的嗣法弟子有大光居海(唐时大光洞的大光寺创建者)、九峰道虔、覆船洪荐等23位名僧及一个秀才,更有唐僖宗的三太子祝削发于石霜,后为龙湖普闻禅师。居海后嗣再有约禅师(唐时宝盖寺创建者)、楚圆(986~1039)、悟真、仲圆等。如果说道吾山的佛教因有宗智、从盛、契诠,争得了与沩山(沩仰宗祖庭)、黄檗(临济宗祖庭)、云岩(曹洞宗祖庭)、龙潭(云门、法眼两宗祖庭)并列,成为佛教南宗下第三代重要祖庭之一,那么,正是有了石霜庆诸、大光居海、宝盖山约等的弘扬,宗门鼎盛，浏阳佛教四大祖庭得以发祥。从这几处祖庭得法的高僧近70人，约占全国1200年间高僧总数的6%。尤其是到北宋时，因楚圆先住道吾，继住石霜，宗门迅猛发展空前鼎盛。楚圆使佛教一度中兴，开创了黄龙、杨岐两大派，合五宗而言，佛史称之为“五宗七派”。《中国佛教》云：“有楚圆，住石霜崇胜寺行化，其下有慧南、方会，开黄龙、杨岐二派，合前五家，号为七家。”楚圆是后两大派的开山祖。自楚圆之后，天下丛林，逐渐地成了两大派一统天下。不仅弘法于国内大部分丛林，而且远播朝鲜、日本。楚圆之下黄龙派第九世法孙日本明庵荣西，回国创立临济宗，为日本临济之祖；杨岐派第八世法孙泉涌俊芿等回国创立日本佛教中严宗。

由此，道吾、石霜，除了上溯南岳、青原诸始祖外，便升格为禅宗第一重要祖庭。日本僧人，常年来浏阳朝祖。佛门传闻“天下大慈化”，然慈化僧人常到道吾法戒。这些便是道吾、石霜在佛教界显要地位的标志。道吾山也就成了中外驰名的佛教圣地。

这一切，还得感谢宗智当年创建的寺院——位于道吾山莲花峰麓的兴华寺，建于唐仁宗李昂大和、开成（828～840）年间。寺宇平面作回字形，前后5进3栋2厢，前栋为山门，额书“兴华禅寺”，并有“湖山胜迹”横匾。东、西两厢建有伽蓝、土地两祠。中栋为正殿，高12米，正面三开间，宽26米，进深20米。正殿内供木雕释迦牟尼坐像，旁塑伽叶、阿难像，两侧另立24诸天、18罗汉泥塑像，正中悬“海印流光”“依正庄严”等横匾。殿内有16根金柱，和檐柱均为径约1米的木柱，屋面覆铁瓦，每瓦正面铸“大明”字样。后栋为方丈室，四壁题有的古今游人诗句甚多。元代欧阳玄曾咏《道吾山》七律诗，有“灵湫瀑布千丈长，古寺神杉十围大”之句，明人夏瑄（祖籍德兴，后迁湘阴，南京太常少卿，夏原吉之子）的诗作《道吾山》中也有“松风入户香回篆，花雨满阶僧定禅。好景浑忘登陟倦，竹床蒲几更谈玄”的妙题。清人徐旭旦（1659～1720，字浴咸，号西泠，别署圣湖渔父，浙江钱塘人，康熙十八年［1679］举鸿博，工诗词曲赋，能编剧，精通水利）的《题道吾寺》更称赞：

天半芙蓉霭未浓，山明晓月照孤筇。
入云路转花千树，踏石峰回岫几重。
古殿风声随碧涧，广庭雨气结青松。
漫来坐对诸天静，杳杳空堂五夜钟。

流传更广的有谭嗣同孩提时代赞道吾山的诗句，引人入胜：

夕阳恋高树，薄暮入青峰。
古寺云依鹤，空潭月照龙。
尘消百尺瀑，心断一声钟。
禅意渺何着，啾啾阶下蛩。

僧舍曾有百余间，占地5000多平方米。寺前有水田数十亩。寺后两冲溪水回绕汇合后，直泻山麓，形成数十丈高的瀑布。

宗智是个喜爱四方游历的高僧，在江浙一带留下的遗迹与故事也甚多。一生创建有不少寺院，譬如浙江海盐县的崇胜庵等。但最有名的还是这个兴华寺，这恐怕是他未曾料想过的。

前几年，附近找到了两块古石碑，其中一块高约2米、宽约0.8米、厚约8厘米，基本无破损；另一块高约1米、宽约0.5米、厚约4厘米。经勘定，一碑名《赎田斋僧敕碑永贻碑记》，立于康熙五十八年（1719），一碑名《道吾山兴华大禅寺重修禅堂记》，立于光绪十六年（1890）。前者记述了寺田的历史，说唐朝宗智禅师开基，皇帝下旨建寺，赐香火田数万亩，但世道沧桑，至清初只剩下了100多亩，康熙二十七年（1688）寺僧恒参出资赎买道吾山前田地60余亩，以作寺中布施供养之用，立碑年寺中僧人请南岳僧人慧福记下此事，刻碑立之。后者则记述了光绪十五年（1889），兴华禅寺僧人用“钱八百一十九串四百一十三文”重修禅堂的经过。两碑都证明了此寺的传承悠久，佛脉深厚。

据当地老人回忆，新中国成立前，该寺院还有几十间寺宇、几十亩香火田，非常兴盛。寺里还有一座孤儿院，收养了二三十个孤儿。可惜，1958 年浏阳县人民政府在此兴修水库，兴华寺被拆除殆尽，附近的许多名胜和景观已名存实亡。现在的兴华禅寺是 20 世纪 90 年代重建的。

如今，为了配合旅游开发，禅寺侧边依山傍水而建设有民俗村，“走马楼”等传统民居古趣横生，土木结构建筑给人一种与大地肌肤相亲、浑然一体的亲切感，垂柳拂桥栏，水中映绿荫，在把“小桥流水人家”的古老逸韵生动演绎。又有修饰得体的院墙把房舍与游道隔离，让人油然而生“庭院深深深几许”的感触。但那条道路并非直线，曲径通幽，忽而豁然开朗，心舒神爽。这种园林建筑，也颇有禅意，与禅寺搭配得很好。

三、人才辈出，山水有灵

道吾山佛教不仅给浏阳人民带来了心灵的安静、在很长的历史阶段承担了传播文化知识的重任，而且更主要的是其潜移默化中孕育了特有的地域精神——无畏艰难勇往直前，敢为人先，坚忍不拔，光明磊落，实事求是，真挚热情，侠义献身。

这些特点，在维新运动领袖谭嗣同身上有体现，在辛亥革命先驱唐才常、焦达峰、陈作新、余昭常、黎尚雯身上有体现，更在新民主主义革命及社会主义建设的领袖胡耀邦、王震、宋任穷、王首道、李志民、杨勇、唐亮等身上有体现。浏阳人总是走在风气之先，视野总是更为广阔，各方人才更是精彩纷呈，令人目不暇接。譬如参与毛泽东主导的新民学会者，有陈昌、罗章龙、陈绍休等；譬如赴法勤工俭学者，有陈绍休、陈绍常、孙发力、黄建中、熊为琪、傅昌钰、熊季光、熊淑彬、肖珉等，有 18 人之多；譬如赴日本留学者，有唐才常、焦达峰、黎先诚、罗介夫、唐有壬、欧阳予倩、张秉文、陈熹等——这些人皆思想新锐，学有所成。至新中国成立，浏阳籍七院士又闪烁着耀眼的光芒。浏阳仁人志士、学人才子，就像春深时节碧绿的浏阳河水一样奔流不止。以清朝末年到民国时期乃至新中国时期的浏阳为例，我们思索片刻，便可以开出一个在文化学术界有着重要影响的长名单来——谭嗣同、唐才常、欧阳中鹄、欧阳予倩、徐绍清、贺华元、欧阳寿庭、戴清升、陈文新、赵煦、周其凤、何继善、黎鳌、黎介寿、黎磊石，等等。

还有1955年上将李志民（1906～1987）、杨勇（1912～1983）、唐亮（1910～1986），中将孔石泉（1909～2002）、汤平（1903～1968）、张藩（1909～2002）、张翼翔（1914～1990）、饶子健（1909～2000），少将刘子奇（1900～1976）、石敬平（1916～1990）、江文（1914～2010）、汤池（1909～1996）、苏鲁（1901～1976）、苏鳌（1912～1975）、李贞（1908～1990）、李信（1907～1985）、李辉高（1904～1969）、杨世明（1907～1986）、何志远（1912～1992）、邱蔚（1913～1957）、张和（1915～1967）、罗若遐（1907～1988）、黄霖（1913～1986）、黄曹龙（1911～1979）、曾涤（1913～1971）、熊晃（1913～1996）、黎东汉（1914～2007）、戴文彬（1909～1982）……

认真说来，这一切都是浏阳文化。也都与大围山、道吾山、浏阳河等这些山水相关，而更集中于浏阳文庙这个文化源头。

有一个令人惊讶的文化事实我们不得不承认：浏阳文庙曾经是中国第一个民间科学团体“算学馆”的创始地，也曾经是全国祭孔乐器保存最完整的一个圣贤之地，因此被界定为“国乐古礼在浏阳”。至今，浏阳文庙还保存着曾国藩欣赏浏阳文庙“韶乐”后欣然书写的“雅淡和平”、“精深正乐”的匾额。

不妨想象一下，当时的曾国藩微闭着眼睛聆听着苍劲幽古、浑厚清雅的韶乐时，他正盘算着湘勇如何战胜太平军，但他不知道的是，道吾山那一泓湖湘流韵早就覆盖了浏阳并会最终掀起惊涛骇浪，使浏阳天下名扬。

历史不容重写，但从佛法开始的传说，不会灭绝，这是浏阳文化的根，也是它走向世界的依靠。

沩山：万佛灵山是祖庭

沩山，亦名大沩山，是唐朝宰相裴休（791～846，字公美，今山西运城闻喜人，官至吏部尚书，封河东县子，赠太尉，善文章，工书）在任湖南观察使时为与浏阳的围山作区分而命名之。明末清初著名学者陶汝鼐（1602～1683，字仲调，号密庵，宁乡人，崇祯举人，工诗、文、书法，有“楚陶三绝”之誉）称：“衡岳之下，山之大者以数十，而沩最著。”山处宁乡西北，是宁乡、安化、桃江三县的天然分界线。沩者，四面皆水也，因四周云气相汇，漫山升腾，草木茂盛，雾障云缠，大气磅礴，故有传说言其得名因舜有子“沩”在此开发搅动日月。

“大沩凌云”为旧时宁乡十景之一，清举人周在武（宁乡人，曾任知县、教谕，主讲宁乡玉潭书院）题诗说：

大沩十万丈，上与浮云齐。
山势长不改，云飞东复西。
云去山有风，云来山有雨。
风雨无定期，云情竟如许。

唐朝的裴休、郑愚、李景让、崔慎、卢简求、李商隐、温庭筠、皮日休、刘长卿、张乔、陆龟蒙、齐己，宋朝的张浚、张栻、朱熹、陆游、易祓、喻觉范（惠洪），明朝的王守仁、李腾芳、郭都贤、周堪赓、陶汝鼐、五峰、养拙，清朝的陶澍、曾国藩、罗绕典、蓝渭、李一生、易贞、朱之栋、黄道宪、周鋐、陶之采、陈鹏年、王闿运、王长昱、陈嘉猷、八指头陀、仪霖、廖树蘅，还有毛泽东、萧子升、王东原（民国）等，都曾游历沩山，留下不少诗文与传说，可见自古至今沩山就是文人墨客的抒怀论学、说理品性的名山大岳。

尤其是陶汝鼐所作的《沩山十二景》——他分别为毗卢峰、芙蓉峰、优钵泉、禅衣峰、寄檀灵树、天人供石、象王峰、峨嵋塔、神木井、石龙枧、龟山、龙潭题各写了一首诗，明清时期流传甚广，为沩山美景做了最精辟的概括。

而更叫人惊讶的是，近当代此地屡屡出土的精妙绝伦的商周青铜器，改变了人们对西周疆域的认知，更反映此地人文底蕴的深厚与历史的悠久。因而，沩山成为祥瑞之山，不少达官贵人在离退之后都欲在此寻觅一方风水，裴休夫妇、张浚张栻父子就归葬于其山麓。南宋状元、被誉为宁乡开国男的易袚，嘉熙二年（1238）告老，欣然作《识山楼记》："仆于嘉定己卯岁自湘城归沩浦，复寻三径之旧，正在沩山之外，作楼于所居之南，其下为读书堂。旁一舍，环列于其间，设花槛与楼相对。"又云："仆老矣！日游息于是。沩山在望，紫翠交错，若拱若揖，相为酹酢。山间以四时代谢，烟云变化，朝暮万状。不越指顾之顷，洞察秋毫之微。"对结庐在沩山的得意，溢于言表。

然而，给沩山带来更大声望，并影响当地人文精神并奠基人文底蕴的，不是这些高官贵族、墨客骚人的诗文，也非藏于洞穴的生活器皿、文化遗址，而是沩仰禅宗！

一、灵祐开启一代宗

佛教从印度等地自东汉传入中国，在唐朝时达到高峰，形成许多佛教宗派，主要的八大宗派指三论宗、天台宗、律宗、华严宗、法相宗、净土宗、密宗、禅宗。其中，禅宗融入了儒、道两家文化的内容，以“禅机”接引给人留下回味余地，遂为重视个体自由、行为放荡无拘的学者士人所喜欢，从而成为最具生命活力的宗派，鼎盛之际竟达到“十寺九禅”的状况。禅宗以达摩为东土初祖，后有二祖慧可，三祖僧璨，四祖道信，五祖弘忍，六祖慧能（南）与神秀（北）。相传，达摩准备回天竺国前，对弟子念了一首偈：“吾本来兹土，传法救迷情。一花开五叶，结果自然成。”意思是要传法五代，才能使自己的禅宗发扬光大，这个时间正是盛唐，也即慧能创立南宗使其成为最典型的中国化佛教教派之后。慧能在曹溪去世后其门下弟子纷纷开门授徒，南禅形成了两大系统：南岳系与青原系。其中，南岳系到百丈怀海时分出了沩仰宗和临济宗，青原系分出了曹洞宗、云门宗和法眼宗，史称五灯分传。沩仰宗是南禅当中最早创立的宗派，以百丈怀海法嗣灵祐和灵祐法嗣慧寂的活动中心山名并称，故称“五叶之首”。

唐宪宗元和二年（807），一个中年僧人沿沩水溯源来到沩山。仰头看，他看到的是悬岩峭壁，树木森然；俯首瞧，他见到的是流水潺潺，清碧如玉。林中，猛兽高吼；水底，鱼虾奔走。他不由忆起了几个月前的往事。当时，他还在江西百丈山怀海门下。一个姓司马的头陀从湖南来，说在湖南寻得一山，名为大沩（又名肉山），是可住一千五百善知识的大道场，要怀海找个开山的人去。怀海于是以净瓶置地上，召集全寺僧众，指着净瓶说：“若能对众下得一语出格，当与（沩山）住持。”他的师兄华林首先被叫了出来，司马头陀叫他大咳一声，然后行走几步看看。华林照言做了，但司马头陀连连摇头。接而又喊来几人，司马头陀还是摇头言“不可”。这时，他正路过，向内探头一瞥，司马头陀忽然叫住他，说：“你试试！”他上前一脚踢倒净瓶，转身便出。司马头陀拊掌大笑：“沩山有主了！”当晚，怀海在卧室召见了他，传给衣钵，嘱星夜驰走。他风尘仆仆来了，看到这个地方，结草为庐住了下来。这个中年僧人，就是沩仰宗的开山祖师灵祐。

灵祐（771～855），本是福州长溪（现福建霞浦县南）人，俗姓赵，15岁出家，曾于杭州龙兴寺研读大小乘经律，后入浙江天台山，遇寒山子，造国清寺，又遇异人舍得，遵寒山、舍得之嘱，23岁时游访江西泐潭参学于百丈怀海。灵祐是在一个偶然机会开悟的。一天，灵祐正侍奉怀海，怀海问："汝拨炉中有火否?"灵祐拨了一下后说："无火。"怀海站起来，向炉中深深地拨了几下，发现火星，指给他看："汝道无这个，聻!"灵祐恍然大悟，明白怀海以炉中火星喻人自身中本具的灵火即佛性，叫他反省自身，返本归源。怀海进一步教诲他说："此乃暂时歧路耳。经云：欲识佛性义，当观时节因缘。时节既至，如迷忽悟，如忘忽忆，方省己物不从他得。故祖师云：悟了同未悟，无心亦无法。只是无虚妄凡圣等心，本来心法元自备足。汝今既尔，善自护持。"这段话，怀海是要他发现自身灵焰的无穷无尽，这般思考至于极点，就可体悟到自我佛性常住不变，事理圆融不二，这就是真佛所处的如如之境。后来，灵祐也是这般启悟慧寂的。刘长卿在《题灵祐上人法华院木兰花》中说：

庭种南中树，年华几度新。
已依初地长，独发旧园春。
映日成华盖，摇风散锦茵。
色空荣落处，香醉往来人。

灵祐讲究道法的自然天成，正如他种植的木兰花一般，必得待一定时期才能葳蕤生长，而前期是难见其成效的。

这从灵祐的生平也能看得出来。灵祐在沩山建立道场之后，终日与猿猱为伍，靠采摘野果充饥。他翘首盼望山下有人前来参禅悟道，但六七年间并未有所建树。庆幸，怀海惦念这个弟子，从江西派人前来了，为首的僧人法号大安（紫林懒安），他帮助灵祐建起了寺院，并说："我做你的典座，等到僧众达到500人，不管是什么时候，便可以不造我的粥，放我下山。"他们开荒种田，下山传法，沩山渐渐热闹起来。更庆幸的是，裴休时任荆南节度使，讲学益阳，乘便到沩山访问灵祐，尝咨玄奥，并布施，奏请创建密印寺。以后连帅李景让又奏请创建同庆寺。灵祐置僧田3700多亩，"天下禅学若辐凑焉"，食粥恒数千人。但好景不长，唐武宗会昌五年（845），武宗废佛法，毁铜像，勒令僧尼返俗，这就是著名的"会昌灭佛"。沩山的僧众一哄而散，灵祐也只能下山裹首为民。到宣宗初年时（847），废佛解禁，笃信佛教的相国裴休被贬职潭州（长沙），他亲自来到沩山脚下请灵祐重新剃发为僧，住持沩山。灵祐再度开山造田，建设寺院，并得裴休帮助得到相当一部分僧饭田。他宣扬佛法40余年，达者不可胜数。百丈怀海的丛林规矩，实际上是灵祐真正建立并在湖南发扬光大的。灵祐逝世后，葬于沩山，建塔于同庆寺侧，塔曰清净。他有《语录》一卷行世，传承弟子有慧寂、智闲、径山洪諲、西山道方等44人。因伟绩，他被谥号大圆禅师，清雍正十一年（1733），他又被加封为灵觉禅师。

沩仰宗的祖庭密印寺建于毗庐峰下，占地9000平方米，全寺建筑结构为八部分——山门、广场、万佛殿（全寺中心主体建筑，殿高九丈，殿内外有石柱38根，殿内以模制鎏金佛砖12000多块嵌诸四壁）、禅堂、祖堂、配殿、铺殿、兵房。寺内香火鼎盛，唐时僧众1500人左右，宋代大观年间竟达3000人。密印寺山门横额书"般若道场"四字，对联为"法雨来衡岳，宗风启仰山"，阐明了其佛法渊源传承。

灵祐及其沩仰禅宗，对于禅学的弘扬、宗派的延展具有十分重大的影响。其一，以"镜智"为宗要，疾"三种生"为虚妄，使顿悟与渐修合一之风大行。《人天眼目》载："师（沩山）谓仰山曰：吾以'镜智'为宗要，出三种生，所谓想生、相生、流注生。《楞严经》云：'想相为尘，识情为垢，二俱远离，则汝法眼应时清明。’云何不成无上知觉?”“想生，即能思之心杂乱，相生，即所思之境历然，(流注生，即)微细流注。俱为尘垢。若能净尽，方得自在。”三生用后来一位禅师的注解，可能更好理解——想生是“兔子望月”，相生是“山河大地”，流注生则是“无间断”。灵祐认为，这三种生都是妨碍人们悟道的尘垢，只有彻底清除干净，才能达到最高的境界。与其师怀海及之前的禅师不同，他除了强调自身顿悟，还把渐修融入了自己的修炼体系。他说:“若真悟得本，他自知时，修与不修，是两头语。如今初心虽自缘得，一念顿悟自理，犹有无始旷劫习气未能顿净，须教渠净除现业流识，即是修也。不可别有法，教渠修行趋向，从闻入理，闻理深妙，心自圆明，不居惑地。”一念顿悟是对生死解脱大事的根本觉悟，顿悟之后，仍有许多旧习气要逐步克服，方能有全面、彻底的觉悟。灵祐的这一改动，更契合了儒家学人的学佛心理，不仅继承了禅宗明心见性、顿悟成佛的优良传统，也是对禅宗南北顿渐之争的正确总结，对于克服中唐时期南宗偏于顿悟、轻于渐修之弊，是有益的，也是颇有创见的。

其二，体用一致，重视农耕，接引方圆，构筑了论禅的和谐氛围。灵祐从佛教的立场出发，吸取道家清静无为的思想，以“无心”为“道”。他的《语录》说:

僧问:“如何是道?”师云:“无心是道。”僧云:“某甲不会。”师云:“会取不会底好。”僧云:“如何是不会底?”师云:“只汝是，不是别人。”复云:“今时人，但直下证取不会底，正是汝心，正是汝佛。若向外得一知一解，将为禅道，且没交涉，名运粪入，不名运粪入，污汝心田。所以道不是道。”

人的本心、本性就是体，这个体又总是表露出来，这就是用。灵祐强调从用中去体悟自己的体——本性或佛性，所以既要知其用还要知其体，这才是悟道。这个关于体用一致的观点，具有一定的哲学价值。

更可贵的，与其他宗派门庭严峻形成鲜明对比的是沩仰宗的接引方圆默契，谈笑风生。《景德传灯录》载：

石霜抵沩山为米头，一日筛米次，师云："施主物，莫抛散。"石霜云："不抛散。"师于地上拾得一粒云："汝道不抛散，这个是什么？"石霜无对。师又云："莫轻这一粒，万千粒尽从这一粒生。"石霜云："百千粒从这一粒生，未审这一粒从什么处生？"师呵呵在笑，归方丈。

你看，这师生之间的传禅论道信手拈来，似乎并无尊卑、师徒之别，倒充满智慧与默契的禅趣。

《景德传灯录》又载：

普请摘茶，师谓仰山曰："终日摘茶，只闻子声，不见子形。请现本形相见。"仰山撼茶树，师云："子只得其用，不得其体。"仰山云："未审和尚如何？"师良久。仰山云："和尚只得其体，不得其用。"师云："放子三十捧。"

这则禅学公案，反映了其寓修于农的作风，也表现出接引中和平、意气相合、机锋互换的特点。对此，白云守端禅师评价道："父子相投，意气相合，机锋互换，啐啄同时。虽然如是，毕竟如何道得体用双全去？沩去放子三十棒，也是养子之缘。"

《法眼禅师十规论》总结说："沩仰则方圆默契，如谷应韶，似关合符。"这个概括评价，是极为中肯的，这也是沩仰宗多年宗脉不断的重要原因。难怪《人天眼目》要羡慕地说："沩仰宗者，父慈子孝，上令下从。尔欲捧饭，我便与羹。尔欲渡江，我便撑船；隔山见烟，便知是火；隔墙见角，便知是牛。……大约沩仰宗风，举缘即用，忘机得体，不过此也。"

其三，传承开放，十方丛林。寺院的传承大体是遵循两种丛林制度的：一种为渡弟丛林，又叫子孙丛林，即师傅传给徒弟，徒弟再传徒孙；另一种是十方丛林，它是面向全国乃至世界延请大师担任主持，因而是一种开放的丛林制度。这种制度有利于包容宇内高僧大德，更有利于寺院的发展，从而使寺院即便遭遇巨大劫难也能宗风再振，宝刹重光。灵祐寂灭后，大安继席住持，四年后慧寂接手，并在江西袁州仰山弘法取得极大成功。进入五代，沩仰宗高雅、审细的宗风特点曲高和寡，进入衰退期而与临济宗合流，但沩山还是出了一批大和尚，还曾一再风光重现。

除此之外，据传为灵佑禅师亲撰的《沩山大圆禅师警策》，虽不属禅法著作，但对后学僧格的养成极有意义。有人评价说："自古即被视为禅林初学者必读书籍之一，与《四十二章经》《遗教经》并称为佛祖三经。"是故"言佛者天下以为称首"，足见人们对灵祐及其沩仰宗的推崇。

必须加以说明，灵祐沩仰一派兴起还得力于两个人物。一是曾在此地任职的裴休。裴休在湖南任观察使时，延请已还俗的灵祐，"乘之以己舆，亲为其徒列"，大兴土木，重振同庆寺，使禅宗五家中沩仰宗最早兴起。可以说，他是沩仰宗扩招门徒、地位合法化的经济和政治后盾，他还把其子送到灵祐座下出家为僧，这就是《高僧传》中有名的法海。灵祐卒后，裴休请卢简求为碑，李商隐题额，为之修塔于同庆寺后，并和自己的学生崔慎屡次上书朝廷，使之谥为大圆禅师，并得以修密印禅寺，其对灵祐的推崇备至，令人叹服，裴休死后亦葬于沩山，为沩仰宗之大行真可谓鞠躬尽瘁了。另外一个是齐己。齐己是沩山人，是沩仰宗的后人，他以诗作闻名，《全唐诗》中就录有他不少佳作，但他也是个得道高僧。他就是在同庆寺出家的，圆寂后亦葬于此地。他的诗中不少哲理实际上就是来自于禅，是禅的发挥，沩山至今还有不少处古迹与他有关。他为沩仰宗开辟了以诗启悟的另一传统，对其走入文人墨客中有着重要影响。

二、如学超海是圣僧

寺院易为火灾。沩仰宗的祖庭密印寺也似乎在劫难逃。宋徽宗崇宁三年（1104），因寺僧不慎失火，密印寺发生了第一次大火灾，寺宇一夕尽焚，法器也大都烧毁，直到五年后云门寺僧空印运轼前来住持沩山始筹划重建，历八年才基本恢复大雄宝殿、法堂、祖堂。第二次大火发生在明太祖洪武三年（1370）夏天，是因官绅在寺外争斗引火蔓延而至寺内，烧坏了大雄宝殿，烧毁了佛像。后当年冬天由临济宗撤堂禅师主持重修殿宇，给佛像装金才得以恢复。第三次大火则发生在明神宗万历四十七年（1619），因密印寺与姜、何、李三姓田产纠纷，被受贿的按察司副使委派宁乡令汪大壮、安化令陈名扬杖逐寺僧纵火焚烧密印寺与同庆寺，毁坏钟鼓。直到十年后，由尚书李腾芳偕检讨陶汝鼐游沩山后责成有司衙门负责筹资恢复寺宇。

还有战争，更朝换代。战火连绵，什么也不能留下，这种惨痛在一个王朝的末年屡屡发生，沩山僧众却无能为力。朝代的更替，更是让人吞下苦果而说不得。譬如元朝，统治者是信佛的，但信仰的是藏传喇嘛教，文化的差异、社会统治的需求就给崇尚自由的禅宗发展设立了阻碍。

但比火灾，比政治、经济、文化各方面因素的影响更为可怕的是，沩仰禅宗衰退，人才凋落，一度完全为临济宗取而代之。因而出现“五代断传论”等认知，甚至灵祐的贡献一度被佛家史传抹杀。可祖庭不坍，必有后路，峰回路转的先兆突然就出现了。明朝末年，沩山出现两个祥瑞之兆，一是灵祐亲手所植的那棵本被雷火所焚枝干尽枯的白果树忽然长出新芽，并很快恢复了生机，二是密印寺后院的一棵白果树，中间长出檀树枝来了。这两个祥兆，似乎在预示着什么，也给正在努力重兴寺院的僧众以信心。

明崇祯四年（1631）五月，在圆老上座的一再邀请下，当时禅学界声誉鹊起的五峰如学来到了沩山，住持密印寺。如学俗姓任，关中临潼人。20 岁出家后一度游方参学，后投天童密云圆悟禅师座下请益，成为其法嗣。流传于世的禅学公案，与如学相关的不少，常说到的有三则：

第一则：

一天晚上，茶饮次，圆悟禅师蓦地伸出脚，问如学："你作么生？"如学便伸出自己的脚，踢了一下圆悟禅师的脚。圆悟禅师笑道："未在！未在！"如学道："和尚道看。"圆悟禅师便顺势倒卧在床座上。如学道："也只是困。"圆悟禅师道："你又与么去也！"如学于是便起身礼拜。这则公案，说明如学已经学得禅宗不着文字的真谛。

第二则：

一日，如学入室，向圆悟禅师辞行。圆悟禅师握着拂子，说道："唤作拂子则触，不唤作拂子则背。不得拈起，不得放下，不得下语，不得无语，不得错举。若不错举，则分付汝。"如学一听，便连跳两下，说道："不要！不要！"圆悟禅师道："犹是乱叫乱跳，更试举看。"如学于是转身，说道："某甲去也。"圆悟禅师一听，便大笑，知道他脚跟已稳，不受人瞒，遂付以衣法和拂子。

第三则：

崇祯庚午年（1630），圆悟禅师移住黄檗，如学禅师应邀住西堂寮。一日，有僧元琦来参。元琦向如学竖起拳头，说道："识得这个，天下太平；识得这个，天下争竞。如何决断？"如学拈起拄杖便打。元琦便大喝一声。如学又打。元琦于是又连喝两声。如学又连打两下。元琦终于有省，遂呈所悟。如学道："此子彻也。"于是邀元琦入西堂寮交谈。如学道："汝有悟处，试道看。"元琦道：

“道即不难，只恐惊群动众。”如学道：“但说何妨。”元琦于是打一个筋斗而出。如学赞叹道：“真狮子儿，善能哮吼！”这则公案，甚可见当年灵祐启悟慧寂的影子，也可谓灵祐隔世知音了。

崇祯癸酉年（1633），如学离开沩山，移住金陵祇陀林，不久便圆寂。生前著有《五宗派叙》。

如学虽然只住持了密印寺两年，但对于沩山的意义极大。一是他把沩仰禅风尤其是接引徒众的方式方法带回了发祥之地，故后人一再称颂如学饮水思源奉为楷模。二是他善于识人，付法于养拙行明，看中的正是在乱世之中行明的聪颖机巧，而行明很快利用战乱田地荒弃的机会恢复了密印寺的重农传统，使僧田达到三百余亩，自耕自足之余还可救济当地穷人，为密印寺争得了人缘，也扩展了徒众。当然，行明最引以为自得的，是他传法给了慧山超海，这时已经进入了清朝，超海成为密印中兴的中流砥柱。

超海生于公元1612年，福建汀州上杭县林氏之子，15岁随父来楚经商，20岁投汉阳无相和尚，接着来湖南参学大沩山养拙行明禅师，顿悟禅学，就一直侍奉在行明身边，成为其法嗣，顺治时声誉中天，康熙十一年（1672）圆寂。他从清顺治六年（1649）接任密印寺第70任主持，一直到康熙八年（1669）才传给了古梅明洌，担任住持20年之久，这对他施展才能提供了足够的时间。依照《大沩山宏法名僧传》的记载，慧山超海的首徒应为古梅明洌，但其知名的弟子及再传弟子甚多，弟子中接得密印寺主持之位的就有四位——先有明洌，再到康熙十年（1671）为易庵明应，十七年（1678）为揆庵明空，三十八（1699）年为月憨明权，而再传弟子中的接任者更多——首先有康熙三十一年（1692）明洌的弟子天翼实翔，再有三十五年（1696）明应的弟子敬元实足，四十四年（1705）明空的弟子实珆，五十一年（1712）明权的弟子石木实照，五十七年（1718）明应的弟子浮雪实正，六十年（1721）明应弟子牧峰际云，到雍正四年（1726）有应权的弟子一门实超，六年（1728）有明冽的弟子铁舟际洪，十一年（1733）有明应的弟子远月实敬。这样的法嗣相传，香火不断，恐怕正是超海成为一代大德，广为人赞的重要原因。

实事求是地说，慧山超海对于清代沩仰宗的中兴是起了关键作用的。最突出的有四点：一是学法古今，融会贯通，佛学深厚而深为世人瞩目，自身起了弘传佛法的标杆作用，通过与当时较为流行的临济宗杨岐派的教义相融合，从而顺应了时代；二是重修殿宇，再现沩山密印寺唐宋道场之规模，附带把同庆寺也重新建立了起来，并由其弟子们发扬光大，建起了著名的祖庭拱卫五寺（梅山寺、同庆寺、上流寺、普济寺、白云寺），并五寺轮流坐庄，供奉密印禅寺，一时蔚为大观；三是得到地方官员及朝廷的支持，恢复耕种自唐朝宰相裴休始为密印寺奉送的寺田，奠定了清代沩山寺院经济之基础，也弘扬了灵祐慧寂以来的亦农亦禅的传统；四是对佛门子弟严格要求，指导其座下弟子书写山门清规，为清代沩山佛教的兴盛打下了良好的制度基础。也正是因为这四点，沩山在佛教中的地位甚高，至民国时期还为湘楚佛门翘首，乃至在全中国也谓独树一帜。这功劳，算在超海的身上实不为过，也因如此，佛门将其列为临济宗第34世、沩仰宗第43世，而信徒称其为沩仰中兴第一功臣、“灵祐再来”也就不足为怪了。

有个成语叫挟山超海，比喻做绝对办不到的事。语出《孟子·梁惠王上》：“挟泰山以超北海，语人曰：‘我不能。’是诚不能也。”慧山超海不信邪，也做出了前无古人的业绩，实在可钦可佩。在我们的常见成语词典中，还有一个成语叫拔山超海，意为拔起高山，超越大海，比喻力量极大，出自北周庾信的《拟连珠》：“经天纬地之才，拔山超海之力。”北齐的魏收有篇叫《为侯景叛移梁朝文》的文章也说：“持秋霜夏震之威，以拔山超海之力，顾指则风云总至，回眸而山岳削平，虽复旗鼓所临，有征无战。”超海禅师，岂不正有拔山之能吗？

超海最有名的弟子自然就是明空。《五灯会元》中记载有其一则公案：

每请益已，躬达痛棒。充饭头，一夕送七堂饭。慧山超海问曰："朝闻道，夕死可矣，如何是道？"揆庵明空拟对，慧山超海打曰："耳道落在什么处？"师豁然猛省。次年入侍寮，机语甚惬师意。后遍参诸方。归，复侍慧山超海左右。

明空在康熙五年（1666）入主同庆寺，后在益阳龙门寺、安化开元寺等弘法，广受信徒崇拜，康熙十七年（1678）又主持沩仰祖庭密印寺，成为其73任法嗣，影响就更大了。相对而言，他的师弟明净虽主持过芙蓉山的普济寺，但声名逊色得多，禅学名师中根本没有他的记载，可见其禅学慧根不深。但明净于普济寺的弘扬光大却是功绩卓绝，不可或缺。据当地信徒记载，明净为宁乡沩山人氏，姓赵，侍奉慧山超海起居三十载而无怨语，被派去监收寺田租金，与佃农同生产而所得全奉寺院，得师欣赏，遣至芙蓉山普济寺主席。他为人敦厚，又懂医学，医术高超，百里内得其慧佑者不下万人，是故后来重修普济寺及新建上流寺时，资助者蜂拥而至。后来，明空派弟子去主持迴龙山的白云寺，明净嫡传弟子主持安化大梅山梅山寺（又疑为大熊山大熊寺）等，都曾信徒逾万，香火不绝。

由于这些寺院同时宣传临济与沩仰两宗的教义，佛学居士便将其中宁乡沩山同庆寺、芙蓉山普济寺、流沙河上流寺（现属青山桥镇内）、迴龙山白云寺和安化梅山寺合称为护佑沩仰宗祖庭密印禅寺的拱卫五寺院。特别是康熙五十四年（1715），这五家寺院搭成轮流主持密印寺的共识，签署《大沩五家轮住合约》规定："自今以后，三年为进退，继其席者当依房次遴选，毋得循师越请。"这就更是黑字白纸把拱卫五寺明确了下来。

拱卫一词，其义为环绕、护卫，有谦卑之意，在此意味着自陈为沩仰宗的宗脉，要为其光明正大而做出能尽之力。语含五字，契合佛家莲花五瓣之蕴意，乃有寄托绵延万年之望。但可惜的是，五拱卫中梅山寺在雍正年间早佚，同庆寺、上流寺也曾一度寺空僧走，而只有普济寺和白云寺香火至今未熄，即使“文革”中破四旧，也依然有信众偷偷焚香膜拜。

佛家选寺，是极讲究地理的，山形拱立之地多有寺院。譬如北京西郊的潭柘寺，背靠潭柘山宝珠峰，周围有九座高大的山峰呈马蹄状环抱拱卫，被称为“九龙戏珠”，极具帝王之气，因而受皇家恩宠也就不足为怪了。沩仰信众中有人说拱卫五寺香火相异悬殊，也与其山形地貌相关，“芙蓉是佛家坐台、迴龙极近禅意，梅山语含晦气，流沙之地物不能存，而沩山同庆寺太近祖庭全靠祖庭蔽佑，何能拱护？”

其言我等实在不敢苟同。窃以为，拱卫五寺遭际的不同与禅宗宗派难以延传的理由很类似。除却一定的地理与历史偶然性，禅宗冷落的关键原因是传承法脉的优秀人才的缺失。北宋契嵩说：“然其盛衰者，岂法有强弱也？盖后世传承，得人与不得人耳。”这也正是佛门常说的“人能弘道，非道弘人”的体现。对照几座寺院的法嗣，我们能够发现，寺院经营人才不济才是他们致命的要害。反观之，芙蓉山普济寺明净之后的几任主持，如实幻、际怀（皆明空法嗣）及之后的了然、慧霞等人，不仅自己有一技之长（如医学超群），德行高远惠民深厚，而且长期驻寺、多从地位卑微者慢慢擢升，重视寺田生产，对寺院长老弥陀管理严格，信徒拥戴自在情理当中了。

佛籍中有载：唐天宝十二年（753），南岳禅系二代宗师石头希迁在南岳观天，望见青羊山（沩山、芙蓉山、迴龙山等当时皆称青羊山）五道佛光冲天，骇然而惊，留偈语说：“芙蓉国中有神珠，五寺拱卫护大叶。”果如此，宗师可曾看到五寺不齐之后果？

三、伤痕累累焕新生

自古灵珠多磨难，名门佛寺在战火、天灾、人为损毁之间的挣扎，似乎是个天劫。或如黄道宪《宿沩山次远师韵》所言：

屈折寻樵路，禅扉夕未扃。
酌泉分坐月，下榻聚占星。
霜暗林光合，云深谷响冥。
荒凉前代碣，半蚀藓花青。

民国七年（1918），佃户张三元的一把大火，使密印寺受到了第四次毁灭性打击。烈焰熊熊，持续三天三夜，火猛水少，寺僧及当地村民扑救不得，房屋、佛像、经典、法器、粮食、物品尽化为灰烬，周围植被皆被烧焦臭不可闻。众僧长跪于万佛殿前号啕痛哭，净尘、自新等人更是抱佛殉难于火海。千年祖庭沦为废墟，沩仰法脉奄奄一息。

这一惨况，引起了全国佛学界有识之士的关注。以永光为首的僧众，到处奔走呼吁，希图兴复沩仰宗派。他们通过协商，以密印寺附属的双栗等五寺让与临济宗的五房法脉，而让密印寺恢复传承沩仰宗派，同时先后邀请全国名师虚云（1849～1959）、太虚（1889～1947）、法航、宝生（？～1946）等来沩山住持。当时，省教育会觊觎密印寺寺产。太虚的老友惠敏、开悟劝请大师住持密印寺以压制这种觊觎。1922 年 12 月 5 日，应湖南缁素之请，太虚来到长沙，与诸方商议恢复祖庭规划，确定量入为出的原则，发布了振兴禅宗沩仰宗祖庭密印寺的文告。12 月 11 日，太虚进密印寺，以性修为监院，在密印寺礼灵祐塔，说偈，并作《读八指头陀住持沩山诗感和》四首。12 月 16 日，太虚返长沙，应赵炎午、吴景鸿等之请，在六星桥湘西公会讲学，连讲三日，题为《对于批评佛法者的批评》《佛法与宗教及科学》《佛法为圆满之哲学》。太虚还在长沙与晓观等发起创办孤儿院，并任佛教慈幼院院长。太虚住持密印寺时间虽然不长，但对于密印寺祖庭建设和振兴，对湖南佛教起了很大的促进作用。

在住持宝生、居士朱友谅等的积极努力和安徽省检察厅厅长郭振墉的大力倡导、联络下，密印寺得到江淮、湘鄂等地的募捐。密印寺自1926年始着手修复，历时共17年，耗资75000银圆，重建了大佛殿、禅堂、法堂、斋堂、方丈室及围墙等。但好景不长，接下来的日本侵华，战事频仍，寺院萧条，土改前夕仅剩几名僧人守着残墙破瓦、孤苦度日。

新中国成立后，毛泽东对这座自己年轻时与萧子升等一起游学的名山没有忘怀。1956年接见中共宁乡县委书记张鹤亭时，他明确指示要对密印寺加以保护，针对部分人主张把寺院毁掉的情况又特别指出要加以维护。因而，在“大跃进”那种特殊年代，密印寺还是较为妥善地保存了下来。但“文化大革命”的到来，彻底毁灭了僧众抱残守缺的梦想。据宁乡县《文物志》载：“造反派把三尊大佛像拉倒后，约50立方米的骨架材料被抢劫一空，连窗格玻璃也被变作敬仰馆的装饰品，铜钟铁炉统统被砸成破铜烂铁……”以文化的名义来毁坏文物、刺伤真正的文化，这是一个天大的笑话、绝妙的讽刺。灵祐有灵，当在地下痛哭不止。

庆幸这种伤害很快随着“文革”的结束而结束了。1972年，密印寺重新被列为省级重点文物保护单位；1991年8月，宁乡县政府将其移交长沙市佛教协会，寺院开始大修，同时有了住僧，开始了宗教活动。2005年，密印寺迎来了其历史性的转机。为迎接中国宁乡首届佛文化节，中共宁乡县委、县人民政府从开发旅游的目的出发，成立沩山风景名胜区管委会，全面启动了密印寺的修复建设和拆迁安置工作，重建了钟鼓楼、万佛殿等一批建筑。之后，又建造了总建筑面积3999平方米、地面高度21.9米的千手观音圣像。当代大僧一诚（1927 ~）、圣辉（1951 ~ ）分别于2005 年和2015 年为密印寺、千手观音圣像主持开光大典，重提沩仰禅学，万佛灵山的祖庭光焰红通。

如今，沩山成为全国知名的4A 旅游景点，不仅信佛人士趋之若鹜，四方游客也纷至沓来。他们礼拜高僧，恭听梵音，欣赏风景，还使当地的土特产一时奇货可居。沩山土含硒、锌等元素，对人体极为有利，沩山毛尖茶列为全国十大毛尖名茶之一，使当地民众近三十年少有癌症。

这让人不由忆起，沩仰一宗高寿之僧众多，像灵祐就活到了83 岁，他的弟子仰山慧寂也活到了 77 岁。在那种兵荒马乱的时代，他们的寿命都似乎比同代高僧高些，莫非正是托这山水之福？

芙蓉山：五福寺院颂凡音

一种区域文化精神，最集中体现于人们的日常生活当中，如言谈举止、笔墨文章、传说故事、性格情怀、宗教信仰，等等，尤以宗教信仰最为持久，繁文缛节中不经意地透露出区域居民的性格特点。譬如祈福。

五福齐全，是人类的大同理想。“五福”是古代汉族民间关于幸福观的五条标准。原出于《书·洪范》：“五福：一曰寿，二曰富，三曰康宁，四曰攸好德，五曰考终命。”五福是人生中缺一不可的。若是长寿但贫困交织，生活凄惨那就了无生趣；若是富贵盈门但疾病缠身，生不如死；若是富甲一方但无施德之行、悭吝成性，那也是地方妖怪，难得善终了。接受了儒、道两家本土化改造的中国佛教，也吸纳了五福文化的基因，大肆建筑与五福相关的寺庙。一般说来，寺院发达的地区在佛教兴盛的年代就会形成五福寺院群落。譬如清朝康乾盛世年间，长沙就拥有了完整的五福寺院群：现岳麓山上的麓山寺（原名万寿寺），湘江畔的开福寺，谷山的宝宁寺，望城的洗心寺，天心区的玉泉寺。五寺相互呼应，香客络绎依次参拜，谓为拜五福或踩五福。

但以一座山而同时拥有五福寺院者，以中国之大，唯有宁乡芙蓉山！

一、奇丽山水天下秀

芙蓉山古名青羊山。清同治《宁乡县志》载：

在县西一百六十里。南接大沩界，联安化，高十五里，东西四十五里，南北三十里。奇峰叠秀，状若芙蓉。中有泉，清冽可镜。下为青羊潭。天宝六年，樵者见青羊卧其上，故《九城志》称青羊山。山有寺曰芙蓉，为唐楷禅师道场。

民国《宁乡县志》则说：

……殆即古青阳山，即大芙蓉山……山广大，盖其东半在宁乡，而西半在安化也。

《大沩山志》又载：

考芙蓉之有广化……唐元和时创建……开于祐祖之法嗣志和。

现观，芙蓉山位于长沙、娄底、湘潭、益阳四个地级市的交界之处，海拔880米。唐代诗人刘长卿赋诗《逢雪宿芙蓉山主人》：

日暮苍山远，天寒白屋贫；
柴门闻犬吠，风雪夜归人。

明朝诗人李纂作《登芙蓉山》：

偶上芙蓉山，山殿朝阳晓。
直上孤顶高，平看众峰小。
青翠满层峦，藤萝覆幽沼。
始悟人世间，纷纷亦何扰。

明末清初大学者陶汝鼐在作《沩山十二景》时题有《芙蓉峰》说：

更横榔栗向千峰，绝壁粘天觌面逢。
莫讶芙蓉青未了，孤猿啼彻白云封。

诗下自注道：“芙蓉山当寺之前西去五十里，青嶂倚天。中有古刹，云是楷禅师曾挂锡杖处。”

清朝著名的诗僧八指头陀更是在当时的广化寺内作诗六首，举其二，诗一：

欲揽芙蓉秀，宁辞山路长？
溪藤牵帽落，岩溜溅衣凉。
寒树堕秋叶，幽花吹冷香。
茅茨隐深谷，云是野人庄。

诗二：

裂石云根断，盘空磴道悬。
笋舆肩屡歇，布衲脱仍穿。
虎迹留苔径，龙湫吼瀑泉。
平生好山水，遇胜辄流连。

清人彭开勋（字勒彝，宁乡人，嘉道间诸生）作《大芙蓉山》称：

奇迹谈天宝，青羊或寝讹。

山云红过涧，潭水碧无波。
几面芙蓉出，千年蝙蝠多。
上方钟寂寂，高处有维摩。

按照明清时期的地图，芙蓉山区域包括现在宁乡西南的广大地区，大致青山桥、流沙河、龙田、沙田、枫木桥、老粮仓的绝大部分村落都归属其下。

芙蓉山的山水，可用“奇”、“丽”两字概括。芙蓉山的奇，倒不是因了张栻的题字“奇峰叠秀”，也不因为历代诸生的诗句“上头壁立起千寻，下到群峰次第深”（张栻）、“钟声天外落，常觉白云低”（周抡枢）、“五十里余青峰合，嵯峨天半雪地寒”（姜日璜）、“崖前得雨添新瀑，石萼逢春长旧苔”（周俊煊），而是实实在在其山有着非同一般的奇妙。

这种奇妙，可用四句话来概括：峰似莲瓣次第起（从卫星地图上能够清晰地看出，整个芙蓉山脉恰似一朵花蕊稍偏的莲花），四嶂拉帷护沙镇（北面扶王山、西边王安山、南侧洪家大山、东部望北峰高耸入云恰把流沙河镇帷幔护卫），三蕊叠秀偏西走（三角寨、瓦子寨、罘罳峰构成了一个同心圆），释顶道腰洞窟深（佛教庙宇多建于山峰之巅，而半山腰的道观与山底的儒家学堂也错落有致）。

芙蓉水丽，也基本体现为四点：抬头春蚕佛祖礼（楚水恰似一条春蚕，在流沙河镇陡地一转，如蚕忽抬得头来向西北方的芙蓉山上礼拜），九龙戏珠一脉流（现田坪水库原青羊湖作为楚江源头九道溪水灌注填充水源的格局一直未改），田畦随水稻粮香，四季风景显春秋（楚水冬萎春涨夏秋洋溢，尤其是新康河段未拦江锁断之前舟揖帆影直达现今的流沙河原同文古镇，是新中国建立以前三湘知名的河埠码头，贸易之隆史书屡有记载）。

特别要指出的是，源自芙蓉村境内的流沙河，又名楚江，是湘楚大地和楚国得名的重要缘由。宋徽宗时的道士、龙田人谢拙田的《与仲平楚江辞别》，有句说“昔搏一国名，今送君赴京”。光绪年前后的洪汝冲（字味丹，宁乡南田坪人，曾官刑部主事，辽阳知州）曾寄信给友人描绘家乡楚江这么说：

夏秋时山水盈江，浊浪排空力无穷，青山坍崩势万钧。然春风送暖，水缓清澈，花香迷人频可见之，一舟而过时鱼虾腾跃，两岸夹桃红于峭崖，李花如同雪下，煞是另一番景致。

二、五福寺院钟鼓兴

宁乡芙蓉山的五福寺院格局的形成，约略在宋元时代就有雏形，但有记载的是明朝永乐年间。《宁乡县志》记载，明成祖永乐十一年（1413）癸巳桂月望日，圣旨敕封“普济寺”。之后，万寿寺、万福寺、洗心寺（药王庙）、普济寺、释立寺五寺辉映，香炉鼎盛，带动着附近的上林寺、白羊寺、兴化寺、广化寺等大批寺院勃兴。这种旺盛维持了约两百年，随着清兵入关，五福寺院多毁于兵火中了。而到清朝顺治年间，因为超海禅师振兴沩仰禅宗，又一度重振，但维持时间不长，寺院的规模都未能恢复到明朝永乐年间的气派。而到如今，芙蓉山上仅余普济寺、二福殿（原万福寺一部分）、释立寺三座寺庙了。

五福寺院，传达的是一种普济天下的情怀。佛家的普济天下，除却以佛光普照之意外，还有救济万民于水火的意思。这与儒家所倡导的“达则兼济天下，穷则独善其身”是有极大不同的。儒家的普济，是建立在自我满足的基础上对于天下百姓的怜惜，也有显耀闻达的功利目的在内。而佛家的普济，是舍弃了自我无功利目的的，是欲苍生共赴大同大乐世界。

万福寺的创建者、万寿寺开山祖师灵惠（一说志和）座下首徒慧光，是值得大书特书的。据信徒的记载，慧光俗姓陈，是芙蓉山下现流沙河人氏，祖辈为农，少丧父，家贫如洗。慧光母亲信佛，无奈下将七岁的他即许给了当地的庵堂，后庵堂难持，14 岁投奔南岳福严寺度牒正式成为僧人，但主要是从事种菜和给厨房挑水的工作，后灵惠到芙蓉山弘法，慧光跟随之。当时，芙蓉山还属汉峒混交区域，建寺艰难。为建万寿寺，慧光忍饥挨饿四处化缘，有割耳剐肉之说。割耳说是讲他一日化缘到某地主家，地主笑言要他割下自己一只耳朵则可捐资建寺院大殿，慧光毫不犹豫如此做了。剐肉说则是说他建寺弘法的决心惊动了祝融大仙，大仙化为财主亲自考验他，要他剐肉敬献佛祖，慧光也照此做了。但即便如此，慧光与其师灵惠建立的万寿寺还是一再夭折，主要的原因是峒人的侵扰。信徒的记载说其十年内七次建修万寿寺难免有夸大其词之嫌，但建寺的艰难可见一斑了。灵惠圆寂后，慧光建有两座寺庙，一是重修了万寿寺，二是创建了万福寺，为芙蓉山五福寺院群落格局的形成，起了十分重要的奠基作用。但慧光之名少载于佛家典籍，这与其不弘禅学只重修身、强化自耕自足相关。芙蓉山下流传说，慧光名动三湘后，南岳宗系意欲为其修碑立传。慧光听闻后，劝道：“身外之物，于身何补？徒增烦恼耳！速停之，光之幸也。”于是，碑未再立，传亦未撰。

慧光之后，这种普济情怀得以延续，在战火纷乱频繁的年代里，佛家子弟更以“蝼蛄不分”、“我不入地狱谁入地狱”的精神谱写了一曲曲僧圣赞歌。宋太祖开宝八年即 975 年，李继隆被扶氏峒人攻击身亡，灵柩置于宁乡芙蓉山普济寺赐福，僧众念经三日，为一代名将入殓大做法事；后石曦为李复仇，俘斩峒人千人，僧徒们又做了七天的法事为峒人超度；兴国二年即 977 年峒人首领扶汉阳中箭而亡时，还是普济寺的僧人挺身而出，为其收尸归于峒族。与其说是佛法大义感化众人归皈，不如说是其采取感情攻势，不分你我、体恤民生的情怀感染了俗众。

站在这个意义上说，佛教对于当时朝廷抚顺峒人和推行汉化，做出了极大的贡献。尤其在熙宁五年（1072），宋神宗下令招抚梅山时，为防生灵涂炭，普济寺的主持长寂主动请缨深入梅山腹地各峒说法劝降。关于这段历史，信徒们有所记载：长寂与沩山密印寺长老颖诠等三人刚进入峒区，其一即被蛮族捉拿火焚而亡，长寂与颖诠逃难中又为人所虏，峒人迫其还俗为奴耕作三载。他们一方面屈从，另一方面偷传教义，在峒人中发展信徒才得以逃脱。历经千辛万苦拜见三十六峒峒主，颖诠终因年老体弱而圆寂于峒，唯长寂历八年才归。座下弟子见到他时，其衣衫褴褛、须发皆白，与当初壮年而入时判若两人。

正因为与其他地方的佛教重视玄学不同，芙蓉山的僧人大多入世而不避世，与当地民众打成一片，关注民众的生活，极力为他们谋得福利，因而也香火延绵千年。

现二福殿原万福寺往下百米道旁，原有块二米余高的戒斫碑，碑上楷书《戒斫松竹谒》：

千年竹，万年松，枝枝叶叶尽皆同。
为报四方玄学者，动手无非触祖公。

谒为长沙和尚即景岑禅师所赋。

景岑是南泉普愿的弟子，起初住在湖北远安的鹿苑寺，后来云游四方居无定所，是一位文学修身极高的名僧，《五灯会元》中记载其公案有四则之多。而这《戒斫松竹谒》，去华归朴，语意明了，直来直去，类似村语。但这正可证明这位得道高僧吟诗作对讲究对象，绝不拘泥，从这放得下的风格里直可探究一位大宗师的入世情怀。从内容上说，《戒斫松竹谒》无异于一份保护生态的号召书、一纸杜绝砍伐的禁止令。而无疑，景岑禅师就是中国最早的环保宣传者。据《宁乡县志》记载，芙蓉山有过三次童山濯濯的情况，最为严重的一次乃是发生于唐武帝时，据言是因“不堪峒蛮骚扰，遂命火焚芙蓉”，那个由灵惠及其弟子含辛茹苦化缘建起来的万寿寺就在这大火中毁于一旦，也有人说灵惠也在这场火灾中圆寂。景岑就是最早动手种树绿化芙蓉山的僧人之一。

当地流传一个《景岑望岳》的故事是这样讲的：景岑云游四方归来，见芙蓉山秃山焦树，想到所见五岳之草茂木盛，心中凄凉之意顿生，乃对天发愿说："毕一生之力，再造一岳。"以后多年中，他植下杉木树苗几十万株，亦带动了山下民众护林育苗的热潮。飞升之际，景岑望见披红挂绿、生机盎然的芙蓉山，说："六岳可期矣！"景岑可谓践力践行的佛门大德了，可为我等之榜样。

关于这块戒斫碑的下落，有两种不同的说法：第一种，抗日战争时期为炮弹所击中，碎裂为多块，后来补修普济寺的古栈道时拿去做了石阶。第二种，1927 年在谢南岭等人领导的沩山武装起义中，为了打击地主恶霸的猖狂气焰，在处死一个赵姓地主时当做沉石一起推到青羊湖中去了。不管哪种，都甚为可惜！

芙蓉山还盛产草药，南宋以来就被南方道家教派誉为"药山良地"。其地产的玉竹，主治养阴润燥，生津止渴，用于肺胃阴伤、高血糖、燥热咳嗽、咽干口渴、内热消渴等症，还适合食用，煲老鸭、老鸡、猪腱、鱼头、龙骨等做成的汤，对于体质虚弱、免疫力降低、阴虚燥热、食欲不振和肥胖的人都具有特殊的功效。与其说芙蓉山的高僧善于教化，不如说其懂得药理，治病救人而使寺院彰显。

据《宁乡县志》记载，在唐宋元三朝，该地有名的医僧竟达 80 余人，其中普济寺志一和尚最享盛名。志一是宋理宗时人，生卒及出生地址不详，大约年少时曾在安福戒冈山重兴律院主持道清和尚座下做过小沙弥。道清是以善治外科无名肿毒而名扬四乡的，嘉定年间（1208 ~ 1224）被敕封为"慈济大师"。他逝世前，医术传给了献可，志一与献可的医学传人志宁是师兄弟，约略可以推断志一的医道得之于献可与志宁，也是善于治肿痛和各种因毒引起的疑难怪症。当时，芙蓉山林森湿重，瘴气难散，他由此屡获口碑就不足为怪。志一和尚生前，曾做得一首《莲花药歌》，信人有载：

莲花药台有几许，佛身是药示凡尘。
救得天下诸菩萨，不是圣僧亦高人。

这诗通俗易懂，却颇值一再揣摩：佛教如若不能济世入凡，岂能发扬光大？当地还传说，明朝的正德皇帝患病服草药食猪肉而痊愈而使本地的草冲花猪出名，明末农民起义军领袖张献忠在此不远的大屯营患痢疾，也是得芙蓉山草药治愈。

这些僧人的世俗情怀之外，还有着自我的坚守，对自我品格的塑造有着较为强烈的追求，并且形成了自己的独特传统。洗心寺的畅心和尚，就是这么一个人物。

畅心和尚法出沩山，僧师为谁无所记载，唯山下信徒称其为长寂再传。畅心为如今沙田人氏，在芙蓉山弘法三十余载，曾为洗心寺的主持，约略生活在北宋中期。而洗心寺建于何年，选于何址，至今也难追觅了。畅心和尚主持洗心寺时，因寺田租赁而与当地财主徐某有怨，大约这徐某有背景，竟支使官司捉拿畅心和尚入狱。畅心和尚是那宁折不弯的硬骨头，虽受棒打鞭抽，不肯屈从。时有人劝他：“田租乃身外之物，和尚跳出五行，何强求？”畅心和尚答复道：“身是松枝直，心归佛学玄；不为僧众计，枉为一主持。”

为自己的寺院争得利益还不算什么，这畅心和尚还爱打抱不平，甚有江湖义气。据传，时芙蓉山下有一青羊寺，当地某儒生当了县衙主簿，意欲占寺而划为自己家的院落。畅心和尚闻之，写一诗送之，说：

学士宅居和尚寺，主簿妻卧老僧房。
你道世间多玄妙，儒风不输山匪帮。

真是极尽讽刺之能事。儒生愧而退寺。

佛教徒们普遍认为，至北宋中期，芙蓉山下已经有了基本的五福寺院格局，即万寿寺、万福寺、洗心寺、普济寺，还有一不知该记作释立寺还是玉泉寺的寺院基本落成，而且，这五个寺院的主持是轮流坐庄的。对此，畅心和尚不以为然，以为寺院主持该为有德有能之士担当，轮流之术对于寺院发展极为不利，因而还有一嘲讽之诗流传于世：

当什么寺院庄家，做何处头陀僧圣；
解不得见性成佛，徒言说进退青秧。

这诗中，包含有一则典故，说是唐代布袋和尚作有一诗说："手把青秧插满田 ，低头便见水中天，心地清净方为道，退步原来是向前。"布袋和尚把本性中的识得寓于哲学中的进退，已经堪破功利之门，而畅心和尚更高达到了不着一言而生禅意的境界，实是难能可贵了。

稍稍研习湖湘文化的人都知道，宋元以前，湖南的儒道释三家的得道高人大德皆为外地人氏，江西、湖北、广东三省来湘传教传法而有大成者屡有记载，直至周敦颐这一本地儒脉大家的兴起才略有改观，而至王船山的集大成引领天下才彻底将格局乾坤扭转，遂有湖湘子弟英才辈出独领风骚的"惟楚有材，于斯为盛"的狂妄宣言。但芙蓉山似乎是个例外，从正史和道释两家的典籍记载来看，其道观寺院的主持多为本地人氏，虽多智慧并不高深，不闻达于当世，但在如今看来，他们采取的务实态度与对自家教义的执著追求，才是其香火不绝的根本原因。

芙蓉山五福寺院的入世、务实、接地气，还体现于他们对于香火僧人的崇拜与尊敬。庙堂之所，僧之居，佛所供也。凡佛风昌盛之地，寺院也必林立而盛。僧侣食民香火，念经拜佛，能遮风挡雨饱腹研习释门大义，皆得于一方寺庙。是故，僧侣第一课，乃为念祖德颂开建寺门先辈之业绩，也就合情合理了。修建寺院，虽极平凡普通，然建筑之学，精妙玄奥，又繁琐杂碎，功利十足，为"四大皆空"者所不屑，称之"方外杂役"，从事之僧多为"头陀"或谓"火僧"，有区别于庙堂之僧，不以研习为要务，而求诸于民，未泯生活世俗之念。高僧大德，不乏有云游四海，化缘乞食的经历，但后学少记载，大约也觉得有损形象了。其实不然。没有这些香火僧人的辛勤劳动，寺院生存堪虞，何以发展壮大？他们不仅谛建了寺院的经济基础，而且因四处化缘而使寺院声名远播，实立下了不二之功。无任怎么称颂他们，一点也不为过。依据这点，佛院史料中应有他们浓抹重彩的篇章，但可惜的是，除却大德高僧和捐资建寺的居士，这些头陀的姓名很少提及。

宁乡芙蓉山不同，信众们藏有的书籍资料中，记载这种香火僧事迹的笔墨倒是不少。其中，最出名者是曾主持普济寺的了然和尚。了然和尚是宁乡枫木桥人，生于康熙三十四年（1695），在康熙五十一年（1712）跟随藏庵际峰来到沩山同庆寺出家，与沩山密印寺第 85 任主持了成是同门师兄弟。大约在 1715 年际峰接任密印寺第 82 任主持后，他到达芙蓉山弘法，也即在这个时间段内，他做通了俗家父母的工作，倾田地房宅所有折成资产，与慧霞一起再建了芙蓉庵。以后，他一生的重要工作就是化缘修寺。修建一座寺庙尚且不易，了然这一辈子却或建或复修有寺庙十余座。除却芙蓉庵，他修复了万寿寺、万福寺、普济寺和释立寺，重建了洗心寺，使芙蓉山五福寺院重现繁荣，雍正年间甚至一度达到南宋末年的规模。他深知孤木不成林的道理，五福寺院外还得有其他寺庙相兴起才能长久，故耗尽心思在芙蓉山周边地区修寺复庙。据记载，他重建有洪家大山隆兴庵，修复了花园的上流寺和白羊寺、罘罳峰的金凤寺、磐石的见道庵、草冲的林山寺。雍正十一年（1733），利用清廷加封灵祐祖师为灵觉禅师的契机，他又找到潭州知府，在芙蓉山建造有法华庵。六年后的乾隆四年（1739），了然逝世于前往沙田的化缘路途，佛家居士将其重殓归葬于万福寺后山。

了然对自己的师傅际峰可谓毕恭毕敬，言听计从。据传，了然前来芙蓉山弘法时，际峰在那个严冬里对其有一次意味深长的教育。际峰从后山取来一块坚冰，令其抡斧劈削。了然不解，但遵师命拼力一劈，但仅划下了一道细细的印痕。了然说：“这冰太硬了。”际峰不语，将冰架于锅鼎中，燃火烧之，冰立融化为水。了然有所悟，说：“师尊是言我方法不对?”际峰摇头，说：“你暂且将鼎中水置于屋外。”了然照做，第二日锅鼎坚如钢铁。际峰说：“水为柔物，然寒酷下可化为冰，冰坚强硬，非斧可斫，何也?”了然刚欲回答，际峰打断他，说：“弘法事大，方法外，必得有百折不挠之精神方可立就。汝可思之。”接下来，际峰令他去厨房看水是如何化为水汽的，告诫了然要学会聚气生财；又命他对着一桶清水观察，启悟他学会包容接纳，从而不断提升与净化自我；再看溪水如何冲刷山石，嘱他磨圆菱角，学会在心平气和中以柔克刚；然后抬头望云低头观水，以水能上能下，寓喻他要学会能屈能伸，并以雾之缥缈要他铭记功成身退之理。际峰最后语重心长地对了然说：“水为寒物，却有善心，不争斗，不索取，周济天下而天下无处不有之。弘法物理，莫出此七条者。”了然深受教育，将“百折不挠、聚气生财、包容接纳、以柔克刚、能屈能伸、功成身退、周济天下”这二十八字箴言立为自己的行为准则，并以后作为芙蓉山香火僧的执事守则立于书、刻于壁，时常诵读。

这种执事风格与精神，深深影响了他的后人。咸丰二年(1852)，正值人民生活日艰，僧明珠、碧峰立志重修芙蓉庵和法华庵时，就以此激励和鞭策自己。他们遍访潭州名家与居士，花了七年时间，历尽艰辛，方修建此两寺庙。可谓是了然的隔世知音了。

三、地脉文化渊源长

芙蓉山五福寺院的院风之所以入世、务实，甚至还有着不少俗世的成分，并形成其周围地区民众包容、坚韧、仗义、敢干、重情义、有眼界的地域气质，有其历史的渊源，可谓地脉文化在潜移默化、特定机遇在造就成形。

芙蓉山作为峒汉边界，约始于春秋之初，其历史之久远，未能汉化也未完全峒化实属罕见。公元5年，梅峒之一支被称为“长沙蛮”者号召推翻东汉王朝统治，进军驻扎的营地即为现芙蓉山（旧称青羊山）。可见，当时其为梅峒的重要军事基地，其山所有的雷伯洞为时人传为“峒蛮十洞之一”，也进一步佐证了其军事的重要性。三国时，梅峒人被称为山越，与皖南、江西的扬越互相呼应，常常联合起来反抗孙吴的统治。后来，孙权派遣黄盖率兵收复益阳，山越退守梅山边境，与之对抗，相持月余。黄盖对山越人采取汉化政策，移汉民至芙蓉山下从事农业耕种，对峒族产生越来越大的影响力。至晋，芙蓉山沦为汉峒混居区。至唐，扶姓蛮的势力范围为今新化与安化一带，芙蓉山还遗有扶姓，正说明当时其并未完全归化。

宋太平兴国二年（977）太宗赵光义令客省使翟守素等围攻梅山，翟率军从芙蓉山进军，遇上大雨，宋军所执弓弩松弛不能用，被扶汉阳率领的梅山蛮追打退回到芙蓉山附近，翟守素令将士削木为弩，天明交战时，梅山蛮不料，扶汉阳为箭射中而亡。

梅峒文化在融入湖湘文化主流时，还有不少习俗渗入了人们的日常生活。以芙蓉山为例，师男、牛王崇拜、枫树崇拜、布袋戏与梅山教的盛行等都在当地有所反映，正是活生生的例证。尤其是在青山桥还有中国最为古老的南派木偶戏出演，原来有出长剧《蚩尤大神传》，民国初年还曾在上林寺演过三天三夜，现在已经失传了。

多年战事、峒汉文化混生以及屡年寺院主持不重玄学的传统，使得芙蓉山的寺院文化，独立于其他，更具包容性，甚至对于道学、儒学也能一贯容纳，甚至还有毁佛拜道的情况发生。故事的主角即万福寺的契宗和尚。

契宗，俗姓赵，为浏阳人氏，大约生于宋仁宗庆历二年（1042），逝世于宋徽宗建中靖国元年（1101）。某年，山下有一青羊观与万福寺争揽信众，寺僧观道多有不谐，屡有冲突。某日，契宗令徒众将佛堂清理，邀青羊观道人将元始天尊、灵宝天尊、道德天尊这“三清”雕像置之焚香叩拜。青羊观道人皆以为契宗示弱，扬眉吐气，以为胜过佛教徒了。僧众不解，问其因，契宗翻着白眼说：“你拜的是什么?”僧众刚欲回答，契宗又抢过话说：“释道大统，莫不提炼本心、为民祈福始，分什么你我，说什么僧道?”青羊观主闻之，来寺负荆请罪。两教自是莫有纷争诘语。遍观中国佛家道场，我们就能发现，越是佛林大盛之地，道家亦不衰于世，而且两家能平等相处，互相学习，南岳衡山如此，芙蓉山也是如此。当然，认真研究得知，一个区域的民众性格与气质，可能与地理、文化渊源都相关。楚水长流挟凌利之风，民性易暴躁；五福寺院长期陶冶，重富裕丰硕而轻生死，故芙蓉山地区百姓多慕雍容华贵、生富足商贸之心，剑走偏锋者不少。

不仅院风接近世俗，芙蓉山五福寺院甚至连其拜尊之神也有凡俗之心。芙蓉山周边地区信众除了供奉佛家的如来、菩萨外，还有当地的神佛——青庵。青庵其人，正史中并无记载，《宁乡县志》中的记载来自夏氏族谱，说青庵原名夏天圭，祖籍新化唐溪，生于元延佑七年（1320），饮母素乳，童稚持斋，口诵阿弥，年方六岁就在芙蓉庵投师学佛，拥有异能，去山下讨取火种时来回迅速，遂为师傅疑心，在其十二岁时骑红虎飞行中，被师傅识破仙机而脱凡成仙。佛教徒众信仰的本土菩萨往往具有世俗化的取向，这似乎成为了某种公认。譬如梅山教盛行区域信仰的蚩尤神时显暴戾、胸襟不宽，南岳信众信奉的祝融火神经常嬉闹戏弄凡人等。

宁乡芙蓉山信众崇拜的青庵祖师，似也有凡心俗念。话说夺得侄儿朱允炆帝位的朱棣皇帝为了自己的江山永固，信大臣姚广孝（道衍和尚）之言而敕封了不少佛道寺观，似乎国内安定稍许，反抗的朝廷命官也少了很多。于是，永乐十二年（1414），他又拟敕封一批福山。当时，山西五台山、四川峨眉山、安徽九华山、浙江普陀山、南岳衡山、中岳嵩山、江西庐山、浙江天台山、滇西鸡足山、陕西终南山、江苏狼山、贵州盘县丹霞山，已经被佛教广大信徒奉为四大名山和八小名山，加上他居住的对其个人极具影响力的北京香山，应了十三之数，朱棣征求姚广孝的意见后就拟敕封这十三座山为福山。敕封前夜，朱棣夜不能寐，三更时，恍惚间一年约弱冠的少年僧人入其梦中，怒斥道："芙蓉山本乃五福之地，尔怎敢忘!"声色俱厉，朱棣梦醒，大汗淋漓，立即召人唤姚广孝前来压惊。话音刚落，姚广孝已经气喘吁吁不请自到。原来，他当晚也做了一梦。梦中，一个骑着红虎的少年僧人对他说："靖难之役，尔为燕王谋得，倒行逆施，已违佛法根本，凡事得思身后，房山为汝留得一穴，亦可避百蚁钻心之苦矣!"朱棣与姚广孝面面相觑，惊愕万分，立吩咐查红虎少年僧人出处。时有从芙蓉山入得宫门的阉人告之青庵祖师的圣迹，朱棣立刻把芙蓉山划为佛教福山第14座。

青庵祖师争取福地，是种俗世情怀，成佛的菩萨还放不下名禄之心，似乎不合情理。但看受了儒教忠孝思想熏染的中国佛教菩萨，哪个受尊者不是心怀慈悯从凡入圣？观世音当是其中最突出者，也是其最受民众信奉的原因吧。青庵祖师能在当地广受欢迎，大概也有为当地争福、福祐当地苍生的本土情怀这一要素在内了。

一种文化积淀，渗入骨髓后，不仅会体现于民俗生活里，而且会显露于民众性格当中，百年难断。当然，寺院的熏陶，也会让百姓接受梵音，无意中形成传统。譬如，莲在佛教中的意义非凡，象征吉祥、祥瑞，这就使芙蓉山下的村众，对莲更有偏爱。病人痊愈，夏送莲花，秋送莲子，病家喜笑颜开；佛家道场，莲瓣撒地开路庄穆严肃；更多的居家建筑，客厅或挂或刻芙蕖之图以显自性高洁……

中国的芙蓉山很多。命名芙蓉山者，多因其山形，山峰朵朵似莲，正合佛坐莲台的意象。在佛经中，莲花表示由烦恼而至清净的修炼，比喻从烦恼得到解脱而生于佛国净土的人，都是莲花化生的。净土佛国中的圣贤，都以莲花为座；或坐、或站，都在莲台之上。佛教借用莲花表示佛法的能量巨大，法力无边，其救度众生的功能，如水润万物。所以，芙蓉山向来是福气之地，多建筑有佛教寺院。这种道场与山水唇齿相依的现象，恐怕也只有中国才有。西来东土的佛教，经过儒、道两本土教义的改造后，已经是你中有我，我中有你了。

湖南境内的芙蓉山得名，还与其山上木芙蓉花茂盛、山下水芙蓉（莲花）并蒂连绵有关，因而有“芙蓉国里尽朝晖”之说。现宁乡芙蓉山木芙蓉满山遍野、水芙蓉辟有两万余亩足为明证。值其五六月间，山上红白芙蓉花朵大开大合极尽张扬，山下荷叶田田间万千花蕾亭亭玉立分外娇媚，山上山下交相呼应，连成芙蓉花的海洋，其景蔚为壮观，其色暖人心脾，其香飘逾百里，确让菩萨也能动得凡心。

是故，当地有一传说：莲花仙子为祐民与黄龙水妖斗九天九夜累死座化为山后，其媚态依旧、香气袭天，令如来座下的福禄童子痴迷不已。这才有了童子不小心打碎供奉佛祖的油灯，被佛祖责罚下凡、体验悬坠刀血之苦——这就是附近二十余万信徒们供拜的青庵祖师的前世。

宁乡芙蓉山下的农人皆说芙蓉是连天接地的神木，授神意有预兆天下大事的功用。他们举例说，三年大灾害（1959～1961）之前的1958年，芙蓉山上的芙蓉一夜间株株枯死，而水芙蓉亦抱蕾不开；再举例说，毛泽东主席逝世前的那晚，即1976年9月8日，山上芙蓉木突然自燃殆尽，而村民欲上山扑火时其又无声自熄。对于农人的衍演，我们只能抱以敬畏的沉默。

黑麋峰：云雾长封钟灵秀

位于望城县桥驿镇的黑麋峰，因昔日山多麋鹿而得名，又名洞阳山，系幕阜阳山脉余支，群峰簇拥，主峰海拔590.5米，北距长沙市区约30公里，是长沙北郊的第一高峰。它东接平江、浏阳，原属长沙县境，有绵延起伏、层峦叠嶂的隐珠山、汉家山等山伏卧其间，西滨宁乡、益阳，有如彩带的湘江和覆抔土阜的书堂山、麻潭山，以及河西的乌山相依相邻，南极湘潭、衡阳，有巍峨岚蛐像长城环抱，鳞次栉比的长沙市区、橘子洲、岳麓山一望了然，北渚洞庭，波光帆影，再上三湘，九峰狐鼻绵亘其中，玉笥山、达摩山高耸在望，登峰远眺，视野开阔，令人心旷神怡。清朝诗人张应墊（字菊村，号东门，长沙人，乾隆年间禀生，绥宁教谕）的《再登黑麋峰》就说：

峭壁横今古，登临不计年。
苔痕移石磴，日影散峰巅。
倚树浮云合，遥天孤阁悬。
江城入望里，怀古意何先。

清嘉庆至同治年间所修的《长沙县志》载：其山云雾长封，翠光四滴。峰中有八景，峰顶有千年古树，峰麓有甘洌清澈的“四井清泉”，还有传说中的“皇塔”、“佛字石”等古迹，粗略统计景区名胜共达150余处。这里又是翠竹的产地，坡盈欲倾，形态各异，进入林中清爽无比，不管是听风还是听雨，都别有景致。这里更是茶叶的主产区，成片的茶林共有万亩，到处葱葱郁郁，遍地茶香飘飘，浓酽如酒。春天，万木展绿，繁枝竞秀，山花怒放，百鸟争鸣；夏天，山郁苍润，阴凉散暑，小溪流水，湖面飞舟；秋天，登高远望，环睹清明，四面风光，历历在目，尤其顶峰观日和滨江夜望，更是赏心悦目；冬天，冰披玉树，雪被琼枝，千里封冻，蜡梅笑迎，壮观至极。

一、美景须由名诗配

黑麋峰极幽美，原始自然，足可令人“心游万仞”，与“天地精神往来”。行于峡谷间，走上半天也难见炊烟，但蝉鸣却是不会少的，“蝉噪林愈静，鸟鸣山更幽”的妙处，自然就会有。行在崇山中，偶可见黄牛悠闲吃草，旁若无人，虽无“牧童骑黄牛，歌声振林越”的清悠，却有“返景入深林，复照青苔上”的恬静，还有“夕阳返景桃花渡，柳絮飞来片片红”的绝妙。崇山峻岭之间，湖溪冲水库、红梅溪水库、龙王湖等十数处水面宛如高峡平湖，明澈如镜；“神水泉”涌，“龙门”飞瀑，无数山涧溪流星罗棋布，叮咚有声；山谷坡间，梯田井然，实是养眼；绿荫深处，农舍隐约，时飞炊烟。特别是天气变化不同而景观为之迥异：天晴日，万里碧空如洗，波光潋滟，浮光掠金；下雨天，云雾缭绕，青山隐隐水迢迢，芭蕉丛下水叮咚，宛若人间仙境。清人毛国翰（1772～1846，字大宗，号青垣或星垣，长沙人）作诗说：

峰前支遁宅，春尽不开关。
石磴扪萝上，风门见鹤还。
晴天合空翠，远色殷夕阳。
盛夏想飞雪，松亭好待攀。

黑麋峰极雄伟，高大巍峨，拥有众多逼真的象形景观。象形景观给人以奇特之感，无数的石巷深谷给人以深邃之感，挺拔高耸的山峰给人以雄伟之感，悬崖峭壁给人以险峻之感，平缓的溪水给人以柔美之感，因而在此体悟人生境遇实是妙不可言。奇形怪石真不少，有象形石“狮牙”、“鹰嘴”，有头刚出壳的“池畔金龟”，有引人注目的“双龙竞出”、“佛面经书”等，还有的若蛤蟆，若棋子，若金龟，若脚印，皆神形兼备，惟妙惟肖，让人叹为观止。洞穴亦不少，有的悠深如长龙，阴风阵阵，似蛇巢虎穴，让人不敢深入；有的清凉丝丝，明净亮丽，疑为仙人避暑佳地。高顶处，悬崖百丈，脚下生风，叫人油然而生敬畏之情。低山处，花木繁茂，绿草成茵，让人留流忘返乐不思蜀。青山枫林之红、峡谷云海之白、辽阔山林之秀、蜿蜒山溪之碧，构成黑麋峰的色彩之美。

地处平原、邻近大河的高山，自然气候条件优越。黑麋峰地区的年均气温为20～28℃，形成了“夏无酷暑，冬无严寒”的山地森林小气候，空气清新，水质优良。山上动植物资源丰富，有种子植物124科438属651种，其中具有药用价值的达113种；有野生脊椎动物74种，其中哺乳动物28种、鸟类28种、爬行类11种、两栖类7种。作为长沙市有名的森林公园，在峰顶的万木葱茏、繁枝竞秀之中，建起了一座碧波荡漾的人造天湖。游人行走其间，容易感觉到天蓝、水清、气爽，有“天人合一”的意境和回归自然的情趣，也极易满足人们返朴归真的渴求，因而成为休闲、旅游、会议的胜地。“山下青山路弯弯，高山流水响潺潺，深林百鸟连声叫，奇花异草遍其间，人人都说麋峰好，我爱麋峰过众仙。”这首质朴的山歌，体现了山民们对于黑麋峰的深厚感情。还有一首谐音对联，也很能体现长沙人民对于此地的喜爱：“黑麋峰，峰上栽枫，风吹枫动峰不动；白沙路，路边栖鹭，霜降鹭寒路亦寒。”

这样的自然美景，自然会吸引文人墨客的眼光。从唐至今，山上游人不绝。

在此处留下诗文的第一位名人是唐代的刘长卿。刘长卿（约726～786），字文房，今安徽宣城人，是李白、白居易、杜甫等极为推崇的诗人。玄宗天宝年间进士。肃宗至德中官监察御史，后为长洲县尉，因事下狱，贬南巴尉。代宗大历中任转运使判官，知淮西、鄂岳转运留后，又被诬再贬睦州司马。德宗建中年间，官终随州刺史，世称刘随州。刘长卿在湖南境内多次游历，留下了诸多诗文，如著名的《逢雪宿芙蓉山主人》：“日暮苍山远，天寒白屋贫。柴门闻犬吠，风雪夜归人。”他擅长写五言诗，被誉为“五言长城”。他在黑麋峰留下的诗作则是《洞山阳》：

旧日仙成处，荒林客到稀。
白云将犬去，芳草任人归。
空谷无行径，深山少落晖。
桃园几家住，谁为扫荆扉？

此诗大概是至德三年（758）春天刘长卿赴贬地岭南路过望城时所写。

第二位留下诗作的名人则是清朝的王瑄。王瑄（1648～1730），字玉斯，海南陵水县安马村人，贡生，候选翰林进士，官居广东肇庆府广宁县（现广东省四会县）司训。他在肇庆府时，曾选送多名文士上京参加科举考试，许多人考取进士，进入翰林院，因而受时人尊敬。后来回故里陵水掌学时，着力培养人才，其中有保送黄开秀入试，取得岁贡生。在他门下“人文蔚起”，使陵水县再次出现升平的景象。他何时到的长沙，至今不可考。但《民国志》中确留下了他为黑麋峰写下的《洞阳仙迹》：

悟得黄粱梦后身，悠悠人事总浮尘。
山中岁月临棋静，物外烟霞炼药新。
白鹤曾闻巢碧树，丹炉不见护青筠。
牧童指点南山麓，水外桃花别有春。

第三位有名的儒生就是清代著名的藏书家、书画家、诗人卢镐（1723～1785）。他字配京，号月船，晚称月船居士，今浙江宁波人。乾隆十八年（1753）举人，选授平阳教谕。工诗，善小楷，极秀劲；善山水，醉后灯下作，秃笔蘸墨，如乱发，如攒蚁，云峰丛薄，稍存位置，兴尽而已。有《墨香居画识、画传编韵》闻世。他有一首叫《因宿洞阳寺，夜半以公事下山口占》的诗，为人所传颂，诗曰：

偶寻红叶向江边，直上高峰正醉眠。
夜半朦胧下山去，微官到底不如闲。

第四位知名儒生是清乾隆乙酉举人、来宾知县李光峣（字鹭溪，长沙人，乾隆举人）。他写有551字的《游黑麋峰记》赞颂高峰自然景色：

郡城出湘春门外六十里，群山绵亘，势若浪涌，其巍峨而杰峙者黑麋峰，盖群山之冠，一邑之镇也。……乾隆戊子暮春，偕从弟往游。越深涧，涉巉岩，历虎牙、鹰嘴，攀萝扪筱，始跻其巅。至，则异境劈，眼界扩，乾坤端倪，恍若呈露。西望衡岳，俨来朝拱，潇湘之水环焉。北顾洞庭，波光明灭，远在烟云仿佛间。东南之山若远若近、或见或隐，山光岚色，深翠浅碧，远与天混，极目无涯际。俯瞰峰下素所登眺、称奇峭者，若覆杯然。人物往来阡陌，如蚁走盘中。峰之下穷若绝谷，辽邈幽邃，横岭纵巘，攒簇累积。倏阳倏阴，或雾或霁，顷刻变幻不一。……山之产，古松老桂，枫杉槠槲，离披虬结而连蜷；草则朱兰崇蕙，葛蒲紫茸，随足所谐，幽香袭鼻。其它嘉葩怪卉得诸睹记者，不尽识其名。……已而日驭西昃，犹踌躇顾恋不忍去，及寻归路，则半归隐远山矣。

当然，还有一些清代的诗人在此留下了名诗佳作，如缶庵（僧人，主持过长沙妙高峰寺、智度寺，俗姓杨，浙江人）的《黑麋峰》：

一峰高倚碧云间，海日初生曙色回。
仙子遗踪余草木，山灵驱石断尘埃。
烟云带雨穿窗入，麋鹿乘春出洞来。

几度登临怀往事，石亭丹灶锁莓苔。

再如孙怀燕（字敬亭，浏阳人）的《洞阳山》：

仙子今何在，山中有烂柯。
白云千载下，红树夕阳多。
犬吠来雁径，鸡鸣出曲阿。
桃源疑有路，一棹泛轻波。

其实，在儒家的文人墨客们以前，早就有我们的先人看中了这块土地，并定居下来。以近年的历史考古发现来说，黑麋峰的历史更为悠久。春秋早中期，百越族的一支——麋人（风余麋）带着黑麋由鄂西北的郧县迁微水（今岳阳新墙河），再由微水迁至黑麋峰一带，战国时期，迁衡阳麋泠，最后迁至中越交界的红河流域（红河古名叫麋水）。有人说，如今望城及长沙之地的米姓人，皆是这支麋人的后裔。这话具有一定的可信度。

二、佛寺兴废颇寻味

名山多僧众，这话讲得一点也不错。历史上释家将黑麋峰与岳麓山、谷山、神鼎山同列为长沙四大名山。

自唐代始，释家高僧大德就在此传法布道，名播远近。最早建立的寺院就是黑麋峰寺，与益阳的白鹿寺相映生辉（黑麋白鹿、麋大于鹿），寺位于峰顶，据史志记载，始建于唐玄宗年间（712～755），开山和尚为普光禅师。听晨钟暮鼓，赏朝霞落日，养天地灵气，悟佛理禅机，一度是人们前来黑麋峰游玩的主要原因。

后改寺为观，至明万历四年（1576）改为洞阳古刹，香火兴旺，为禅宗南派临济宗法脉，被尊为长沙地区佛教四大圣地之首。清朝康熙年的《平阳县志》载：

洞阳寺，在道源山。宋咸淳间（1265～1275）建。明万历间（1573～1620）僧德和重建。

清康熙七年（1668）再度重修，清同治三年（1864）扩建后栋。这时，寺院规模较为宏大，前后共三进，东、西配以厢房，今仅存后殿。后殿面阔3间，长8.6米，进深2间，深7.2米。柱、枋、梁均为花岗石，硬山顶，椽皮檩木全经油漆，覆黄色琉璃瓦，枋上浮雕人物山水，工极精致。殿中悬“道高云洞”横额，传为唐代草圣、诗僧怀素所题。两旁金柱正面镌联：“有仙则灵，听暮鼓晨钟，逸响遥分蓬岛外；引人入胜，看岳云湘水，普天齐付图画中。”殿内原供十八罗汉、二十四诸天菩萨泥塑像，皆于“文化大革命”中被当做封建迷信捣毁。大门外立两尊汉白玉雕石狮，造型讲究，线条流畅，应为明代初期遗物。从峰顶沿200多级石阶而下，两旁修篁夹道，细泉涓涓，抚人心脾。不远可见一巨石上阴刻一“寿”字，字高1.88米，宽1.07米，笔力浑厚遒劲，传为吕洞宾手书。黑糜峰上还有佛家石、鹰嘴石、洞宾岩等奇石，颇引人遐想。

明代的周公真人、智度法师，清代的果真大师，曾在古刹谛听世音、峰北竹海悟道求真。清代高僧常静等人在此圆寂后葬于此山，佛家多来此拜谒。

但像望城其他知名寺院一样，洞阳寺屡经春秋磨难，数历风雨变迁，至20世纪80年代，仅存汉白玉石狮一对等部分文物，殿宇破败不堪。在望城县佛教协会的主持下，经多方努力，于1997年10月对黑麋寺大雄宝殿、三圣殿、弥勒殿等进行了大面积修复，并新建了七佛塔，七佛即毗婆尸佛、尸弃佛、毗舍婆佛、拘留孙佛、俱那含牟尼佛、迦叶佛、释迦牟尼佛。这一次重修，得感谢一位得道高僧——大镜法师。大镜（1918～1999），原为益阳沧水铺人，出家于莲花六合寺（北宋熙宁四年由开福寺豁达老和尚所创）。大镜对于望城佛教的贡献是其引导重建了不少已经荒弃的古寺，除了这个洞阳寺，还有六合寺、灵瑞寺等。

如今的黑麋峰寺，门首上方嵌有一块长方形的汉白玉石，上镌“黑麋古刹”楷书庙匾，边框刻有人物花卉堆作，大门两侧有一对造型美观、雕刻精湛的汉白玉公母坐狮。第一进神龛内是魁伟的红脸关公和两旁侍立的关平、周仓塑像。上悬横匾两块，一为“神文圣武”，一为“道高云深”，是原匾丢失后、后人集怀素字拼成。东、西两边设有钟亭鼓架，每日晨钟暮鼓，清越悠扬，在高山深谷中久久回荡。楹柱上挂有两副木刻对联，其一云：“镇灵湘水一峰高，眼底古吊桥，犹是当年争战地；立志下邳三径在，蜀中汉先帝，早知昔日效忠心。”这对联，是对关羽当年镇守长沙的追念。长沙地区有关关羽的遗迹甚多，如长沙县福临的下马坑、抹鞍铺，现湖南广电的马栏山，望城的铜官、云母寺、半边山、吊马墈、箭头冲、马龙港、惊马桥，还有落刀嘴、饲马冲、洗马石、上马石、跳马涧、捞刀河、关山村，等等。而卧伏黑麋峰山系间的长沙县汉家山，则是历史上唯一一座为纪念刘备而命名的山峰。现寺院第二进供奉的是昔日周境百姓崇拜为雨神的周真人。殿内最前一块匾额为“霖雨苍生”，后面匾额是民国初期湘督谭延闿所书“与天地恭”，并用序言说明此四字缘由。对联甚多，其一云：“苦行习禅宗，证果登真，贝叶红鱼同火化；遗言详志乘，为霖济旱，婴儿白鸟显灵威。”第三进是扩建的佛殿，中间有一尊高大的弥勒佛像，两边排列了几尊较小的佛像，对面有一尊韦驮望佛像。左龛设观音菩萨，右龛供奉刘仙姑像。东、西两侧壁龛是千姿百态、栩栩如生的十八罗汉和二十四位诸天菩萨，都是精工雕塑箔金装在玻璃护框里，金光耀目，工艺精致。抗日战争初期，古刹曾经过一次规模较大的重修，各龛增添了箔金对联。佛龛联为：“炼成不坏金身，说法谈经，永作寰球教主；当此非常劫运，弭兵靖难，端资救世明星。”刘仙姑龛联为：“遗迹耸妆台，永镇高峰，唐代有谁存片土；慈云凉火宅，作霖三楚，历朝常感活群生。”观音菩萨龛联云：“显千手千眼化身，恩波德水倾南海；现一叶一花幻境，慈云甘露漫三湘。”

三、书法流传出名人

不同于其他寺院的是，洞阳寺（黑麋峰寺）似乎一直有重视书法的传统，并且在其周围地区培育了一支玄脉不断的书法大军，从而形成了本地独特的艺术文化传统。见之于古刹的题匾，有唐代狂草书僧怀素题的“道高云洞”，清朝萧荣爵题赠常静大和尚九十开应“佛寿无量”匾，民国谭延闿题“与天地恭”匾等。

而聚有这些匾题，首先得感谢山下书堂山的楷书之王——欧阳询。欧阳询（557～641），字信本，出生于今衡阳，祖籍潭州书堂山，楷书四大家（欧阳询、颜真卿、柳公权、赵孟頫）之一。欧阳询的祖父欧阳頠曾为南梁直阁将军，父欧阳纥曾任南陈广州刺史和左卫将军等职，因举兵反陈失败被杀，并株连家族。欧阳询因年幼幸免于难，被父亲好友收养。他聪敏勤学，涉猎经史，博闻强记。隋朝时，欧阳询曾官至太常博士。因与李渊交好，在大唐盛世累迁银青光禄大夫、给事中、太子率更令、弘文馆学士，封渤海县男，也称“欧阳率更”。

他笃好书法，几乎达到痴迷的程度。据说有一次欧阳询骑马外出，偶然在道旁看到晋代书法名家索靖所写的石碑。他骑在马上仔细观看了一阵才离开，但刚走几步又忍不住再返回下马观赏，赞叹多次，而不愿离去，便干脆铺上毡子坐下反复揣摩，最后竟在碑旁一连坐卧了3天才离去。

欧阳询练习书法最初仿效王羲之，后独辟蹊径自成一家。尤其是他的正楷骨气劲峭，法度严整，被后代书家奉为圭臬，以“欧体”之称传世，传世的墨迹有《卜商帖》《张翰帖》等，碑刻有《九成宫醴泉铭》《皇甫诞碑》等。唐代书法品评著作《书断》称：

“询八体尽能，笔力劲险。篆体尤精，飞白冠绝，峻于古人，扰龙蛇战斗之象，云雾轻笼之势，几旋雷激，操举若神。真行之书，出于太令，别成一体，森森焉若武库矛戟，风神严于智永，润色寡于虞世南。其草书迭荡流通，视之二王，可为动色；然惊其跳骏，不避危险，伤于清之致。”宋《宣和书谱》誉其正楷为“翰墨之冠”。唐武德（618～624）年间，高丽（位于今朝鲜半岛朝鲜境内）特地派使者来长安求取欧阳询的书法。唐高祖李渊感叹地说：“没想到欧阳询的名声竟大到连远方的夷狄都知道。”

欧阳询不仅是一代书法大家，而且是一位书法理论家，他在长期的书法实践中总结出练书习字的八法，即：“如高峰之坠石，如长空之新月，如千里之阵云，如万岁之枯藤，如劲松倒折，如落挂之石崖，如万钧之弩发，如利剑断犀角，如一波之过笔。”欧阳询所撰《传授诀》《用笔论》《八诀》《三十六法》等都是他自己学书的经验总结，比较具体地总结了书法用笔、结体、章法等书法形式技巧和美学要求，是我国书法理论的珍贵遗产。

对望城乃至长沙地区来说，欧阳询开了一代书法之气，从而使这种艺术形式屡为人所重视与传承，并形成一个庞大的书法圈子，不仅吸引着本地的学子，而且也吸引着其他外地的行家，形成滚雪球效应。

时间飞转百年后，黑麋峰其次应予以感谢的这位才子出生了。他就是怀素，一位真正的书僧。怀素（725～785），字藏真，俗姓钱，汉族，祖籍今永州零陵人，出生于长沙，幼年好佛，出家为僧。他是书法史上领一代风骚的草书家，他的草书称为“狂草”，用笔圆劲有力，使转如环，奔放流畅，一气呵成，与唐代另一草书家张旭齐名，人称“张颠素狂”或“颠张醉素”。怀素自幼聪明好学，他在《自叙帖》里开门见山地说：“怀素家长沙，幼而事佛，经禅文暇，颇喜笔翰。”他勤学苦练的精神十分惊人。因为买不起纸张，怀素就找来一块木板和圆盘，涂上白漆书写。后来，怀素觉得漆板光滑，不易着墨，就又在寺院附近的一块荒地，种植了一万多株芭蕉树。芭蕉长大后，他摘下芭叶，铺在桌上，临帖挥毫。由于怀素没日没夜地练字，老芭蕉叶剥光了，小叶又舍不得摘，于是他想了个办法，干脆带了笔墨站在芭蕉树前，对着鲜叶书写，就算太阳照得他如煎似熬，刺骨的北风冻得他手肤迸裂，他继续坚持不懈地练字。他写完一处，再写另一处，从未间断。这就是有名的怀素芭蕉练字。

在长安怀素声誉青云直上，歌颂他草书的诗篇有 37 篇之多。他的草书代表作有《自叙帖》《苦笋帖》《食鱼帖》《圣母帖》《论书帖》《大草千文》《小草千字文》《四十二章经》《千字文》《藏真帖》《七帖》《北亭草笔》，等等。其中《食鱼帖》极为瘦削，骨力强健，谨严沉着，《自叙帖》则风韵荡漾，真是各尽其妙。米芾在《海岳书评》中称赞说："怀素如壮士拔剑，神采动人，而回旋进退，莫不中节。"

他也能做诗，与李白、杜甫、苏涣等诗人都有交往。好饮酒，每当饮酒兴起，不分墙壁、衣物、器皿，任意挥写，时人谓之"醉僧"。唐吕总《读书评》中说："怀素草书，援毫掣电，随手万变。"宋朱长文《续书断》列怀素书为妙品，评论说："如壮士拔剑，神采动人。"

怀素的狂草，虽率意颠逸，千变万化，终不离魏晋法度，这要归功他从极度苦修中得来，也要归于他从小就练过欧阳询的楷书，后来又以颜真卿的作风为范，这就是他的小草千字文，与其狂肆作风大异其趣完全换过一番面目的主要原因。

据当地佛家资料记载，怀素在黑麋峰寺曾呆过相当长的时间，除却少年时光，为僧后重回的时间相加不会少于三年，因而在此地区留下了二十多处墨宝，但至今可寻的却只有黑麋峰寺的匾题，实在有些抱憾。

第三位让黑麋峰寺倍感荣幸的书法家乃是清朝的萧荣爵。萧荣爵（1852~1935），字漱云，号澹斋，今长沙县黄兴镇人，光绪二十一年（1895）中二甲一名进士，例称传胪。授翰林院编修，派充会试同考官，广东乡试主考。后清廷与列强签订《辛丑条约》，他以言罪遣归，尝以遗老自居。他是辛亥革命先驱黄兴的启蒙老师。为湖湘名儒，饱读诗书，学识渊博。工书法，书宗北海，得其精髓，为时所重。

据清末民国徐珂（1869~1928，原名昌，字仲可，浙江杭州市人，光绪年间举人）编的《清稗类钞》考试卷，记载了一段光绪二十一年乙未科举，前四魁功名点取的趣话。当时阅卷大臣为李鸿藻、翁同龢。李鸿藻得萧荣爵卷，倍加赏识，拟状元，但翁同龢得喻长霖卷，其文风、书风深得翁公首肯，拟状元，李翁二人争执不休，当时二人相同的看法是将骆成骧拟传胪。进呈后，光绪见骆成骧卷起语："臣闻殷忧所以启圣，多难所以兴邦。"时方新败于日本，光绪大感动，乃以骆魁天下，改萧为第四，王龙文殿试第三，喻长霖后推认为榜眼。

萧荣爵为曾国藩家族整理工作做出过卓越的贡献，喜好游山玩水，长沙境内不少处曾有其诗文笔墨，最有名的当数《偕粟谷青黄芥沧游开福寺》，诗云：

旧日笙歌地，惟余一抹烟。
空街铜辇歇，芳草石麟眠。
清磬闲中定，孤灯暮更圆。
吾生欲何托，上策只逃禅。

黑麋峰旧属长沙县，他在黑麋峰寺留下匾题一点也不让人惊讶。

第四位让黑麋峰寺增辉的书法家则是时任湖南总督的谭延闿。谭延闿（1880~1930），字祖安、祖庵（组庵），号无畏、切斋，茶陵人，曾经任两广督军，三次出任湖南督军兼省长兼湘军总司令，授上将军衔，陆军大元帅。曾任南京国民政府主席、行政院院长。著述有《祖庵诗集》等。有“近代颜书大家”之称。

谭延闿聪颖好学，5 岁入私塾，其父规定三天要写一篇文章，五天要写一首诗，还要练写几页毛笔字。11 岁学制义文学，光绪帝的师傅翁同龢称之为“奇才”。1893 年，谭延闿到长沙参加童子试，考中秀才，1904 年参加清末最后一次科举试，中试第一名贡士，即会元，4 月参加殿试，列为二等第三十五名，赐进士出身。旋入翰林，授编修，返湖南办学。慈禧太后晚年，曾亲自主持改革，即所谓“丁未新政”，谭延闿积极呼应，属湖南立宪派首领，任省“咨议局”议长。1913 年参加二次革命，宣布湖南独立，并在《长沙日报》发表《讨袁檄文》，遂被袁世凯撤去都督之职。之后参与护国运动。1922 年投奔孙中山，再次加入中国国民党。1928 年 2 月任南京国民政府主席，至 10 月转任行政院院长。

谭延闿与陈三立、谭嗣同并称当时“湖湘三公子”。民国书法家中曾有真草篆隶四大家之谓，他以“真”而冠，列民国四大书法家之首（其他为于右任的草、吴稚晖的篆和胡汉民的隶）。素有“南谭北于”之誉。谭延闿的字亦如其人，其楷书点如坠石，画如夏云，钩如屈金，戈如发弩，竖画多用悬针法，起笔沉着稳重，顿挫有力，使人感到貌丰骨劲，味厚神藏。其行书功力深厚，变化灵巧，笔笔中锋，笔锋于纸能藏锋力透，有大气磅礴之势。他的书法没有馆阁体柔媚的气息，被誉“民国至今，学颜者无出其右”。还善诗联，擘窠榜书、蝇头小楷均极精妙。

四、道学渊源流水深

作为最中国化的本土宗教，道家也自然不甘示弱，在黑麋峰上留下了许多历史的印痕。

峰顶开阔处，唐时曾兴建一道观，观名至今难考。但早在唐时，该地就已经被道家列为三十六洞天之内。唐司马承祯（647～735）所编的《天地宫府图》说："第二十四洞阳山洞，周回一百五十里，名曰洞阳隐观天。在潭州长沙县，刘真人治之。"稍后的杜光庭（850～933）在《洞天福地岳渎名山记》中也说："洞阳山洞阳隐观洞天，百五十里，在潭州长沙县。"

所谓"洞天福地"，是道教选定的仙境："洞天"指有山峦合抱中虚，兼采阴阳二气的"洞室"通达上天，神仙主治，众仙所居，凡夫道士居此修炼，即可登仙；"福地"即谓"得福之地"，多为地仙、真人主宰，居此即可受福度世成仙。

黑麋峰之所以成为洞天福地的原因，《湖南全省掌故备考》记载得很明晰：

> 洞阳县西北，以洞向南而名，杜光庭福地记第二十四洞天，洞阳山名洞阳隐观之天，有潭水流入洞，石窟引光，沙石朗然。唐孙思邈炼丹处。昔浮邱公隐此。唐刘长卿有诗。

浮邱子就是先秦黄帝时代人，为道教的早期圣徒，《原道歌》的作者，据传在今临澧县太浮山修道成仙，白日飞升。此浮邱子，与桃江县浮邱山的浮邱子并非一人，桃江的浮邱子乃是其自号，真实姓名为潘子良，为南北朝人。

孙思邈（581～682），今陕西铜川市耀州区人，唐代医学家，后人尊称为"药王"。著述有《千金要方》《唐新本草》等。一生致力于药物研究，曾上峨眉山、终南山，下江州，隐居太白山等地，边行医，边采集中药，边临床试验。他是继张仲景之后中国第一个全面系统研究中医药的先驱者，为我国的中医发展做出了不可磨灭的贡献。

孙思邈因寿长而被道教尊称为神仙，在各地留下了不少传说，黑麋峰附近也有不少。一则是说，有条龙在九溪洞修炼了8100年，当出山入海时，忽发一身恶疮，疼痛难忍，只得上门请药王治疮。

药王见它是条善龙，欣然应允，但提了一个条件：出山时，要善出，既不能造河出山毁没田庄，伤害生灵，也不能显出龙形，吓了百姓。龙答应了，于是药王以九溪洞的樟叶为药，治好了龙疮；龙亦按药王要求，将自己变成九只飞鸡，从洞中飞出。其中一只从北盛仓经过时，尾巴在地上一拖，即变成现在的拖塘；其翅膀在拖塘两边扇了一下，拖塘两边又出现两口小塘。还有一只鸡，飞到岳阳后歇下脚来，却再也未能飞起，变成了水边的一块陆地，即现在的城陵矶。

除却掌故中所讲的这两位道家，其实，黑麋峰还有神仙的印迹。一个就是吕洞宾（798～?），唐代道士，后被道教奉为神仙，是“八仙”中传闻最广的一位仙人。据说黑麋峰寺后不远的阴刻寿字巨石即为其所立，字为其手书，还传说有铁拐李、张果老等曾到此观光游览，在他们活动过的地点演绎出了棋盘石、仙帽石、鲤鱼石、蛤蟆石等景点。二是刘仙姑，据传留有升仙处遗址。但近人的考察证实，她最大的贡献乃是在黑麋峰峰寺四隅造井，“原有四井，广盈尺，深倍之，水清见底，味甘甜，四季不竭，夏日尤寒冽异常。”现开发有刘仙姑梳妆台、仙姑庙等景点供游客朝拜。

清诗人金祖彭（字大年，吴江人，曾官德州知州）作《过洞阳山寄宋长白》一诗说：

言寻炼丹处，洞阳一片石。
神仙与凡夫，千秋皆过客。
人生洪炉间，安能常局蹐。
朝夕成古今，蓬壶若咫尺。
问法求思邈，去后恐留迹。
远矣白鹿眠，只见山峦碧。

五、皇家故事释因果

黑麋峰，像其他一切名山大川一样，总还是要附上一些皇家故事，似乎非此不得正统，不能登大雅之堂。黑麋峰攀附上的皇帝却是一位争议甚大的皇帝——大明正德皇帝朱厚照。

朱厚照（1491～1521），明朝第十位皇帝，是明孝宗朱佑樘和张皇后的长子。他从小机智聪颖，喜欢骑射。继位后史书上出现两极评价：一方面说他处事刚毅果断，弹指之间诛刘瑾，平化王、宁王之乱，大败蒙古小王子，且多次赈灾免赋，尤其应州大捷大败鞑靼军，并与普通士兵同吃同住，甚至亲手杀敌一人，极大地鼓舞了明军士气，无疑是一个好将领。另一方面说他为政期间荒淫无道，国力衰微，一生贪杯、尚武、无赖，喜好玩乐，在皇宫中建立了豹房，里面藏有许多乐户、美女供其日夜作乐，经常在夜间闯入百姓家逼令女子作陪，遇到中意的，还要带回宫去，使得百姓怨声载道。《明史·武宗本纪》总结说：

> 明自正统以来，国势浸弱。毅皇手除逆瑾，躬御边寇，奋然欲以武功自雄。然耽乐嬉游，暱近群小，至自署官号，冠履之分荡然矣。犹幸用人之柄躬自操持，而秉钧诸臣补苴匡救，是以朝纲紊乱，而不底于危亡。假使承孝宗之遗泽，制节谨度，有中主之操，则国泰而名完，岂至重后人之訾议哉！

正德在长沙地区留传的故事甚多，宁乡花猪又号草冲猪，据传是其食后大赞乃得盛名，长沙县影珠山下有凤仙桥与凤凰台，据传为其与民间女子李凤相识相爱之地。接驾岭、歇马亭、接龙桥、皇塔等地名，传说都与他的微服巡游有关。《长沙市志·卷十三》亦有皇塔“传为明正德年间武宗朱厚照赐建”的记载，现所建为经幢式，共4层，通高2米，平面六边形，用七块整石堆砌而成，下以须弥座，每边浮雕卷叶花纹饰，高有地室，造型浑厚，具有典型的明代建筑遗风。黑麋峰附近山民称正德皇帝长眠于此当然属于讹传，但其游历黑麋峰或许不是胡说。

《大正新修大藏经》中有一则《佛说九色鹿经》的故事，是讲一位溺水者遇九色鹿而获救，问九色鹿需何报答，九色鹿告他莫泄自己的行踪即可。后王后梦到九色鹿，欲擒之，王乃用千金昭告天下。溺水者贪而食言，带兵前来捕拿。

鹿方惊起，便四向顾视，见王军众，已绕百匝无复走地。即趋王车前，时王军人即挽弓欲射。鹿语王人："且莫射我。"自至王所欲有所说。王便敕诸臣莫射此鹿：此是非常之鹿，或是天神。鹿重语大王言："且莫杀我，我有大恩在于王国。"王语鹿言："汝有何恩?"鹿言："我前活王国中一人。"鹿即长跪重问王言："谁道我在此耶?"王便指示车旁癞面人是。鹿闻王言，眼中泪出不能自止。鹿言："大王，此人前日溺深水中，随流来下或出或没，得着树木仰头呼天——山神树神诸天龙神，何不愍伤于我？我于尔时不惜生命，自投水中负此人出，本要不相道，人无反复，不如负水中浮木。"王闻鹿言甚大惭愧，责数其民语言："汝受人重恩为何反欲杀之?"于是大王即下令于国中："自今已往若驱逐此鹿者，吾当诛其五族。"于是众鹿数千为群皆来依附，饮食水草不侵禾稼，风雨时节五谷丰熟，人无疾病灾害不生，其世太平运命化去。

黑麋峰下的信人说，这故事讲的就是黑麋峰的麋鹿，因而千年来此峰附近山民虽养鹿却不杀鹿，这当是极有传统，也颇可咀嚼。

"一方水土养一方人。"黑麋峰人有崇义、尚武、爱国的传统，又有霸得蛮、能吃苦、不怕死的血性，名人辈出，当与历史上释道儒三家先辈的经历、体悟及留诸后世的文化精神的滋养相关。

如今当地开发农家乐、大力发展农业体验旅游，应当认真思考当地的文化传统，整理过往的历史遗迹，这基础做扎实了，才能更好地做好规划设计，造富百姓，利在当代，功在千秋。

谷山：王脉悠悠遗风流

长沙河西的谷山，又叫云母山，或香山，地跨岳麓区望岳乡、天顶乡和望城区星城镇，东至望岳乡谷山冲将军坳，西至螺丝臼山脚的竹叶塘，北至星城镇青山坳金甲水库，南至天顶乡大塘冲，是有名的森林公园、大长沙北的纯天然氧吧。

山的得名有二，一是因远古先民信奉的农业神——谷神在此山显灵而名之，二是因为明代谷王入山为僧而得名。

一、美山有特产

其山，峰峦起伏，森林茂密，浓阴蔽日，潺潺溪流，澄澈见底。据《读史方舆纪要》记载，“又西四十里曰谷山，灵谷深邃，上有梓木洞，下有龙潭。”山上自然景观有壁上挂灯、烈马回头、罗汉肚、风门坳、刀背脊、仙人坡、一字涧、青龙嘴、黄狮岭、金鳅井、白虎排、观阵台、将军坳、响鼓岭等，还有一个歇凉亭，相传明正德皇帝巡游到此歇凉，故得名。清人杨世安（号巨川，长沙人）所做的《登谷山》写出了登临之妙：

谷山与岳争空起，耸入青天势未已。
盘旋鸟道登山尖，一碧遥看洞庭水。
苍茫独立翠微间，此身不信在人寰。
长啸一声下山去，芒鞋带着白云还。

胡之太（湖北黄冈人，康熙举人，曾任长沙教谕）则说：

湘江平不流，容与泛虚舟。
傍石堪维缆，循阡更陟丘。
樨香风扑鼻，雈白雪盈眸。
山水清音在，良辰赋胜游。

主峰谷王峰，海拔 362 米，在相对比较平坦的滨湖冲积平原区就显得高峻挺拔，不同凡响了。谷王峰周围主要由五座大山峰组成，好似群山环抱，内有九个小二型水库，俗称“五龙朝圣，九颗明珠相托”。其中豹子岩水库是谷山景区最好的泉水宝库，有“蟒蛇吐蕊，玉带缠腰”之称，而青石沟水库附近，菟丝草丛生，这种寄生植物一般地方少见，是益肝补肾的良药。水面面积最大的是观音岩湖（水库），是目前长沙仅有的三个水面面积过 40 万平方米的湖泊之一，多面环山，气候宜人，水质清洌，湖岸蜿蜒流转，线条灵动柔和，与山一气成为不可多得的风水宝地。谷山东邻湘江，江畔有月亮岛，岛如一弯修长的新月吮吸湘水，两头银白的沙滩吻着湘水碧波，岛长 4980 米，平均宽约 400 米，最宽处 800 多米，总面积 3300 多亩。月亮岛以美丽的自然风光为特色，被新辟为旅游点，成为湘江上最大的主题公园。

谷山以产砚著称。其所产的谷山砚，与产于浏阳市永和镇柳家湾浏阳河支流大溪河石丛之中的菊花石砚、产于长沙的圭峰石砚、产于宁乡县的龙牙石砚，合称为“长沙四大名砚”。据宋代米芾《砚史》记载：“潭州谷山砚，色淡青，有纹如乱丝理。慢扣之无声。得墨快，发墨光。”清乾隆年间刊刻的《长沙府志》亦载：“谷山，县西七十里。山有灵谷，下有龙潭，祷雨辄应。有石色淡青，纹如乱丝，叩之无声，为砚发墨，亦有光。”此外，《清一统志》也记载说：“谷山，在长沙县西七十里，产青纹花石，可为砚。”

还有特产湘粉，与山东的龙口粉丝、北京的清河粉丝同享盛名，又名“南粉”，因产地在湖南而得名。又因望城区湘江西岸是其主要产区，长沙本地人们称为“西粉”。谷山区域人民制作湘粉已有400多年的历史，尤其以纯蚕豆粉做成的粉丝叫做“银丝细粉”或“龙须粉丝”，其色如银，细如丝，轻柔起伏，像龙须一般，被称为湘粉中的上品。湘粉具有洁白细长、柔软爽滑、易熟耐煮、吸鲜力强等特点，又因为以豆类为原料手工制作，富含天然高蛋白，有较高的营养价值，故一直是人们喜爱的豆制食品。冬天吃火锅，以粉丝作底料，拌以肉丝、冬笋丝，可做成“三丝火锅”；夏季做凉拌菜，佐以姜丝、辣椒丝，开味爽口，食用方便，价廉味美。据当地史籍资料记载，民国时谷山的寺庙中有一名僧厨，善以湘粉做出素席中的烩鱼翅，其色、香、味、形均可与真鱼翅媲美，素得当时的湖南总督谭延闿的赏识，故湘粉又有“河西鱼翅”的美名。

谷山又是有名的灯彩之山。灯彩是湖南普遍流行的民间工艺品，始于西汉，工匠利用竹、木等材料制成各色花灯，加以彩绘或刺绣装饰，结构精巧，古朴雅典，美观大方，在节日和喜庆时悬挂于门首和厅堂。谷山历代屡出灯彩大师，据传在北宋、南宋、明、清时期，皆有工匠被招至皇宫进行制作。从形式上看，最多见的有三种：其一，走马灯，是用蔑做骨架，用彩纸糊成方形或圆形的灯笼，用纸片剪成人、马贴在纸轮上，把纸轮安放在灯笼中间，利用灯光热气，冲动纸轮旋转；其二，宫灯，是以雕竹、雕木、雕漆、镂铜等作框架，镶以绢纱、玻璃或牛角片，加以精致彩绘或嵌以翠玉珠宝而做成，现今多采用铝合金等金属，有机玻璃璐珞、塑料等新式材料制作，是一种豪华照明艺术装饰；其三，花灯，谷山流行的主要是各种几何形、动物抽象形等象征吉祥的花灯，一般用于民俗节日。

谷山还流行皮影戏演出。皮影戏又叫灯影戏或影子戏，是以特制的透明牛皮或驴皮或皮纸衬壳雕镂绘制而成的影人来表演的一种艺术形式。艺人在灯光透射的屏幕后面做出各种动作，表演戏剧情节和故事，伴之以音乐、唱腔和道白。谷山表演皮影戏的历史可追溯于西汉初年，即第二任长沙王吴臣（？～前193）时期，据民间传说也就是在这场表演中，吴臣中美人计被人所害。但皮影戏真正的昌盛直到北宋神宗熙宁年间（1068～1077），而且演出的场所已经移至了现长沙市区天心阁一带。清末到民国时期，谷山区域表演的皮影戏已经采用湘剧和花鼓戏唱腔，说、唱、演、乐已经齐全。其剧目可分历史剧、神话剧和现代剧等多种。其中最受百姓喜欢的是寓言剧和儿童剧，如《龟与鹤》《两朋友》《采蘑菇》《乌鸦与狐狸》《哪吒闹海》等。正是因为演出频繁、名艺人众多，与谷山相邻的高塘岭镇才被誉为“皮影之乡”。

二、佛道传万家

当然，更吸引人关注的是谷山的佛道文化。自古名山多寺院，香火缭绕醉游人。作为岳麓山余脉的谷山，在佛道方面也得到了岳麓山上诸多名寺名僧的极大支持。

先讲佛寺。据《长沙府志》与《望城县志》的记载，谷山在晋末即有僧人前来入驻，从晋到民国，有名载于志书的佛寺总共有七十余座，而遗存至今尚有影响力的只余两座，即洗心禅寺和谷山寺。

洗心禅寺位于谷山的翼脉之下，今望城黄金乡境内，原名洗心庵，为清初汉月法藏禅师（1573～1635）于1620年创建，南毗毓秀麓山，北临浩瀚洞庭，风景秀丽，环境洁雅。法藏禅师俗姓苏，江苏无锡人，少年时读过儒书，15岁出家，后来读了许多古尊宿语录，很受感动，便在初祖像前燃臂香发誓：“倘得彻悟，愿不惜身命，力弘祖道。”他曾在八年之内，费尽心力，吃尽辛苦，“居海虞之三峰，虚檐罅壁，草屋萝墙，床下水流，庭前草没，麦麸豆滓，掬水补衣”。他看过“万法归一，一归何处”的公案，可是年近四十仍未彻悟，后来又读宋代觉范（惠洪）的《临济正宗》才“宛然符契，如对面亲质”。但他总认为无师自悟不正规，便往谒天童圆悟，受其心法，为临济正宗三十一世。他曾写就《五宗原》一书，却引发一场辩论大风波，甚至还引起了雍正皇帝的干预，文章一度被毁，但后继者大有人在。他的法嗣有杭州灵隐的具德弘礼、苏州灵岩的继起弘储等，前者门下又有晦山戒显、硕揆原志等，后者门下有金赋原直、楚奕原豫等。

法藏在洗心禅寺开山以后，寺院佛事兴隆，高僧辈出，如清末长沙开福寺的方丈体非大和尚、原中国佛教协会会长一诚长老等都在该寺剃度或任主持。

民国年间，洗心禅寺规模宏大，殿堂屋宇建有三进107间，住僧70余人，置水田200亩，山林菜地200余亩，为长沙河西地区最为显赫的一大寺宇。20世纪50年代末大跃进中，洗心禅寺彻底被毁灭。

1986年7月，一诚长老派弟子去视察自己出家之初曾住过八年的寺院。得知寺院已经荒废，片瓦无存，树木全无，庙堂为人种了番薯，一诚就有了恢复的愿望。2002年9月，身任中国佛协会长、常驻锡京城广济寺的一诚，派法脉弟子悟圣为监院前来旧地复修三宝福地，再树庄严宝幢。2003年10月开始动工，三年内完成第一期工程，并于2006年12月28日举行了盛大的落成开光法会。

该期工程占地108亩、总建筑面积30000余平方米，总投资近5000万元。寺院布局以中轴线为基准，分左右两厢排列。中轴线上依次是山门殿、天王殿、大雄宝殿和法堂；左厢为虚怀楼、西归堂、鼓楼、禅堂和方丈楼；右厢是云海楼、客堂、钟楼、斋堂和尊客寮。整个殿宇回廊相衔，融殿、阁、堂、房于一体，庄严古朴，气势恢宏，金碧辉煌。值得一提的是，泰国泰皇慈善基金会向其提供了一座金光灿灿的“四面佛”，有四尊佛面，分别代表爱情、事业、健康与财运。佛像现安放在洗心禅寺大雄宝殿前坪正中央，供四方信众膜拜。

谷山寺，又名宝宁寺，位于岳麓区望岳街道谷峰村。最早为唐代谷山藏禅师所建，后毁。唐末诗僧齐己作有《游宝宁寺》诗：

城里寻常见碧棱，水边朝暮送归僧。
数峰云脚垂平地，一径松声彻上层。
寒涧不生浮世物，阴崖犹积去年冰。
此生有底难抛事，时复携筇信步登。

《全唐诗》第844卷还收藏有齐已寄给开山祖师谷山藏的《寄谷山长老书》：

游遍名山祖遍寻，却来尘世浑光阴。
肯将的的吾师意，拟付茫茫弟子心。
岂有虚空遮道眼，不妨文字问知音。
沧浪万顷三更月，天上何如水底深。

宋时，宝宁寺再为保宁仁勇禅师重建。据《五家正宗赞》卷第二的保宁介绍：

四明竺氏子，少习天竺教。更衣谒雪窦。窦熟视之，呵曰："央庠座主。"师气不平，发愤下山，望雪窦山大展三拜，誓曰："我此生行脚参禅，名不过如雪窦，断不归乡。"径往见杨岐，悟旨，出世保宁。道播丛林，果如师言。

同时据《五灯会元》载，他宝相庄严，可谓是容止渊秀，而且行为举止都很令人生欢喜心，更有一颗赤诚的向道之心，精通天台的止观及教义，年轻时候就广有美名了。

对湖南佛教而言，保宁的最大贡献是缔建了两座寺院，一是开福寺，二即此宝宁寺。据传，保宁修建开福寺后，发心朝拜各地名山大寺，云游30年之久，其间曾来到了谷山冲，立愿在这里再建一寺，以方便云游僧众。于是他找到楚王马希范为施主，修建寺院，敕封为“宝宁禅寺”。

明谷王朱橞披锱入山，遂更名谷山寺。寺内有四十八庵，石鼎焚香，云烟缭绕，附近有龙潭，旁建龙王殿，传说祷雨辄应。

韩乐（字适斋，长沙人，康熙庚子科副榜）作《重游谷山寺》诗：

长松古竹覆寒流，岸帻重来谒惠休。
佛去鸡窠新草闭，云沉鹤帐晚花稠。
银床露井非前度，玉带山河是旧游。
风静梵音真缥缈，好来暇日坐销忧。

胡之太作《谷山志序》，称：

山缘王见称，王赖山不朽。人与地，不更相倚重乎？第在当日，始之金川迎谒，卒之藩服不朝，论者不无遗恨。独其甘心退隐，兴复祖庭，得与兹俱永。视簪缨华胄、天潢贵介与草木同腐者，不啻霄壤。读斯志者。亦可憬然于身世之故矣。

1911 年推翻了封建帝制，谷山寺的牌坊被拆，佛像被砸，僧徒被遣，只剩下一座空空寺院。1915 年，原主持长老和尚常静、皈诚发起修复谷山寺，得到湖南省长汤铭的大力扶助，将原香火田 360 石收回给寺院。经过两长老在各地募化，苦修苦建，历时四年，谷山寺又恢复了原貌。著名学者刘善泽教授作《谷山宝宁寺》诗：

邃谷开灵域，如闻笃耨薰。
邻墙分竹色，寺塔隐松云。
穴古鼬常聚，枝安鸟自群。
夕阳枫晚醉，山气爱氤氲。

晚清秀才喻果民为寺题有对联：

了世间不了之缘，便成上乘；

凡天下非凡之客，始到名山。

民国知名学者、李淑一之父李肖聃（1881～1953，原名犹龙，别号西堂，长沙人，柳直荀岳父，曾任梁启超的秘书，湖南大学教授）亦为谷山寺撰联：

谷口应书声，看牧童坐诵，樵子行吟，任他角挂肩挑，英雄偶尔皆千古；

山林成物色，记玉版参时，懒残煨处，当此笋香芋熟，宰相依然领十年。

李肖聃还对谷山本土名人、光绪举人、民国时湖南大学教授罗庶丹（1874～1932）为振兴当地教育想法购书、教人不诲而启民智大加赞崇，为之作了《谷山青石沟白石山房记》一文，在当地传为美谈。

民国时期，谷山寺为“长沙八大丛林”之一，1933 年寺内住僧达 37 人。这里也成为革命根据地。1927 年长沙郊区农民协会会址曾设此，萧劲光、滕代远、孔福生等常在寺内召集会议，后又成为长沙的抗日游击根据地之一。而寺院又为开启民智，在院里设有初级小学，起名为宝宁小学，只有一个复式班，40 名学生，办学经费从香火田中拨出。

抗日战争时期，湖南佛教慈儿院一度驻过该寺。1951 年土改中，谷山寺的菩萨被砸碎，钟、鼓、磬和铜佛铁像全被运走，两柜宣纸铅印版本的经、律、论等文章的《大藏经》付之一炬，360 石香火田分给了农民，寺里十多名僧徒相继离去。1969 年冬季，为修新设在苦竹坳的谷山完小，谷山寺被拆毁，从此不再存在。寺院基地被辟为苗圃作为谷山林场场部。现尚存古桂数株，参天耸立，为古寺仅存之物。据曾在谷山寺小学教过书的张月秋回忆，谷山寺被毁前，寺内还有两棵更大的桂花树，树干足有两抱围，六根水桶大的枝干撑开的树冠大得能盖住整个前殿和天井，站在中殿二楼伸手可摘到桂花，桂子花开，香飘十里，地上铺上席子，掉落和打下的桂花，收集起来有十担，寺僧与小学教师收集起来做桂花茶和桂花糖，寺前东端的池边有一棵大银杏树，每年掉落池塘的白果（银杏果）使池水变成墨绿色……谷山寺与后山活像一只展翅欲飞的金凤凰，凤头为谷山寺，凤脚伸到十八丘（地名）。今在谷山水库南约一公里处的小河涧上，有一石碑，长 3.5 米，宽 0.4 米，刻着“云母为屏”四个隶书大字，清晰醒目，据传碑原为寺院之物，大约是在大跃进时兴修水利而移至的。

2009 年始，谷山寺得以重修。结构布局，全仿古开福寺。建筑面积约六千平方米，两进两横，左右走廊，成“国”字形。寺前有雄伟的山门，高约五丈。门顶上有“二龙戏珠”的泥塑，麟爪珠须，活灵活现。顶罩用琉璃瓦镶成，阳光照耀，金光闪闪。山门内是一个大天井，由天井而上，踏着由麻石砌成的五十三级阶梯，进入大雄宝殿。大雄宝殿仿中国山西五台山佛光寺东大殿盛唐遗构，采用斗拱七铺作，双杪双下昂，为中国汉传佛教寺院最高规格建筑形制，面宽为九开间，总建筑面积为 1510 平方米。大殿全部由老挝特供珍贵花梨木材架构组建而成，共耗用珍贵花梨木近 3000 立方米。屋面为铜瓦覆盖，共计使用优质防腐合金铜达 180 余吨。殿宇高大，殿内外由坚固粗大的四方石柱支撑。上盖铁瓦，殿脊正中有七层葫芦顶，两头镶嵌着陶塑小佛像。殿内佛像全是铁铸的，主佛像丈六金身。走廊两侧有斋堂、禅堂、寮房、方丈房等建筑。

按五行学家的看法，长沙是中国省会城市中唯一一座拥有佛教四大神兽的地方，因而佛教昌盛——西岳麓似青龙下山吞橘子洲大鱼，前爪王陵公园右爪大王山；东明月山天雷山一带似白虎对天咆哮，汉王山为首，棠坡为颈，天华山为尾；南马王堆一带若玄武向水而行，头探韭菜园而尾摆黄花；北正有谷山类朱雀夹乌山尖山两翅向北振飞。似乎，谷山佛光普照大义施行，是理所当然的事情。

再说道观。号称“小岳麓”的谷山与岳麓山一样，道教曾经兴旺发达一时，尤其是纪念吴芮父子的忠义祠（吴王祠）从西汉到元朝，一直香火不断，并吸引着长沙市区的信众前为朝拜。供奉的忠义人士也在屡增，陶侃、关羽、李靖、赵汝愚、辛弃疾、岳飞、李芾都曾入神仙之列。但正是因此而在元初遭禁，祠堂被毁。清朝熊少牧（1795~1878，字书年，号雨农，长沙人，道光举人，官至内阁中书）曾做《吴王祠》诗一首：

长沙国小亦金汤，带砺绳承异姓王。
未必韩彭无反迹，莫将烹狗怨高皇。

据传，明朝时谷山有十余所道观，且都极具规模，但如今遗留下来的，仅有一个戴公庙。据清同治十年（1871）《长沙县志》载，戴公庙约建于唐时，与宝宁寺所建时间相差不远，后来为兵焚。清同治五年（1866）又于七封山建戴公祠，现称为老戴公庙。庙正中门对联为"声灵通肝胆，功德在乡邦"，属著名书法家周介陶撰写。1958 年"五风"期间禁庙，香火被停，20 世纪 60 年代被毁。现庙为 80 年代由信众集资重建。"老戴公庙"和门联由书法家周昭怡（周介陶之女）按原联重写。

戴公庙供奉的是戴宗德、戴宗仁、戴宗义三兄弟。三人是唐朝著名将领，多受皇恩，均武艺超群、擅长医道，施财舍药、普济众生，做无量功德，受当地乡民敬仰，后得道成真。而民间的传说不一而足，纷纭难辨。流传最广的说法来自明朝八家寨百姓，说是为纪念南宋三位遇害的草药医生。

据说，这三个草药医生从宝庆（今邵阳）沙子坪接龙桥来到长沙河西马栏港开堂行医。他们都姓戴，是亲兄弟，不但医术高明，而且心地善良，收费低廉，因而深受百姓欢迎和爱戴，百姓敬称他们兄弟为大圣、二圣、三圣。这个地方有个巫师，叫王道中，常用法术给人治病，但收费高，又见效不大。戴氏兄弟的到来，自然影响他的生意，因此，他怀恨在心，寻了个机会，将戴氏兄弟害死了。马栏港的百姓十分悲痛，将戴氏兄弟安葬在杨阁老（即马栏港，后叫桑梓村），并为他们立了碑，碑上刻着戴公大圣、戴公二圣和戴公三圣的字样，后来又为他们建了庙，将他们生前所用的药方做成药签，供奉在庙中，相传自此后人们生病只需来庙拜过戴氏三圣求得药签，按签捡药则药到病除。年深日久，这种灵验越传越神，百姓就视戴氏兄弟为救世菩萨，约定每年农历八月初一至十五为戴公庙会。庙会期间，前来朝拜的香客信士前呼后拥、络绎不绝，绵延几公里，庙宇内鞭炮不断，香烟缭绕，最高峰达 10 万人次。马栏港（又名杨阁老）的戴公老庙原为戴公行宫，每年农历七月二十六日，由七封山老戴公庙将神像抬至杨阁老戴公墓地，名叫行香，然后再到七封山老戴公庙庆寿祝酒。这种朝拜献礼，经久不息，几无中断。

三、忠义传佳音

在谷山人的心目中，谷山更是王者之山、神圣之山，她保佑这方水土风调雨顺、五谷丰登，使这里太平清净、兴旺发达。还相传，谷山即长沙的王脉。

这种传说，决非空穴来风。就西汉的长沙王看，吴氏五位中，除了首任长沙王吴芮葬于韭菜园后在三国孙吴时由孙权之母迁祖回其老家江西余干瑶里，第五位吴差（又称吴著，吴右之子，前 178 ~ 前 157 年在位）葬于岳麓山下现王陵公园外，其余三位吴臣（? ~前 193，吴芮长子，前 201 ~ 前 193 年在位，谥成王）、吴回（? ~前 187，吴臣之子，前 193 ~ 前 186 年在位，谥哀王）、吴右（? ~前 178，吴回长子，前 186 ~ 前 178 年在位，谥共王）都是葬在谷山。西汉刘氏八代长沙王（刘发、刘庸、刘鲋鮈、刘建德、刘旦、刘鲁入、刘舜），更是尊其例，全部归葬于谷山，并有“坟形成龙”之说。

西汉吴氏一脉，以“忠、义”闻名天下。刘邦夺取天下后即对外姓诸侯王斩草除根，韩信、彭越、英布、卢绾等联名书劝助刘邦当上皇帝的七个外姓王全被诛，但唯一幸免于难的就是长沙王吴芮及其子孙。相反，刘邦还对长沙王夸个不停，“长沙王忠，其定著令。”《汉书》在比较长沙王与另七个诸侯王时说：“唯吴芮之起，不失正道，故能传号五世，以无嗣绝，庆流支庶。有以矣夫，著于甲令而称忠也！”

事实上，吴氏长沙王也确对刘汉王朝忠心耿耿。随举两例：

第一例：淮南王英布是吴芮的女婿，反汉后一路披靡，惊动朝廷，刘邦召令吴芮之子义陵侯吴郢、便侯吴浅（当时未受封）、沅陵侯吴阳及老将军梅鋗（吴芮妻兄、吴浅吴阳之舅）率南越诸军抵御，并亲临前线指挥，这才大败英布。英布败逃到长沙国，欲寻妻弟长沙王吴臣庇护，但吴臣听取了王国国相利苍的劝说，站稳了立场，没有帮助英布，反借利苍之妻辛追（与英布有杀姐之仇）之手，将其斩首在番阳，为刘邦剿灭英布叛乱画上了一个完满的句号。

第二例：在公元前154年，吴王刘濞发动“七国之乱”时，胶西王、齐王、楚王等六诸侯王率兵响应。当时第五任长沙王吴差与第二任义陵侯吴重（吴郢之子）都因无嗣而绝，刘濞便派使者来长沙找接梅鋗、吴浅兵权，掌握南越与梅山诸军的便侯吴信（吴浅之子）及沅陵侯吴福（吴阳之子），手书《告“故长沙王子”书》约定共同起兵。但吴信、吴福也坚守祖德，不为所动，又一次站对了立场，并在之后的平叛当中支持周亚夫（前199～前143，西汉时期的著名将军，今江苏丰县人，名将绛侯周勃次子）弃攻梁而断粮道的策略，吴信更是率以吴楚两国后嗣为根基的吴家军充当狙击手一举击溃了叛军，从而立下军功。

相对而言，西汉刘氏长沙王多是无才无德之辈，除刘氏第一任长沙王刘发以重情重义闻名（筑有望北念母台即今定王台）并因第六世孙刘秀缔建东汉王朝而显贵外，其余的七位诸侯王都是花花公子。尤其是公元前83年至前49年在位的刘建德，声色犬马不说，且对辖内百姓可谓无恶不作。他在谷山祖庭宫苑打猎时曾“纵火烧民九十六家，杀二人，又以县官事怨内史，教人诬告以弃市罪，削八县，罢中尉官”。

此后，历任长沙王虽不再葬于谷山，但到谷山狩猎、训练王室子孙似乎成了定律：东汉时，孙策（175～200）曾来狩猎，并留下有狩猎行营遗址；晋朝时，司马乂（277～304）在太康十年(289）封为长沙王后即来谷山祭扫；宋武帝刘裕时期，迁太尉而封长沙王的刘道怜（368～422），不仅曾在此训练兵勇，而且登山赋过诗，惜后佚，他的儿子刘义欣（404～439）、孙子刘瑾（？～453）、重孙刘纂（？～478）都曾在此运粮问道；南梁的萧氏长沙王（萧懿、萧渊业、萧孝俨、萧慎、萧韶）虽多只是受封或追谥，大都未曾在长沙驻守，但其后嗣却在南陈以后在谷山附近居住下来，成为一支庞大的家族，并发展到岳麓山等地，后代中出现有新中国开国大将萧劲光等名人；唐朝的长沙郡王中，李恪（619～653，李世民与隋炀帝之女杨妃的儿子）曾镇守长沙，在谷山附近修筑过防御工事，并恢复建设过汉代的北津遗址，898年被封为长沙郡王的罗绍威（877～910）也有后代在附近区域生根建祠。

而谷山的第二个辉煌时期，则在明代。明太祖朱元璋第十九子朱橞（1379～1428）在1391年被册封为谷王，统领上谷郡地和“长城九镇之一宣府镇”。他于1392年至1410年主持并参与扩展宣化城的建设，使其成为明代早期城防建筑的典范，并构筑了常峪口至大境门60余公里的明长城，兴建了独石口和锁阳关的关隘，为抵御北方少数民族的袭扰，巩固明朝疆域做出了贡献。建文四年(1402)，明成祖朱棣带燕兵渡长江攻打南京金川门，在此驻守的朱橞开门迎王，燕王继位后念其献城有功，封朱橞驻长沙。

这时，朱橞骄横霸道起来，他先以忠诚伯茹瑺未曾拜谒而杀之，继而以长沙史虞廷纲曾状告其“夺民田，侵公税，杀无辜”而诛之。更为甚者，朱橞大肆搜刮民财，招兵买马，立命中官，造战舰弓弩，练水兵勇，妄图勾引蜀王朱椿（朱元璋第11子，橞与椿皆为同母郭妃生）结盟造反，推翻成祖朱棣，由于蜀王责之未得逞。朱橞所作所为遭群臣弹劾，遂于永乐十五年（1417）被废为庶人，追随多遭杀戮。

但朱橞对谷山的贡献却有二：一是大兴寺院，使谷山寺等佛寺得到振兴，《明史·卷一百十六·列传第四》中就说其“大创佛寺，度僧千人”；二是因他而留下了诸多的传说故事。

百姓往往是同情弱者、过往不究的，在他们的传说中，谷王完全变了模样：他心地善良，聪明能干，在位期间为老百姓办了许多好事，在百姓间很有威望。朱棣政变后为消除兄弟争位的威胁，下令诛杀王兄王弟，谷王首当其冲。朱棣派金甲将军兄弟三人专程赶往长沙。谷王闻讯后渡过湘江，退往云母山。金甲将军兄弟紧追其后，终于在云母山脚下追上。三将军正欲取下谷王首级，被随后赶来的当朝老丞相程吉喝住。程吉义正辞严责骂三将军愚忠不义，告诫他们若杀爱民如子的谷王则天理不容。三将军听了老丞相的肺腑之言，羞愧难当。但不杀谷王，朱棣绝对不会放过他们，更会拖累家眷。无奈之下，他们一一刎颈自杀。谷王万分悲痛，守着三位义士的遗体不忍再往前走，他将三人就地安葬，并在他们的墓前搭了个茅草庵，自己住进庵里削发为僧，再不过问世事，直至百岁而终。这故事见于原谷山寺留存的《莲池谱》。

还有的传说是说燕王夺位后派兵讨伐谷王，谷王精通文武韬略，亲率三子三郎等将兵抗之，虽胜但战斗惨烈，三子三郎和另两位将军相继阵亡。谷王考虑众寡悬殊又看到民众受害甚深于心不忍，便遣散兵勇，自己隐姓埋名出家于云母寺（谷山寺）。

不管哪种传说，都强调的是谷王的善良、爱民，与史书中的记载迥然有别，这既是百姓对为官者的善良期盼，又反映了他们的天真质朴。

明朝真正可查的长沙藩王，皆属吉王一支。恭简王朱翊鉒是第四代吉王朱载均之子，1557 年至 1621 年在位，他曾在谷山寺研习过佛经，并率众祭扫过陶侃与李芾。他的儿子昭靖王朱常淠和孙子朱由楫、朱由栉没有到访过谷山的记录，倒是民间传说清军攻破永宁后，朱由栉曾随明督师何腾蛟逃遁到谷山，何劝其继续南亡，但这位王爷不肯听从，结果回到全州即被清军所俘。

清人黄思孝（字情田，长沙人）的《游谷山》一诗较为全面地写出了其当时的面貌以及诗人的困惑：

大块茫茫多嵯峨，我足来至其如何。
泰岱不登终遗憾，终南涉想成蹉跎。
今且结伴游谷山，苦无足力劳跻攀。
倩人扶持临绝顶，四顾攒簇咫尺间。
我生登高才历此，已觉宽旷无与比。
尚嫌烟雾复朦胧，纵目不能逾百里。
山腰一殿号龙王，碑勒谷王事不详。
山顶旧传神赐谷，事出野史皆荒唐。
下山歇足谷山寺，寺僧迎入方丈地。
叩之事绩亦茫如，说法犹为身世累。
甚怪此游焉所得，急鞭归来已曛黑。
古人游历拓心胸，日踞峰头览空色。

这诗，写得实在而坦荡。但相对而言，我更喜欢写得较为空灵的胡之太的另一首《游谷山》：

山高迟月出，坐久到更深。
挥尘忘尘俗，挑灯证道心。
禅和咸解语，宾从亦知音。
避暑来年约，相将话茂林。

想想，那意境真是够为美丽的了。

长沙市目前已经在谷山启动了汉王陵公园项目的建设，意在留住其汉王朝的历史，以其辉煌昭告后世，激励来者。而在我看来，明王朝的这段故事，尤其民间与史书的对比记载，更可让人理解历史，更值得深思。

清朝诗人彭开勋（字勒彝，宁乡人，嘉道间诸生）在面对今开福区湘雅路靠湘江端的吴王墓遗迹时就已经感叹道：

番君园墓在，胙土旧分王。
慷慨河山誓，萧条草木荒。
劫灰悲楚汉，磷火照湖湘。
望古徒搔首，凄风废垒旁。

彭的这份清醒认知，无疑叫人醍醐灌顶。

大王山：湘军统帅抱憾归

岳麓区坪塘街道的大王山，又称莲花山或莲蕊山，东临湘水相望巴溪洲与昭山，西近含浦学士村，南濒湘潭九华经济技术开发区，北接岳麓山揽靳水入怀，四周又多极像动物形状的小山丘，共十余座，称为伏龙山、白虎山、狮子峰、凤形山、象王山，等等。山上自然资源丰富，竹木漫山遍野，茶叶比比皆是，重峦叠嶂，树木葱郁，峰回路转，湖光山色，水天相接，苍松翠柏，鸟语花香，亮点众多。

一、名字已惊人

“头枕湘江，肩挑两市，脉贯两城”是大王山地理魅力的精确概括。站在大王山上北眺，是一望无际的良田沃土，这是长沙地区第二大堤垸——洋湖垸，用“稻熟千层浪，荷香十里浓，金果挂满树，鲤跃跳龙门”来概括其农业盛况一点也不夸张，如今此地已经成为湖南省内知名的城郊型农业和休闲基地、传统产业基地、稻田优质茶苗基地、绿色产品基地、无公害生产基地。向东瞧，面积1200余公顷的巴溪洲如一条巨大修长的航母吮吸湘水，北面绿树丛林群莺纷飞，南头银白沙滩吻着湘水碧波，羞答答的野花、青葱葱的野菜、绿油油的小草，在清风吹拂下摆弄妩媚，偶然惊起的鸥鹭盘旋而飞，引发人们无穷诗情画意，如今开发成了一个集湿地群鸟、生态密林、游艇码头于一体的综合性水上生态公园，更是吸引无数游客观临。东北角还有一个柏家洲，1949年前还是长沙城南郊最繁华最热闹的地方，码头、寺庙、税务局、赌场、妓院、商家店铺、川流不息的人流，络绎不绝，应有尽有……柏家洲是中国共产党领导的农民运动的纪念地，毛泽东、滕代远、萧劲光等老一辈革命家在这里领导过农民运动。有一个“伟人渡”，相传着梢翁夫妇巧渡伟人的故事。一次，毛泽东因遭敌人追击，从河东急渡湘江，经靳江往河西撤，夜深人静时分，经当地农民引导到渡口，为了迷惑追兵，梢翁让夫人划渡船向对面码头正方向驶去，而自己借一叶渔船载着伟人悄然消失在暮色之中。向南望，靳水悠悠而来，包公道士斩除妖龙的神话流传甚广，龙回塘、龙骨寺等地名引发无限联想。向西看，白泉村一览无余。在这空旷的田野之边，有建于光绪三十二年（1906）的谭钟麟墓碑亭，亭为六角，用24根石柱组成护栏，甚为罕见，亭内正中青石龟背上立有汉白玉石碑，碑已断裂，但清代著名书法家、同治七年（1868）殿试榜眼黄自元

(1837~1918，字敬舆，号澹叟，安化县龙塘乡人，清末书法家，实业家）所书的主人生平碑文还是清晰可辨。谭钟麟（1822~1905）是个了不得的人物，字文卿，茶陵人，咸丰进士，累官至陕西布政使，陕甘、闽浙及两广总督，赏太子少保衔，卒谥文勤。再从一排民房前走段距离，有谭钟麟墓，现为省级文保，墓坐西朝东，圆形封土堆高1.2米，底径3米，以三合土筑成，墓前原立有石华表、翁仲，但如今已经遗失，墓前立汉白玉碑三通，主碑高3米，宽1米，刻文为“茶陵谭文勤公墓”，次碑上刻有子、孙各4人名字，儿子中间就有大名鼎鼎的国民党中央主席、湖南省主席谭延闿。谭钟麟、谭延闿、谭泽闿父子三人在中国近代史上以“茶陵三谭”著称，在中国书法史上颇有名气。

山名莲花山（莲蕊山），相传与宋朝时麓山寺的著名诗僧惠洪（1070~1128）有关。传说，惠洪携弟子夜上麓山，观得南边一濯濯童山恰若馒头，而周边群山如蕊环绕，不由叹道：“此是千人道场!”弟子问其故，惠洪解释说，周边龙伏、虎蹲、狮立、象卧、鹤翔、凤飞，莫不是面向童山而礼，是佛祖坐拥莲台的吉祥之兆。弟子铭其言，称其谓莲花山，前往此处行善布道，始有佛教大义传播，山名也就流传开来。但根据考证，这个传说无疑破绽百出。其实，早在这个传说之前，唐朝的振朗禅师就已经在伏龙山下建有兴国寺了，且当时已经颇有影响。振朗生平不详，但他是石头希迁的法嗣。石头希迁（700~790）是六祖的法嗣，与江西马祖被誉为“并世二大士”。他启悟振朗禅师的故事记于《五灯会元》：

振朗初参石头，便问：“如何是祖师西来意?”石头和尚道：“问取露柱。”振朗禅师道：“振朗不会。”石头和尚道：“我更不会。”振朗禅师沉吟了一会儿，突然省悟——祖师西来传法的目的，就是要人明白自己的心性，此心性无形无相，不可言说，动念即乖，开口即错，会与不会，全没交涉。

振朗禅师悟道后，即回长沙兴国寺住山接众，时人称之为“小朗”，以区别其同门师兄招提慧朗。以此故事推断，振朗的年龄应早于惠洪二三百年前。而且，大王山地区也事实上并没有出现传说中惠洪所讲的千人道场，即使是名声最隆的兴国寺（桐溪寺）最鼎盛时期，僧众也未逾百人，大王山及其周边的寺院有记载的也甚少，这与惠洪的预言相去甚远。

山名大王山，另传与西汉的长沙王吴氏家族相关，且三个版本皆以现代的考古发现看越来越证明有依有据。

其一：公元前202年担任西汉第一任长沙王、原秦“番君”吴芮生性仁爱，深受百姓爱戴，因反对秦始皇的横征暴敛才带领子侄起兵反秦，首助项羽，后佐刘邦，在攻破咸阳、大战乌江等重大战役中建有功勋，故先后被项羽、刘邦分封为衡山王、长沙王。他在相对平静的辖区内施行德政，重民示好，推广以自己名字命名的“芮稻”，大力发展农业生产，南越及梅峒后裔纷纷归属。在还未被刘邦封王的公元前204年，他率军攻下长沙，开始建筑城邦，计划将湘江圈为城内之河，东达黑麋峰，西到大王山，南至昭山，北端就划到了如今的谷山，并分别命名为东津城、西津城、南津城、北津城。但连年战争，民亡财伤，役众叫苦不迭。当时在大王山修筑西津城墙的工匠与黥民（脸上刻字的囚犯）当中，就出现了三十余位逃兵。这还了得？负责此项工程的吴芮第二子、后来被封为义陵侯的吴郢勃然大怒，马上派人追捕，意欲处死这些逃跑者。此事被吴芮知道了，他问明情况，不仅释放了被捕者，而且下令停止了西津城和北津城的修建，将长沙城的规模缩小为原来的1/20，将原城池略加扩建，南到天心阁，北达下河街，以减少民众的压力。百姓对此举真是感恩万分，于是把原西津城建地称为大王山，以纪念吴芮的体恤民情。如今，北津残城的挖掘出土，似乎证明了这个传说的可成立性。

其二：吴芮的第四子吴阳，深得其父家传作风，重民厚农，体恤百姓疾苦。公元前 202 年他因军功而担任长沙国中尉——诸侯国的军事统领时，境内发生灾荒，而官吏逼催百姓交粮，就有一厨艺精湛、当地甚有声望的胡姓女子挺身而出，率众占此山为王。吴阳率军前去镇压，智擒胡氏女，闻知占山之由，立即开仓赈灾，既往不咎。百姓欢呼雀跃，叛军归附，遂得大王山名。而吴阳也与胡氏女结为夫妻，后于公元前 187 年被刘邦封为沅陵侯。1999 年 5 月在今沅陵县虎溪山发现的西汉夫妻异穴合葬墓，经挖掘证明是吴阳夫妇的墓穴，其中胡氏墓中出土了中国最早的食谱——《美食方》，总字数二千余，记载了米饭、菜肴、饮料等的制作与操作流程，其中烹肉食的方子就达到了 148 条。这样的契合，恐怕也不是用“巧合”二字就能轻描淡写带得过的。

其三：吴芮的第三子、直到公元前 194 年才被封为便侯的吴浅，是吴芮与梅茹所生（其共父母兄弟即吴阳），他少年得志，文武双全，16 岁即被项羽称赞为“白袍将军”，与其舅梅鋗曾在攻破咸阳中立功，但他生性风流倜傥，据《江阴吴氏统宗源流考》中转述蔡东藩《前汉演义》的记载，他与楚怀王熊心之妻郦鸾（郦食其之妹）、项羽之妾虞薇（虞姬）、刘邦发妻吕雉“过从甚密”，甚至在吕雉及刘邦父亲被项羽扣为人质时，他还曾自愿作随从充当了护花使者，也因此虽军功并不比其兄弟少却在刘邦在世时未能封侯，直待吕氏掌握政权后即与原长沙国国相利苍同时被封侯，并成为吴氏兄弟中寿命最长者、西汉历史上做侯爷时间最长者，于公元前 157 年与第五任长沙王吴差（吴著）同时（据传同年同月同日）辞世。据传他与辛追曾是郎才女貌的一对恋人，曾助辛追杀死其杀姐仇人淮南王英布（黥布），帮助陆贾与辛追出使南越国说服赵佗归顺朝廷，但辛追是个很有个性的女子，因吴浅早有婚配，不愿为吴浅之妾，在此山盟约曰“君为大王，乃为婚娶”，但西汉的长子嫡传制不可能改变，吴浅辛追最终未能长守，辛追嫁给了比自己年长十多岁的长沙国国相利苍，吴浅郁闷地去了封侯地——永兴便江。近些年，西汉长沙王吴氏家族墓群不断被挖掘重现天日，但便顷侯吴浅墓的所在，一直杳无踪迹，一些专家学者已经开始在怀疑，吴浅身后并没有葬于便江而是移柩回了长沙谷山一带，甚至还有人假设《世说新语》《搜神记》《水经注》中记载的三国吴国南蛮校尉吴纲“尊孙权母吴氏懿旨”所移祖先归江西余干瑶里祖茔的，并非长沙王吴芮而是真正掌管吴家军的最高指挥官也即管理庞大家族的便侯吴浅。他们的理由是，吴芮于公元前201年逝世，且据史载其三位夫人中余下的两位梅茹、毛萍同时暴亡（发妻商芫在公元前205年11月闻女儿若羌母子即英布妻儿在九江为项伯所杀，乃带吴芮第五子吴元回归祖里，于公元前203年冬病逝），依当时的医药技术，吴芮的尸体不可能放到公元前157年才匆匆在韭菜园下葬，能解释的只有“当时吴芮未死，为避刘邦诛异姓王之祸而与梅茹、毛萍去了湖北游山玩水、行走江湖，后来梅、毛在路途中病死，吴芮就地当了和尚”。偏巧的是，公元前157年吴浅去世，且当时的韭菜园与马王堆隔山相望（辛追逝世于公元前186年，葬于马王堆），以吴浅的多情性格及狂放不羁，这种生不同穴死亦相望守的事情，他是绝对做得出来的。

二、佛道同时兴

宋朝以前，中国民众的知识教育，很多依赖于寺院。这也是佛寺兴盛的一个重要原因。大王山的佛寺虽比不得近邻的岳麓山，也比不得谷山甚至尖山，但此地拥有的一座寺庙，在中国佛教史上一再被提及——这就是桐溪寺，也叫兴国寺或伏龙庵，位于现桐溪村境内的伏龙山下。

兴国寺的首建者是唐朝时的振朗禅师。据《五灯会元》卷五记载：唐朝六祖慧能大师传青原行思，行思传石头希迁，希迁传兴国振朗。据此可知，振朗禅师属禅宗青原系下二世，与东山严惟、丹霞天然等人为同门。振朗禅师幼年出家，一生参禅打坐不辍，积小悟而成大悟，是一位道行高深颇具雄才的禅门宗匠。他中年辞师下山，披荆斩棘，跋山涉水，风餐露宿，遍访名山，希图拓展禅宗，昌隆师门，五十来岁进了古长沙城，法眼最终锁定了伏龙山：这里山后桐林茂密，山前流水潺潺，山清水秀，鸟鸣谷应，环境清幽而雅致，文人愿在这里唱和，画家喜在这儿研磨，气场极富摄受力，是不可多得的修行宝地。振朗禅师大展宗门劲厉之威，一时信众云集，短短时间就募集到了大量功德款。于是，他身先士卒，率众搬基石，伐木材，一砖一瓦磊筑起了兴国寺。落成后的兴国寺掩映于绿树丛中，建筑宏伟，楼阁玲珑，三道大门，宽敞明亮，山门上书“兴国寺”三字，门联云“兴国家风古；伏龙祖道长”，含义隽永。兴国寺堪称唐代名刹，振朗悉心传道接引，四众弟子从四面八方踊至，一时名动丛林。而文人们也将其四周景致，用图画与文章流传下来，计有兴国八景——盘龙松引人遐思，集贤桥古朴有神韵，象王岭雄壮高耸，谈经石玲珑剔透，狮子峰豪放粗犷，桂花井泉水显灵异，金盆岭美轮美奂，万寿亭令人肃然生恭敬。振朗禅师将一生余热撒在了兴国寺，圆寂后建塔于寺左，从唐到宋，时人前来祭扫。但他圆寂后不久的唐武宗会昌法难，一度将寺院推到了毁灭的边缘——寺院被拆毁，佛经被烧掉，寺田被没收，僧尼被还俗，兴国寺遭受了寺毁僧散的厄运——但僧众对寺院的感情牢固不破，恢复建设、重振宗风的愿力有增无减，这机缘一直等到了宋代，在当时一知名僧人的带领下，寺得以复建，当年瑞光重现，更名为伏龙庵。僧侣们继承和发扬了振朗禅师的优良修学传统，勤修戒定慧，息灭贪嗔痴，赢得了附近百姓的热爱，维系了寺院的香火。

明末，由于战乱，寺又毁于战火，据传为张献忠部所焚。时至清代，来了天岩应适这位大德禅师，又使寺院焕发了生机。应适严于律己，“一日不作，一日不食”，同时宽厚待人，慈悲济世，光大禅门接引之法，使沉寂了几十年的十方信众又信心大增，募缘颇丰。他亲自领众收拾废墟，重建寺院，重塑佛像金身，且正式将寺名更名叫桐溪寺，终于使该寺名副其实与伏龙山神妙的人文地理景观相合拍。正是在他的努力下，桐溪寺禅林重振，百废俱新。据清光绪《善化县志》记载："与桐溪寺临近的谭家冲，建有护国塔院。""寺田三百六十亩，田产塘坝无间。"可见当时寺院兴盛的盛况。诗僧八指头陀在寺中留诗两首，其一为《二月朔日舟行桐溪精舍，夹岸桃花，迥非人境》：

达人贵悬解，胡为自羁束？
辰兴梵课余，理棹湘江澳。
日华酿朝温，春波生绿微。
南陂烟忽开，西麓翠可掬。
晴鸟喧芳洲，夭桃媚幽谷。
灵境绝攀缘，妄迹竞驰逐。
息心此戾止，何用升乔岳。

其二为《桐溪礼暗灯、觉道二公塔》：

嘤嘤春鸟鸣，泛泛夕流逝。
仓卒一纪余，哲人继凋萎。
巍然窸堵波，荆棘忽以闭。
悲来匪由识，哀极转无泪。
既怀寂灭乐，弥念形骸累。
云霞暖余映，竹柏凝寒翠。
金棺一埋照，水石徒清丽。

民国时期，属桐溪寺最为鼎盛的时期。与麓山寺、开福寺、杲山寺、上林寺、宝宁寺、华林寺、灵云寺并称为"长沙八大丛林"。进山门后，拾级而上，有大雄宝殿等殿堂，寺宇布局与一般禅宗寺院相同，仅两进，客堂设在西边厢房之中，方丈室在寺后东边角落。庭院中有数百年的罗汉松、白果树各两株，枝繁叶茂，挺拔隽秀，更为寺院增色添辉。民国期间，桐溪寺名僧不断，随手举两位：第一位，诗僧万休大师，他精持戒律，诗才敏捷，以其参悟所得的脍炙人口的诗行接引众生，广交十万信众，使桐溪寺名声远播；第二位，祗修大师，他严守净戒，开悟证果，在禅门德高望重，振臂云集，最喜绍隆三宝，续佛慧命，在抗战胜利后于桐溪寺开期传戒，前来求戒者两百来人，使千年古寺更加名声大著。刘善泽留有《过桐溪寺》诗一首：

小憩桐溪寺，僧堂欸饽锣。
晚归疲马独，凉咽病蝉多。
水退槎移岸，崖倾树入河。
回头香刹近，有约再重过。

新中国成立后，由于土地制度的改革，寺院经济受到冲击，僧徒星散，寺宇逐渐废而不存，至今仅留下两株罗汉松和一株白果树。然而，还有僧人对桐溪寺的信心始终未减。这里说一说容禅法师——20 世纪末，他在岳阳修庙弘法，一位年过七十的老和尚常常对他唉声叹气，说这辈子再也无能修复一座寺庙了。容禅其时三十有余，年富力强，便说："我来帮你完成这个愿望!"于是，他就和老和尚从岳阳跑到长沙来看桐溪寺，当时寺庙已经毁得面目全非，他们从村民口中得知，"文革"后桐溪寺再无僧人，房子也都没有了。2005 年年末，正在麓山寺修行的容禅在寺院图书馆查阅古籍时，再次看到桐溪寺的文字记载——这些辉煌的历史记载，让他大吃一惊，他于是再次来到废寺，在罗汉松下发愿重修桐溪寺。他从村民手中租下一座空房子，请了三尊菩萨供奉进去，同时开始在村民中普及佛法，收他们做在家弟子。在一位信佛企业家的支持下，他把旧房修葺一新，这样看上去就像个小寺庙了。容禅晚上仍回麓山寺住宿，白天则在简陋的佛堂里给村民弘法，并寻找一切机缘说服政府和企业界再现千年古寺之盛况。他在这里一直守候了十年，直到2015年湘江新区拟打造一个具有国际水平的旅游度假区和山水洲融合的绿色新城，准备修建“湘军文化园”，桐溪寺的重建这才提上了议事日程。

三、湘帅机缘合

当然，这一切，都与一位湘军统帅、清朝大儒相关。他，就是曾国藩。容禅法师的禅房里挂着一幅字：“禁大言，以务实。”语出曾国藩。容禅笃实修行的精神，倒真和曾国藩卫道卫教霸蛮实干的精神是一致的。

曾国藩与桐溪寺的缘分最早来自于靖港水战，时间为清咸丰四年（1854）4月下旬。当时，为了抵抗太平军的日扫千军，曾国藩奉命组织团勇。在他的大力鼓吹下，他拉起了一支水陆师共达一万七千人的队伍，曾在靖港、湘江等地训练。曾国藩一度以为这支队伍将一往无前横扫太平军。但这年4月，石达开之兄石祥贞、林绍璋的队伍将其打回了原形。一场意想不到的遭遇战在靖港发生，毫无作战经验的湘勇一败涂地，团练总兵被歼，全军覆没。曾国藩羞愧难当，两次悲愤投水自尽，幸为手下救起，并被送到桐溪寺前来“疗养”。这时，他遇见了主持宝月和尚。他与宝月一见相投，再见倾心，两人谈经论道，极其合拍。宝月对他而言，简直是天赐的一种良机。在此之前，曾国藩恪守传统礼教，克欲守旧，因而为官早期做事手段单一、风格强硬、一往无前，但亦因此得罪了不少同僚、学者。然而，人总是在找到机缘后会有所前进的，他就在回湘守孝的两年中“大悔大悟”，领悟了道家“天下之至柔，驰骋天下之至坚”的哲理。然而这次与宝月的交流，让他体悟到了佛教的圆润，放下执著与不倦不休是一体两面，不仅让他在大败之后找到了心灵的安慰与心理的平衡，而且佛家的智慧启悟了他，让他意识到自古至今的大儒者，皆是儒释道互融互通的，刚健有为的儒家与清静无为的佛家、超然于物的道家不仅在孔子、董仲舒、诸葛亮、范仲淹等大家身上得到糅合体现，而且对周敦颐创立理学、王阳明发明心学皆有不可替代之作用，而这一切，又都符合“太极动而生阳，动极而静，静而生阴，静极复动”的演化原理。这番启发后，曾国藩处事更圆融，更锲而不舍，更精益求精，更成就其伟大。

可以说，没有桐溪寺宝月的指津，曾国藩可能难以走出愁苦自抑的文人情怀。而自然，没有曾国藩事功光辉的照耀，桐溪寺的古佛青灯也不免显得太空虚寂寥。曾国藩与宝月很快成为了至交，他曾一度在桐溪寺读书听钟，散步于伏龙山下、湘江河畔。他的朋友彭玉麟、胡林翼、罗泽南、郭嵩焘来此探望他，与他吟诗作画；他的弟弟曾国华、曾国荃、曾国葆也来了，与他共议复兴大事；他的儿子曾纪泽、曾纪鸿，女儿曾纪静、曾纪耀、曾纪琛、曾纪纯、曾纪芬都来到此地陪伴他，让他同享天伦之乐。曾国藩甚至把他的水军也移到了相近的巴溪洲、柏家洲进行训练……懂得五行风水的曾国藩在积蓄力量的同时，看中了伏龙山的地势山水，向宝月提出自己百年之后意欲以桐溪寺所在地作为归葬之地。但宝月没有答应，他告诉曾国藩，佛门净地非常人能使用。民间还传说两人打赌谁先走谁先葬兹地。

但天理自有定数，桐溪寺注定与曾国藩有缘。同治十一年二月初四（1872 年 3 月 12 日），62 岁、时任两江总督的曾国藩与长子曾纪泽在南京的府中散步，突然无疾而终。按照他生前的想法，其弟曾国潢，子曾纪泽、曾纪鸿等从南京扶柩回湘。一路上，因为祭扫的人太多耽搁了不少时间，五月下旬才抵达长沙。这时，天气开始变热，尸体已经不宜久置，家人想到了曾国藩生前心仪的桐溪寺，便请曾国荃和郭嵩焘去找宝月商谈并勘地。郭嵩焘的日记中就明确记载了兹事：“……至平塘，为文正公相地，……在兴国寺后山，曰伏龙山，寺后主峰曰狮子山。地名曰桐溪港，故亦名寺曰桐溪寺。”1874 年，曾国藩的夫人欧阳氏逝世，遂一起葬于伏龙山。

当时，竣工后的曾国藩及夫人墓颇具规模：墓朝西南，面对家乡娄底双峰荷叶镇富厚堂方向；墓冢为三合泥拌碎石混合封堆，上铺砌花岗石，呈半圆形，底径5米，残高2米，茔地以花岗石墙围护；墓后立碑三通，白玉石碑心，主碑高3米，宽2米，刻楷书咸丰帝命碑文“皇清太傅大学士曾文正公一品侯夫人欧阳夫人之墓”，副碑为龙纹浮雕；墓前有拜台和墓坪，拜台约50平方米，经26级台阶下接一大墓坪约200平方米；墓坪上东西两侧各立石阙一个，分别刻有“曾太傅墓东阙”和“曾太傅墓西阙”字样；墓冢左侧石梯通道沿桐溪寺围墙而下，接墓庐槽门、牌坊与御碑亭，通道两旁有石马、石狮、石虎及石翁仲各一对；距曾国藩墓约60米处立有“太傅大学士毅勇侯曾文正公神道碑”，系大学士李鸿章撰、翰林黄自元书，大抵叙述曾国藩生平功绩；墓地正前有古银杏、罗汉松各两株。至民国时期，尚有周姓守墓人看护，保存得很好。但1949年后，经“农业合作化”和“文革”时期的两次破坏，地面建筑多非原状，连墓穴都差点被炸平。而盗贼亦多次光顾，直到1989年冬天墓地还遭到了盗墓贼盗挖，甚至将棺木烧出了一个小洞，幸亏被当地村民及时发现，重新封死。

清朝廷也对曾国藩极其推崇，今中山路省少儿图书馆和田家炳中学一带，在清同治、光绪年间建有曾文正祠与浩园，专门纪念他。黄维中（字笏堂，长沙人，诸生）曾作诗说“书生胆气万人豪，智勇由来推管葛”，艾作漠（字式成，溆浦人，禀生）也说“一代高人归有道，千秋大业仰希文”，陈运溶（1858～1918，字芸畦，号灵麓山人，长沙人，太学生）更是高唱：“将将原推第一流，文章经术各千秋。平生自负人伦鉴，驱策群材遍九州。”

而与曾国藩平生风光无可比、富贵不可数不同，宝月此后清贫地守着桐溪寺再活了21年。清光绪十九年（1893）的一个寒夜，宝月凄然圆寂，被寺内小沙弥匆匆葬在了寺后的东南角，墓小，几乎不为人所见。这个改变了曾国藩人生观的和尚，默默守护在曾国藩墓的脚下，没有了求学论道的声音，只能默然聆听竹木的沙沙之声。他或许会感到压抑，面对那“一代圣人”的强大气场，他艰于发出声音，更艰于有人聆听。前来拜曾求道者络绎不绝，却根本没有人注意到他的存在。这种对比压力下，他或许只能选择沉默。隔得很近，心却拉远了，这种滋味，在他独自活着的 21 年中，他已经品尝过了，或许，已经学会了淡漠与超然。

然而，宝月可能不知道的是，曾国藩的晚年其实也很落寞。他强大的外表下，内心甚是孤独，归隐山林回到湖湘是他的梦，但这个梦，带着许多的遗憾与失望。

第一种遗憾是家庭亲情的失落。曾国藩有兄弟姐妹九人，他是长子，上有一个姐姐。在他逝世之前，他的小妹早夭，他的弟弟曾国华在 1858 年战死于三河镇、曾国葆 1862 年病逝于军中。曾国藩对这两个小弟的逝去甚是悲痛，闻听曾国华喋血沙场，尸骸数月未曾找到，他哀恸已极，泣血写道：“我奉简书，驰驱岭峤。江北江南，梦魂环绕。卯恸抵昏，酉悲达晓。莽莽舒庐，群凶所窟。积骸成岳，孰辨弟骨。骨不可收，魂不可招。峥嵘废垒，雪渍雪飘。生也何雄，死也何苦，我实负弟，茹恨终古。”曾国葆欲报兄仇雪前耻，不料军中染疾病逝后，曾国藩为之题写了一首长联：“英名百战总成空，泪眼看河山，怜予季保此人民，拓此疆土；慧业多生磨不尽，痴心说因果，望来世再为哲弟，并为勋臣。”但可能让曾国藩更揪心的是他自己的女儿们——他的长女曾纪静与丈夫袁榆感情不和，久而忧郁成疾，终身未及生育，晚景凄凉；次女曾纪耀夫家经济困窘，且本人无生育，只得继养两个女儿；三女曾纪琛的丈夫罗允吉性情暴躁固执，婆母悍厉刻薄；四女、五女年幼……这本难念的家经，让疆场上勇猛、官场上步步小心的曾国藩苦恼而烦心。

第二种遗憾是对出身的自卑。曾国藩是个追求完美主义者，但他个人成长晋升之路尤其是求取功名之途并不坦荡。他 23 岁入县学，列第 17 名；24 岁中举人，列第 36 名；28 岁中进士，殿试三甲第42名，得赐同进士出身。发榜之后，曾国藩看到自己的名次非常懊恼，连朝廷组织的进士考试也不想参加了。后来在同窗好友郭嵩焘的反复劝告下，他才留下来继续参加朝廷组织的考试。这次曾国藩非常幸运，进了前10名，被授予翰林院庶吉士。据说，曾国藩对于科举名次的在意源于道光十二年（1832）的秀才考试。这年，21岁的曾国藩第5次参加秀才考试，他考前下了苦功准备，考后也自觉发挥不错，但结果发榜之日却被学台悬牌，责其“文理太浅”，以佾生注册。曾国藩视此为奇耻大辱，回到家塾“利见斋”闭门不出，咬牙发愤。徐珂的《清稗类钞》中记载了一个故事，也足见曾国藩一生对于赐同进士出身的在意。

据说他担任两江总督时，两个幕僚无聊时对对联玩。一个出上联“如夫人”，另一个就对“同进士”；一个又把上联加为“如夫人洗脚”，另一个就对“同进士出身”；一个再加“替如夫人洗脚”，另一个再对“赐同进士出身”……两人正对得高兴，突听屋子里一声爆响，接着就见总督大人铁青着脸从里面出来，拂袖而去。两个幕僚莫名其妙，去问老幕僚。老幕僚一听，忙说：“你们二人赶紧收拾行李走人吧。哪壶不开提哪壶——你们不知曾大人就是‘赐同进士出身’？”

第三种遗憾是对友情的怀念。曾国藩为官35载，志同道合者也有不少，同为晚清中兴四大名臣的胡林翼（1812～1861）在他逝世前已经仙逝近十年，彭玉麟（1816～1890）正奉命巡阅沿江水师，疏陈整理事宜，而最令他痛心的是左宗棠（1812～1885），他正在新疆平叛。曾、左两人，一个是文质彬彬的理学家，城府很深，克己复礼的功夫堪称一流，一个是凛凛武健书生，有霸才而行王道，率性豪宕，不会作假，也不愿作假，高兴活出自己的天然本色，一寒一热，一卑一亢，一个“以学问自敛抑，议外交常持和节”，一个“锋颖凛凛向敌矣”，两种类型截然相反，但曾互相褒奖不断举荐，渊源颇深。但两人在攻克江宁（南京）后因为洪秀全之子洪福瑱是否已死上报朝廷迥然不同而构隙，一度公然反目，这是两人之间深深的遗憾。但在“公忠体国”这一点上，曾国藩仍然十分看好左宗棠。当年，有人从西北边陲考察归来，与曾国藩谈及左宗棠治军施政，事事雷厉风行，卓见成效，曾国藩由衷佩服，击案赞叹道：“当今西陲的重任，倘若左君一旦卸肩，不仅我难以为继，就算是起胡文忠（胡林翼）于九原，恐怕也接不起这副担子。你说是朝端无两，我认为是天下第一！”可能时过境迁，两人心气已平，芥蒂全消，可惜他们天各一方，无由相见。曾国藩弃世后，左宗棠念及彼此早年的交谊，颇为伤感。他在家书中说：“曾侯之丧，吾甚悲之，不但时局可虑，且交游情谊也难恝然也。已致赙四百金。”他还特制挽联一副，剖白心迹：“谋国之忠，知人之明，自愧不如元辅；同心若金，攻错若石，相期毋负平生。”1885 年 9 月 5 日，左宗棠在福州军中逝世后，按其嘱归葬于现雨花区跳马镇白竹村。巧的是，两人之墓正隔江相望。不知这是否左宗棠念及平生友情，故意为之？

第四种遗憾是对清廷的失望和对外敌的担忧。正是因为看出了清朝廷的软弱无能，以及从天津教案等领悟到了弱国无外交之痛，曾国藩才大力推行洋务运动，希望以西洋的技术护卫他所热爱的文明。但他很快发现，这是一条渐行渐远、无法再回头的长路。从船炮、“制器之器”到操演规矩、营制，西方文明水银泻地般渗透入中国生活当中，无形中解构了中国传统文化与机制。而“中体西用”又是一个含糊的概念，不能具体于操作当中。他开始担心器具变迁之后是观念之变、社会之变、政制之变和“道体”之变，他从而甚至想念起了之前自己的政敌、对洋务运动持反对意见的倭仁，把他给朝廷的上书再度仔细阅读与揣摩。他分明感到了一种恐慌，生命中的最后两年，很少再触及洋务，“而日从事于经史”，意欲回归到本土寻找突破之路。

第五种遗憾是对世事的愤懑。晚年他的身体很不好。剿灭捻军（太平天国时期北方的农民起义军）之役，对他是一个打击。别人看来这战役是打成了平手，但对已经习惯打胜仗并在出征前信心满满的曾国藩而言，打平就意味着失败，他内心很不舒服。接而1870年的天津教案是曾国藩晚年最大的失误。在处理这件事时，曾国藩的右眼完全失明，左眼只有一线光，说话时不能超过20句，否则舌头发涩、干燥，他经常头晕，去世前已有中风前兆，手抬起来放不下，嘴巴合不拢……作为朝廷委任的全权处理天津教案的负责人和代表，他本人对结果及处事过程也不满意，耿耿于怀至死不能释下，说“内疚神明，外惭清议”。但更让他愤懑不安的是，他承担了全国上下的非议和谴责，他感觉惭愧、委屈、屈辱，觉得一世英名毁于一旦。这对追求立德、立功、立言的曾国藩而言，无疑当头一棒！清曾希文（字仙亭，湘乡人，光绪举人，曾任安徽和州知州）就赋诗说：

衡湘历历公犹在，江汉滔滔去不还。
槛外春流分碧玉，石头斜日见青山。
十年须发干戈里，一代君臣管葛间。
太息汾阳兵罢后，津门遗憾水潺潺。

曾国藩为人之俭朴，为官之清廉，一部浩瀚家书就足以令人动容！说他是封建时代的达官显贵中最具平民化、最富人情味的一个，一点也不夸张。这位官居一品、四拒称帝、文武双全、功名威震朝野的重臣显相，晚年的遗憾既有时代的局限，也有个人的情怀使然，更主要的是，曾国藩的局限也是以儒家学说为主体的中国经典文化的局限。他一生束缚太多，活得太累，他确需要及早回家休养，就像靖港水战失败之后到桐溪寺“疗养”一样，他需有人指点迷津，需重新整理自我，放下包袱重新上路。但时不待已，他回来了，回到了湖湘热土，但斯人已逝，怀抱诸多遗憾而落根伏龙山下、湘江之畔！

如今，因为需求对这位湘军统帅进行系统的研究与整理、展示，历史的机缘再次把曾国藩和桐溪寺的命运联系到一起。百余年后，桐溪寺将要湮没无闻的时候，曾国藩再度为之聚合了复兴的力量，有了让其重振旧日辉煌的机会。这种因缘和合，岂非天意？

我想，或许曾经失落过的宝月和尚，这次该满意了，他又可借滔滔江水、哗哗林风，与曾国藩再度进行交流了。我们这些后人中的聪颖者，也许还能从中拾些牙慧，启悟人生。这让人又油然想起曾国藩老家富厚堂的一个典故。富厚堂初建时，有乡人妒忌，咒其为“死人堂”。匠人机智，不亢不卑道：“千年死一个，万年死一双。”迄今，富厚堂中还没有死过一个人，你说怪不怪？

如果说西汉长沙王吴氏，为大王山留下的只是传说，而曾国藩包括振朗、应适、宝月、容禅留下的，是湖湘文化在兵与血、战与火以及各种磨难、创业当中展现的韧性、韬略、启悟。这些精神永远不死，他们才是真正的大王！

大王不死，大王总会归来！

第二编 水之灵

湘江：一江春水悠悠情

与资江、澧水、沅江合称湖南四大命脉的湘江，是湖南省最大的河流，为长江主要支流之一。发源于广西兴安县或湖南省蓝山县紫良瑶族乡野狗岭，干流全长844（817）公里，流域面积94660（92300）平方公里（按蓝山源说，全长948公里，流域面积94721平方公里）。它的主要支流潇水、舂陵水、耒水、洣水、渌水、浏阳河由东岸汇入干流，支流祁水、蒸水、涓水、涟水、沩水则从西岸汇入。南朝宋国的庾仲雍（穆之）《湘中记》云："湘水至清，虽深五六丈，见底了了，石子如樗蒲矢，五色鲜明，白沙如霜雪，赤如朝霞。"湘江在永州以上称为上游，水流湍急，时有峡谷，岩洞较多，地下水对河水的补给量较大；从永州至衡阳为中游，沿岸丘陵起伏，盆地错落其间，亦有峡谷；在衡山以下为下游，地势平坦，河水平稳，沿河沙洲断续可见，长沙下的河口散布着大小不等的湖泊，大都是昔日洞庭湖的遗迹，多汊道，常年可通航50—500吨驳轮。清朝学者王文清（1688～1779，字廷鉴，号九溪，宁乡人，乾隆十三年岳麓书院山长）在《湘水记》中称：

潇湘、蒸湘、沅湘，三水皆纬流，而经之者湘水也。湘源出阳朔，至永州，潇水入焉，曰“潇湘”；至衡州，蒸水来会，曰：“蒸湘”；卒与沅水合于沅江，曰“沅湘”。此三湘之所由名也。

一、生我养我抚慰我的母亲河

湘江是长沙的母亲河，它滔滔南来，汩汩北去，自湘潭易家湾入长沙县境，过昭山而进入长沙城，并经长沙市郊大托乡东窑港从南向北，贯穿全市，将长沙市区分为东西两部分，又经三汊矶出市区转向西北，至乔口而出望城县，再过岳阳湘阴濠河而入洞庭湖。它流经长沙市境约25公里，在境内西接靳江、沩水，东纳浏阳河、捞刀河，流经15洲，淌过13滩，烟水云天，极目楚天舒。春夏之交，湘江波涛汹涌，浊浪排空，千帆竞发，美不胜数；夏秋之际，西水倒灌，水碧如镜，激流洲屹，江山如画；秋冬相连，水浅滩现，牛马淌渡，鱼虾跳跃，景色旖旎；冬春交加，水冻冰封，莽山倾影，雪盖四野，佐酒诗成。尤其是湘江两岸，自成沿江风光带，赤壁如霞，白沙如雪，垂柳如丝，樯帆如云，引人留恋。清人刘献延（安徽人，淮军记名提督，著名地理学家）在《广阳杂记》中赞叹说：

长沙小西门外，望两岸居人，虽竹篱茅屋，皆清雅淡远，绝无烟火气。远近舟楫，上者、下者、饱装帆者，泊者，理楫者，小者，无不入画，天下绝佳处也。

湘江水系，罗网林立，交通运输非常兴旺。交通如同人体的血管，只有丰沛而供给机能充足，才能给生命以希望。湘江长沙段的支流，主要有四支：其一为发源于大围山的浏阳河，经浏阳、长沙两县境，由杨梅河入长沙市郊，经磨盘、杉木港、李家河、东屯渡、黑石渡至落刀嘴汇入湘江，全长234公里，十曲九弯，终年不绝，春夏河暴水溢，秋冬清波荡漾；其二为发源于浏阳石柱峰的捞刀河，相传为三国时蜀将关羽战长沙时其青龙偃月宝刀落水处，经黄泥湾西至长沙注入湘江，全长144公里，流域面积2600平方公里；其三为发源于宁乡沩山的沩水，南源出扶王山西麓，北源出灯窝寨北麓，穿过宁乡县境，经望城新康河入湘江，全长144公里，流域面积2750平方公里；其四为发源于湘乡境内的靳江，原名建水，因河流经过花明楼楚大夫靳尚墓而更名，其南北两源合于赵公桥后进入宁乡境内，再经湘潭县北和望城县南，至岳麓山南麓入湘江，全长87.5公里。除此四支主脉，还有霞凝港水、八曲河水、樟树港水注入湘江，清朝康熙年间还曾开凿有一条人工河称新开河，后因岁久淤塞舟楫不通，在康熙、咸丰年间由湖南巡抚赵申乔、骆秉章两次重修，晚清岑春蓂抚湘时，朱昌琳捐巨资重将湘江河挖掘开浚，使碧浪湖与江通，并引浏阳河水入碧浪湖，现保持有部分旧河道。这些大小支流，因受湘浏盆地地形的控制，大都发源于盆地边缘的丘岗地区，且流向盆地底部的市区与湘江汇合，因而河网密布，湖泊珠联，使长沙城三面环水，四季江风吹拂，空气清新宜人。湘江及其支流，水量充沛，长沙段水流量达每秒2370立方米，在古代以水路为主要交通的时代，更为长沙增添了得天独厚的交通资源。早在战国时代，楚国就有了大型船队，《鄂君启节》里的鄂君昭阳就拥有150艘船的宏大商队，通过水路达全国各地。吴氏淮阴族谱记载，楚汉争霸时，长沙王吴芮派第三子吴浅率百越诸军二十万人，就是乘舟从湘江到便江再过汉江到达乌江的。《史记·平淮书》说西汉武帝时与南越作战，曾“治楼船，高十余丈”。特别是东汉以后湖南本土粮食大量外运，加上三国、南北朝时战争的需要，大大刺激了长沙造船业的兴起与发展。据科学出版社1957年出版的《长沙发掘报告》，长沙西汉晚期202号墓中，出土了一只16只桨的木船模型，其形制与史书记载完全吻合。到三国魏晋南北朝，长沙已经能制造装载万斛粮食的大型船只——方船。《梁书·元帝纪》载："江湘委输，万船连轴。"《陈书·华皎传》也记载了湘州运输繁忙、营造战船的情况，陈文帝以湘州出产杉木舟为由命华皎营造大舰、金翅等二百余艘，欲以入汉及峡。而到唐代，长沙对外的交通线既有沿江入洞庭通达扬州、宁波等海外贸易口岸的"长沙窑瓷器外销线"，又有入长江、汉水达荆襄、中原的"零桂之漕线"，还有由长沙逆水而上或通过澧水、沅水支流酉水西通巴蜀之线及通岭南之线。从杜甫的诗句"杜陵老翁秋缆船，扶病相识长沙驿"、"他日临江待，长沙旧驿楼"等，还可看出长沙驿运在唐时，已经十分发达。自此，由于湘江水系的发达，长沙成为"湘岭要冲"、"百越、巴蜀、荆襄之会"。到当代，为了改善长沙至株洲段航道通航条件，兼顾发电等功能，在望城县境内的蔡家洲又建设有湘江长沙枢纽工程，为湘江的交通历史再书写了浓墨重彩的一页。

湘江乳汁，浇灌沿途，农渔水利超非凡。乳汁，是人类最早熟悉的营养，一部人类的生存史，就是母体乳汁的史诗，作为第一产业的农林牧副渔就是人类最早尝到的五滴乳液。早在两汉，因有湘江，长沙就成为了重要的粮食基地。当时铁器已经被普遍使用，朱耕技术最迟也在东汉时期得以推广，水稻种植普遍，产量也得到了较大提高，马王堆一号汉墓出土的种类齐全的稻种、阿弥岭西汉墓出土的"万谷仓"粮仓模型都能作为很好的佐证。《后汉书·安帝纪》中有湖南粮食外调的最早文献记载：113 年 9 月，"调零陵、桂阳……租米，赈给南阳、广陵、下邳、彭城、山阳、庐江、九江饥民。"这说明，长沙粮仓之名已经事出有根了。而到隋唐，长沙成为王朝的主要粮食供应地。《旧唐书·刘晏传》载：

潭、衡、桂阳，必多积谷。关辅汲汲，只缘兵粮。漕引潇湘、洞庭，万里几日，沦波挂席，西指长安，三秦之人待此而饱，六军之众待此而强。

唐天宝年间，李岘（708～766，字延鉴，唐太宗李世民玄孙，官至中书侍郎同平章事，封梁国公）任长沙太守，其时京师米贵长沙便宜，民间有“欲得米粟贱，无过追李岘”之谣，甚能说明长沙粮食基地的重要性。其时，除却水稻，长沙开始种麦。晚唐诗人齐已（860～940，本姓胡，自号衡岳沙门，益阳或宁乡人，唐代著名诗僧）在《暮游岳麓寺》中，已经有“回首何边是空地，四村桑麦遍丘陵”的句子。与此同时，蚕桑业也有一定发展。《唐书》《元和郡县志》都记载有潭州每年向朝廷上贡物品中有丝、葛布、丝布等物，唐代大诗人韩愈在游罗洋山（今长沙烈士公园北端）时，写下了“星沙景物湛凝眺，遍地桑林遍囿花”的名句。而到宋代，长沙物产更为丰富，《宋朝事实类苑》卷62《风俗杂志》有如下记载：

长沙人常自咤吾州有三绝，天下不可及。猫儿头笋，一枝重秤；镦黑潭取鱼，一网逾千斤斤；巨舰漕米，一载万石。

南宋绍兴年间，潭州知州吕颐浩（1071～1139，字元直，祖籍乐陵后徙齐州，宋哲宗绍圣元年进士，历官至河北都转运使、江东安抚制置使兼知扬州）主持再次修复龟塘，成为在宋时长沙最大的一项水利工程。先进的曲辕犁遍及南方乡村，灌溉工具龙骨车已经普遍使用，优良的稻种占城稻已经传入境内并经改良培育了象牙占、蓝田占、百日占等新品种，茶叶广种尤以出片茶“独行、灵草、绿芽、片金、金茗”（见马端临《文献通考征榷五》）且产量居湖南之首，柑橘种植日趋专业化和商品化……元代，长沙特产已经全国知名。镏涣（字彦亨，号石田，祖籍洛阳，后迁居山阴）的《湘湖》诗说：

湘湖莼菜大如钱，千顷鸥波可放船。
一曲竹枝歌末了，水禽飞散夕阳天。

到明清，“湖广熟，天下足”的谚语已经家喻户晓。

湘江吐哺，天下归心，商贸旅游频出彩。第一产业带动了第三产业的形成，而第三产业则反哺第一产业，使之有了更长足的发展动力。作为商业汇聚区的集市是商品经济发展到一定阶段的产物，到唐代，长沙已经成为我国南方农副产品的重要集散地和交换中心，沿江有集市，城内货肆行铺林立，初步形成了一座商业城市。768年，流寓长沙的杜甫在《近呈苏涣侍御》诗中写道：

茅斋定王城廓门，药物楚老渔商市；
市北肩舆每联袂，郭南抱瓮亦隐几。

长沙集市随着商品的生产和交换的繁荣而发展起来，同时又促进了其商品经济的发展。杜牧（803～约852，字牧之，号樊川居士，今陕西西安人，唐代杰出的诗人、散文家）《送薛种游湖南》诗中赞美“贾傅松醪酒，秋来美更香”，元稹（779～831，字微之，今河南洛阳人，唐朝著名诗人）《估客乐》诗中有“求珠驾苍海，采玉上荆衡”的描绘。这时，茶马互市贸易兴盛，长沙窑以其釉下彩瓷器的发明著称于世。到五代，马楚政权重商，《十国春秋·楚武穆王世家》载：“是时王关市无征，四方商旅闻风辐辏。”宋元时期，通商惠工，富而教之，湘江畔的长沙城（潭州）成为20万以上人口的六大城市之一，北宋诗人张祁（字晋彦，今安徽和县人，官淮南转运判官）在《渡湘江》诗中生动地描绘了其人户之繁，商业之盛：

春过潇湘渡，真观八景图。
云藏岳麓寺，江入洞庭湖。
晴日花争发，丰年酒易酤。
长沙十万户，游女似京都。

至明清，长沙城市的市场网络已经初见雏形，周边有湶湾市、渔湾市、赛头市、全塘市、仙人市、小埠市、暮云市、榔梨市、涝塘市、新康市等卫星市场，交通四通八达，其“江南重要商埠”的地位业已形成。长沙城成为远近闻名的大米市，并与广州、九江、杭州并称全国四大茶市。农副产品以稻、薯、烟、茶、大豆为大宗，也得以迅猛发展。而为了发展旅游，更好地打造长沙形象，从1995年始，以黑石铺大桥为南、月亮岛为北，湘江风光带得以创建，其长约26公里，主要以休闲长廊和雕塑为主景，配以形式各异的小广场、景观小品、灯光亮化等配套设施，组合种植多品种乔木和灌木，体现了江水两岸相互映衬的独特景色，是游人观光小憩的好去处，也是市民晨练晚游的佳境。1998年，时任国务院总理的朱镕基回长沙家乡视察，面对湘江沿江景观发出了“江山依旧”的感慨。

一条河的宽度就是一个民族的宽度，一条河的长度就是一个国家的长度。母亲河的流水，孕育了我，喂养了我，也在我的成长中以最宽广的胸怀抚慰了我，这种血脉相连，让我们每个个体都对她形成依赖，然后依恋，即便是游子，远走他乡，梦里依旧是湘江。因而，宁保生（1943～2009）1976年创作的竹笛名曲《春到湘江》才有持久的魅力，鲜明的湖南花鼓音乐特色，时而激情如火，时而流畅清雅，不觉间就泪花点点，扶柳相望了。

人们又说：长沙人不管走到天涯海角，最终会回到长沙来。为什么呢？躺在河边竹床上休憩的老人会扇着蒲扇慢悠悠地告诉你：湘江河东岸、长沙南和株洲湘潭交界的地方，有山名昭山，相传是周召王南巡时到过的地方。这个“昭”字中有个“召”字，从声音、字形和字义上都和“招”相近，有招手的意思。长沙的这座山，就像慈母一样地向游子在招手。这样的解说，会让你油然而生亲切之感，与湘水更感亲密。

二、歌你咏你赞美你的文化河

俯首是溶溶秀水，举目是巍巍青山，湘江所带来的美感，无处不现，也从而让无数文人墨客竞折腰。

首先，打动人们的当然是其自然景状，所谓潇湘美景由水生。水媚而景宜，湖泊港汊罗布的湘江长沙段，孕育的四季美景多得不可胜数。以其最大支流浏阳河说，两岸青山翠枝，紫霞丹花，名人故里，寺庙遗迹，相契相随。唐诗人杜甫（712～770）的《双枫浦》诗就是其溯江而上观景的明证：

辍棹双枫浦，双枫旧已摧。
自惊衰谢力，不道栋梁材。
浪足浮纱帽，皮须截锦苔。
江边地有主，暂借上天回。

《全唐诗》中歌颂湖湘景色、潇湘风物的佳作，不少于百首，其中杜荀鹤（848～904）的《冬末同友人泛潇湘》是其中突出的一首：

残腊泛舟何处好？最多吟兴是潇湘。
就船买得鱼偏美，踏雪沽来酒倍香。
猿到夜深啼岳麓，雁知春近别衡阳。
与君剩采江山景，裁取新诗入帝乡。

以爱国遗民、深研群经而著称的明末清初的著名思想家王夫之（1619～1692，号姜斋，世称船山先生）曾赋得《潇湘十景词》传世，其中《铜官戎火》这样写道：

打鼓津头知野戍，万里归舟，认得云中树。日落长沙天已暮，塞烟猎火中原路。　　何处停桡深夜语。江黑云昏，莫向天涯去。旧是杜陵漂泊处，登山临水伤心句。

清朝李观聂（字端友，自号云壑山人，雍正间湘潭人）作《湘江赋》说：

维兹并土之波，共率安流之性。照当城郭，长沙糜子如金；衬出楼台，八景芙蓉入镜。雁行数点，顾波心之影而不惊；渔笛一声，落潭水之空而自应。日光晒网，村村之烟火曈昽；风信吹舟，面面之帆樯端正。

这些馋眼摘心的文章哟，千百年来生命力何等顽强，我们的祖先吟过，我们的父辈唱过，我们自己还在朗诵，我们的儿女已经迫不及待地抢过接力棒开始他们的文学启蒙。时间的沙漏挤不走风景，或者有些风景虽然已经消失，但在诗文中长久地活着，而且总是把我们的目光拉回历史，拉回过去。湘江的脐带哟，本身就是斩不断的乡愁！

其次，拨动人们心弦的是同病相怜，所谓谪官迁客随水漂。历来自然美景藏于高山险水之地，道路不坦，交通不便，路途遥远，这些不适应和其仕途不顺、受人排挤心情郁闷相呼应，诗章就无法自抑地流泻出来。楚文化的开创者屈原（前340～前278，战国时期楚国诗人、政治家，芈姓，屈氏，名平，字原，又自云名正则，字灵均），被顷襄王放逐，长期流浪在湘江流域，记述长沙民俗风物、山川地理的著作甚多，尤其以《怀沙》为重，“滔滔孟夏兮，草木莽莽。伤怀永哀兮，汩徂南土。眴兮杳杳，孔静幽默，郁结纡轸兮，离慜而长鞠。抚情效志兮，冤屈而自抑！”他所表达的这种怀才不遇、甘愿以死促君王醒悟之情，给长沙定下了诗文的基调，尤其在他怀沙沉江的百年后又一位文化巨人贾谊（前200～前168，今河南洛阳人，世称贾太傅、贾生、贾长沙，著名的思想家、文学家）贬谪长沙任长沙王太傅，他触景生情，写下了汉赋名篇《吊屈原赋》，更是成为以后近两千年骚人墨客题咏长沙的关键题材。这样的诗作，随抓就是一大把。以唐五代说，知名的诗人诗作就有杜审言（约645～708）的《渡湘江》“迟日园林悲昔游，今春花鸟作边愁。独怜京国人南窜，不似湘江水北流”；杜甫的《发潭州》“夜醉长沙酒，晓行湘水春。岸花飞送客，樯燕语留人。贾傅才未有，褚公书绝伦。高名前后事，回首一伤神”；杜牧的《旅宿》

“旅馆无良伴，凝情自悄然。寒灯思旧事，断雁警愁眠。远梦归侵晓，家书到隔年。沧江好烟月，门系钓鱼船”；柳宗元（773～819）的《再上湘江》“好在湘江水，今朝又上来。不知从此去，更遣几年回”；胡曾（839～?）的《湘川》“虞舜南捐万乘君，灵妃挥涕竹成纹。不知精魄游何处，落日潇湘空白云”；宋之问（656～712）的《晚泊湘江》“五岭恓惶客，三湘憔悴颜。况复秋雨霁，表里见衡山。路逐鹏南转，心依雁北还。唯余望乡泪，更染竹成斑”；张籍（约767～约830）的《湘江曲》“湘水无潮秋水阔，湘中月落行人发。送人发，送人归，白苹茫茫鹧鸪飞”；孟浩然（689～740）的《夜渡湘水》“客舟贪利涉，夜里渡湘川。露气闻芳杜，歌声识采莲。榜人投岸火，渔子宿潭烟。行侣时相问，涔阳何处边?”；张九龄（678～740）的《初入湘中有喜》“征鞍穷郢路，归棹入湘流。望鸟唯贪疾，闻猿亦罢愁。两边枫作岸，数处橘为洲。却记从来意，翻疑梦里游”；齐己的《送人往长沙》“荆门归路指湖南，千里风帆兴可谙。好听鹧鸪啼雨处，木兰舟晚泊春潭”；贯休（813～912）的《晚泊湘江作》“烟浪漾秋色，高吟似有邻。一轮湘渚月，万古独醒人。岸湿穿花远，风香祷庙频。只应谀佞者，到此不伤神”；许浑（约791～858）的《三十六湾》“缥缈临风思美人，荻花枫叶带离声。夜深吹笛移船去，三十六湾秋月明”；刘长卿（约726～786）的《长沙早春雪后临湘水，呈同游诸子》“汀洲暖渐渌，烟景淡相和。举目方如此，归心岂奈何。日华浮野雪，春色染湘波。北渚生芳草，东风变旧柯。江山古思远，猿鸟暮情多。君问渔人意，沧浪自有歌”；戎昱（744～800）的《宿湘江》“九月湘江水漫流，沙边唯览月华秋。金风浦上吹黄叶，一夜纷纷满客舟”；谭用之（五代诗人）的《秋宿湘江遇雨》“江上阴云锁梦魂，江边深夜舞刘琨。秋风万里芙蓉国，暮雨千家薜荔村。乡思不堪悲橘柚，旅游谁肯重王孙？渔人相见不相问，长笛一声归岛门”……不只是枫叶满船，而且是忧国忧民的诗篇满船，又有多少挤不进船舱的好句好文，掉落进了湘江，于是江水含墨，游人怅情，才饮长沙水，又有诗井喷，这样的积蕴与累堆，使长沙的风也有了熏香拜笔的雅兴，所有在江边走走停停的人都因多吸两口，便脸色酡红微醺欲醉。

再次，引起人们关注的是方外人士的传道授业，所谓释道两家思泉涌。名山藏大德，诗书道释家。中国本土宗教道教与西方佛教，在融入儒家体系的同时，也在悄然改变着儒家的思维。中国禅宗就是儒家入释最具代表性的产物。在湘江长沙段上，诞生了素有禅宗首叶之称的沩仰禅宗，浏阳河畔的道吾山则启迪了临济宗的创宗立业，还催生了黄龙派和杨岐派，“五宗七派”与湘江直接关联者有四，这个地位，无与伦比。同时，各地高僧大德跟随湘江而来，他们传道授业，开启智慧，对于提高流域内人民的文化水平居功至伟。岳麓书院的缔建基础即为唐末五代麓山寺两僧的购书办学，而后来由寺院、道观改为学堂、学校者，更是数以千百计。这样，僧人、道人这些方外之士中，也出现了一群特殊的诗僧、诗道，使丛林学风一度风行于世。譬如隋唐时期的长沙丛林中，创建了“湖湘第一道场”——麓山寺的竺法崇声名远扬，以致“东瓯学者，竞往凑焉”，与孔淳之别游时，法崇作诗咏曰：

浩然之气，犹在心目；
山林之士，往而不返。

到隋唐五代时期，在长沙活动的著名禅师，有青原系僧人宗智、庆诸，南岳系僧人灵祐、慧寂、懒安、志勤、智闲、如会、景岑和禅宗中云门宗僧人用清等。相应地，长沙的佛寺也得到了大规模发展，唐兴寺、密印寺、道吾寺、石霜寺、上封寺、宝宁寺、华林寺、桐溪寺、灵云寺、开福寺等十大佛教丛林均创建于此时期。再譬如，南朝时期，出家为僧的人越来越多。在僧侣中，涌现了不少有学识的知识分子，他们开筵讲学，从事某一经、某一论的弘扬和注疏。他们各抒己见，问难论辩，学术空气相当浓厚，形成了各种不同的师派，如涅师、地论师、成实师、毗昙师、俱舍师、摄论师、律师等。长沙丛林，各师派也涌现了一批德高望重的大师。涅师有慧生、道盛。慧生是湘州人，系道生涅学说的继承者，道盛也长住湘州。地论师有昙迁，湘州刺史王僧虔（426～485，临沂人，王导玄孙，刘宋和南齐时的官员、书法家，官至尚书令）曾邀他来长沙弘法讲学。成实师有慧球，他在麓山寺专事禅道的传授，后赴彭城习学《成实论》，返回荆州成为一方领袖。释道两家，本皆超然于世外，然而在湘江水墨的浸染中，亦改变了原来的晨钟暮鼓、炼丹求仙的生活，越来越走进世俗，也从而更多地赢得了市人的信赖。这种互相依附的关系，在哗哗的江水中，可以聆听到答案。

当然，关于湘水滋养兹人，兹人反哺江水的盘点，前人早有总结。清人张璨（字岂石，号湘门，湘潭人，康熙时举人，官累至大理寺少卿）在《湘江吊古赋》中就明确地指出：

鲰生不敏，愿献其狂。窃以为斯地也，自有天地，几历沧桑。太初荒忽，断自虞唐。则有露坛月馆，玉字金相。宝瓮浮来，传重华之膺运；元彝梦去，卜文命之克昌。此帝王之盛轨，而简册之辉煌也。迨夫淳风既邈，辙迹愈荒。秦逞威而树赭，汉肆志于酒香。莫不登望却顾，欲涉彷徨。繄一水之如带，讵万乘之能航。斯其荡回飙于逋客，销雄心于望洋。非夫山水之灵爽，夫孰云神理之渺茫也。至若历数形胜，细举兴亡。子弟长沙，孙文台横戈之地；忠贤晋室，陶士行建节之场。是皆磊磊落落，炳炳烺烺。名悬霄汉，烈若旂常。岂与夫白鹿潭露，鹅管山霜，悼无传于异代，同灭没于荒疆哉！若其电掣烟高，导文澜于屈贾；天心月窟，衍道脉于朱张。搔首楼头，杜陵之物色未杳；挥毫池畔，褚公之墨渖犹芳。浯溪磨崖之俊伟，红亭石鼓之铿锵。莫不传流风于琬琰，挹盛事于缥缃。气挟江山之助，名争日月之光。固斯文之一致，等万古而齐量。

当代作家何立伟，更是对湘江充满了爱意。他在《一个人与一座城市》中就说：

关于这条河水，我有太多太多的记忆。我在许多文字里都写到她。在《白色鸟》、在《苍狗》、在《老何的女人》等作品里，都情不自禁地写到过她。我的文字就像是我的手，轻轻抚摸着我脑子里头的那条湘江河。我把她写得尽量地美，是因为她不只是流淌在我们城市的河床上，她还流淌在我的悠长的生命回忆里。只有回忆，才能把许多的事物沉淀净化，让它呈现出最精致最玲珑的轮廓来。……一个人在水边上生长，水就流在他的血脉里了。

一条没有文化底蕴的河流，比失去水源，变成皲裂的涸岸，要严重得多。庆幸，人民政府的当家人已经看到了这点，并马上付诸了行动。

2015 年 5 月 24 日，我国第 12 个、中部第 1 个国家级新区——湘江新区正式挂牌。湘江新区立志努力建设创新创意产业集聚区，培育文化产业高地，提升文化产业规模化、集约化、专业化水平，推进文化体制机制创新，加快文化产业“走出去”与“引进来”的步伐，欲把湘江定位于“生态与文化交融的湘江”、“休闲的湘江”、“引领风尚潮流的湘江”。杜甫曾在《建都十二韵》中诉说“永负汉庭哭，遥怜湘水魂”，倘在今世，他还会可怜地哭泣吗?

文化是一条跳跃飞进的灵脉，她如串珠连接起的生命之河，永不干枯。鲁迅在《湘灵歌》中感慨万端，说“昔闻湘水碧如染，今闻湘水胭脂痕”。碧血染过、胭脂也泡过的湘江，把色彩纷呈的文化篇章奉诸世人面前，任人品赏，也任人责难，就在这批评与赞扬当中，也在书写自己的性格——随和谦卑，逐世入俗，甚至有时也放任自流，但她的骨子里不失英武暴戾之气，她的万顷碧波之间也会狂浪飞舞卷起千堆雪。

湘江啊，我该用怎样一种姿势看你?该用怎样一种态度倾听你？在你的面前，我们都只是稚儿，那样的渺小与微不足道，以至我们常常听不到自己歌唱你的声音。

三、书她写她传说她的血性河

湘江有性格，这种性格在神话传说中最早闪现光芒。

以发明农耕著称的炎帝教耕于湘江，书写了神话的第一页，反映了湘江农业的起源与农业文明的最初曙光。这条江，温和娴雅，如同与世隔绝的山村少女。但接下来的第二页，却是“神”的人化，欲望充斥心肺的炎帝开始扩张之路，沿黄河东下，开始了与其他部落的战争，并与黄帝联合打败了蚩尤，却因黄帝把长沙封赐给自己的儿子少昊氏而发生了举世闻名的涿鹿大战，炎帝败北，血写的辉煌终以血写的失败告终，这个哲学命题深邃如黑洞。这条江，受了战争的洗礼，充满了悲歌与哀叹，却也血气方刚。神话第三页，炎帝部落被迫南迁，在洞庭湖南北艰难地生存下来，一部分与蚩尤原有的九黎融合而有梅山古国峒族雄起，一部分与尾随追来的黄帝部落融合于华夏族，而炎帝自己寻山采药遍尝百草终因日遇七十毒而崩葬于湘江之畔。这条江，舍弃繁华与贴金后，重新走向自我，充满着悲壮！

接踵而来的是赤松子。他是炎帝（神农氏）的雨师，他能呼风唤雨，亦能翻江捣海，湘江在他的手中，成为了他为给农民争利而与天帝斗争的一把利剑。它时而穿越云雾，站上天庭抛洒甘霖，时而钻达地府，与阎王唇枪舌剑。这种农民的智慧，却使先民的生活不失生动。于是，赤松子就留下了足够多的地名，如浏阳有赤松山，望城有赤松庭，宁乡有赤松谷等。

再而就是舜、禹二帝了。舜帝南巡，视察水旱灾害，溯湘江，过长沙，跋涉千里，引水灌田，却积劳成疾而崩于苍梧之野。先人追思舜的亲民、利民，而造舜庙祭拜，又命名了不知多少舜溪、舜井、舜洞，唐代朱庆馀就感叹道：

碧甃磷磷不记年，青萝锁在小山巅。
向来下视千山水，疑是苍梧万里天。

禹承舜的遗志，湘江边上遂留下其用石碑将兴风作浪的孽龙镇于岳麓山下的传说。湘江边、邻江高山上的禹碑、禹迹蹊、禹神庙，似乎正在竭力证明其传说的可靠性。

湘江这条文化大河的历史，从创世纪的神话开头，这极其漂亮！正是这些远古时代的原始创世神话与史诗，使其有了英雄情节，有了文化情节。而屈原作为神话时代中的最后一位英雄，也是现实中的第一位英雄，他在湘江边书写的楚辞不只奠定了他中华辞赋鼻祖的地位，更是把文学与民族的危机紧紧相连，使文学的笔锋开始流泪流血，也使民众中的爱国种子受到滋润而发育成长，蔓延，终于开成中国文化里的一朵蝴蝶花。

无数的仁人志士踌躇得意，把忠义不贰、铁血丹心、硬骨铮铮、疏财大气写进了湘江。西汉长沙王吴氏五代，五王十六侯，聚吴楚亡国子弟而成势力强悍的吴家军，拥有梅山古国、百越之族的支持，却肯从黎民的安稳求生着想不反叛不作乱，忠诚于朝廷，甚至大义灭亲诱杀有姻缘之亲的淮南王黥布（为第一任长沙王吴芮的女婿，杀其者为其妻舅），因而使刘邦宁肯背叛“白马盟约”也不肯动吴氏，使其成为惟一没有被绞杀的外姓王。而便王吴浅（吴芮第三子）更是气概非凡，少年时即为白马将军，与其舅梅鋗指挥百越诸军助项羽攻破咸阳，又为义舍弃百万雄师统帅的指挥权陪同刘邦之妻、父为项羽人质两年，他胆敢无视项羽的敕令归葬义帝熊心的尸骸收留其妻妾，又敢无视刘邦的警告留下落难的张良帮助他远走高飞……南宋的爱国词人辛弃疾（1140～1207，字幼安，号稼轩，山东济南人，豪放派词人），才兼文武，豪迈过人。任潭州知府兼湖南安抚使驻节长沙时，正值金兵入侵中原，他力主抗金北伐，积极培训抗金兵力，在湘江畔创建飞虎军，并建造有规模很大的营房。这一举动，遭到投降保守派的反对，以聚敛民财的罪名状告辛弃疾，皇帝下令他立即停工。辛弃疾接到命令后，既不害怕又不声张，只是督令各部加速建营，限期一个月内完工。营房如期建成后，他才向朝廷上报全部的建营过程。这种有胆有识，最为喝湘江水的长沙人所看重，辛弃疾遂成为当地的楷模、士人争相学习的榜样，如今营盘街建有其铜像广场。晚清长沙首富朱昌琳（1822～1912）是著名的米业大王，还投资红砖厂，建长沙第一个炼锑厂，大兴实业，但他更为人所记的是他是一个慈善家。他设“保节堂”、“育婴堂”、“施药局”、“麻痘局”，常为穷人免费看病；每当过年，在城内向贫困者发放年米；给乡下孤寡老人发固定粮折三百多本，每年秋后可凭折领稻谷 6 担。他还广置义山，给穷人施棺；在黑石渡修义渡，置渡船 3 艘，派专人司船。昔日长沙小吴门至青山铺的 30 公里古道失修多年，路窄泥泞，行旅苦之，朱昌琳捐资铺设麻石路面，以利行人。他的私家园林——人称“朱家花园”的馀园，免费向游人开放。1877 年，山西巡抚曾国荃、陕西巡抚谭钟麟托朱昌琳赈灾，朱昌琳毫不犹豫地捐献了大批粮食、布匹，因此得到朝廷嘉奖，获授候补道员。1897 年，朱昌琳捐资十三万，将湘江、碧浪湖和浏阳河凿通，历时十年竣工，这就是清波数里的新河。工竣，湘江和浏阳河汇合处水面宽阔，利于船只停泊，成为货运、商旅集中的码头，而浏阳河北面的沙滩则变为良田。

更多的英雄豪杰屡登历史舞台，书写了一部自古英雄出湘江的厚书。好文尚义的长沙民风，孕育了无数的忠义之士。唐大历潭州刺史张谓赞曰：

至于致礼旧君，请尸归葬，桓氏之子，可谓忠也；殒身强寇，有死无辱，尹氏之女，可谓贞也。式邓粲之宅，足以厚儒风；表古初之坟，足以敦素行。齐鲁之俗，何其远哉！

文中的桓阶、尹虞二女、邓粲、古初，皆是喝湘江水长大的长沙人。汉代长沙的罗宏、祝良，晋代的虞悝、虞望、易雄，宋代的刘玠、李芾、沈忠等均为世人所称颂。清末的谭嗣同，为了维新变法，甘愿抛头颅从容就义而激起民众的百倍热情，他有《狱中题壁》写道：

望门投止思张俭，忍死须臾待杜根。
我自横刀向天笑，去留肝胆两昆仑！

这种气度，无人可比！这种气场，感天动地！

民国奠基者、民主革命党人、同盟会会员禹之谟，曾以幕友身份随湘军参加甲午战争，运送粮弹，后去上海研究实业，成为了著名的实业家。1906 年 5 月，著名的反清革命宣传家陈天华和爱国志士姚宏业灵柩返湘，禹之谟首倡“公葬岳麓山，以彰义烈”，发动万余名学生举行大型公葬活动，遂为清廷视为眼中钉。后被湖南巡抚庞鸿书以“哄堂塞署、图谋不轨”罪名逮捕入狱，随后移送靖州。在靖州监狱，他经历了种种严峻的考验，被断指割舌，体无完肤，几次昏死过去，却从未屈服。朋友们劝他吃下有毒药的食物自杀，免得再受酷刑。他说：

我不能这样死。大丈夫要死得光明磊落。我要到刑场上去死，让百姓看我的刑伤，唤起他们奋起斗争。我情愿像牛马一样被杀，也不当奴隶而生！

在监狱里，他留下了《告在世同胞遗书》，大声呼吁：

同胞！同胞！其善为死所，宁可牛马其身而死，甚毋奴隶其身而生！前途莽莽……我同胞其图之。困心衡虑，终必底于成也！

1907 年 2 月 6 日，禹之谟被绞杀于靖州，临刑前他犹高呼：“禹之谟为救中国而死，救四万万人而死，继我志者自有人！”

黄兴为武装起义筹款，将祖田 300 多一石一次性卖光；徐特立为唤起民众断指血书；朱剑凡为培养人才将私园田产累计 11 万多元全部捐献；为了支持焦达峰推翻帝制，周海文、刘肯堂毁家纾难，后来囊空如洗也不后悔；“九·一八”事变后，湘剧名角罗裕庭正准备上台演抗日戏剧，突然收到儿子在上海牺牲的电报，他强忍悲痛将电报放进口袋准时上台，直到终场才放声大哭，1944 年日寇逼他删除剧目中的骂日台词，他绝食以待，惨死于侵略者的屠刀之下；长沙书法家郑家溉，1934 年拒绝去伪满洲国任职举家自京返湘，1944 年长沙沦陷，又拒为日伪维持会工作，投塘自尽以死明志……湘江哽咽，她在向这些杰出的儿女致哀，也在向他们致敬！这些优秀的儿女，站着是豪杰，倒下是鬼雄！当然，倒下一个，站立一群！从屈原到谭嗣同，从谭嗣同到毛泽东，从毛泽东到湘江当代英雄们，他们的英雄故事波澜壮阔，惊天动地。这些英雄人物，都曾试图用自身修改时代的坐标，他们有的悲壮千古，有的壮怀激烈，还有的只能杀身取仁。但是，不论成败，他们都有一腔热血，并且用行动为后人标榜，指引一条从湘江走出的明路。

湘江是条劳苦功高的生养之河！
湘江是条历史悠久、人文深厚、诗歌遍布的文化之河！
湘江更是条充满牺牲、英雄辈出、业绩超群的血性之河！
问苍茫大地，谁主沉浮？
这个回答，只能由湘江负责。

橘子洲：二三更里有渔歌

湘江水流到下游长沙段时趋于平缓，河床变得宽阔，泥沙由于速度降低便会沉积下来，而东西两岸都有支流汇注，不断往下冲刷，但偏像个瓶子托底的洞庭湖水顶托，下泻之水回流，因而，这段水域里形成绿洲片片。从南往北 81 公里，兴马洲、鹅洲、巴溪洲、柏家洲、柳叶洲、橘子洲、傅家洲、浏阳洲、龙洲、月亮岛、香炉洲、冯家洲、蔡家洲、洪洲、甑皮洲 15 座洲岛，宛如翠玉，静静漂浮在江心之上，用它们风情万种的姿态装点着长沙的四季，见证着长沙的历史变迁，用它们丰饶多变的表情记录着湖湘文化的印记。大大小小沙渚连绵，串成长岛，垂柳依依，白帆点点，时浮时没，极富灵动之感，从而造就了长沙“山水洲城”的城市特色，给予了长沙独特的城市活力。其中，最有影响力的当属橘子洲。

一、画：人在画中游，游进湘江不出头

被誉为“中国第一洲”的橘子洲，又叫橘洲，是一个形如长龙的江岛。它西望岳麓山，东临长沙城，四面环水，纵贯江心，绵延数十里，狭处横约 40 米，宽处横约 140 米，如曳帛带，在山林城市之间，既具有山村水乡之趣，不觉偏僻，又瞻华厦灯火之繁，不闻喧嚣。唐代诗人吕温（771～811，字和叔，又字化光，世称“吕衡州”，今山西永济人，官集贤殿校书郎、刑部郎中兼侍御史）有“昭潭无底橘洲浮”之句，其中一个“浮”字极其精辟与勾魂。相近的橘子洲大桥，凌波而过，横贯东西，又恰把洲划为上下两截，上为牛头洲，下为水陆洲。洲上四季如画：春来，明光潋滟，沙鸥点点；夏至，晴空万里，雨水滋润；秋到，柚黄橘红，清香一片；隆冬，凌寒剪冰，江风戏雪。宋嘉佑中叶（1056～1063），在长沙驿步门（今大西门）建有“八景图”，名家绘有潇湘八景——潇湘夜雨、山市晴岚、远浦归帆、烟寺晚钟、渔村夕照、洞庭秋月、平沙落雁、江天暮雪，元代诗人欧阳玄《登八景台》诗言：

山几重兮水几重，晴岚夕照有归鸿。
潇湘八景丹青画，尽在高台指顾中。

而橘子洲正是八景之尾“江天暮雪”的所在地。宋代书法家米芾为其题词说：

岁暮江空，风严水结，冯夷剪冰，乱飘洒雪，浩歌者谁，一篷载月。独钓寒潭，以寄清绝。

并又题诗：

蓑笠无踪失钓船，彤云黯淡混江天。
湘妃独对君山老，镜里修眉已皓然。

更有名的是元代著名诗人和史学家揭奚斯（1274～1344，字曼硕，江西丰城人）的诗作《江天暮雪》，更形象地刻画了橘子洲清绝的冬雪晚景：

孤舟三月住，不见有人家。
纷纷竹篱处，却恐是梅花。

据《湘中记》载，眼中可视的橘子洲生成于晋惠帝永兴二年（305），为激流回旋、沙石堆积而成。其实，橘子洲的形成至少已有一万年。1985年，考古工作者曾在洲北端发现新石器时代的火坑遗址，证明早在几千年前长沙先民已在这里繁衍生息。唐宋时，橘子洲还是一串不相连接的沙土之洲。元朝时代，它还有橘洲、织洲、誓洲、泉洲四岛，至清时只有上洲、中洲、下洲三岛，上洲叫牛头洲，中洲为橘溯即水陆洲，下洲称傅家洲。明崇祯《长沙府志》说它“有人家百余，望之若带，实不相连”。清代以后，由于水积沙泥，三洲几乎连了起来。赖超彦（号留斋，清康熙举人，福建连城人，曾任醴陵知县）题《状元芳洲》诗云：

洲底江流间气偏，地灵锺秀谶先传。
纵横礼乐期诸土，定有登瀛第一仙。

橘子洲，有人说它是一幅画，人在画中游走，而不知不觉，自己也成为画中的一个游动小点。

早在唐宋，橘子洲即以风景秀丽著称。唐初张九龄（678～740，字子寿，一名博物，谥文献，今广东省韶关市人，世称“张曲江”或“文献公”，唐朝开元年间名相，诗人）有《初入湘中有喜》诗云：

两边枫作岸，数处橘为洲。
却记从来意，翻疑梦里游。

晚唐诗人李珣（855～930，五代词人，字德润，其祖先为波斯人，居家今四川三台）在《渔歌子》中也说：

荻花秋，潇湘夜，橘洲佳景如屏画。　碧烟中，明月下，小艇垂纶初罢。

水为乡，蓬作舍，鱼羹稻饭常餐也。　酒盈杯，书满架，名利不将心挂。

唐诗人齐己的《游橘洲》说：

春日上芳洲，经春兰杜幽。
此时寻橘岸，昨日在城楼。
鹭立青枫杪，沙沉白浪头。
渔家好生计，檐底系扁舟。

更有宋朝朱熹、张栻做得同题诗《东渚》，朱诗说：

小山幽桂丛，岁暮霭佳色。
花落洞庭波，秋风渺何极。

张诗则道：

团团凌风柱，宛在水之东。
月色穿林影，却下碧波中。

两人还做得有同题诗《船斋》，朱熹写的是“考槃虽在陆，滉漾水云深。正尔沧洲趣，难忘魏阙心”，张栻写的是“窗低芦苇秋，便有江湖思。久已倦垂纶，游鱼不须避”。这种对比，为橘子洲增色不少。宋朝著名词人辛弃疾（1140～1207）作有《昭君怨》，其词说：

长记潇湘秋晚，歌舞橘洲人散。走马月明中，折芙蓉。
今日西山南浦，画栋珠帘云雨。风景不争多，奈愁何。

明朝叶子奇（1327～1390，字世杰，号静斋，今浙江龙泉人）作有《水陆洲》诗：

长沙城西湘水流，客来城下系孤舟。
隔江几树残杨柳，留与啼乌伴白头。

清朝文上杰（字冠南，长沙人，乾隆举人）则赋诗说：

水落沙成市，波平月到门。
分明与岛屿，隐约见烟村。
渚尽双流合，山连远树昏。
回舟余兴在，便拟吊湘魂。

学者郭焌（？～1755，字昆甫，别号罗洋山人，长沙人，乾隆年间举人）作《橘洲赋》，对其美景色进行过生动描述：

半天霞起，江水都红，两岸沙明，芦花共白。灯悬十万户，清莹之波影俱摇；露下二三更，欸乃之渔歌未绝。

杨昌光（字秋笛，湘阴人，嘉庆时举人）的《船斋赋》更是说：

修竹何处，敲门补将；野渡轻萝，谁云近市？晴岚远岸，红开东壁之花；落日孤村，绿到西门之水。检点铜瓶、纸帐，宅泛波中；安排药臼、茶铛，人游镜里。

虽物换星移，橘子洲的风景却依然未变。春日，芳草萋萋，可以野餐放风筝；夏日，浓荫蔽日，可以避暑戏水；秋日，红橘满枝，可观层林尽染；冬日，则可尽尝千里冰封万里雪飘。

水陆洲上曾建有水陆寺、拱极楼、裴公亭、洞庭庙、江心阁、屈贾祠等著名建筑，它们点缀洲上，近抚湘流，清寒水气，萧疏落木，潇湘清绝，仙阁琼楼，独擅其间。

水陆寺（即江神庙）相传建于六朝，由济应禅师所建。南宋诗人戴复古（1176～?，字式之，号石屏，今浙江黄岩人）一首《岳麓水陆寺》使其远近闻名：

长沙沙上寺，突兀古楼台。
四面水光合，一边山影来。
静分僧榻坐，晚趁钓船回。
明日重相约，前村访早梅。

估计寺建后不久即毁，后在元代重建，又毁于清末。明正德年间进士廖道南（字鸣吾，湖北蒲圻人）《水陆寺》诗云：

寻幽为访云边寺，乘兴还临河上洲。
万里乾坤此江水，三湘烟雨共谁舟。
怀沙不尽灵均恨，许国谁堪贾傅忧。
驰檄近闻多战骑，衔杯那复对沙鸥。

还有朱常滥（1566～1639，长沙郡王）赋诗说：

一洲浮泛砥湘川，水国居人旧日传。
自昔建功三百载，春潮只在寺门前。

唐源（浙江杭州人，万历时任善化知县）则说：

潇湘罗众水，蜓蜿现芳洲。
楼阁云间耸，烟霞望外幽。
万家闻磬韵，四面彻渔讴。
要识禅机处，江空月一钩。

廖元度也慨然赋诗曰：

天地军麾后，何年一寺存。
浮洲烟似岛，泊岸水连村。
橘柚空相忆，江枫已没痕。
那堪风浪里，钟磬出黄昏。

清雍正八年（1730），世宗下诏湖南："以江神司江渎，利赖舟楫。"布政使赵城遂将水陆寺改为江神庙。乾隆、嘉庆、道光几朝又屡有修葺，庙前还建了戏楼，常有名流来这里倚剑听戏，高歌"赤壁怀古"。有光绪间秀才王运常撰联为证："满天风景，水陆平分，登楼览云梦潇湘，壮气直吞巫峡北；千古英雄，浪沙淘尽，倚剑听铜琶铁板，高声齐唱大江东。"

水陆寺前有首名联，传播甚广，曰："拱极楼中五六月间无暑气，潇湘江上二三更里有渔歌。"据《图书集成·职方典》记载，拱极楼在水陆寺后，"约高七八十尺，西瞻岳麓，俯瞰潭流，草树参差，鸥鸟映发，若出若没，亦近亦远，风纹霞绮，月炼因餐，清光奔会，自然移情。"拱极楼题咏颇多，譬如清柳廷方（字坦田，长沙人，嘉庆举人）的《橘洲拱极楼》：

湘水潆回绕碧汀，中流飞阁入空溟。
江天北走无分岸，泽国中撑此一亭。
远浦涛回风飒飒，虚堂云起昼泠泠。
湾环几面皆渔市，落日归船鱼气腥。

再如熊国均（清人）的《登拱极楼》：

不知舟子意，去楫竟何之。
岸柳含烟远，江鸥择地迟。
芒鞋沙径软，布帽冷风欺。
一览春山外，楮笻且自怡。

陈圭（字兰庄，攸县人，禀生）与毛国翰（1722～1846，字大宗，号青垣，长沙人）也作有同题诗。陈诗说：

腾身飞鸟上，天影四围看。
人语响空碧，江心生暮寒。
云开三楚地，风扫五溪蛮。
岁宴应闻捷，斜阳同倚栏。

毛诗道：

积阴云气昼濛濛，沙白洲青一望同。
槛外远山回斗北，尊前急雨过湖东。
秋风万里空吹浪，铜柱三年尚伏戎。
西去五溪消息断，隔江鼓角暮城中。

还有石承藻（字辅庭，号兰溪，湘潭人，嘉庆进士）作的《雨中登拱极楼》、萧大经（字云巢，长沙人，乾隆举人）的《拱极楼消夏四首》、张世浚（字明远，一字抬甫，自号紫溪翁，湘潭人）的《晚登拱极楼》、龙绂瑞（1874～1952，攸县人，字萸溪，明德学堂创办人之一）的《拱极塔》等。如今，水陆寺、拱极楼和庙前街、水月堂，成为了长沙橘子洲头民俗文化园的重要组成部分。

裴公亭又名楚秀亭，在其中部，唐相裴休贬官潭州时所建，元至元以后故址无存。后邑人在原址上建有义渡亭，供渡河行人休憩之用。宋著名词人王以宁（字周士，湘潭人，高宗时人，累官京西制置使）作有《水调歌头·裴公亭怀古》：

岁岁橘洲上，老叶舞愁红。西山光翠依旧，影落酒杯中。人在子亭高处，下望长沙城郭，猎猎酒帘风。远水湛寒碧，独酌绿蓑翁。　怀往事，追昨梦，转头空。孙郎前日豪健，颐指五都雄。起拥奇才剑客，十万银戈赤帻，歌鼓壮军容。何似裴相国，谈道老圭峰。

范成大（1126～1193，字致能，号石湖居士，今江苏吴县人，与杨万里、陆游、尤袤合称南宋“中兴四大诗人”）作《舟泊楚秀亭》：

雨从湘西来，波动南楚门。
不知春涨高，但怪江水浑。
舟行风打头，陆行泥没鞍。
且登裴公台，半日心眼宽。

薛纲（宋人）则赋诗《裴亭云树》：

佳木阴阴绕屋青，旧传刺史读书亭。
咿唔声断寒云里，无复衔花白鹿听。

另外，张栻（宋）、赵明彝（清）亦有诗作流传。

洲上还有洞庭庙，祀洞庭神，清咸丰初兵毁，咸丰九年（1860）台洲居民重修。北朝民间流传、至唐初定型的《古乐府·木兰词》有《洞庭水神》诗，诗云：

昔日江头菱芡人，蒙君数饮松醪春。
活君家室以为报，珍重长沙郑德璘。

《太平广记》中人物郑德璘是长沙人，唐贞元中从江夏归长沙，船经洞庭湖，遇盐商韦生的巨舟同行，韦氏女于水窗前垂钓，德璘以红绡卷诗投之，女钓得。次日黄昏，韦生舟覆，德璘悲之，又作吊唁诗一首投入江。此诗竟然到达洞庭神所居的水府，并感动了他，洞庭神遂决定将韦氏女送回阳间。至半夜，德璘觉得有物触舟，救之，乃韦氏女。于是纳为妻室，数年后郑德璘当了巴陵令。

屈贾祠也曾是受文人推崇的一处景点，清人左杏庄曾题一对联云：

亲不负楚，疏不负梁，爱国忠君真气节；
骚可为经，策可为史，补天浴日大文章。

清乾隆时的杰出诗人黄仲则（名景仁，又字汉镛，江苏武进人）在此游览后题诗云：

雀窥虚幕草盈墀，日暮谁来吊古祠。
楚国椒兰犹自化，汉庭绛灌更何知。
千秋放逐同时命，一样牢愁有盛衰。
天遣蛮荒发文藻，人间何处不相思。

此诗避开了过往吊屈贾诗篇的悲戚，而用“椒兰绛灌”来陪衬，结合自身感受来表达，倍觉亲切。据传，他还在此写下了另一首著名的五律《湘江夜泊》：

三十六湾水，行人唤奈何！
楚天和梦远，湘月照愁多。
霜意侵芳若，风声到女萝。
烟中有渔父，隐隐扣舷歌。

牛头洲最南端建有洞庭宫、土地庙，洲上居民每逢农历二月初二为土地庙会，各户主赴庙会取餐，聚餐餐具上刻有“洲头长庆”四字。江上往来的船客商人亦到宫中焚香，祈祷旅途平安。至近代，来自英、日、美、德、俄等国的官员、商人、传教士纷纷在洲上建领事馆、洋行别墅，橘子洲一时成为外国人的乐园。今橘子州中部尚存美孚洋行、英领事馆、教会别墅及新关旧址，这是橘子洲惟一能寻访到的“古迹”了。

优美的地理环境，孕育精美的动植物。数千种花草藤蔓植物生长于兹，名贵植物就有 143 种，四季花开，芳香远飘。三面环山，一面临水，气候湿润宜人，是水果生长的最佳区域。橘子园、李子园、板栗园、茶园和枇杷、桃、梨、杏等形成了经济林带，同时傍生着山楂、猕猴桃、金樱子、野葡萄、山海棠等成片的野生林果。而这些果实，又促进了野生动物的生长，洲上有鹤、鹭、鸥、狐、獾等珍稀动物。当然，最值得称赞的是其美橘。远在唐代，这里盛产的南橘就远销江汉等地。杜甫曾为此写下了“桃源人家易制度，橘洲田土仍膏腴”的诗句。齐已《谢橘洲人寄橘》诗云：

洞庭栽种似潇湘，绿绕人家带夕阳。
霜裛露蒸千树熟，浪围风撼一洲香。
洪崖遣后名何远，陆绩怀来事更长。
藏贮待供宾客好，石榴宜称映舟光。

除却杜、齐两人，张九龄、宋之问、戴复古等都有诗吟咏。

1960 年，洲头建成了橘洲公园，占地 14.2 公顷，堤岸围砌石栏，垂柳护堤，洲头面江建望江亭和游廊。公园以成片橘园为绿化主体，杂种名贵花木，环境清幽，融绿化、美化、香化、净化为一体，观山、观水、观橘、观花各有千秋。2001 年更名为长沙岳麓山风景名胜区橘子洲景区，占地 17 公顷。橘子洲头仿佛一帧展示湖湘风情的画，洲头颂橘亭、汉白玉诗词碑、铜像广场、藤架广场、毛主席畅游湘江纪念点、揽岳亭、枕江亭、盆景园、大门广场、百米喷泉、沙滩公园、绿色草地公园等，组成了流动的风景。从西向东，山、水、洲、城融为一体，如放大的盆景。游客登洲，听渔舟唱晚，观麓山红枫，看天心飞阁，赏满树橘红，吟先贤辞赋，其乐融融。

而阅遍洲上所留下的诗文，还有一种叫人惊奇的发现：这些诗文，毫无颓废之意，与留在湖湘土地上的整体悲悲戚戚的风格截然不同。难道，橘子洲竟是一剂良药，让那些贬谪迁羁者游在画中忘记自我而止住了流血的心？

二、诗：发思古幽情，主大地沉浮

在历史的长河中，橘子洲本身就是一首诗，来往天流天地外，天下古今人物是非中。它是一座承接历史的桥，浸染着湖湘文化，形成了浓厚的历史底蕴。南面朱张渡，还在诠释着八百年前湖湘子弟求学的盛况；北向月亮岛，曾国藩操练水上湘军的号声依稀还在回荡；西朝岳麓书院，那朗朗书声未被晨钟暮鼓稀释反分外鲜明；东对天心阁，元军破城的狂欢呐喊和遍地尸横的血流犹可视可听……这是多么深沉厚重的诗！多么辽阔宏大的意境！多么惊心动魄的表达！

是故，没人愿意拒绝橘子洲发出的作诗邀请！

是故，并未到过长沙的一代名臣于谦（1398～1457，字廷益，浙江钱塘人，明朝著名的民族英雄，官至兵部尚书）也要题写一首《壁间画潇湘八景》寄托自己对这块热土的向往：

烟寺微茫几杵钟，渔村斜映夕阳红。
平沙落雁迷残霭，远浦归帆趁便风。
山市晴岚孤屿断，江天欲雪暮云同。
洞庭月色潇湘雨，想象阴晴似梦中。

洲以人传，诗壮名城。橘子洲能博得中国第一洲的美誉，更要感谢一代伟人毛泽东。

1913～1918 年，青年毛泽东在湖南省第一师范学校就读。当时的毛泽东为寻找救国救民的真理，经常与同学游过湘江，到橘子洲头开展各类活动。正是这种积极的探索与研讨，使毛泽东迅速完成了从一介书生到职业革命家的转变。如今的问天台和绿色草地公园上的五尊铜像（向警予、蔡和森、毛泽东、何叔衡、肖三），记载的就是这段历史。

1925 年，毛泽东从广州回到湖南领导农民运动，寒秋时节，重游橘子洲，写下了《沁园春·长沙》这首脍炙人口的词：

独立寒秋，湘江北去，橘子洲头。看万山红遍，层林尽染；漫江碧透，百舸争流。鹰击长空，鱼翔浅底，万类霜天竞自由。怅寥廓，问苍茫大地，谁主沉浮？　　携来百侣曾游，忆往昔，峥嵘岁月稠。恰同学少年，风华正茂；书生意气，挥斥方遒。指点江山，激扬文字，粪土当年万户侯。曾记否，到中流击水，浪遏飞舟。

这时的毛泽东 32 岁，风发正茂，作为一个职业革命家，他走南闯北，感悟到了革命的艰难，也坚定了求真务实走自己路的信念。在美学上说，这首词以情为经线、景为纬线，交织而成，表达了巍峨、博大、壮阔的崇高美，在抒发心忧天下、济世救民的壮志豪情中，他那指点江山、激扬文字的性情也一览无余。他是走向成熟的革命家，但从文学的角度去揣摩，他在本质还是一个农民的儿子、一个揣着拳拳之心的朴素诗人。诗人与充满诗意、诗情的洲岛相接触，便产生了一世之恋。

1950 年 5 月，毛泽东和周恩来乘车经过湘江大桥。毛泽东放眼远眺橘子洲头、自忖片刻，生一妙句："橘子洲，洲傍舟，舟行洲不行。"吟毕看了一眼身旁的国务院总理。周恩来凝视窗外，忽见一群鸽子飞落在江心阁，便脱口吟出："江心阁，阁中鸽，鸽飞阁不飞。"妙语连珠，一时传为佳话。

据专家的统计，新中国成立后，毛泽东共有七次到橘子洲附近湘江水域游泳。1959 年 6 月 24 日，他从武汉来湖南视察，一下火车，就乘车直赴猴子石，下水游了一个多小时，从现在的揽岳亭登上橘子洲。在洲上，他走访菜农，接见小学师生，并与他们合影，至今仍给人们留下温馨幸福的回忆。1974 年，毛泽东最后一次回湖南，已 81 岁高龄，10 月 15 日清晨，他执意乘车来到橘子洲头走了一圈。12 月上旬的一天，他又提出到湘江游泳，因水温太低，只好作罢。

2007 年 2 月经中共中央办公厅批准，毛泽东青年艺术雕塑作为长沙橘子洲景区最大景观工程而修建。雕像由广州美术学院进行艺术创作，总高度 32 米，长 83 米，宽 41 米，总面积 3500 平方米，采用钢筋混凝土框剪结构，外表材料为花岗岩石材，以 1925 年青年时期的毛泽东形象为基础，突出表现毛泽东胸怀大志、风华正茂的形象。基座部分为毛泽东纪念展厅和陈列室，面积约 2000 平方米。雕像四周，是占地超百亩的“万橘竞秀园”。入园处立有屈原“橘颂”诗碑，园中广植有橘类、柑类、柚类、橙类等多品种柑橘，并配有标识牌注明品名、生态习性、果实及产量状况，既有观赏价值，又有激发学习兴趣的教育价值。园区道路以迂回曲折的林中小道为主，路边配以坐椅、小亭供游客享用。游客入园，一年四季各有情趣。春暖花开之时，满目春色，花香四溢，沁人心脾；夏日高照之时，橘林簇拥，翠绿欲滴，凉爽宜人；深秋微寒之时，橘红叶绿，满江碧透，心旷神怡；隆冬鸟尽之时，雪花飘舞，青枝环像，寒意尽去。

一代伟人，终于永久地留在了橘子洲，终于日夜可翘望其钟爱的山水洲城！

这是一首诗意味深长的尾句，它蕴涵着思古悠悠的情怀，却又寄托着谁主沉浮的期待。每一个来到橘子洲的游人，总不由自主地抬头凝视他那深邃、明亮的眼睛。眼睛是心灵的窗户，他是那么专注，又那么温情，在黑发飘飘、迎风而立的诗情意境下，我们读到的不只是他的胸怀，不只是他的笔力，更重要的是他那对长沙对中国的深情和爱的厚重！

三、焰：和乐而鸣，焰升月夜惊天宫

2010 年，长沙市委、市政府提出了推进城市国际化、把长沙打造成具有国际影响力的文化名城的目标，确立把旅游业打造成战略性支柱产业。而橘子洲作为一张重要的文化名片，再次被推到了世人的面前。

如何让这张名片更为惊艳，更能展示长沙本土的形象？

橘子洲给出了一个漂亮的答案：焰火！

焰火代表着驱恶呈祥。焰火原是旧时过年的专利，名曰“爆竹”，《荆楚岁时记》说：“正月一日……，鸡鸣而起，先于庭前爆竹，以辟山臊恶鬼。”这里所说的动物“山臊”，是一种使人得寒热病的鬼魅。又据《神异经》说，古时人们途经深山露宿，晚上要点篝火，一为煮食取暖，二为防止野兽侵袭，然山中有一种动物既不怕人又不怕火，经常趁人不备偷食东西，人们为了对付这种动物，就在火中燃爆竹，用竹子的爆裂声使其远遁。可见，避邪驱鬼，是其产生的本义。过去放爆竹有许多讲究。大年初一早上一开门的时候或出去拜年的时候要放开门爆竹，又叫开财门，一般放一挂鞭炮。若未放开门爆竹就出门去，视为不祥。除夕年三十晚上祭完祖宗和已去世的父母之后，全家关上门吃团年（团圆）饭，放关门爆竹，一般放一至三挂鞭炮，然后合家围坐谈笑、吃杂食、守岁到半夜或天明。人们在重要的节日里燃放焰火，寓意对如今生活的赞美与对美好未来的期待，也都从这个本义出发。是故，王安石诗曰：“爆竹声中一岁除，春风送暖入屠苏。”

焰火发轫于汉，隋时已有“烟火杂戏”。唐以后，“烟戏”与“火戏”花样百出，一代比一代兴盛。到了清乾隆间，钱塘（今杭州）人赵学敏（1717 ~ 1805）总结历代烟花制作的方法和经验，写成《火戏略》一书，成为我国古代唯一的烟火专著。明人张时辙在《陈都阃宅看烟花》诗中，对烟花燃放空中的景物作了生动的描绘：

空中捧出百丝灯，神女新妆五彩明。
真有斩蛟动长剑，狂客吹箫过洞庭。

正是在燃放当中，人们感慨美丽的焰火昙花一现，如同流星飞逝，因而哲思泉涌：因为短暂所以值得回味，因为易逝所以值得珍惜。这是焰火的引申义，却是当下人们的普遍意识，得到极大的认同。

长沙焰火制造历史悠久，尤其是浏阳花炮更是世界闻名。被尊为花炮行业师祖的李畋，据说就是浏阳大瑶人，唐武德四年（621）农历四月十八出世。他从竹子燃烧时所爆发出的噼啪声中产生灵感，通过不断实验制造出了爆竹。后来，他不辞辛劳赴湘南蔡伦故里学习造纸技艺，又遍访四方能工巧匠，得土硝提炼真传，更得到药王孙思邈指点，用竹筒装填火药燃放，利用爆炸时产生的气浪和硝烟驱散瘴气，控制病疫传播，并曾为唐太宗李世民“驱鬼祛邪”。到清康乾时，浏阳花炮已经扬名于世，生产制造水平很高，湖南每年奉献给皇宫的花炮贡品，就是由浏阳制造生产的。嘉庆（1796～1820）初年，浏阳花炮产业有了长足的发展，东乡、南乡、西乡农闲时从事花炮生产制造的达30万人，县城的生产作坊超过300家，工人达2500人，年产量在14万箱之上（一箱有20万响）。从光绪年间（1875～1908）始，浏阳花炮成为湖南的名特产品。而也是始于明清，浏阳花炮大规模出口，不仅销往东南亚地区，而且让欧美等国家的人们也逐渐接受了燃焰庆贺的习俗。

是故，以焰火作为橘子洲的新名片，很快得到政府与民众的赞同。2010年8月28号晚20时30分，以“橘洲浪漫、璀璨星城”为主题的焰火晚会隆重上演，20余分钟的烟花绽放，让湘江两岸十余万市民、游客驻足停步，沉醉于这场别致的“音乐焰火”秀中。烟花燃放分为四个篇章，分别以“激情星城”、“浪漫星城”、“和谐星城”、“腾飞星城”为主题，让长沙的热情与浪漫作了精准呈现。橘子洲焰火广场上空仿若魔幻舞台：一时是婉约绵长的爱情主题音乐，如垂柳如菊花的焰火从空中如瀑落下，在夜空中留下星星点点，像是星子坠落银河；一时又是激情澎湃的当下音乐、动感节奏，焰火也“加足马力”，冲向天际猛烈爆发，如响雷如奔马如闪电，让你目不暇接；一时又是轻缓的世界名曲，焰火也放慢了燃放的脚步，踩点腾空，亮字现图，秀美祝福，精美绝伦的各色面貌惹人遐想，若花果若峰峦若湖泊，气象万新，朝气蓬勃；最后，在节奏明朗的《红旗颂》音乐声，万焰共腾，似泄闸之水似暴风骤雨似海啸卷岸，橘子洲仿若密盒打开一览无余，长沙城一时明亮如白昼，毛泽东青年雕像也在焰火的团围之中似要袅袅上升。这是全世界燃放时间最长、燃放主题创意最丰富的一项文化旅游活动！

然而，这永不是昙花一现，永不是一次偶然的碰撞。每周末举行的焰火晚会，很快成为长沙市民生活的一部分，成为了长沙重要的旅游名片。尤其是2014年度长沙橘子洲周末焰火暨音乐焰火大赛举办以后，越来越多的国际焰火燃放团队来到此地展开较量，更是增强了其不可抗拒的魅力。燃放的主题有了明确的规定，即历史名人系列（春秋长沙，西汉故事，潭州风云，走向共和，秋收起义，红色土地，情系花明楼，雷锋之歌，祖国歌颂等）、旅游风光系列（长沙之夜，文化古城，橘洲放歌，情系湘江，走向大围山，九曲浏阳河，楚汉风情，湖湘风韵，靖港古韵，沩水欢歌，佛光普照等）、经济发展系列（中部崛起，科技之光，动漫长沙，腾飞芙蓉，腾飞三湘，腾飞浏阳，工程机械等）、和谐社会系列（两型社会，平安长沙，和谐长沙，和谐潇湘，浪漫之都，芙蓉花开，大地飞歌，九天银河，锦绣河山，盛世中华等），还有节日主题（妇女节，劳动节，儿童节，中秋节等）的专门燃放。而出于对环境保护与确保燃放实效的考量，焰火燃放时间也有了调整，冬、春季燃放时间为20:00—20:30，夏、秋季燃放时间为20:30—21:00，高考、中考及特殊时期则取消燃放。如今，一到周六，长沙人条件反射般地往湘江河边奔去，广州、深圳、武汉的人们坐着高铁或开着私家车专门来到橘子洲，观看焰火的表演。不管是凉风习习，还是温暖如春，只要橘子洲树丛后面冷不丁窜出的那声发令枪响，人们就会停下来，屏声息气，等待着盛大的开场。在如开春晚大合唱拉开开幕式的开场白里，焰火明星们如期而至，闪亮登场，天空里银光闪闪、柳絮飘舞，接而红光一片，湘江染红，波光莹莹，却又娇羞赧赧，而待大珠小珠落玉盘之际，女人与小孩子的惊呼声此伏彼起，欢呼雀跃……

如梦，如幻，如同毛泽东那首出色《沁园春·长沙》的吟唱！

在这样的夜晚，嫦娥难眠，玉宫难静，那一个个走过、留过、写过诗、唱过词的才子佳人又活在眼前，那一段段伤过神、流过泪、洒过血、爆过笑的历史情景又在重新经历。橘子洲，总是让我们在时空错乱中感悟青春、纠正坐标、学会哲学。因而，我特别赞赏常常见到的那一幕：焰火燃放结束，人们陆续散去，而在这时，河东河西两边的年轻人便开始将一盏盏孔明灯放上天空，那些闪烁的星火，虽不明亮，但诗性十足、感性十足。可以没有灿烂辉煌，但不可缺少希望，不能失去梦想，这才是真正的历史！

进入21世纪以来，湖南包括长沙的经济发展、思想解放、商业氛围饱受指责，似乎与商贸世界大潮滚滚显得格格不入，但这次商业宣传与名优展示相联姻，实物经济与文化旅游相结合的演出，让橘子洲在世界商战的大舞台上有了一个漂亮的开门红、一次影响广泛的“跳加官”。无法否决，这就是长沙人的幸福指数，就是湖南人的精明强干！

橘子洲是幅画，才子画过，仕女绣过，无数的凡众用脚步丈量过。

橘子洲是首诗，古人写过，今人唱过，还将有后人在此留痕着笔。

橘子洲是朵焰，昨天燃过，今天正燃，明天的焰高还需呵护珍惜。

因而，在南湖路走走，在书院路走走，再到潇湘大道走走，再到沿江风光带走走，橘子洲的目光总在关注着我——历史的毛边纸上，我看到了大写的“人”字，看到了诗情，看到了智慧，看到了你或许未曾体会的佛理——浮即是沉，沉到文化底座的橘子洲就是菩提。

只是，橘洲若禅，谁是引我进入佛堂开悟的那朵莲花？

白沙古井：一园月色和茶煮

位于市区贺龙体育场附近白沙街东、天心阁东南方约 1 公里处，回龙山下西侧，有一口天下闻名的古井——白沙古井。它是长沙第一泉，也是自古以来的江南名泉之一，明清时期就可与济南趵突泉、贵阳漏趵泉（即圣泉）和无锡惠山泉相媲美，现一般将其与趵突泉、漏泉、虎跳泉并称“天下四大名泉”。而清乾隆皇帝在《玉泉山天下第一泉记》中将白沙古井与北京玉泉、塞上伊逊水、济南珍珠泉、扬子江金山泉、无锡惠山泉、杭州虎跑泉一道御定为全国七大名泉。

一、总有一口井水解渴酿酒

白沙古井始凿于何时，已无法考证出来，因为明以前的长沙地方史志俱已散佚。但据考古学家考证，早在春秋战国时代，长沙就形成了城市雏形。水井，是前人生活中的必需。1987 年底至 1988 年初，长沙建设五一广场地下通道和商场时，清理了一批古代水井，计有 16 个，其中战国 4 个，汉代 7 个，魏晋唐宋共 5 个，在战国水井中出土了大量的取水用具绳纹圜底陶罐和鬲、钵等日用陶器残片，还有一把铜削。1994 年近邻的省供销社工地以及 1996 年平和堂大厦工地，共发掘了战国时期的古井数十座。据此，有人推测白沙古井始掘于春秋战国时期，这有一定的道理。明崇祯十二年(1639）刊印的《长沙府志》记载：“白沙井，县（指善化县）东南二里，井仅尺许，清香甘美，通城官员汲之不绝，长沙第一泉。”可见，到此时白沙井已大大有名。清《一统志》也记载道：“在县东南二里，广仅尺许，最为甘洌，汲久不竭。”长沙民谣称：“无锡锡山山无锡，平湖湖水水平湖，常德德山山有德，长沙沙水水无沙。”这沙水，指的就是白沙井之水。

白沙井水，水质清纯，从井底汩汩涌出，清澈透明，杂质极少，甘甜可口，且源流充沛，四季不断，泉水不溢不竭，随舀随涨，始终保持同样深度。《湘城访古录》说：“其泉清香甘美，夏凉而冬温；煮为茗，芳洁不变；为酒不酢不滓；浆者不腐；为药不变其气味。”水味如此，其实是由地质情况决定的。原来回龙山一带为古河床，在地质学第四纪初，出现冰期，在冰川融水和河流冲刷下，形成砾石层于白斑网纹红土层下，再下层为不渗水的板岩。后因地层下陷，使白沙井及其附近地层成为蓄水深厚的地下水库。长年累月地下水顺着地层斜面往下流动，经过沙砾层的沉淀过滤，在白沙井处露出。这样，井水就水质特佳、清澈甘美、长饮不竭。明清至今，通往白沙井的道路总是被熙熙攘攘的人流弄得湿漉漉的。前来取水的人们络绎不绝，盛水的工具更是五花八门，可乐瓶、食用油壶、塑料酒壶，更有甚者提来了矿泉水桶。取水者，有的用白沙井水解解馋、润润喉，而更多的则是挑井水去泡茶。

现回龙山下，成立了白沙公园。公园大门是一个四柱三洞的牌坊式建筑，中间两柱刻着一副对联，分别是“高天聚风月一园是造物之无尽藏好为寄兴怡神地”和“古井媲潇湘八景看游人之所共适都在廉泉让水间”，横批为“白沙古井”。进门后是一片由条石铺就的广场，数棵参天古树将广场团绕，浓荫蔽日。广场北面建有一座两层的苏州园林式的白沙茶艺馆，庭前广植桂花树，馆前门联“一园月色和茶煮，万古泉声带韵流”是“湖湘楹联七子”之一、湖南省楹联家协会副主席邹宗德先生所撰。公园的灵魂当属公园中央的白沙古井，背倚仿古而筑的小土山，环井而砌的麻石栏杆将山与井分隔开来。井区为略低于地面的扇形小广场。白沙井原来只有一眼出水，到明末时水分成二眼，经过多次修整后扩为四眼。井口0.6米见方，用大理石砌成，长约67厘米，宽仅33厘米。井口东侧竖有“白沙古井”石碑，水至穴底上涌，与井口持平，多余者沿石条缝隙流到小广场两侧的沟渠中排走。

旧时，井旁有一龙王庙，庙中有一副对联：常德德山山有德，长沙沙水水无沙。井旁原有亭榭楼台，曾多次修葺，后毁于兵燹。

长沙名酒“白沙液”，就是用此水酿成的。关于利用白沙井所在山脉（古称锡山）的泉水酿酒，历朝很多人皆予以赞赏。晋代文学家谢惠连有“饮湘美之醇酵”之赋，唐代诗人杜甫也有“夜醉长沙酒，晓行湘水春”之佳句。因而，清代黄本骥在《湖南方物志》中总结说：“长沙之酒，自古有名。”1974年10月13日，毛泽东主席在中央办公厅主任汪东兴陪同下来湘考察，住在九所宾馆。12月26日毛主席81岁生日，进晚餐时服务人员为他挑选了一瓶湖南的好酒——“仿茅台”。毛主席先喝了一口，问：“这酒很好，是什么酒？”在旁的接待工作人员介绍说：“这是长沙酒厂取白沙古井的水酿造的，酒质、味道很好，酿制几年了，还一直未有酒名。”毛主席听了介绍，未说话，他端起酒杯又慢慢尝了一口，随即拿起印有“仿茅台”标签的白瓷酒瓶看了看，说：“这酒很好，是取白沙井古井之水酿造成的酒，酒质味道不错，不叫‘仿茅台’，就叫‘白沙液’好了。”“白沙液”由此诞生了，并成了长沙标志性的产品。

还不妨拉开来说一说长沙的其他古井以及与之相关的茶与茶馆。

“碧湘玉泉，满之不溢，舀之不竭”的长沙，古井众多。据不完全统计，民国时期其城区有记载的古井就有3446口，保存至今的只有14口。从日用说，最著名的有白沙井、南沙井、鸳鸯井、白鹤泉四口，旧人称为“长沙四井”。白沙井不赘述。南沙井位于白沙井西南，相传井分二眼，但一眼出水，一眼却出油，出水的那眼水清如镜，泡出来的茶像琥珀，喝多了还会使人有几分醉意；出油的那眼每天从眼孔溢出的油，仅够给附近寺庙点灯和食用，后来有位叫月空的和尚想偷懒，不愿每天去井里取油，就在某个夜晚把井眼凿得很大很大，结果，那眼井就再也没有溢出油来，而只有混浊的水。现在，南沙井的水仍是一清一浊。鸳鸯古井位于长沙城北的幸福桥西侧，与白沙井分处市区南北两端，遥遥相对。因有两个较大泉眼恰似一对佳偶而得名。相传，古时用这里的水洗胭脂，颜色特别鲜艳，而取该井水盛于碗内，时而会显现一对鸳鸯戏水，人们一旦伸手去抓，顷刻不见。因有这样的神奇传说，鸳鸯井与幸福桥就紧紧联系在一起为人所熟知，清朝民国时不少百姓为求家庭和睦，在此处焚香取水，敬若神明。白鹤泉井则在岳麓山麓山寺观音阁一侧，为麓山一景。泉井汇聚了麓山峰顶流来的源泉，历来为寺僧和过往游人饮水之所。相传此处常有白鹤飞来泉上，而用此泉沏茶，热气蒸腾，好似白鹤翩跹，还有延年益寿之功效。故明代以来屡得修整，不少名家诗人如宋代的赵抃、朱熹、张栻等都为此井题得诗文，使其人文性大增，成为学者常来观赏之地。

井多之处就多产茶。长沙地区是中国最古老最丰产的产茶区。早在唐代就有“湘资泛轻花”的题咏，到五代马楚王朝时期种茶业盛极一时，与北方的茶叶贸易已经成为长沙财政收入的主要来源之一。长沙茶叶名品云集，最有名的是高桥银峰、长沙茉莉花茶、宁乡沩山毛尖三种。高桥银峰茶产于长沙县高桥乡，地处玉皇峰下，茶叶叶形匀整，条索紧细卷曲，色泽翠绿均匀，表面白毫如云，堆叠起来似银色山峰一般。明朝到民国时，高桥茶庄林立，清咸丰年间“字圣”黄自元曾为不少茶庄题字题联，民国时著名的茶庄有48个，来自全国各地购茶的客商不断，平江不肖生（向恺然）的文章中有载，新中国成立后即被列为中国名茶和外事部门的礼茶，何香凝、宋庆龄、王震等都为其作过宣传，郭沫若为之即兴作《初饮高桥银峰》诗一首，何继光演唱的《挑着茶叶上北京》更是让其美名天下。长沙茉莉花在明嘉靖、清嘉庆的《长沙府志》上都有记载，其条索紧结，茶叶浓醇，花香鲜灵，纯正持久，冲泡后汤色黄绿明亮，叶底匀嫩，耐冲泡，饮后满口留香。由长沙茶厂采用自己加工的毛尖茶配以洁白、肥壮的茉莉鲜花，以工窨制工艺制成的猴王牌毛尖茉莉花茶，被指定为湖南省出国人员礼品茶和钓鱼台国宾馆招待外宾用茶。宁乡沩山毛尖相传为唐代贡品，清同治、民国《宁乡县志》皆有记载，尤以密印寺院内数株所采茶叶为佳。沩山毛尖叶缘微卷，呈片状，形似兰花，色泽黄亮光润，身披白毫；冲泡后内质、汤色橙黄鲜亮，烟香浓厚，滋味醇甜爽口，风格独特。用白沙井水沏的茶称为“沙水茶”，用高桥银峰冲泡称之“银峰沙水”，用茉莉花冲泡称之“茉莉沙水”，而用沩山毛尖茶冲泡则称“毛尖沙水”，老茶客与新茶客的区别，一听你点茶就可以区分。

长沙有好水有好茶，自然茶馆兴隆。“一去二三里，茶园四五家，楼台六七座，八九十品茶”的说法，很能说明其兴旺景象。旧时，有讲究的长沙人坐茶馆，先点名茶，且要求用白沙井水冲泡，再点美食，一般少不了九如斋的南货、包括宁乡刀豆花在内的长沙蜜饯，还有年糕、奶糕、宁乡砂仁糕、法饼、冬瓜糖、糖姜片等，北山梅和浏阳金桔也常有奉上。更讲究的还要聆听弹词、评书之类。1904 年长沙被辟为茶埠后，茶铺茶馆居全省之首，著名的茶馆有八角亭的大华斋、育婴街的新华楼、南正街的九如春、老照壁的徐松泉、道门口的德园、西牌楼的洞庭春、游击坪的半江楼、北正街的湘华斋等，但最著名的也最高档的茶馆却是天然台，石库门面，顶坊置匾，两旁抱柱上有湖南督军谭延闿的楹联——“客来能解相如渴，火侯闲评坡老诗。”抗日战争时期，德园、洞庭春、大华斋、徐松泉号称“长沙四大茶馆”，不仅茶叶各有特色，点心也别有风味，深受长沙人的喜爱，天刚蒙蒙亮就有茶客上门，8 点钟进入早茶高潮，茶客满座，谈笑风生，烟雾弥漫，声音嘈杂，但茶客们怡然自得，安之若素。

白沙古井，承载的不仅是生活，还是历史。透过四眼泉井，你可体悟到人生的多彩、生活的奇妙。而寻水追踪，你会走进各种场合，感受各种舞台。用心的人，无处不有风景。

二、总有几段故事茶炉添香

长沙人喜欢扯谈，尤其喝早茶时，有关白沙井的各类故事，在他们看来可谓关系国计民生，自然成了其中的不可或缺的话题。而事实上，在古井流淌的几百年中，因世人的贪欲和短视，白沙古井也出现过几次险情，也因之产生了护井的组织。当然，茶客们自然会讲到。

首先要讲古。

明清以后，长沙人民世世代代饮用白沙井水，前来取水者除却城南区域的人们，还有西城区、北城区一带的居民，“竟日暮而不一息”。更有不少穷苦人家汲水于此，担卖全城，赖以为生。清末到民国，挑卖沙水者多居于井旁，白沙井一带生齿日繁，遂形成白沙街。白沙古井可说是长沙生命之泉。

亦因如此，自清末以来，官绅恶霸想方设法妄图垄断白沙井水。清光绪年间，善化知县曾在井后立碑，“出示晓谕”，将白沙井一眼划为官井、一眼划为民井，并订立用水章程，要求全城人遵守，而官井受到保护，民井多遭破坏。民国初年，又有军阀在井旁立一“告示”碑，刻有“照得白沙井水，四井界限分明，卖水吃水各井，官井专供官军”等语。旧时，当地还有“挑水会”，凡挑卖沙水者须先交银元数元入会，取得条据，方可取水。入会者还经常交点修井、修路费，对古井进行维护修缮。遇上土地菩萨、龙王菩萨生日，要办饭吃，唱皮影戏，经费也归上会的人分摊。

上面这几则故事，总是要被茶客们反复讲起。他们讲得激动时，甚至拍桌打椅，但茶店老板根本不会制止，他们早已经习惯这种表达——这很易让人联想起长沙的弹词，用通俗、生动的唱词来表现自己的看法，地道的长沙方言更贴近百姓的心坎，在辛亥革命时许多进步知识分子曾运用这种艺术形式宣传民主革命思想。我想，上面的故事肯定也曾在长沙弹词中出现过，那些正喝着茶品着点心的茶客，该会怎样喝彩——凡是关诸百姓利益的，只有舍私利而为大众，才能博得点赞，才会有持久的生命力，白沙古井，在这里给我们上了一堂生动的政治课。

其次要讲今。

新中国成立以后，白沙井回到人民手中，人们才真正自由地畅饮白沙水。但那时的白沙井已是一个破破烂烂的沙石坑洼。1950年，市人民政府为保护古井，特拨款维修古井，建立石栏，铺砌地面，使白沙古井成为长沙新中国成立后最早得到修复的名胜古迹。还是人民政府好哇！

但现代化进程与传统文明保护之间总是容易出现矛盾。1999年3月，长沙市电业局在古井背山白沙岭征用土地决定建住宅小区，之后施工队伍相继进场，不久建筑基础全部平整，白沙岭上涵蓄水源的一大片茂盛的林木被一砍而光，白沙井水位明显下降。消息传出后，立刻产生强烈反响。长沙市民特别是古井周边的市民顷刻间爆发了巨大的凝聚力，他们集体上访长沙市政府，强烈要求停止施工，保护好白沙古井。6月5日，自发群众签名活动举行，当天的签名人数就达600多人。最终，工程全面中止。

现在的政府决策越来越科学、民主，且公之于众，这对于白沙古井一类的待保护景点来说，是极大的福音。2000年，长沙市政府决定修建白沙古井公园，并且效仿古制，召民间捐建。消息一出，应者云集，捐款者有之，捐古树者有之，捐花卉者有之，更有三湘文人画士现场挥毫泼墨，义卖书画筹款。2001 年 10 月 1 日，白沙古井公园正式向长沙市民开放。

这样的故事，恍若一场场本土花鼓戏，短小，却有头有尾，故事齐全，同时乡土气息浓厚，通俗易懂。这种发源自宁乡青山桥、由清同治年间黄道开的土坝班最早打响名头的小剧种，曲调灵活，表现力强，乐器伴奏简洁明快，保持着载歌载舞的传统，一直是长沙市民喜爱的表演。茶客在叙说这种故事时，语速明显放慢，语调也柔和了许多，甚至常常会在叙说的关键时刻停下来，慢慢地喝口茶，看看四周听众的脸色，再踌躇满志地说下去。在这样的聆听中，我却常有所分心——这些普通茶客，在谈到自身经历尤其是苦难时，变得从容淡定，并不如讲古时的嬉笑怒骂，这是什么原因造成的？如此看得开，豁达镇定，恐怕也是时间历练的结果，也是传统文化根置于民心的结果。

然后，要扯开来。

譬如，批判陆羽《茶经》中“其水，用山水上，江水中，井水下”的说法，辩驳说井水水质甘美，并不一定逊于山泉，比如北京故宫传心殿内的大庖井，曾是皇宫里的重要饮水源，再比如这白沙井水，是从砂岩中涌出的清泉，不含水垢，是泡茶好水。

再譬如，人类的繁衍离不开水的滋养，远古的先民们为了汲水方便，就住在河边，而远离江河在旱地上生活的人群则只有掘井取水，故而有市必有井，产生了“市井”一词，在没有自来水的年代，井可以说是城市的象征。古井既是造物之无尽藏，就应为万物所有。

又譬如……

长沙人胸怀天下，个个以“天下兴亡匹夫有责”来要求自己。也因此，他们善于批评，敢于批评，他们从大量的具象出发，最终总要总结出一些较为高远的东西。这是一种哲学的探讨，以现实的真善美为标准来丈量历史，评估过去。这种情怀，只有喝白沙井水的人才会有，它是学识经世致用最为细微的表现。

故事不是传说，它永比传说深邃。关于白沙井的故事，以真实的力量把脉了一座城市的体温。

三、总有几篇诗文光耀古今

白沙井虽小，却古今载誉，远近闻名。

首先应说说有关水井的传说。这些传说，或许编得不太高明，但正是人们智慧的体现，也是他们的理想与向往。

关于井的传说有二：一说许久以前，刁钻黑龙常搅混塘水，人、畜喝了常闹病。有天早晨，一位老农救下了因喝了塘中水而中毒的白鹤。几天后，一位名叫白沙的漂亮姑娘，来此开了一个小面铺。心怀歹意的黑龙变成青年公子竟上前调戏，白沙姑娘立时化作一只耀眼的丹顶白鹤，不偏不倚地压在了盘蜷挣扎着的龙身上，勒令黑龙不断地吐清水。乡亲们十分惊异，欢呼着去寻找白鹤和白沙姑娘，但最终却只发现了这口“白沙井”。二说远古时此处并无水井，只是一片沙滩。沙滩中央有清泉，百姓靠此种田作菜，艰苦度日。一天，清泉忽然不见，田地随之断源，百姓走的走，迁的迁。有一对郑姓兄妹，兄名回龙，妹为白沙，他们舍不得此田，留了下来。有一天，来了位仙姑，她告诉兄妹俩，所发生的这一切全因沙滩下有孽龙在作怪，占住了水源，若想夺回来，恐有生命危险。但兄妹俩不怕，他们在仙姑指点下，每天中午到水源处掘地三尺。当挖到第七个中午时，回龙猛地一锄下去，地下突然喷起几丈高的血水，原来他这一锄正好挖在了孽龙的鼻子上。孽龙痛得在沙滩下翻滚，地面随即像波浪一样起伏，瞬间沙滩变成了汪洋。洪水退后，沙滩没有了，回龙和白沙也被洪水淹死了。观音菩萨感动他们兄妹俩人的舍身行善，有意让他们永生，于是将回龙的躯体点化成山，镇住孽龙，又将白沙的躯体点化成水井，造福于民。后人为了纪念他们，就把山叫回龙山，井叫白沙井。

再要找找历史资料了。流传下来一些咏井古诗文，交给了我们一根回溯历史的缆绳，沿着它，我们慢慢找回古井的过往。

明以前的相关资料，很少能找到。但清初的白沙井游记颇多，最有名者有三：一是蔡以偁（字季举，号黄楼，湖北监利人，乾隆年间诗人、书法家）的《白沙二泉记》；二是旷敏本（1700～1784，字鲁之，晚年自号岣嵝，衡山县人）的《白沙井记》，三是张九思（字聿修，号竹轩，善化人）的《白沙泉记》。三文均收录于清末陈运溶所撰的《湘城访古录》中。

蔡以偁的《白沙二泉记》成文时间最早。蔡系清初诗人、书法家，有《南郭古梅铭》《蔡季举遗集》等传世。他对长沙名胜情有独钟，作有《大风登天心阁》《六朝松赋》等诗文。蔡笔下的白沙井四周野气横生，他写道：

长沙城南五里地，鸡犬成村，桑麻可绘。沿村而行，不巷不衢，略行成野地，编茅借竹，三四茅屋豁出，平芜迤逦。石路数百步，过此以往，半山垄，半田墅。沙石浴雨，列若棋阵，瑟瑟啮履有声。倒树张伞，罅漏日影，布落金点，然泉即出山下焉。满注不溢，取之不竭，俯视石底，脉隙一线，似鱼吹沫，出无痕迹。甘逾醇酒，凉能醉人。

可见，当时的白沙井四周还是植被茂密的野郊。这与明末《长沙府志》中记载的白沙井“通城官民汲之”大相径庭，估计可能与清初征战，百姓逃亡，长沙这片家园尚未完全重整、繁荣起来有关。

旷敏本的《白沙井记》成文在蔡文之后。旷系岳麓书院山长，雍正元年（1723）举乡试第一中秀才，翌年被举贡进京入国子监深造，乾隆元年（1736）为进士。曾应聘兼任《清泉县志》总纂，并出任石鼓书院山长。因学问精湛，出类拔萃，备受时人称颂，士子争以出其门下为幸。旷文中的白沙井畔已多了些市声，记曰：

时炎夏，近井居民净夕舀之，贮以巨缸，平日担入城，担可得钱七八，不移时而缸胥罄。

沙水既已成了商品，白沙井旁便也出现了排队汲水的景象，汲水者以“后先为班次，担头各挂一瓢，班可容两人并舀”。文中还描绘了白沙井四周环境，“凡井皆阑甃，而此则坦迤无隔。”正是旷文，把白沙井与趵突泉、惠山泉、漏趵泉三井并列，推崇至极，居功至伟。

张九思的《白沙泉记》则成文于乾隆年间。张系优贡出身，当过宁远县训导。从记中可知，此时的白沙井水已成为长沙城居民的重要饮用水源，汲水者“以次进就，竟日暮不息，无哗者”。这个情景很是感人，想来，该是受多年传统文化熏陶，长沙市民素质才如此之高了。其实，也正因此，白沙水在道光十二年（1832）被定为湖南乡试的考场专用水。这偶然的一笔，却是神来之笔，它使三湘世子皆受白沙水的泽溉，使其对长沙苍生新添了一层含义，那就是，白沙水在湖湘文化的发展中起到了一个保障的作用，许多湖湘名人是喝着白沙水走向世界的。

当然，还有大量的诗歌存世。

清朝雍正年间进士、乾隆朝三任湖南巡抚的杨锡绂（？~1768，字方来，江西清江人）作《白沙泉》诗说：

古郡城南隅，冈峦莽回互。
命驾诣山腰，正及泉流处。
甃池三尺许，汩汩自盈注。
澄澈见毫发，甘香逾玉□。
岂必辘轳悬，双瓢亘朝暮。
眼看行汲徒，来往无停步。
恃源斯不穷，此理众所著。

兹泉乃更奇，炯炯天根诉。

清朝乾隆年间的著名藏书家、陕西巡抚唐仲冕（1753～1827，字云枳，号陶山居士，世称唐陶山，原籍善化后客居肥城涧北村）曾编撰《岱览》，画《陶山望杏图》，著《牛山叠翠》诗，是一个游览过大山名川的旅游学者，但回到老家，睹见此井，情难自禁，不由挥笔题写了《三月三日观白沙井，用工部太平寺泉眼韵》：

照近洁士心，蛟然出榛莽。
泉脉千里遥，汲养与终古。
凝自天一生，来从清虚府。
万派何由侵，纤尘不敢侮。
细听岂有声，熟视若无睹。
弗竭且弗盈，可旱亦可雨。
我昔违乡井，衣沾软红土。
归来酌寒冽，绝胜斟膏乳。
饮水思其源，始达由半缕。
恰逢修禊辰，于此参静趣。
甚欲濯沧浪，底事灌园圃。
功在中泠上，品泉笑陆羽。

清末史学家、经学家、训诂学家、实业家、湘绅领袖、学界泰斗王先谦（1842～1917，字益吾，世称葵园先生，长沙人）一生所作诗文共有44卷，1190篇，蔚为大观，他文宗秦汉，效法韩愈，笔力遒劲，气魄雄浑，诗宗杜甫、苏轼，自成格调，是晚清一大家，与王闿运齐名，人称“二王”。在担任岳麓、城南书院院长期间，他多次与友人前来白沙井品茗，留有《绝句》二首。其一说：

雪芽沙水最相宜，午睡初浓一沁脾。
还似江南风味否，墨华榭里品茶时。

其二说：

寄我新芽谷雨前，呼奴饱汲白沙泉。
怪君诗思清如许，更有庐山活水煎。

清光绪二十九年（1903）癸卯科殿试进士、河南省候补知府吴建三（长沙人，善诗文、书法，并有天文学著述《天象图》等）也泼墨挥毫写下了《白沙井水》一诗：

浪说人间第二泉，髯苏空费小团圆。
白沙湘井清无上，安得诗人一品煎。

还有长沙总兵黄德之女黄冰（字韵琴，曾加入蝶社）作有《白沙泉次篯生韵》：

山脉远分龙起伏，瀹来泉罅石珑玲。
冰华澈底景浮白，炉药凝烟风卷青。
照妾心原如古井，应天象讶落寒星。
烦襟静涤《茶经》补，味到甘时酒力醒。

清末民初诗人、两次为湖南省立第一中学（现长沙市一中）做校歌的文字学家周正权（别字铁山，清廪生，湘阴人，曾游学日本，晚年讲堂湘垣，著有《楚风楼稿》《二十四史补订》）也赋有《白沙泉》一诗，写出了用沙水酿酒的妙处：

石罅泻珠泉一勺，千年不竭响玲玲。
番人翊汉沙名国，天阙垂芒井是星。
酿酒最宜浮太白，绘图莫漫染空青。
怪他渔父沧浪曲，鼓棹江潭笑独醒。

现白沙古井南面假山上还刻有由历代名家手笔组成的百水图，羲之的俊逸、怀素的洒脱以及东坡的豪放，均笔落如飞瀑奔流，酣畅淋漓。再往南走，伴土山建有一座 30 多米的碑廊，收集咏井诗文数篇，配上陈明大和陈白一合作的三幅白描石刻，饮水、卖水、官民汲水、古风民俗一目了然，也为古井的人文性增色不少。诗画长廊第一块碑在 2000 年 10 月白沙古井公园建成时曾是一块无字碑，公开向社会征集名作，以赞白沙古井之保护盛事，后经过广泛征集及严格评审，选中了萧顺良所作《白沙泉赋》，全文如下：

龙马宝地，甘泉既诞；朝汲晚濯，滋邑育民。泉自罄涌，风承气动；诗随境出，画秉意来；廉由小积，名就大成。饮诊生态，赏度人居；趵突忧竭，漏趵忧浊，陆子忧微，白沙忧涩；近忧日月之漂浮，远虑星河之消沉。整肃天常，和谐环境。名泉众佑，纲纪众循。

该文以社会和谐观为要，以“遵循规律、维护秩序、保护环境”来立意，由景写情，极具时代感，反映了百姓的呼声。

井旁的白沙源茶艺馆，还有一篇《白沙源记》的短文也颇值得一提。它以清灵的笔力、直抒胸臆，使品茶者尽得雅赏之妙。全文如下：

白沙源茶楼精舍，东倚回龙山，南接白沙井，北朝天心阁，西向云麓宫。尽得衡岳之灵秀，长沙沙水之渊源。饮水思本源，惜清流珍贵，乃人情之哲理；品茶留余芳，索其味悠长，含世俗之纯真。东坡诗云：“何须魏帝一丸药，且尽卢仝七碗茶。”玉川子云：“平生不平事，尽向汗毛发。”然也！自古以泉而茗，延年而正道。若以素琴雅律烹茶，清泉皓月为鉴，更置身仙境矣。抚精雕细琢，观奇珍绝艺，醉在人间；赏中外名点，论君子大度，交如清水。纵使阴雨连天，隐星敝月，亦乃蕉窗夜雨之幽美。不尽湘缘，流连忘返，他处何求？若有不悦，只需轻弦杯茶。是以蕴八音之精华，涵四时之朝露：宁静以神游，淡泊以气正。信然，白沙源提倡修身养性之道也。

在我看来，传说与诗文，是白沙古井身体内流淌的血液，没有这些旁枝错结、四通八达的静脉动脉的补给，白沙古井得不到足够的营养滋润，只会是一口死井。所以，我一直觉得遗憾，那些明代及以前丢失的府志、典籍里，还记载有多少白沙古井的文章啊，我梦想着有一天这些丢掉的记忆能被重新拾起。

四、总有一些名人增辉加彩

据古时的星象家说，白沙井上应天上的长沙星，故被誉为“星泉溥润”、“玉醴流甘”。应星象说，古井的枝丫上总会结出不少名人的果子。

这话真是不假。

开国领袖毛泽东对白沙古井情有独钟。辛亥革命那年，参加新军的他每日要到南门外白沙古井挑水，供军营食用和给长官泡茶。后来他在湖南省立第一师范求学，学校离白沙井很近，课余他常结朋唤友前来，把那清洌甘甜的井水喝个痛快。新中国成立后，毛泽东每次回长沙，负责接待人员都是从白沙古井取水供其饮用。1956年5月，毛泽东在武汉畅游长江，并挥笔写下《沁园春·游泳》，开头一句即是“才饮长沙水，又食武昌鱼”。

如果说毛泽东与白沙古井的因缘际会为古井增添了一份王者之气，那么当代著名音乐家谭盾（1957～，著名作曲家、指挥家，2001年获美国第73届奥斯卡最佳原创音乐奖，2006年被世界十大中文媒体评为影响世界的十位华人）则是把井水灵动的一面表现到了极致。生于长沙近郊的谭盾曾远赴大洋彼岸寻求自己心中的音乐梦，但他“一直把纽约当作湖南来住”，“因为水，可以把全世界的所有人都连在一起。我在纽约写作，灵感却来自湖南。”2001年11月1日，谭盾为其音乐会《永恒的水》前往白沙井取水，天降大雨，纷飞的雨珠与清澈的井水激发了他的音乐灵感，他引导在场的人井畔听雨，兴致盎然，还邀请美国打击乐演奏家大卫·科森冒雨即兴表演：一只硕大而又晶莹剔透的玻璃器皿中盛满清澈的井水，拍水、搅水、打水，将一面铜锣浸到水中引起音色变化……将人们带入一个新颖而奇特的世界。

还不应该忘记另一位喝白沙井水长大的长沙伢子——易白沙(1886～1921)，本名坤，号越村，家居白沙井，因平生钦敬明代名儒白沙先生陈献章的言行文章而改名易白沙。他自幼熟读经史百家，对中国古代文化有深刻的了解和体会。早年研究郑思肖《心史》及黄宗羲、顾炎武、王夫之等人遗书，萌发反清思想。武昌起义时，曾游说皖中将领应援武昌。辛亥革命后，社会混乱，兵痞横行。他与革命党人组织青年学生为青年军，任大队军监，率军打击乱军头目，维护社会秩序。1913 年参加孙中山发动的“二次革命”，失败后逃亡到日本，与章士钊创办《甲寅》杂志，发表揭露帝国主义和袁世凯祸国殃民罪恶本质的文章，启发国人觉悟。1916 年 2 月，在《新青年》上发表《孔子平议》（上），成为新文化运动中第一个出来批评孔子和儒学的人，最早提出“打倒孔家店”的口号，在当时的思想界具有很大的影响。1917 年，他回到长沙任教，曾任长沙县立师范学校、省立第一师范学校文史教习，后任天津南开大学、上海复旦大学教授。但是国运不兴，国势日衰，他忧心如焚，对时局深感失望，1919 年从上海回到长沙，独居祖先墓庐和岳麓山僻室两年。期间编写《帝王春秋》一书，列举几千年君主专制的丑陋恶习，孙中山称之为“从历史事实，唤起知识阶级诛锄独夫民贼，可谓严于斧钺矣”，并为该书题签推介。孙中山还两次致信，邀他相助革命宣传事业。他没有很快答应，而是于 1921 年 4 月底只身一人潜赴北京，谋刺北洋军阀头目。但因军警戒备森严，难以得手。他又南下广州，面见孙中山，要求“组队赴北方杀贼”，党人劝他“宜文章报国，不必赴险”。他顿感绝望，遂于 1921 年端午节渡船赴明代名儒陈献章故乡新会县陈村，蹈海自杀，以死报国，时年 35 岁。易白沙的投水，让人很容易想起其前驱陈天华——如果说陈天华是为了唤醒民众去斗争誓死救国，那么易白沙是理想得不到实现、主张获不得赞同而宁死不苟活于世，这与湖湘文化的开创者屈原是一脉相承的——他逝世后的历史事实也清楚地证明，易白沙的观点是正确的，没有流血就无法取得也无法捍卫胜利成果，乱世需猛士，空谈误国实干兴邦！

这些名人，不只是给白沙古井增加了故事，增加了花边新闻，而是给它补了钙，强筋健体。因此，我极力赞同在白沙古井旁边建立名人雕像，把他们的事迹留诸后人。

一口井，能够存活几千年不枯不竭，本身就是奇迹。而更奇迹的是它越活越年轻，越活越有活力，越活越精彩！

白沙古井之水显然不在于它的经济价值，而是在于它的历史价值，是星城长沙作为历史名城的象征之一，是长沙市保存甚少的，可以与岳麓山、橘子洲齐名的珍贵的自然遗产。它的价值是无形的，它的珍贵存在于长沙百姓的心中。

是故，我一直赞赏本地卷烟品牌“白沙烟”的借力宣传——“鹤舞白沙，我心飞翔”，它充满遐想，充满诱惑。我一直在幻想：白沙古井公园里白鹤群舞，绕井翩跹，这种前人或曾看到过的景象，是否还会有重现的一天呢？

这个梦，很美！

这口井，更漂亮！

靖港古镇：梦里江南一水乡

在20世纪80年代以前，水运几乎左右着中国大部分城镇的命运。湖南中部的千年古镇——长沙市望城区靖港古镇就是明证。靖港原名芦江，又名沩港，系沩水入湘江口。它扼湘江逆上长沙之要冲，历来为兵家必争之地。有镇湘楼、紫云宫（紫极宫）等古迹。明朝《一统志》说："在长沙县西北五十里，自宁乡县流至东北入湘。"靖港镇得名于唐朝名帅李靖。清人彭开勋写诗赞叹说：

李靖攻萧铣，当年此驻兵。
令严师惧将，人去港留名。
沩水西来驶，湘流北汇清。
客船云集处，残夜火犹明。

在地理上，它属于洞庭湖流域南缘的大众垸区，南部、西部和北部分别与本区新康乡、格塘乡与乔口镇相邻，东面隔湘江与铜官镇相望。因为地理位置优越，靖港是天然良港，水路畅通，帆影不绝，益阳、湘阴、宁乡及望城的粮食和土特产都在靖港镇集散转运，曾为湖南省四大米市之一，又是省内淮盐主要经销口岸之一，商贾云集，市场活跃，为境内第一繁荣集镇。清光绪二十四年(1898)，靖港镇就有了客轮停靠，往来于沩水、湘江的宁乡"乌舡"船有3000多艘，平日停靠船只达千艘左右。在清朝末年至20世纪初期，靖港镇有粮行50多家，粮栈、米号20多家，还有一批工商作坊，生意买卖兴隆。当时有一首民谣说"船到靖江口，顺风都不走"，可见其对客商的吸引力。民国中期，靖港镇与津市、洪江同为湖南省繁盛三镇，有"小汉口"之称。至今遗留的"八元堂（宁乡会馆)"依稀可见当日风貌。然而，随着水运功能及其重要性的衰退，20世90年代以来，靖港镇渐趋萧条，人烟稀少，大有变为废墟之势。直到21世纪，因为旅游业的迅速发展，这个湖南有名的历史文化村镇才重新焕发生机，2011年12月被国家旅游局评为国家4A级旅游景区。

一、名帅练兵：纪念与转折

靖港古镇历史的厚重源于她有上千年历史，更因为它是名帅的练兵场。谢繁的长篇历史小说《水府传》中，曾记载有宋末农民起义军领袖杨幺在靖港练兵的故事，但这毕竟只是故事，有文学加工之嫌。真正在靖港练兵的名帅，有两位，且千年相望，对长沙乃至湖南人的性格特点的养成，都有影响。

《说文解字》说："帥，佩巾也。从巾、𠂤。"作为名词，它是指主将，统领军队者。作为军事名帅，其标准必须有三：一是指挥过几场硬仗且取得了胜利，二是有自己的系统作战思想与策略方针，三是对社会、时代、时局具有不可估量的影响。依照这三点，李靖和曾国藩无疑是一代名帅。

不妨将他们做一个简单的对比：一个生于陕西，是为盛唐缔建立下汗马功劳的统帅，一个生于湖南，是大清中兴的股肱之臣、晚清四大名臣之一、湘军的创立者和统帅；一个南平萧铣、辅公祏，北灭东突厥，西破吐谷浑，威名赫赫，一个镇压太平天国运动，攻占天京，发起洋务运动；一个文武兼备，才识胆气俱佳，足智多谋，明察事件，善于见微而知著，一个屡败屡战，越挫越勇，且识才用才；一个精诚至忠，屡遭人排挤、诬陷，大起大落，仍对自己有知遇之恩的李世明忠贞不二，性情沉厚，不计个人得失，出将入相，以武功而治国，一个重视人格修养，升官最快，37 岁官至二品，在清朝独一无二，做官最好，政声卓著，治民有言，保官最稳，历尽宦海风波而安然无恙，荣宠不衰，以文臣而征战，德行四海；一个战功赫赫，曾任刑部尚书、检校中书令、兵部尚书，被封为卫国公，列凌烟阁二十四功臣之八，去世后谥曰景武，陪葬昭陵，一个被封为一等勇毅侯，成为清代以文人而封武侯的第一人，后历任两江总督、直隶总督，官居一品，死后被谥"文正"；一个作战善于运筹帷幄，出其不意，勇猛无比，部队纪律严明，同时亲民亲兵，身先士卒，被奉为爱兵楷模，一个以儒家精神练兵，使湘军成为一支有主义的队伍，他作《爱民歌》传唱，使湘军声威大震，一个出身于官宦世家，祖父李崇义曾任殷州刺史，封永康公，父李诠仕隋官至赵郡太守，舅父韩擒虎是隋朝名将，军事修养得于家庭，写有《李靖六军镜》《阴符机》《玉帐经》《霸国箴》等多部兵书，是十足的军事理论家，一个没有显赫的家世，祖父曾玉屏是拥有100多亩土地的小地主，父亲曾麟书43岁时才考取秀才，他的成就全靠自己勤学苦练，储才养望，善于抓住机遇，服膺程朱理学，在中国的近代被称为完人，有道德，有军功，有文章……

在靖港，他们同时做了一件事情：训练水军，为以后屡立战功奠定了厚重的基石。

武德元年（618），为了削平后梁萧铣的割据势力，唐高祖李渊调李靖赴夔州（今重庆奉节）安缉屯居江陵的萧铣，但因萧铣控制着险塞，进军屡次受阻，甚至一度让李渊误以为李靖滞留不前，贻误军机，密令许绍将他处死。但正是因为受挫，李靖意识到了自己准备的不足，他在靖港等地组织人力和物力大造舟舰，指挥士卒练习水战，做好下江陵的准备。直到武德四年（621），鉴于敌我双方的情势，他上陈了攻灭萧铣的十策，得到李渊的赞赏，擢任为行军总管，后又于当年九月任荆湘道行军长史，统辖十二总管，自夔州顺流东进，遇三峡路险难行，江水暴涨，众将皆畏，李靖力排众议，亲率战舰二千余艘，冲破惊涛骇浪，连破荆门、宜都二镇，又在清江避萧铣骁将文士弘兵锋，乘敌抢掠之际果断出兵，取得夷陵大捷，再乘胜用计攻下江陵，逼萧铣投降。李靖率军进入城内，号令严肃，秋毫无犯。诸将建议对萧铣没其家财产，用以犒赏将士。李靖晓以大义说：“王者之兵，吊人而取有罪，彼其胁驱以来，借以拒师，本非所情，不容以叛逆比之。今新定荆、郢，宜示宽大，以慰其心，若降而籍之，恐自荆而南，坚城剧屯，驱之死守，非计之善也。”他这一高瞻远瞩、宽宏大度、不贪财宝的举措，颇得人心，由是江、汉纷纷望风归降。

由是，明朝的《一统志》说：“唐李靖讨萧铣驻兵于此。”清朝同治年间的《长沙县治》也说：“唐李靖驻兵于此，秋毫无犯，百姓德之，名曰靖港，以志不忘。”原靖港还有李靖祠，百姓祀之，旧有戏台，其对联是这样写的：“溯湘水南来，百里河山，仗此楼台锁住；唱大江东去，九天烟云，好凭弦管吹开。”明代诗人舒文举在《谒李卫公祠》中赞称：

文武至才总六师，曾依山峒解征鞶。
只今一叶秋声动，犹讶当年阵马嘶。

曾国藩在靖港训练水军，是在咸丰二年（1852），当时太平军屡破城池，无往不胜，让清朝廷震恐不已，遂任命了 43 个地方团练，适曾国藩因母丧在籍，奉旨前往长沙，帮湖南巡抚办理团练。在 43 个团练当中，曾国藩是惟一一个成就了一番事业的。他的不同之处在于：首先他把团练当做正规军队来训练，而不只是当作辅助部队。他对于清朝廷的用兵制度的缺点一目了然。清朝的正规军主要为“八旗”和“绿营”两部分，都有兵籍，父死子继，世代相沿，长期以来因为没有战事，养成了骄惰习气，战斗力很差。又因为兵归国有，“将与将不相习，兵与兵不相知，胜则相妒，败不相救”，所以战场上的互救性差，协同作战能力弱。其次，在于他在军事改革中走在其他人的前列。主要有四招：第一招，变世兵制为募兵制，主要招募那些强健朴实的山乡农民，不收营兵，也不收奸狡之徒，而军官由绅士、文生担任，尤其把其母校——岳麓书院的同门师兄弟的积极性调动起来，共同进退。曾国藩提出了湘军军官的几条标准：“第一要才堪治民，第二要不怕死，第三要不汲汲名利，第四要耐受辛苦。”可见其选拔之严格。第二招，在军队组织管理上实行分级分层负责的制度，即统领由大帅挑选，营官由统领挑选，哨官由营官挑选，什长由哨官挑选，士兵由什长挑选。曾国藩认为，这样由上级挑选下级，上下级经常是同乡、朋友、师生等关系，下级会感念上级的知遇之恩，平时就容易团结，有了危难也会相互照应。他说："带勇之法，用恩莫如用仁，用威莫如用礼。""吾辈带兵勇，如父兄带子弟一般。"这样，基本解决了全军上下团结一心的问题。第三招，增加兵饷，诱之以利。湘军每月饷银是绿营兵的三四倍，这样，"将士愈饶乐，争求从军"。第四招，注意对军队进行纪律教育和政治教育。曾国藩看到军纪涣散、百姓口碑差的危害，为了取得政治上的主动，他强调军纪，每逢操演都要亲自训话，把儒家思想"反复开说至千百语，但令其无扰百姓"。他还自撰一首《爱民歌》传颂军营："三军个个仔细听，行军要先爱百姓。贼匪害了百姓们，全靠官兵来救人。百姓被贼吃了苦，全靠官兵来做主。第一扎营不贪懒，莫走人家取门板。……第二行路要端详，夜夜总要上账房。……第三号令要严明，兵勇不许乱出营。……爱民之军处处喜，扰民之军处处嫌。我的军士跟我早，多年在外名声好。如今百姓更穷困，愿我士兵听教训。军士与民共一家，切记不可欺负他。日日熟唱爱民歌，天合地合又人合。"这样，他的军队有思想、有信仰，加之朝夕训练，很快兵强马壮，水陆师共达1.7万人，势力不可小觑。而且，曾国藩发挥自己儒帅的特点，把镇压太平天国起义美化成是"保国""保教"，亲自撰写了《讨粤匪檄》一文，抬出孔子、孟子，攻击太平军信仰天父、天兄，其要害是要灭亡儒教、荡尽传统文化。这一做法，赢得了多数儒生的支持。

但就在曾国藩志得意满、踌躇满志，自以为可以大有作为之际，一场意想不到的靖港之战发生了，彻底改变了他的军事观与人生观。清咸丰四年（1854）4月下旬，太平军将领石祥贞（西征军翼王石达开之兄）、林绍璋率军从岳州南下，占领了靖港，在这里修筑炮台，驻兵巩固，作为攻击长沙的外围据点。同时，林绍璋还分兵进攻宁乡、湘潭，对长沙形成包围之势。为了抢夺靖港这一战略要地，解除腹背受敌的困境，曾国藩亲自率军进攻靖港，两军展开了昏天黑地的混战。已经在实践作战中得到锻炼并战法成熟的太平军攻势凌厉，而初出茅庐、并无作战经验的湘军很快乱了章法，团练总兵被歼，全军在洪家洲覆没。作为文官的曾国藩想起当日的信誓旦旦，羞愧难当，悲愤中两次投水自尽，都被部属救起。后来幸得湘军水师彭玉麟、陆师塔齐布等部闻讯及时前来救援，这才合力击败了太平军。靖港之战的大败，给初次指挥实战的曾国藩带来了沉重的打击，同时也成为其人生的转折点。面对挫折，他认为不可泄了沉毅之气，而要知道自己败在哪里，他学习了李靖的兵法策略，觉得耐心等待形势的变化才是取胜之道，同时把挫折看成是磨砺自己个性的机会。正是因此，曾国藩总结经验、审时度势，以屡败屡战的顽强斗志，率领湘军四处征战，横扫太平军，赢得了“天下无湘不成军”的美誉。

现在靖港古镇芦江水域建有曾国藩靖港水战遗址——“败台”，塑有曾国藩纪念雕像，陈列了曾国藩靖港水战惨败之遗折，并建造了投水台，意寓虽败犹荣，彰显其屡败屡战、不屈不挠的精神品德。另在芦江南岸、半边街对面建有曾国藩行营，不仅陈列有仿清的古战船、排列的士兵、议事厅，还有曾国藩生平、思想、书法等。

当然，作为水军重镇，战事可不止这一件，当地人民记得的，只是战争带来的困苦。民国七年（1908），数百名假“护国军”窜至靖港强行索饷，抢财夺物；民国十二年（1913），军阀赵恒锡、蔡钜献火拼，分别在铜官、靖港驻扎，隔江对峙，骚扰月余；1944年，日本兵进犯靖港，无恶不作……如今，为了不忘却历史，维护和平之光，曾服役于南海舰队的021型导弹快艇停泊于芦江之畔，成为了中南五省最大的国防教育基地，为靖港水军重镇的历史地位再添光辉的一笔。

而在我这个喜欢剥开历史蛋皮的人来说，我更看重的是李靖、曾国藩，还有彭玉麟们的“人性”。譬如李靖，在《唐传奇》的《虬髯客传》中，与虬髯客、红拂女合称“风尘三侠”，他姿貌魁伟，心怀大志，同时风流倜傥，与红拂女骑马浪迹天涯，极有情趣。再如曾国藩，也非以往所讲的“不食人间烟火”的圣人、完人，据传他对秦淮艺妓素有好感，常邀幕僚好友去秦淮河畔吃花酒，听歌曲，闻听歌妓春燕为一富商纳为小妾已经离开了后，还写下了《怀春燕》的对联：“未免有情，忆酒绿灯红，一别竟伤春去了；似曾相识，怅梁空泥落，几时重见燕归来?”再如，与曾国藩、左宗棠并称大清三杰，清朝中兴四臣之一、号称雪帅的彭玉麟（1816～1890）也是个性情之人。在他36岁那年，他青梅竹马的初恋情人梅姑突然撒手人寰，彭玉麟痛不欲生，但无奈身负重任不得殉情，于是就立誓要在有生之年画十万朵梅花来纪念梅姑。在此后40年里，无论军务、政务多么繁忙，他每个夜晚都会深情的挥笔描绘梅花，通过在画布上的挥洒，倾吐他心中凄缓哀绝的情思，直到76岁临终前，仍强撑着病体，颤抖地拿着画笔，一丝不苟地画着梅花……在这些旁文逸事中，我看到了人性的美好与光辉，这些名帅名将，不再是只让人崇慕的神人，而与我们有了更多的亲切。

二、红色记忆：母亲和旧址

靖港的自然风光与人文景光，自然吸引了文人墨客的关注。唐朝的李群玉（约813～863，字文山，澧县人，曾授弘文馆校书郎，死后追赐进士及第）在《长沙紫极宫南夜愁坐》中叹息“穷途未知他日事，是非皆到此时心”，而在《紫极宫斋后》诗中写道：

紫府空歌碧落寒，晓星寥亮月光残。
一群白鹤高飞上，唯有松风吹石坛。

元朝刘履泰（字用大，号东斋，益阳人，延祐间任庆州书院山长）的《镇湘楼》吟曰：

楚湘尽处水偏清，孤阁凭虚扼建瓴。
西下溪流喧石碛，南来岳色满窗棂。
渔樵小集朝成市，阛阓相仍夜举铃。
未必遂穷千里目，挹将空翠坐中青。

清人陶之典（字王徽，号淡庵，宁乡人，陶汝鼐长子）在《立秋日抵靖港口》诗中说：

林叶飞宫渚，商飙转日车。
只疑鼙鼓壮，吹出古云沙。

刘莛章（号理臣，湘阴人，同治举人）说：

秋老深山落叶重，紫云宫上白云封。
夕阳明灭长堤外，指点枫林第几峰。

还有八指头陀（1851～1912，即释敬安，俗姓黄，字寄禅，湘潭人，民国元年被推为中华佛教总会首任会长）、陶绍曾（字仲甫，号徽庵，宁乡人）、周蕃（字昱室，号笠石，湘乡人，光绪举人）、李寿蓉（1825～1895，字篁仙，长沙人，咸丰进士，同治中任户部主事，谭嗣同的岳父）等清代的文人、学者在这里留下了佳作。湖南人民出版社2009年出版的袁慧光编撰的《靖港历代诗选注》较为全面地介绍了新中国成立以前此地留下的诗歌作品。但其实，在近代与当代，为其吟唱的诗作不断、小说屡出、散文迭起。

1945年夏天的某个夜晚，作家周立波随八路军359旅一支部队南下抗日，途经靖港对面江心岛的洪家洲时，遭遇了一场激烈的战斗，359旅战士的英勇、战场的悲壮，深深地打动了作家。之后，他写下了名篇《湘江一夜》。

宁乡籍乡土诗人陈惠芳在2013年的新作《靖港》短诗中深情

地说道：

从芦花里长出来的名字
被李靖的粉丝们改写
芦江成了靖港
唐代也成了白花花的棉花糖

半边街，半边河
街给了老百姓，河给了曾国藩
老百姓挺过了兵荒马乱
曾国藩却掉到了河里
如果他不上船，不上岸
昏昏沉沉的清廷
会不会沉入河底
……
坚硬的牌坊，抵达天空的下颚
青石板平铺直叙
从黎明蜿蜒到黑夜
我悄悄地走进八元堂
找不到一枚乡音

著名主持人汪涵在《有味》一书中讲起自己写作的缘起：

靖港给我的美感在于它生活的节奏，它固执地在紧邻都市的地方保持了自己的时间感：那里的水鸟，总在黄昏的时候沿着固定的线路归巢。那里的木匠午睡醒来总在同一个时间，然后摆开自己的工具，打开他的窗户。那里的豆腐作坊，不用任何钟表，也知道在什么时候开磨最好。然后，开磨的豆香蔓延到整个石板长街。……因为这些可爱的存在，时间开始明亮起来，那些让我感悟的物件和人物，也在我的脑海里像野菊花一样生长。

然而，最有影响力、最让靖港动情的一部著作，却是一个女性以自身经历而写的一本不足七万字的小书，它发行了600多万册，成为进行革命传统、革命理想教育的优秀教材，后被夏衍改编、北京电影制片厂拍摄成电影《革命家庭》，更是曾一度家喻户晓。这，就是1956年春天由陶承口述，何家栋、赵洁执笔，徐特立为之作序，工人出版社1959年出版的《我的一家》!

陶承（1893～1986），原名刘桃英，靖港人。因为家贫且是孤儿，1911年年仅16岁就由人包办与欧阳梅生结婚。但是夫妻幸福恩爱，相濡以沫。1926年，欧阳梅生加入中国共产党，与郭亮等在长沙积极筹建湖南省总工会，并担任秘书长，组织工人纠察队，整天在外面奔走。陶承经常接待来家里开会的同志。在革命环境的影响和欧阳梅生的帮助下，陶承懂得了一些革命道理。1927年长沙“马日事变”后，欧阳梅生奉命转移至武汉从事地下斗争，担任汉阳县委书记。陶承听说武汉白色恐怖比长沙严重，便坚定地携带子女前往，随丈夫一起投身于革命。她以家庭主妇的身份担任掩护县委机关的任务。他们的13岁长子欧阳立安则因为胆大机灵，担任了汉阳县委的小交通员，担负着传送党的秘密刊物《大江报》的重任。但团团圆圆的日子没过多久，家中却出了大事：身体本就虚弱的欧阳梅生为了策划湖北省委组织的年关暴动，因工作繁重，劳累成疾，1928年2月在汉口市协和医院病逝。党组织关怀和照顾陶承一家。陶承感动地说：“党不必特别照顾我，你们不要只把我看做是朋友的妻子。还应该把我当做自己的同志!”她要求党组织给她分配工作。1928年，党组织把欧阳一家派往上海参加革命。刚到上海，母子就发现原定接头的地方已经被破坏了。为了生活，欧阳立安和妹妹进了纱厂当童工，一边工作，一边寻找党组织。一家人把丧亲之痛，转化为革命的动力，他们擦干泪水在上海继续奋战。找到了党组织后，陶承先后住进了北京西路、南京西路党的省委机关。陶承的工作是收藏和分发文件，同志们来开会的时候，担任警戒；平常，就给大家做饭、放哨。与此同时，欧阳立安离开了工厂，担任中共沪中区委的小交通员。他经常在浦东、沪西、闸北、南市一带的纱厂、烟厂之间传递文件，散发传单和小册子，宣传革命。1929 年，15 岁的欧阳立安加入了共青团，担任了沪东区委委员并负责儿童团工作。8 月，他作为中共工会代表团的青工代表，参加了赤色职工国际在莫斯科召开的第五次代表大会。接着，他又参加了在莫斯科召开的“少共”国际执委会扩大会议。回国后，欧阳立安担任了共青团江苏省委委员兼儿童局负责人、上海总工会青工部长。1931 年 1 月 7 日，欧阳立安按照组织上的通知到天津路中山旅社开会，遭反动派逮捕。南京西路的省委机关也暴露了。陶承被捕时，把最后一封文件咽了下去……

我读小学时，曾读过一篇课文《小交通员》，小主人公的机智聪颖给我印象很是深刻，直到我在大学最后一年去实习拿起教本时，我才知道，这篇课文就是节选自《我的一家》，才知道那个小交通员就是欧阳立安！我知道，这个一生都奉献给了革命事业，被誉为“革命母亲”的陶承的种种经历，承受了两个女儿的夭折，大儿子欧阳立安 17 岁在上海龙华监狱被枪杀，小儿子稚鹤 16 岁时牺牲在战场，而 1968 年自己竟又因《我的一家》而遭“四人帮”迫害被囚禁于监狱五年多，双腿被残害至瘫！

人到中年，我更感佩的是这位母亲的伟大与坚强！她对自己的丈夫是无比怀念的，几十年后她曾在一首诗中表述道：

梁上有孤燕，晨去暮归来。
不知说何事，喳喳费我猜。
玫瑰红朵朵，青春能几回。
回忆当年事，犹然令人悲。

然而，她深知丈夫所从事的事业的高尚，毅然化悲痛为力量，沿着丈夫的足迹继续前进。更大的打击是她中年接连丧子之痛！我不知道这位母亲是如何熬过那一些日夜的。她曾撕心裂肺地号啕过吗？她曾面对月夜默默流泪吗？三年前我在宁乡芙蓉山搜集资料时，无意中了解到了一个奇女子——刘石三嫂。她生于1902年，是青山桥田坪水库的贫苦人，乳名为李二姑娘，16岁嫁给同样贫困的农民刘建国为妻，因刘乳名为石三伢子，众人就称她为刘石三嫂。夫妇俩于1926年参加农民协会，积极投身革命，1930年刘石三嫂任红二师交通站站长，加入中国共产党，并以“悦来客栈老板娘”身份开展工作。其机智、勇敢，比《沙家浜》中的阿庆嫂有过之而无不及，她偶然听保安团兵说要去湘乡李法师家抓正治伤的共产党员罗桂中，便急忙要丈夫抄小路前去送信，而自己想法拖延团兵；她收到交通员傅湘云的情报后发现被敌人盯梢，灵机一动，正言厉色斥责傅湘云不该随便跑到女人房中来……1931年12月，红二师受重挫，刘石三嫂被捕，受尽酷刑，体无完肤，但仍不肯吐露任何消息。次年3月被国民党杀害，年仅30岁。牺牲时，她已经怀有身孕，临刑前的一晚，这个刚强的女子对着肚子的孩子倾诉了一夜，大多是对于未出生孩子便夭折的愧疚，这让同牢的女囚在几十年后的今天忆起此事时还泣不成声。当代儿童文学作家汤素兰说：“如果说到女人的美丽，首先在气质与内涵，在于一个女人是否有慈悲心，是否内心充满了爱——爱生命，爱生活，爱有情世界。”我认为这是十分中肯的，因而也极赞同北京大学教授孔庆东对《我的一家》的评价——“真诚朴素，直指人心，格外感人!”正是因为有了陶承这样的母亲、这样的革命家庭，千千万万的家庭才不需要别离，不需要忍受失去亲人的痛苦。所以，读到她在二十世纪八十年代初代言心志的诗作“党泽春风愉晚景，革命文学颂丰功；长征再继志犹在，发白心红老返童”时，我才热泪盈眶，情难自禁。

现在的陶承故居是一栋土砖老式房，很简朴，不是特别清楚这些典故的游客进去三分钟就游完了。它位于靖港古镇保健街——这是一个母亲喜欢居住的地方——它周围充满了生育的气氛，充满了孩童的喜悦，这或许也是对这位伟大母亲的一种慰藉吧！

陶承故居对面就是中共湖南省委旧址。靖港及其周边地域的刘畴西、周炳文、何章杰、周以栗、郭亮、李灿英、袁仲贤、谭希林等，都是在20世纪20年代初就参加中国共产党的早期党员。旧址为民国风格的建筑，对联“四海翻腾云水怒，五洲震荡风雷激”出自毛泽东的诗句。旧址原是地下省委在靖港设立的临时办事处。“马日事变”后，大部分党组织和工农团体遭到破坏，1930年11月中共湖南省委机关几经转移后迁到靖港这栋屋内——当时这里是一个米厂，驻守机关的是省委委员王首道的夫人王绍坤和她的妹妹王绍兰，两人公开的身份是望江楼鞋厂的女工。后来省委机关暴露，不得不再度转移，在转移途中由于叛徒出卖，王绍坤和王绍兰两姐妹被捕，在长沙识字岭英勇就义。《我的一家》中，对这段历史也有详细的描述。

三、青楼痛痕：民族一血泪

一般的游客，对靖港记忆深刻的是两个。

第一，是小吃。“湘江河里的风篷，洞庭湖里的网，靖港的小吃有得讲。”这三句民谣称赞的就是靖港古镇独具特色的风味小吃。糯米甜酒、糖油粑粑、火焙鱼、米豆腐、手工面、八大碗、姚记坛子菜、靖港香干、油砣、烧饼、豆豉、小花片……实在吊人口味，且花费不高，却让人吃过瘾。

第二，是青楼。具体来讲，就指宏泰坊，位于靖港古镇保健街北头，始建于清雍正七年（1729），是长沙自清朝以后保存的最完好的青楼遗址。补葺后的宏泰坊联结了原本的修建气势派头和大抵规划，砖木构造，共有三进，青砖墙面离地面两米高处，镶砌着一米宽的土砖墙，并围绕整个建筑的“腰部”一周，好像一根玉带缠绕着整个宏泰坊，这在风水学上被称为“玉带缠腰”，寓意富贵和吉祥。木楼雕花，精良新颖，豪华的粉饰重现昔时的风花雪月。作为展现青楼文化的博物馆，宏泰坊内展现了中国几千年的娼寮文明，用丹青、笔墨、镌刻、陶艺、什物等情势较周全地报告了青楼文化的生长和灭亡。宏泰坊用许多古代名妓的动人故事歌颂女性的刚强与巨大：第一位名妓苏小小，吞金簪自杀的李师师，伐鼓抗金的梁红玉，怒沉百宝箱的杜十娘，倾国名姬陈圆圆，芜湖名花潘玉良，才思兼备的小凤仙……

我必须理解人的好奇心——这种虽然摒弃了肮脏和糟粕但还能带给人们灯红酒绿幻想的病态！艺术家用笔墨来刻画这些青楼女子的纯洁与高尚、美丽与才华，譬如公孙娘剑气魔空，柳如是不染下尘，甚至流传着众多才子佳人的传说，譬如李靖与红拂女、曾国藩与春燕。这里曾发生过可歌可泣的爱情故事，如宏泰坊 20 世纪 30 年代的名妓胡素媛，原是湖北武昌人，出身书香门第，精通诗词，姿态娇艳，因父被诬冤死，母亲闻讯猝亡，被姨母以一百块大洋卖入宏泰坊做陪茶侍女。在这里，她与富家子弟江梦楚一见倾心，两人结为连理，并生下爱子。夫妻于是择居岳麓山下，不料国军独立炮兵团团长柳某看中胡素媛的美貌，竟以暴力将其挟持到台湾，从此夫妻天各一方……我依然看到是她们的挣扎、哭泣、无奈、呼喊——这是女性的血泪史，也是一块怎么也不可能抹去的伤疤！

日本有部叫《望乡》的电影，描写了日本妓女（艺妓）为了谋生，不远千里，到南洋卖笑的悲惨命运。影片中的日本女子，个个温柔貌美，笑语嫣嫣，但她们的心结还是自己的家乡，希望回到故土，希望与家人甚至把自己卖掉的根本没有亲情的亲朋戚友相处，——然而，据余秋雨在南洋的考察，三百多位妓女的墓碑，全都面向正西面，没有一座面向背面——她们的故乡！她们不敢，她们觉得愧得自己的故乡，觉得给故乡丢脸了——然而，真正应该抱愧的，应该觉得丢脸的，就是那些弃她们于不顾的故乡，以及故乡人!

我由是特别欣赏美国作家司徒华·达比克的小说《热冰》。小说中描绘了一块圣女的牌坊，它不是用石头做的，而是用冰块雕塑的，那位贞洁的处女冰冻在里面。小说的结局特别令人着迷——两个青年偷偷进入冰库，挥汗如雨地夹起一个完全解冻的姑娘向外飞奔而去！这才真够美妙，只有破解了这种看似神圣背后隐藏的根深蒂固的祸心，我们看到的圣女碑才会真实，才会美丽，才可触碰。看待青楼，对待妓女，我的态度也是如此!

宏泰坊，立于靖港边上，无疑给以儒家文化自豪与标榜的李靖、曾国藩们一记狠狠的耳光!

我曾久久徘徊在靖港，不停地问自己：这个古镇的兴衰，给我们留下了一点什么？李靖、曾国藩、彭玉麟们，为何不约而同会选择以此练兵并作为出征的起点？为何会出现陶承这样伟大的母亲、伟大的一家人？为何青楼弦歌不绝，至今幽魂犹在?

是水，伟力无比的水，能孕育人激荡人于无形的水，载舟覆舟只是顷刻之间的水，我们至今还无法完全把控的水!

无水，城镇会因干涸而荒废；水盈，城镇也会因堤垸崩塌而被吞噬——这则深刻而具体的哲理，不仅是诗歌不仅是故事，而且本身就是生活!

浏阳河：流水弯过几道弯

浏阳河，据《湖南通志》记载古称浏水，又名浏渭河，是湘江的一级支流河，据清陈运溶的《水经·浏水》所言，其发源于罗霄山脉大围山北麓，有大溪河和小溪河两个源流。全长共 234.8 公里，流域面积 4665 平方公里，流经浏阳市、长沙县共 40 多个乡镇。因县邑位其北，“山之南，水之北，谓之阳”，故称浏阳。城因河名，河因城显。浏阳河上游为杨潭乡（现高坪乡）双江口河段；中游为双江口至镇头市河段；下游从镇头市起始，在长沙市的陈家屋场注入湘江。

“浏”是水流清澈的意思。浏阳河确实是一条清澈的河流，也是一条充满故事的历史文化名河。上游，河谷深割、穿林涉涧、飞瀑珠帘、幽林深壑、河水碧透；中游，九曲潆洄、浪卷千堆、姿态婀娜、两岸翠屏、风光旖旎；下游，河道宽旷、田畴沙洲、稻香四溢、波光粼粼、水绿鱼肥。

因而，历代书写浏阳河的诗文数不胜数。元代，欧阳玄作有《浏江》一诗：

浏江江水色幽幽，两岸青山云木稠。
一自桑钦载源委，曾留孙盛作春秋。
猿岫风来起波浪，龙湫月出见汀洲。
下流两度翠花过，光气至今浮斗牛。

清代鲁武茂（字苍崖，长沙人，嘉道间诸生）《舟过浏阳观音潭》诗则写道：

澄凝千尺水，潭上有人家。
屋借苍藤架，山随怪石斜。
游鱼争赴饵，秋草乱开花。
便欲停舟楫，寻僧一煮茶。

邱壑（字万山，浏阳人，著有《画轩稿》）的《竹枝词》则说：

买得江边一叶舟，送郎西下状元洲。
妾心摇落双枫浦，樟树潭前碧水流。

民国的刘善泽（1885～1949，字腴深，浏阳人，清华大学、湖南大学教授，创办麓山诗社）作有《浏水棹歌》：

源头路远夹清溪，河底沙明净浊泥。
江海狂澜尽东倒，却输浏水尚能西。

一、一条河，十八湾全景看不够

浏阳河十曲九弯，清波荡漾。两岸青山翠枝，紫霞丹花。其自然风光，真是叫人美不胜收。旧时人们概括的浏阳八景较有代表性。

第一景：相台春色。据清《一统志》载："唐相裴休，曾居浏阳天马山西麓，夜听猿啼，因以名猿啼山，后筑台居之，人称隐相台。"宋朝诗人杨时（1053～1135，字中立，号龟山，今福建将乐人，熙宁进士，曾官工部侍郎、龙图阁直学士）在《相公台》诗中赞叹：

柔条疏蔓绿交加，烟锁云涵去路赊。
绣绂貂缨无处问，空余鸡犬两三家。

元朝时的历史学家欧阳玄在《相台·七律》中吟咏道：

旧是东南裴相台，绿溪一径绕苍苔。
此日城闉人少到，当年公府弃官来。
禅床牙笏留花雨，书沼蛙声噤鞠灰。
泉石至今有神气，山林应解识三台。

还传说，裴休在此夜读，屋侧池中蛙噪不已，裴休恶之，以一墨砚投诸水池，则蛙声戛然而止，水变黑色，后人遂名为"哑蛙池"。清同治年间，当地农民抽水修池，墨砚复出，县城陈雨苍重金购之，以梓木制盒珍藏，盒盖上刻篆文"哑蛙池遗砚"，下刻62字记石砚原委，砚为椭圆形，约手掌大小，质地细腻，显微红，中间雕刻一鸭一荷，现物存陈氏后裔手中。

第二景：枫浦渔樵。浏阳城南的双枫浦，一泓碧水，波光荡漾，自南向北洋洋洒洒流来，原有两株挺拔苍莽的大枫树矗立两岸，双枫间架有一座雕栏石桥，每逢盛夏之夜，南风薰拂，金鲤成群，相互咬尾，溯流而上，其时渔船游弋，灯火点点，趁晚捕捞，再加上樵夫伐木负薪，纷纷攘攘，踏月归来，实是南方美景。杜甫暮年游此地，留下了著名的《双枫浦·五律》诗篇：

辍棹青枫浦，双枫旧已摧。
自惊衰谢力，不道栋梁材。
浪足浮纱帽，皮须截锦苔。
江边地有主，暂借上天回。

清诗人孙怀燕也赋诗说：

诗人怀老杜，胜地入双枫。
秋浦波犹绿，霜花叶正红。
沙鸥飞带雨，芦雁宿摇风。
久矣成墟里，楼台夕照中。

清代，还有诗人周忠信（字儒怀，浏阳人，乾隆举人）、周倬（浏阳人，清拔贡）、王珽、徐旭旦（浙江钱塘人，康熙朝浏阳知县）、谭嗣同在此留在诗作。现在，双枫浦两岸柑橘，一入晚秋，万绿丛中点点红；水流出口处，竹筏木排，顺流而下，甚是壮观。

第三景：鸿阁斜阳。这是指宋代所建的归鸿阁（飞鸿阁），该阁建在县团高大仪门外之右，虽背北面南，但阳光难于照射其上，唯在晴日黄昏之际，残阳夕照，霞抹晴空，金光灿烂，亭阁生辉，因而名之。阁为浏阳知县杨时所建，约为宋哲宗绍圣元年（1094），他并写有《归鸿记》：

县宇西北墉之隅。有废址焉，久弗不治。……荒堙芜没，蔚为秽墟。予一日曳杖蹑履，徜徉乎其下，周览左右，洒然异之。披蓁薙蔓，而嘉木茂卉，连山穷谷，挺芳含媚，隐然四出。乃取县庑之弃材，为阁于其上。

清人周忠信有《浪淘沙·鸿阁斜阳》词一首：

高阁对琴堂，淡抹烟光，年来风物换沧桑。翘首飞鸿何处落，一片斜阳。　　遗象绘图装，千载传芳，程门人去景苍凉。遥见暮云笼碧树，犹忆甘棠。

佚名诗赞：

如生遗像系人思，高阁凌秋映夕晖。
山藻影横金错落，帘栊光绚锦离披。
余辉尚想瞻星日，残霭应非立雪时。
对景有怀魂欲断，忍磨苔藓认丰碑。

第四景：鷃亭芳草。这是飞鷃亭的独有景色。据同治《浏阳县志》载：“杨时在任四年。有惠政于县。作飞鷃亭，又作归鸿阁。自为石刻记。”又载：“明嘉靖十三年（1534），知县苏寒村毁淫祠而新之。”宋时，张栻作《飞鷃阁记》赞美杨时之举：

公之德于邑民也，深矣！后六十有六年，建安童才劭来为政，慨然念风烈，咨故老，葺公旧所，谓飞鷃阁，绘像于其上，以示后学，以慰邑人之思，去而不忘也。

明代王献之作《飞鷃亭》：“址于治右、广三楹，围以垣墙，植以竹木，时或延宾，退思且视也。”又云：

飞鷃亭义取何乎？或曰：鷃，小鸟也，飞不数尺。言乎其栖之易也。或曰：鷃之飞也。而跃如前言乎。斯道之昭也。或曰：亭记怡也，而飞鸟鸣焉，言乎其止暂也，义亦悉矣。

相传，飞鷃亭的围圃之中有一块长方形的草地，生有似蜈蚣的蔓草，四季如茵，数九寒天，满地积雪尺余，唯独这里绿草青青，如云似锦，故有鹦亭芳草名。清代周忠信亦有《浪淘沙》颂之，前阙记迹颇有趣味：“立雪几何时，枳棘双栖，空亭犹记鹦孤飞，三径春残花老去，芳草萋萋。”佚名诗作说：

水流花谢露飘零，玩物亭荒草自青。
翠雨晚凉侵坏砌，绿云春暖荫闲庭。
铜驼已没当年迹，石马偏留此日形。
万古程门人去远，有谁游乐更传经。

第五景：吾山雪霁。是前人对道吾山雪景的描绘。明代有诗曰：

画屏千仞接楼空，六出谁将罨碧峰。
林谷气严藏虎豹，石潭寒重锁蛟龙。
日华浮处青光霭，云影临时翠尚封。
几度凭栏闲纵目，错教人讶玉芙蓉。

元代欧阳玄，明代夏瑄、罗源潜、萧敷、史大成，清朝赵嘉程、黎宗炼、吴翌风、周忠信、赵晟、韩爆、徐旭旦、谭嗣同等都在此处留下诗文。

第六景：药桥泉石。浏阳城东山绵小山，因孙思邈曾隐居在此洗药炼丹而名孙隐山，山中有升冲观、洗药桥、洗药井、炼丹台等胜迹，而以药桥泉石为最佳。明代浏阳县吏郑序（字志礼，今福建长乐人，正统进士，官刑部主事、兵部郎中、湖广参议）有诗赞叹：

孙隐兹山若许年，至今台观尚依然。
云间不见烧丹灶，桥下犹流洗药泉。
造谒为民祈雨泽，徘徊寓目爱山川。
穹碑备载飞升事，胜迹由来岂浪传。

清唐瑞作《登炼药台》诗：

炼药台空仙已去，台空仙去我还来。
涧边幽草年年绿，枝上名花岁岁开。
不老金丹何处觅，难留青鬓莫相催。
乾坤日月双丸转，感慨登临酒数杯。

还有佚名诗作赞曰：

羽客凌霄岁月多，尚遗仙迹锁烟萝。
溪流细泛桃花去，地骨轻穿薜荔过。
洗药已无前日穴，炼丹空自昔时窝。
何时拉得奚囊侣，来涤尘襟细琢磨。

第七景：巨湖烟雨。浏阳城西约 15 公里神岭一带，三峰鼎峙，葱青入郭，中间有一大湖，称巨湖，其山也叫巨湖山。春夏之交，清晨山顶石烟缭绕，雾入云霄，俨若雨下，变幻万千。周忠信《浪淘沙》词曰：

烟雨暗层峦，西望茫茫，村墟城郭雾中看。气涌湖心肤寸引，酿就轻寒。　　几缕向空翻，数点飘残，潇湘彭蠡合奇观。疑是南宫传笔意，水墨溪山。

还有清代佚名诗人写道：

危巅高峙隔龙津，烟锁岚光昼亦昏。
凝翠湿飞千万缕，酿寒轻洒两三番。
崖前隐约高低树，竹外溟蒙远近村。
欲请王维挥彩笔，画图描出伴吟轩。

第八景：中州风月。中州指状元洲，长约里余，平沙铺锦，绿草如茵。每逢皓月当空，波光映月，江风袭人，特别迷人。浏阳古谚云：“中洲过学前，浏阳出状元。”因而得名。周忠信亦有词云：

空阔拥江流，雅以瀛洲，清风明月此长留。佳景和人谁与共，目荡神游。　　北岸晚烟浮，南浦云收，沙明水碧接天悠。良夜有怀何计遣，酌酒相酬。

还有佚人诗作称：

屹立江心势欲浮，凉飚蟾魄共清幽。
萧骚响度蘼芜晚，皎洁光寒杜若秋。
两岸寒威从北至，一滩骇浪向西流。
洲边知有鲸鳌未，乘兴期来把钓钩。

浏阳河是条挂满了珠宝的彩带，其人文景观更是丰富。概括起来有三：

其一，寺庙道观，最出名者有二，即开福寺和陶公庙。开福寺始建于927年，按照张栻的说法，最早为马殷的避暑之地，后经马希范扩建，至北宋时已经成为著名的风景胜地，有内外十六景。明末后多次被焚，新中国成立后得到两次修复，现占地48000平方米，建筑面积8000多平方米。该寺名僧频出，如北宋的洪蕴，佛医俱精，曾被宋太祖召见并赏赐；南宋道宁五传法嗣心地觉心是日本人，被日皇赐以“法灯圆明国师”谥号；清光绪十二年(1886)，诗僧寄禅、笠云与王闿运等名流在此组织碧湖诗社，为当时文坛盛事。陶公庙位于长沙县榔梨镇临湘山，据传东晋长沙郡公陶侃的孙子陶淡、曾孙陶烜曾隐居修炼于此。陶公庙循中轴线，分别为山门、戏楼、庙坪、48级麻石台阶、前殿和后殿，前殿奉陶公真人神像，后殿供观音佛像，东侧尚有偏殿，而在建筑上看，其戏楼甚是奇巧，楼中有楼，高低远近各不同，翼角高翘，风铃作响，朱壁照人，金匾生辉，雕饰也极精美，层次丰富，色彩鲜明。每年正月十三和八月十七陶公生日前后，来此烧香的善男信女不可胜数。

其二，历史文化遗迹，如马王堆汉墓、浏阳文庙、浏阳算学馆。马王堆汉墓是西汉初期长沙国国相利苍及其家属的墓葬。1972~1974年,考古工作者在马王堆先后发掘了3座西汉时期墓葬。墓葬的结构宏伟复杂,椁室构筑在墓坑底部,由三椁、三棺及垫木所组成。木棺四周及其上部填有木炭,木炭外又用白膏泥填塞封固。墓葬内的随葬品十分丰富,共出土丝织品、帛书、帛画、漆器、陶器、竹简、印章、封泥、竹木器、农畜产品、中草药等遗物3000余件。此外,墓葬中还出土有保存完好的女尸一具以及中国迄今所能见到的最早的方剂书籍帛书《五十二病方》。马王堆汉墓的发现,为研究汉代初期埋葬制度、手工业和科技的发展及长沙国的历史、文化和社会生活等方面提供了重要资料。浏阳文庙位于浏阳市圭斋路,是儒教庙宇,是仿曲阜阳孔庙的宫殿式古建筑群,南北长149米,东西宽43米,共有13个建筑单元,是我国保存最完整的孔庙之一。浏阳文庙始建于宋,1843年改成现格局。中轴线上依次为泮池、石桥、棂星门、石阶、大成门、御道、祁阳石雕“卧龙抱珠”、月台、大成殿、御碑亭,两侧为辕门、回廊、钟鼓亭和偏殿。讲到文庙,就不能不讲到祭孔;而讲到浏阳文庙,不能不讲浏阳古乐。清乾隆末年,浏阳人邱谷士偶得樵夫从深山中掘出的古钟,他对照汉书,考定是成周大编钟,后来他专程去山东曲阜孔陵作实地考察研究,发现匏音古乐器已失传,他就按汉书图录规定仿制出全套古乐器,经他十年的身比口讲作画,浏阳祀孔的春秋二祭典礼,便都按照古乐旧规举行。咸丰末年,曾国藩特邀请邱谷士前去演奏古乐,听后曾国藩赞叹不已,并由其子曾纪泽推荐给了皇帝,从此浏阳古乐名声大噪。但此后因战争而逐渐衰落,后经人民政府抢救,终征集到了一套完整的祭孔古乐器,现存于湖南省博物馆内。浏阳算学馆旧址即浏阳文庙后之奎文阁,为文庙附属建筑物,建于清道光二十三年(1843),建筑面积约200平方米。坐西向东,砖木结构,二进五间,硬山顶,小青瓦屋面,封火山墙,三合土地面。该馆是1897年由谭嗣同、唐才常、欧阳中鹄等人兴办起的湖南近代第一所兼学西方自然科学知识的学校，在推动维新变法运动中功不可没。

其三，革命英烈与知名人士故居，主要分为两类：一类是辛亥革命当中的杰出领袖故居，如谭嗣同故居、黄兴故居；另一类是民主主义革命时期先驱与将领的故居，如徐特立故居、许光达故居。谭嗣同是“戊戌六君子”之一，是中国近代著名政治家、思想家、维新派主要领袖之一，其所著的《仁学》是维新派的第一部哲学著作。谭嗣同浏阳故居，位于浏阳市区北正南路 98 号，始建于明末清初，现存建筑面积 762 平方米，通高 8 米，大小房舍 24 间，南北朝向，全木结构，工艺精美，古朴庄重，系典型江南庭院式民宅建筑风格。故居原为周姓房产，后由谭嗣同的祖父谭学琴买下。1859 年，谭嗣同的父亲谭继洵中进士，官至湖北巡抚兼署湖广总督，因其官阶显赫，奉旨命名其宅为“大夫第官邸”，因此谭嗣同故居又简称“大夫第”。现为全国重点文物保护单位、湖南省爱国主义教育基地。

黄兴是辛亥革命时期的先驱和领袖，与孙中山常被时人并称“孙黄”。曾组建中国内地第一个地域性资产阶级革命团体华兴会，策动和领导黄花岗起义、武昌起义等。黄兴故居位于长沙县黄兴镇凉塘。故居建于 1864 年，占地 2.05 亩，原为两进两横，左右披厦厢房 32 间的四合大院，现尚存 12 间。砖木结构，坐西朝东。正门有廖承志题书“黄兴故居”门额。门额上端彩绘文房四宝、梅兰竹菊吉祥图案，两端有楹联一副：“蒙庆受福，长乐永康。”上下堂屋之间辟有天井，正厅前有六扇方格木门为屏，后有退屋，双坡屋顶，前栋屋脊正中塑福禄寿三星像。修葺后的故居，陈列有黄兴故居简介，黄兴生平事迹介绍以及故居示意图等，并恢复陈列了黄兴和父亲黄筱村及母亲罗夫人生前居室的原貌和什物摆设。

徐特立（1877～1968），又名徐立华，原名懋恂，字师陶，中国革命家和教育家，是毛泽东和田汉的老师。1911 年参加辛亥革命，1927 年加入中国共产党，同年 8 月参加南昌起义。1931 年 11 月当选为中华苏维埃共和国中央执行委员会委员。1934 年参加长征。新中国成立后，曾任中央人民政府委员会委员。徐特立故居位于长沙县五美乡观音塘，为砖木结构的四合院式民居，始建年代无考。房屋曾于 1914 年改建，其后两次扩建并多次维修。占地面积约 1700 平方米。1916 年，徐特立在此开设五美高级小学后，房舍除上屋东侧及上东厢房留用外，其余均为学校管理。故居前临田野，后靠小山，周围松柏、香樟、翠竹环绕。西侧新建五美中学校舍和操坪，与之连成一体。1980 年，故居修缮，复原陈设有徐特立夫妇和徐乾以及教员陈昌、毛达恂等人的住房。

许光达（1908～1969），原名许德华，中国工农红军及中国人民解放军主要领导人之一，军事家。早年加入中国共产党，并考入黄埔军校第五期，之后参加红军作战，曾任红六军 17 师、红三军 8 师师长等职。抗日战争期间，在抗日军政大学任教，后任八路军 120 师独立第 2 旅旅长。第二次国共内战期间，任晋绥军区第三纵队司令员、西北野战军第 3 军军长、第一野战军第 2 兵团司令员。后成为第一任装甲兵司令。1955 年 9 月，许光达被授予中国人民解放军大将军衔，他主动写信给毛泽东主席要求降衔，一时被传为佳话。许光达故居位于长沙县黄兴镇桂花村，建于清光绪三十四年（1908）。现占地面积 1.62 亩，两进，21 间房，砖木结构，青瓦脚，土砖墙，木格窗，木框大门，杉木前廊檐柱（左边一根用楠竹代替）。故居大厅内挂了 9 幅许光达的生活照片，两间卧室存有床、衣柜等实物，一间厨房摆放了传统的蝴蝶灶，另一间摆放农具的房间有纺车、蓑衣和拌桶等。

正是因有了优美的自然风光、悠久的人文历史，九曲浏阳河才越来越受到人们的关注。2016 年 5 月 19 日晚，长沙首届浏阳河文化艺术节正式启幕，开幕式情境演出《浏阳河上》以古今人物的亘古对话，诠释浏阳河印象，碎片化表达浏阳河最美的人、景、民俗、声音、史实，音、舞、诗、乐、颂等多种艺术载体，还原浏阳河民俗文化特色，传递出浏阳河千年历史、人文精神和物产文化，呈现了一台融声、情、景、魂于一体的浏河文化大赏。值得一提的是，全剧将场外水域及5000平米水稻种植田融为一体极力打造出了一个超大视觉的实景舞台。演出时，楼宇投影、一望无际的金色麦田以及一湾荡漾的湖水都将成为《浏阳河上》的舞台，灯影、水影、楼影、火影、人影，整个演出现场将交相辉映成一道最美的湖湘印象。

二、一首歌，革命英烈志士数不清

诗人陈运和曾作过一首《浏阳河》的诗，他这样深情地称赞“一身挂满音符的浏阳河”：“一条被一首革命歌曲唱出了名的歌/一条被几辈炎黄儿女唱出了名的河。”这里的歌，主要是指徐叔华作词，朱立奇、唐壁光作曲，由李谷一、蒋大为分别唱红的《浏阳河》：

浏阳河/弯过了几道弯/几十里水路到湘江/江边有个什么县哪/出了个什么人/领导人民得解放/啊依呀依子哟

浏阳河/弯过了九道弯/五十里水路到湘江/江边有个湘潭县哪/出了个毛主席/领导人民得解放/啊依呀依子哟

浏阳河/弯过了九道弯/五十里水路到湘江/江水滔滔流不断呐比不过毛主席恩情长/啊依呀依子哟

毛主席/像太阳/他指引着人民/前进的方向/我们永远跟着毛主席哎/人民的江山万年长/啊依呀依子哟

浏阳河/弯又长/两岸的歌声向四方/幸福歌儿唱不尽啊/歌唱敬爱的毛主席/我们心中的红太阳/啊依呀依子哟/歌唱敬爱的毛主席/我们心中的红太阳/红太阳

这首根据湖南民歌旋律改编创作的名曲，写于1951年。自创作以来，广为流传，长沙人几乎人人会唱，而近年歌唱界的改词改唱中，又有宋祖英、周笔畅等以不同方式及风格进行演绎。

歌曲如此能打动人，在于它的感情真挚，在于它道出了浏阳河畔人民为追求真理、振兴民族前仆后继所作出的杰出贡献。

浏阳河是条革命圣河，在它的浇灌下，浏阳这块神奇的红色土地上，演绎了惊心动魄、可歌可泣的革命历史，涌现出许多令人敬仰、彪炳史册的伟人志士。

1840年鸦片战争以来，面对满清王朝的腐败无能和西方列强的野蛮侵略，浏阳一批仁人志士奋起变革和革命，诸如谭嗣同、唐才常致力维新变法，龚春台、姜守旦参与策动萍浏醴起义，焦达峰、陈作新发起辛亥革命湖南光复运动……尽管最后均以流血失败而告终，但却产生了重大而深远的影响。尤其是中国第一个为戊戌变法而流血牺牲的志士谭嗣同，他感召了无数人，让很多抱有救国思想的儒生与热血青年意识到，革命不能纸上谈兵，革命需要流血，革命者必须置之死地而后生。“楚虽三户，亡秦必楚”的口号再度被提起，当与此紧密相关。

浏阳更是中国共产党领导的湘鄂赣革命根据地的中心区域，从大革命到土地革命战争，浏阳进入了革命的高潮时期。这里的农民运动势如暴风骤雨，迅猛异常。面对“四·一二”反革命政变和“马日事变”的血腥恐怖，有上万农民拥军参与攻打长沙，接着又是浏阳工农义勇军参加湘赣边界秋收起义……在中国共产党的领导下，浏阳人民为了建立新中国，作出了巨大的牺牲。这里，在册革命烈士约有2.2万人，烈士人数仅次于平江县。长沙烈士纪念广场刻下的烈士名单中，浏阳籍烈士占据了第一本名录的绝大部分，特别是在1927年秋收起义期间牺牲的人数为最。李白、寻淮洲、田波扬、陈昌甫、潘心源、邵振维……这些名字，伴随着相关电视、电影的传播而为大众所熟知。这里，是将军县，1955年新中国第一次授衔的将军就有30位，其中上将5人（王震、李志民、杨勇、宋任穷、唐亮）、中将5人（孔石泉、汤平、张藩、张翼翔、饶子健）、少将20人（石敬平、刘子奇、江文、汤池、苏鲁、苏鳌、李贞、李信、李辉高、杨世明、何志远、邱蔚、张和、罗若遐、黄霖、黄曹龙、曾涤、熊晃、黎东汉、戴文彬）。而进入党的八届中央委员会的中央委员和候补中央委员就有八位；胡耀邦、王震、宋任穷、王首道、杨勇以及彭珮云，先后进入了党和国家领导人的序列。

在这，有必要特别写一写1955年开国将帅中唯一的女性少将李贞（1907～1990）。她出生于贫苦农民家庭，父亲早逝，6岁即被送到一个医生家里当童养媳，起五更睡半夜，担水、砍柴、做饭、洗衣样样都干，经常挨打挨骂。1926年，18岁的李贞参加了妇女协会，不久担任了乡妇女协会委员长。“马日事变”发生，李贞躲到浏阳城一个税务局职员家里当女工。不久回到家乡，担任党支部书记，并和王首道取得了联系。1927年9月，毛泽东率秋收起义部队攻克浏阳，李贞立即参加了浏东游击队。在一次战斗中，游击队被敌人包围在狮子崖，战剩六七个人，李贞舍身跳崖，因被树枝挡住幸免于难，突出敌人包围，但已有身孕的李贞因此流产。之后，她担任湘赣边区红军妇女团政委、红6军团政治部组织部部长、红二方面军政治部组织部副部长、晋绥军区政治部秘书长、西北野战军政治部直属政治部主任等职务。1951年，李贞入朝作战，任志愿军政治部秘书长。回国后，任防空军政治部干部部部长、中国人民解放军军事检察院副检察长。比起这些辉煌的人生经历，更让人唏嘘的是她的三次婚姻和她的高尚品格。她的第二任丈夫是时任浏阳区委书记的张启龙，但不久，张启龙被错误地打成了“改组派”、“AB团分子”，为了不连累李贞，张启龙痛苦地在保卫局事先准备好的“离婚申请书”上签了字。她的第三次婚姻是长征中由贺龙介绍的，丈夫是后来的共和国上将甘泗淇（1903～1964，原名姜凤威，又名姜炳坤，宁乡人)。他们曾有过一个孩子，但在长征中夭折；之后，他们共同抚养了20多个烈士遗孤。可以说，在血与火交融的戎马生涯中，她饱尝了爱情与婚姻的酸甜苦辣。但她从不抱怨，反而处处为人着想，一次次拒绝组织上对她的照顾。从1975年开始，李贞住在香山脚下一个很普通的破旧四合院里。住房年久失修，设备很差。卫生间里经常漏水，有时还得垫上砖头才能走进去。几户人家合用一个锅炉烧水取暖，冬天室内温度也比较低。总政领导多次劝她搬到城里去住，可她总是说："房子还能住。我有办法御寒。"李贞的"办法"很原始，她把那双又笨又重的帆布羊毛大头鞋穿在脚上，身上再穿件棉大衣，膝盖上放着热水袋，"全副武装"在屋子里看书、批阅文件、处理群众来信。1980年，李贞定为大军区副职。可是，她仍然住在原来的房子里。1984年春天，组织上又派人劝她搬家。好说歹说，她才同意搬进紫竹院附近一幢公寓里的一套军职干部房。1990年3月11日，李贞走完了她光辉的一生；人们含泪为她清理遗物时发现，这位参加革命64载的女将军，除了记录她赫赫战功的4枚勋章外，其他的遗物简单到称得上"一贫如洗"——四把用了15年仍舍不得扔掉的旧藤椅；一个用了整整40年不肯更换的行军箱；一台用了14年的"雪花"牌单门电冰箱；11000元人民币，2500元国库券；战争年代留下的两根小金条。李贞在遗嘱中这样安排她的遗物：一根金条捐给自己的家乡浏阳，一条捐给甘泗淇的家乡宁乡，用于发展教育事业；存款一分为二，一部分捐送北京市少年宫，一部分作为自己的党费。看着李贞的遗物清单，在场的工作人员无不失声痛哭。

一首《浏阳河》，又怎么能把浏阳河的革命历史全部写清呢？因而，我欣赏各种基于原曲风格的改版改唱，它们也在证明，受古乐滋润的浏阳河不只有血性，还充满乐章，有着柔情万丈的另一面。

三、一朵花，千年石上争妍赏不完

浏阳河物产丰富，这自古就已经形成口碑。浏阳金橘，色泽金黄，皮肉可口，营养丰富，曾称“贡果”。双枫浦优良水质制作的豆腐，特别鲜嫩可口，因而南市街豆腐远近闻名。用浏阳河水漂洗的夏布洁白如银，经久耐用，是著名特产。浏阳河畔还有湘绣、花炮、豆豉、茴饼、纸伞、竹编等特产饮誉海外。

一是花炮。浏阳花炮曾获得美国芝加哥万国博览会的优等奖。据传，清雍正登基时，传旨鞭炮行业，要创新花上京。浏阳官吏诚惶诚恐，便指令鞭炮能手李泰限期创出新花进贡。一日，李泰路过铁匠铺，见到锤下星火四射，有长有短，有红有白，有粗有细，有粒有丝，心有所动。李泰于是扫了一些铁屑回家，将其捶碎后再掺以火药和米汤一起搅和，再以黑硝作动力，装于底部导火线处，于是，便造出了可喷射花色形态的鞭炮来。李泰的新花在紫禁城上空高升钻天，落下缤纷的花雨，把雍正看得眼花缭乱，浏阳花炮于是就有了天下盛名。20 世纪三四十年代，李四美花炮坊所推出的萝卜花焰火、地老鼠、天鹅抱蛋、二龙戏珠、滴滴金等玩具烟花和花木鸟兽以及各类人物大型组合烟花，在国内外享有盛誉。如今，作为全国最著名的烟花产地，浏阳烟花的生产份额占到了全球的70%。令人耳目一新的是，如今人们可以订制一场表白求婚微焰火，用烟花显示出想说的话，并把情感故事恋人的合影用烟花在夜空表现出来。

另一种即是河道中所产的菊花石，为世界一绝。其“花”孕育于两亿多年前，因地质运动而自然形成于岩石中，亦可称“取日月之精华，吸天地之灵气”。其花形酷似异彩纷呈的秋菊，花呈乳白色，且纹理清晰、界线分明、神态逼真、玉洁晶莹、蔚为奇观。花瓣则保留了天青石晶体的斜方长柱状外形。按花径的大小和花朵的形态可分为绣球花、珊瑚花、铜钱花、蟹爪花、鸡爪花等品种。其中以前三者具有较高的工艺利用价值。在工艺上，这种菊花石多用于雕制菊花状的花卉摆件、茶具、笔筒等。为增加菊花与底色的颜色对比，在制作工艺品的过程中，常在灰白色的基底表面涂上黑色颜料和清漆。

未经雕琢的菊花石坯，经过石雕艺人的巧手，随形遐想、着意于心，一幅幅栩栩如生、形态各异的艺术珍品，就出现了。

菊花石的传说版本有三：一是，远古的时候，天上的神仙泸溪和仙女宣恩爱恋人间，在浏阳河撒菊花，落在河面的菊花沉积河底，久而久之变成了今天的菊花石；二是，倾心相爱的恋人石坚和菊花相知相爱，不离不弃，至死都不愿分开，最后他们双双化成了今天的菊花石；三是浏阳河畔的蝴蝶山下有老秀才爱菊，独生女取名为菊花，从小长得如菊一样美丽，后来，菊花与青梅竹马的花童菊石相恋，但老秀才不允，菊花与菊石就跳进河中以死殉情，从此浏阳河中的青石上便绽开了朵朵晶莹洁白的菊花。

这些美丽的传说，只是反映了人们的期望与向往。而据考古发现，大约在两亿年前，浏阳地区还是一片汪洋大海，后来由于地球变迁，浏阳进入了海退期，在地表低洼的地方积存的海水不断蒸发，当海水中的硫酸锶盐的浓度增加到一定程度时便形成了晶体，并逐渐依附在燧石核心周围，同时随水中的泥质沉积下来，散布在泥灰岩层中，经过两亿年的演变，最终形成了今天的菊花石。

菊花石大约发掘于清朝乾隆年间。相传当地乡民取石垒坝，惊诧地发现石中含有“菊花”，秀才欧阳锡藩平时擅长雕刻，见石如获至宝，拿回家中细揣，依照花形，精心雕琢了一个菊花石砚，引来各路文人墨客观赏。后来，又有乡中石匠如琢如磨地雕刻，遂使奇石成为贡品，以后屡为官员、富商作为收藏、馈赠的佳品。《故宫博物馆院刊》曾说：“清代内府中已藏有菊花石砚多方，其大者近尺半，小者约七八寸不等。”至光绪年间，当地阳长厚正式开设

“补天石”菊花石雕作坊，产品主要为浅刻和平面雕刻的砚台、镜屏等。清末民初，开始发展浮雕、半浮雕、镂空和圆雕的茶具、酒杯、茶几、桌面、假山、花瓶等，花形由简到繁。据《浏阳县志》载：1915 年巴拿马万国展览会，我国工艺大师戴清升的绝创“映雪”花瓶和“梅、兰、菊、竹”屏风参展，令世人瞠目，“石头能开花”一时传遍展会，引起轰动，人流如潮，竞相争睹，戴作于一举荣获“稀世珍品金奖”，至今保存在联合国博物馆。

然而，这朵浏阳人引以为傲的花，在前些年也曾一度面临市场的风雨：竞争对手的冲击、内部市场的混乱、手工艺的缺失、品牌化的难以实现……但随着特色文化产业的打造、人们艺术水平的提升，浏阳人凭着自己的聪明智慧，整肃市场，强化工艺，重视品质，开拓市场，使菊花石再度升温。2015 年 7 月，在意大利米兰世博会上，浏阳菊花石受到热捧，成功打入欧洲市场，奥地利珠宝商一次性下单千万元，并将其带到德国慕尼黑矿石博览会上展销，再度引起轰动。

石头已经开花，还有什么不可能做到呢？这个强烈的暗示，是浏阳河水送给浏阳人们的独特馈赠！

“仁者乐山，智者乐水”，古人的山水哲学一直在潜移默化地影响着我们。山野纯朴，山地文明容易养人以敦厚淳朴、安然自足的性格，以不知日月的藏秀于讷的智慧启迪世人，让人们体验回归原始生态的悠悠厚重，因而，寻根，发现血脉，找到本我。水达万疆，大河文明容易养人以崇尚流变、锐意进取的性格，以通达远方的勇猛无畏泽惠后世，让人们感受世界的辽阔与无常变化，因而追逐，不舍昼夜，体验超我。

浏阳河绕行之处，必是山陵，山水相依相偎，不分彼此。这种山水形势下的滋养呢？既有山的博大，又有水的妩媚；既有安慰与知足，又有鼓励与冒险；既有大巧若拙的沉稳，又有动如脱兔的敏锐……或许，这正是浏阳近现代史上人才辈出、屡出领袖的地理原因。

浏阳河九曲十八弯，还有什么玄妙吗？也许，只有时间能予以说明了。

沩水：几度风光几度情

沩水又名沩水河、沩江，《名胜志》说："四方皆水，故曰大沩。"古称"玉潭江"，发源于宁乡与安化交界的沩山大沙坪即现沩水村。干流自西向东，入黄材水库，至望城新康镇与高塘岭镇交界处注入湘江，全长144公里，流域面积2750平方公里，占宁乡总面积的70%左右，河床平均宽180米，主要支流有乌江、楚江(流沙河)、玉堂水等20余条。因而，被宁乡人称为母亲河。南宋释惠洪作《题沩源》：

临机不堕照，如水已知源。
从此常流出，其声离语言。
算沙嗟意马，捉月笑情猿。
若解提空印，休登立雪门。

元代刘秉忠（1216～1274，字仲晦，今河北邢台人，官至太保）作有《溪上》一诗颂之：

芦花远映钓舟行，渔笛时闻三两声。
一阵西风吹雨散，夕阳还在水边明。

清朝罗鉴龟（字鹤龄，长沙人，乾、嘉间诸生）在《沩水舟行记略》中更是说：

兹水广如衣带，无风波之虞，密迩里居，筹持利获。且竹树畅茂，两岸篾舟，名禽时花，四时不断。壹似天悯其而劳而酬以清妙之况者，行行不落寞也。

一、宁静之乡：宁乡十景有美名

宁乡历史上有“安宁之乡”之称，言其极其适合人类居住，早在7000多年前就有人类在这里繁衍生息。而这，很大程度上得归功于沩水，因为水量充沛丰盈，且流域之地多高山与宽阔的河床，气候温和，作物生长很快，尤其粮食生产走到了时代前列，譬如老粮仓就因唐代朝廷在此建仓囤积官粮而得名。各种牲畜也适合生长，从而出现了不少名优产品，如流沙河的花猪、灰汤的贡鸭等。这也同时使得其小食品发达，其中以湖南四大名糕之一的砂仁糕（另三样为灯芯糕、麻香糕、烘糕）和被誉为“蜜饯之王”的刀豆花最为有名，后者据传在北宋时因易祓呈送宋孝宗而驰名京师被列为“贡品”。

而沩水流域，丘陵起伏，河流交错，古迹遍布，奇景甚多，自古就是文人墨客的流连之地，其自然风光最为有名者，以古“宁乡十景”为佳。

第一景：玉潭环秀。原县城东南有一薛花岩，沩水从上流下，朝阳河、化龙溪自城中流出，于岩下汇合冲刷成深潭。两岸绿树成荫，岩上青松滴翠，倒影入水，水碧如玉，故名玉潭。潭上飞驾一桥，桥下渔舟竞渡，绿波金梭，风景秀丽；而入夜，万家灯火映入河中，渔歌唱晚，短笛横吹。清人王文清用诗赞曰：

玉潭千尺水，日夜起微波。
月涌江心阔，风牵石濑多。
寒流依凤藻，锦浪织龙梭。
借问青春柳，秋时竟若何？

明朝廖森的“春雨乍歇玻璃澄，绿江倒浸珊瑚青”、刘端的“明月涵波光，云影散轻霭”，清朝彭开勋的“会心常印月，窥影恰含日”等，都是描写此地景色而闻名的佳句。

第二景：大沩凌云。沩山发源地沩山，海拔800多米，方圆70多公里，被称为宁乡众山之岳，又是宁乡、安化、桃江3县的天然分界线。因山高林密，云气蒸腾，气势磅礴，故有大沩凌云之誉。沩山上有唐代兴建的佛教古刹密印寺（沩仰禅宗祖庭），寺中有万佛殿，并藏有许多佛教界艺术珍品。还有唐代大诗僧齐己的故居齐己庵、唐朝宰相裴休墓、宋朝张浚张栻父子墓、仙人视、芦花瀑布、来木并、白果含檀等沩山八景诸名胜。前清举人周在武有诗称：

大沩十万丈，上与浮云齐。
山势长不改，云飞东复西。
云去山有风，云来山有雨。
风雨无定期，云情竟如许。

还有唐朝刘长卿、张乔、陆龟蒙、皮日休、齐己，宋朝张栻、易祓、释惠洪，明朝陶汝鼐、五峰禅师、王守仁、周扶枢、黄道宪、养拙，清朝蓝渭、李一生、陶之典、陈嘉猷、王长昱、易贞、朱之栋、王闿运、八指头陀、仪霖，民国王东原等为景留下的诗作。

第三景：香山钟韵。原县城小西门外有小山，山中古木参天，百鸟争栖。绿荫深处有一古寺，唐贞观年间始建，名为香山馆，后为和尚所居，遂称香山寺。寺内有古佛3尊，塑像高逾两丈，全身贴金，光彩照人。寺前有古井一口，水清如镜，冬暖夏凉。而寺中最引人注目的是左右各悬一钟，各重1500公斤，钟上铸云雷纹，工艺精巧。每叩一声，响彻全城。钟声随早晚晴阴雨雪变化而异，晴则钟音洪亮，雨则钟声悠扬，阴则钟韵低沉，晨敲则声脆，晚叩则声清。唐开元年间，宰相裴休曾居香山馆研究过佛学，诗人窦常（746—825，字中行，今西安人，大历进士，累官至水部员外郎、国子监祭酒等）亦曾来此观赏，留下了《香山馆听子规》诗：

楚塞余春听渐稀，断猿今又泪沾衣。
云埋老树空山里，仿佛千声一度飞。

明代黄廷臣，清朝洪特书、释圆观、彭开勋等也留下了佳作。

第四景：飞凤朝阳。原县城化龙溪北有飞凤山，山如凤凰两翼伸展，似飞凤朝阳。山下当年建有学宫，宫前有奎星阁，宫后有藏书楼，学宫中有讲经堂和文庙，庙前有荷池。如今成了宁乡县委招待所。明人陈清（1438～1521，字廉夫，山东益都人，天顺进士，官京工部尚书）有诗赞颂：

红日生沧海，丹山起凤凰。
青山衿佩雍，桐竹满高岗。

清诗人贺国华（字用宾，长沙人，乾隆贡生）则说：

抱郭名山对县斋，晨曦夕霭称诗怀。
青苍欲染衣裾湿，尘俗难容簿领埋。
惭说通才为记室，喜邀群岫到闲阶。
平生蜡屐探幽兴，坐揽烟鬟眼自揩。

还有彭开勋、汤铨、袁文光等才子为之泼墨写诗。

第五景：汤泉沸玉。县城西55公里处有著名的灰汤旅游度假区，这里群山笼翠，泉水蒸腾，热气冲霄如同石灰撒过，故名灰汤。灰汤泉水从沙石中迸发涌出，晶莹洁白，水泡如珠，此起彼落，蔚为奇观。明末清初著名学者陶汝鼐称之为“汤泉沸玉”。据《宁乡县志·地理》中记载：其泉有三坎，上沸，中热，下温。景旁有紫竹林，相传为三国蜀相蒋琬读书处；另有相公潭、相公桥，是蒋琬当年垂钓、洗马故地。清代王文清（1688～1779，字迂鉴，号九溪，宁乡人，雍正进士，晚年主讲岳麓书院）有诗记叙“汤泉沸玉”这一奇景：

历乱珠玑洒涧边，天公酝酿此山泉。
炎州脉旺蒸珠沫，水宅胎深沸玉涎。
可惜流膏调鼎鼐，岂从寒井吐云烟。
不贪不醴成千古，炉灶横空不计年。

唐佚名诗人的《长沙窑瓷诗》也说：

圣水出温泉，新阳万里传。
常居安乐国，多报未来缘。

为此写诗的还有明朝的周朴华、廖森，清朝的彭开勋、王闿运等。

第六景：石柱书声。在县城东南45公里的道林镇新湖村雷打石。《宁乡县志》载：“石柱山四周岩石林立，石柱山高耸其间，山形如台，方高两丈有余，顶宽平数丈，腰裂缝隙，有摇摇欲坠之势，临柱顶却有坚定不可动摇之感。”风晨月夕，柱台常传出咿唔之声，俨然有人朗读诗文，半里之内，静听者能闻其声。山旁有秀士湖和秀士塘，相传为宋代隐士谢英游钓之处。清代诗人周书作诗记其事：

亭亭石柱最高头，曾有幽人读未休。
谁遣六丁轻借力，移将此柱砥中流。

王文清更是连作诗歌两首，其一：

带得遗经去荷锄，清音千载绕吾庐。
自无尘世弹冠念，曾作当年却聘书。

其二：

石柱山深云漠漠，玉谭风定月如如。

斯人邈矣余空谷，我忆遐心赋遂初。

第七景：天马翔空。宁乡夏铎铺镇内有天马山，山高势挺，俨然天马翔空。《宁乡县志》称：“两山并立腾耸，如天马并首翔空。天马山侧有一小山名石柱山，如同拴马石柱。当地神话传说：地脉至此化为神马，破上欲飞，天帝降而跨其上，神马欲化龙飞入东海。天帝怒其不驯，掷鞭化为石柱，羁縻其身，于是天马山长年永在。”天马山不但地势险峻壮观，且山上翠竹苍松，远望若青鬃直竖。两山之间今为公路，昔为关隘，土垒石门，遗迹尚在。当年有一夫当关万夫莫入之名，为宁乡东边屏障。相传三国蜀将关羽曾在此陈兵御敌。如今山下尚有关王塘、关王庙等遗迹。明人刘端（字本正，宁乡人，天顺举人，官任西安府同知等）作诗说：

有山插天外，如马腾苍空。
矫矫峻坂疾，扬鬣嘶长风。
意气青霄上，不与盐车同。
汗血良难羁，行当化为龙。

清人赵维藩曾作诗记其趣：

地灵推出山为马，天帝乘将上碧空。
只恐夜深龙化去，故教石柱锁云鬃。

还有清人王锡祚、黎希文等也在此处作有诗歌。

第八景：狮顾岚光。县东1.5公里，有一石山名狮顾，县志称其：“两山环抱，似雄狮搏斗后喘息之状。狮峰蹲踞，濒临沩河，岚翠缤纷，朝旭夕曛，每多佳气。”明代诗人刘端数次登临此山，流连不忍归去，作诗道：

城东有名山，如狮蹲江滨。
岚光浮上下，映带玉潭水。
雨过云山湿，欲飞飞不起。

杖屦趁晚晴，微风乱山紫。

清朝诗人彭开勋、刘基定，民国诗人周恢初等，都在此留下了优美的文字。

第九景：楼台晚色。县城东门原称迎薰门，出迎薰门不远，有楼台山，山上有窑头寨，寨上有楼台遗迹。相传楼台为明代宁乡王所建。当年山上层林叠翠，朝霞照山，青紫影映，晓色宜人。诗人刘端诗曰：

山势耸楼台，消曙色常好。
东方日曈昽，帘箔尚清杳。
仿佛骊山宫，依稀蓬莱岛。
有酒当跻攀，何须问五老。

明人黄廷臣则写道：

郭外青山绝点埃，层峦叠嶂晃楼台。
虽无百尺榱题巧，疑有双飞燕雀来。
曙色渐开烟树杪，廉隅高耸碧萝隈。
白云缥缈闲来往，舒卷悠悠日几回。

清代王文清、郑维楠、陶文斗等也在此留下了诗作。

第十景：灵峰夜月。县城东北朱良桥乡，古为洞庭湖尾。乡内小源村有一灵峰山，又称道山。林谷清幽，江流环绕。每当夜月当空，静影沉璧，景色极为幽美。山下有灵峰书院，为宋代大学士、湖湘文化创始人胡安国、胡宏父子讲学处。朱熹、张栻等大儒也曾来灵峰书院讲学。明人胡灿端曾有诗记其景：

峰以昔贤传，月映峰增色；
峰与月依然，昔贤难再得。

留下的诗歌佳句，还有清朝王文清的“危岩乱滴秋江雨，老树寒笼大錾烟”、彭开勋的“废院苔痕绿，荒池草色青”等。

因为经济发展扩建房舍等，这十景大多已经不能再睹，只有那些记录的文字留传下来，供人们思索与想象。但其实，这些美丽的景色比比皆是。以沩水支流楚江之畔的“芙蓉十景”颇可说明。

其景一为“五福禅钟”——芙蓉山旧有五福寺院，皆习沩仰禅宗，大福院万寿寺，二福院万福寺，三福院洗心寺，四福院普济寺，五福院释立寺。旧时山上有二十余座寺院，五百多僧众，但五福寺院从南宋到清朝乾隆年间不衰，至民国时万寿寺、洗心寺消磨不见，几百年的时间内，晨钟暮鼓，最为常见。尤其暮晚功课，钟声悠扬，响彻十里之外，是少见之景。普济寺曾有宋僧长寂从峒族长老处得之一“双喜”铁钟，重逾千斤，高悬庙堂钟鼓楼上，合十僧侣乃可敲响，民国时不知所向，甚可憾矣。与新化邓显鹤、湘潭张家榘、沅陵李沆训一同被誉为“湖南四才子”的乾隆年间宁乡学者黄本骥曾作得《芙蓉禅院钟》诗一首，曰：

芙蓉接沩仰，禅钟亦铿锵。
五福弥且远，造化有瑞祥。

其景二为“洲闲白鹭”——原青羊湖现田坪水库内，有地名叫白鹭洲，是个临水而居的小岛，面积约二十余亩，拥有七个水湾，八个寸草不生的洲躯伸向水底，如八爪鱼，故当地人又名八爪章鱼岛。洲上憩息最多的动物就是白鹭。尤其夏秋时节，白鹭群居，愈过一万只，鸟憩闲适，互理羽毛，壮观至极。据传，张栻重孙张镗曾在原青羊湖训练水勇，他有《楚水记胜》，文中云：

鹭飞草长，古木掩映，望之叹息，覆巢之下，岂得完卵？

其景三为“龙潭翠秀”——现田坪水库旁的龙潭水库，原是青羊湖的一部分，旧说是黄龙被镇压而化之。其蜿蜒近六公里，落差88米，是步行游览的一处极好景点。经过处，奇峰陡立，如狮，如虎，如镜，鬼斧神工，不一而足，而溪水淙淙，苔藓满石，小桥流水的风态自然而成。水流湍急处，如同小瀑，险峻无比，平缓处则深山幽谷，或是松针银落，或是竹木哗哗，奇秀神飞，恍然不知身处何处。如黛青山与峡谷砾石相辉映，枝繁叶茂杂树林里时传鸟声，可静思，可呐喊，徐徐拉开的山水画卷缓然展开，令人陶醉。清嘉庆、道光才子童秀春曾作诗说：

龙潭翠秀芙蓉地，一步一画诗文倾。
茶园呼我入庐住，贪得好景忘渊明。

其景四为“蜜蜂瀑布”——扇子仑北坡，深山沟壑山泉涌，渐成巨流，绕过山崖而从七八丈处跌落而下，遂成瀑布。从龙潭溪侧爬上，水声哗然，一块半人高的雉形大石阻挡其道，而只需跳过窄且清的溪面，则可见一个天然山洞掩映于瀑布后面，有类《西游记》中花果山的景点。无数圆润清凉的水线，敲打在崖下的水潭，似玉飞，像花煞。潭水里的砂卵石，五颜六色，晃眼的温暖。崖侧，布满辫子样的爬藤植物，大约得到清泉滋润，植物的绿颜稍浓，且除却冬末春初而绿色不减。古藤随雨摇摆，诱惑人脱袜而入水潭。

其景五为“九龙戏珠”——流沙河原名楚江，源头在扇子仑北坡。此处，奇峰突起，峭壁幽深，天然而成九道沟壑，因而有九道溪水直通原青羊湖现田坪水库。从卫星地图上看，这九道溪水恰似九条小龙齐向青羊湖这颗明珠喷水而射，令人联想翩翩。

其景六为“田坪夕照”——黄昏降临，一轮橘红的柔和夕阳静挂山峦与田坪水库湖面交合处，水波微荡，夕阳的倒影在水面时而拉长时而分开，真是层层叠叠，奥妙无穷。波光倒影中，划一条小舟停于水面，感觉阳光的温暖和水波的娇媚，不啻如处梦幻。易祓的堂弟易祹所作《青羊湖》诗中有如下两句描绘甚是精妙：“湖光潋滟山色青，暮霭四合苍野横。”

其景七为“芙蓉听雨”——芙蓉山降水丰沛，年降水量为1400毫米左右，主要集中在春末至初秋这个时间段里，相对湿度为81%。四季有雨的芙蓉山，四季听雨各有各的不同。春雨缠绵，宜到山间，松针沙沙，溪水哗哗，轻纱罗幔中雨雾如烟。北宋时期曾主持过洗心寺的畅心和尚作得《芙蓉春雨》一首，其诗曰：

芙蓉梦里淅沥雨，芭蕉窗打雷霆寒。
雾霭天中迷幻阁，叠翠荷塘叶静娴。
五福寺院钟声远，半部闲书读不完。
阡野鲜妍醉春时，管叫怨苦无痕漪。

夏雨急骤，如同万箭齐放，在竹林里散步，听得千军万马嘶杀而来，不由两股颤悠，几乎奔走；再去荷塘，绿叶滚珠，花蕾带泪更美俏，宋理宗时普济寺主持志一和尚做得一首咏莲的诗，是这样说的：

山荷渐阻芙蓉道，斜晖欲归幽水明。
莲魄暗消菩提树，夜得珠雨有谁知？

泛舟秋湖，遇得凉风细雨，心涌悲秋之苦，低吟生命的痛处，正不知所措，抬头望得青山倒影岿然不动，雨脚化入湖水无影无踪，就了悟生存的游戏也有规则。冬日的雨水特别稀贵，尤其严寒里忽得一场小雨，那就妙了——世界很快就被冰封，到处是冰雕冰刻，而蜡梅与青松更见精神，让人嗟叹不已！

其景八为“田心赏雪”——山顶朝霞、夕照、雨竹、雪霁、雾凇、霜杏、云海、峭崖春花，是芙蓉山带给世间的八大瑰丽奇色。到冬天，在田心赏雪极有诗情可以咀嚼。这里的雪，既有北国的厚重，更有南方的隽永。尤其夜宿山中，晨起推窗，外面一片洁白，令人欣喜。小雪纷飞如飘絮，大雪片片若棉团。山野银装素裹，阡陌雪海茫茫。农家小孩子忙着堆雪人，打雪仗，平添许多生气。雪水结冰，世界玉砌，拿根木棒入林，悬冰晶莹剔透，如珊瑚，若水晶，像钟乳，那常青柏树更是凝成了一座座高耸冰塔。一路观赏，一边对着倒挂的冰针轻敲细打，如同弹奏一首明快的曲子。明末清初宁乡大文豪陶汝鼐曾在此处建雪屋三间、种梅花十亩，惜未留下诗篇，颇有点奇怪。

其景九为“三步桥观花”——田坪水库尾端的三步桥，是个极好的观花之处。这里有四百余亩湿地。春光明媚之日，田间地头湖畔，大片的紫云英盛开，朵朵成株，株株成束，束束成片，使其成为花的海洋。所有的空地，缀满了这种云、浪一般的白色花朵。细碎而娇柔的花瓣，俊俏挺拔，瓣尖的一抹紫色，向着花蕊浸染，与嫩绿的叶子交织相映成趣。时有老牛驮着白鹭在花中食草，动作闲悠，令人惊羡老牛之福。做过清朝中宪大夫、刑部侍郎的宁乡巷子口人李新庄赋得《三步桥春花》一首：

四月桃花艳小桥，云英怒放卷草甸。
千手千目还恨少，采得春归释慵倦。

其景十为“林场探幽”——芙蓉山林木资源丰富，水海林场、三七林场、战友林场等，都逾万亩。其植被品种多样，主要有马尾松、阔叶林、混交林和人工林，各种乔灌木有四百余种，珍稀的有千年白果、千年罗汉松、篦子红豆杉、杜仲、闽楠、大果山香圆等。动物种群数量繁多，有四百多个品种，果子狸、猫头鹰、虎纹蛙、七彩锦鸡、画眉等较为常见，近年还发现有云豹等珍稀野生动物的踪迹。到这些林场前去探幽，不失良策。夏秋季里，苍山含翠，绿水多情，仁者流连，智者忘返；奇松古樟，杂木交错，清泉瀑布，百兽欢腾，令人叹为观止。林场延至田坪水库的部分，种有以玉竹为代表的中草药，春日里一望无际的绿油与山麓的烂漫红花交相辉映，时有药农的朗朗笑声传出，惊得几只水鸟林中从飞起，动静结合，图画甚是美妙。

二、五养之水：儒释道家播文明

沩水流域有着悠久的远古文明，上游的炭河里、寨子山一带，出土了大量的商周青铜器，如四羊方尊、提梁卣、虎食人卣、兽面纹铜瓿等；考古学界还提出此地曾有一个大禾方国，远古王族曾在此繁衍生息，却又突然间消失得无影无踪，给人留下了许多的难解之谜。还有梅山古国的遗迹，在北宋时期，上宁乡区域基本还属于汉峒争夺之地，因而在沩山、芙蓉山、罘罳峰、望北峰、贵安山、王安山、瓦子寨等许多地方，还留下三国时期著名将领黄盖的诸多传说。

整理沩水流域的古文明，其实我们可以清楚地看到，儒释道共存，共播文明的种子，是其文化底蕴深厚、能人屡出的重要原因。

首先说说释家。沩山是唐时沩仰禅宗的祖庭，与南岳衡山的佛教向来渊源甚深，据《宁乡县志》记载的佛家寺院就有一千二百余座，特别知名的有沩山的密印寺、同庆寺，芙蓉山的万寿寺、万福寺、洗心寺、普济寺、释立寺（总称五福寺院）和上流寺（上林寺），罘罳峰的金风禅寺与洞门寺，迴龙山的白云寺，斋饭山的隆兴寺（龙仙寺）等。著名的僧人，唐有灵祐、齐已、慧光，宋有长寂、颖诠、畅心、志一，明有行明、如学，清有万行、实足、明应、明智、智海、三学，当今有一诚法师等。其中，“晚唐三大诗僧”之一的齐已（863~937）颇值一提。齐已出身贫寒，世为沩山同庆寺的佃户。6岁为寺庙放牛时，不忘学习，常常用竹枝在牛背上写诗，而且诗句语出天然，同庆寺的和尚便劝说他出家为僧，拜荆南宗教领袖仰山大师慧寂为师傅。年轻时，他在滴水岩听泉听出了禅，就吟出了佳作《听泉》：

落石几万仞，远声飘冷空。

高秋初雨后，半夜乱山中。
只有照壁月，更无吹叶风。
昔曾庐岳听，到晓与僧同。

齐已一生善于博采众长，四处行走，边走边吟诗，诗歌作品数量仅居白居易、杜甫、李白和元稹之后，是全唐第五位高产诗人，并且谦虚谨慎。一次，他带着八百多首诗歌到东林寺向“一代风骚王”郑谷请教。郑谷问他最得意的一首，齐已便挑出了《早梅》一诗：“万木冻欲折，孤根暖独回。前村深雪里，昨夜数枝开。风递幽香出，禽窥素艳来。明年如应律，先发映春台。”郑谷读罢轻声问齐已：“早梅之‘早’，早在何处?”齐已答：“仅开‘数枝’。”郑谷笑了：“‘数枝’非早也，‘一枝’为佳。”齐已一听豁然开朗，拱手谢郑谷：“先生真乃吾一字之师!”

再说说道家。沩水流域历史上著名的道观有芙蓉观、梅仙观、青羊观、洗心观、太乙观等。著名的道人，汉末有康容，东晋有许逊，唐有刘玄靖、黄洞元、李冲昭，宋有陈田夫、月明道长，元有黄明佑，明有喻道纯，民国有陈策襄、李瑞生，等等。其中，重点应提一下明朝宁乡道人喻道纯。喻大约在明宣德八年（1433）皈依道教，修炼于浏阳东门外洗药桥（因孙思邈在此洗药而得名）的升冲观。后来跟随著名的道士邵以正在京师大都领教而继承其法旨。明宪宗成化二年（1466）被授封为“体元守道悟法高士”，十年（1474）被赐“诰体玄守道安恬养素冲虚湛默法翊化普济真人”，赐二品银章，其父被追赐为太常寺寺丞，其母被赐为安人。喻道纯对于道教的贡献，主要是两点：一是于正统十年（1445）在邵以正的监督下与人编撰了《正统道藏》《藏外道书》全集，共5305卷，成为道家最著盛名的经典；二是他主持大都的灵济宫，因道行高深、医德与医术冠绝一时而为信人所奉为仙师。其实，以我看来，喻道纯的成功在于他跟随了邵以正，尤其是邵收集其师其祖及其他道派中关于胎产、小儿、追痨、济急、济阴、理伤、续断等著作及方剂，汇集成帙，编著了很有影响的道教医学丛书《青囊杂纂》，包括《仙传济阴方》《徐氏胎产方》《秘传外科方》《济急仙方》《上清紫庭追痨仙方》《仙授理伤续断秘方》等八种医方书，并附有《秘传经验方》一部，这对道教医学经方的收集、整理与传播有特殊贡献。

最后说说儒家。确切地说，沩水儒学的兴起，得益于寺院的教育，尤其是唐朝时沩仰禅宗与裴休大兴倡导可谓最初的动力，而宋朝张浚、张栻父子对教育的热忱更是大大地推动了儒学在本地的生根发芽，南宋状元易祓的出现，则是其第一个标志性产品。在我看来，沩水儒家有如下几个特点：第一是家族式集结，一人得道而众随之。譬如，宁乡开国男易祓高中状元以后，其家族进学如同井喷，堂弟易祹为嘉定四年（1211）进士，从子易开为淳熙十四年（1187）进士，再从子易丙为庆元二年（1196）进士，从孙易柟为绍定二年（1226）进士，其女嫁给罗仲孺（1158～1234，绍熙元年（1190）进士，官至户部员外郎兼太子右谕德，追赠奉议大夫）后，直接拉动了凤凰山地区的学风，不仅其子罗颖、其孙罗献文都学有所成，而且其邻近亦受益，屡出人才，并以家族训导延其崇儒好学之风达千年之后。譬如明清时期，其罗氏罗宦冲一支子弟中出现的文武将领特别多，代表性的人物有县学罗绮、罗俊、罗象，花翎总兵罗其泰、罗有声，花翎副将罗秋云、蓝翎副将罗东成、花翎参将罗文致、游击罗富书、罗洪发。第二是以儒学知名学者、知名人士形成区域性大家族，传嗣子孙，并形成家族的学风传统，谓之家学。譬如，沩山的易氏、张氏（张栻子孙，知名者如张镗、张诚、张铣、张毅）、姜氏，芙蓉山的喻氏（知名者如喻身子、喻能任、喻书谊、喻春桥、喻东升、喻展鹏、喻士龙）、何氏（知名者如何绍文、何梓林、何晓明、何叔衡）、姜氏（知名者如姜梦周、姜亚勋）、刘氏（知名者如刘瑞麟、刘辅才、刘雪初），凤凰山的罗氏、陶氏（陶显功、陶显位子孙，最显赫者为陶汝鼐，另外有陶之采、陶之典、陶士倧、陶煊、陶煓、陶峙岳)、童氏(童翚子孙,显赫者如童秀春、童锡焘、童兆蓉、童恩正、童志刚),朱良桥的程氏(知名者如程颂万、程颂藩、程之、程前、程千帆),梅家田的梅氏(知名者如梅钟澍、梅英杰、梅焯敏、梅尉南)、全民的黄氏(知名者如黄河润、黄志高、黄毅、黄庆云)、道林的鲁氏(知名者如鲁涤平、鲁岱、鲁渭平、鲁荡平、鲁实先、鲁敢)、黄氏(知名者如黄梦麟、黄之璠、黄道恩、黄遇隆、黄绂隆、黄湘南、黄河宁、黄本骐、黄本骥、黄本诚、黄本龄、黄耀迈)、吴氏(知名者如吴爵、吴绍周、吴道行、吴愉、吴愁),南田坪的廖氏(知名者如廖树蘅、廖基植、廖基棫)和洪氏(知名者如洪汝源、洪汝冲),花明楼的齐氏(知名者如齐璜、齐新、齐学启)、袁氏(知名者如袁经、袁式贤、袁实煌、袁名曜、袁茂达、袁淑、袁榘实)、罗氏(知名者如罗鉴龟、罗治霖)、刘氏(知名者如刘彦举、刘少奇、刘维明、刘源),黄毛大岭的杨氏(知名者如杨蔚春、杨世焯、杨剑雄、杨国湘)、成氏(知名者如成刚、成从修、成文山、成平),东湖塘的周氏(知名者如周策、周采、周耀冕、周堪赓、周硕勋)、王氏(知名者如王定堃、王恩、王坦修),大屯营的周氏(知名者如周福祥、周含万、周汉、周家树),迴龙山的欧阳氏(知名者如欧阳德道、欧阳彦贵、欧阳镜寰)、贺氏(知名者如贺懋椿、贺执圭、贺耀祖),东鹭山的刘氏(知名者如刘典、刘朴堂、刘明夫)……这些家族,都有自己的学风与传统,如朱良桥程氏重视诗词的基础训练,花明楼杨氏对美术修养的重视,袁氏对考古、经学的严格要求,等等,至今都有明显的家学印痕。第三是重视女子尤其是家族母性的教育,有“一女毁三代,良母兴百年”的古训流传。明朝末年始,各家族开始兴办女童学堂,至清时已经有男女同学的现象出现。为家中男丁选择婚配女方时,很多家族都会考虑女方的家学传统。而这,确实给家族学风的长进,增加了有力的保障。譬如道林黄氏清朝乾隆年间能够一门十余个进士,就得力于其有一个良母秦邦淑——龙门知县秦安镐女，天津知府黄立隆妻。她善于吟诗作对，家学深厚，但不张扬，做人做事皆低调，著有《云骥山庄拾遗草》，乾隆二十九年（1764）刻本，名家张邦柱作序说："恭人赋性幽贞，解吟咏，每脱稿，辄自毁弃，雅不欲人知，人亦无知者。属纩后，黄君静斋于剩笥中得诗若干首，序而刊之。"再譬如流沙河镇黄泥坳的喻氏，在辛亥时期家中屡出烈士，就得益于王钟瑛——她8岁至喻家当童养媳，自学成女诗人，著有《静禅堂吟草》，她崇大义而弃小家的教育对子孙影响甚大，她的儿子喻东升19岁时为革命而献出了自己的生命。

沩水的这种人才栽培方式，与长沙如出一脉，因而孕育了时人勇猛报国、赤胆忠诚、顺应潮流、扎务肯干、讲究渊源的传统。

如今，宁乡为了发展旅游业，提出了打造"五养之乡"的主题，即："少奇故里瞻以养德、灰汤温泉沐以养生、密印禅寺静以养心、西部漂流动以养气、宁乡花猪食以养胃"。其实，早在宋朝，宁乡有个有名的道士兼儒家谢英（字楚华，今道林人，与易祓同时代人），就提出了养气修身升仙的系列办法，时称"沩水五养"，并赋有五首小诗——《养心诗》：

成真妙意少蹉跎，一叶轻舟可渡河；
世人迷眼看不破，歧路亡羊何其多。

《养肝诗》：

是非曲直少相干，劳碌奔波几时闲？
莫若南窗静阳下，《黄庭》一卷细琢磨。

《养肺诗》：

天行日月又一年，修炼功夫究自然。
乾坤旋转常不息，皓首红颜做神仙。

《养脾诗》：

点石成金荒时令，古语须得细勘真。
日夜加功培厚土，花木葳蕤四时春。

《养肾诗》:

求仙过海闯关山，不知自身大还丹。
欲觅长生须听好，静修功夫精细参。

谢英博学多才，希望有为于世，但生性孤傲，难为人赏。岳飞讨杨幺，谢英献策，谓:“作铁燕嘴船数十百条，飞驶攒集敌船，如钉，士卒则从缘而上，可以破之。”岳飞采用之，果如其是，遂对他推崇有加。后来谢英应举，闻岳飞以不附和议为秦桧所害，闻讯禁不住悲愤叹息:“时不可为矣!”从此隐居道林山中读书著述，教授弟子。宋孝宗时，有人推荐谢英才堪大用，孝宗征用，但谢英已经对南宋朝廷失去信心，累辟不起。如今东骛山正东之脉坳水与甘塘冲水相汇处，溪中有大石，有字径尺许、自西北向东南成斜行的“慕严台”三个大字，据传是谢英自镌明志之作。

三、传奇之地：自由花朵遍地开

沩水缓缓，孕育了宁乡这千年古邑，更使宁乡区域人才荟萃，英杰辈出，蒋琬、易祓、刘少奇、周光召、李泽厚等著名的政治家、思想家、文学家、美学家都出生或生活在此地。但其实，沩水更注定是个斗士，她培育了更多的有勇忠义之士，把争取自由、不畏权贵、不怕牺牲的革命思想，早早地扎进了人民的心田。

张浚的玄孙张镗就续传了其祖的忠义。据宋史《忠义传》载，张镗在宋景炎二年（1277）知枢密院。文天祥起兵勤王，抵抗蒙古铁骑，张镗在衡山起兵响应，并移檄安化、宁乡，得民兵数千响应，收复了衡山、湘潭、安化三县。这年八月，文天祥大军溃败，蒙军收复了三县，张镗被人捉住。元参将崔斌欲降之，张镗骂道:

“绍兴至今百五十年，乃我祖魏公收拾撑拓者。今日降而死，何以见魏公于地下？”崔斌又命他讲述起兵始末，张镗提笔一气呵成一篇千余字的《杀敌檄文》，斥骂崔斌厚颜无耻，卖国投降。崔斌恼羞成怒，遂杀张镗。

如果说张镗的忠义精神还只行诸一人，明朝的周振凤则已经能带动一族了，这说明忠义已经融入其族属当中。据《宁乡县志》对周振凤的记载：

字岐峰，五都梨树周氏，诸生，能文，负才略。明万历（1573～1619）初，廷旨丈田，大吏惮施行。闻振凤名，召计之，为条陈办法，悉加采纳。旋檄办理宁乡丈田事，振凤无稍偏陂，利于国而乡人不怨。巡抚奖叙，将擢用，旋辞归。家故饶，自奉节俭。戊子（1588）、己丑（1589）间，岁荒。境内饥民诣其家乞赈，振凤皆留之，令其设棚厂于田间，各备釜灶。乃出谷千石（担），计口给米，全话甚众，因名其地曰岐公滩。

明末李自成起义，张献忠部攻下宁乡县城，知县邱存忠率儒生反击，周振凤率其子周鼎、周冕、周易及孙子周昌，还有族人周星、周华佩、周华殿、周华年、周华儒与起义军战于县城北郊，全部英勇牺牲。

而到辛亥革命时期以及后面的民主主义革命时期，沩水孕育的这种革命精神更是遍地开花，使宁乡誉满天下，代表性的人物有刘少奇、谢觉哉、何叔衡、姜梦周、王凌波、姜亚勋、李甲秾、尹澍涛、何梓林、梅冶成、严岳乔、夏尺冰、刘瑞麟、文怀亮、张铸陶、刘雪初、李品珍、潘世征、贺执圭、贺耀祖、周家树、黄钺、汤菊中、欧阳钦、齐璜、齐学启、成刚、甘泗淇、洪行、许智生、陶峙岳、梅焯敏、成光耀、成光辉、尹泽南、谢雪畴等。

略举诸多读者并不太熟悉的三人。

其一，黄钺（1869～1943），又名幼蟾，东湖塘镇燕山村梽木湴人。清军著名将领黄万鹏之子。1905 年，黄钺与黄易在湖南组织了“新华会”、“虚无党支部”，并回宁乡创办织布厂，以办矿办厂为借口，实为革命秘密机关，后被巡抚端方发觉，黄易被捕，黄钺逃离湖南再赴上海。1906 年经黄兴介绍，黄钺在上海加入同盟会，从此追随孙中山先生。1912 年，他在秦州率众起义，第一次在甘肃的土地上建立起了民主革命政权——甘肃临时军政府。袁世凯为恢复帝制，企图笼络黄钺拥戴他，发电报给黄钺：“望速来京，以备录用。”黄钺认清了袁世凯的本质，拒绝去北京做官。1913 年 7 月，国民党人组织二次革命，黄钺通电袁世凯立即“退位，以保共和”。1916 年，他力反“洪宪”，策动陕西驱逐袁世凯爪牙，组织军队进行讨伐。1918 年黄钺任湘鄂豫招抚使，率军讨伐张敬尧。1922 年，他参加讨伐陈炯明叛乱战役，之后于 1924 年任鄂北司令，秘密入京，推翻曹锟政府。1926 年，他参加北伐，任鄂豫边防司令，先后攻克武昌、击溃吴佩孚主力，充当北伐先驱，甚为孙中山、黄兴器重。黄钺“归休林泉”后，编辑《陇右光复记》，为后人留下了一份珍贵的史料。他始终关注时事，抗日战争爆发，已年届 70 高龄的黄钺在家乡组织湖南抗日义勇军游击部队，并任总司令，积极组织抵抗外侮，直到逝世。

其二，成刚（1905～1964），又名应刚，别号应时。道林金华人。国民革命军第十四军军长，陆军中将。1942 年，他任中国远征军暂编第六十六军副军长兼参谋长，在 1944 年夏初滇西大反攻前夕他写下了一首明志诗：

天堑怒江我半倚，两军对峙决雌雄。
倭寇哪得越雷池，誓雪深仇今发令。
欲图报国各提师，沙场立业是男儿。

此诗极其振奋人心，一时六十六军几乎人人会颂，战场上个个争先。在他带兵入滇与日军作战的 262 天中，其部一路势如破竹，所向披靡，打得日寇落花流水，望风而逃。其中龙陵、芒市、遮放、畹町等战役取得的胜利，显示了中国军人同仇敌忾的抗日气概。成刚也由此受到了嘉奖，并获美国杜鲁门总统颁赠的勋章。

其三，罗裕庭（1888～1944），道林人。湘剧表演艺术家。著名的紫脸，曾与郭少廷齐名。曾祖罗万善，清代小普庆班唱工老生，擅长高腔。读四年私塾后随祖父罗德明学唱皮影戏。20余岁到长沙同春班正式登台。还是一位剧作家，创作了《刺恩铭》《黄花岗七十二烈士》《袁世凯逼宫》《蔡锷》等剧，还能配曲，打鼓，操琴，以至导演。其执笔创作的《倭寇毒》有着重要的影响。1937年抗战爆发后，他送独子罗汉超上前线，汉超牺牲，闻讯时他仍继续开脸，直至演完《牧虎关》，一出场就昏倒在台上。在梨园中，他有“及时雨宋江”的美誉。1944年所率抗宣二队在耒阳涌金戏院演出未及脱险困于城中，被日寇所抓，他横眉冷对严词骂敌，以身殉国。1948年田汉回湘，曾作五言长诗《湘剧感事》忆罗裕庭说：

寇氛逼耒水，裕庭罹网罟。
骂贼长桥畔，生气犹虎虎。

诚如我的朋友谢仲舒在《沩水赋》中所叹：

美哉沩江，脚步铿锵。天马翔空，飞凤朝阳。四海放歌，勇立潮头乘风浪。敢为人先，万里奔驰骋疆场。

正是这种奔涌不止，铸就了沩水流域人民勇往直前、前赴后继的精神。这让人不得不思考一个问题：这水的动力来自何处？

地理环境无异就是水循环的天然动力，却也是滨水而居的人们性格培养的关键，勇敢无畏、敢闯敢干、冒险挑战、宁折不弯……这些性格的养成，与水性极其相似。由此，重视人类居住环境的改善，也是一个民族民风习性改变的重要一环。

从这个角度来说，不是人定胜天，而是人定皈依于自然！

靳江：细雨孤帆背岳来

靳江，又名靳江河，古称“瓦官水口”、剑江（建水），为湘江下游支流。因河道经宁乡花明楼楚大夫靳尚墓前而名靳江。其发源有二：一是发源于湘乡市境内的万寿塘或大凫塘。明《一统志》记载：“靳江在善化县西二十里，一名瓦官水口，一名剑江，源出湘乡大凫塘，东北流经宁乡麻山，南七十里又东北入善化县界至黑石头注入湘，过楚大夫靳尚墓前，因名。”二是发源于湖南省宁乡县白鹤山寨子冲，自西向东流经宁乡县大屯营、道林、花明楼、双江口等地，再经湘潭县、望城区，然后于长沙岳麓区的柏家洲村附近汇入湘江。全长度87.5公里，流域面积781平方公里。其航道滩险有碍11处，牛车盘至双江口河道弯曲，河宽35米，最大洪水期可驶入小木船。从湘潭龟头市至望城许家洲42公里，河床宽80米，航道宽5米，每年可通航4~6个月，洪水期可航行6~20吨机帆船。从九江庙至颜家桥，由于河道裁弯取直，河床没有挖至航道深度，所以一般中水及枯水期通航困难。

清人张埴（康熙间湘潭人）有《出靳江往长沙溪行即景》一诗描绘其沿途景色：

之子港何之，曲潭流几曲。
两岸薜萝垂，半篙春浅绿。
草际野花香，鸳鸯暖自浴。
把钓忽惊飞，鱼小竿陆续。
旋取活流烹，引满酌醽醁。
颓然醉复醒，消受溪光足。

孙良贵（字邻初，号麓门，长沙人，乾隆进士，曾任常德府教授、甘肃安化知县等）也作有《靳江口》一诗说：

回望昭霞石，行看靳口迟。
寒波明藻荇，白石曝鸬鹚。
远客归何晏，逢人问岁时。
江梅含欲放，于役亦知期。

一、一个背负千年骂名的大夫

靳尚（？～前311），本名尚，战国楚臣，受封于靳江，世称靳尚，子孙以封地为氏，《通志氏族略》记载说："楚大夫靳尚，汉有靳歙，又汾阳侯靳强。"靳尚是郢（今湖北江陵纪南城）人。楚怀王十八年（前311），秦惠文王派张仪诱使怀王绝齐，怀王发觉受骗，欲杀张仪。靳尚接受张仪厚赂，通过怀王宠姬郑袖进言，张仪得以释归。他自请监视张仪，随同去秦，途中被魏人张旄杀死。

《战国策·楚策二》中做了如斯记载：

楚怀王拘张仪，将欲杀之。靳尚为仪谓楚王曰："拘张仪，秦王必怒。天下见楚之无秦也，楚必轻矣。"又谓王之幸夫人郑袖曰："子亦自知且贱于王乎?"郑袖曰："何也?"尚曰："张仪者，秦王之忠信有功臣也。今楚拘之，秦王欲出之。秦王有爱女而美，又简择宫中佳丽习音者，以欢从之；资之金玉宝器。奉以上庸六县为汤沐邑，欲因张仪内之楚王。楚王必爱，秦女依强秦以为重，挟宝地以为资，势为王妻以临于楚。王惑于虞乐，必厚尊敬亲爱之而忘子。子益贱而日疏矣。"郑袖曰："愿委之于公，为之奈何?"曰："子何不急言王，出张子。张子得出，德子无已时，秦女必不来，而秦必重子。子内擅楚之贵，外结秦之交。畜张子以为用，子之子孙必为楚太子矣，此非布衣之利也。"郑袖遽说楚王出张子。

楚王将出张子，恐其败己也，靳尚谓楚王曰："臣请随之。仪事王不善，臣请杀之。"楚小臣，靳尚之仇也，谓张旄曰："以张仪之知，而有秦、楚之用，君必穷矣。君不如使人微要靳尚而刺之，楚王必大怒仪也。彼仪穷，则子重矣。楚、秦相难，则魏无患矣。"张旄果令人要靳尚刺之。楚王大怒，秦构兵而战。秦、楚争事魏，张旄果大重。

在《战国策》中，靳尚被描述成了个贪财受贿、两面三刀、巧舌如簧的人物，让人觉得此人品性不好。但更重要的是，在古人的记载中，此人与著名的爱国主义诗人屈原是一对冤家，甚至屈原被流放，也是因为此人作恶。

《郁离子》这样记载——

屈子谓楚襄王曰："王之所以爱靳尚者，谓其善任使令与？夫国王国，民王民也，靳子有事焉，非王言不获，是楚人之听于靳子也，以王故。然则靳子无王不可也，而王亦何赖于靳子哉？今王委国靳子，食不由靳子则不甘于口，衣不繇靳子则不安于体，出号令不繇靳子则王心惘然以为不足，臣窃惑焉。昔商王受之任蜚廉、恶来辈也，惟王之所欲而奉之，揣王之心，度王之意，多方以迎合，自以为大忠于王，而不知为王集天下之怒，牧野之聚，王亡而身与之俱，亦何益哉？今靳子不鉴往辙，而王蛊是裕。王忱有德令，则靳子收其恩，曰："余实为之。"民弗堪命，则曰："余将若王何？"利究于下，而怨归于上。臣恐楚国之非王国也。"襄王大怒，放屈子于湘江之源。屈子去楚，楚乃大弱于秦。

此后，靳尚就成了奸佞、暗中使坏的小人形象的代表，绝大多数的文学作品中，都将其列为可憎可恨的人物，历代受人唾骂。清人周在炽（字而昌，号平山，宁乡人，乾隆举人）的《过靳尚墓》称：

人去几千年，荒坟靳江边。

江边一杨柳，系吊屈原船。

周存吾（宁乡人，举人，明经博士，曾主讲玉潭书院）更是在《靳尚墓》诗中说：

得宠休为恶，争功莫害能。
一抔黄土在，千秋骂不停。

民国的廖树蘅（1839～1923，字荪畡，宁乡人，曾主讲玉潭书院）也作有一首《上官屋场诗并序》，其序言称："靳水出湘乡万岁塘，十里入宁乡。受麻山水始渐大，其地有靳尚墓，水因此受名。前年有人于墓前掘地得古鼎，形制诡异，置暗室有光。静中隐隐作笙竽声，以为怪异，投之涧中，光响遂绝。江岸有废墟，土人称为'上官屋场'。至今田垅犹袭花园廊之称，当即尚之宅基。诗以纪之。"其诗曰：

春风十里闻鵻鸠，恶木森森围废宅。
至今犹被上官名，山水蒙羞湔不得。
上官当日最工谗，断送君王入武关。
湘上菟裘营窟穴，水边蒉绿害芝兰。
年深蚁蛭无人识，碧涧荒榛闪寒日。
惟凭父老说依稀，阶墄池台余旧迹。
青山一角翠烟荒，云是穷奇骨所藏。
土人发地得古鼎，云雷滃郁含宫商。
焉知不是殉葬场，使房同闭三千霜。
我来正值清和节，古翠新阴满林樾。
研毫江馆纪遗闻，留与他年补梼杌。

到现当代，这种骂声不断。郭沫若的历史剧《屈原》中，三闾大夫屈原是一个忧国忧民、以死殉国的爱国者，而上官大夫靳尚则是一个嫉妒贤能、卖国求荣者。当前正在热播的电视连续剧《芈月传》中，同样把靳尚刻画成了阴险狡诈的坏人。

其实，这些说法并不准确。首先，靳尚和上官大夫不是一个人。“上官”是复姓，“大夫”是春秋战国时诸侯宗族的称谓，上官大夫即姓“上官”的重臣。但他并不是靳尚大夫。“上官大夫”一词最早见于《史记·屈原贾生列传》：“上官大夫与之同列”，“上官大夫欲夺之”，“（怀王）疏屈平而信上官大夫”，“（令尹子兰）卒使上官大夫短屈原”。这里上官大夫之姓出现四次，但并未提到靳尚。《战国策·楚策二》靳尚姓名出现了六次，但没有提到上官大夫。《史记·楚世家》载：“张仪曰：‘臣善其左右靳尚，靳尚又能得事于楚王幸姬郑袖……”“靳尚谓郑袖曰”“靳尚曰”这里四次出现靳尚姓名，也没有提及到上官大夫。所以，可以肯定地说，无论是《战国策》还是《史记》都没有说过上官大夫就是靳尚，古代史学家不可能用完全不同的两个名称来记述同一个人。而相反，与之生活时间较近的汉人著作中，上官大夫和靳尚被看做二人。刘向《新序·节士》曰：“张仪之楚，货楚贵臣上官大夫、靳尚之属，上及令尹子兰、司马子椒，内赂夫人郑袖，共谮屈原。”王逸的《楚辞章句》上说：“同列大夫上官，靳尚妒害其能，共奢毁之。”班固的《汉书·古今人表》中，上官被列于“中中”，靳尚被列于“下上”，他们差两级，这应该是判断他们为两个人最重要的证据。

再次，靳尚并非陷害屈原之人。《史记·屈原贾生列传》有两次记载上官大夫与屈原之间争斗的事件。第一次是屈原“造为宪令”，草稿未定，“上官大夫见而欲夺之”，屈原不与，便馋谤屈原，使怀王“怒而疏屈平”；第二次是怀王被拘于秦，顷襄王继位后，令尹子兰“卒使上官大夫短屈于顷襄王，顷襄王怒而迁之”。在这里，司马迁已经很明确地告诉我们，上官大夫在屈原任左徒时就在任，顷襄王继位后仍在任，上官大夫第二次陷害屈原已是怀王三十年以后的事了，而靳尚在怀王十八年（前 311）就已去世了。

而公元前 278 年，屈原（62 岁）才投汨罗江自沉而死。这就很清楚，靳尚并非迫害屈原的凶手。

相反，靳尚是楚国的贤臣。从《战国策》的记载来看，在国家危难之时靳尚挺身而出，出使秦国，为捍卫国家利益以身殉国，这是一个极具忠义精神者才会做的事情。他既是楚王的心腹爱臣，曾经几次救怀王于生死之间，使怀王“食不繇靳尚则不甘口，衣不繇靳尚则不安于体，出号令不繇靳尚则王心惘然不足”。可见楚怀王对其之依重。靳尚又是博闻强志，明于治乱，深得楚国朝野信赖与敬重的重臣，正因此，他被刺身亡后才会楚王发兵，将士齐心为之复仇。靳尚还全力辅助楚怀王熊槐治理国家，力促联合楚、齐、燕、赵、韩、魏六国一同抗秦，并与苏秦一起促成六国君王齐集楚国郢都，结成联盟。没有这些功绩，楚怀王不会把最丰饶的靳江流域赐为其食邑，并让他以封地为姓。

也正因这样，治学严谨、在考古学上颇有成就的清代学者黄本骐（字伯良，号华耘，宁乡人，嘉庆举人，曾任城步训导）才会在《雨渡瓦官口》一诗中避而不谈靳尚：

阴翳漫江昼不开，蹇裳唤渡客装回。
寒流一线盘沙出，细雨孤帆背岳来。
云树微茫分甸郭，烟涛汹涌动楼台。
问情多被梅花约，又见东风两岸催。

其实，早有一些地方在为靳尚建祠立碑进行辩护。清时，南京栖霞寺周边的百姓，就将靳尚当做栖霞山神来拜。南朝僧人慧皎所撰《高僧传》已有记载，南朝文人江总《摄山栖霞寺碑》也有记载，都说南京栖霞山有靳尚祠，他的身份就是栖霞山山神。还传说，最初到栖霞山立馆定居的是一些道士，靳尚容不下道士，借机作祟，妖异横生，这些道士相继染病死去。后来，南齐永明（483～493）初年高僧法度来栖霞山立寺，他的高尚义行感化了靳尚。

靳尚持名纸来拜见法度，自愿为门徒，并受菩提戒。为了表达他的诚意，靳尚特地派人整治坎坷不平的山路，让寺僧行走方便。他送了钱来，又送了香烛以为供奉。更妙的是，他托梦给庙里的巫师，说他已经受戒于法度师傅，自今以后，就是佛门弟子，所以祠祀的时候不得杀生，庙里的供品只准用菜脯。另传说，梁武帝大同元年(536) 二月五日，山神靳尚再次现形：他头戴菩萨巾，身披袈裟，姿态闲雅。这次，他是专程来禅堂给寺众说法的。是故，清人王友亮的诗作《摄山》中有一联：“舍宅已传明处士，主山偏说靳将军。”这里的靳将军就是靳尚。

如今，更多的人呼吁为靳尚正名，山西师范大学历史学院教授、《山西档案》杂志社编辑仝建平，北京财经大学历史系教授杜靖，中国社会史研究中心，山西大学教授张俊峰皆提议对史书进行修改，莫再以讹传讹。

现宁乡花明楼还遗有古战国的城墙、望楼、护城河等遗址，被称为大夫堂遗址。纪念靳尚的大夫堂，位于花明楼镇西南 8 公里处，相传为靳尚大夫养老宅第，古块砖片垒砌的高墙、炮台尚存，绕墙而流的护庄河依稀可辨，院内百余亩原始森林，古樟、古枫、古松和奇花异草伴着气势磅礴、建筑宏伟的千年古宅，古树葱茏，遮天蔽日。

靳江河畔，也有百姓否定得名因自靳尚墓的说法。他们说，这条河叫靳江河是因为以前有个武艺高超的姓靳的得道和尚。当时，靳江里有条青龙兴风作浪，靳和尚为民除害下河擒龙，结果两败俱伤，靳和尚不治而亡。人们怀念他的功绩，把他削山填河之处称为坪塘，吸水枯龙之处称为含浦，他的葬身处被称为莲花，这条河自然就被叫成了靳江。而那条兴风作浪的小青龙游至靳江入湘江口时，也断了气，化身为了柏家洲。这种口口相传的故事，也一定程度上反映了人们对于传统认知的怀疑与否定。

二、四个充满诗情古意的小镇

靳水哗哗，九曲婉转，水清鱼多，鱼肉鲜美，而在古代更因水路运输发达，使所经之处留下了不少美丽的古镇。颇为有名者有四。

其一：大屯营镇。大屯营的名字，听起来特别有战争感。古代，这里还真是屯兵屯粮之地。相传元末明初，群雄逐鹿，陈友谅与明军决战鄱阳湖，战败后在武昌被杀。陈友谅旧部率众固守长沙，与元军、明军在湖南厮杀三年有余。陈友谅旧部沿靳江而上，望见尧基岭地势险要，易守难攻，后方有靳江河和殷塘河阻隔，只要守住尧基岭，敌人就无法攻破此地，是屯兵积粮的天然宝地，于是就在这里屯兵屯粮。大屯营之名由此而来。历史上这里曾设都司，故至今该乡群众都称集镇为“营里”。其地有屯营桥，乾隆时建。自古以来，大屯营集镇南来北往的商人往来穿梭、络绎不绝，为宁乡有名的商埠之地，有“小重庆”之称。

其地三仙坳南侧，有座海拔300多米的小山，称为高露山。刘少奇的启蒙老师杨节钦为之赋联说：“高筑露台，演千百载英雄往事；天钟福地，接七二峰衡岳大观。”山上古木葱茏，郁郁葱葱，从山脚抬头仰望，云蒸霞蔚，颇为壮观。山巅上有一巨石貌似麒麟，名曰玉麟峰。峰顶有一古寺叫天福寺，创建于唐贞观十五年(612)，后受清高宗（乾隆十年）厚赐，加以匾书于其寺门之上。清咸丰初年，当地年方19岁的才子丁鹏，有《九日登高露山放歌》一文，歌曰：

高露峰，横空矗，山顶白云封，山脚荒台绿。忽闻六代之骚仙，才子排闼从空来，山神为我洗尘埃。古松掷地波涛净，金菊披篱一径开。劬翠蹒跚不辞苦，马系道旁骚欲举。拔剑高歌戏马台，凌空飞递流霞杯。撞钟击鼓白日动，歌词纷奏如繁雷。公子醉，行未已，王孙去兮几时归？望美人兮不可见，但见此山、此水、此烟、此树、此碑、此诗，纵横络绎生蒿莱。今日良晏兮，明日复异地，还须一杯酒，化作相思泪。君不见，谪仙小儿九日踞高山岭，呜呜咽作秋风吟。眼前有景道不尽，手把茱萸谁复簪？

丁鹏因出众的文采被曾国藩赏识，后招至军幕，可惜不到两年染疫而死。

另有双狮岭，为宁乡一大名胜，因岭势如双狮并头而立得名。岭上古木参天，林丛中有八方屋场，建筑独具风采。同盟会会员，长沙辛亥革命时新军代表周恢初（字用宾）作同名诗说：

靳江流日夜，狮岭插云天。
岭下滚乌金，江中走木船。

与之相呼应的同荣村境内有南岸寺，寺内供奉朗公菩萨，人呼四老爷。庙门联曰："南风解愠；岸柳回春。"寺中建有一戏台，每年秋季皆有专门的戏班子来寺唱戏。旁有两副戏联，其一曰：

洞庭衡岳阵云横，看铁板铜琶，乐府翻成出塞曲；
高露麟峰秋色晚，听寒蛩鸣谛，繁声谱入太平歌。

此联是宁乡县旧民主革命志士、后任湖南省文史馆参事的许抱凡先生于1943年重阳日书写。另一副则是曾任贵州某县知县的刘迪斋所撰，联曰：

水带靳江，惟神濯濯厥灵，台阁擅峥嵘，献寿好翻新曲；
山屏高露，阅世年年相续，风光资点缀，佳辰莫负重阳。

这里更是全国知名的族学之地。最负盛名的是成、李、周三姓兴办的族学，所建祠堂在当地曾显赫荣耀一时。清末民国时期，靳水四乡以及韶山、湘潭等地不少学子不畏路途艰辛，慕名到此求学。其中，成族祠堂即今三仙坳中学，围墙全用方正结实的青砖砌成，厚达1米，异常牢固，房屋结构合理，分上下两栋，周围有抄手游廊，全用优质木材构造，上面雕梁画栋，精美绝伦，民国其鼎盛时期学生多达三百人。现在的宁乡九中前身则为周家祠堂。女教先驱朱剑凡毁家办学的故事在长沙流传甚广。

朱剑凡（1883～1932）即周达武之子，年仅18岁便负笈东渡日本留学，1904年回国，在周震麟主办的驻省宁乡中学任教。1905年，他将自己在长沙住宅的半边园林作为校舍，劝说母亲捐献财物，变卖妻子陪嫁的金银首饰、珍贵衣服，陆续出售乡间田产作为办学经费，并聘请周震麟、徐特立和日本的佐藤操子作教师，办起了“周南女校”，总计捐款（包括房地产折合）为111700银元。民国成立后，学校改称“周南女子师范学校”，后又更名为“周南女子中学”，规模日益扩大。该校自创办之初便重视教学质量，注重向学生灌输民主革命思想，先后培育出蔡畅、向警予、丁玲等知名人物。他的小女儿朱仲丽为中国共产党著名领袖王稼祥之妻、毛泽东的保健医生，次女朱仲芷则嫁给了共和国大将、海军首任司令员萧劲光。

还有一位热爱教育的人物叫汤菊中（1899～1990）。1943年秋，他想尽办法，说服族人在汤姓公祠祭田中拿出200多亩田作为办学基金，并将汤姓紫林总祠改为校舍，定校名为宗一中学，如今学校虽已不在，但其办学的故事流传不少。譬如，1944年日寇侵占了高露乡，办学被迫中断。同年秋，汤菊中与复兴中学一起，借流沙河何氏宗祠成立流亡的宗一、复兴联合中学（简称宗复联中）。当时由于交通阻塞，经费无着落，由汤菊中出面向县长陈敦和借稻谷300担作为办学经费。汤菊中自忖无力偿还，于是便借当时驻宁别动队指挥官何际元大宴宾客，县长陈敦和、新闻记者应邀参加之际，灵机一动。席间，汤菊中举杯极赞陈县长热心办学，慷慨捐稻谷300担的义举，并请新闻记者予以报道。语音刚落，众皆鼓掌，陈敦和一时语塞，只得应承已捐300担稻谷，学校因此渡过难关。

其二：道林镇。清同治《宁乡县志》载："道林，宋处士谢英隐居于此，卒即葬焉。以英抱道，名道林。"但近学者多以为，道林古时为交通要道之地，三湘佛教皆来此处弘法，有"道场如林"之誉，故得今名。还有说，周封姬姓亲族于道，公元前529年被楚国灭亡，道人迁移至湖北荆山，从此道国成为楚国臣民，宁乡道林系一部分道人由荆山南迁至此得名。

境内的黄茅大岭重峦叠嶂，山水相映，传奇轶闻令人神往。麒麟山在靳江北岸耸立，怪石林立，犹如麒麟翘首，其中一巨石光泽如镜，名"麒麟石镜"，镜内可观靳水风光和狮山秀景；更奇特的是山南雷打石有一石柱，为谢英读书处，《宁乡县志》载：

石柱山四周岩石林立，石柱山高耸其间，山形如台，方高两丈有余，顶宽平数丈，腰裂缝隙，有摇摇欲坠之势，临柱顶却有坚定不可动摇之感。

这就是"石柱书声"。清人郑维楠题诗说：

咿唔声入白云隈，几度弓旌召不来；
石柱嵯峨人已去，至今争认读书台。

该景致被列入"宁乡十景"。南岸树木葱葱，山峦俊秀，像一只雄狮卧于平川之上，故叫狮子山。

同时，这里又是明初江西老俵填湖湘的发轫之地，宁乡及周边地区七十多大家族如黄、何、刘、吴、周、蒋、张、袁、王、罗、廖、齐、成、杨、肖氏的祖庭皆始于此，民国时可祭祀的宗族祠堂多达百家。日寇入侵长沙，"文夕大火"将古城付之一炬，道林便成为了长沙城内许多达官贵人和平民百姓的避难之地。道林热闹繁华至极，一时被人唤做"小南京"，至今仍被当地人引以为荣。日寇平定后，有些人家便在道林安顿下来，蒙、温、明、池、包、施、詹、仇等姓氏都有根可寻就得益于此。

道林山清水秀，物阜民丰，历史上以"商贾重镇"著名。耐火黏土、矽砂、海泡石、煤矿、白云石等矿藏闻名全国。400 米长不到 6 米宽的道林老街，青砖修筑，分两段，当地人称上、下节街，如今已是难得一见的民国建筑遗迹。在这里，曾发生过多次战事，最有名的是 1916 年的“反袁驱汤”运动。当年 7 月 1 日，以醴陵人程潜为首的湖南护国军与旧军阀汤芗铭部激战于兹，汤军大败，汤芗铭在湖南近 3 年的残暴统治宣告结束。后为中华人民共和国国家主席的刘少奇也在这场斗争中初露锋芒，带领玉潭同学罢课游行，此后走上了革命的道路。而 1925 年，毛泽东和大弟毛泽民、妻子杨开慧及儿子岸英、岸青因在韶山开展农民运动，创办农民夜校，被湖南省长赵恒惕密令抓捕，毛泽东等在乡人帮助下于 8 月 28 日连夜经如意亭赶到道林，再改乘小船沿靳水去了长沙，成功脱险。再到 1945 年秋，王震、王首道奉毛泽东令率三五九旅主力组成的八路军南下，经道林时，在靳水河畔的莘田湾等地群众中开展抗日宣传工作，广播革命火种，石坝许家祠堂等地一度成为革命热土。

距镇不远处有烧汤河大桥，又名石灵桥。大桥全部是麻石砌成，宽阔气派，历经百年坚固如初。大桥 5 墩 4 拱，北端有 5 级麻石踏步引桥，护栏两端各有石狮一对，北侧还有一对鹿（禄）纹饰，护栏由 31 根立柱和栏板组成，立柱顶端均为莲叶瓣饰。站立桥面，晨看鸟啼莺飞、鱼儿戏水，晚观红霞落日、白鹭翩跹，水天一色，天然一幅美妙画卷，令人心驰神往。桥为清朝著名武将周达武所建。周达武是明朝皇室吉王朱见浚的后裔，年轻时因家贫在双狮岭下挖煤，后投湘军，受湖南巡抚骆秉章和左宗棠器重，屡立军功，成为湘军虎将。后官至提督加尚书衔，长期镇守贵州、甘肃边关，战功赫赫。周达武任提督后，回老家大屯营广置田地，建筑城堡式庄园，时人称：“宁乡大屋石家湾，三排九幢一百间。”也就是在这时，他为家乡建桥修路，造福乡人，其中就有这座石灵桥。

周达武的发达更是成就了靳水两岸子弟，他们或回籍起屋买田，或送子读书，或开铺经商，使原本闭塞的道林地区从此眼界打开，风气大变，人文鼎盛。周达武家族理所当然地成为了湖南近代著名的一个家族，他们在改变道林和宁乡的同时也改变和影响着整个湖南和中国。几十年后，从道林走出的“道林三鲁”——民国时期曾任湖南、江西、浙江三省主席的鲁涤平（1887~1935），抗日名将鲁渭平（1894~?，字咏生，曾任国民革命军第2军和39军副军长），曾创办靳江中学（即今宁乡四中）的民国教育家鲁荡平（1895~1975，字若衡，曾任多地《民国日报》负责人，北平民国大学校长、河南省教育厅厅长等）三兄弟名满天下。鲁氏子弟鲁实先29岁即为国立复旦大学教授，“娃娃教授”后来成为国学大师，至今令人赞誉。美学大师、道林人李泽厚的美学思想在20世纪的80年代影响了一代青年。道林的靳水两岸还将星闪烁，杨忠民、杨达璋、肖德万、肖金友等都是有名的将军。其他知名人物还有著名孔学家蒋沛昌、著名跨国企业家Nec通讯（中国）公司总裁鲁敢等。

其三：东湖塘。古镇如今不存。其地麻山村，是我国著名的乐器制造之乡。每每闲暇之时，茶余饭后，村民围坐一团，随着一声响亮的锣鼓咚咚，紧接着大小唢呐、笛子、竹引子、管、堂鼓、汉钞、锣、小锣、云锣、大筒、中胡、统胡齐齐上阵，在吹、拉、弹、打间，一首首格调清新、节奏多变的曲子便如和煦的江风吹入人们的耳膜，整个村子都沉浸在美妙的音乐声中。这就是有名的麻山锣鼓。麻山锣鼓曲牌格调清新，秀丽大方，节奏变化多样，富有一定韵律，并且每个曲牌都冠以形象生动的名字，或记事，或叙景。无论其名称还是音乐内涵，都表现了浓厚的乡土生活气息。2006年，宁乡麻山锣鼓成功申报进入省级非物质文化遗产项目。当地艺人杨奇所做的鼓、李科洪所做的唢呐，除在本省销售外还远销至台湾、贵州、韶关、江西等地。

东湖塘镇西山冲，是周氏家族的发脉之地。在明清时代，该族人才辈出。周策，任明朝贵县知县，断案精准，时人称“狄仁杰第二”。其子周采，明嘉靖八年（1529）进士，官四川布政使、云南巡抚，以清介著称，云南人誉为“周青天”。周采之子周耀冕，号存一，也是明朝进士，历任山东东平州守、延安府同知，以支持教育有知，逝世后著名学者、岳麓书院山长罗典为之作传。周耀冕之子周堪赓，字仲声，生于1590年，少年时刻苦好学，为天启五年（1625）进士，从福建福清县令做官至户部尚书。清顺治十一年（1654），湖广总督洪承畴专程前来探视，周堪赓不为己求，只望洪承畴为百姓减免负担过重的租税，洪允诺，减宁乡田租百余万担，县人闻之，无不感激涕零。周堪赓五世孙周硕勋是清乾隆举人，1756年由廉州知府调任潮州知府，他见邑治多水患，偕海阳知县金绅合海揭普潮四县官绅发起重浚三利溪，两岸御以灰堤，民多称颂；又重视修志，所修《廉州府志》《潮州府志》皆为宝贵的地方性资料。周硕勋后代中，还有嘉庆十三年（1808）举人、玉潭书院主讲周汇万，光绪年间贡生周福祥（周汇万子），道光年进士、灌阳知县周含万，清末著名的反洋教名士周振汉（1842～1911，字铁真，大屯营人），曾与蔡锷、蒋百里、张孝准并称“留东四杰”的陆军部中将顾问周家树（1879～1927，周振汉之子）等。

其四：双江口。据历史资料记载，明清时期，双江口镇共有五条街道，有大小两个水运码头，是宁乡县货物集散必经之地。河中百舸争流，河滩上有千百船只停靠，沿河一带有两百余米长、数十家精致的吊脚楼做一字排列，河中碧水清波，一派欣欣向荣，因而享有“小上海”之美誉。但正因为商业氛围浓，双江口也曾因商荒农，引起不少儒家学者的非议。清朝著名学者陶汝鼐在《双江逢船叟话旧》中云：“遥识墟烟处，双江照白鸥。几家疏莽住，孤寺劫灰留。隐隐但樵路，潭潭无钓舟。聊逢旧船子，悲叹话余愁。”王文清则曰：“家近双江口，双江古合流。溪光秋不断，岚气午方休。市逐鱼盐利，人荒稼穑谋。少微星的的，千里到菟裘。”

这里，历史积淀和人文底蕴厚重，孕育了全国人大常委会原副委员长、中国科学院原院长周光召（1929～），参加抗战胜利东京军事审判的中国检察官向哲浚（1892～1987，复旦大学、上海财经大学教授），抗日烈士周光彝（1910～1938，周光召堂兄，在南昌空战中勇撞敌机殉国）等名流志士。

双江口又是湖南省、长沙市闻名的粮食生产大镇，水田以种植双季优质稻为主，另种植油料、蔬菜等粮食作物和茶叶、柑橘、桃李等特产，素有“鱼米之乡”之称。整个乡镇似珍珠洒落在缱绻的自然景色之中，山水隐村落，村落连山水。一房、一坪、一路、一水渠、一农田构筑了诗意般的乡村画面，几千年沿袭的农耕种文化在这里大放异彩。近期新开发的农耕乐趣园——“稻花香里”是一个集农耕展示、农耕文化、农耕竞技、休闲娱乐于一体的现代生态农业科技项目。在这里，中老年人的记忆可以复活，熟悉的场景、熟悉的道具、熟悉的味道，可勾起无数人的乡愁，而儿童可找快乐、学知识。

三、一群赤胆忠诚的靳水汉子

靳水向以孕育赤胆忠诚之士而闻名，尤其是明清至民国时期，此流域内见诸史籍的忠义人士不下三百之众。分析之，一是与学士遗风有关，尤其是三国蒋琬、唐朝裴休、北宋吴猎、南宋岳飞与张栻等皆有后代于些扎根生存，家风传承，绵延十代；二是与读书入仕有关，宁乡人会读书的美名大概多出于此域，譬如明朝的刘端（道林人，后任西安知府）、吴爵（嘉靖中任福建兴化府训导）、吴绍周（嘉靖举人，官至蒙化通判）、吴道行（岳麓书院山长）、吴愉吴愨兄弟（崇祯末贡生）、袁经（弘治进士，辽东巡抚）等；三是也与交通便利，信息相对发达有关。

清末的湘军将领中，除却周达武，还有两位平定边陲叛乱的有功之臣。第一位是王定堃（1796～1865），字镇鳌，号方城，东湖塘人，道光九年（1829）武举人，官至甘肃提督，曾参与镇压太平天国运动和回民起义，转战苏浙晋豫皖陕疆等地。后来为平定分裂清朝国土的倭里汗和卓叛乱中立下大功而得擢升。第二位是黄万鹏（1832～1898），字搏九，号定坤，东湖塘人，曾随曾国藩与太平军作战，官至总兵，后在湖北镇压捻军，以提督记名，1870 年奉调赴陕西镇压回民起义，1876 年又从刘锦棠赴新疆，讨伐阿古柏，收复乌鲁木齐等地，次年再攻击达坂、托克逊乖，后来收复库车、拜城、阿克苏等地。

辛亥革命当中，靳水流域也奉献出了不少的英雄人物。其中最著名的是黄钺（1869～1943），又名幼蟾，黄万鹏之子。1905 年，他与黄易在湖南组织了新华会，并回宁乡以办矿办厂为名秘密组织革命机关，后被巡抚端方发觉，逃至上海，经黄兴介绍加入同盟会。1912 年，他在秦州起义，成立了甘肃临时军政府。袁世凯窃取革命果实后，他又参加二次革命，力反“洪宪”，策划陕西驱逐袁世凯爪牙，组织军队进行讨伐。1918 年任湘鄂豫招抚使，讨伐张敬尧。1922 年，参加讨伐陈炯明叛乱的战役。1924 年，任鄂北司令，秘密入京，推翻曹锟政府。1926 年参加北伐，任鄂豫边防司令，攻克武昌，击溃吴佩孚主力。还值得一提的是罗治霖，花明楼人，是晚清光绪朝的总督刘坤一手下的虎将。他看到了清政府的腐败，在广东公然支持辛亥革命，曾受黎萼之令前去香港欢迎胡汉民归粤，并于 1911 年 11 月 11 日协助胡汉民、林震、邹鲁等在广州成立广东军政府，改编北伐军，因“前朝宿老”的身份而备受人关注。

抗日战争中，靳水屡出战将，尤其是抗日远征军中，出现了齐学启、成刚两位骁将。齐学启（1900～1945），花明楼人，国民党新编第 38 师副师长，陆军少将追晋中将衔。“九·一八”事变爆发，齐学启率部驻防上海，率领宪兵第 6 团参加战斗，损失很大，但官兵们仍然斗志旺盛，一直坚持战斗。1942 年春，奉命自滇入缅，协助盟军作战。4 月 16 日，英军第 1 师及战车营在缅北仁安羌地区被日军包围达两昼夜，弹尽粮绝，岌岌可危，38 师奉命援救。齐学启率第 113 团星夜驰援，向日军一个大队展开猛烈攻击，将其击溃，把被围英军数千人从危难中解救出来。此役轰动了英伦三岛，取得了中国远征军入缅以来的一次重大胜利。之后，齐学启奉杜聿明军长命令前往卡萨指挥作战，因故与大部队失去联系。在曼西时，他收容重、轻伤员，寻找新 38 师部队。23 日在荷马林上游遭遇日军，面无惧色，沉着地对负伤官兵说："昔日成功，今日成仁，此其时矣。弹尽，各自裁。"后因中弹负伤被俘，拒不与日军合作多次自杀未遂，被解送至仰光战俘集中营服苦役。在狱中，他用中、英两种语言向同盟军战俘宣讲中外历史上忠勇之士的故事，鼓励他们战胜困难，坚定必胜的信念。1944 年 5 月，南京伪政府派陆军部长叶蓬等一行 12 人，前往缅甸劝降，遭到齐学启的怒斥，叶蓬等人并不善罢甘休，继而又以大量名贵的物品来利诱齐学启，同样遭到他的严拒。叶蓬于是策动战俘中的败类蔡宗夫、章吉祥等对其进行谋杀。1945 年 5 月 9 日夜，齐学启被章吉祥刺中腹部，因日寇拒绝为之治疗而于 13 日晚饮恨辞世。冯玉祥将军曾赋诗称赞说："师长齐学启，宁死不屈世惊叹。……壮烈足称中华魂，光辉史册万万年。"

成刚（1905～1964），又名应刚，别号应时，道林人，国民党第十四军军长，授陆军中将。1942 年任中国远征军暂编 66 军副军长兼参谋长，他带兵入滇与日军作战 262 天，一路势如破竹，所向披靡，打得日军望风而逃。特别是龙陵、芒市、遮放等战役，显示了中国军人同仇敌忾的抗日气概，深深鼓舞士气。1944 年夏，滇西大反攻即将开始的前夕，他在全体官兵前自吟明志诗："天堑怒江我半倚，两军对峙决雌雄。倭寇哪得越雷池，誓雪深仇今发令。欲图报国各提师，沙场立业是男儿。"一时，全军激昂，诗传各部。

蕲江更培养出了革命领袖与无产阶级革命家。这里讲的是两位。一位是刘少奇（1898～1969），中华人民共和国开国元勋，中国共产党和中华人民共和国的第一代主要领导人之一。刘少奇对革命事业忠心耿耿，他曾领导安源铁路工人大罢工等，是著名的工运领袖，也因此于1925年底被赵恒锡逮捕，后又因疑煽动工人罢工而为满洲当局批捕，但他并未害怕与退缩，而是以更饱满的热情投诸战斗。抗日战争时期创建和领导了华北敌后抗日根据地的工作，皖南事变后担任新四军政治委员、中共中央华中局书记，中共七大被选列为五大书记，解放战争时领导土地改革，并在1949年9月中国人民政治协商会议第一次全会上当选为副主席。新中国成立后，他积极投身于社会主义建设，在1959年4月的第二届全国人大会议上当选为国家主席。刘少奇忠诚于党和人民，无私无畏、至刚至韧地求真务实，扬长补短。1961年4月2日，刘少奇回到宁乡县，到了离家乡炭子冲仅10多里的东湖塘公社王家湾生产队，以生产队养猪场的一间破旧空房做办公室兼卧室，在这里一住就是6天，直观感受到了当时的农村生活的困苦。接着，4月12日来到了长沙县广福公社的天华大队进行调研。在此之前，已经有一个中央调查组，在这里调查了一两个月的时间，并认为，这是一个生产和生活都搞得较好的典型，并向中共中央作了报告。但是，刘少奇通过18天的调查，不仅发现了大队干部采取统一口径、弄虚作假，粮食连年减产，"共产风"、浮夸风盛行的实情，而且对人民公社食堂是否应予解散、供给制的好坏等都做了翔实的可行性研究，从而为中共中央制定下一步政策打下了良好的基础。他的这种一切轻车简从、处处为群众着想的作风，也传为了佳话。如今，蕲水河畔的花明楼炭子冲，建筑有刘少奇故居——这是一栋坐东望西、土木结构的内套四合院式房子，整栋建筑中间有3个天井，占地面积近800平方米，有茅瓦房30多间，建筑面积300多平方米，而属于刘少庭奇家的房子有21间半，余为刘少奇伯父家的房子。故居前面有一口水塘，房后有一抹低山，整个故居被一片郁郁葱葱的树林环抱。

另一位是欧阳钦（1900～1978），大屯营石家湾人。他在1919年3月首批赴法国勤工俭学，1924年加入中国共产党。1926年5月奉命回国任叶挺独立团见习军官，参加了汀泗桥、贺胜桥的战斗。大革命失败后转入地下斗争，1931年进入中央苏区，任苏区中央局秘书长。之后在红一军、红三军工作，长征途中被炸伤左胁、左臂。到达陕北后，调地方工作，任陕甘省委组织部长、工委书记，陕西省委宣传部长等职。抗日战争胜利后，任中共冀察热辽分局秘书长、土改团团长等。新中国成立后，历任中共旅大市委书记兼市长，中共黑龙江省委第一书记兼省长，中共中央东北局第二书记，第五届全国政协委员会副主席。他在干部路线上坚持五湖四海、任人唯贤的方针，团结同志，公道正派，严于律己，敢于批评与自我批评。“大跃进”中，某省某县大放“卫星”。他坚决不学样，说：“必须按照本地情况办事，那个县又不是我们的爹！”1965年11月全国批判《海瑞罢官》，他直言反对：“这样批判，以后谁还敢研究历史？”“文革”中，他惨遭迫害，独子也不幸死亡，他仍不屈服，始终不承认自己是“走资派”。有人为他赋诗说：“荦荦大端侪辈少，铮铮铁骨几人同。”

清人王闿运（1833～1916，湘潭人，晚清经学家、文学家，字壬秋，又字壬父，号湘绮，世称湘绮先生，咸丰二年举人）有一首《靳口新柳戏题》诗：

靳家溪畔柳千条，犹学当年郑袖腰。
访古伤春正惆怅，绿杨深处听《离骚》。

是的，靳江日夜在看人间的悲喜剧，她不动声色，只是按照自己的节奏，千万年来也在静静地演出自己的节目。我们看到的，往往只是惊鸿一瞥，但已经足够惊心动魄了。我们无法把蕲江的一部长戏完全看完看懂。那么，就坚守本心，放心大胆地展现自我吧。

滚滚东逝蕲江水，一首欢歌一曲泪，却不觉，她只付予了悠悠白云、青山倒影！想想，我看幽水多妩媚的自作多情，又是多么愚顽与矫作！

捞刀河：捞刀剪开湘锦绣

捞刀河，又名“捞塘河”、“潦浒河”，为湘江一级支流，也是长沙市第二大内河，发源于浏阳市石柱峰北麓的社港镇周洛村，流经浏阳市社港镇、龙洑镇、沙市镇、北盛镇和永安镇，以及长沙县的春华镇和黄花镇、开福区的捞刀河街道，于长沙城北洋油池汇入湘江。全长 141 公里，流域面积为 2543 平方公里。

一、源于一座峰，风景美如画

捞刀河的发源地——石柱峰，位于浏阳北乡社港镇与龙伏镇的交界处，距长沙城区约 90 公里，清乾隆时《长沙府志》称其“尖削如柱，壁立万仞”。石柱峰海拔高度 1359. 7 米，比南岳衡山还高出了 60 多米，是湘城方圆 80 公里以内的制高点。尤其处在浏北的丘陵地带，这个高度显得更加突兀，因此浏阳旧志又把它称为“石柱峰祖山”，突出了其重要的地标作用。

石柱峰古属金顺山，周围百余里，是连云山向西突出的一条主脉，东连大围山，北邻幕阜山，南接道吾山。其北麓的周洛洞，正是捞刀河的源头，“其洞四周旋绕，水多从山巅滃出作瀑布”，长宽各约十米的大水冲落山底形成水潭，声若洪钟，数里外皆可听闻，故叫钟鸣潭，潭口径约十米，深不可测，传闻甚多，周护铁栏，人近颇寒，脚麻目眩，可惜在1972年修公路时被毁，如今周洛洞开发成了漂流地，每年吸引的游客众多。其西麓的百岩洞、南麓的枫林洞，水皆流入捞刀河，四周景色优美，峭壁拔地，巨石冲天，尤其是从百岩河至风门口一段水落百米，石挡水回，白浪翻滚，涛声动地，令人惊心动魄。其东麓有宝盖洞，水流入浏阳河。春夏之交，石柱峰像一道屏障，把暖湿气流挡在山的南麓，因而形成了大量的降雨，据气象台的记载，石柱峰地区日降雨量可达400毫米以上，是江南有名的暴雨中心。石柱峰俨如一斗笠顶，水分四派，风来八面，观十六方气象，转瞬之变，景换千里——望朔方，荆楚山水连天碧，令人心旷神怡，清嘉庆年刊的《浏阳县志》称其“天清日朗，可瞰洞庭”，确实并不过分；山之阳，群峰竞秀，茫茫苍苍，隐约岳麓暮云垂，时隐时现的山岳给人以朦胧之美；山之右，万山低仰，村野起伏，捞刀河如脉如练，穿织其间，清人誉为“沙盘聚秀”恰如其分；山之左，连云山似万里长城，莽莽而来，蜿蜒似龙，有振风腾飞之势，胸中一时震撼不止。山势陡峭，雨水充沛，瀑布自然就少不了，石柱峰观瀑是大自然赐予长沙人的恩施。石柱峰的瀑布一级接着一级，总计有21级之多，其中最大的瀑布落差达80米，颇为壮观。更特别的是因为山上土壤中富含着微量元素硒，因此这里的瀑布水还具有很好的保健效用，据说可以防癌、防衰老，每年春末至深秋，在瀑布下及潭池中洗澡沐浴的人数众多，成为一道特别的风景。

石柱峰上古迹甚多，首先得数寺院道观。明时据传四周有48庵寺，可见其宗教兴盛之至。山左有传为孙思邈所用的晒药台，北有“后周诰封兵部袁侍郎”的铁铸茔冢，俗称铁坟坪，旧时堪舆师称之为“五龙捧圣”。西坡有一块葫芦状的花岗岩巨石，传为大禹治水所用，称之为拴船桩；还有云雾殿、祈雨灵台、龙王庙等古迹。

其中以龙王庙最为有名。龙王庙又叫玉皇殿，清乾隆以前称樱桃观，坐东朝西，位于海拔1059米处，规模宏大，原有麻石砌成的房屋48间，僧道各半。清乾隆《长沙府志》云：“樱桃观有井极深，水清冷，嘉靖二十七年县丞李潜颜其泉曰百汇。”该泉曾井喷达数尺，今盖青石板，上祀观音莲座，水经暗沟由后殿至前殿天井，构成井中有井的胜景。殿前并列三座拱形石门，依门鸟瞰，捞刀河及长沙平江风光尽入眼底。门前廊柱镌联说：

仰止高山与东大围南天马西巨湖共臻名胜；
降若时雨继商桑林鲁舞雩汉昆明毕荐馨香。

据说此庙来历甚古，原址在铁坟坪，时过千载，移来今址又已有1700年的历史，唐贞观、宋宣和、明万历屡有增修，为浏阳六大道观之一。经考证，道教的一大流派——起源于汉代的婴母教（以孝为核心内容）就是发祥于石柱峰。现在，玉皇殿周围的山坡上，还遗留了不少有名有姓的道士坟。清乾隆四年（1739），有贵妇人唐欧氏从古港到此进香，连人带轿被狂风卷走，杳如黄鹤。当局怪罪樱桃观妖道所为，下令毁庙，并令“永不复建”。传说当时庙内大小菩萨不翼而飞，古钟则到了岳麓山，是为“飞来钟”。清嘉庆《浏阳县志》有“樱桃观今已奉毁”的记载。因为毁庙，后来樱桃观（民间）与当局（政府）打了很长时间的官司，但结局是可想而知的，至清道光年间才改头换面在原址修建了龙王庙。

玉皇殿往上走一千米左右就是山顶。山顶面积不大，东西长只有二三十米，宽则只有几米。在当地的传说中，因石柱峰多雨，伏羲便认为此处为“天漏”，嘱女娲在山上炼五色石补天，所以山顶又被称为补天台。天晴的时候，山顶是眺远的好地方，据说北可及洞庭，南可望长沙，不过，由于雨水多，这里经常云雾缭绕，因此往往看到的是一片茫茫白雾，就像传说中的天境一般。顶有石殿石神，原有五间铁瓦三清殿，始建于秦，扩建于汉，民国后彻底失去墙基。

石柱峰为花岗岩基，与长平红色盆地相邻，两者之间断层明显，地质构造复杂，既有丹霞地貌，又具武陵风光。西出风门口不到一公里，有突兀的怪石林立，寒树虬枝，极见古意，因其山形像牛，首南尾北，翘角俨然，故称为石牛寨。旧时《湖南通志》《长沙府志》皆有记载，“峭壁天悬，窄径一线，上有平野方塘”，“土人御乱，立寨此山。”清嘉庆《浏阳县志》说：“己未碑，在县北石牛寨，相传宋理宗时土人结寨避寇……”除石牛寨外，又有万宝山瀑布、社港拳头山等胜景。从泮春入风门口，则可经虾子石、簺丝潭、天子屋场、烟坪等景点；而从大洛潭口经周洛陈家祠堂、黄花坪而登攀时，有夜合山、香炉山、石船、周洛古塔等景点可观。山峰下的龙洑镇，有两个建筑堪可一提：一是新开村的沈家大屋，砖木石混合结构，小青瓦屋面，清同治四年（1865）始建，是晚清江南民居建筑群的标本；二是培文村（现属坪上村）境内武家桥头红石岩上的培文塔，为“保水口，振文风”于清同治八年（1869）由乡绅沈少白倡建，造型古雅，独具一格，七层八方，高 15 米，主体全部用石块青砖、三合土垒砌而成，内壁安有五十四级青石板跳梯，攀级而上可达七层，顶端本无土壤，却生长着一株高约 3 米的胡椒树。

优美的自然景观处，往往伴随着更多的人文景致。捞刀河是条滋润文化的河流，石柱峰就是捞刀河文化的根——这主要表现在其两个文化特质：一是崇尚忠勇，二是弘扬孝道。代表性人物，前者为焦达峰，后者有周其凤。

焦达峰（1886～1911），原名大鹏，字鞠荪，北乡焦家桥人，“达峰”为其在日本时的署名，近代著名的民主革命烈士。他出身于富裕的地主家庭，人极聪慧，4 岁入私塾，9 岁即能作诗，入读浏阳县立南台高等小学堂后接受新知，因不满清廷腐败颟顸，逐渐产生反清思想，16 岁时经人介绍加入洪福会。1905 年，羡慕日本以明治维新走上富国独立之路的焦达峰自费前往日本留学，在东京东亚铁道学校学习铁路管理与爆破技术。日本留学生活开阔了他的视野，也促使他走上了革命道路。8 月同盟会成立，焦达峰加入同盟会从事会党联络工作，1906 年奉黄兴之命回湘参加萍澧浏起义，担任浏阳会党铁血军总司令李金奇的联络参谋。起义失败后，焦达峰遭清廷通缉，只得逃亡日本。1907 年，焦达峰担任同盟会调查部长，成为其骨干。1909 年初，焦达峰奉命回国筹划起义，4 月在汉口设立共进会总机关，8 月又在湖南成立共进会机关。1911 年 4 月广州黄花岗起义前，焦达峰在湖南策划准备以响应之。但是黄花岗起义惨遭失败，焦达峰只好和杨任等人前往武汉与孙武等商议两湖共举义事，订下“长沙先发难，武汉立即响应；武汉先发难，长沙立即响应”的盟约。7 月，焦达峰回湘，加紧联络新军及巡防营工作，并说服立宪派共同合作。武昌起义后，焦达峰与陈作新于 10 月 22 日在长沙领导新军起义，因提前做好了内应工作，起义军兵不血刃占领长沙。次日，湖南军政府成立，宣布脱离清廷独立，焦达峰被推为都督。31 日，长沙北门外和丰火柴公司发生了挤兑风潮，焦达峰命陈作新前往查看处理，毫无警惕的陈作新刚至北门铁佛寺即被新军管带梅馨杀死。随即，梅馨又指挥所部冲进都督府，焦达峰被执杀于都督府门外。而事前，曾有人劝焦达峰暂避，他却浩气凛然地说：“余惟一身受之，毋令残害我湘民；且余信革命终当成功，若辈反复，自有天谴。”后身葬于岳麓山，刘人熙为其题墓碑称为“浏水坠泪之碑”。同盟会会员、宁乡人成邦杰高度赞扬其一生，作挽联云：

抱关亭要扶汉襟期，一鼓定长沙，过古吊桥应有感；
同岳少保吞胡气概，三字成冤狱，读南京史能无伤。

周其凤（1947～），龙洑镇人，著名的化学家，中国科学院院士，主要从事高分子合成及液晶高分子方面的研究。1965 年考入北京大学化学系，1970 年留校工作；1981 年 9 月于美国麻省大学获得硕士学位，又于1983年2月获得博士学位。1983年5月起在北京大学化学与分子工程学院任教，1990年被聘为教授。2008年至2013年担任北京大学校长。2012年7月13日他回老家为母亲庆祝90大寿。母亲80大寿时，周其凤因工作原因未能回家给母亲祝寿，母亲90岁当天，看到自己11岁那年暑假辍学母亲带着他前往石柱峰挑杉树皮还清旧账的碟片，周其凤情不自禁长跪在母亲膝前痛哭流涕。曾有人怀疑其是炒作，但周其凤在当年7月30日为新生代产业工人作演讲接受同学提问时明确表示，自己老家民风淳朴，他的目的很单纯，就是为了给母亲过生日，让她高兴，这就是最大的幸福。如今，周其凤给母亲拜寿已经在长沙地区传为美谈，很多家长都拿这件事教育孩子要孝顺长辈。其实，周其凤早就写过歌表达过自己对母亲的感恩之情，

2010年，他曾写了一首《唱给妈妈的歌》，歌词说：

今天是你的生日/孩儿不能回家/不是孩儿不牵挂/不是孩儿不想妈/世上让儿陶醉的是你温馨的气息/给儿力量的是你轻柔的双手/催儿奋进的是你期待的目光/还有你绵长的唠叨/就像孩儿总也没有长大……

2012年，他又作了一首《妈妈的油茶果》：

在山溪旁的油坊里/水车吱扭吱扭地旋转着/妈妈背回的茶果哟/榨出了滴滴香油，留下了饼饼茶枯/洁白的油茶花开了又落/化作妈妈年年的果/油茶果的背篓里/装满着妈妈的希望，妈妈的我/在我远行的日子里/妈妈一天一天地变老着/妈妈捎来的茶油/炒香了我的饭团，陶醉了妈的爱抚啊/在高山深处的悬崖陡坡/长着妈妈的油茶果……

还要捎带提一下捞刀河流经的长沙县春华镇。春华是全国闻名的农业先进乡镇，袁隆平的杂交水稻试验田就在这里，更早之前的明朝初年此地与宁乡的道林是江西人填湖湘的接收重镇，因而湖南

各地不少大姓氏的祖庭就在春华。而更引人关注的是，它是新中国成立后农业文明的缩影——1949 年 8 月 3 日晚，在此地的恒丰楼，人民解放军与国民党长沙起义军签订了和平解放长沙的协议，使春华成为了长沙地区第一缕阳光照到的地方；20 世纪 50 年代，中共湖南省委在春华办点，召开忆苦思甜会，此地人石功前的活人碑因与《白毛女》中情节类似，引得许多地方的领导干部前来学习参观；还是 50 年代，此地办起了武塘农业合作社，成为全国最早的合作社，毛泽东主席曾作过 1759 字的长篇批示，引发全国性的学习热潮，现还存有武塘纪念亭；1956～1958 年，为了学习苏联的农业，全国办起了三个知名的中苏友好集体农庄，春华九牧农庄即是其中之一，也是湖南唯一的一个，中苏亲密关系破裂后，此农庄又成为湖南省“反修”“防修”的前沿基地，省委第一书记亲自驻点；这里还存有湖南省委的第二大院——抛砖屋场旧址，张平化在此驻点时所建，民主人士熊瑾玎为之取名，华国锋在此种过红薯，王震扮过禾、修过春华渡糟、红旗水库、茶园，毛致用在此插过田，陶铸送过稻谷，周立波常在此采访农民；此地曾是全国制定农业生产纲要最早的地方，曾因过吨粮而获永久性金杯，被誉为“农业战线上的一面红旗”，世界粮农组织多次来此访问参观……

二、缘于一场战，刀剪特精彩

原长沙县捞刀河镇、现开福区捞刀河街道以生产工艺小商品著称，其中最有名的莫过于捞刀河刀剪。“捞刀河”刀剪与北京“王麻子”、杭州“张小泉”刀剪齐名，自明末以来畅销于世，被评为国家优质产品，其特点是开合和顺，刃口锋利，经久耐用，造型美观。

以前，家庭式的手工刀剪作坊，在捞刀河边遍地开花，煤炭、炉火、大锤……是很多孩子熟悉的记忆。三百年前，长沙南门有老董同兴店铺专营刀剪，享誉国内，其作坊即在捞刀河一带。后仿者纷起，新董同兴、真董同兴、老董同兴、老老董同兴、真真老老董同兴等，不下二十家。以前捞刀河上没有桥，打好了刀剪，手艺人会乘船渡河，到现在的伍家岭一带摆摊卖掉。到二十世纪七八十年代，手艺人打的刀剪，一般都有人上门购买，但还是有人渡河卖刀。当时手工打制刀剪都用炉火，要用风箱鼓风烧旺，敲打整样，还要两三个人配合，一人掌钳，另一人抡锤敲打。1953 年，公私合营风潮来袭，捞刀河附近的刀剪小作坊合并成立了长沙市捞刀河刀剪厂，当地很多的打刀好手变成计件计时拿工资的工人。1964 年，全国产品质量检查大评比，捞刀河刀剪荣获第一名，北京王麻子第二，杭州张小泉第三，捞刀河刀剪从此闻名全国。1988 年后，刀剪厂进入快速发展期，也成为其历史上最辉煌的年代。随着加盟店突增，捞刀河刀剪厂年产值最高有 1000 多万元，职工有七八百人，刀剪行业的大师名流在这里进进出出，一时蔚为壮观。厂里最具有标志性的是两把巨大刀剪，从早到晚机器轰鸣。厂里分工很细，不仅刀、剪生产分开，按生产工序，还分成了机修、冷作等多个车间，流水线操作，车间里的炉火，总是烧得很旺。刀剪厂也吸引了不少踌躇满志的青年从外地赶来，他们和捞刀河本地村民聚居起来，慢慢发展成了如今的捞刀河社区。然而，快餐式的生产方式，导致产品也变成了快餐，跟不上时代节奏的捞刀河刀剪厂被迫改制，但遗憾的是，1997 年的改制因为酝酿不够、准备不充分等原因，没有获得理想的效果，刀剪厂业务开始下降。到 2005 年，刀剪厂大部分工人都下岗了，厂部业务也被承包出去，生产规模急剧缩小，产品规格只余 100 多种……不少手艺人又开始了重新创业，重拾祖辈的手艺。如今，这些手艺工艺，成为了珍贵的文化遗产，正受到越来越多人的重视与关注。

人们说，捞刀河刀剪之所以出名，是因为沾了关老爷宝刀的锐气——这也是捞刀河得名的缘由。

这事得从三国时的吴蜀说起。长沙是东吴孙氏发迹之地。孙权之父孙坚原任长沙太守，董卓窃国后他率先讨伐，因而唐人有“天下起兵诛董卓，长沙子弟最先来”的诗句流传。191 年，孙坚身亡，其子孙策结交高级士族周瑜，将孙坚旧部带至江东，得吴会稽五郡和庐江郡（今江西境内），建立孙氏政权。孙策死后，其弟孙权继位。208 年，曹操击破荆州刘表。刘备与孙权结盟，同谋赤壁大战击破曹军，定魏蜀吴三国鼎立之局面。赤壁大战后，刘备巧用诸葛亮之计，先后夺取荆州和襄阳，继而挥师南下，取零陵、桂阳、武陵和长沙四郡，这时吴蜀之间的战争就不可避免了。罗贯中的小说《三国演义》第五十三回写关羽战长沙，十分精彩：书中说，关羽来取长沙，将守将杨龄一刀斩于马下，韩玄令年近六旬的大将黄忠出战。两马相交，战一百余回合不分胜负。韩玄见天色将晚，恐黄忠有失，乃鸣金收兵。第二日，两人继续大战。五十回合后，关羽正欲使拖刀计，黄忠忽然马失前蹄，被掀倒在地。关羽本欲一刀砍下，但觉如此赢了不光彩，便饶了黄忠，让他回去换马前来再战。第三日，韩玄坐在天心阁城上，观二人继续大战。关黄二人战了三十余回合，黄忠诈败欲用箭取，但想起关羽昨日不杀之恩，便空拽两次弓弦。不想，关羽以为黄忠不会射箭，便放心追赶。这时黄忠一箭射中关羽盔顶红缨。关羽带箭回阵，方知黄忠射法非凡。韩玄见状，以为黄忠有叛逆之心，大怒，欲斩黄忠。

民间传说，关羽被射中红缨后大吃一惊，带箭回寨路经长沙城北一条叫涝溪水的小河时，因还在思考与黄忠的大战，走神之际竟把手中的青龙偃月刀落入河中。宝刀上镶嵌的青龙，入水而活，带着宝刀逆水而上。幸得门将周仓跟随关羽多年，深知青龙偃月刀的性能，便一头栽入水中，一口气逆水追了 7 里，才将宝刀捞上来，于是人称此河为“捞刀河”，落刀处为“落刀嘴”，上游七里之处的小镇为“捞刀镇”。大刀捞起来后，关羽发现刀被河石碰缺了口，心中甚为不快。义子关平便请来远近闻名的磨刀剪好手罗铁匠为其磨刀。罗铁匠准备就绪，适逢老天下雨。雨水顺着帐檐流下，正好当磨刀水。他整整磨了三天，终于在农历五月十三日把刀磨好。后人就把这天叫做磨刀日，这天下的雨叫磨刀水。自此以后，罗铁匠名声更大，他住过的地方被叫做“罗汉庄”。望城县的铜官，以及云母寺、半边山、勒马山、吊马界、箭头冲等一系列地名，相传也与关羽南下长沙与黄忠会战有关。

如今，这些与关羽有关的难辨真假的名胜古迹与始建于唐代的铁炉寺和清真寺，还有沙坪湘绣一条街、野云渡、汉回村等，成为了长沙市民向往的观光、休闲旅游胜地。其实，根据史料，肯定与关羽相关的物产却是另一种，即捞刀河镇烧制的砖瓦，曾经捞刀河运到长沙修建当时关羽驻守的现叫做天心阁的原长沙城墙。

附带讲一下。吴蜀的这番争斗，在长沙的湘江两岸及外围的资水河畔留下了许多古迹，如关公渡、甘宁渡等古渡口，以及鲁肃驻扎水军的据点和太史慈屯聚陆军的要地。在长沙县现安沙、北山的交界处，还有一座汉家山，是全国用山来纪念刘备的唯一一座，原建有汉山庙，后改名为召烈帝祠，供奉有刘备及五虎上将的全身塑像，惜“文革”中被毁。

再说一下。捞刀河就像一把刀剪，确实曾剪断侵略者的手足。最近百年内，最有名的当数 1941 年底的第三次长沙会战。根据前两次长沙会战的经验，当时的第九战区司令长官薛岳制定了“天炉战法”，即选定新墙、汨罗二水间为伏击、诱击地带，捞刀、浏阳二河间为决战地带，为此，国民革命军第 79 军第 98 师官兵被派至扼守捞刀河。12 月 30 日，4 万日军分两路进攻，企图跨越捞刀河扑向省城长沙。98 师官兵毫无畏惧，师长王甲本身先士卒，亲临前线指挥和督战。凭着坚固的阵地以及岳麓山炮火的支持，战斗持续了两天三夜，我方主阵地岿然不动，日军则遗尸遍野，伤亡甚众，不得不狼狈撤退。98 师展开追击，王甲本率第 294 团猛追日军至汨罗江北岸，杀敌无数，缴获甚多。战后，他将日寇尸首集中埋葬，并立有“倭寇万人冢”石碑。捞刀河一役，98 师虽重创日军精锐，但本部亦伤亡上千人，为此王甲本在长沙城北的秀峰山修筑陵园，并题字“是为国殇，能撼大患”。遗憾的是，1958 年大办水利和 1959 年修建京广复线工程，陵园全部被拆毁了。

三、渊于一捆丝，绣出三湘事

除刀剪外，捞刀河最有名的特产就是湘绣了。

湘绣起源于长沙的民间刺绣，又称长沙绣，与苏绣、蜀绣、粤绣并称中国四大民间刺绣，是以长沙市为中心的手工艺产品刺绣的总称。湘绣形成的起因是都市流通市场的需求和文人绘画的不断参与，而在长沙城区，随着众多绣庄的设立和湘绣技艺的发展，城镇和农村妇女从事刺绣者逐渐增多，又为湘绣的发展奠定了良好的基础。现长沙县东乡的袁家冲，开福区的沙坪，浏阳市的东山、圭塘，岳麓区的渔湾市、溁湾市、三汊矶，宁乡的朱石桥，当是湘绣最早的发源地。湘绣主要以蚕丝、纯丝、硬缎、软缎、透明纱和各种颜色的丝线、绒线绣制而成，特点是构图严谨，色彩鲜明，各种针法富于表现力，通过丰富的色线和千变万化的针法，使绣出的人物、动物、山水、花鸟等具有特殊的艺术效果。在湘绣中，无论平绣、织绣、网绣还是结绣、打子绣、剪绒绣、立体绣、双面绣、乱针绣等，都注重刻画物象的外形和内质，即使一鳞一爪、一瓣一叶之微也一丝不苟。从 1958 年长沙楚墓中出土的绣着龙凤和堆花的丝绢被等绣品看，早在两千五百多年前的春秋时代，湖南地方刺绣就已有一定的发展，工艺水准之精湛令人叹为观止。而 1972 年在长沙马王堆西汉古墓中出土的结构以平纹、斜纹、罗纹为主的四十件刺绣衣物，尤其重仅 49 克的素纱禅衣和织造工艺最为复杂的绒圈锦，说明西汉时代人们已经掌握了完备的缫丝技术，印染工艺也较为发达，湖南地方刺绣已发展到了较高的水平。到清代，长沙民间刺绣更为普及，嘉庆十五年（1810）的《长沙县志》载：“省会之区，妇女工刺者多，事纺织者少，大家巨族的钿锦相侈尚。”

刺绣在长沙形成商品性专业生产始于咸丰年间。长沙县东乡袁家冲的魏氏，被公认为湘绣的鼻祖。她自幼酷爱刺绣，天资聪颖，对传播刺绣工艺，发展刺绣生产建有殊功。她先在东乡袁家冲、沙坪一带授徒一百余人，以后又往来于渔湾市、渠湾市、三汉矶一带授艺，刺绣遂成专门行业。长沙市第一家绣坊招牌，当推湘阴人吴健生之妻胡莲仙于光绪四年（1878）在长沙天鹅塘挂出的“绣花吴寓”招牌，后迁尚德街，改挂“彩霞吴莲仙女红”的招牌。光绪二十四年（1898），胡莲仙的儿子吴汉臣在长沙开设第一家自绣自销的“吴彩霞绣坊”，因作品精良，流传各地，湘绣从而闻名全国。次年，袁家冲魏氏之子袁瑾荪在长沙八角亭开设锦云绣馆。随后，长沙城内相继开设了“春红簃”、“梁玉霞”、“李协泰”、“天然”等绣庄，这些绣庄有较雄厚的资本，采取店外加工、工商合一的经营方式，使规模化生产基本形成。当时的长沙沙坪和今望城霞凝，是这些绣庄的生产基地，多数农家妇女以刺绣为业，有“绣乡”之称。到清末，长沙绣庄已经达到26家，绣工逾万，年生产绣品可达两万件。不少绣庄还在上海、天津、北京、武汉、沈阳等地分设分庄。

在近代湘绣发展史上，不得不提两位人物，他们为湘绣作出了特殊的贡献。第一位是平江绣女李仪徽，她吸收苏绣、粤绣的某些优点，于光绪初年首创“掺针”和“鬅毛针”绣法，胡仙莲和袁魏氏等绣品的畅销也得益于李的绣法。掺针法利用不同色线互相交错，参差不齐，且不留痕迹，使刺绣的色彩绚丽多姿，画面真实细腻，能极大地提高其吸引力。鬅毛针是绣老虎的独特针法，所绣之虎，虎毛刚劲直竖，力贯毛端，宛如活虎。第二位是画家杨世焯。杨世焯是宁乡花明楼人，他长期深入绣坊，绘制绣稿，将中国画的笔情墨趣融会于绣稿之中，对近代湘绣风格的形成产生了显著的影响。1904 年，杨世焯移居长沙，开设了“春红簃”绣庄，兼授门徒，自产自销，名声大振，其作品名家争相收藏。1941 年刊印的《宁乡县志》称：“世焯工绘花鸟草虫，晚年间尝作画稿，教人刺绣，得其专者，肖妙入神。绣像尤工。湘绣之驰名中外，实世焯昌之。”宣统二年（1910）的南洋劝业会上，湘绣获得极高好评，言其人物“惟妙惟肖”，山水“浑笔墨于无痕，不审视不知其为绣画也”，“字格簪花，迹灭针线”；次年，又在意大利都郎博览会上获得最佳奖。20 年代，湘绣艺术家李凯云设计了孙中山先生的湘绣棺罩。1933 年在美国芝加哥举行的国际博览会上，长沙锦花丽绣庄送展的杨佩珍绣制的一幅美国总统罗斯福的半身湘绣像，一时在会上引起轰动，传为佳话。该绣像现藏于芝加哥亚历山大博物馆。此后，湘绣在技艺上不断提高，成为蜚声中外的刺绣名品。20 世纪 30 年代，湘绣产品 1/3 出口。1935 年《西湖博览会总报告书》“绣品”一节中，湘绣就占了一半的篇幅。

湘绣题材广泛，风格多样，绣品丰富多彩。为了适应市场需求，其产品开发从衣物被服转向绣片，最初以中国水墨画片为突破口，绣制梅兰竹菊的屏风和挂画，正赶上当时家庭装修出现复古风，木质家具走俏，这些绣画也随之畅销。紧接着，工艺家们又尝试国画静物小品、人物小品的绣画，同时开发出大量新的针法，以适应新的绣品与绣种，从而将现代湘绣发展到与现代居室装饰、现代艺术密切相连的纯艺术品。而为了顺应人们在礼仪上的要求，各绣庄目前正在开发包括手绢、贺卡、丝巾、年历等在内的大量礼品，使人们在方寸之中体会湘绣艺术的精美，成为人们传达情谊的载体。

湘绣的“绝招”要数 20 世纪下半叶的双面全异绣。它在一块透明底料的正反两面，绣制出两个主题、构思、色彩、针法各异的物象。例如，一幅《狮虎》座屏绣品一面是一只仰天长啸的上山虎，而另一面是一只低首夜行的下山狮，一上一下，正面的虎头转到反面变成了狮尾，两面的形象迥然不同，令人瞠目。再如“花木兰”绣屏，取材于《木兰词》中的名句，一面绣的是“万里赴戎机……寒光照铁衣”，一面的绣的是“当窗理云鬓，对镜贴花黄”，不仅出色地反映了木兰女扮男装、披坚执锐的英雄形象，又反映了“脱去战时袍”身着女儿装的少女娇态，形象因对比而更加生动。

当今湘绣研究与制作特别出名的机构有三：一是湖南省湘绣研究所，所内集中了包括五位全国工艺美术大师在内的一大批专业技术人才，其用“鬅毛针”精心研制的《雄狮》《饮虎》等湘绣精品荣获中国工艺美术百花奖金杯奖，超级绣品双面全异绣《杨贵妃》《望月》，大型双面绣《群仙祝寿图》《百鸟朝凤·洞庭春色》等曾获高度赞誉，2002 年 2 月该所研制的《布什总统全家福绣像》以江泽民主席的名义赠送给来访的布什总统夫妇，获得了中美专家的一致赞赏。数年来，该所以湖湘文化为底蕴，博采众长，打造出了以“金彩霞”为品牌的湘绣产品系列，受到广大顾客的认同。二是星沙湘绣城，是全国最大的刺绣产业生产基地。三是金霞湘绣城，2009 年 5 月被中国文联和中国民协授牌为首家“全国非物质文化遗产保护研究基地”。

除却美景、刀剪、湘绣外，捞刀河还有很好的美食。长沙县就流传着“麻林桥的豆腐，大鱼塘的鱼”这种说法。《大清食话》记载：光绪年间，清朝宫廷兴起食鱼热潮，一位来自长沙府的李姓御厨制作的“酸菜鱼”因“器具绝、工艺绝、配方绝”和“鱼绝、味绝、营养绝”受到了皇宫贵族的倾爱，被圣旨御封。从此 300 多年间，李姓家族代代为厨，并将此道菜肴传承了下来。

长沙城东北 20 多公里的捞刀河北侧岗地上，有我国目前唯一保存完整的坤道观——河图观，是由武当山龙门十五代道长易本立于清同治二年（1863）所创建。观院占地 5400 平方米，门联为“紫气银河龙门洞天，奇经妙图琅嬛福地”，后山门上又有清翰林肖荣爵书写的对联“栖云耐寒暑，采药无冬春”。大殿前栋左为灵祖殿，右为邱祖殿，中为殿门。过厅沿级而上，进入正殿，里面供奉吕祖像，为道众早晚上殿的宗教活动场所。坤道观是女性道士的居所，而疗理女性生理经络正是此观玄医秘方济世救人的主方。有趣的是，中国历史上的著名女道士，基本都是以行医著称的，如第一位女道士晋朝的魏华仁，唐朝的何仙姑、李冶、王妙想、李凤仙、张润玉等，皆是如此。更巧合的是，水性阴，临水而居的道观，多能长年存活，尤其是由女道士主持的道观。这岂不是天佑坤道观吗？

再想，刀剪也是以为女性设计为主，做厨者日常生活中多为家庭妇女，刺绣的主力军也是女儿身，粮食农业生产乃是母系氏族社会遗留的珍贵财产——捞刀河，岂不是一条女性河、母亲河吗？这种贴切的称谓，真是耐人寻味。

第三编 城之韵

麓山寺：静照无言谢一灯

坐落在岳麓山古树丛中即东经112度94分、北纬28度18分左右的麓山寺，又名鹿苑、岳麓寺、慧光寺、万寿禅寺，是佛教入湘最早的遗迹，现为湖南省重点文物保护单位和湖南省佛教协会驻地，全国重点佛教寺院。它左临清风峡，右饮白鹤泉，前瞰深壑林海长岛湘流，后依禹碑风云赫曦丹枫，有“汉魏最初名胜，湖湘第一道场”的美誉。

该寺创建1700多年来，曾六度毁于战火，最近的一次是1944年毁于日军侵犯，仅存山门和藏经阁。1986年以来经政府抢修，殿堂现已修复。

入麓山寺大门后可见放生池，前进为弥勒殿，佛台上供弥勒佛像，佛像庄严慈祥。弥勒殿左有钟楼，右为鼓楼。中进为大雄宝殿，即正殿，面阔七间，进深六间，重檐歇顶，殿内佛台供奉释迦牟尼佛三身佛像，庄重至极，殿左是五观堂和客堂，殿右是讲经堂。后进为观音阁，又叫藏经阁，千手观音前每天有不少信徒顶礼膜拜。阁内所珍藏的佛经和古籍极为丰富，石刻的阎立本、吴道子、牧溪、仇英等作的观音宝像，贯休的十六应真，湘绣怀素草书《自叙贴》等均为珍品。阁前坪有两株罗汉松，植于晋朝，称“六朝松”，成为麓山寺悠久历史的活见证，两树对立，虬枝交错，宛若关隘，又被人称为“松关”。右边一棵，清朝时被飓风拔去，由时人补植。

1994年，圣辉大和尚驻锡麓山寺，寺僧云集，佛像得到进一步齐备，佛教丛林制度皆得到了恢复。1997年至2002年间，先后修建修缮了方丈楼、藏经阁、五观堂、后山门、讲经堂、素茗斋、佛学院教学楼、图书馆及法师楼、僧寮等，寺院格局得到进一步完善。这里古木参天，山峦秀美。尤其是深秋时节层林尽染，枫叶似火，杜牧的“停车坐爱枫林晚，霜叶红于二月花”就是描写这秋色绝景。

一、名师大德耀门庭

名山大寺，必有名师。麓山寺近两千年来，高僧大德人才辈出，是其享誉禅林、玄脉不断、寺院未衰的主要原因。

首先，这得感谢创寺的竺法崇大师。西晋武帝泰始四年(268)，他孤身一人从会稽剡县（今浙江省嵊县附近）来到湖南，看到岳麓山的景色，十分欢喜，就居住下来修建寺院，成为第一个来湘传播佛教的僧人，也从而奠定了麓山寺湖南佛教发源地的地位。

关于这位大师，《高僧传》是如此记载的：

竺法崇，未详何人，少入道，以戒节见称，加又敏而好学，笃志经记，而尤长法华一教。尝游湘州麓山，山精化为夫人，诣崇请戒，舍所住山以为寺。崇居之少时，化洽湘土。后还剡之葛岘山，茅庵涧饮，取欣禅慧，东瓯学者，竞往凑焉。与隐士鲁国孔淳之相遇，每盘游极日，辄信宿忘归，披衿顿契，自以为得意之交也。崇乃叹曰，缅想人外三十余年，倾盖于兹，不觉老之将至。后淳之别游，崇咏曰："皓然之气，犹在心目，山林之士，往而不反，其若人之谓乎?"崇后卒于山中。著《法华义疏》四卷云。时剡东仰山复有释道宝者，本姓王，琅琊人，晋丞相道之弟。弱年信悟，避世辞荣，亲旧谏止，莫之能制，香汤澡浴，将就下发，乃咏曰："安知万里水，初发滥觞时。"后以学行显焉。

从短短这些文字，可以看出，竺法崇在遵守清规戒律、记忆经文上被奉为典范，这种榜样的力量、人格的魅力可能是其得到信众拥戴的主要原因，同时也开创了麓山寺历任主持注重人品、行为楷模、笃志好学、喜好诗文的传统。这种具有较高人文修养的要求，也使麓峙成为历代儒家学习文化知识的阵地，为后来的岳麓书院的兴起，起了一个好头。

竺法崇之后，晋代在麓山寺的高僧出现有法导、法愍二人。法导其人，生平不详，大约是西晋时的人，当是与中国第一位到海外取经求法的大师法显以及译得大量天竺佛文的法炬为同一时代的人物，推测其对寺院的贡献也是翻译了不少当时西方的圣经典籍。衡量一个寺院是否有名，也是其最有吸引力的法宝，就是藏经阁，书籍越为古老、品类越为齐全，则越为僧人所趋从。从这点意义上说，推崇法导为高僧颇有道理。也正是法导及其后辈们的努力搜集、翻译，麓山寺的藏书一直位列湖湘寺院翘首，也成为当前湖南的第一座佛法学院，实是实至名归。

法愍则《高僧传》中有载：

释法愍，北人。弱年慕道笃志经籍，十八出家，便游践州国观风味道。《波若数论》及诸经律皆所游刃。后憩江夏郡五层寺。时沙门僧昌于江陵城内立塔，刺史谢晦欲坏之，愍闻故往谏晦，晦意不止。慜于是隐迹于长沙麓山，终身不出。晦乃率仪至寺厚赐酒肉，严鼓振威，斩斫形象。俄而云雾暗天风尘四起，晦惊惧而走，后以叛逆诛灭。队人丁法成史僧双见身癞病，余多犯法而死。慜乃著《显验论》以明因果，并注《大道地经》。后卒于山中，春秋八十有三。弟子僧道立碑颂德。时始兴郡灵化寺有比丘僧宗，亦博涉经论。著《法性觉性》二论云。

从传记可以读出，法慜是一位极有俗世情怀、懂得取舍之道、善于避祸躲灾的高人。在战乱频繁、朝代更迭迅速的时代，官府对寺院的毁坏最为严重，一言不慎僧人即会头飞尸横，寺封院落的结果自然也避免不了。法慜的表率意义在于，他让寺院有了持续性发展的可能，也为其千年结果奠定了关怀世情、谨言慎行的弘法基础。法慜大师著有《显验论》，注《大道地经》，这为麓山寺僧学的繁盛做了一个精美的开篇。

真正让麓山寺名扬天下、世人侧目是在隋朝。这时期，发生了两件大事：一是隋文帝仁寿年间（601～604），文帝得到天竺沙门所献的大量佛舍利，乃令全国各州建塔安置，仁寿二年（602）麓山寺得以敕建舍利佛塔，且保留至今；二是隋文帝开皇九年（589）天台宗集大成者智𫖮法师（531～597，世称智者大师）在麓山寺讲《妙法莲华经》，宣扬“三谛圆融”的教义，后人于讲经处命名为讲经堂（已毁，原址在今蔡锷墓处）。

智𫖮是中国佛教史上的一个奇才，俗姓陈，原籍颍川（今河南许昌），东晋时迁居到荆州华容（湖北监利县西北），父亲曾是梁朝的重臣。传说，智𫖮的母亲怀孕时，常梦到五彩祥云，每次想要把那云朵驱散时，就听到有神人说：“这是前世的因缘，是大福德将要到来的征兆，不可驱走。”后来，智𫖮的母亲又梦见把白鼠吞到了肚子里。夫妇对此感到奇怪，就找人去占卜，卜者告诉他们这是白龙入腹的吉兆，二人这才放下心来。智𫖮出生的那天晚上，屋内光亮如白日。家人杀猪宰羊，欲炖肉招待众宾客，但肉一下锅，火就灭了，点了几次，都是如此。人们感到很诧异。这时，两个相貌奇特的僧人推门而入，他们对智顗的父亲说："恭喜恭喜，你家里出了高僧，阿弥陀佛！"说完，两人就顿时不见了踪影。此后，智顗的父母发现他双目重仁。在古代神话中曾有舜重仁的传说，这被认为是圣人之像，于是父母对他疼爱有加，视若掌上明珠。智顗从小好读佛经，日常的言行总要依照佛经的要求去做，而且每晚都要打坐修持。18岁那年父母相继去世，智顗就投奔到长沙果愿寺法诸法师门下出家。

智顗弘法，圣迹众多，随手举三则。

第一则：陈废帝光大元年智顗来到陈的都城金陵，随即就开席讲法。当时，江南僧人空谈理义，不讲修持，使佛教的发展受到了阻碍，智顗的禅定之法给江南的佛教带来了新的东西，一时间，禅学大盛。金陵的高僧大德，纷纷抛弃先前所学，率弟子前来听其讲法。也有些保守顽固的僧人，他们有的对禅定之法不屑一顾，有的则为自己的地位受到威胁而感到恼火。一天，智顗正在讲法，忽然有人来报说，慧荣来访。慧荣是金陵城中有名的僧人，精通佛理，善于辩论，人送外号"义虎"。众人心知肚明"义虎"是来辩论的，不由都为智顗担心起来。慧荣进来后，与智顗施礼毕，坐下问道："听说，法师道法超众，连朝中的大臣都对您毕恭毕敬，奉若神灵，我现在想见识见识。"智顗对他只是淡然一笑，平淡地说："我才疏学浅，本没有什么才能。只是为弘扬佛法，普度众生尽一份微薄之力罢了。"慧荣得意地晃动着手中的扇子，正要开口发问，不料扇子却失手扔出，慧荣俯身去拾，惹得众生哄声大笑："过去的义虎，今天怎么变成了伏鹿？慌乱如此，还有什么可说的。"慧荣拾起扇子，面带愧色，灰溜溜地走了。

第二则：在金陵时，智顗做了一个梦：梦中，有岩崖万重，白云缭绕，红日挂在一边，沧海无边，浪涛翻滚；在山上，一个僧人向他招手。智顗把梦中所见描述给弟子们，弟子们说那是会稽山中的天台山，是圣贤们曾住过的地方。智顗于是决意带领弟子上天台山。此事传出后，金陵的众人纷纷前来挽留，但智顗决心已定，没有再留下。智顗没到天台山之前，僧人定光已经住在天台山。一天他告诉山中的人们说："有大善知识将要来到天台。我们应该种豆做酱，砍苇编席来迎接他。"智顗到天台山后，和定光相见，互相行完礼，定光说："大善知识还记得我两年以前在山上以手相招吗?"智顗感到非常惊异，知道了与他在梦中相会的原来是定光。此刻，众人听到山谷中有钟声响起，定光说："钟声是表示你们与这座山有缘，可以在此居住。等到国家太平，四方统一时，一定会有贵人为禅师建立寺庙的，到那时就会堂屋满山了。"果然，天台山宗法大行千年，传至日本及东南亚地区。

第三则：隋文帝开皇十七年（597）春天，智顗带领弟子们回到了阔别已久的天台山。天台山上，景色依旧，只是过去住过的寺院已显得破旧不堪，墙上布满了尘网，院子中长满了荒草。智顗为此感慨人生无常，世事易变的感受更加深刻。这点感受，使他更增添了弘法传法的紧迫感。智顗一面整修寺院，一面进行着创立天台宗的工作。当时，隋朝已统一了天下，南北佛教融合有了政治上的保障。智顗通过对不同学派进行研究，以法华经的教义为基础，进行着立宗的活动。重建寺宇将成之际，祥云罩于上空，一群黄雀飞来，鸣叫不止。众僧出外观看惊奇不已。智顗想起第一次来天台时劝阻海边百姓放弃捕鱼改为耕作的往事，说："这都是百姓放弃杀生后，得救的鱼化为黄雀，前来谢恩。"过后的几天，智顗在山顶上独自静坐，大风忽起，吹坏了山头的宝塔，他又看见师傅慧思乘风而来，要送他到有缘的地方去，智顗知道自己将不久于人世了。不久，智顗就得了病。冬天，杨广又派人进山请智顗，同时带来了厚礼。智顗决定前去。临走前，智顗画了张寺院的图样，让弟子们选好地址，依照这个图样建寺。弟子们见图样所画的寺院，殿堂高耸，房屋上百，雄伟壮丽，心中疑惑，问智顗："这样的寺院，我们无力建成吧?”智𫖮说：“这事自有皇家承担。”智𫖮抱病上路，走到西门石城时，病重而不能行。在病榻上，智𫖮写信给杨广说：“因大王召请，我自知已不久于人世，为表我心，我不顾重病而来。到此，我命将休，心意已到，我就不再走了。”智𫖮让弟子将他的衣钵道具，一部分敬奉弥勒佛前，一部分上交寺院，然后坐在佛像前，停止服药，口诵阿弥陀佛与观世音菩萨的名号。隋开皇十七年十一月廿四日，智𫖮坐化。第二年，晋王杨广在天台山南麓建寺。杨广继皇位后，赐寺为“国清寺”，意为“寺立国清”。智𫖮死后，遗体被送回天台，后人在天台山佛垄建塔，其中有智𫖮的六角形肉身塔。此塔如今仍在天台山真觉寺中。

智𫖮给当时有道僧人最大的启悟是其个人的修炼之路。他博学多才，受蒙于法诸，又向精通律学和各种大乘佛典的慧旷学法，还曾在衡州大贤山潜心学习《法华经》，当听说禅定功夫深厚的慧思正在光州大苏山弘法传教时，他又立即赶到大苏山。他所在的南北朝，因国家的分裂而形成了南北社会不同的风气和文化，南北两地的佛教也有着各自不同的特点，南方佛教承东晋以来玄学化的传统、偏重义理，北方佛教则受当时北方民族粗犷少文的影响，比较注重禅定。智𫖮敢于将南北二学融合互通，是极需要勇气与胆识的，而更为重要的，他的这种作风以后得到了传承与发扬，麓山寺僧甚至湖湘僧众敢为人先、善于学习、取长补短、融会贯通，根源就在于此。智𫖮在麓山寺的弘法，使湖湘僧人形成了以麓山讲法为荣的传统，一直流传至今，为麓山寺的宣传推广立下了不二功勋。这之后，昙捷、权武、智谦、摩诃衍那、首楞严、惠镜、惠齐、兴哲等高僧纷至沓来，麓山寺一时成为湖湘的名片和地标。

尤其是到唐朝时，麓山寺发展达其全盛，高僧辈出，游客如云。其中，摩诃衍那禅师是六祖慧能法师嫡传弟子神会的法嗣，他曾把南宗禅法传到西藏，参加过与印度高僧莲花戒的论战，长达三年之久，被称为“拉萨法诤”，其著作《禅睡论》《坐禅状态的获得》《反复获得坐禅状态》《制度的反面》《八十经源流》在佛界颇有流传。

最为有名的主持僧，则推长沙和尚景岑禅师。唐武宗会昌五年（845）灭佛时，麓山寺殿堂全部被毁，僧侣离散，847 年景岑禅师在旧址上重建麓山寺，改名麓苑，现寺内“虎岑堂”就是为纪念他重修麓山寺而建的。景岑是南泉普愿（招贤大师）的法嗣，《五灯会元》和《景德传灯录》中记载其高言德行的公案就有二十余则，随举二则：

一日，一僧见过了南泉普愿，景岑派小和尚去问话。曰：“和尚见南泉后如何?”默然。再问。曰：“未见南泉时如何?”曰：“不可更别有也。”景岑禅师听了小和尚的汇报，作了一偈：“百尺竿头不动人，虽然得入未为真；百尺竿头须进步，十方世界是全身。”“百尺竿头不动”已经是很高的境界了，是一种寻常人不易达成的豁然开朗，但百尺竿头还不是“真”，还得更进一步，那如何进步？小和尚依然困惑，向景岑禅师问了同样的问题：“百尺竿头，如何进步?”景岑禅师回答道：“朗州山，澧洲水。”小和尚还不明白：“弟子不会。”景岑禅师进一步解释：“四海五湖王化里。”景岑禅师所说的，就是由圣入凡，出空入有，到生活中找回悟的价值来，山水海湖，十方世界，都是“真”意所在，都是烦恼即菩提的世界。

再举：

师游山归，首座问：“和尚甚么去来?”师曰：“游山来。”座曰：“到甚么处?”师曰：“始随芳草去，又逐落花回。”座曰：“大似春意。”师曰：“也胜秋露滴芙蕖。”长沙和尚吐词清丽典雅，尤其是末句用秋荷的枯寂冷清来形容习禅的枯寂境界，就显得特别有诗意而妥帖了，可以看出，他实是一位接机对机的高手，也早把禅诗合一了。

景岑更写得有一首《戒斫松竹谒》："千年竹，万年松，枝枝叶叶尽皆同。为报四方玄学者，动手无非触祖公。"从内容上说，《戒斫松竹谒》无异于一份保护生态的号召书、一纸杜绝砍伐的禁止令。而无疑，景岑禅师就是中国最早的环保宣传者。古代的名寺多处深山，密林幽泉、翠鸟小径，如今我们羡慕之景物，当时极其平常。作为一位远离红尘纷扰的得道高僧，景岑却看到了社会进步当中埋下的隐患，提出了禁伐竹木、保持绿色生态的倡议，这着实令人深思。能称为高僧者，其品德与情怀皆高于常人，但其亦常常俯下身段来感受常人的生活气息，并能立于潮头看出问题指引方向，真可敬佩。尤其在我们提倡资源节约型、环境友好型的"两型社会"时，这位老祖宗的警言如雷贯耳，余音绕梁。《戒斫松竹谒》据说传播甚广，一时各地的戒斫碑林立，宁乡芙蓉山前些年就曾掘得一块残碑，惜乎难以考证立碑的时间了。这个时期，岳麓山成为佛教三大胜地之一，佛事兴隆，寺庙接踵，除却麓山寺，至今有名可考的还有南台寺、西林寺、景德寺、真身禅寺、兴化寺、龙安寺、大安寺、明白庵、香雨庵、半云庵等十余处。

二、儒家诗文增风韵

也就是在这个时候，麓山寺吸引了文人们关注的眼光。他们被优美的麓山风光所吸引，为庄严雄伟的寺门所折服，更为麓山寺的宏大规模所拜倒。据记载，当时麓山寺占地面积甚广，头山门在湘江之滨赤沙湖畔的牌楼口，二山门即今之麓山门，大雄宝殿在今岳麓书院处，前有放生池，两侧有钟楼、鼓楼，自大雄宝殿沿清风峡而上修建了许多廊庑，回廊而上，经舍利塔，而观音阁、藏经楼、讲经堂、法华泉（今白鹤泉），直至山顶之法华台。

杜甫（712～770，字子美，自号少陵野老，祖籍襄阳，河南巩义人，唐代伟大的现实主义诗人）来了，他写下了《岳麓山道林二寺行》：

玉泉之南麓山殊，道林林壑争盘纡。
寺门高开洞庭野，殿脚插入赤沙湖。
五月寒风冷佛骨，六时天乐朝香炉。
地灵步步雪山草，僧宝人人沧海珠。
塔级宫墙壮丽敌，香厨松道清凉俱。
莲花交响共命鸟，金榜双回三足乌。
方丈涉海费时节，悬圃寻河知有无。
暮年且喜经行近，春日兼蒙暄暖扶。
飘然斑白身奚适，傍此烟霞茅可诛。
桃源人家易制度，橘洲田土仍膏腴。
潭府邑中甚淳古，太守庭内不喧呼。
昔遭衰世皆晦迹，今幸乐国养微躯。
依止老宿亦未晚，富贵功名焉足图。
久为野客寻幽惯，细学周颙免兴孤。
一重一掩吾肺腑，山鸟山花吾友于。
宋公放逐曾题壁，物色分留与老夫。

刘长卿（约726 ~约786，字文房，安徽宣城人，唐代诗人，官监察御史）来了，他在《自道林寺西入石路至麓山寺，过法崇禅师故居》中感叹：

山僧候谷口，石路拂莓苔。
深入泉源去，遥从林杪回。
香随青霭散，钟过白云来。
野雪空斋掩，山风古殿开。
桂寒知自发，松老问谁栽。
惆怅湘江水，何人更渡杯。

还有杜荀鹤、骆宾王、沈传师、唐扶、韦蟾、韩愈、裴说、李群玉、李建勋、张谓、宋之问、曹松、罗隐、崔珏、齐己、喻凫、戎昱，也都来了，并给我们留下了千古传诵的佳作。

更有唐开元十八年（730）大书法家李邕（678—747）撰写的《麓山寺碑》真正成为一块永垂的丰碑。其碑高近3米，宽1米多，碑文共1400余字，骈散文体兼用，叙述了麓山寺自晋泰始年间建立至唐开元立碑时500年间的兴废修葺、历代禅师宣扬佛法的经过，以及岳麓山的佳丽风光，其中“幽谷左豁，崇山右峙，瞰郭万家，带江千里，玉水布飞，石林云起”的描绘，一直为人所称颂。而寺碑因其文章、书法、刻工俱为上乘，世称“三绝碑”。“三绝碑”在中国古代碑刻艺术中声誉很高，碑字用行书是此碑新创，笔力雄健浑厚，后起书法大师，如苏轼、米芾等都沿袭其法，元代书法大家赵孟頫（1254～1322，字子昂，号松雪，松雪道人，生于浙江湖州）更是自言说：“每作大字一意拟之。”自古至今，许多著名文人游览岳麓山时都特意来观摩此碑，宋代的张栻、明代的李东阳等都留下了吟咏它的诗篇，可见其对后人影响之大。

宋时，麓山寺的光环依旧，得道的僧众也如同赴宴，络绎不绝地从各地赶来。其中，较为有名的高僧有山恽、文袭、从悦、清素、慕哲、悟新、惠洪、智才、智海等。不同于此前的高僧，在民殷国富、福贵之风丛生、玄谈清论葳蕤的现实背景下，这些高僧的言行举止一再被文人拔高，披上了更多的神秘外衣。大约《景德传灯录》中诸高僧的传奇礼佛人生，都是在这阶段演绎出来的。如作为坚定的佛修者的榜样，惠镜的故事就接近于神话了。

惠镜是山东淄州人，在蓝田悟真寺出家，钦慕西方净土，平时吃些简单的素食修种种苦行，但他生来手巧，亲手雕造了释迦牟尼佛像和阿弥陀佛像各一尊，每日虔诚地供养礼拜他们。他67岁那年的正月十五晚上，梦到一个金色僧人，僧人嘱沙门把一个钵给他，他从钵中看到：广大没有边际的庄严佛国净土，净土黄金为地、金绳界道，宫殿楼阁，重重无尽；往生的菩萨圣众，自由自在地游止其中；数不清的菩萨与会众，围绕着世尊阿弥陀佛，听佛说法，种种的圣境跟经中描述的一模一样。佛祖告诉他，金色僧人即他所造的释迦牟尼像，而自己亦是他所造的阿弥陀像。佛祖同时说，释迦佛教化娑婆浊恶愚痴的众生，引导众生往生西方极乐世界，阿弥陀佛则在净土摄取众生，使之不再退还六道轮转。惠镜听得欢喜踊跃，醒来后法喜充满，身心安乐，如入禅定，更加虔诚地礼拜供养两尊佛像。这种崇佛礼佛的榜样，是现实中可资仿效的，文人们如此演绎是想强化其神权的合理性与必然性，在客观上震撼了平民百姓，使向善之心得以持续，敬畏之心得以流传。

再如《神僧传》中对于悟新和尚的记载：

旧有淫祠，乡人禳酒胾汪秽无虚日。新诫知事毁之，知事辞以不敢掇祸。新怒曰："使能作祸吾自当之。"乃躬自毁折。俄有巨蟒蟠卧内，引首作吞噬之状。新叱之而遁，安寝无他。未几再领云岩，建经藏。太史黄公庭坚为作记，有以其亲墓志镵于碑阴者，新恚怒曰："陵侮不避祸若是。"语未卒，灵光翻屋雷击自户入，析其碑阴中分之，视之已成灰烬，而藏记安然无损。

这种奇迹，类似于民间传说，多是捕风捉影、夸大事实而成。

而对于修行进身的僧侣，麓山寺则是给予了更为严格的要求，去虚幻，强化其学习的扎实性和禅修的渐进性，从而奠定了其扎实好学的作风。有名的是临济宗黄龙派僧从悦游学的故事。

从悦十五岁出家，十六岁受具足戒，后游方参学，于道吾山充当首座和尚，为宝峰克文禅师之法嗣。他学通内外，能文善诗，率众勤谨，远近赞仰，谥号"真寂禅师"。他年轻时心高气傲，自以为已经学得禅学真谛，率领几位僧人，从道吾山前往长沙云盖山海会寺礼谒守智和尚（黄龙慧南禅师之法嗣）。守智刚与他交谈了几句，便完全摸清了他的底细，笑道："观首座气质不凡，奈何出言吐气如醉人邪？"从悦一听，面红耳赤，热汗如雨下，说道："愿和尚不吝慈悲。”守智于是又跟他交谈，并不断地用语言逼迫和刺激他。可是从悦仍然茫然无所知晓，于是他请求守智允许他入室参请。守智问：“曾见法昌倚遇和尚否？”从悦道：“曾看他语录，自了可也，不愿见之。”守智又问：“曾见洞山文和尚（宝峰克文禅师）否？”从悦道：“关西子（克文禅师的外号）没头脑，拖一条布裙，作尿臭气，有甚长处？”守智便道：“你但向尿臭气处参取。”从悦于是依教，前往洞山参礼克文禅师，并得其心要。为了感谢守智的指点，从悦不久又回云盖，礼谒守智。守智一见他，便问：“见关西子后，大事如何？”从悦道：“若不得和尚指示，洎乎嗟过一生。”说完便礼谢，寻即又回到克文禅师座下。不久，从悦修成正果，即于隆兴鹿苑出世弘法。从悦平常接人，常设三关以验学者，犹如黄龙三关：“一曰拨草瞻风，只图见性，即今上人性在甚么处？二曰识得自性，方脱生死，眼光落地时，作么生脱？三曰脱得生死，便知去处。四大分离，向甚么处去？”他的这种接引作风，一度成为麓山寺的禅修规定。

北宋哲宗元祐六年（1091），从悦圆寂，有辞众偈云：“四十有八，圣凡尽杀。不是英雄，龙安路滑。”可见，他的豁达从容，不只是语言的，是表里一致的，这种优秀传统以后承传下来，成为湖湘文化务实求真的重要源头。

三、诗僧代有人才出

这时期，麓山寺多年的文墨浸润与熏陶终于结出了果实，出现了全国较为有名的诗僧。这个开头，源于惠洪（1070～1128）。

惠洪一名德洪，字觉范，自号寂音尊者，俗姓喻（一作姓彭），江西宜丰县桥西乡潜头竹山里人。自幼家贫，14 岁父母双亡，入寺为沙弥，19 岁入京师，于天王寺剃度为僧。当时领度牒较难，乃冒用惠洪度牒，遂以惠洪为己名。后南归庐山，依归宗寺真静禅师，又随之迁靖安宝峰寺。惠洪一生多遭不幸，因冒用惠洪名和结交党人，两度入狱，曾被发配海南岛，直到政和三年（1113）才获释回籍。他著有《冷斋夜话》10 卷，主要论诗，间杂传闻琐事，成语“满城风雨”、“脱胎换骨”、“大笑喷饭”、“痴人说梦”等典故均出于此书中。被收入《千家诗》中的《秋千》为其“时作绮语”的代表作：

画架双裁翠络偏，佳人春戏小楼前。
飘扬血色裙拖地，断送玉容人上天。
花皮润沾红杏雨，彩绳斜挂绿杨烟。
下来闲处从容立，疑是蟾宫谪神仙。

在这首诗里，作者用工细的笔触，生动地描绘出一幅仕女戏秋千图。全诗色彩鲜明，内容绮丽，充满了生活情趣，可见他还未忘人间之乐，凡心尚存。尤其是尾联由动态马上转入静态，突出了美人飘然而下、从容悠闲的风韵，就像广寒宫的仙子，为这幅画图勾勒了最后的一笔。

在创作上，惠洪力主自然而有文采，“文章五色体自然，秋水精神出眉目”（《鲁直弟稚川作屋峰顶名云巢》），对苏轼、黄庭坚倾倒备至。他的“十分春瘦缘何事，一掬归心未到家”（《上元宿百丈》）、“夜色已可掬，林光翻欲流”（《秋夕示超然》）、“方收一霎挂龙雨，忽作千秋擷鹞风”（《大风夕怀道夫敦素》），为诸家称道。吴乔在《围炉诗话》中称赞他的五古《石霜见东吴诚上人》《送文中北还》“用笔高老处，如记如画”，黄庭坚对他甚为推崇，直接以一诗予以赞赏——《赠惠洪》：

吾年六十子方半，槁项顶螺忘岁年。
韵胜不减秦少观，气爽绝类徐师川。
不肯低头拾卿相，又能落笔生云烟。
脱却衲衫著蓑笠，来佐涪翁刺钓船。

因为有这种诗学功底，在禅学方面，惠洪第一个以僧人身份系统提出“文字禅”（是指通过学习和研究禅宗经典而把握禅理的禅学形式，它以通过语言文字习禅、教禅，通过语言文字衡量迷悟和得道深浅为特征）。宋之后，文字禅禅修日盛，禅宗公案屡出，都与惠洪在麓山寺这一提法不无关系。

元、明朝时，麓山寺两废两兴，明神宗万历年间妙光在吉藩的资助下，于清风峡寺旧址重建大雄宝殿、观音阁、万法堂、藏经楼等，岳麓山遂成为全国佛教禅宗派著名的胜地。为彰扬麓山寺的功绩，明神宗特赐名“万寿禅寺”。长沙市民，将其与开福寺、香山的宝宁寺、望城的洗心寺、现天心的玉泉寺并称“五福禅寺”，分别对应“长寿”、“富贵”、“康宁”、“好德”、“善终”之意。五寺相互呼应，香客络绎依次参拜，谓为拜五福或踩五福。

明末高僧憨山大师德清（1546～1623）曾住寺讲经，成为该时期最为引人瞩目的事件。德清对于恢复曹溪宗祖庭南华寺有功，被称为“曹溪中兴祖师”。他曾在明万历23年（1595）因皇太后赐《大藏经》一事而引神宗不满，被以私创寺院为名充军雷州，又在万历三十一年（1603）受紫柏真“妖书”事件牵连再被遣还，两次狱灾也未动摇其禅修的信念。他主张禅静双修，认为“念佛即是参禅，参禅乃生净土”，百千法门“其最要者，为参禅、念佛而已”。他同时也是三教一致论者，认为“不独三圣本来一体，无有一人一物不是毗卢遮那海印三昧威神所现”，提出“不坏相而缘起，染净恒殊，不舍缘而即真，圣凡平等”。他一生佛学著述甚多，《法华经通义》《观楞伽经》《老子道德经解》《庄子内篇注》《春秋左氏心法》等都颇有影响，还有《梦游诗集》3卷，并保存有一些禅诗的史料，对禅诗的起源、发展、代表人物、各时期特点，都有自己的分析。他创作的禅诗立意都很好，如《咏竹》之一：

寒飞千尺玉，清洒一林霜；
纵是尘心重，相看亦顿忘。

意境优美，禅味亦深。

而对麓山寺而言，最大的价值在于，他对禅诗强调“情真而境实”的作风被带到湖南，使经世致用之风稍开。这一时期，有名气的士子也纷纷来到麓山寺拜会，李东阳、张洵、张邦政、林公庆、吴敉、萧禹臣、江有溶、蒋希禹、陶汝鼐、冯一第、胡尔恺等诗人都在此留下了佳句。

明毅宗崇祯十六年（1643），麓山寺再度毁于兵火，片瓦无存，竹木也砍伐殆尽。清顺治十五年（1658），在有识之士的支持下，智檀、文惺等主持开始重修麓山寺，麓山寺再次得以中兴。而伴随寺院中兴，该寺的诗僧也辈出，著述颇多，使其成为全国闻名的诗寺，为名山古寺增色不少。

被誉为“禅诗中兴五僧”的智檀、文惺、弥嵩、天放、笠云都在诗坛上颇有成就。智檀著有《望云草》《剪曼集》，弥嵩著有《南岳岳麓山和诗集》《五言古》《云海山居集》《中庵后草》，文惺著有《岳麓杂咏》《晓霞诗集》，天放著有《十笏诗集》，笠云著有《听香禅室诗集》。他们的诗作，与廖元度、姚鼐、魏源、沈一揆、孙先振、周友声、吴敏树、曾燠、黄本骐、周燮祥、贺国华、欧阳厚墀等名家的作品相媲美。在他们的影响下，更多的僧人投入禅诗写作当中。如1871年，21岁的寄禅（名敬安，俗名黄读山，曾任中华佛教会第一任会长，是清末著名的诗僧，别号“八指头陀”）就专程乘船到寺参访笠云芳圃，向其讨教禅诗意境构建。更多的文人在此寄怀抒情，诗作中也屡有禅意，如康熙年间沈一揆的《岳麓寺》：“长沙西岸道乡台，上结琳宫曲径回；七十二峰山欲尽，四千里路我初来。云封古木千章秀，帆落清江一线开；莫笑平生耽酒癖，匡庐旧事许衔杯。”这种置功名于度外，沉醉于秀美景物之中的忘我心境，本身就充满辩证的力量，正是禅的意旨。

岳麓山半山腰，有一座六方形凉亭，是游人上山常驻足憩息之所，麓山寺的僧人下山买物，挑担回寺，常在此歇息，称半山亭

(翊武亭)。据说名字得于一烧火僧以“半”字为题而赋得的一首禅诗，曰:

半山半庵号半云，半亩半地半崎嵚。
半山茅块半山石，半壁晴天半壁阴。
半酒半诗堪避俗，半仙半佛好修心。
半间房舍半分云，半听松声半听琴。

此诗对仗颇工，句句用半字，用法自然流畅，气韵贯通，毫无佶屈聱牙之弊，而禅意也直指修心、释道合一。诗传到主持耳里，主持大为赞叹，不再令其烧火，而改授佛经，日夜持诵，终育其成材。幽深灵寂，梵呗悠悠，钟鸣板响，禅诗传颂，麓山寺以诗为媒介，终得以把寺院的理想寄寓于尺纸行墨，让诗书画合一而把风景、人物、禅意都书写到了极致!

在千年前的唐朝末年，诗僧齐己暮游麓山寺，高吟出了一首七律:

寺楼高出碧崖棱，城里谁知在上层。
初雪洒来乔木暝，远禽飞过大江澄。
闲消不睡怜长夜，静照无言谢一灯。
回首何边是空地，四村桑麦遍丘陵。

他可能没有想到的是，历经沧桑未解向佛求学之心的这一密林高耸寺院，会以禅诗入世泽被后人，成为那黑暗中的唯一光亮，也暖和了无数长夜孤寂的诗僧。

佛家以其恢宏气度容纳万物，并以慈悲宽忍为宗旨，化恶扬善为手段，普度众生为目的，深深地将佛家文化植于湖湘大地，历时1700余载，麓峙仍顽强屹立于岳麓山腰。清代的张九镒曾怀悲天悯人之情写下《麓山寺》一诗予以赞颂:

名蓝有榻枕出城，四十年来小劫更。
白鹤泉开新镜影，六朝松卷旧涛声。
不逢惠远云归杳，空说王乔化羽轻。
惆怅两廊数椽柱，半欹风雨不胜情。

多年来，高僧大德施惠于世，并引来学者文人的诗词歌赋、碑雕摹刻等，也构成了湖湘文化大系中的重要一脉。从湖湘文化传承的角度说，麓山寺功莫大焉！

云麓宫：看取衡峰九面开

岳麓山右顶峰上有一个全真教道观，叫云麓宫，规模不是很大，一栋重檐双层的阁楼，坐西朝东，正对着湘江对岸的长沙城，是岳麓山现在唯一留下来的有道士的道观，也是整个长沙地区较有影响力的道观。

道观四周遍布古木，尤其是香樟枫树，苍劲高耸，景色宜人，是游人品茶、谈联、观景、歇憩之地。宫前右侧，立有一棵700多年的银杏，是长沙城区现存最古老的银杏树，枝繁叶茂，在风中无言地诉说着道观的沧桑。尤其令人惊奇的是，树枝丫中夹有一口归来钟，是明万历九年所铸，大径二尺，经风霜雨雪而无锈，道人作息时鸣钟，其声激越清扬，偶听之如同“归来”之音，故得名。原钟已毁，后补嵌一钟置于原处。清朝诗人聂汝康（字乃福，湘乡人，清嘉庆中贡生）为其赋诗说：

我亦如钟挂树颠，凌空飞上寺门前。
山风欲到松传话，铁瓦无棱石补天。
云落遥岑一寸碧，水围荒戍万家烟。
正思好景披图览，已挂晴岚落照边。

银杏树下，有如船巨石，“石飞崖外，如伸螭首”，被人称作“飞来石”，又因其可瞻望衡岳而拜，故名拜岳石，宋代铁面御史赵忭诗称：“片石倚中天，云深鸟道间，人多祝尧寿，登此拜南山。”道宫前坪，曾在民国十五年（1916）立有一根从贵州苗峒觅得的高达十二丈的巨木，顶端安置着一盏天灯，每天晚上，这盏天灯都会点燃，为全长沙城的老百姓祈福，后来在战火中被毁，只留下记录此事的两块汉白玉石碑——“麓峰巩峙碑”和“麓山树镫记碑”，碑阴为“光联翼轸”。坪四周林立麻石，上面密密麻麻写满人名，乃是为纪念长沙四次抗日会战中在麓山长眠的英烈而留，摸着斑驳的青石，让人感受到历史的真实厚重。

一、古今故事纷纷传

道教是中华文化土壤上生长而成的本土宗教，雏形初现于东汉末年，大成于南北朝，明代成为其鼎盛期。追求长生成仙是道教的终极目标，因而较易为民众喜欢，发展很快。

长沙地区很早就有了仙人的踪迹：晋代，道教“真人”陶淡、陶烜（陶潜之祖、陶侃之后）修炼于现长沙县榔梨镇临湘山，供奉他们的陶公庙至今香火不绝；清光绪的《湖南通志》记载，隋唐五代善化县（今长沙）德润门内有上清宫（后改名太乙寺），传说太乙真人曾在这里炼丹，并与僧人孤月阐谈性命学理；长沙县水塘乡鳌鱼村的河图观，是我国目前唯一保存完整的女道观，相传由武当龙门十五代道长易本立创建。

而岳麓山上的“神仙”踪影也有不少。禹碑北面的簪筤谷，谷中“香风紫雾，曲涧清泉，泠泠相袭，动人世外之思”，上有抱黄洞，相传为张抱黄羽化成仙化为黄鹤而去之地，后来西晋时期邓郁在此修炼成仙。

唐贞观二年（628），葛洪天台派传人肖灵护游岳麓，于石廪洞阳宫得道人授火鼎黄白之术，遂精丹道。杜光庭撰《洞天福地记》，把云麓峰列为第二十三福地，曰“洞真墟福地”，并说是“岳真人韩终所治之处”。据《史记》记载，韩终是齐国方士，在秦灭楚后八年，韩终带着罗氏、卢氏等楚国亡民渡海到了朝鲜半岛南部，建立了三韩，即今之韩国。司马承祯著的另一部《洞天福地记》也有相同记载。

北宋时被吕洞宾点化的跛仙（铁拐李）也在岳麓山修炼行灵龟吐舌之法，他曾作诗说：

我爱潇湘境，结尘隔岸除。
南山七十二，惟喜洞真墟。

一般认为，洞真墟即如今的云麓宫。宋元祐年间，跛仙在岳麓山洞真墟修道成仙，白鹤在杉树上连鸣七天而去。时人因此建吹香亭（清代移至岳麓书院），杜荀鹤为之题诗联：“放鹤去寻三岛客，任人来看四时花。”同时代的陈田夫在《南岳总胜集》中说：“灵麓峰下有洞真观，乃东晋邓郁之修内外丹处，后升真于南岳。每岁至秋，仙鹤常集于洞口，至今不绝。”当时有佚名诗《云麓峰洞真观日记》云：

玉洞仙坛长冷落，真虚岩窦色常新。
可怜城里悠悠者，不识潇湘四季春。

诗歌批评长沙城里的子弟不上山求神拜道，亦说明道教在长沙的发展兴盛。

明代，开国君主朱元璋曾利用道教（明教）争取民心，从而编织了众多的神迹故事。其中，岳麓山就出现了陶侃射蛇的故事，说是得道蟒蛇占据抱黄洞，夜晚伸舌头为桥引诱人们登天，却为陶侃识破射瞎蛇眼，蛇妖负伤化为老翁，跑到坡子街九芝堂买眼药，但湖南巡抚赵申乔早已下令全城药店只许卖假眼药，结果蛇妖眼中毒药，伤痛而亡。明诗人陆相为之赋诗《射蟒台》：

烧丹人去但空崖，古洞年深锁绿苔。
我有强弓无用处，春风闲上射蛟台。

明中叶，世宗为求得长生不老，醉心道教，日事斋醮，重用道士，在这样的背景下，长沙寿星观、真武宫、宁乡景德观等一批道观相继重建与修建，其中，最著名的是云麓宫。

明宪宗成化十四年（1478）吉简王就藩长沙，取武当山道观的宫殿形制，名曰洞真观，但旧宫几十年后就废圮。嘉靖（1522～1566）年间，太守孙复命道士李可经主持修葺，形成较完整的道宫格局，并增植松、柏、桐、梓及篁竹千株，使观宇周围风景焕然一新。后圮。隆庆（1567～1572）年间，在山修道的金守分请殿元张阳和为之倡修，由他募捐拓地，于原址处募建三殿堂，前为关帝殿，中为玄武祖师殿，后为三清殿，改名云麓宫，又筑屋五间，凿石为柱，覆以铁瓦，以抗风雪。其建筑均石柱铁瓦，古朴典雅，并在宫后增建望湘亭，供人凭栏远眺。因其四周峰峦耸峙、石骨盘迂、树竹青翠，环境优美，契合道家崇尚自然、倡行“无为而治”、适合修身养性、采药炼丹以求得道成仙的要求，云麓宫很快就成为了道教圣地。明崇祯十五年（1642）重修祖师殿。但好景亦不长，明末吴三桂叛明投清，云麓宫毁于兵燹。

清康熙四年（1665），长沙分巡道张重新修葺了云麓宫，以后续有增建。嘉庆八年（1803）再得续修，云麓宫内重建望湘亭，亭在拜岳石上。道光十三年（1833）巡抚吴荣光、布政使惠丰重修前殿。咸丰二年（1852）又毁于战乱。同治元年（1862），按原格局再加以修葺，道观门前筑得一小亭，亭外又增五岳、天妃二殿，并增建宫门。宫门有一副对联：

古刹出层霄，看岳色平分，江流环绕；
名山多胜迹，有少陵写句，北海题碑。

上联写云麓宫的宏伟，似乎超出云霄，夸张之极，下联述岳麓山的历史，赞杜甫留诗李邕撰碑，洋洋自得。次年，武当山太和宫道士向教辉来云麓宫主教事，集道友慕化捐资，按昔日规模陆续重葺道宫，但并未能全部修复。

1944 年抗日战争期间，云麓宫为日军飞机炸毁，殿堂、神像、碑刻遭到严重破坏。1946 年，道人邬云开、吴明海等筹款修复，并于望湘亭中增置纯阳真人（吕洞宾）浮雕石像，并刻真人所著《百字铭》，又建灵宫殿在今飞来石处，建清虚宫在今归来钟处，但新中国成立后遭毁，尤其是“文革”中云麓宫遭到严重破坏，古物几无一存。1976 年，长沙市人民政府拨款修葺濒临倒塌的关帝殿，在原址上又建长方形两层楼阁，东向城郭，供游人登临览胜，将后殿及宫右吕祖殿均作茶室，供游人憩息品茗，在宫左后方拓坪数百平方米，并砌建曲廊。21 世纪初，又在望江阁楼上竖吕祖像，按规制作龛，前厅竖关帝像，三清殿按道家规制竖像三尊，这就是如今的规模了。

二、名联好诗竞争妍

云麓宫具有的美景胜迹，吸引了无数文人墨客来此游玩题咏。

首先是名联甚多。三清殿门贴联宣传道教经典和道家主张：“道生一，一生二，二生三，三生万物；人法地，地法天，天法道，道法自然。”三清殿檐柱有联曰：“入真门，秉真心，参透真玄真自在；悟妙理，达妙境，顿开妙道妙神通。”宫门前的那副对联“对云绝顶犹为麓；求道安心即是宫”，巧妙地把“云麓道宫”四字嵌入其中，是同治二年（1863）修葺时岳麓书院掌教吴獬所撰，极为人所赞赏。

吴獬（1841～1918），字凤笙，临湘市桃林镇人，被称为“岳州一怪”、“晚清岳州二吴”（另一人为古文大家吴敏树）。此人一生传奇甚多，清光绪二年（1876）中举，当时左宗棠任甘肃总督，欲聘其为幕僚，但吴以疾辞；光绪己丑科（1889）中进士，他在考卷中揭露当时官吏不问农民耕织的艰难辛苦，只向民间榨取，致使民众终年无食无衣的时弊，主考李鸿章对文章作“伤时”定论，不许取第一，不许列入翰林，仅以即用知县签分广西，此事轰动朝野，为人视为怪才；光绪十八年（1892），他任广西荔浦知县，荔浦赌风严重，他作《戒赌歌》相劝，并严惩首犯，仅数月赌场绝迹；光绪二十二年（1896），他任沅州府学使，兼敦仁书院山长，从此辞别官场专司教育，曾在临湘莼湖书院、岳州金鹗书院、湖北通城青阳书院、衡阳石鼓书院、衡山研经书院、长沙岳麓书院、湖南高等师范以及南京三江高等师范、湖南优级师范等处讲学，以其高尚的品德和渊博的知识，教诲弟子，影响遍及东南、中南诸省。他讲学时敢于创新，不守一家之说，敢于对名家作品进行评论，努力推进民主进步思想。他编著《一法通》作启蒙教育之用，编纂《獬录宣讲》破除迷信陋习，作《放足歌》宣传妇女解放……

吴獬一生所撰对联甚多，武汉大观园、君山朗吟亭、岳阳楼、岳阳南岳庙、南岳衡山、衡山书院、长沙学堂、杭州张桓侯祠、桂林府藏书楼、关帝庙、黄鹤楼都曾留下他的墨宝；北洋军阀吴佩孚以吴姓同宗索墨宝，吴獬亲书“民国正需廉耻将；吾家曾出广平侯”一联相赠；护国将军蔡锷归葬岳麓山，吴獬泪如雨下，撰联“附飞蝇于陈右铭馆，放穷鸟于端午桥街，厚谊隆情，从此永无酬报路；闻啸虎而彭慰亭惊，傍眠牛面黄克强快，丰功盛誉，只今谁是抗行人”，情真意切，时人争颂。

除了这宫门联，特别有名的对联还有望湘亭的两副：一副是程颂万所撰，“一雨悬江白；孤城隔岸青”，点到了亭中远望之妙处，足见作者之匠心；另一副则是黄道让的“西南云气来衡岳；日夜江声下洞庭”，抓住了云麓宫壮阔的特色，气魄宏伟，对仗工整，字迹遒劲。

黄道让（1814～1868），字师尧，号岐农，出生于今临澧县新安镇金坑黄家棚，是晚清著名的诗人，咸丰三年（1853）中举人，咸丰十年（1860）取进士，主考官称其文“纵横跌宕，笔意仿佛苏韩”，授工部主事，掌营缮司。黄道让秉性刚直，对功名利禄兴趣不浓，尤其看到在国库空虚、民不聊生的时候，以慈禧为首的清廷统治者仍歌舞升平、日日宴乐、大兴园林、耗资误国，深感愤懑与压抑，仅两年便乞假辞官，目的是为保全一个真实的自我。他在《乞假家居抒怀中》解释说：“茫茫宦海中，登场作优戏。移尽孝子心，难学一谄字。上下巧相蒙，设法凿真气。”赋闲时，他常与当时的湘中名流道县何绍基（字子贞）、长沙王先谦（字逸吾）、湘潭王闿运（字壬秋），唱和砥砺，其乐融融。太平天国之后，百废待兴，朝廷又复起用黄道让为浏阳县令。他精明强干，勤于审断，剔弊厘奸，扶弱锄强，不久县境河清海晏，讼稀年丰。他廉洁自恃，清苦简静，深受士民爱戴，并最终卒于任上。黄道让的书、画都精绝一世，然最善长者乃是诗词，他五十华诞期整理刊行的《雪竹楼诗稿》收以往佳作八百余首，一时轰动京、湘，广为世人敬服，为之作序、题词、点评、笺释者达二百六十余人。

而作这副对联，却是偶然。一次雨后，他登岳麓山顶，面对万千气象，有感而发，遂赋《重登岳麓山》：

> 万壑风来雨乍晴，登高一览最惺忪。
> 西南云气开衡岳，日夜江声下洞庭。
> 我发实从近年白，此山犹似旧时青。
> 读书老友今何在，古木秋深爱晚亭。

该诗前四句写景，景色清新；后四句写情，情真意切。相传，当时云麓宫刚刚刻好一副门联，正欲上挂，听得黄道让口念的这首七律，道长恍若梦醒，觉得“西南云气开衡岳，日夜江声下洞庭”一联高屋建瓴，气势磅礴，远胜于已有，马上把刻好的门联铲去，恭请黄道让挥毫写上其诗稿的颔联。黄道让考虑再三，又把“西南云气开衡岳”中的“开”字换成“来”字，以其能概括四时阴晴景色而不局限于“雨乍晴”的特定气象。

以上三副之外，云麓宫的名联，还有吴恭亨（1857～1937，字悔晦，慈利人，近代古文家，诗人，南社社员）的“老僧伫视风雨笑；禹碑耻争岳麓名”、周延俊（号渔庵，清末诗人）的“絮擘晴云铺白袷；纸裁秋叶当黄庭”和长联“峻极于七二峰衡岳，阔极于八百里洞庭，间气接扶舆，造就些草昧经纶，润洒河山雷云遍；前不见五百岁古人，后不见亿万世来者，壮怀摅近代，唤起那中兴将帅，布严关塞鼓鼙声”、黄本骥（1781～1856，字仲良，号虎痴，宁乡道林人，清朝大学者，收藏家、金石家、史学家、地理学家，与新化邓显鹤、沅陵李沅训、湘潭张家榘誉为“湖南四才子”）的“二十年前此读书，记古寺夕阳，常看红树青山凌绝顶；一千里外更穷目，数今朝风景，只有月色江声似旧时”，等等。

其次，为云麓宫留下文墨的骚客文人就更不会少了，惜乎毁坏得多。今人传颂得较多的清朝诗歌有十首。

其一，岳麓书院肄业生、溆浦人严正基（？～1857，原名芝，字山舫，严如熤之子，副贡生，曾任郑州知州、湖北布政使等）所写的《夜登云麓宫》：

云麓峰巅跂足眠，征衫犹带五溪烟。
当头华月三千里，弹指东风念四年。
螟色暗投游屐外，松涛清到杵钟边。
故园计买青山宅，便与人间作散仙。

诗中除描写了云麓宫所在山峰的险峻、视野的辽阔和月光、松涛等自然景色外，还联系到云麓宫是道教名观，表达了诗人想在此买宅居住，以作人间神仙的愿望。这也是众多游人到云麓宫后都会产生的联想。

其二，新化人晏贻琮（1788～1815，字幼瑰，号湘门，嘉庆丁卯举人，有《过且过斋诗集》）的《晓霁登岳麓峰绝顶还憩云麓宫》：

宿云尚在树，岩溜滴初响。
东风发天和，新绿亦已长。
驾言撰良辰，丛林寄萧爽。
偕游岂无人，意得每独往。
初造径转仄，至顶地殊敞。
凭高览山川，中原郁苍莽。
探幽竟忘疲，触目即延赏。
未知平生游，着此屐几两。
老僧喜我至，屡要入方丈。
诸天少昏旦，洞放光明相。
群龙各持经，有首不敢仰。
何必闻旃檀，即此悟非想。
尘根倘可除，庶几谢鞅掌。

晏贻琮作诗，初学李贺，后学韩、柳，格律严峻，唐仲冕称其“造于平淡为姚、马，为储、孟”，实是中肯，此诗与其另一首名作《铁佛寺》“迢迢北城外，中有欢喜园。梵诵寂无响，松风寒到门。山僧扫磬石，野客开清尊。归去碧云合，苍苍烟树昏”可相媲美，参与了个人对于佛道两学的见悟与感怀。

其三，长沙人郭祖翼（字艺东，诸生，有《雨福房文草》）的《云麓宫》：

飞翠遥惊百尺台，山根拔地立崔嵬。
天悬星斗当窗落，水合潇湘抱郭来。
列嶂昼冥云气护，虚堂寒早磬声催。
临风欲拄仙人杖，看取衡峰九面开。

诗句大气，开合甚宽，把其山势、气派、历史、根源书写得淋漓尽致，与其题写岳阳楼的妙句“为问少陵高唱后，几人差不负登临”相差无二。

其四，明末清初长沙人廖元度（字大隐，诸生，有《雪蕉堂集》《息机园集》，并曾花十年辑《楚风补》《楚风纪》）的《宿云麓宫》：

林深宵气重，一枕对灯青。
月色如秋瘦，虫声触梦醒。
壁铭嗟故宅，《天问》补遗经。
乐死吾知勉，云山足典型。

诗句抒发了作者在朝代更迭的乱世，无家可归寄居庙观，夜晚寂寞独对孤灯，痛惜国亡家破的情感，与作者的生平联系起来，读来令人嗟叹。据《善化县志》载，廖元度饱受战乱之苦，尤其是吴三桂之乱，住宅被毁，颠沛流离，被迫居佛寺 8 年，晚年曾“在城中长善分界处”建有息机园，清人游乾的《息机园记》中说其：“树阴十晦，竹覆五楹……徐步其中庭，虹泉遥并于江麓，龙谷虚吟于郭渚，嘉蔬品列，媚目菁英，野鸟时飞，随风上下。晴岚绕槛以回光，崩涧汩流而呈籁……见青虫之满院，忘长日之小年。”作为归隐之地，息机园寄寓了廖元度“篱落随时补，门宽任意关”、“好客常藏千日酒，陶情只种一园花……既醉不知天已晚，唤人归去是林鸦”的与世无争、超脱孤高。

其五，安徽人，与方苞、刘大櫆并称为“桐城三祖”的散文家姚鼐（1731 ~ 1815，字姬传，一字梦谷，世称惜抱先生、姚惜抱，著有《惜抱轩全集》等，曾编选《古文辞类纂》）的《铁瓦祠》：

寒云飘烈风，盘石压其上。
后踵倚绝壁，前趾踏惊浪。
老松奋壑底，长鬣仡相向。
结构托翠微，丹青昔何壮。

玄武盛严卫，仿佛动幽怆。
好从神霄淫，迹自宗藩创。
神理有诞欺，人事阅兴丧。
衡岳百里外，隐然山南望。
吾闻董炼师，玉颜故无恙。
解带逝从兹，将入青霞访。

姚鼐提倡文章要“义理”、“考证”、“辞章”三者相互为用，提出“神、理、气、味、格、律、声、色”为文章八要，该诗辞章优美和谐，考证方圆相接，义理深邃探幽，确成一方气派，而其中关于风景的描写，与名篇《登泰山记》中的“苍山负雪，明烛天南，望晚日照城郭，汶水、徂来如画，而半山居雾若带然”有异曲同工之妙，难怪被人称赞“精深博大，足为正宗”（程秉剑《国朝名人集题词》）了。

其六，岳阳人龚立海（字柱君，号云涛，嘉庆贡生，诗多效明前后七子及清初诸老，有《垂云山房集》）的《登岳麓游云麓宫》：

曲磴历陂陀，青萝挂芒屦。
松杉一径阴，落叶纷无数。
鼓勇复登陟，云与人争路。
天风鸣耳际，袅袅疏钟度。
绀殿出苍碧，铁瓦森参互。
始知所历高，放眼天一曙。
南眺祝融峰，寒岑寸碧露。
一雁带秋来，暝色遥天赴。
孤城界清湘，微茫指烟树。
长沙十万家，广厦几人具。
我无治安策，焉问怀沙赋。
浮世野马尘，变幻随朝暮。

虚堂生峭寒，斜阳满荒戍。
吹香不可挹，杉庵杳何处。
泠然御风行，又逐归云去。

此诗与他另一首名作《望衡岳》“铁脚无因踏上方，帆随雁影转清湘。雄幡楚塞环三郡，高镇炎荒视百王。九面阴阳分向背，半空雷雨下青苍。登临我欲穷沧海，观日还骑赤凤凰”可谓姊妹篇，在用典、绘景上都纵横捭阖，可见其涉猎之广、学识之深。

其七，湘潭人、曾任岳麓书院山长的张九镒（字橘州，又号退谷，张九键之弟，生卒不详，1763 年前后在世，著有《退谷诗钞》二十四卷，《清史列传》、《国朝先正事略》等书中有传）所作的《云麓宫》：

铁冶为椽石作扉，巉空绀宇陟崔嵬。
不知绝迹仙何去，但看悬崖势欲飞。
黄入洞庭含日气，碧连衡岫淡烟霏。
到来便隔尘凡界，结坐凭谁学息机。

张氏世代诗家，祖孙数代享有诗名，其中张文炳、张九钧、张九镒、张九钺、张九键等张氏祖孙与岳麓书院有浓厚的“血缘”关系，先后在此读书或任职，历史上被传为佳话。张九镒此诗探古究源，对道学精神探微申义，被时人誉为独树一帜也就不足为怪了。

其八，宁乡人陶煓（字天石，号补伦，康熙中拔贡，为陶汝鼐孙，有《茶邮集》《西溪遗草》）所作的《岳麓阁上望雨有怀》：

昨夜闻钟后，风来月到门。
谁将斑竹泪，翻洒岳松魂。
落叶填荒径，寒鸦滞远村。
乱云飞不尽，愁绪不堪论。

陶门是清朝时宁乡的旺门大族，陶汝鼐之前的陶显功、陶显位，之后的陶之采、陶之典、陶士倧、陶煊、陶煓都有诗书垂世，是宁乡耕读世家的典型。把此诗与其祖陶汝鼐题密印寺的“法雨来衡岳，宗风启仰山。什方密印寺，飞落白云间”作比较，可发现，二者写法极其类似，足见家学对其影响之巨。

其九，长沙人凌玉垣（字荻舟，清道光二十年举人，官工部屯田司主事，有《兰芬馆诗初抄》十三卷）的七律《云麓宫》：

幽林如帜寺门前，日暮空山鸟唤烟。
何处白云生槛外，有时翠雨洒吟湮。
虚堂书静看花落，古坛僧闻抱石眠。
清夜诗分煨芋火，松阴犹可席枯禅。

凌玉垣是曾国藩极其推崇的诗人，凌玉垣逝世后曾国藩为其题写挽联道“沅湘故国三千里，魂灵归傍贾长沙”，足见其对凌的感情。凌为曾所赏识的原因，在于其写诗作文，极得儒学精神，入世为内脱世为表，诗句正统味道比较浓厚，意境悠远，接近禅诗，该诗为凌的代表作。

其十，益阳人、乾隆二年（1737）岳麓书院山长曹耀珩（1674～1740，字鸣佩，号畅庵，古文学家，著有《听涛园文集》四卷）的《云麓宫》五言：

侧足向阴崖，潺潺沿小涧。
石磴历几盘，攀罗山未半。
泉窦冬微固，绝壁诗刻见。
行经步虚岭，𪉘𪉘声不断。
路转上山椒，遗构前朝殿。
虫丝冷画栋，积铁古瓦片。
峨峨拜岳石，二丈计平面。
嵌空临无地，俯槛心如战。
湘江抱其前，碧澄横匹练。

城郭参差里，缘江窄一线。
昔日金守分，参同慕安羡。
禁足不入村，丹砂默默炼。
顿渐落二义，微言能贯穿。
前辈阳和公，嘉赏谊深眷。
浮世野与尘，倏忽蜃楼幻。
道士何年去，此宫永不变。
洞古白云屯，天高飞鸟乱。
独立诸峰小，回视双眸眩。
缥缈即蓬壶，徜徉薄仕宦。
焉得骑长鲸，凭虚登彼岸。

与其将这当成诗歌，莫若当作一篇写景抒情的散文来读，对道观四周的美化描写，与《桃花源记》无别，铺装宣泄，几乎可与其洋洋近百句、歌颂岳麓书院的史诗性篇章《百泉轩》叫板了。他的另一首代表作《放舟夜归》则显得轻松得多：

霞散澄江绮，风微浪不生。
前山衔落照，远水浸孤城。
客意偏宜晚，渔舟信是轻。
谁家茅屋近，隐隐读书声。

三、仁人义士有佳话

当然，岳麓山作为革命策源地、忠骨埋葬地，云麓宫也留下了近当代诸多名人的足迹。

与黄兴、蔡锷、宋教仁并称“湖南辛亥革命四杰”的谭人凤(1860～1920，字石屏，名有时，号符善，晚年自号雪髯，人称谭胡子，新化人，清末资产阶级民主革命家，同盟会早期会员和重要骨干）曾在此组织会党聚义。

北伐战争时期，意气风发的蒋介石来过云麓宫。《蒋介石日记》记道："1926 年 8 月 19 日，上午，游岳麓山，祭蔡（松坡）、黄（克强）、刘（昆涛）诸先生墓。以蔡为最优。在黄庄午餐，访云麓宫，规制甚小。"

毛泽东更曾是云麓宫中的常客。在湖南一师求学及之后在附小任教主事期间，他曾多次到访，新中国成立后还曾向周世钊（1897～1976，字敦元，别号敦元、东园，宁乡人，教育家、爱国民主人士）询问当年与蔡和森等深爱的黄道让"西南云气"对联的下落。而记于诗歌的记载，亦有两首。一是罗章龙（1896～1995，浏阳人，政治家，中共早期领导人）写的《初登云麓宫》，题记处有"一九一五年岁杪，雪后与润之共泛湘江，经朱张渡游岳麓，遂登云麓宫"的字样，诗作一度被误当成毛泽东所写，全诗如下：

共泛朱张渡，层冰涨橘汀。
乌啼枫径寂，木落鹤泉滢。
攀险呼俦侣，盘空识健翎。
赫曦联韵在，千载德犹馨。

诗最早录在《庄斋汗漫游话（3）》中，刊发于《湘江文艺》1980 年第二期。罗章龙是毛泽东青年时期最要好的"三个半朋友"之一，这样的共同登山感怀，恐不是一次两次。二是周世钊的《从毛泽东登岳麓山至云麓宫》一诗：

滚滚江声走白沙，飘飘旗影卷红霞。
直登云麓三千丈，来看长沙百万家。
故国几年空咒虎，东风遍地绿桑麻。
南巡已见升平乐，何用书生颂物华。

这次的时间是在 1955 年 6 月 20 日，毛泽东畅游湘江后登访，时为湖南省副省长的一师老校友周世钊作陪，他们站在云麓宫前台，江岸星光闪烁，仿若银河；山间云雾缭绕，飘舞翻腾；湘水奔涌向前，滔滔不息。面对这样壮观的情景，回忆起往昔的峥嵘岁月，怎不叫人感慨万分？周世钊的泼墨挥毫、汹涌澎湃，也就可以理解了。同年10月4日，毛泽东主席回复应和：

春江浩荡暂徘徊，又踏层峰放眼开。
风起绿洲吹浪去，雨从青野上山来。
尊前谈笑人依旧，域外鸡虫事可哀。
莫叹韶华容易逝，卅年仍到赫曦台。

相对周诗，毛的胸怀与眼界，显然要高阔得多，豪情壮志未消，“老骥伏枥壮心不已”的雄心犹在增长。

岳麓山海拔不高，但挺拔秀美，历经千百年的风雨沧桑，与周边的其他景物相搭配，长沙古城形成了融山、水、洲、城于一地的绝美景观，也在成熟地融儒、释、道三家文化于一体的过程中，逐渐形成了具有自己独特气质的在湖湘文化中占据重要位置的底蕴深厚的“麓山文化”——山顶云麓道宫的道家文化，山腰古麓山寺的释家文化，山脚岳麓书院的儒家文化，共融于岳麓山中，传承着湖湘文化的精气神，是人们感受中华文化特别是湖湘文化的文化圣地，是一座令人向往的文化大山。

而承载着道家文化传承的云麓宫，似乎应了古人“高处不胜寒”的谶语，屡建屡毁，较之释儒两家受损破坏频率更高、程度更深，至今道宫建筑还没有释儒两家气派，香客相较冷清，游人的关注度也不是很大，好像与其“道法自然，无为而治”、“贵柔守雌，弱以胜强”的主张不无关系。道家重视文化修养，非有一定修养者不得领悟其精髓，这与释家“因果报应，转世轮回”、“众生平等，人与猪狗无异”的屈尊降贵态度形成了鲜明的对比，而超脱凡俗、不理人间杂务的处世方法，与儒家“达则兼济天下穷则独善其身”

的理想相违，儒生的接受有限，这恐是其难以达到与另两家比肩而立的重要原因。

而事实上，岳麓山的道教基础，早在道观建立之前就已奠定。从晋太兴年间湖南最早的开坛播教者魏华存宣讲上清经录，到九真观里修炼的陈兴明、施存、尹道全、陈惠度、徐灵期、张昙要、张如珍、王灵舆、邓郁之，这些先行者在南岳诸峰之间游走、寻洞炼丹，作为南岳之足的岳麓山就已经被打上了道家的烙印。宋朝以前的南岳名道士多为外省来人，但到宋朝以后风气顿变，湘籍道士名家辈出，其中南宋时的张元英、王乐仙，元朝时的张道贵、黄明佑、李育万，明朝的喻道纯，皆为长沙人，都是赫赫有名者，他们对岳麓山的道家文化有何作用或是否受其影响至今虽还未找到证据，但一个地方的名道士在短短三百年内涌现得如此之多，至少说明本地的文化受道家的影响甚深，甚至说，道家的学说在长沙、岳麓山落地生根、出现第一次大繁荣的时代就是宋元朝间。但之后为何衰落，尤其是云麓宫这个标志性建筑建成之后也未能阻止这种衰败，是什么原因呢？这个课题颇值探讨与深究。

相反，还有一个流传甚广的故事亦值得再三揣摩。现今岳麓书院内赫曦台的墙面上有“福”、“寿”二字，据说还颇有来历。清朝乾隆年间，曾经有一伙春风得意的举人才子在这台上设宴聚会。这时，有一位从云麓宫下来的老道人也想参加这个聚会。但席间有位举人却十分轻蔑地说：“这种文人聚会，你一个道士恐怕不适合吧?”老道说：“人不可貌相，你又不曾见到我的诗词书法，何论不适合呢?”举人听罢大怒，说这茅山道人好大口气，便要左右持棍将其赶出门外。谁知老道袖袍一挥，竟无人能够近身。看到两旁的白墙，老道随手操起一把扫帚，沾着黄泥水一口气一笔写就了一个丈余大的“寿”字。那“寿”字仙风道骨，潇洒飘逸，把众书生都看呆了。老道写完，便拂袖扬长而去。书生们意欲在右边的墙上提笔应对，但谁也没有胆量一试。最后，无奈之下只得把山长罗典请来。罗典睹字，冷汗都冒了出来，但又不能丢了儒家的面子，便奋笔在右边墙上书写了一个“福”字。两墙比较，这个用尽了罗典毕身笔力的“福”字，左看右看上看下看怎么看都不如那个“寿”字那般写得苍劲有力、浑然一体。罗典长叹：“道高一尺，一字难求啊!”自此，岳麓书院的儒生，对待道人皆是客气有加。

爱晚亭：化雨群欣出由云

与安徽滁县的醉翁亭（1046年建)、杭州西湖的湖心亭（1552年建)、北京陶然亭公园的陶然亭（1695年建）并称中国四大名亭的爱晚亭，始建于清乾隆五十七年（1792)，是岳麓山风景区的一颗明珠，如今越来越成为登山旅游者的必备景点。该亭为岳麓书院院长（山长）罗典创建，原名红叶亭，后由湖广总督毕沅（毕秋帆）根据唐代诗人杜牧《山行》的诗句“远上寒山石径斜，白云深处有人家。停车坐爱枫林晚，霜叶红于二月花”，改为现名。从岳麓书院后门，沿石径上行200余米即可到达爱晚亭。

一、江南一好亭

爱晚亭当然是看亭观园的旅游好出处。在我国古典园林艺术中，亭是最富观赏性的一种小品建筑，它立意于构造一个“可行”、“可望”、“可居”的有限空间，为游人提供休憩、登临、凭眺、抒怀的服务场所，也是风景胜迹中的重要构成部分。在我国众多的古亭中，有的侧卧池畔，有的玉立曲隅；有的雄踞于悬崖陡壁之上，有的漂浮于溪流曲折之中；飞檐斗拱，流丹滴翠，形态各异，多姿多彩，在高山流水之间为秀丽的自然风景平添一抹人文色彩和典雅的文化氛围。许多亭以其独特的历史背景和建筑艺术风格而闻名遐迩，爱晚亭也是如此。爱晚亭坐落在清风峡内，建于两峡间的平旷地带，前可俯瞰清澈如镜的池塘，倒映着的山光云影，碧瓦红檐周围簇拥着丛密的竹木和玲珑的山石，背后有层层叠叠直凌碧霄的枫林，从远处望，亭子给人竦竦欲动、凌空欲飞的感觉，真可谓“江山无限景，都聚一亭中”。

爱晚亭在我国亭台建筑中，影响甚大，堪称亭台之中的经典建筑。原为木结构，清同治初（1862～1870）改为砖砌，年久曾坍，兵火曾毁，尤其抗日战争时几乎无一瓦一柱存留。亭在光绪、宣统、民国至新中国成立后历经多次大修，这才逐渐形成了今天的格局。亭基青石，古朴典雅，呈平面正方形，边长 6.23 米，通高 12 米。八根立柱内木外石丹漆，撑起两重翘角方檐，外檐柱四根，由整条方形花岗石加工而成。亭顶重檐四披，攒尖宝顶，四翼角边远伸高翘，覆以绿色琉璃筒瓦。重檐，使亭气势高亢，雄浑天成；四披，使亭端庄稳重，方正敞亮；攒尖顶，更使亭具有了一种向心的凝聚力。这都是中国传统文化的一种表现形式，尤其是理学文化中重“理”、“立身”、“大一统”思想的反映。亭中彩绘藻井，东西两面亭棂悬以红底鎏金“爱晚亭”三个大字，是 1952 年重修时由当时湖南大学校长李达（1890～1966，字永锡，零陵人，中国共产党内著名的马克思主义理论家之一）专函请毛泽东所书手迹而制，字体灵秀俊逸洒脱，足可见共和国成立之初一代伟人的心境和那个时代的朝气蓬勃。这亭中佳构中有一横匾，上刻毛泽东手迹《沁园春·长沙》一词：

独立寒秋，湘江北去，橘子洲头。看万山红遍，层林尽染；漫江碧透，百舸争流。鹰击长空，鱼翔浅底，万类霜天竞自由。怅寥廓，问苍茫大地，谁主沉浮？　　携来百侣曾游。忆往昔峥嵘岁月稠。恰同学少年，风华正茂；书生意气，挥斥方遒。指点江山，激扬文字，粪土当年万户侯。曾记否，到中流击水，浪遏飞舟。

毛体笔走龙蛇，雄浑自如，更使古亭流光溢彩。

亭由文生，亭文搭配，是个很好的创意。中国的四大古亭莫不如此。譬如，处安徽滁州西南琅琊山麓的醉翁亭因欧阳修及其《醉翁亭记》而闻名遐迩，后人写联“翁去八百载，醉乡犹在；山行六七里，亭影不孤”而称颂之；再如，位于北京右安门东北的先农坛内，为清康熙三十四年工部郎中江藻所建的陶然亭，取白居易诗“更待菊黄家酿熟，与君一醉一陶然”句中的“陶然”二字为亭命名，被誉为“周侯藉卉之所，右军修褉之地”，成为都中一胜；又如，居杭州西湖中央与三潭印月、阮公墩合称“蓬莱三岛”之一的湖心亭，前身系明代知府孙孟所建的振鹭亭，因“春水绿浮珠一颗，夕阳红湿地三弓”一联而彰显，胡来朝作的《湖心亭柱铭》“四季笙歌，尚有穷民悲月夜；六桥花柳，浑无隙地种桑麻”一联极为人所颂。爱晚亭较之另三亭的差别，不仅在于其古诗文丰茂，而且近人、今人的墨宝也不少见，更主要的是，似乎是考虑到了独木难存、孤亭不阳，岳麓山上的亭子成群成片，蔚然簇拥，有些名气还挺大。比如位于东方红广场东北角的自卑亭，是清康熙二十七年（1688）长沙郡丞赵宁所建，亭名源自《中庸》“君子之道，辟如远行，必自迩；辟如登高，必自卑”。现亭建于清咸丰十一年（1861），亭名由车万育题书，亭内嵌有《自卑亭记》等碑刻。再如，建于山顶的极高明亭，亭名出自《论语》，曾由朱熹题额，清康熙年间重建，后毁于兵火，现在原遗址上恢复而成。又如，离爱晚亭不远处的放鹤亭，仿苏东坡《放鹤亭记》而建，却是纪念山长罗典的标志性建筑，亭内有一方柱形石碑，石碑为清末宣统三年（1911）岳麓书院学监程颂万所刻。另外还有进入景区城楼正中一大三小亭，半山腰的抚云亭、翊武亭，以前纪念辛亥革命烈士的亭子甚多如昆涛亭，现在却很少见了。这些亭子都有自己的故事，或许有些趣闻轶事是后人杜撰的，但这古趣却是有的，给人以极大的遐想。

爱晚亭是观叶赏枫的绝佳看景点。该亭三面环山，山谷幽深，山峦挺拔，左右溪涧环绕，前后怪石嶙峋，东向开阔，有坪纵横十余丈，紫翠青葱，流泉不断，又有林径，九曲婉转，亭前池塘，桃柳成行。在这里，春天可见山色苍翠，夏天可读月明风清，秋天可画层林尽染，冬天可阅白雪皑皑。尤其是到深秋，枫叶流丹，灿若云霞，实在是满眼红颜，醉目入梦。自古以来，文人学士、骚人墨客便对枫叶情有独钟，吟咏描绘之诗文屡见不鲜。握一杯茶，闲坐亭中赏枫观叶，那些充满性灵的句子，就会趵突泉涌："晓霜枫叶丹，夕曛岚气阴"（谢灵运《晚出西射堂》）还未品够，"山远天高烟水寒，两岸楼台枫叶丹"（徐霖《绣襦记·共宿邮亭》）又已不期而至；刚叹息"明朝挂帆席，枫叶落纷纷"（李白《夜泊牛渚怀古》），却又遇"浔阳江头夜送客，枫叶荻花秋瑟瑟"（白居易《琵琶行》）；才读过"一重山，两重山，山远天高烟水寒，相思枫叶丹"（李煜《长相思》），"枫叶千枝复万枝，江桥掩映暮帆迟"（鱼玄机《江陵愁望寄子安》）的弦歌又已经响起；还未把"枫叶落，荻花干，醉宿渔舟不觉寒"（张志和《渔夫》）的酒意消散，"枫红一夜偷天酒，却情孤松掩醉客"（杨万里《红叶》）的洒脱又勾引出了酒虫……而在南方不少地方，还有枫树崇拜，这起源于人们对于蚩尤的敬仰，《山海经》记载说："帝杀蚩尤于黎山，弃其械，化为枫树。"因而枫树带有一种悲壮的情怀进入画卷。历代画家画过许多爱晚亭的图画，其中最有名的要数美术大师李可染画的《爱晚亭图》、著名美术大师钱松画的《爱晚亭》，皆为画中珍品。应野平 1978 年作的一幅《绘爱晚亭图》也颇不错，画中层层枫林红艳夺目，表现出画家开朗欢快的心情，而近处的巨石，密密的树枝，均以苍健的笔法写出，复以大笔渲染，神完气足，显出圆润、浑厚、老辣的韵味。

二、诗联一箩筐

爱晚亭也是读联赏诗的美好聚焦台。在古代众多的亭中，有的因前人借“亭”抒情，留下名篇，有的因诗得名成为名胜，至今仍被人传诵、令人向往。亭，不仅本身是建筑艺术上璀璨夺目的矾珠，而且历代骚人雅士题写的楹联也是一朵玲珑别致的艺术小花，从而使人增趣，给人解颐，看后使人更添几分游兴。

爱晚亭上的名联绝对可以独著成一本小书，有些还有跌宕起伏的故事。譬如，亭前石柱原刻有罗典的对联：

忽讶艳红输，五百夭桃新种得；
好将丛翠点，一双驯鹤待笼来。

岳麓书院山长罗典的学识才情、资历名望，不可谓不高，然而，此联不敢恭维，“忽讶”、“好将”虚浮不实，“艳”、“丛”俗气不雅，“输”、“点”空泛不切。大约意识到了这些，宣统三年(1911) 岳麓书院学监程颂万将其改成：

山径晚红舒，五百夭桃新种得；
峡云深翠滴，一双驯鹤待笼来。

程颂万 (1865~1932)，字子大，一字鹿川，号十发居士，宁乡朱良桥人，平生喜作诗词并擅长书法，篆、隶、楷均精，陈衍在《近代诗钞》中称赞他：

惊才绝艳，初刻《楚望阁诗集》，专为古乐府、六朝，以造温、李、昌谷，不越湖外体格，乱后续出《鹿川畋集》，则生新雅健，识非凡手所能貌袭矣。

程改的这对联，“山径”、“峡云”切地切景，“晚红”、“深翠”达意应时，“舒”、“滴”生动传神，富于画意诗情，意象生动，不得不使人钦服。改后的对联描绘了山径向晚、新桃成林、桃花盛开、红艳的花色与晚霞相互辉映以及清风峡内云烟缭绕、翠色欲滴、驯鹤待归、人鹤相期的美好、宁静、闲适、祥和融通的景象。对联写景，却超越了风景；状人，又潜藏于景物中，在人与自然相互依存之间，暗藏着教与学、师与生的和谐关系，喻意于联，意味深长，令人赞咏不已，并领悟到一定的哲理。但更值得惊叹与学习的是程颂万这种敢叫板权威、不服输、肯行动的超常文胆，这也是湖南人敢为人先的体现。

其实，在此之前，即嘉庆年间，罗典的门生欧阳厚均接老师的班当山长，他就步恩师后尘题了一副对联：

红雨径中，记侍扶鸠会此地；
白云深处，欲招驯鹤待何年。

虽未明说恩师对联不佳，但取而代之的意图已经很是明显了。这正说明，这种敢于挑战的超常文胆，早已经在湖湘文人的骨子里生根了。并且，这种文胆可能演绎成一种对社会负责任的担当态度，务实求真，不畏权贵。

曾在乾隆朝中担任过内阁中书、军机章京的无锡人秦瀛（1743～1821），能被湘人牢记，在于他做了一件功在当代的实事：“衡州岁歉，有司匿不报，方议派济陕西兵米，瀛复力言于巡抚，留米平粜。”他在爱晚亭的对联“无限夕阳千树叶；四围空翠一亭山”亦引发人的猜想——秦瀛在此联中，是否寄寓了他对同僚的愤怒对体制环境的忧虑？这样的联想，更加深了人们对于造福于民者的敬仰。

另有一对联颇值欣赏：

晚景自堪嗟，落日余晖，平添枫叶三分艳；
春光无限好，生花妙笔，难写江天一色秋。

联用杜牧《山行》“停车坐爱枫林晚”诗意，引“生花妙笔”、

“江天一色”两典，蕴意高韬。上联句首点“晚”，谓晚景自可嗟叹，此固常情，但马上一转，谓落日余晖，却更能增加枫叶的艳丽，句化刘禹锡“莫道桑榆晚，为霞尚满天”之意而衬以枫叶，显得更加有力，更为出色，亦更使人鼓舞。下联说“春光无限好”，此亦常情，无可辩驳，但亦马上一转，认为虽是生花妙笔，能写春景，却难写江天一色的秋景，也即春光虽好，难敌秋光，亟写秋景可爱，这就是本联的特色。作者在轻松的描写中，将景、情、理互相渗透，给人以鼓舞力量。

而衡山名士汪涛先生留题的192字长联，为迄今麓山名联之最！

爱日喜雨，蒸润着锦绣河山。汇八百里洞庭，耸七二峰衡岳，归楼听叶、古寺飞钟、林下停车、亭前放鹤；雪汉魏最初胜迹，览湖湘首著名城，大可搜芷搴兰，岂惟赏心憩足？岁月莫蹉跎，直兹风和景淑、且登临看东流帆转、南浦雁回、北麓斗横、西峦光霁。

晚烟朝霞，烘笼过繁华厦宇。溯三千年历史，数廿四代英豪，泄恨鞭尸、离骚忧国、遗书匡世、评论兴邦；乃周秦以还贤哲，皆吴楚群知硕彦，当骄地灵人杰，应惜寸时分阴。平生须砥砺，到此游目骋怀，安能负这春圃桃红、夏池莲脂、冬阁梅素、秋岭枫丹。

联嵌“爱”“晚”二字，颇具匠心，既绘景又述史将岳麓四时各异的湖光山色绘献给游客与读者，同时亦追溯数千年历史，召唤人们莫失良机览胜境，可谓应景应心，情投意合。

诗歌当然也不会少。从爱晚亭后右侧，穿过枫林桥，有一座供游人憩息的小亭，称为放鹤亭，亭中央放置一张立方体石桌，上有“二南诗刻”字样。诗前有湖南高等学堂监督程颂万写的题记：“宣统三年秋，补葺爱晚亭，刻南轩、南园二先生诗，并征罗鸿胪故事，书‘放鹤’二字，以永嘉游。程颂万并记。”所谓“二南诗”，即宋代张栻（号南轩）的《青枫峡诗》和清代钱澧（号南园）的《九日岳麓山诗》。《青枫峡诗》全诗如下：

扶疏古木矗危梯，开始至今几摄提。
还有石桥容客坐，仰看兰若与云齐。
风生阴壑方鸣籁，日烈尘寰正望霓。
从此上山君努力，瘦藤今日得同携。

张栻与朱熹在岳麓书院见面论学，余时就移步山麓，留下了许多唱和之作，与此诗同时作的有朱熹的《兰涧》：

光风浮碧涧，兰枯日猗猗。
竟岁无人采，含薰只自知。

把两首诗歌对照来读，当别有一番情趣。钱澧的《九日岳麓山诗》则是这样说的：

雨歇江平政亦闲，相寻故事一登山。
红萸黄菊有深味，碧涧丹崖俱净颜。
北海碑看落照里，南轩座接清风间。
归欤且住穷幽兴，细数林鸦几队还。

钱澧对于古人的羡慕、景仰之情，袒露无遗，而对美景易没的感叹，又让人觉得沉重。清代欧阳厚均写了一首《岳麓爱晚亭》的诗，十分优美：

一亭幽绝费平章，峡口清风赠晚凉。
前度桃花斗红紫，今来枫叶染丹黄。
饶将春色输秋色，迎过朝阳送夕阳。
此地四时可乘兴，待谁招鹤共翱翔。

亭周景色及超然物我的闲适心境，跃然纸上，让人惊叹其笔力之功。

清朝吴敏树的“夕阳生翠岫，残雨落青枫”、郭祖翼的“绝壑苍烟锁，孤亭夕照开”、俞敬枝的“四园深翠一亭空，卓午来乘树底风”，民国吴芳吉的“但闻山鸟绕亭鸣，泠然空谷曳长音”……也都是十分精妙的诗句。

而最富有历史对比意义的是革命活动家林伯渠（1886～1960）分别于1906年10月3日和1959年12月写的《游爱晚亭》和《重游爱晚亭》两首诗。前一首说：

到处枫林压酒痕，十分景色赛天荪。
千山洒遍杜鹃血，一缕难招帝子魂。
欲把神州回锦绣，频将泪雨洗乾坤。
兰成亦有关河感，愁看江南老树村。

1906年，黄兴筹划在湖南浏阳、江西萍乡、万载分三路起义，进攻清政府，但不幸事机泄露，浏阳、萍乡被迫提前举行起义，以失败而告终，刘道一烈士壮烈牺牲。作者在这首诗中，借爱晚亭这一特殊场景尽情地倾诉了对革命失败的悲痛。后一首则写道：

重来不是旧山村，耳目一新爱晚亭。
公社标名用岳麓，遍山种树尽冬青。
韶光正是多佳日，化雨群欣出岫云。
看到萌芽即发展，能宁大地可胜春。

诗中洋溢着革命胜利之后的乐观、豁达，一派春光明媚、欣欣向荣的景象。同一座古亭，在两个不同的时代都有体现，读者可看出惊天地泣鬼神的变迁。

写到爱晚亭景物的诗歌则更多，随举三首。其一，曾国藩的《温甫读书城南寄示二首》之一：

岳麓东环湘水回，长沙风物信佳哉！
妙高峰上携谁步？爱晚亭边醉几回。
夏后功名余片石，汉王钟鼓拨寒灰。

知君此日沉吟地，是我当年眺览来。

其二，近人陈三立的《陈述猷乞题瞻麓图》：

昔客潇湘岁月久，纸上陈人相与友。
佳日闲寻门外山，苍苍岳麓绝埃垢。
爱晚亭抱赤沙湖，一径枫叶寒泉吼。
几回夜宿云麓宫，荡出钟鱼摘星斗。
弃掷漂流那可道，挂魂木末猿猱守。
陈侯旧是耕山人，况系庐墓依林薮。
从军学仕三十年，老活江南柳生肘。
敢忘父子饮泣处，上冢还家心语口。
大乱屡作墟井闾，血肉蹂践烽燧厚。
祠屋依稀狞虎踞，草树披靡妖狐走。
写图寄愤益寄痴，湿寐岚光犹落手。

其三，20 世纪 50 年代周世钊写的《踏莎行·秋日游爱晚亭》：

碧涧鸣琴，红林供画，一山秋色多潇洒。为寻旧迹上芳亭，早接英风忆黉舍。　　身在山中，心忧天下，凭栏熟计连朝夜。菜根为饭草作鞋，要将历史从头写。

这些都是十分耐读的佳作，尤其联系作者的身世及所处环境，读来百味丛生，不啻于一堂人生启示课。

当然，还有著名女作家谢冰莹于 20 世纪 30 年代写的《爱晚亭》，不妨当做散文诗来阅读，其中的忧郁、苦闷，还有寻出路不得的彷徨，容易激发年轻人的同病相怜感，颇值深思。

三、故事耐寻味

爱晚亭还是寻根究史、探悟人生的好舞台。中国古建筑都很注重风水，把阴阳五行看作修亭必须考虑的要素，爱晚亭背靠岳麓山主峰碧虚峰，左右各有一条山脊蜿蜒而下，前则遥望滔滔湘水。这种地势正符合我国古代传统的“左青龙，右白虎，后玄武，前朱雀”的布局。而且，这里三面环山，林木茂盛，属木；小溪盘绕，有“半庙方塘”，属水；亭子坐西面东，尽得朝晖，属火；亭子高踞土丘之上，奇石横陈，属土。“金木水火土”五行中只缺“金”了，于是亭柱涂以丹漆，便五行齐备，大吉大利了。

而爱晚亭的改名，也颇可探究。一般说来，如今的公认是，原红叶亭改名爱晚亭是毕沅的主意，并非因袁枚而改。依据是罗典的《次石琢堂学使留题书院诗韵二首即以送别》诗后有一条自注：“山中红叶甚盛，山麓有亭，毕秋帆制军名曰‘爱晚’纪以诗。”而且，毕沅那时正任湖广总督，常到岳麓山爱晚亭一带游览。特别是，毕与罗有多年的交谊。他在乾隆五十四年（1789）冬游岳麓山所写的两首长律中，对罗倍加称颂，并有“旧鱼重逢要夙愿”、“精神强胜廿年前”之句，可见两人关系的亲密，为其改名也就合情合理了。现有资料也已经证明，袁枚访问岳麓山是在乾隆四十九年（1784）十一月二十七日。而红叶亭的修建是在乾隆五十七年（1792），晚于袁枚访问时间八年，显而易见，“爱晚”亭名不可能是袁枚所改。

这里要说说罗典。罗典（1718～1808），湘潭人，曾任鸿胪寺少卿，后因母病而辞官，乾隆四十七年（1782）出任岳麓书院山长，并且五次连任，主持书院长达27年，使发展达到了最高峰。罗典极有文才，著述有《凝园读〈易〉管见》《凝园读〈诗〉管见》《凝园读〈书〉管见》《凝园读〈春秋〉管见》《罗鸿胪集》凡50卷，以及《九江考》《广养生说》等文。罗典主持学政期间，不纯评论诗文优劣，而重视人才的品性，“每于试前召集诸生讲学，试毕复行规劝教诲。”他是一个重视教育的大家，外出时，闻村塾读书声，即往视察，并予指教。而他的个性也刚介廉洁，“行为万世表”。他在任工科给事中时，有部属冒领肥私，又恐罗典查出，故以银3000两行贿，罗典不仅不纳，反而痛加惩戒。正因为这种品行、学识兼备，罗典历代以来备受政府官员及湖湘学子的推崇。岳麓书院的慎斋祠，就是专门祭祀罗典的地方，以前任职湖南者，必前来扫祭，而参访、敬献的学子更是络绎不绝。

爱晚亭如此闻名，自然来的名人也不会少，传说的故事也繁多芜杂。蒋介石来过，时间是1926年8月19日，他祭拜了民国开国元勋黄兴、蔡锷、刘建藩等人之墓后来到这里，并遇上大风，但蒋当时指挥北伐豪兴勃发，毫未介意。汪精卫也来过，时为1938年暮春，即4月29日（农历三月二十九日），恰逢黄花岗起义爆发27周年，他写有一诗：

黄花岳麓两连绵，此日相望倍惕然。
百战山河仍破碎，千章林木已风烟。
国殇为鬼无新旧，世运因人有转旋。
少壮相从今白发，可堪揽涕墓门前。

诗刊发于长沙《大公报》上，当时的汪仍以抗日的形象出现在长沙公众面前。孰料，当年12月他即由昆明飞往越南河内，公开叛国投敌。这样的故事，读来苦涩，却让我们更对忠贞报国、为民谋利者倍加珍惜与爱戴。岳麓山上多忠骨，青山有幸；爱晚亭中多故事，百姓有幸。人的成长，就是在不断的遭际、学习、冥思、感怀、效仿、创造中。爱晚亭把人生百味浓缩于一亭，承载了过去的风雨，也满载着未来的希望。

爱晚亭寄寓了人们珍惜生活、莫负良辰美景的美好期待与希冀。在诗文上，与祝允明、文徵明、徐祯卿并称明末“吴中四才子”之一的唐寅（字伯虎）曾作过一首诗：

我画蓝江水悠悠，爱晚亭上枫叶愁。
晓闻征雁南归去，鹤舞天际长厮守。

诗中的爱晚亭并非指岳麓山上的爱晚亭，但据传诗是赠给其爱妾秋香的，表达了携手百年、远走高飞、游荡江湖的梦想，其中蕴含的时光易逝之悟却散发着永久的光芒。伤晚的情怀，不仅只唐寅有，其实早在他之前的唐朝，李商隐就曾深沉地叹息过。他在《摇落》一诗中写道：

摇落伤年日，羁留念远心。
水亭吟断续，月幌梦飞沉。
古木含风久，疏萤怯露深。
人闲始遥夜，地迥更清砧。
结爱曾伤晚，端忧复至今。
未谙沧海路，何处玉山岑。
滩激黄牛暮，云屯白帝阴。
遥知沾洒意，不减欲分襟。

想想，这个伤晚的情调恐是一个永恒的母题了。

爱晚亭同时表达了扶掖晚辈后进、爱惜人才精心打造的教育理想。人们传说红叶亭因袁枚而改爱晚亭，源于 1987 年 2 月 2 日《华声报》上赵海洲的《爱晚亭与袁枚的诗》一文。故事说：

有一年秋天，江南的著名才子袁枚到了长沙，许多人仰慕他的名气，都赶来会见他。只有岳麓书院的山长罗典不加理睬，他说袁枚这个人有官不做，到处游山玩水，生活放荡，写诗作文又标新立异，违背圣贤之道，特别是招收女学生，更使得信奉儒典圣言的罗典看不惯。为防袁枚找上门来，他还在书院的牌楼上贴了副对联："不为子路何由见；非是文公请退之。"子路即仲由，退之即韩愈，此联引入两典，意思是说既然我们志不同道不合那就没有见面的必要。过了两天，袁枚真的过江来拜访了。看到罗典的对联，他摇摇头，笑了笑，但还是到了书院门口，客客气气地递上拜帖。这时，罗典正在书院里整理文稿，接过门人递上的帖子，连忙叫他传话说："山长病了，不能相见，请自便！"袁枚碰了一鼻子灰，却也不在意，便自管游山去了。袁枚走后，罗典叫人挑来几担水，冲洗书院门前的台阶，说是要洗净异端邪气。袁枚游览清风峡，看到了红叶亭，也见到了罗典题写的对联，不住点头，望望匾额，凝神皱眉，想说什么又没说出口来，接而参拜了麓山寺，观赏了白鹤泉，登上了云麓宫，才兴尽下山。袁枚在长沙住了几天，写了很多诗，对岳麓山上的景物几乎全写遍了，惟独在《红叶亭》题目下只抄录了唐代诗人杜牧的《山行》绝句，而且，更为奇怪的是，他竟然把第三句抄脱了两个字，变成了"停车坐枫林"。这件事立刻引得长沙的读书人议论纷纷，不久就传到了罗典的耳中。罗典也是聪明人，明白袁枚在嘲笑他不爱护晚辈，立时红了脸，连声说"惭愧，惭愧"，马上吩咐学生把红叶亭的匾额取下来，亲笔题写了"爱晚亭"重新挂上去。此后，罗典再也不傲慢了，每有文人上山，不管自己喜欢不喜欢，熟悉不熟悉，总是客客气气地接进书院，热情相待。

这个杜撰的误传，之所以能够广泛流传，乃是反应了百姓的真切呼声。故事中的罗典，是著名的经学家，曾拿出自己的俸金，增修书院。岳麓山的柳塘烟晓、桃坞烘霞、桐荫别径、风荷晚香、曲涧鸣泉、碧沼观鱼、花墩坐月、竹林冬翠等八景，都是他亲手指点加工修饰的。

其实，罗典本身就是一位爱晚护晚的典型。他一生以培养人才为己任，曾提出"非专衡文，当以育才为本"的主张，担任岳麓书院山长后又提出"坚定德性，明习时务"的育才思想。当时清廷规定岳麓书院每届（3 年为期）学生为 60 名，罗氏掌教 27 年中，肄业人数 3 倍于朝廷规定的数目，其中以陶澍、欧阳厚均等尤为出众。相传罗典在岳麓书院内种植了很多桑树，目的是希望学生像春蚕一样埋头苦干，终生不放弃。清嘉庆三年（1798），有近 100 名岳麓书院的学生参加了当年的乡试。他们凭借记忆把在考场写的八股文默写出来，然后请岳麓书院院长罗典帮忙预测考试结果。八十高龄的罗典预测彭珴会取得好成绩。放榜后，第一名是傅晋贤，而彭珴未上榜。彭珴去查卷，发现试卷失踪。于是，罗典给湖南巡抚姜晟写信，请他调查。就在岳麓书院师生等待回复时，湖南乡试的闱墨出版了。闱墨类似于现在的高考满分作文，或者高分作文集。彭珴看完发现，傅晋贤中解元的试卷就是他的试卷。罗典得知后，将此事写成一份报告，让学生呈交给姜晟。傅晋贤为了收买彭珴，提出愿意帮他捐个知县。罗典知道后坚决不同意私了，又给姜晟写了一封信，措辞严厉。姜晟这才决定立案调查。经调查，傅晋贤用1200两银子买通考场工作人员樊顺承，请他帮忙在考场中寻找好的试卷，替换成自己的试卷。这个清朝时湖南最大的科举舞弊案真相大白后，傅晋贤、樊顺承等人被处死。这个事件，足可见罗典对待学生的殷殷爱护之心。

前几年，在邵阳发现了罗典亲笔撰写的一副对联，六尺宣对开条幅，行书，单个字大小六尺见方，上联为“川泳云飞亲兹道味”，下联为“鸾停鹄峙称其家儿”，表达的正是其对岳麓山、岳麓书院的深情厚意，也蕴含着对湖湘学子的殷切期待，读来感人至深。

爱晚亭还是青春勃发、激荡文字、鞭策振马奋蹄的示范亭、榜样谷。名亭自有名人爱，除却古往今来的文人学士，近现代史上的湖南革命先辈，几乎全都来过爱晚亭游览。辛亥革命的先驱者们，多次以此地为居，商讨推翻清朝政府、反对袁世凯称帝的大事，并最终将自己的身躯归葬于此山上，日夜聆听爱晚亭的风雨之声。民国时期，毛泽东、蔡和森、罗学瓒、张昆弟、萧子升等常来岳麓山聚会，流连于爱晚亭、清风峡等处，研讨国家大事，探求革命真理。他们有时还会登山露宿，进行“风浴”、“雨浴”，以增强体质，磨砺意志。而革命团体“新民学会”就是1918年4月由他们在山下刘家台蔡和森的住宅成立的，成立学会后，会员们也常到爱晚亭聚会交谈，以后湖南共产主义小组的成立正依托于此。正因此，1952 年重修爱晚亭时，毛泽东主席愉快地接受了题写亭名的请求。“书生意气，挥斥方遒”，如果没有年轻时意气风发的青春理想，还岂会有后来的“数风流人物还看今朝”？

如今，爱晚亭也走出了国门。爱晚亭在抗日战争中曾受损毁，为了让人们长记历史，远离战争，不让悲剧重演，长沙人在日本鹿儿岛市复制建筑了一座爱晚亭，以纪念中日人们的友谊。爱晚亭享受出国待遇的同时，肩负了一份沉甸甸的期望，这份沉重，也只有历经沧桑巨变、看遍历史兴衰、阅尽繁华荒芜的百年古亭才承受得起！

贾太傅祠：经天行地大文章

在长沙的太平街，有一处历史悠长的景点，见证了三千年长沙之繁华，她就是贾太傅祠。行走在游人如织的太平街，一份小资的江南风韵如同深闺的少女，吸引了众多人频频回首。热闹、静谧、繁华、落寞，在太平街淋漓尽致地展现。静谧与落寞的是贾太傅祠，说其静谧，是因为祠内不见城市之喧嚣，说其落寞，是因为祠内游人稀少。一如贾谊之如历史，在辉煌之城市中心，有其位置，甚少关注，却不容磨灭。

一、贾氏传奇逾千年

贾谊，西汉洛阳人，汉初著名思想家、政治家、文学家。因为一篇《过秦论》，他在江湖与庙堂享有崇高的地位。对历代当权者而言，他的《治安策》更是治国之经纬，其“论”是一面镜子，反映出其治下是否长治久安，其“策”是一个法宝，设计出其治下当如何国泰民安，这是贾谊思想经久不衰原因之所在。也就是说，贾谊之文章，为天下之长治久安进行政治设计，是经天行地的大文章。

贾谊生于汉初，其时楚汉战争结束才两年。文帝元年（前179），贾谊在河南守吴公的推荐下进入汉廷为博士，其时二十岁，正是青春年少，意气风发。二十年的立国史，与近百年的秦国兼并史而言，时间似乎很短。故而其军功阶层还没有培养出忠诚度，忠诚于朝廷。同时皇室继承制度也没有健全，因此，在短暂的二十年内，汉廷走马观花地换了五任当权者，先是高祖病逝，继之是惠帝，再次是少帝刘恭，再次是少帝刘弘，最后在一片刀光剑影中，文帝入主未央宫。历史是这样发展的，在高祖刘邦病逝之后，高后吕雉一直掌握大权，废除了几任小皇帝，分封诸吕为王，引起了军功阶层与刘氏宗亲的不满，故而让当时的代王，刘邦之中子刘恒得以平衡地成为了新的未央宫主人。

可以想象的是，在文化发达地区的洛阳，前周首邑长大的洛阳子弟，一定听说了不少汉室故事，一定对汉室江山易手有过种种考虑，或者忧患。主者安居？臣者安在？在一定程度上说，贾谊之所以伟大，是看到了风水轮流转对治国平天下的影响，这种故事的过多将使诸侯王或者军功阶层有“布衣昆弟”之心。也就是这种忧患，致使贾谊提出了一系列维持稳定之措施，这些措施形成了贾谊独特的政治哲学，影响了中国两千多年的历史，从而也使贾谊之文章，成为历代君王之案头书，成为历代士子获取功名之案头书。

正如徐复观先生认为，贾谊对天下安危进行的政治建构是奇特的，贾谊在分析现实政治问题的后面，有一种伟大的政治理想，及其奇特的政制构建。显然徐复观先生所指的现实政治问题是指秦二世而亡的历史问题，也是萌芽状态的汉初天下安危之问题。贾谊看得很遥远，贾谊据前人之所见闻，自然清楚因为皇权易手发生的战争将使生灵涂炭，民不聊生。贾谊认为，只有解决了皇权继承之制度，就可以杜绝一些人的不臣之心。因此，贾谊之文章，都是围绕这个目标而设计的，或许因为这一点，贾谊受到历代统治者的青睐。贾谊巩固皇权，维护统治阶级之权威的目的是为了更好地使民安居乐业，他希望天下贤德之人能够共同统治天下，皇帝垂拱无为，按照现代政治学的观点，是一种虚君制度。

贾谊之思想，源于现实基础，源于对秦二世而亡的反思。因而无论何种朝代，在新中国成立立朝之初，当权者总是反思贾谊之问，本朝何以长治久安，前朝何以失去江山。实质上，贾谊之问成为了中国政治哲学的千年之问。毛泽东很遗憾贾谊年轻早逝，认为贾谊之才华，世人无可比拟，其忧国忧民之情怀，在纪念屈原的文章中得以完整体现。在毛泽东眼里，贾谊才华横溢，其命运之结局，不可弘扬，为贾谊生命无常而可惜。毛泽东喜欢贾谊，曾经在读史之后写了一首争议很大的诗：

少年倜傥廊庙才，壮志未酬事堪哀。
胸罗文章兵百万，胆照华国树千台。
雄英无计倾圣主，高节终究受疑猜。
千古同情长沙傅，空白汨罗步尘埃。

在毛泽东眼里，贾谊是军事家，是少年天才，有廊庙之才，可惜壮志未酬，空有美好的理想，却没有实现。其原因是遭到权贵之猜疑，故而在历史上只能成为别人同情之对象，与投江自杀的屈原一样，成为一抔黄土。毛泽东的潜台词是，自己也具有廊庙之才，同时也开创了伟大的事业，故而天下之英雄，汇集在其周围。早在1915年毛泽东来到长沙之际，就与罗章龙聊到屈原、贾谊。罗章龙在诗作《定王台会晤二十八画生》时记叙道：“策喜长沙傅，骚怀楚屈平。”由此可知，其对贾谊策论文章之喜爱。1918年，毛泽东在《七古·送纵宇一郎东行》中将自己与罗章龙比作屈贾，“年少峥嵘屈贾才”。毛泽东对贾谊之喜爱，带有个人情感之色彩，因此，他在1925年，写了一首《沁园春·长沙》："问苍茫大地，谁主沉浮。"毛泽东面对其时之中国大地，四分五裂，北洋军阀统治中原，发出了如此感慨"谁主沉浮"。

毛泽东喜欢贾谊的《治安策》，这是经天行地的大文章。毛泽东对贾谊这位落寞于长沙的先驱，阅读其文、钦佩其人，其治国方略，也无一不模仿贾谊。毛泽东自然知道中共是如何起家的，也知道中共所面临的困难，更看到了所谓盛世下潜伏的危机。贾谊剑指西汉各诸侯王，从理论上分析分封制之弊，指出其所以不反，是因为诸王幼弱，如不早图之，则有尾大不掉之局面。故而建议及早削弱挑战中央之能量。而在外交政策上，贾谊希望不付诸武力，而应当付诸于文化，攻其心智；同时打击奢靡之世风。贾谊所提之措施，都是有的放矢，其分析时局，也是有理有据。也就是在这个角度上，毛泽东在1958年4月27给田家英的信中称赞《治安策》为"西汉一代最好的政论"。毛泽东说："贾谊于南放归来著此，除论太子一节近于迂腐以外，全文切中当时事理，有一种颇好的气氛，指得一看。"显然，毛泽东新中国成立初期之谋略，有贾谊文章之养分在内。

毛泽东欣赏贾谊之政论，而叹其命运蹉跎，此观点受唐人李商隐的影响。李商隐有诗云："宣室求贤访逐臣，贾谊才调更无伦。可怜夜半临虚席，不问苍生问鬼神。"毛泽东和道："贾生才调世无伦，哭泣情怀吊屈文。梁王坠马寻常事，何用哀伤付一生。"李商隐与毛泽东，对于贾生之才华，都有很高的评价，只是侧重点不同。李氏认为贾生在政治上的作为没有达到预期，是因为圣主没有问苍生之事。毛氏认为贾生个人忧郁气质太强，之所以未做成大事是过分地拘泥于小节。李商隐之前，刘长卿有一首纪念贾生的诗，很有名，也生动地写出了贾生在长沙之状况，这为后人咏贾生定下了基调，当然也影响了李商隐。刘氏写道：

三年谪宦此栖迟，万古惟留楚客悲。

秋草独寻人去后，寒林空见日斜时。
汉文有道恩犹薄，湘水无情吊岂知？
寂寂江山摇落处，怜君何事到天涯！

刘氏追问道，君因何事，而沦落天涯？贾生沦落长沙到刘氏寓居长沙，时间维度上接近千年，刘氏不可能不知道。刘氏之反问，正是历史之反问。刘氏肯定了汉文帝对贾生的知遇之恩，但以为汉文帝之恩，依然不厚，故而楚客栖息长沙，一片悲声。

对刘氏认为贾生不遇之观点持反对意见的是王安石。王安石写道："一时谋议略施行，谁道君王薄贾生？爵位自高言尽废，古来何啻万公卿。"在王安石看来，汉文帝对贾谊并非"薄"，因为他的谋议都"略施行"了。据《汉书·贾谊传》载，当时贾谊所提出的更定法令等建议，最后多为文帝所采纳。故班固谓："谊之所陈，略施行矣。"故而班固肯定道，"谊亦天年早终，虽不至公卿，未为不遇也。"王安石从两个方面进行了考虑，认为汉文对贾谊不薄。其一是《汉书》观点，其二是王氏之自身经历。王氏受宋神宗殊遇，推行新法，当然希望自己之言不因人而废，因为历史上爵位自高之人太多，其言尽废，是可悲的，他们都是公卿之位。即使贾谊因为绛灌之流而不至"公卿"，可是比他们幸福多了。说到这里，我们可以看到王安石对自己推行新法之前途的一丝丝担心，在王安石看来，只要能推行新法，他是不在乎他的公卿之位的。

二、博士文章传千古

贾谊成为一个在文学史、思想史、哲学史上的巨大存在，是因为其经邦纬国之文章，而让人津津乐道的是，他的文笔之优美，他的命运之坎坷，他的家世之神秘。"汉有洛阳子，少年明是非"，这是王安石的评价。少年才子，因为少年天子的垂青，而一飞冲天，这样的故事对男人而言，不亚于一个少女遇到了她心目中的王子。我们无法还原贾生翩翩少年郎的景象了，我们知道的是，当洛阳少年来到长安之时，出尽了风头，那些能够做他的爷爷辈的军功阶层感到了恐惧。这种恐惧不是来自战场，不是来自肉体的感受，而是灵魂，是精神的折磨。

当贾生来到朝廷，军功阶层居然发现，他们所谓的真理，他们所谓的方向，方法论，几乎与真理出现了偏离。在洛阳少年眼里，他们不啻白痴，他们感受到少年天子会找他们开刀，会让其中的某一人退出权力中枢，而让洛阳少年由博士言官而出任中枢事务官。因此，绛灌之流开始了抵抗，这是尚武与崇文的决斗，从短期来看，"文"失去了在朝廷执政的机会，从长期来看，"武"将不再是治国的主流。要知道，汉前期的二十年，自萧何之后，即是军人出任丞相，他们代表军功阶层。可以不顾颜面地说，汉初二十年，汉廷几乎没有治国。"无为而治"，就是放任不管，实情是，他们也无眼力辨是非，无能力提方案。当洛阳少年提出一系列方案之时，他们一口咬定，那是动摇"国本"，谁动摇"国本"，谁就要"下岗"。

是什么文章让绛灌之流如此害怕？是什么文章让其他高官不寒而栗？贾谊之文章，贵在哪里？成为众矢之的。贾谊之思考，就是以天下安危为问题意识，其思考来自于现实的政治问题。贾谊从汉初"过秦"思潮入手，分析秦之"过"。在秦之"过"中，既有失误，更有历史原因。因此贾谊不是站在胜利者的角度对秦进行批评与嘲笑，而是站在历史的远处，人类的未来，思考历史的昨天所发生的真切事件。从这个意义上说，贾谊之思考就有历史存在感，有天下情怀。这个真切事件就是秦二世而亡，汉由此而兴。站在胜利者的立场，如何谴责、指责失败者，这是历史学家的常见手法，但贾谊不仅仅是历史学家，他更是政治学家，哲学家。当他面对已经烟消云散的，已成败局的对手，贾谊同情地理解那个曾经强大的势力兼并六国，统一天下是一个不容抹杀的事实。贾谊希望找出原因，这一点，恰恰是汉初一边倒的“过秦”学者所忽视的。显然，秦之存在，有其合理性。按照贾谊之思维来推断，汉之存在，或许也有其不合理性。对于秦之合理性，贾谊希望汉能够发扬，对于汉之不合理性，贾谊希望汉能杜绝。因此，贾谊发掘了秦不少优点，历史地，辩证地对待秦之历史功绩。

有功绩不代表不能批评，秦以天下为一家，以天下为课题，可惜这个课题研究出现了偏差，这个偏差就是“攻守之势异也”。陆贾看到了问题的本质，向刘邦进言，不能“马上治天下”，对其思维进行了纠正，同时也提出要以“仁义”为治国之进路。无奈陆贾之言辞正如其为辩士，有智者之谋略，却无政治家之实干，尽管设计了美好蓝图，却无切实之政治路径。陆贾之思维火花淹没于其人生享乐之中，而无以天下为课题的视野。叔孙通经历了秦汉两朝，其视野更窄，其人生哲学第一位就是生存，作为秦二世之待诏博士，因保命需要，敢于混淆视听，蒙骗君上；作为汉高祖之博士，目光不过汉廷在礼仪，锁定于庙堂之上。只有贾谊，从登上庙堂伊始，就以清醒的历史意识和敏锐的现实目光，冲破文帝时道家“黄老之学”的束缚，不顾军功集团等元老的排挤与诽谤，在陆贾与叔孙通“行仁义、法先圣、制礼仪”及别尊卑的目光之外，为刘氏王朝制定了“仁”与“礼”相结合的政治蓝图。

这个蓝图的制度，源于贾谊以天下为己任的儒家情怀。他认为秦亡于没有实行“王道”，秦“废王道”是祸乱之本，但秦“立私爱”何尝不是其“二世”而亡的催化剂。秦之历史如此，汉初之乱象何尝不是如此？秦始皇爱胡亥，汉高祖爱如意；秦太子远离庙堂，汉太子远离权力，历史总是惊人地相似。

贾谊因为研究天下危亡，故而保持了清醒的头脑，他冷静地指出了秦之历史功绩是“南面而王天下”。在贾谊看来，惟有上有天子，元元之民才能安其性命，故而在秦统一天下之时，其时之民

“莫不虚心而仰上”。贾谊之论，历史性很强，是做思想史的前提，也是贾谊超越前人之所在。秦统一天下之前，令不行于天下，诸侯力政，强凌弱，众暴寡，兵革不休，士民罢弊，只是因为周室卑微，近古无王者久矣。

秦有“南面而王天下”的现实基础，可惜“废王道”、“立私爱”，不“亲近士民”，将行王道之可能性好端端地放弃了。再说远者，孔子“祖述尧舜、宪章文武”，宣扬周礼、儒家王道，却由于“诸侯力战”，不为当权者所用，不为其所用不代表不为后世所推崇。孟子“言必称尧舜”，旗帜鲜明的“法先王”思想成为了儒家的政治哲学，尽管政治哲学不一定就是当政思想。郭齐勇先生以一个儒者的立场，阐释了儒家政治哲学的“焦点”在于政治之“正当性”，其“正当性”主要体现在“应然性”问题上。郭先生指出，政治哲学在于评价，尤其是道德评价，而非对事件的一种陈述。

贾谊，文帝之博士，长沙王太傅，梁王太傅，在十三载政治岁月中，多次借周成王问政而宣扬王道政治，将目光永远锁定天下，天下之事，天下之人，千里之外，均是贾谊目光所及。

三、源头雕塑立千秋

做经天行地的大文章，既是贾谊的使命，更是贾谊的理想。贾谊的理想是“千余载不绝”的“周王序得其道”的“先王之世”。在贾谊眼里，先王是道德之楷模，德配天地，忠孝双全。先王经天地、纪人伦、序万物，讲究信与仁；道比天高，比日明，比山安，故而天下太平。而这一切之实现，贾谊认为，唯有“躬道”而已，贾谊所指之“道”即儒家之王道。班固赞曰：“刘向称贾谊言三代与秦治乱之意，其论尽美，通达国体，虽古之伊、管未能远过也。使时见用，功化必盛。”

刘向代表儒家肯定了贾谊的倾向，而真正令贾谊脍炙人口的是他的文章和纪念他的诗文，其《过秦论》成为一个文学话题而代代流传，也成为统治者教育继承人的警世钟。他是一颗流星，在短暂的岁月里，以文学表现政治热情，以政治夯实文学表现，故而，他的一生，因为出众的文学天赋而光芒万丈。同时，他的一生于政治上，又是那么悲情、悲怆，却又无可奈何，因为他的文学，他的政治命运成为了贾谊之后读书人的共同隐喻。他以一己之光摇曳于汉初厚重少文的长者天空，他的理想被击得粉碎，如同流星，在长空中划落，留下一抹嫣红，令后世人回想那绚丽的余晖。

近代的中国人，知道贾谊是因为《过秦论》，无论正史还是野史中，贾谊都有高度的声誉。司马迁在《史记》里将贾谊与屈原并为一传；西汉降将李陵，那个司马迁因其遭受宫刑的将领也痛心贾谊“抱将相之具，而受小人之谗，并受祸败之辱”；初唐四杰之一的王勃，在他那才华横溢的《滕王阁序》里，将他与廉颇、李广并谈；刘长卿、李商隐更是为其命而鸣，以至到了宋代，对贾谊之评论，更体现了北宋改革派与守成派阵营的态度，苏轼之《贾谊论》、王安石之《贾生》为其代表。无论是“才大量小”，还是“谋议略施行”，贾谊，就是中国文人心间的隐秘伤痛，他成为了失意文人笔端的共同倾诉对象。只是，那些文人，他们有贾生的才华吗？他们有贾生的谋略吗？

贾生败在何处？触犯底线？动摇国本？这都是借口。一个文人，又如何会动摇国本？贾谊败在锋芒毕露，令诸老先生，即军功阶层颜面无光。司马迁记载道：“每诏令议下，诸老先生不能言，贾生尽为之对，人人各如其意所欲出。”司马迁所透露的意思是“人人各如其意所欲出”。问题来了，贾谊不是人，而是神，而是鬼了。从这个角度，我们也可以理解为何文帝在宣室求贤之时，不问苍生而问鬼神之事了。当然，这只是一种假设，文帝问鬼神之事，何尝不是过问政治之事呢。

贾谊已远逝两千余年了，在历史的时空中，贾谊是一盏耀眼的明灯，在湖湘文化里，贾谊是湖湘精神的源头，让湖湘文化从楚巫蛮荒中一跃而问鼎中原，关心国家大计。而其文本，即是贾谊从中原带来的书籍及其所写之文章，从此，湖湘摆脱了蛮夷身份，湖湘参与了国家的顶层设计。

诚然，贾谊之设计，在文、景二朝，还不能预期实现，但自武帝以来，贾谊之思想地位，在帝王家是愈发抬高，则是不争之事实。无论是读其文也好，无论是信其策也好，贾谊一直以一个巨大存在横亘在中国读书人心中，久久不能挥去。不能挥去的是因为其遇与不遇，因为其旷世才华，或者短暂如流星之生命。

在长沙，太平街，一个只有两亩见方的空间内，太傅祠静立了两千年，太傅里环绕了两千年，每想至此，再阅读贾谊文本，我们就不会再觉得贾谊是落寞的、不遇的、庞杂的。他只是一个儒者，熟读诗书，向往周文，以天下为其所想，为几千年之中国构建王道盛世，为千里湖湘孕育精神生机。

定王台阁：犖士长安悲日落

在长沙的古城区，离贾太傅祠不远，有个地方叫定王台，现在的长沙人或许已经不知道定王是谁？只知道那里有个卖书的地方——定王台书市。这是个在湖南，甚至全国都能叫得响的品牌。或许，定王在历史的远处，得知自己以此被长沙人记住，也是欣慰的。至少，长沙没有忘记定王，以空间的形式让时间维度的定王定格成长沙的一处风景。从此，定王生活在长沙，生活在湖湘，融入到湖湘的血脉之中，给湖湘文化带来“孝”的元素。

中国文化历来就有忠臣孝子传统。忠义长沙，忠臣孝子层出不穷，毫无疑问，定王即是他们学习孝道的榜样。而在“忠”方面，屈原，贾谊，便是如此。定王刘发，是长沙城市发展史上不可回避的一个角色。他有高贵的血统，是西汉汉景帝的儿子。可是，因为母亲是一个婢女，只能分王长沙。

历史上的皇子不计其数，如果刘发只有皇子身份，自然不会青史留名，也不可能成为一个城市怀念的对象。刘发能够让后人记住，是因为他的孝心、孝道。定王之孝，已经成为了长沙文化的象征，湖湘文化的象征。定王台已经成为了文人墨客到长沙后必去览胜的佳处，两千多年来，众多的墨客文人，诗词歌赋，吟唱不绝，甚至，有人把长沙城称为定王城。

因为孝心，定王成为了中国文化人心目中的符号，定王台也成了中国文化人怀念的佳处。怀念母亲，千年孝道，辇土长安，定王是故事的主人公，千年传说与历史烟云，将定王，那个失意的王子，思念母亲的行动演绎成一段悲怆的故事。尽管时光不再，亭台楼阁的美好不再，定王台，只剩下一个孝道符号，在语言的维度展现它的生命力，成为长沙人、湖湘人孝心起源的逻辑起点。

一、定王故事哀湘土

定王台亦名定王城，原在长沙旧城东南角，龙伏山山坡西侧，浏正街之南端。其中心大约是今定王台书市斜对面长沙市图书馆所在地。刘发是汉景帝的第六个儿子，在位二十七年后，他的弟弟，那个雄才大略的汉武帝赐给他的谥号是“定”，意思是“安民法古”，这是西汉官方给刘发的评价，以表彰刘发在长沙王之职位上所做的贡献，为朝廷管理了芸芸众生，而且化民成俗，使其安居乐业。清代《刘氏大同宗谱》载：“78 世，启公，景帝即位，重置长沙国，于孝景前元二年季春，封庶子刘发为长沙王。于孝武元光六年薨，谥为定王。”

定王从出生开始就是一个悲剧人物，但因为生在皇室之中，故而吸引了更多的目光，身边也不乏出谋划策之人，或者是公关团队。汉室崇拜孝道，《孝经》是天下人的必修功课。对于一个没有地位的王子而言，有什么行动可以直达天听？刘发周围的谋士决定，希望王子能够尽孝心，作秀也好，真情流露也好，只有这样，才有机会与皇帝对话。

刘发无论生前，还是死后，都静穆如同寒秋。生前的他，出生是因为偶然中的偶然，所以，存在与否，皇室不很关注。这决定了他的命运也是波澜不惊。他的母亲是太子刘启的小妾程姬的侍女唐人。据说，太子召见程姬侍寝，程姬其时在生理上不方便，但因为太子命难违，只好令唐儿李代桃僵侍寝太子。偶然的是，唐儿居然怀孕了，而且生了个儿子。因此，母以子贵，唐儿成为了唐姬。刘发的这种出生背景，令太子意想不到，故而赐名为“发”，意思是事后发觉的意思。由此可见，太子在现实中都不敢承认自己那晚的心甘情愿。于是，在刘发十二岁那年，被封为长沙王。也就是在这一年，一个十二岁的少年，离开皇城长安，来到南方卑湿的长沙。《史记·孝景本纪》记载：“广川、长沙王皆之国。”这，是否残酷？

对长沙王刘发的考验发生在第二年，也就是刘发担任长沙王的次年，西汉发生了立朝五十年来的第一次大规模内乱——七国之乱。我们在史书上找不到有关长沙国动向的史料，或许吴王刘濞自己也认为，儿子是不可以反父亲的，就干脆没有联络汉景帝的儿子长沙王吧。史书也没有记载汉景帝对刘发态度的片言只语。但事实是，刘发作为亲生儿子、地方藩王，还是有责任、义务守土开疆，觐见皇帝的。我们一直设想，他们之间的见面是否尴尬，他们是否真有父子感情。我们看不到刘发的愤怒，景帝的惭愧。但愤怒与惭愧是肯定有的。有两个事由为证。其一是刘发的孝心行动，从长沙挑米去京城侍奉母亲，再从京城挑土回长沙，在城东浏城桥附近筑高台，西北望长安，思念母亲。后来这台被命名为望母台、思母台，或者定王台。刘发这个行动，汉代以来，流传极广，当然也不排除长沙国本身的宣传。要知道，景帝刘启也是一个孝子，事事都听其母窦太后的，甚至愿意将皇位在千秋万代之后留给弟弟梁王。其二是在前142年，景帝即位的第十四年，刘发担任长沙王的第十三年，25岁的刘发去京城拜见皇帝，那个时候的皇室宴会流行跳舞，但见刘发“但张袖小举手”，周围的人哈哈大笑，以为皇子行为滑稽，景帝也觉得奇怪，就问这是为什么，皇子答道：“臣国小地狭，不足回旋。”景帝当然明白儿子的意思，于是将江南的武陵郡、零陵郡、桂阳郡划归长沙国管辖。从这两件事，我们可以发现刘发及其团队的智慧、耐心。这远比去征伐杀戮占领地盘要好得多，刘发摆正了自己的位置，也不像景帝的弟弟梁王，仗着母亲的宠爱，觊觎皇位。他只是在自己的王国教化子民，为皇朝的发展守护南方疆土。故而，他的弟弟汉武帝，赐他“定”的谥号，以表彰他的安民教化功能。或许，长沙古称“善化”，就是由定王而来吧，意思是“彬彬向善，倡化邑人”。尽管长沙置善化县在宋哲宗元符元年（1098），但取名之时或许考虑过长沙城也叫定王城的旧事。

二、身后倍荣因孝道

如果说，刘发筑土望母台是在王国之内实行精神文明建设的话，那么，他的精神文明建设与汉王朝发展的基本国策是相统一的，即以孝治国。汉以孝治国，刘发也以孝治国。以孝治国就应当多子多福，刘发有十六个儿子，他的父亲汉景帝有十三个儿子，在这点上，刘发可谓是为刘家在南方开枝散叶，治理天下作出了贡献。除他的嫡长子刘庸立为王太子继承王位外，其余十五子由皇帝分封各地：刘苍为安城侯居今江西安福县、刘成为宜春侯居今江西宜春县、刘党为句容侯居今江西居容县、刘福为容陵侯居今湖南攸县、刘童为路陵侯居今河南南阳、刘则为攸舆侯居今河南南阳、刘䜣为荼陵侯居今湖南茶陵、刘拾为建成侯居今江西高安县、刘丹为安众侯居今河北怀来县、刘喜为叶平侯居今河南叶县、刘义为夫夷侯居今邵阳县、刘买为春陵侯居今湖南宁远县、刘定为都梁侯居湖南武冈县、刘狩为洮阳侯居广西全州县、刘贤为众陵侯。或许，武帝赐予的谥号“定”中的“法古”就是这个意思。

历史总是出其不意，留有惊喜。刘发的儿子春陵侯刘买，即是居湖南宁远的那支，有个次子刘外，官任郁林（今广西桂平）太守，在春陵故城生了个儿子刘回，前四十五年，汉元帝时期，随春陵侯家族搬迁至南阳春陵，他有两个儿子，其中刘钦即是汉光武帝刘秀的父亲。《后汉·书光武帝纪》载：“世祖光武皇帝讳秀，字文叔，南阳蔡阳人，高祖九世之孙也，出自景帝生长沙定王发。发生春陵节侯买，买生郁林太守外，外生巨鹿都尉回，回生南顿令钦，钦生光武。”

当我们梳理刘发的后裔时，发现定王刘发之所以光耀千秋，除了他有耀眼的祖父（汉文帝）、父亲（汉景帝）、弟弟（汉武帝）外，更有其优秀的后裔光武帝刘秀。从这个意义上，我们才发现，长沙刘氏，经过上百年的努力，终于登上了历史的舞台。故而有联曰：

有远孙韶汉四百载宗祊，只余贫国分藩，剩与筑台望慈母；
向何处访景十三王茅土，除却河间好古，独来酾酒奠斜晖。

此联肯定了刘发的历史贡献，强调了刘发的孝道。后来，清光绪年间，湖南按察使夏献云在《重修定王台碑记》中说：

湖南人尚气节，风俗敦厚。虽乡愚僻壤，谈某也忠，某也孝，辄勃然色动。盖其崇根本，渐摩成化久矣。而其千古不磨者，忠莫著于贾太傅，孝莫著于长沙定王。一宅一台，岿然独存。

云以同治九年庚子奉命来湘。光绪二年，修贾太傅祠成，议修定王台，有志未逮。今年春，郡绅李君兴谟等以重修请。官绅俱有同志，立斥白金二千有奇，不日蒇事，焕然一新。

考《汉书》，景帝二年，封子发为长沙王。以母微无宠，故王卑湿贫国。与程姬有共太后之称，唐姬并无封号。而相传定王筑台，有云望程唐二母者，有云望唐母者。《长沙县志》称双女墓，地不可考。亦从《水经注》、《方舆胜览》、《楚宝》、《通志》拾遗言，望唐姬为是。宋朱、张夫子登台有诗，元许有壬始言定王之孝。《楚宝》言定王载米博长安土筑台，以志思亲，说必不谬。《北海碑》言："炎汉太宗，长沙清庙。"光武中兴，肇祠春陵，李碑足补祠典之阙，亦文人尊崇之意耳。蓼园见任昉《述异记》，尤为孝思之证云。又考，宋时台为长沙学宫，今祠仍旧制。

窗牖洞开，风景殊胜。隙地复蓼园旧迹，台侧得泉曰古涧泉。泉旁为东涧草堂，迤南为望云山馆。有池有馆，杂植花竹，足以备流连，志景慕已。

夫整纲饬纪，守土之责；明伦尚孝，风俗之良。不忍薄于其亲，则必有忠爱其君者。云从政湖南，涓埃无补，见斯邦化行俗美，而知彝伦秩序之有由来。登斯台也，其必有闻风兴起于百世下者矣。是为记。

夏献云的《重修定王台碑记》很好地记录了湖南为何要重修定王台的原因，是因为定王之孝。但考《史记》、《汉书》、《后汉书》乃至宋代司马光的《资治通鉴》，都没有找到定王台与孝道的必然联系。《方舆胜览》是最早提及定王台孝文化的："俗传定王载米，抟长安土，筑台以望其母唐姬之墓。"夏献云提到元许有壬是第一个言及定王之孝的人。其诗《定王台》云："黄叶纷飞弄蚤寒，楚山湘水隔长安。荒台蔓草凝清露，犹似思亲泪未干。"许有壬以白描的形式第一次将定王的孝子形象展现开来，湘水长安，荒台蔓草，黄叶清露，是孝子思亲之泪。此诗读后令人潸然泪下。

至定王台重建之日，湖南方面开始正式确定定王台以"孝"为重要特征的文化标识，孝道正式成为定王台的一个代名词。和定王台一起修缮的还有附近的蓼园。蓼园为当时定王所建。吴熙劭《蓼园赋》深情地描述了定王孝子情深：

白云在天，红叶没径，风飒飒而自鸣，乌哑哑而相应。感孝子之英灵，恻遗萌之视听。想魂魄兮归来，犹晨昏兮省定。才何惭于龙种，宠乃亚于雁行。况复母依闾而不见，子陟屺以相望。长安日远，寸草春伤。

作者为定王鸣不平，定王之才华，哪点又配不上皇子？分封卑湿之乡，何亚于只影雁行。文中历史典故，描绘母子情深，相望依然。

汉是以孝立国的朝代。秦二世而亡的故事，对于汉之君主而言，是时刻悬挂的利剑。他们知道，严刑苛法是不能治国的，只有以德治国，才能长治久安，而德的基础，便是孝，只有移孝，才能忠于君上。因此他们认为，《孝经》是天经地义的治国纲领。《汉书·惠帝纪》注云："孝子善述父之志，故汉家之谥，自惠帝以下皆称孝也。"可以说，"孝"已经成为汉朝的一种信仰，一种治国方略，也成了那个时代的一种风俗。

比如说，汉代皇帝讲授《孝经》成为一种必然。汉文帝为《孝经》设置传记博士，汉文帝是定王刘发的爷爷，说不定，在汉文帝眼里，考察孙子的读书功课就是以《孝经》成为一种标杆。文帝驾崩之时，刘发已经十岁，应当有机会见文帝的。

武帝之少子弗陵，定王刘发从未谋面之侄，也就是后来的汉昭帝，也很重视《孝经》。他在始元五年（前82）六月，以《孝经》未明，而诏天下文学高第进入京师。

汉宣帝就很重视《孝经》，他是因为学《孝经》颇有心得才成为汉室天子的。他的爷爷是汉武帝的太子，因为某些原因而参与叛乱，史称戾太子。宣帝也受其祖父之累，而流落民间。《汉书·宣帝纪》载有其成为皇帝的原因，"礼，人道亲亲故尊祖，尊祖故敬宗。大宗毋嗣，择支子孙贤者为嗣。孝武皇帝曾孙病已，有诏掖庭养视，至今年十八，师受《诗》、《论语》、《孝经》，操行节俭，慈仁爱人，可以嗣孝昭皇帝后，奉承祖宗，子万姓。”由此看来，汉宣帝是因为读书用功、品行仁德才继承汉昭帝大统成为皇帝的。汉宣帝在登基四年后，下诏导民以孝：“导民以孝，是天下顺。今百姓或遭衰絰凶灾，而吏繇事使不得葬，伤孝子之心，朕甚怜之。自今，诸有大父母，父母丧者勿繇事，使得收敛送终，尽其孝道。”宣帝不但下诏全民尽孝道，而且也派人给皇太子讲授《孝经》。

甚至，汉成帝时期，匡衡上书皇帝，宫妃都要学习《孝经》；汉平帝元始五年（5）春正月，皇帝下诏天下教授《孝经》者诣京师会讲。定王之后裔，光武帝刘秀更是大兴“《孝经》学”。这是否是对定王孝道的回应，我们不得而知。东汉学者编辑的《汉书·艺文志》也说，“《孝经》者，孔子为曾子陈孝道也，夫孝，天之经，地之义，民之行也。”由此可以看出，两汉时期，官方很重视《孝经》的学习及其运用，《孝经》成为了选拔官员及判断人之行为是否符合规范的准则。

在汉代，“孝”是民之行的规范。孝道就是在这样的背景下提出来的，伦理道德成为了皇权的工具。孝与不孝，就成为了衡量民风的标志。汉代选拔官员为“孝廉”，就是导民以孝，正如宣帝所说，只有“导民以孝，则天下顺”。宣帝看到了“天下顺”的根本就是要“导民以孝”。东汉王符在其《潜夫论·务本》中说，“列士者，以孝悌为本，以交游为末；孝悌者，以致养为本，以华观为末。”王符之论，代表了士人之观点，孝悌是本，君子务本，本为常经。故而，汉代无论是读书人还是寻常百姓，对《孝经》了如指掌就不足为奇了。《汉书·韩延寿传》记载了这样一件事：

延寿尝出，临上车，骑吏一人后至，敕功曹议罚白。还至府门，门卒当车，愿有所言。延寿止车问之，卒曰：“《孝经》曰：‘资于事父以事君，而敬同，故母取其爱，而君取其敬，兼之者父也。'今旦明府早驾，久驻未出，骑吏父来至府门，不敢入。骑吏闻之，趋走出谒，适会明府登车。以敬父而见罚，得毋亏大化乎?"延寿举手舆中曰:"微子，太守不知过也。"归舍，召见门卒。卒本诸生，闻延寿贤，无因自达，故代卒，延寿遂待用之。其纳善听谏，皆此类也。在东郡三岁，令行禁止，断狱大减，为天下最。

这段话很好地说明了汉代官民都学习《孝经》，《孝经》对于敦厚民风起了很大的作用。他们运用自如，甚至可以减少犯罪率。

文人只强调精神，只有史官才强调政治。汉重新设置长沙国，其政治目的是为汉抵御南越国的叛乱。史书记载南越国向朝廷抱怨，说长沙国禁止向南越输出铁器，意思暗指长沙王搞鬼，故意挑拨离间，说长沙王想扩大地盘。通过这些蛛丝马迹，我们可以遥想，定王在政治上的兢兢业业，认真执行朝廷的边防政策。

三、纪念文章各缤纷

文人对定王的纪念尽在诗文笔记之中。南朝任昉《述异记》就提到"长沙定王故宫有蓼园"，可见，长沙之纪念物，定王故宫是必不可少的。杜甫在长沙居住过一段日子，如今湘江边有杜甫江阁纪念杜甫。《清明》记述了他在长沙的生活，其中就包括对定王台的怀念:

朝来新火起新烟，湖色春光净客船。
绣羽衔花他自得，红颜骑竹我无缘。
胡童结束还难有，楚女腰肢亦可怜。
不见定王城旧处，长怀贾傅井依然。
虚沾焦举为寒食，实借严君卖卜钱。
钟鼎山林各天性，浊醪粗饭任吾年。

这是大历四年(769)，在长沙漂泊的杜甫，参观完贾谊亲自挖的井后，他还希望去看看定王亲自挑土修筑的望母台，可是，一切都物是人非了。时间将定王台消磨得成为了一个思亲的符号，成为了文人笔下望乡的形象和画家笔下孝道的永恒主题。

宋也是一个弘扬孝道的朝代，定王台在宋代成为了学宫，或许有双重意思，既要敦化民风，又要生员学以致用，报效君王。后来蒙古兵南下，岳麓书院学子全部战死，无人不祭李潭州便是鲜活的案例。南宋乾道三年（1167），长沙发生了中国文化史上的著名大事，著名学者朱熹从福建千里迢迢来到岳麓书院讲学。讲学之余，与长沙太守张孝祥、岳麓书院山长张栻吟诗作赋。朱熹的作品是：

寂寞蕃君后，光华弟子来。千年余故国，万事只空台。
日月东西见，湖山表里开。从知爽鸠乐，莫作雍门开。

张栻的作品是：

珍重南山路，驱骡几度来。未登乔岳顶，空说妙高台。
晓雾层层敛，奇峰面面开。山间原自乐，泽畔不须哀。

张孝祥的作品是：

海内朱公子，端能为我来。谭谐渺今古，欢喜到舆台。
日月何曾蔽，风云会有开。登临一杯酒，莫作楚囚哀。

可以想见，对于定王台这“汉藩古迹”，长沙人是引以为豪的。他的象征作用在于能够“明伦尚孝，风俗之良”。文化的形成与累积，以文人的方式，文本为载体，成为一部厚厚的教科书，成为长沙精神的悠久之源。正如但湘云所说：

数景帝十三王，故国山河，片石犹留汉藩土；
去长安一万里，楚江风雨，危阑凭吊蓼园秋。

辛亥革命志士，湖南人的媳妇秋瑾也有纪念定王台的诗句：

西邻也为踏春来，携手花间笑语才。

昨日卿经贾傅宅，今朝侬上定王台。

长沙举人熊少牧，也就是那个让湘军大佬胡林翼受牵连的，著名科场舞弊案的主角。他也写过诗句赞扬定王台：

城东百尺倚崔嵬，迢递长安载土来。
一片夕阳春树绿，慈乌飞绕凤凰台。

定王之孝，是有历史记载的，但是，却没有进入中国顶级孝道排行榜——二十四孝之中，我们当然不知道是什么原因。甚至，很多人不理解为何定王台成为了诗人画家的孝道主题。定王台所陈述的故事是儿子对母亲的怀念，是儿子对一个无所依靠的母亲所做的安慰，更是对父亲强权的一种控诉。对母亲尽孝，即使千遍，也不为过。在皇权体制下，没有嫡长子身份，或者其母卑微，则其子生存都很困难。定王，在他二十七年的长沙王岁月里，所重复的就是一个事情，怀念母亲。他以他的孝心奠定了他的后代的荣光。我们可以假设，如果没有他的后裔，第六代孙、光武帝刘秀的出现，或许定王也会如同西汉众多皇子一样消散在历史的天空中。定王的孝道行动告诉我们，多积累善心，多树立榜样，以自己的微弱之力影响自己的后代、邻里，就是最好的贡献。对于家庭，对于国家，行动没有必要那么宏大叙事，富丽堂皇，甚至作秀，行动的本身在于化民成俗，或许，长沙古称“善化”也有此意在里面。

南宋时期的一位长沙善化县令袁去华，在长沙期间填了一首《水调歌头·定王台》词，纪念了长沙历史上这件孝感动天之事，其词隐约对定王之黯然历史命运有所不平。对南宋苟安江南一隅表示愤慨。据说，当时的状元，潭州太守张孝祥听后大为赞叹，并亲自书之。其词云：

雄跨洞庭野，楚望古湘州。何王台殿，危基百尺自西刘。尚想霓旌千骑，依约入云歌吹，屈指几经秋。叹息繁华地，兴废两悠悠。登临处，乔木老，大江流。书生报国无望，空白九分头。一夜寒生关塞，万里云埋陵阙，耿耿恨难休。徙倚霜风里，落日伴人愁！

可是，今天，又有几人能够记住或者阅读过吟咏定王台的作品呢？又有几人能够善于学习或者阐释或者总结围绕定王台的历史故事呢？也许他们会觉得，一个曾经存在的台子，一个不可实现的故事，一个中国的西西弗斯神话，一个甚至带有虚假成分的演绎，居然让历史上的太守、山长、游子、志士、乡绅念念不忘。

可是，谁又知道精神中的血脉，不是几个字就能形容得来的，不是逻辑或者理性就可以解构的。它是潜意识，它是形而上的信仰，一年年，一代代，周而复始，撞击着我们的灵魂深处、远处。如果你是孝子，你就会关注家庭；如果你是孝子，你就会热爱邻里；如果你是孝子，你就会爱你的国家、民族，爱你的传统文化。你就不会对陌生人冷漠，就不会没有爱心，没有慈悲，没有包容心。你就会懂得爱惜生命，尊重生命。

家国苦难，山河破碎，对于历史而言，只是事物的表象在变化而已，但是，那一份孝道，却是千百年不能改变的本质。它活生生改变了一个城市的气质。我们不想考证是否真有从长安挑来的泥土，我们也不用考虑真的能够西北望长安。我们只要静静地回想，那个十二岁离开母亲的少年，那一个孤零零地来到南方卑湿之国的少年，离开母亲之后，是如何地奋发图强，艰苦学习的。我们真的要感谢长沙国的太傅或者丞相，是他们培养的长沙王吗？还是曾经的长沙王太傅留下的经天行地大文章呢？那个比刘发大三十四岁的长沙王太傅，已经给长沙城留下一个“忠”了，二十年不到，“西刘”派来了君王，不过，也是一个失意的皇子。

历史不薄长沙。在古老的帝国形成之时，在诸多的城市形成之时，住在遥远都城里的君王将历史上只能偶然出现的天才派到了长沙：一个是太傅，有责任化民成俗；一个是皇子，有责任抵御藩邦。他们都无负于时代交给他们的任务。

我们时常想，为什么长沙人与其他城市的人相比，有一份独特的精神在里面，为什么在中国面对西方文化与军事渗透的时候，长沙人能够站起来，不畏艰辛，不怕牺牲。这是为什么？这实际就是“忠”与“孝”的双重作用。汉代人认为，孝就是一种勇气，是一种在战场上无可畏惧的勇气。众多人理解湖南人霸蛮、不怕死，却不知道，霸蛮，就是一种坚守，不怕死，就是一种孝道。

两千多年来，长沙，远离政治中心，却热衷政治，自以为是蛮子，却又一直渴望中原逐鹿，希望以自己的努力，获取正统的证明。终于，在两千年后的今天，让帝国记住了长沙。

古开福寺：紫薇开福新气象

开福寺为三湘名刹、国内为数很少的比丘尼丛林，也是湖南省级重点文物保护单位，1983 年被国务院列为中国佛教汉族重点寺院。它位于长沙市城北新河，临湘江。

开福寺主体建筑南北朝向，以明清宫殿式建筑风格为主体，现存建筑主要为清光绪年间重建。寺院占地面积 4. 8 万平方米，建筑面积 1. 6 万平方米。寺前有山门，为四柱三门三楼花岗石牌坊式建筑，高 10 米。两旁立有石狮、石象各一对。中间门洞两侧门坊上分栏为浮雕彩绘，或为人物，或为树木花草，两侧对联为“紫微栖凤，碧浪潜龙”，是嘉庆十一年（1806）湖南藩台、书法家韩葑所写，每字二尺见方，苍劲有力。正门上方是光绪十七年（1891）江南福山镇总兵陈海鹏题的“古开福寺”四金字横额。进入山门即为放生池，为原碧浪湖残部，上架单拱花岗石桥，走过石桥便见一座汉白玉观世音菩萨圣像，面带微笑，手执杨柳净瓶，九龙拥立，庄重中透着祥和。再往前行，便是位于中轴线的主体建筑佛殿了，共分三进：前为三圣殿（弥勒殿），面阔三间，外檐方柱，内檐圆柱，均为花岗石整石凿成，殿内原供奉西方三圣，现已无存，后重塑弥勒佛、韦驮菩萨、四大天王神像；中为大雄宝殿，高 20 米，中央供奉着汉白玉释迦牟尼佛像，两旁侍立着阿难尊者和迦叶尊者，紧靠释迦牟尼佛背面供奉着金色的千手千眼观世音菩萨，大殿两旁还有十六尊者的金像，殿内对联“斋鱼敲落碧湖月，觉觉觉觉，先觉后觉，无非觉觉；清钟撞破麓峰云，空空空空，色空相空，总是空空”，这种从善而终、不求果报的思想颇耐人寻味；后为毗卢殿，内供毗卢遮那佛像，周围供五百罗汉像，高约 0.4 米，形态各异，栩栩如生。三殿之间有庭院，植古树名花，并立有清代石碑数座，显得十分古朴典雅。东边厢房从前至后有客堂、斋堂、库房、方丈、藏经楼；西边厢房有讲堂、禅堂、营旧寮等，还有不少附属建筑物。寺内楹联甚多，大多蕴含佛门教义和为人处世之道。

长沙民间亦称开福寺为二福寺，是五福中祈求福贵的场所，与岳麓山麓山寺、谷山洗心禅寺、宝宁寺（谷山寺）、天心玉泉寺并称长沙五福寺院。

一、禅寺悠悠古木森

开福寺是中国佛教重点开放寺院之一，为禅宗临济宗杨岐派著名寺院，始建于五代时期，距今已有 1000 多年历史。当时马殷（852～930，今河南鄢陵人）割据湖南，建立楚国，史称“马楚”或南楚。马殷早年家中困苦，以木匠为业，后应募从军，成为秦宗权手下忠武决胜指挥使孙儒的将军，以勇武闻名军中，升为先锋指挥使、内外马步军都指挥使。他平定蒋勋之乱，被朝廷任命为潭州刺史、判湖南军府事。后又平定湖南五州使全境一统，被封为武安军节度使、同平章事。朱温建立后梁以后，封马殷为侍中兼中书令、楚王兼武昌节度使。马殷建立楚国后，升潭州为长沙府，任命姚彦章、许德勋、李铎、崔颖、拓拔常、马珙等贤人辅佐，奖励农桑、发展茶叶、倡导纺织、重视贸易，政治上采取“上奉天子、下抚士民”的政策，使老百姓有了一个相对稳定的安生环境，楚国经济得以迅速发展，一时富庶南国。这时，马殷的农民本色就体现出来了。他及接任者马希声、马希范、马希广、马希萼、马希崇都沉迷声色，尤以马希范（899～947）最为穷奢极欲，奢欲无度，卖官卖爵，排斥忠臣，大兴土木，门窗栏槛都用金玉作装饰，又在长沙城北营建行宫，建有会春园，内设嘉宴堂、祓禊亭等，作为文人饮酒游宴场所和避暑之地。同时，他又对兴盛不久的佛教感兴趣，于后唐天成二年（927）将会春园的一部分施舍给僧人保宁，创建了开福寺。宋朝洪迈《夷坚志》记载：“潭州城北开福寺，五代时马王所建，殿宇宏丽。”

保宁（一说真严）在此说法传经，受到马氏父子的有力支持，住僧达一千人，梵音不断，庙堂大开，兴盛至极。马楚共历五主，只存活了57年，内乱不断，史称“五马争槽”，于951年为另一封建割据小王朝南唐派遣大将边镐所灭。虽会春园立即废弛，但开福寺作为佛教活动场所得以留存。

宋代是佛教兴旺之时，也是开福寺历史上的第一个鼎盛时期。北宋初，开福寺洪蕴（936～1004）大师为宋太祖赵匡胤召见，被赐紫方袍，号广利大师。太平兴国中，宋太宗赵光义诏求医疗经验，洪蕴摘录数十处药方献上，又获得宋太宗赏识与推崇，开福寺也因此在丛林中声名大振。宋真宗咸平初年（998），洪蕴被任命为僧官，补右街首座，转左街副僧录，这又为开福寺争得了官寺背景，成为僧众争相礼拜之地。但事过25年，宋仁宗赵祯继位，他对佛教、道教这些方外门教没有前面几位那么虔诚，而大力推崇儒学，因而佛寺坍塌不少，开福寺也稍有荒芜。但庆幸这时出现了一个叫紫珂的和尚，他在嘉祐年间对开福寺全部修建了一次。紫珂这位禅师，禅林记载不多，但据开福寺信徒的记载，和洪蕴一样也是医学高超之人，因而甚得信众的欢喜，在其主持开福寺期间，香火甚是旺盛。据载，如今常德的穿紫河的得名，也与他相关，但具体因何事，却语焉不详。1101 年，宋徽宗赵佶继位，他爱好书画，尊信道教，大建宫观，自称教主道君皇帝，这也在民间带动了佛教的发展。开福寺有幸在此时期来了一位高僧——道宁（？～1113），从临济宗杨歧派五祖法演获悟，是南岳怀让下第十四世。宋徽宗大观年间（1107～1110），道宁为开福寺住持，因为德高望重，僧侣从者达五百人，这极大地提升了开福寺的名气，因而道宁被誉为开福寺的中兴祖师。得其衣钵得以主持开福寺的有守智禅师、月庵善果、老衲祖证、月林师观、无门慧开、法灯觉心（又称“心地觉心”，日本求法僧人，入宋时间为公元 1249 年，即南宋理宗淳祐九年），尤其是觉心回国后，创法灯派，驻锡于日本纪州兴国寺，被赐以“法灯圆明国师”谥号，僧徒众多，因而日本佛教临济宗派视开福寺为“祖庭”圣地之一。在北宋末年，也即道宁主持时，开福寺已经成为一个别具特色的风景区，相传有紫微山、碧浪湖、白莲池、龙泉井、放生池、鸳鸯井、凤咀洲、木鱼岭、祓禊亭、嘉宴堂、会春园、回步桥、舍茶亭、清泰桥、舍利塔、千僧锅等 16 景，或在寺内，或在寺的附近。政和三年（1113），道宁卒，有关史籍载，当日长沙城多数店铺息业停市，民众至寺吊唁者络绎不绝，这也从侧面反映了道宁的影响力与号召力。其实不能忘记的，还有另一位大师级的木工，此人名叫张询，具体生平已经很难考证，他在开福寺转轮藏上雕刻了不少表现佛经故事的图画，如今流传下来弥足珍贵，是难得一见的艺术珍品，反映了当时匠工的高超艺术。

元朝时朝廷崇敬藏教，开福寺的禅宗佛法的传播力有所减弱，庙宇建筑虽遭蒙古军焚毁但是其四周风景依然保持完好，吸引着不少的文人墨客前来访观。而到明代，开福寺有了两次较大规模的修建。第一次是在明太祖洪武四年（1371），由僧人澈堂重修，据说还曾得到当时长沙府的支持，但规模远不及于宋朝鼎盛期。第二次是在明世宗嘉靖年间（1522～1566），当时寺宇倾倒，刚被封为长沙恭简王的朱翊鏇（明朝第三代吉王朱载均第三庶子，1557 年被封为藩王）在大修藩王府的同时，崇信佛教，把开福寺划为其王寺而伙同当地士绅及老百姓将其重建，这时的规模约略可与宋时相媲美了，但十六景已经多废弛，而且更可惜的是这次重修不过百年，明末兵火四起，加之吴三桂叛军一度占领长沙，开福寺又被毁。

清代，是开福寺佛法鼎盛的第二个高峰期。开福寺在清先后修整了四次：第一次是在顺治十七年（1660），由主持佛国和尚募修。此“佛国”非宋时写《佛国禅师语录》的那位，而是一位行道僧人，生平不详，大概为明末清初人。明朝史学家尹守衡（1551～1633）在其晚年曾写过一首《重游开福寺访佛国和尚》诗：

胜地开莲宇，山川两岸分。
启窗全纳日，扫榻半留云。
钵静蛟龙卧，钟圆昼夜闻。
春来烟水满，鸥鹭得同群。

从诗可知，这位主持和尚是颇有声望的，而且主持开福寺的时间很长，至少从明末到清初不少于三十年。

第二次是在康熙八年（1669），由总兵卜世龙倡捐重建，巡抚周召南，藩司郎永青，臬司李荣宗，知县胡壮生助修天王殿，推官胡景曾撰有《重修紫微山开福寺碑记》，这是开福寺留存下来的最早的清代碑刻。

第三次是在乾隆三十七年（1772），寺后制造火药，寺宇被焚，按察使梁国治（1723～1786）命僧募修。梁国治，字阶平，号瑶峰，一号丰山，又号梅塘，浙江绍兴人，乾隆十三年（1748）进士，殿试头名状元，由修撰累官东阁大学士兼户部尚书。他以经术勤吏治，清俭自守，好学爱才，治事敬慎缜密而著称，有《敬思堂文集》问世，并曾任《四库全书》副总裁，卒谥文定。他是廉洁奉公的代表性人物，死后连安葬费用都要靠资助，湖南不少贤德祠堂曾供奉其神位。他又是严守儒家教训的楷模，据传 11 岁丧父，因男女授受不亲而不食婢女所送的果饼，这次对开福寺院落重修如此重视，得益于信佛的兄嫂。他青年时遭遇母亲、兄长的相继去世，倍感家庭温暖的缺失，也更视嫂如父母，接受教诲训责。据说，他的兄嫂因他乾隆三十二年（1767）升任湖南按察使而随之迁到长沙。偶进开福寺，叹息这座名寺之颓废，回家后长吁短叹，惊动了梁国治，乃得以令其大动干戈。

第四次是在乾隆六十年（1795），寺后又因制造火药，引起火灾，把后殿烧掉了，复为修葺。

开福寺的兴盛，更得益于此时禅学开放、文人雅士聚集。尤其是光绪十二年（1886），王闿运、寄禅（释敬安）、笠云、郭嵩焘、王先谦、萧云爵、汪贻书、王兆梅、陈三立等道俗 19 人，在此组织碧湖诗社，饮酒赋诗，一时传为文坛盛事。次年，徐树钧（1842～1910，字叔鸿，长沙人，咸丰举人，累官至江苏布政使）撰有《长沙开福寺碑》，今存，他在碑文中写道："从来废兴之故，虽曰人事，实关天运焉。释氏之法，称曰常住，宜若不言兴废矣。"戊戌政变之后，全国遍地学西，各地的僧堂寺庙毁坏严重，"佛教寺院之财产为新学之徒所没收，僧侣惶惶，无可告诉。"寄禅在 1903 年的《奉访陆太史次前韵》诗中就说：

相逢休话永嘉年，痛哭金瓯缺不全。
佛眼亦因尘劫闭，禅心如在滚油煎！
七分拟割花宫地，一线忧存杞国天。
太息江河今日下，中流砥柱赖公贤。

他接而在 1904 年又写道：

谤佛排僧口烁金，不容地上有禅林。
慈悲忠恕原同理，犹感纯皇护教心。

再赋：

人非豺虎日磨牙，公牍纷纷入省衙。

试问揭阳贤大令，老僧何事要拖枷？

这两诗之前，他自注说：“今秋八月，广东揭阳县，因奉旨兴办学堂，驱逐僧尼，勒提庙产，时有老僧秃禅者年已八十，不堪地棍衙役之扰，乃断食七日作辞世偈八首，合掌端坐而逝。余哀之，次其韵以记一时法门之难。”面对这种僧众生存的危难，一代中兴诗僧笠云（1837～1908）坐立不安，为了激励僧众学子，他于光绪末年创办湖南僧立师范学堂于开福寺内，并在之后应水野梅晓之约，率领门人筏喻、道香等，东渡日本东京等地参观访问，受到日本佛教界人士极其热情的接待。这对开福寺的声誉增长，起过较大的作用。

民国初年（1911），诗僧海印在开福寺内办中华佛教总会湖南支部。民国七年（1918），开福寺大殿被焚。民国八年（1919），住持慧修重修毗卢殿。继任住持宝生和尚（约 1881～1942，又名宝生利，衡阳人）少年时从师学过木匠，擅长修建寺院，他受当时的湘军总司令赵恒锡之邀主持开福寺后，即从 1922 年至 1924 年先后新修了大雄宝殿和三圣殿，并邀请天台宗僧人空也法师在此开办湖南佛学讲习所，在这里讲授《教观纲宗》《法华经》等佛教经论，成为当年佛界盛事。此讲习所后来由悟性任所长，1948 年 1 月至 1949 年 5 月共办三期，为中国佛教界培养了一批文化素养较高、执著于佛门大学的中坚巨子。1939 年 8 月 14 日，由巨赞法师（1908～1984）率领的佛教青年服务团，组织了僧尼 70 人，在此举行过一次具有历史意义的爱国集会，此事甚得田汉、徐特立、叶剑英等中共高层的赞赏。

中华人民共和国成立后，于 1952 年拨款一亿三千万元（旧人民币）重新修复了开福寺，殿堂楼阁，焕然一新，以明真法师为住持，并于 1965 年公布为省级重点文物保护单位。“文化大革命”以前，寺内保存有大量的珍贵文物，如唐人写经、名人字画、各种图书、佛经、雕刻佛像，据统计一般书籍达12125册，大藏经6部（即影印宋砂藏、明南藏、明北藏、青龙藏、大正藏、频伽藏各一部），字画164件，碑帖114件，大小佛像1200尊，其中有明代吉王所造铜质观音像，重达一吨半。但在十年动乱中均被毁，所有文物荡然无存。自1980年3月起，开福寺又逐渐恢复，此后被国务院确定为首批全国汉传佛教重点对外开放寺院，1994年被定为比丘尼修学道场。方丈能净法师对开福寺进行了大规模修建——新修了僧堂、放生池、清泰桥、钟鼓楼；维修了大雄宝殿、讲堂、禅堂、念佛堂、摩尼所、斋堂、客堂、藏经楼。这时，开福寺迎来了其历史中的第三个鼎盛时期。

开福寺声名远播，吸引了不少高僧大德来访，佛教文化交流不断增多。日本临济宗派佛教高僧几乎每年都来开福寺拜谒祖庭。台湾著名的惠空大师和惟一大法师也多次访问开福寺。香港、澳门、韩国、新加坡等地的大和尚和著名比丘尼也纷纷前来交流佛教文化。1997年，开福寺从缅甸请回佛祖释迦牟尼玉像（5米高）和阿难迦叶二弟子玉像（4米高），随后又从台湾等地迎请了5部大藏经供奉。1998年，开福寺承办了湖南佛学院尼众部。能净法师应邀出席国际佛教交流会，在韩国等地说法巡礼，反响热烈。2004年11月，开福寺开始进行大规模扩建，占地面积增至175亩。2011年，恢复建设北宋末年鼎盛时期的十六景。

二、高僧大德竞弘法

开福寺在其一千余年的历史中，也是名僧辈出。这里列举六位。

第一位，是北宋初年的著名药僧洪蕴。《佛学大词典》中介绍说：

洪蕴，宋代僧。湖南长沙人，俗姓蓝。年十三，依开福寺僧智巴出家，习方技之书，尤工于诊切，遂以医技出名。太祖召见，赐紫方袍，号“广利大师”。咸平初年，补右街首座，累至左街副僧录。

宋太宗赵光义太平兴国中，诏求医疗经验，洪蕴录数十处方以献，这是他得以受到朝廷重视的主要原因，也是开福寺受到官方重视的开始。

第二位，得数北宋徽宗时的道宁。《补续高僧传》记载：

道宁，俗姓汪，歙溪人。壮为道人，于崇果寺执浴。一日将濯足，偶诵《金刚经》，至“于此章句能生信心，以此为实”，遂忘所知，忽垂足沸汤中，发明己见。后祝发蒋山，依雪窦老良禅师。逾二年，遍历丛林，参诸名宿。晚至白莲，闻五祖小参，举忠国师古佛净瓶、赵州狗子无佛性话，顿彻法源。大观中，潭帅席公震请住开福，衲子景从。

据《五灯会元》卷十九记载，他是应潭州地方官席震之邀前来开福寺担任主持的。除却大兴佛寺，缔建十六景，弘法日本外，道宁对于开福寺的禅修作用巨大——他为开福寺打下了神宗自修的传统，强调自性虽无形无相，却本自具足，所谓“遍界不曾藏，通身无影像”。他曾有示众法语：“秋日耀长空，秋江浸虚碧。伤嗟门外人，处处寻弥勒。蓦路忽抬头，相逢不相识。诸禅德，既是相逢，为什么却不相识？剪尽霜前竹，临溪不化龙。”他又说：“遍界不曾藏，通身无影像。相逢莫讶太愚痴，旷劫至今无伎俩。无伎俩，少人知。大抵还他肌骨好，何须临镜画峨眉？”还说：“摩竭正令，未免崎岖。少室垂慈，早伤风骨。腰囊挈锡，辜负平生。炼行灰心，递相钝置。争似春雨晴，春山青，白云三片四片，黄鸟一声两声。千眼大悲看不足，王维虽巧画难成。直饶便恁么，犹自涉途程。且不涉途程一句作么生道？人从汴州来，不得东京信。”这种见闻觉知处，语默动止处，花开花谢、云卷云舒处无不见自性在放光动地的教谕，是开福寺最可珍贵的佛教智慧。

第三位，列为清朝著名的诗僧笠云芳圃（1837～1908）。他原籍江苏南京，俗姓陈，年少时即逶迤西进，来到长沙黎仙庵削发剃度、受具足戒，研习佛法，苦修经律。他生来聪颖，妙悟慧解，修习佛法速度之快、领悟之深时人不及。而在这之外，他又无师自通，对书法颇感兴趣，而且成就不小。之后，他游历天下名刹，遍访四方名师，以求佛法的更高进境。光绪初年（1875），他继席岳麓山虎岑寺。在这里，他与山长徐树钧互相往还，并构建麓山莲社，互相唱和，成为一时佳话，不多久，便声名鹊起，广播上下远近。他又应请而迁广西上林县杲山寺住持。当时，正赶上曾国藩祠庙建成，笠云担负起了祭奠的重任。与曾国藩相交往来的朋僚以及门生，数不胜数，笠云与众多达官贵戚相交，法号便在大江南北、京师草野广为流传，有口皆碑。而到主持开福寺时，笠云主要做了四件名震丛林的事：第一件，假开福寺，创立僧学，首创僧学堂，堪为后学表率；第二件，与王闿运等成立碧湖诗社，使开福寺成为诗僧辈出之地，他自己亦有《听香禅室诗集》八卷等行世；第三件，广收门徒，弘扬佛学，除却主持前面几寺，他曾住西湖留云精舍，晚年为麓山寺住持，其法嗣法孙，无虑数百人，不仅湖南一省，其支派直蔓延至长江流域，著名者如寄禅等；第四件，东渡日本，缔结日中佛法因缘。当时，日本名僧水野梅晓来到大清拜师礼佛。他前去南岳途中路过长沙，得闻笠云大名，就特地来寺拜访。二人相见，自然论说、研讨起佛教教理来。水野梅晓闻听之下，为笠云折服。笠云向水野梅晓咨询日本佛教境遇，水野禀告说："日本的佛教，大多随着时代潮流的转移，和国家命运紧紧地联系在一起，一以俱新。种种业力，不外兴教，保护教纲，弘扬佛旨，此外别无他说。"这触动了笠云的心，对比中国当时新派人物侵占寺院的风习，他有意往日本走一遭。1905 年春，应水野梅晓和日本国其他僧侣的邀请，笠云率徒东渡扶桑参观、考察日本的佛教。他不顾年事已高与一路劳累，四处参拜日本的佛教名刹，又与日本的佛教高僧研讨佛理教义，还应邀登坛说法，广演教旨，深得大家的钦敬。他在拜佛求教、参观访问的同时，十分关注异国他乡的风景、习俗、政治、教化，再加上在佛寺中的所见所闻，结成了一部《东游记》，这对人们了解当时日本动态极有帮助。他还与日本僧侣互相题跋，诗词唱和，当时日本僧侣前来求取字幅者络绎不绝，以致纸素满前，日不暇给。他将回归之日，百名日僧苦苦相留，知无用后便请求他把脚底下踩着的那双破旧的僧鞋留下来，权当遗迹，四时供奉。也正是日本一行，笠云看到了教宗兴衰在于后继有人否，他回国后余生着力培养后学，奖掖新进。这极大地激励了湖湘僧众，一方面苦修精进，发扬壮大教宗，另一方面也师承有迹，扇其余风，联翩东渡，以致僧侣东渡扶桑、访问异国，逐渐形成一种风习。

第四位，当讲清末民初爱国诗僧寄禅（1851～1912）。寄禅俗名黄读山，字福馀，法名敬安，湘潭县雁坪乡银湖塘人。他 7 岁丧母，12 岁丧父，辍学为人牧牛，常读诵于牛背上。避雨村塾，听诵唐诗“少孤为客早”之句，凄然泪下。塾师周云帆睹之为奇，许以服杂役代学费。周殁，寄禅至富家伴读，辄受呵斥；改习工艺，常遭雇主鞭挞。感慨身世，遂于清同治七年（1868）投湘阴法华寺出家，礼东林长老为师。在南岳祝圣寺从贤楷和尚受具足戒。次年，闻衡阳岐山仁瑞寺恒志禅师倡苦行修道，冒雪往参，为苦行僧，执饲犬役，力行“千疮求半偈”之说，燃顶 48 处，燃颈至腹 108 处。同治十年（1871）至巴陵看望舅父，登岳阳楼。友人分韵赋诗，寄禅澄神趺坐，下视湖光，一碧万顷，得“洞庭波送一僧来”诗句。诗作得王闿运指教，为王门四大弟子之一，才思日进，入碧湘诗社。光绪三年（1877），在宁波四明山阿育王寺佛前剜臂肉如钱者三四块，注于油中燃灯，又在佛舍利塔前烧残两指，因号八指头陀。此后7年，住禅宗四大丛林之一的宁波四明山天童寺，任方丈，漫游吴越，自知读书少，刻苦读书识字，“四山寒雪里，半在苦吟中”，走了一条先学诗后读书识字再写诗的特殊道路。光绪三十四年（1908），宁波成立僧教育会，寄禅被推举为会长。宣统四年（1912），中华佛教总会成立于上海，他又被诸山长老推举为第一任会长。寄禅对于中国佛教的发扬光大，贡献主要有三：第一，把爱国忧民的思想与佛家悲悯众生的教义交融为一。光绪十年（1884）秋，闻法舰袭我基隆、闽江，他顿时怒不可遏，欲亲赴国难奋击敌人，为友所阻未遂。当日本侵略中国时，他赋诗《寄日本罔千仞》，诗中有“中日本来唇齿国，掣鲸休使海波生”，望大国能反对日本的侵略行径，后来还云“豺虎未平空有恨”、“国仇未报老僧羞”。晚年曾掩护从事反清的栖云和尚，并在光绪二十二年（1896）向前往天童寺附近采集标本的师生讲话，大声疾呼外国侵略者“将以奴隶待我中华”。第二，爱寺护僧。他为衡阳大罗汉寺、南岳上封寺、大善寺、宁乡沩山密印寺、湘阴万福禅林及长沙上林寺等住持17年，为这些寺院的振兴做出了极大的贡献。尤其是主持天童寺后，选贤任能，数年经营，终使其成为海内著名大刹。担任中华佛教总会会长时，他亲赴南京，谒见临时大总统孙中山先生，吁请保护寺产。后来湖南安庆发生攘夺寺产销毁佛像事件，当地僧侣联名具状内务部，请求回复，而民政司长抗不行文。寄禅应湘僧之请，约请各省僧界代表，赴北京请愿，寓宣武门外法源寺。旋与法源寺方丈道皆法师赴内务部陈情。但该民政司长态度蛮横，争办有顷，未获结果，寄禅乃愤而返回法源寺，不意胸部作痛，身体不适，是晚圆寂。第三，诗学成就卓越，尤以五律成就为高，高淡素雅，意境清新，成为湖南僧侣学诗楷模。他著有《嚼梅吟》1卷，《嚼梅吟补遗》《诗集》及文集2卷，《语录》4卷。杨度为之刻《八指头陀诗集》10卷及续集8卷，《八指头陀文集》1卷。下录其佳作两首供赏：

其一,《梦洞庭》:

昨夜汲洞庭,君山青入瓶。
倒之煮团月,还以浴繁星。
一鹤从受戒,群龙来听经。
何人忽吹笛,使我松间醒。

其二,《宿麓山寺》:

一雨涤烦暑,攸然旷我襟。
凉风引秋意,夕磬定禅心。
扫石成孤坐,倚松时一吟。
夜深樵唱歌,岩溜续清音。

第五位,可为诗僧海印(1860~1924)。海印,俗姓张,法名释永光,自号憨头驼,益阳县瑶华乡杨溪江人。曾任湖南佛教会副会长。自幼聪敏好学,十六岁在南岳祝圣寺出家,从师默庵,潜研禅理,习诗书画,尤擅画兰,又以其飘然超脱,广结贤士,相与唱和,被人誉为"今人齐己"。他的近体诗极工,其绝句尤工。著有《碧湖集》及其弟编辑的《曼陀罗室遗稿》四卷。诗多阐发伤时感世之怀,如:"函篁悬石磴,斜日下江滩。投树鸟奔窜,无家僧老残。""衰时未了江南泪,望远难忘蓟北云。""落日洞庭南雁尽,乱山鼙鼓北兵来。"……都是传诵一时的佳句名篇。后加入南社,与知名人士柳亚子、刘腴深、八指头陀等交往密切,并参与创建了碧湖诗社和湖山诗社,刘善泽、张建勋、笠云芳圃、道香及清室溥濡等都是其座上常客。清光绪六年(1880),海印卓锡沅江景星寺。该寺始建于唐,明末废弛,清代重修。咸丰年间,复遭兵燹,庙宇倾颓。海印兴土木,重整饰,开半亭湖,建客厅过庭等。寺后养龟数百,油穴以居,敲钟饷食则出,食后即入。地周遍种树木花草,山门外另辟一池,中置水榭,修筑大道直达琼湖。县邑绅士张琳亦于池侧建"洞华精舍"、"北渚阁"、"木叶亭"、"琼楼"数处,作为藏书吟咏、憩息之所。海印后在祝圣寺、白鹿寺和长沙开福寺任过住持。白鹿寺曾被强占，亏海印“七入京师，两行蒙古”求助，据理力争终得恢复。开福寺也是在其主持下得以重修。如今广州珠江之上，有一座横跨南北的桥，名叫海印大桥，就是为纪念他而建的。

第六位，应是晚清民国时的宝生和尚。宝生和尚俗家姓氏不详，亦不详其出家的寺院及师父的法脉名号。他出家后云游四方，朝礼名山大刹，认真参观浏览、考察各处寺院的建筑风格，悉心研究，以致成为了造诣颇深的佛教建筑艺术家。曾于镇江金山、常州天宁诸寺坐禅堂，后到五台山碧山寺茅棚闭关坐禅。据说有一次在关中入定过久，出定时茅棚内白霉已有寸许，自此他的声名在佛教中就传扬开来。他年逾不惑回到湖南，并很快在湖南宗教界名声大噪，这首先得力于其修复了不少寺院。除却开福寺，他还修复有南岳上封寺、沩山密印寺。1932 年，他应湖南省主席何键之邀，担任上封寺主持。上封寺是隋朝古刹，坐落于祝融峰侧，是南岳佛教五大丛林（祝圣寺、福严寺、南台寺、大善寺、上封寺）之一。到了民国时代，上封寺已经香火冷落，寺宇日渐圮败，僧众散居于祝融峰的岩洞中。宝生入主后，内则清理寺产，外则十方募化，并立即率领工匠及僧众进行维修。经过三年辛劳，重建了藏经阁、华严阁、祖堂、禅堂，增建了斋堂、寮房、香客住所，同时也修缮了天王殿和大雄宝殿。他召回了散居在外的众僧，恢复了丛林制度，并在祝融峰上新建了一座避雨亭和登祝融峰的石板道路，铺凿了由祝融峰太阳泉到上封寺的引水石渠，把太阳泉的泉水引入上封寺的香积厨蓄水池内，解决了上封寺历代以来用水不便的问题。1933 年秋，他又被推举为南岳系沩仰禅宗祖庭密印寺住持。当时的密印寺经 1918 年为人纵火烧毁后，需要一切从零开始。年近花甲的宝生和尚不辞辛劳，远走江淮荆楚，广募捐款，边募边建，历时八年，重建竣工，耗费资金银圆八万六千有余。此外，宝生和尚还主持修缮了岐山仁瑞寺和南岳准提庵，各有其特色。昔日规模，一部分迄今犹在，为佛门四众所称颂。其次，宝生和尚为人所尊敬的是其热心于僧侣教育及具有的爱国情怀。1937 年，他住持沩山密印寺期间，在寺内创办了佛学研究社，自任社长，为学僧宣讲经论。未几，日寇侵华战争爆发，在他的号召下，佛学社在学的僧侣中多数人参加了抗倭活动，一批爱国僧人如巨赞、暮笳、灵根、玄宗、深悟、了照等也纷纷从各地辗转来到沩山，担任佛学社教员。1938 年 10 月，广州、武汉沦陷，佛学社大部分师生在其率领下到南岳福严寺安居，后来大部分成为“南岳佛道救难协会”的骨干。1939 年春，国民政府在南岳设立游击干部训练班，中国共产党领导人之一的叶剑英任副教育长，周恩来也数次前来考察讲课。周、叶的宣传教育，使宝生受到极大的启发鼓舞，他与田汉、冯乃超、鹿地亘、巨赞、演文等在上封寺召开会议，策划成立抗日组织和武装，还请田汉等到福严寺向佛学讲习所的学员演讲抗日形势，号召学员投入抗日救亡活动。田汉为此深为感动，特写诗赞颂：

缁衣不著著锦衣，敢向人间惹是非？
独惜潇湘春又春，花前趺坐竟忘时。

再要讲的是其慈悲之心。1925 年 4 月，湖南佛教会成立，公推时任开福寺住持的宝生和尚为会长。是年 7 月，宝生和尚主动申请继任 1915 年成立的湖南佛教慈儿院院长。湖南佛教慈儿院是由长沙开福、上林、麓山、宝宁、桐溪、华林、灵云、杲山八大丛林共同创办的公益慈善事业，主要招收社会上一些无父无母的孤儿，收留住院，并聘请教员三至四人授以初小程度的各项课程。学费和膳宿费全部由院中供给，规定三年毕业，毕业后由院里送出学习手艺，自谋生活。这项举措，被长沙人民称为极善之举，宝生和尚也因此而更得民众拥护。

三、早有诗书立上头

开福寺悠久的历史文化传统，优美的自然风光，还有历代的兴衰更迭，自然容易引起文人墨客的关注。除却上面提到的碧湖诗社等雅事，寺院里确还遗下了不少的文珠墨宝。

南宋时，著名理学家张栻游览开福寺后，曾写过一篇《题开福寺》的散文，极言其风景优美，他站在儒家的立场评点道："小家自为蛮触，只足以发千载之快。一快西祓禊亭，下临湖光，举目平远，自为此邦登览胜处，不足用马氏为污也。"

明代留下的诗文更多，最著名的是三首诗歌：其一，李东阳（1447～1516，字宾之，号西涯，茶陵人，天顺进士，官至吏部尚书）的《钱太守招游开福寺不赴奉答》：

潭洲城北楚江边，此地招提父老传。
十里青山斜鸟外，满庭芳草闭门前。
题诗自足骚人兴，爱客深知太守贤。
多病屡惭招不起，故园花柳为谁妍。

其二，李冕（1490～1563，字端甫，号脉泉，山东章丘人，曾任兵部郎中）的《开福寺》：

最爱招提景，天然入画屏。
水光含镜碧，山色拥螺青。
抱子猿归洞，冲云鹤下汀。
从容坐来久，花落满闲庭。

其三，翟瓒（山东昌邑人，正德进士，曾任湖南巡抚）的《开福寺》：

梵宇初晴二月天，汉朝宫殿楚江边。

青林背日双僧出，翠壁含风万佛悬。
鹿苑惊沙风黯黯，莲花拱水故娟娟。
远公客至开方丈，漫索诗篇问草玄。

从这些诗句中，我们可以体会开福寺及其周围的美丽风景。

清朝及民国时期留下的诗文更是数不胜数了。诗歌随举十例。第一例，清王启原（字理安，湘潭人，诸生，曾任永明教谕）做的《碧浪湖秋宴辞陈吏部罗孝廉招饮作十首》，选二，其一：

隔江山翠落明湖，湖上秋光昼有无。
岁岁白莲开不尽，短筇凉漏傍菰蒲。

其二：

鞠华霜节逼天香，醽醁高浮虎魄光。
秋老西风一摇荡，等闲看与醉重阳。

第二例，清储大文（1665～1743，字六雅，号画山，江苏宜兴人，康熙进士）的《题开福寺》：

八叶仙源谱未凋，龙飞遗事此鸱鸦。
寿皇殿里空宵漏，贾相江边待午潮。
引得绿衣中使泪，招来白发讲官朝。
茂陵楚邸无穷恨，只在宫花一树飘。

第三例，清徐树均的《开福寺》诗：

百年野寺没蒿莱，绀殿珠宫次第开。
碧浪无穷春去尽，青山不老客归来。
湖边落日穿鱼艇，江上轻云映酒杯。
莫问会春当日事，樵歌一曲起林隈。

第四例，清黄景仁（1749～1783，字仲则，江苏武进人，乾隆时曾任武英殿签官）的《过马氏宫址四首》。其一：

此地当年歌舞盈，沉沉别殿宴三更。
一时粉黛齐回首，东野新填乐府成。

其二：

才从宫树听啼乌，旋见荒台叫鹧鸪。
不用官家亲饮马，一鞭已塞洞庭湖。

第五例，清黄本骥（1781～1856，字仲良，号虎痴，宁乡人，道光举人，曾任黔阳教谕）的《开福寺亦笠亭落成次竹轩上人韵》：

面岳曾游一笠亭，甘棠遗植久凋零。
当头又见亭如笠，到眼仍看岳作屏。
五代园林余劫烧，四山风雨泣神灵。
头陀指点兴亡梦，手辟柯南半亩青。

第六例，清周有声（1748～1814，字希甫，号东冈，长沙人，乾隆进士，任贵阳府知府等职）的《会春园》诗：

马家父子相承日，草创难将割据论。
一等荒寒野人屋，不知曾是会春园。

第七例，清胡茂的《开福寺次韵》：

月湖斜照水拖蓝，倒影楼台一镜涵。
天送青山来阁外，鸟衔黄叶度湘南。
江声浩浩尘沙洗，诗思茫茫胜境探。
不尽浮生栖隐意，欲招惠远更停骖。

第八例，清陈绳祖（字孝恬，号緪桥，祁阳人，曾任内阁中书、户部主事等职）的《碧浪湖》：

碧浪重经打桨来，平沙无际鸟飞回。
长天漠漠鱼龙晓，春縠鳞鳞荇藻开。

山色萦盘成岛屿，人家疏落认蒿莱。
平生雅慕鸱夷子，望断湖东大小雷。

第九例，清八指头陀（1851～1912，即释敬安、寄禅，中华佛教总会首任会长）的《开福寺怀古》：

只今开福寺，自昔会春园。
驻锡神僧杳，流杯旧址存。
客来一洒泪，花落竟无言。
怀古情何限，江寒啼暮猿。

第十例，民国程颂万的《开福寺展重阳二首》。其一：

为补重阳禊，翻留独客杯。
近廛添树少，回雁向人哀。
榻隘藏经地，亭空野史才。
从君衣衲古，飘拂谢尘埃。

其二：

身世晚冥冥，虚堂过鸟情。
黄花几明日，白发已今生。
恶竹芟何惜，风巢戟有声。
更谁谋窟室，凄感赋兰成。

文章也随举二则。第一则，清人李家（乾隆嘉庆年间长沙人）作《碧浪湖记》一文，指出“自保宁畅道其间者，则有紫珂、徹堂、溪谷、普性、佛国诸禅师以展宗风”，并感叹道：

夫佛法之感人，潜移默易，原不强其所难，以人心未泯，象教难欺。欲广福田，须还佛地。继人镇而成盛举，自不乏人。所为感激推让以供奉于佛者，将不止一湖，斯开福将废而复兴者欤！行见一碧万顷，浪影澄澈，中生五色莲花。

第二则，清王闿运（1883～1916，字壬秋，号湘绮，湘潭人，咸丰举人）作《碧浪新亭记》一文，开篇即说其修筑之事：

开福寺，故马氏会春园。霸府改为梵宫，风景犹胜往年。余欲约裴樾岑、李次青诸公各造屋三四间，环湖堤，俾游观，苦其不能避春涨，未可卜筑也。独佛殿后临水，一圆洲可亭，云旧有而后圮。余与郭筠仙修禊赋诗于殿后堂，尝议修之。郭出银十二斤，徐寿衡自京师寄银六斤四两，余皆以属陈总兵鸠工庀材。陈时方避暑寺中，大有兴修，以水心亭当巨费乃集，少余银不肯承也。

开福寺现在作为宗教民俗旅游区而闻名于世。在开福寺的比丘尼们的日常集体生活也是充实的，每天有很多工作。除却每日的“早晚功课”，还有“放焰口”、“水忏”、“梁皇宝忏”、“《地藏经》”、“《金刚经》”等佛事要做。“焰口”仪式中所用的音乐结构庞大严整，是一种融“赞、偈、咒、器乐”等多种形式为一体的具有一定情节性的佛乐套曲。开福寺焰口仪式的不同之处在于突破了佛教中“出家女性不能参与放焰口”的惯例，除了金刚上师以外的角色，都允许比丘尼在仪式中担任。而在开福寺比丘尼佛学院里的学生，每天都要上课，佛学院的课程除了佛教方面的知识外，还有语文、历史、英语、电脑、书法，等等。

在年轻一代比丘尼身上，她们不仅重视佛事中唱诵的学习，同时也爱好音乐，听音乐、弹琴，都被她们看成是一种修行的方式。她们对自身的女性生活处境有着进步的看法，这是社会的进步，也是对过去女性无独立获救资格、生理与性别歧视的反叛。

这种新气象，对她们而言，确实是开福养性的！开福寺有幸，比丘尼亦有幸。

天心古阁：万家烟火总关心

站在长沙市内，常常远远就可以看到天心阁。天心阁在长沙城南，建在河东长沙古城的最高处，与岳麓山隔江相望。加之坐落在30多米高的城垣之上，便成了长沙著名一景："高阁插云"。登上天心阁，极目四望，长沙城尽收眼底，正所谓"四面云山皆入眼，万家烟火总关心"。

天心阁原名"天星阁"，对应天上的"长沙星"，乃古人观测星象、祭祀天神之所，人们在此祈福消灾，期望兴家安邦。而阁中还供奉有文昌帝君和奎星两尊神像，以保长沙文运昌盛。天心阁在某种意义上成了长沙的象征。

而今的天心公园，既保留了以天心阁为主体的历史文化区，又成了长沙市民的休闲之地，戏迷聚集之地。古老的文化融入现实的生活，演绎出别样的风景。

一、湘军与天心阁

天心阁由于地势高，据攻守险要之处，自古便成了兵家必据之地。于是也就有了太平军攻城的一段壮怀激烈的往事。

咸丰二年（1852），距离第一次鸦片战争结束已是十年的时间，而国内太平天国运动渐成蔓延之势，太平军永安突围，自蓑衣渡受挫后，随即改变了行军路线，由陆路转攻湘南，克道州、陷郴州，兵威盛极。是时，天王洪秀全、东王杨秀清等探知长沙守备空虚，西王萧朝贵建议："闻长沙城卑防疏，若假轻兵数千，倍道袭之，唾手可得。"战争的阴云再度笼罩在湖湘这片故地之上，而大清帝国也艰难地步入其统治的后期。

这一年，曾国藩四十一岁，左宗棠、胡林翼四十岁，彭玉麟三十六岁，日后叱咤战场，号称“杀人如麻，挥金如土”的曾老九——曾国荃，还是一个二十八岁的英武青年。在当时，湘军以及他们的缔造者，还不会明白这一场历时十四年之久的战争对于他们有何影响，甚至在今天，对于他们的评价也是褒贬不一，唯一可以肯定的是，乱世下的百姓该是多么的悲苦。而这场战争发展到后期，仅是一场为了争夺统治权力的战争，于国家而言并没有更为积极的影响，而对中华民族而言，可以说是一场灾难了，这恰恰是我们后人所该去深思的。俄国作家果戈理曾说：“当歌曲和传说已经缄默的时候，建筑还在说话。”就让我们重新回到那个战火纷乱的年代，回到那段和城墙有关，和天心阁有关，和当时每一个鲜活生命有关的历史中去吧。

咸丰二年（1852），朝廷诏湖南巡抚骆秉章开缺回京，另有任命，只待新任巡抚张亮基到长沙交接，即可上京，一切是如此的平静，只不过这样的平静很快就被打破。七月初七，萧朝贵率领曾水源、林凤祥、李开芳等部取道湘东山间小路，星夜急驰，克永兴、下安仁、占攸县、破茶陵、取醴陵，急行五百余里，于二十七日突至长沙石马铺，并于二十八日大破陕兵，直逼长沙城南，至此揭开了长沙攻防战的序幕。对于战争双方而言，这是一场长达八十一天的浴血奋战，但这一战却成了湘军组建的契机，不久之后，曾国藩开始帮办团练，左宗棠也加入张亮基的幕府，罗泽南、王鑫、塔齐布、李续宾等湘军名宿开始走出湖南，迈向更广阔的天地，这群人将各自在历史舞台上找到他们的归宿，成为那个时代最耀眼的明星。

在长沙的城市地名中很多都带着一个“铺”字，如新开铺、黑石铺、大托铺等，这些是古代官道上的地名。古时驿站分驿、站、铺三部分，驿是官府接待和运输物资的组织，站是传递重要文书和军事情报的组织，而铺负责地方公文、信函的传递，铺与铺的距离大约是十里，而石马铺就是长沙到醴陵官道上的第一铺。现如今这里成了长沙比较繁华的地段，只是在繁华的背后，还存着两座大墓，一座在《潇湘晨报》社往北走的南园小区内，冢前立着一块石墓碑，碑刻“陕西忠义官弁兵夫合墓”，碑前石栏杆上刻着一副对联：“秦云寒白骨，湘水照丹心。”而另一座大墓在《潇湘晨报》社对面的石马路上，一堵石墙，墙上镌刻着的“忠义墓前石水沟泊岸”。正是这个地方，在160多年前的一天，兴许略微才起了些秋末的暑气，清晨的平静便被炮火打破，长沙攻防战的第一仗打响了。

据《善化县志》载，清军于咸丰二年（1852）七月二十七日上午，调派陕西新到西安镇总兵福诚、潼关协副将尹培立移营东路石马铺构筑防线。而西王萧朝贵于二十七日下午抵达。二十八日，萧朝贵轻骑督战，指挥太平军分三路猛攻石马铺营盘，一个时辰，战斗即宣告结束，福诚、尹培立俱被杀死，驻扎在金盆岭清军沅州协副将朱涵所部不肯救援，而朱涵甚至临阵脱逃。萧朝贵督师进军金盆岭，缴获辎重无数，随后太平军逼近城南，扎营妙高峰、鳌山庙等险要处，与城南奎星楼成对峙之势。

天心阁本是长沙古城的一段，其建造最初并没有这么一个楼阁，但在上面有一个奎星楼，因为中国古代的风水观念中，奎星或者叫魁星都是一种风水建筑。魁星，是中国古代主文章之神，过去考科举，就得去祭拜魁星，保佑自己能金榜题名。后来，在奎星楼的基础上就建了如今的天心阁，而这里却成了萧朝贵生命的终点。七月二十九日，萧朝贵命曾水源、林凤祥、李开芳等部强攻长沙城，自己亲自在前线指挥炮战为诸部掩护。而就在这时，清军提督鲍起豹以重金驱使兵勇焚烧城下民舍，阻挠攻城兵卒，帮办军务罗绕典亦指挥天心阁上的大炮向着城南妙高峰上太平军的营盘猛轰，萧朝贵中炮身亡，其意外之死使长沙太平军遭受巨大的挫折，前线主将战死，其余诸部将领人心惶惶，尽管下层兵卒还未尽知主帅战死，部队未成混乱之势，但曾水源等人对攻城的信心大减，用兵亦愈加拘谨，使得原本的奇袭战变成了守备战；而四面清军援兵不断，诸将邓绍良、和春、江忠源、向荣率部相继赶到，及至八月二十四日，新任湖南巡抚张亮基亦率部协防长沙，原本清剿完毕的城市外围，迅速被清军反扑，奇袭部队兵员不足的劣势日渐显现，甚至都无法完成对长沙城的合围，仅能在城南天心阁一隅攻防，而这也为长沙攻防战的失败埋下了伏笔。

蔡公坟，即蔡道宪墓，位于天心阁城下，里仁坡的东侧巷内，现今墓冢已不存，而墓基尚还保存完整。明崇祯十六年（1643）八月二十六日，号称“大西王”的张献忠攻破武昌，旋即顺势挥戈南下，直捣长沙。面对大西军的威势，长沙城官员大多弃城而逃，而时任知府堵胤锡入觐未返，唯有巡按御史刘熙祚、长沙推官蔡道宪等顽强抵抗，奈何总兵尹先民叛变投降，蔡道宪兵败被捕。张献忠知蔡公有清官之名，遂以全城百姓性命相要挟，劝降蔡道宪，蔡公痛哭不止，只求一死以存长沙百姓，最终被凌迟处死，其死后被历届湖南巡抚誉为“忠臣烈士”，其墓被多次修缮。而此地亦成了长沙攻防战关键所在。蔡公坟背靠天心阁，是打通城东、城南的交通要道。八月十四日，江忠源率部赶至长沙，立即发现太平军战线的疏漏，旋即驻营蔡公坟，将太平军隔绝在城南一隅，等到曾水源发现已为时晚矣，而这一小小的疏漏成了太平军致命的弱点，及至东王杨秀清率大部抵达长沙，亦恼怒失蔡公坟一地，而失战局之先机。至此，长沙城仅城南受敌，而太平军背水面城，两翼被围，已经是陷入绝境，败局已无法挽回了。

三个月的战斗，太平军撤走岳州，长沙城最终守住了。

长沙城虽然守住了，但清军相互掣肘、败不相救的弊端也极大地暴露了出来。实际上，在长沙攻防战的后期，绿营已基本完成了对太平军的合围，但太平军却能全身而退，继而破武昌、下南京，最终裂土建制。面对清军诸将的不作为，王鑫曾言：“会城以十万至众，围垂死之贼，忍令其掉尾巴以去，蹂躏州县，荼毒生灵，靡所底止，蒿目时艰，堪为痛哭。”而湖南巡抚骆秉章亦在自定年谱内记载：“在长沙办贼，城内及城外东河、西河兵勇六七万余，住城中一中堂、三巡抚、三提督，总兵十二员，在城外者两总督不能灭贼，以至北窜，亦一恨事。”清军畏战避战、攘功推过的情绪，最终导致其从内部崩溃，而这也为湘军的崛起提供了契机。之后，在湘军的组建中，绿营的陋习被曾国藩、罗泽南、王鑫、左宗棠等人引为前车之鉴。

随着湘军的发展，特别是镇压了太平天国之后，湖南人的影响就开始辐射到了全国。出于种种原因，在古代社会中，湖南能跻身史传的人物就极少，清初有个著名学者叫刘献廷，就曾表示过不愿意落籍湖南，认为湖南“无半人堪对语”，是一个“荒陋之区”。而这一现象，随着湘军的崛起，便大有改观，甚至是人才辈出，冠居全国之首。作为道咸两朝老臣的张集馨就指出：“楚省风气，近年极旺，自曾涤生领师后，概用楚勇，遍用楚人。各省共总督八缺，湖南已居其五：直隶刘长佑、两江曾国藩、云贵劳崇光、闽浙左宗棠、陕甘杨载福是也。巡抚曾国荃、刘蓉、郭嵩焘皆楚人也，可谓盛矣！至提镇两司，湖南北者，更不可胜数。曾涤生胞弟兄两人，各得五等之爵，亦二百余年中所未见。”在当时，湖南人做高官的现象极为普遍，最多的时候，全国有2/3以上的督抚都是出自湖南，而做过督抚的湖南人更是多达27人，可见湘军所造成的湖湘人文之盛。

而湘军从镇压太平天国开始，最终竟慢慢地变成了一支巨大的反清力量，面对这一尴尬的结局，应该是湘军的创建者始料未及的。

二、阁外江声空自流

天心阁，一座最能代表长沙城的建筑，却经历了无数的兴衰劫难。

天心的历史，与长沙可谓息息相关。长沙筑城，始于西汉高祖五年（前202），吴芮为长沙王，置长沙国，始筑土城。明初，垒址以石，使之“上下完固”。清顺治十一年（1654），洪承畴拆增修城楼、炮台、垛口，加高加厚城垣。辛亥以后，拆除城墙，修筑环城马路，因阁峙城头，得以保存其中一段城墙。

据说“天心”一词出自《尚书·咸有一德》篇，“咸有一德，克享天心”这句话源自伊尹与太甲的对话，在篇目的开头，伊尹便长叹：“呜呼！天难谌，命靡常。”这一句长叹是一个饱经沧桑的智者对于自己一生世事的感怀：天命无常。这种情绪蕴含着某种寄托的幻灭，伊尹是殷商的开国功臣，当他与成汤讨伐夏桀之时，就自诩天命所在，在成汤去世，经历了流放太甲的政治波折之后，伊尹对于天命的信心发生了动摇，在这个老人的眼中，分明看到了商王朝即将到来的衰败，这个时候，他明白了与其将现世治乱寄托在天命之上，倒不如恪守自己的德行，以求修德保民……天意难测，湘军从天心阁开启了它传奇的征程，而最终的结果却令人意想不到，王朝的兴衰即在转瞬。如今，城墙下屹立着一组萧朝贵当年领兵攻打长沙的石雕，那尊石雕仿佛让人重新回到了那个战火纷飞的年代，震天的呐喊声就回荡在你的耳边。其实，湘军也好，太平军也罢，他们不过是在一场残酷的战争中相遇，二者有着无数可歌可泣的故事，只是这些故事的背后，承载了太多人的生命与鲜血。

城市的产生与发展其实相差都不太大，或者由于生活的需要，或者由于政治的需要，而长沙古城的起源或许是因为生活，依水而居，但随着社会的发展，其政治地位日趋显著，由于古楚国对越作战的军事需要，长沙得到了空前的发展，其作为军事要塞控制着楚国南方边陲。而长沙城墙和其他古城墙一样，都是冷兵器时代的产物，角楼、垛口、瓮城，等等，构成了一个坚固的城防体系。可随着冷兵器时代的结束，热兵器时代的到来，天心阁的城墙已经完成了其历史赋予的使命，城墙虽然坚固，但始终抵挡不住大炮的轰炸，其原有的战略价值也已经成为过去。由于无人管理，长沙城墙随之破败不堪，多处发生坍塌，甚至于城墙砖被邻近的居民拆去建房，是修缮还是拆除成为新任政府面对的问题。

辛亥革命之后督湘的谭延闿做出了“拆除”的选择，这也成为他上台的“新政”之一。新任的官吏看到了当时社会发展的“大趋势”，城墙制约了城市的发展，在由“城”向“市”过渡的环境中，城墙必须选择“让位”，这是理所当然的。不过，这种“理所当然”只考虑了经济与战略的价值，其历史与文化价值却被忽略。

“拆墙修路扩城”的计划于1917年纳入了长沙市政建设的议程，到1924年，那座巍然屹立于湘水之滨的古城墙在号子声中陆续被拆除，八年的时间，除了天心阁那一小段得以保留之外，长沙再难寻觅到一丝古城墙的踪迹。

天心阁那段城墙得以保留，可以作为文化遗迹供后人凭吊，需要归功于当时市政公所总理曹典球先生和一大批当时的有识之士。在拆墙之前，他们就提议保留天心阁这一段城墙，不过拆除的计划已经通过，在沟通无果的情况下，曹典球挺身而出，陈说利弊，慷慨声言要“誓与城墙共存亡”。他的壮举得到了当时众多百姓的拥护，最终省政府决定保留这段城墙与天心阁，而天心阁古城墙亦成为了古城长沙的历史见证，当时，有一副对联书：“阁上九霄迎日月，城留一角看江山。”

世界上没有任何东西可以永恒地存在下去，长沙古城走向消亡或许是某种必然的结果，但对当时的人而言，更多地应该是一种无可奈何的选择，而天心阁则成为那段悲哀历史的见证。作为后来人的我们或许可以质疑当时政府的选择，但当时的人并没有百年之后我们的思维方式和生产条件，他们不可能有我们的思维高度，在面对城市与经济不断发展的时候，在面对城墙对城市发展造成阻碍的时候，他们没有能力在保留古城长沙的同时，新建一座长沙城。而我们在面对那段历史的时候，不应该将惋惜之情停留在茶余饭后，珍惜曾经的历史，让散落的遗迹重新摆放在“城市”这座巨型的博物馆之上，不让历史的悲哀重演，或许这才是保留下来那段天心阁给我们的启示。

三、文夕大火阁成烟

天心阁的一段城墙暂时保住了。十几年后，它又一次面临劫难。

1924 年，随着长沙古城的拆除，对天心阁的破坏也比较严重。在 1926 年时，由当时著名的建筑学家、湖南大学土木系教师刘敦桢先生主持设计重修了天心阁。刘敦桢先生长期从事建筑教育和建筑历史研究工作，是我国建筑教育的创始人之一，对当时中国的古建筑研究与保护做出了巨大的贡献，只可惜天心阁在一场大火中被烧毁而这场火灾与天心阁本身亦有一段历史关联。

1938 年 10 月底，武汉、广州相继失守，原处于大后方的湖南，成为抗战正面战场的最前线。而第九战区司令长官陈诚在后来的回忆中提到：“日军占领武汉、广州之后，战略上，不再有速战速决的打算，而是企图打通粤汉路，切断西南后方同东南沿海的联络。”而长沙，这座贯通南北东西的重镇，自然而然地成为全国抗战最激烈的重点。事实也是如此。自 1939 年 9 月始，中日军队以长沙为中心，展开了四次大规模的会战，双方动员的兵力接近 200 万，前后四年的时间，无论是在兵力还是在时间上，长沙会战都称得上抗战八年里位列第一的大规模会战。而这场战役打响之前，却发生了另外一场震惊中外的人间惨剧——文夕大火。

在长沙千年的发展历程中，1938 年 11 月 13 日绝对是最黑暗的一天。这一天的凌晨，长沙城内突然燃起熊熊烈火，这场大火持续了整整五天，五天之后自行熄灭，且不说经济损失与人员伤亡之巨大，单是长沙城自春秋战国以来千年的历史文化积累就遭到了彻底的毁灭，作为中国历史上为数不多的 2000 多年城址不变的古城，文化传承也就此中断，在历史研究上造成的损失是无可估量的。而这场大火并非天灾，实在是一场人祸。

抗战爆发以来，国民政府军政界弥漫着消极的情绪，"不抵抗论"充斥着军政高层，而针对这种论调，李宗仁适时地提出了"焦土抗战"这一略显悲壮的口号。而早在 1937 年 1 月，李宗仁就发表了《民族复兴与焦土抗战》，批判所谓"不抵抗"的观念。直到武汉会战结束，大批量的战略物资既没有转移，也没有销毁，而是直接留给了日本，这件事令蒋介石大为恼火。因此，国民政府决定，一旦长沙出现危机，便不顾一切，坚决地实施焦土政策。

1938 年 11 月 11 日，湖南省主席张治中接到蒋介石电报："限一时到，长沙张主席：密。长沙如失陷，务将全城焚毁，望事前妥密准备，勿误！呈中正文侍参。"焚城计划由长沙警备司令部参谋处长许权拟定，并预定以天心阁举火为号。张治中批示："限明晨（13 日）4 点准备完毕，我来检阅。"可就在 12 日深夜，13 日凌晨，长沙城南某处突然起火，许权得到士兵的报告后，确认地点并非天心阁，随即要求警察局局长文重孚救火，但文重孚的答复是城内警察、消防队员早已撤离。火势并没有得到有效控制，而不明真相的城内警备司令部负责放火的警备第二团放火队员误认为是信号，继而四处点火，接下来天心阁也火光四射，一场旷世大火骤然而起，眼见大火无法扑救，只能宣布弃城。

尽管事前已经知道长沙会被焚城，湖南省政府和长沙市政府也做出了动员长沙市民疏散的决定，可是焚城的具体时间是不知道的，而且长沙当时人口已经达到 50 万，不少市民并没有来得及疏散，加之焚城的计划又是一个意外，城内尚未撤出的百姓还在睡梦之中，等到惊醒时刻，城内早已是一片火海，绝大多数巷口已被大火封堵，焦土政策瞬间变成人间惨剧。时任国民政府军事委员会政治部副部长的周恩来也在长沙城内，幸亏警卫员奋力营救，才得以脱困。因为 12 日的电报代码为“文”，史称“文夕大火”。

16 日清晨，蒋介石抵达长沙视察，政治部部长陈诚陪同。当他亲眼目睹长沙触目惊心之惨状时，深感悲痛之余，大为震怒，并责令严办。三个直接责任人长沙警备司令酆悌、警备二团团长徐昆、湖南省警察局局长文重孚原本判处七到十年有期徒刑，报到蒋介石处，蒋介石当即批示一律枪决，三个人很快被执行了死刑。湖南省主席张治中也负有领导责任，被撤职查办。

尽管这场大火有其偶然因素，但毕竟放火的方案是制订了的，焚城的计划是确定了的，正如事后蒋介石对陈诚、张治中说的那样：“这一次事件的根本成因，可以说不属于哪一个人的错误，而应该是我们整个集团的错误，这一错误的造成，不能不认为是我们的失败。”

从某种意义上讲，焦土政策确实彰显了中国军民不与日本侵略者妥协的决心，但这毕竟是一种被动的军事策略，这一口号本身就极其的悲壮与无奈，最重要的是光靠决心并不能阻挡日军铁蹄，而文夕大火也并没有阻止日军向长沙进攻的步伐，时间很快就来到了 1939 年的盛夏，天心阁的废墟，将见证一次中华民族不屈的奋争。

四、欲将成败问天心

日军觊觎长沙，国民党统帅部早已是心知肚明，但长沙是“战”是“弃”，统帅部内部的意见却是不统一的，副总参谋长白崇禧认为与日军决战时机未到，不应计较一城一地的得失，而是应该拉长战线，然后集中优势兵力予以还击，实际上，当时参谋本部的多数官员都是认可这一意见的。不过接替张治中成为湖南省主席的薛岳并不认同，他坚持认为军人有守土安民的责任，不肯放弃长沙，他向陈诚指出，所辖第九战区军队士气甚盛，与日军一战不是没有可能，1939 年 10 月 2 日，统帅部最终认可了薛岳的反攻计划。不过，长沙会战第一次战役并非以统帅部下令的时间开始，因为早在 9 月中旬，日军就完成了部队的集结，分三路向长沙进攻，并且已经与国民党的军队交战，其中最为惨烈的一场战斗就发生在新墙河。

自岳阳、临湘为日军占据以来，新墙河北岸、南岸就成了第九战区卫戍长沙的最前线。1939 年 9 月，日军向长沙进犯，新墙河防线自然成为长沙会战的前哨战场，当时负责守备新墙河的部队是第 15 集团军所辖第 52 军的三个师：第 195 师（师长覃异之）、第 2 师（师长赵公武）、第 25 师（师长张汉初）。9 月 18 日，日军第 6、第 13 两个师团向第 195、第 2 师的阵地发起了猛烈进攻，双方僵持，不分胜负，至 20 日，日军攻破金龙山阵地，驻守第 2 师胡春华营战至最后一人亦未后退一步。金龙山阵地失守，日军开始集中火力猛攻笔架山阵地，当时覃异之给驻守笔架山第 195 师第 3 营史恩华部的任务是“延迟日军三天，为全师调整部署争取时间”。至 22 日黄昏，史恩华营伤亡已经过半，覃以电话命令史：“如无法支持，不得已时可向东靠拢，撤过新墙河。”史当即回答：“军人没有不得已的时候，我部已被包围，没有办法实施转移，只有与敌人拼到底，师长来生再见。”这是一个中国军人誓死的决心，当晚，在日军飞机、大炮轮番轰炸下，全营官兵壮烈殉国。

新墙河北岸阵地失陷之后，自 23 日早晨开始，日军先后八次强渡新墙河，但均未成功，最后借助毒气弹，才勉强渡河，其中第 52 军第 12 团因中毒丧失抵抗能力，约四百人被突入阵地的日军刺死。24 日，为配合“后退决战，争取外线”的战略，新墙河防线的守军开始南撤，长沙会战湘北前哨战宣告结束。五天之后，日军主力进至长沙捞刀河北岸，但由于孤军深入，沿途遭到大量国民党军队的伏击、骚扰，被迫停止了向长沙的进攻，10 月 5 日，随着国民政府军事委员会下达决战的指示，各部援军遵令随即进占阵地，日军开始全线撤退，至 13 日，湘北各战场恢复到战前态势，第一次长沙会战宣告结束。

战后为纪念史恩华营官兵四百余人的悲壮事迹，国民政府在当时的激战地点修建了一座纪念碑，但该纪念碑被毁于二十个世纪五十年代。

第一次长沙会战结束后，薛岳统帅第九战区继续驻扎在湘、鄂、赣三省长江以南地区，与其对峙的是日本向中国派遣军第 11 军。1941 年 9 月 15 日，日军第 11 军在湖南岳阳设立了司令部战斗指挥所，并召开各部参谋长会议，再次敲定了新一轮的作战计划，其主要目标就是歼灭第九战区的中国军队，摧毁国民政府抵抗日军的信心。而面对日军的部署，第九战区根据本战区地形制订了反击作战计划，其主要思想就是“诱敌深入，反击歼敌”，然而实际的战斗却没有部署来的轻松。

1941 年 9 月 18 日，日军在炮军、空军的掩护下开始强渡新墙河，向国民党军队发起了全线攻击。新墙河南岸一线守军是第 27 集团军所辖第 4 军的三个师，第 59 师（师长张德能）、第 102 师（师长柏辉章）、第 90 师（师长陈侃），以及第 30 集团军所辖第 37 军的第 60 师（师长董煜），而这些部队大多经过数天前的大云山战斗，直到 18 日拂晓前才从新墙河北岸撤回，继而仓皇进入南岸阵地，而命令加入新墙河南岸布防的第 58、第 20 军直到战役打响还没有进入指定作战位置，第二次长沙会战正是在这样极被动的情况下拉开了序幕。

日军为了强渡新墙河，在不足二十公里宽的战场上，布置了 44 个大队，接近五万余人的兵力，而与其正面作战的是柏辉章的 102

师（此人和著名的遵义会议还大有渊源，当年那场历史转折的政治局扩大会议，召开的地点就在柏辉章公馆。）。面对日军疯狂的进攻，柏辉章组织部队顽强抵抗，而随着战况的加剧，102 师各团的兵力所剩无几，各营连剩余的士兵被分割成独立的小型据点，即便如此，各部依然坚守在原来的战线上，柏辉章更是守在前线与士兵并肩作战，直到接到撤退的命令，102 师才撤出新墙河战场，而此时，102 师全员已不足七百人，减员九成以上。面对身边的将士，柏辉章发表讲话："在敌人的优势炮火下，军官不畏死，士兵不惜命，以报国之心浴血奋战，杀身成仁，殉国的官兵弟兄是军人的楷模，是我们的榜样……我们要时时刻刻准备再赴疆场，为国效命，以夺取抗战的最后胜利。请记住第二次长沙会战，新墙河边有我 102 师光荣。"

随着战斗的继续，原计划在长沙外围击灭日军主力的企图不但没有实现，而各个守备军更是被日军先后击破，损失惨重。实际上，国民政府军事委员会并没有预估到日军会攻入长沙，故而没有对长沙近郊和市区作防御准备，因此当日军突过捞刀河后，长沙几乎是一座空城。

1941 年 9 月 27 日晚，日军攻入长沙，在"文夕大火"后的残垣断壁下，中日军队展开了巷战，据守天心阁的士兵抱定与长沙共存亡的决心，拼死奋战，始终未能令日军占领长沙制高点。由于日军战线过长，消耗过大，加之中国军队第六、第七战区的增援部队也相继赶到，10 月 1 日，日军开始向后撤退。而这次撤退并非日军战败，可以说是一种战略性的撤退，因为日军基本完成了之前预定的作战计划，给予第九战区的中国军队以重创。

10 月中旬，日军全部退回新墙河以北，一切又恢复战前态势。从战争的结果来看，国民政府并没有失败，全国掀起了"第二次长沙大捷"的宣传攻势，但面对这样的结局，并非足以让所有人感到喜悦，蒋介石在衡山召开的第九战区高级将领会议上就提出："长沙虽然得以保全，但并不能算是我们打了胜仗，我们不但没有任何虚荣而且要引以为耻。”

1941 年 12 月 8 日，日本海军偷袭美太平洋舰队基地珍珠港，太平洋战争爆发。与此同时，日军第 23 军开始向香港发动进攻。为配合香港的日军作战，牵制长沙附近军队南下，驻武汉日军第 11 军司令部再次决定向湖南第九战区的中国军队发起攻击。12 月初，随着日军的频繁调动，并且开始向湘北地区集中兵力，第九战区司令长官薛岳判断日军有再度进攻长沙的可能，遂制定了“以诱敌深入后进行决战之目的，敌进犯时，以一部兵力由第一线开始逐次抵抗，随时保持中国军队于外线，俟敌进入我约定决战地区时，以全力开始总反攻，包围敌军而歼灭之”的“天炉战法”。实际上，“天炉战法”就是以长沙城为诱饵，牵制日军，周边各地的驻军趁机对日军形成合围的作战。而奉命死守长沙的中国军队，就是当时隶属第九战区的国民党第 10 军，军长是抗日名将李玉堂。

早在三个月前的第二次长沙会战，李玉堂所部第 10 军就奉命堵击南犯日军。当时与日军遭遇在金井、福临铺一线，面对日军第 3 师团主力、第 6 师团和第 40 师团各一部的猛烈进攻，李所属部队损失惨重，最终不支撤退，福临铺、金井阵地亦先后丢失，但李玉堂并没有撤离战场，而是将部队布防在长沙外围的东山、浏阳河、捞刀河一线，坚持等到援军赶来最终将日军击退。战后李玉堂因丢失阵地而遭到撤职，但由于新任军长钟彬未及上任，薛岳以战事紧张为由，报请军事委员会暂缓交接，并将守卫“天炉”炉底长沙的重任交给了第 10 军。第 10 军下辖 3 个师，第 190 师（师长朱岳）、第 3 师（师长周庆祥）、预 10 师（师长方先觉），由于战事频繁，三个师损失兵员并没有得到及时补充，仅两万人的兵力，而 1941 年 12 月 31 日，突破湘北防线抵达长沙城外的日军，大约有六万人。

1942 年 1 月 1 日，日军发起进攻，战斗全面打响，第 29 团第 1

营阿弥岭阵地首当其冲。面对日军飞机大炮轮番轰炸，副团长陈新善亲赴前线指挥，但最终不敌，阵地在下午4时被突破，全营官兵伤亡殆尽，营长曹建业殉国，陈新善亦在撤退途中牺牲。各部守军虽然奋勇抵抗，终因众寡悬殊，阵地接连丢失。傍晚时分，日军攻入第29团指挥所黄土岭阵地，当团部指挥所重新集结在仰天湖时，仅剩团长张越群、司号长、几名传令兵、13名警卫和侦察排。由于第29团人员减员严重，被重新收容整理，归葛先才第28团统一指挥，张越群因作战英勇晋升为少将入副官处。这一天，日军攻占了长沙东郊、北郊和南郊全部的前沿阵地。

1月2日晨，日军第3师团第18联队将攻击重点由南门转至东门。陈家山位于小吴门与兴汉门之间，是这一地段唯一的制高点，防守陈家山的是第10军第190师第570团。面对日军的火力网，朱岳师长带着警卫亲临前线督战，570团团长李芝更是率团径自杀向日军，双方短兵相接，作战十分激烈，而阵地亦是反复易手。与此同时，日军第68联队向南门冬瓜山阵地发起进攻，由于李玉堂事先在此构筑了大量的堡垒工事，预10师28团的交叉火力网给日军进攻部队造成了极大的伤亡。为了摧毁这些工事，日军甚至组织敢死队，全身绑满炸药冲向暗堡，而葛先才部亦组织大量的敢死队员冲向日军的敢死队，与其同归于尽。东门袁家岭的战斗也进入白热化，阵地几经易手，第3师第7团团长陈德升更是白刃冲阵，与日军血拼。从白天到黄昏，彼攻我据，双方均伤亡惨重。深夜，蒋介石给薛岳和第10军各主要将领发电："我第10军官兵两日以来，坚守阵地，奋勇歼敌，至甚嘉慰，此次长沙会战之成败，全视我第10军之能否长期固守长沙，以待友军围歼敌人。此种光荣重大任务，全国军民均瞩目于我第10军能否完成，亦即我第10军官兵成功成仁之良机。"

经过两天的血战，城郊阵地已经支离破碎，大多被分割开来，加之日军第6师团抵达，第10军只得收缩防御，退守油铺街、湘雅医院、陈家山、清水塘、韭菜园、识字岭、回龙山、白沙井、沙河街、楚湘街一线。为了准备巷战，清除射击障碍，预 10 师官兵忍痛将妙高峰下的长街焚毁。

1 月 3 日，各处阵地激战愈演愈烈。天蒙蒙亮时，陈家山便被日军攻占，日军第 3、第 6 师团连成一片。紧接着兴汉门受到日军猛攻，师长朱岳亲往指挥坚守，战斗随即形成僵持局面。而同时，南门口、识字岭一线亦频频告急，师长周庆祥督战天心阁，随着岳麓山炮兵的火力投入，险情得到缓解。当天下午 4 点，日军第 3 师团工兵营由韭菜园一带穿墙凿洞，爬进市区，第 3 师第 7 团负责堵截，彼此逐屋激战至晚，城内大部分日军被歼灭，少部分日军与第 7 团形成对峙局面。而与日军整天鏖战在冬瓜山阵地的预 10 师全体官兵已经杀红了眼，与敌人反复拉锯数 10 次，自身付出了极大的伤亡。而就在当晚，令人振奋的消息传入，外围第 4 军、第 20 军、第 26 军、第 37 军、第 79 军等部按原定计划已到达决战指定位置。

面对第九战区的部队调动，日军第 11 军岳阳指挥所被紧张的气氛所笼罩，司令官阿南惟几在来回穿梭的脚步声中下达了撤退命令："终止在长沙之作战，于 1 月 4 日夜间开始撤退，向汨水线前进。"尽管日军已收到了撤退命令，但各部都展开了最后一搏，黄土岭、冬瓜山一线受到日军第 3 师团的猛攻，阵地几经易手。经此一战，日军虽然最终撤离，但负责守备的预 10 师 28 团大部壮烈殉国，仅剩 53 人生还。就是在这样的反复死斗中，日军最终没能向长沙城再迈进一步。半夜过后，枪炮声慢慢地转入沉寂，长沙度过了 1942 年最艰难的 86 个小时。

李玉堂、周庆祥、朱岳、方先觉等人来到寒风刺骨的江边，将士们正在清理战场，阵亡的军官用红绸包裹，收殓入棺，士兵则用白布包裹，由掩埋队用船运往岳麓山安葬。此役过后，第 10 军"泰山军"的威名响遍全国，李玉堂授青天白日勋章，升任第 27 集团军副司令，方先觉升任第 10 军军长，而长沙，这座古城，从此载入中国抗战史最为辉煌的一页。

在抗战爆发前，曾经有一份《日本松室少将最近对关东军的秘密情报》作为日本政府侵略中国的参考，里面提到了“中国人之特性，爱国不过五分钟，甚且有不知国家为何物者”。这份报告有狂妄的地方，或许在中国的土地上有这样的人存在，但多数的中国人在面对民族危亡之时，总能表现出空前的凝聚力，而抗战就是最典型的例子，那一场全中国人民都团结起来的抗战。

1946 年，为纪念历次长沙会战中牺牲的阵亡将士，天心公园建成了崇烈塔、崇烈门、崇烈亭三座抗战纪念建筑。三座建筑落成之日，担任过第 73 军军长，参加过长沙会战的抗日将领王东原亲撰一副挽联，以哀悼抗日阵亡将士，联曰：

忝领师干，几回奏凯几行泪；
为崇功德，一度秋风一瓣香。

三座建筑呈直线排开，崇烈塔石柱顶端上面是一只狮子蹲据在“地球”之上，“地球”之上刻有当时中国的版图，用以教育国人不忘前人艰辛，守卫祖国每一寸领土。崇烈门是四柱三门牌坊，居中的一副对联为“气吞胡羯，勇卫山河”，侧柱的一副对联由篆书写成，“犯难而忘其死；所欲有甚于生”，此一联道出了抗战阵亡将士为赴国难奋不顾身的伟大民族精神。进入崇烈门之后，便是登高的石阶，石阶的尽头就是崇烈亭，崇烈亭建在为纪念济南“五三惨案”遇难的同胞而建的国耻纪念亭废址之上（该亭毁于文夕大火），亭的两面立柱之上篆刻著名书画鉴赏家徐桢立所撰的两副对联：“百战靖胡尘，精忠争日月辉光，大节壮山河气色；四阿延楚望，长剑指天狼落云，神弦连甲马归来。”“有亭翼然，览风物睹江流之胜；是真勇者，执干戈卫社稷而亡。”

然而，在 20 个世纪 50 年代，崇烈塔和崇烈门先后被拆除，崇烈亭则改名入胜亭，亭柱上的对联被凿去，而天心阁旧址之上则修了一座茶楼。现在看到的天心阁是 80 年代由长沙市政府重新修建，崇烈门则是在 2006 年依照老照片原址原貌恢复，到 2012 年崇烈塔也恢复重建。入胜亭亦恢复了崇烈亭的原名，并重新在亭柱上挂上了徐桢立所撰的对联，以告慰抗日阵亡将士的在天之灵。

天心阁自明朝初建之时就担负着军事防御、消防瞭望和观星祭祀的功能，既是一座登高望远的瞭望塔，也是一座镇风水的风水楼。清光绪《善化县志》载，阁上有报警钟，“凡省中回禄，闻钟声叩报，到处皆知。”故而清末学者黄兆枚为主阁所撰的对联“四面云山都入眼，万家烟火总关心”，实际上所谓的“烟火”不仅仅指狭义上的火警，而泛指百姓忧乐、民间疾苦。真正能做到体恤百姓，那么自然会得到百姓的拥护。《贞观政要》的《君道》一文开篇即说：“贞观初，太宗谓侍臣曰：‘为君之道，必须先存百姓。’”一个政权的建立是依靠民心得失的，没有一个政权能够在失去民心的同时，还能安稳施行现行统治的，“雪百年耻辱，复万里河山，秦汉无此雄，宋元无此壮；写三楚文章，吊九原将士，风雨为之泣，草木为之悲。”国民政府在全国人民的支持下，成功地打败了日本侵略者，实乃民心所向，但其悍然发动内战，包庇贪污，不知振作，在短短的五年时间就丢掉了统治地位，对于共产党的到来，百姓如大旱之望云霓，亦是民心所向。如今，新政府屹立在时代的潮头，在不忘初心的道路上，迎接着“民心”一次又一次的检验。

1938 年，“文夕大火”，古城长沙一片焦土，天心阁更是荡然无存。1984 年，阁得以重建。

半个世纪的岁月，苍山翠柏之间，硝烟散尽，当我们漫步天心城头，繁华风光的长沙尽收眼底；可就在这一派祥和的背后，还有多少人记得，这一座城市，曾遭受的灭顶灾难。

每一次回忆，我总会告诉自己，告诉自己是多么的幸运。或许你不曾想过，在我们这片熟悉的土地上，有过无数像你我一样年轻的生命，曾经依然决然地冲向炮火，用他们微弱的身躯抵挡这滔天杀戮，他们也曾有梦，或许很简单，和心爱的人牵手漫步，白头到老，可这些都已离他们远去。

你永不会回来了，我知道，
青年的热血做了科学的代替；
中国的悲怆永沉在我的心底。
啊，你别难过，难过了我给不出安慰。
我曾每日那样想过了几回：
你已给了你所有的，同你去的弟兄
也是一样，献出你们的生命；
……
中国的历史，还需要在世上永久。
你相信，你也做了，最后一切你交出。
我既完全明白，为何我还为着你哭？
只因你是个孩子却没有留什么给自己，
小时我盼着你的幸福，战时你的安全，
今天你没有儿女牵挂需要抚恤同安慰，
而万千国人像已忘掉，你死是为了谁！
——林徽因《悼三弟》

往事并不如烟。天心阁，这里有一座城市永远无法抹去的历史记忆。

营盘连角：烟柳断肠又斜阳

从展览馆路往西过松桂园，有条六车道、宽约 40 米、长约 4000 米的大街，名叫营盘路，是连接芙蓉路与潇湘大道的重要枢纽，经此再穿营盘隧道，就可从河东到达河西，因为便捷，极为驾车者所喜欢。其实，营盘路的前身是条宽约 4 米、长约 600 米，由麻石铺就的小街，街名就叫营盘街。可别看淡了这条东起蔡锷北路、西止北正街的古街，在长沙两千年的建城史上，尤其自宋以来，营盘街不仅是长沙城的标志性建筑，而且在历史书写中屡现奇迹，谱写了一首首湖湘壮丽的英雄诗篇。

一、英雄气概之地

营盘街的得名之一，缘于驻军扎营。

在如今营盘路南侧的街心公园中，屹立有一尊古人的塑像——他肤硕体胖，壮健如虎，红颊青眼，目光有棱，手牵战马，傲然而立，悲愤地目视北方。这个人，就是南宋时著名爱国词人辛弃疾。

辛弃疾（1140 ~ 1207），字幼安，号稼轩，历城（今山东济南）人。1127 年，历史上有名的靖康之难发生，北宋都城汴京沦陷，周边的山东诸地也接连落入金兵之手。13 年后，辛弃疾出生。因幼年丧父，他便随祖父辛赞一起生活，并受祖父爱国忠君思想影响，在 14 岁和 17 岁两次以考学为由，上金朝首都燕京进行地形考察，意欲为宋朝光复失地而效力。金主完颜亮死后，中原豪杰纷纷起义，耿京在山东聚集人马，从小舞刀弄剑、壮如铁塔的辛弃疾投奔做了其掌书记，并力劝耿京南归宋廷。绍兴三十二年（1162），耿京接受了其建议，令其带归宋奏表赴建康晋见宋高宗，被授承务郎天平节度使掌书记的官职，并奉命回告。孰料，耿京部下张安国、邵进在不满，杀耿京叛敌降金。归来后闻此讯的辛弃疾勃然大怒，发誓力斩叛徒。当时，张安国正与金将在军营中饮酒庆功。雄姿英发的辛弃疾率领统制王世隆、全福等 50 人组成的精锐骑兵突击队，以迅雷不及掩耳之势杀进金营，将张安国捆绑带走，真可谓于千军万马中探囊取物，一时间“壮声英概，懦士为之兴起，圣天子一见三叹息”。23岁的辛弃疾，胜利凯旋受到英雄般的待遇，改任江阴签判。然而，朝廷腐败，奸佞当道，忠心耿耿、文武兼备的辛弃疾注定了只能做个悲情英雄。他的才能不能得到施展，只能惆怅地凭栏数鸿、袖手国事，“南归”后的40年中，他居然有20年被闲置。而就是在断断续续被任用的20年当中，他竟有37次被频繁调动！这一切，就是因为他与朝廷主导者格格不入——他上书《美芹十论》《九议》，一有机会就要真抓实干，练兵、筹款、整饬政务，而朝廷主和苟安，他只能回忆军营，以“壮词”寄慨：

醉里挑灯看剑，梦回吹角连营。八百里分麾下炙，五十弦翻塞外声，沙场秋点兵。　　马作的卢飞快，弓如霹雳弦惊。了却君王天下事，赢得生前身后名，可怜白发生。（《破阵子》）

1179年春天，辛弃疾奉调从湖北到长沙，担任湖南运转判官，之后又改任潭州知州兼湖南安抚使。同僚王正之为他送行，置酒于小山亭，他心境难平，失意惆怅，不由题笔写下了著名的《摸鱼儿》——

更能消，几番风雨，匆匆春又归去。惜春长怕花开早，何况落红无数。春且住！见说道、天涯芳草无归路。怨春不语。算只有殷勤，画檐蛛网，尽日惹飞絮。　　长门事，准拟佳期又误，蛾眉曾有人妒。千金纵买相如赋，脉脉此情谁诉？君莫舞，君不见、玉环飞燕皆尘土。闲愁最苦。休去倚危栏，斜阳正在，烟柳断肠处。

而到长沙之后，他又写下了众口流传的名词《减字花木兰》：

盈盈泪眼，往日青楼天样远。秋月春花，输与寻常姊妹家。
山村水驿，日暮行云无气力。锦字偷裁，立尽西风雁不来。

其中寓寄的杀敌救国不能、忧心如焚的悲愤，真是令人读之心碎。辛弃疾向以高伉慷慨之豪放词而闻名，但此词意在言外，委婉有致，毫不逊色时人称道的婉约词，不能不佩服其才华之横溢。在长沙，辛弃疾写下了很多千古传颂的佳词，著名的还有《贺新郎》：

柳暗凌波路，送春归，猛风暴雨，一番新绿。千里潇湘葡萄涨，人解扁舟欲去。又樯燕、留人相语。艇子飞来生尘步，唾花寒，唱我新番句。波似箭，催鸣橹。　　黄陵祠下山无数。听湘娥，泠泠曲韵，为谁情苦。行到东吴春已暮，正江阔潮平稳渡。望金雀，觚稜翔舞。前度刘郎今重到，问玄都，千树花存否？愁为情，么弦诉。

更有《满江红·暮春》：

可恨东君，把春去，春来无迹。便过眼，等闲输了，三分之一。昼水暖翻红杏雨，风晴扶起垂杨力。更天涯，芳草最关情。烘残月。　　湘浦岸，南塘驿。恨不尽，愁如织。算年年辜负，对他寒食。便恁归来能几许？风流早已非畴昔。凭画栏，一线数飞鸿，沉空碧。

这些词作都把偏安临安、政府无所作为的家国之痛，写得刺骨瞎眼，意蕴深沉，不愧名家。

但辛弃疾毕竟是有抱负之人，不甘寂寞，更不愿庸庸无为。除兴办学堂外，他赴任后的第二年即1180年春，看到青黄不接时饥民不少且农田溉灌不良，下令所辖各州郡动用官仓中存粮，大募民工濬修陂塘。这得到军民的热烈响应，他的声望也水涨船高。当时，金兵外患未弭，江南东西和荆湖南北诸路又多次爆发小规模的动乱，辛弃疾忧心如焚，上书皇帝，建议创建地方部队——厢军。这获得了朝廷的批准。辛弃疾欣喜万分，立即开始了紧张的建军筹备工作。他选择五代马殷在长沙的营垒故地，建造“飞虎军”新的营房——飞虎寨，并限期一个月内完成。同时，招兵买马，从地方部队中选拔兵勇，从各路旧有将帅中物色将领，并以最大可能安置配备，一时间飞虎军内人才云集，共有壮健步兵两千、骑兵五百。辛弃疾感叹金兵铁骑之威力，派人到广西以5万贯钱买回500匹战马，并请广西安抚使每年代买战马30匹以作补充之用。然后，飞虎军开始了严格的训练。辛弃疾亲自坐镇，督令操练，严申军纪，使之成为一支有纪律、作战勇猛，雄镇一方的队伍。具有湖湘血统的飞虎军成为西汉“吴家军”之后最为有名的湘军，是当时沿长江地方军队中最为精锐的一支，为广东摧锋军、福建左翼军拥为榜样，深为钦佩。淳熙八年（1181）辛弃疾被调离湖南后，飞虎军仍活跃在抗金前线四十年之久，金人称之为虎儿军，闻之忌惮三分。

就在辛弃疾建造飞虎寨时，他的作为就被人所忌，飞虎军的管辖方——枢密院向宋孝宗告状，说辛弃疾借建飞虎军聚敛民财。宋孝宗闻讯大怒，着人拿着御赐金牌，命令辛弃疾立即停止建立飞虎军寨。辛弃疾这时显示出了他对建军的坚定，他一方面安顿好来使，把金字牌收起，另一方面指示监军加快工程进度。在修造营栅时，适逢秋雨连绵，所需的20万片瓦无法烧制。他下令全城，两日内每家供送20片瓦，送足者可得钱100文——长沙市民积极响应，所需瓦片如期如数凑齐。铺砌道路需要大量石块，辛弃疾又下令调集在押囚犯到城北的驼嘴山开采，并根据各人开采的数量作为减刑依据。为此，囚犯们争先恐后，所需石块也在很短的时间内备齐。飞虎寨提前建设完毕，辛弃疾这才把建营过程、经费来源、开支情况一一写明，并把飞虎营寨的图样也一并呈送朝廷。生米已经煮成熟饭，枢密院也无可奈何，最终默认了飞虎军的存在事实。到明朝时，人们为了纪念辛弃疾，就把经过原飞虎寨的街道叫作了营盘街。

或许是飞虎军在抗金中血染沙场的庇佑而使得此街富有了神性。1938年那场毁掉了整整一座长沙城的“文夕大火”却在燃烧至营盘街时哑然湮灭，使其成为为数不多的几条保存下来的古街。

抑或是英雄的基因也可传承，营盘街屡出英雄人物，英雄事迹满街皆传。从现辛弃疾像往内走十米，就是赐闲湖巷——湖早在太平天国军攻打长沙前已经填平，赐闲湖古井也仅留下一块古青石井碑。此巷又名“刺韩湖”。相传三国时，关羽攻打长沙，太守韩玄令老将黄忠出战，但久不能取胜，韩玄责怪黄忠战斗不力，鞭挞之，这引起黄忠部将魏延不满，愤而杀韩救黄，一同降了关羽，此巷即为魏延追刺长沙太守韩玄处。巷幽深曲折，青砖石墙、古井亭台、青藤紫槐，处处透着历史的厚重感。这条古巷可不简单，左宗棠故居座落于此，南起司马里，北至三公里，东侧半边街原是一带高墙，高墙内从大门至后宅都是五开间平房共六进，另在东侧有两进；辛亥革命武装总司令黄兴也曾在此居住，清廷探子奉命抓他时由于不识而问路于打甜酒的他，黄兴手指相反方向，速逃往广州，从此踏上了民国革命的漫漫征途……

又有王祠巷，清乾隆四年（1739）在此建有王公祠（友灵公祠），是为祭祀明代王灵、王伟父子所建。王灵是攸县人，明洪武末年贡生，官至江西右参政。王伟（1412～1469），字士英，号桐山，王灵之子。14岁时，明仁宗北巡，王伟献《安边颂》，受到嘉奖，补为保安州学生员。正统元年（1436），王伟考中进士，选庶吉士，改授户部主事。在土木堡之役后，辅佐于谦抗击也先军，被任命为监御史事，据守广平（今属河北），后以功升兵部郎中，再晋兵部右侍郎。天顺元年（1457）明英宗复位后，于谦遭陷害，王伟亦以于谦党羽被论罪，除籍归长沙。清邓显鹤《沅湘耆旧集》云：“伟世居长沙，有赐宅在城北，今长沙北门王公祠是也。”清同治《长沙县志》也记载说：“王公祠在北门大街东，乾隆四年建，左抵福善庵，右抵训导旧署，祀明兵部侍郎王伟。”王伟归长沙后，虽自身乏倦了官场，还在长沙城北鹅羊山建了颐养游憩之所——北庄，将周围景色拟定“北庄八景”即鹅羊福地、桐树名山、清泉醒心、平湖豁目、岳麓晴峰、涝塘烟村、湘江澄练、水陆铺毡，为之作诗写赋，一副退隐江湖，百事不管的姿态，但事实上其仍诲人不倦，曾在此与前来拜访的岳麓书院学子论说兵战，以棋子作兵操练兵法。是故，明诗人商辂题《赠王伟侍郎告归》诗云：

科甲登名自少年，历官宁说古人贤。
赐归独荷先皇眷，宠召多蒙圣主怜。
誓竭忠贞调鼎鼐，那堪疢疾卧林泉。
江湖身在心廷阙，一骑还朝早著鞭。

再有左局街巷。明吉王府左营公局设于此处。左营与右营为吉王府的护卫，各有兵士3000人，是长沙藩王的重要军事力量，实际对当地军权力量形成监控。而“公局”为吉王府护卫经办军务和军需的机构。清代这里形成街道，成为官宦商贾营建公馆之地，今存长约100米的花岗石基青砖围墙即是清代大型公馆留下的遗迹。

二、革旧创新之所

不只是孕育武将，将英雄气概贯注于后代的血脉之中，营盘街还在长期的潜移默化中把革旧创新的精神也传承下来。也因此，这里涌现出了大批的科学人才。

首先要讲的是医圣张仲景（名机，河南南阳人）。东汉建安七年（202）时官至长沙太守。相传，他家宗族有200余人，但在汉献帝时，不到10年死去2/3，死者又以伤寒病居多。王粲的《七哀诗》“出门无所见，白骨蔽平原”所描写的，正是这种情景。张仲景立志“勤求古训，博采众方”，他拜师同郡张伯祖门下，总结汉以前民间医疗经验，通过实际治疗，在长沙写下了《伤寒杂病论》十六卷。全书除病理论证外，还有施治397法、120方，对我国医学事业发展作出了重大贡献。现营盘街赐闲湖巷中，有张仲景当太守时坐堂行医，救治瘟疫百姓的医馆旧址。而位于蔡锷中路、现湖南中医学院第二附属医院院内，还有张仲景祠，据载为清嘉庆二年（1797）重修。民国时，这里亦办过育英小学，抗战时毁。1947年，长沙中医界曾捐款重建新祠三间，改名仲景堂，后因修马路，祠又废。

中国科学院院士、中国消化病学的奠基人、著名内科学家张孝骞（1897～1987，字慎斋）就出生在此。1937 年卢沟桥事变后，爱国的他毅然放弃在协和医学院优厚舒适的条件，停止了进行多年的、卓有成效的科研工作，全家轻装南下。回到长沙后，他接任了湘雅医学院院长职务。1938 年夏，战火逼近长沙，为了保存这所已具规模、历史悠久的医学院，张孝骞不顾美国雅礼会的反对，力排众议，率领全院师生携带必要的仪器设备、图书，长途跋涉迁到贵阳继续办学。在极端困难的条件下，他以身作则，带头减薪一半，同大家同甘共苦，在山沟里支撑着这所流亡大学。更为人敬重的是其医德，“文化大革命”期间，他被打成“反动学术权威”、“特务”，家被抄了 3 次，本人也备受侮辱和折磨，被罚到门诊看病，后又被罚去打扫厕所、修马路。造反派意欲拿更多高级干部的保健情况起事，经常审问他，向他询问相关保健内容，他总是回答说：“医生有义务将医疗资料保密，患者也有权要求医务人员不将这些材料泄露给第三者。”因此，他惹怒了造反派，1968 年被关进“牛棚”达 9 个月，但他从未在一份“安案”材料上签字。1987 年 8 月 8 日张孝骞逝世时，北京协和医院送了一首挽联，较好地概括了张孝骞的一生：

战乱西迁，浩劫逢难，含辛茹苦，吐哺犹鹃，视学如子，谆谆无厌倦，惨淡实践出真知，血汗经验胜宏篇，桃李满天下，千秋有风范；

协和泰斗，湘雅轩辕，鞠躬尽瘁，作丝为茧，待患似母，兢兢解疑难，戒慎恐惧座右铭，严谨诚爱为奉献，公德堪无量，丰碑柱人间。

我国第一个出访欧洲、首任驻英驻法公使的郭嵩焘（1818～1891，字伯琛，号筠仙，晚号玉池老人，湘阴人）曾在此结庐定居，筑居室“养知书屋”。他是湘系经世派的代表人物，在国内早有“学问文章，世之凤麟”的美誉，但他丝毫不以此为满足，孜孜于求学。年逾六旬，他还以“区区老病之身，奔走四万里”欣然应命出使英法，亲历其境，考察西方的政教文化。他得出的结论是：“欧洲各国日趋富强，推求其源，皆学问考核之功也。”在守旧派满口尊王攘夷之时，郭嵩焘却正言以告国人，现在是向西方学习的时候了，“彼之所长，循而习之；我之所短，改而修之”，并指出“诚得其道，则相辅以致富强，由此而保国千年可也。不得其道，其祸亦反是”。因为力主学习西方科学技术、允许商民自办企业，传播西方文明，他遭到守旧派攻击，他在长沙兴建的许多建筑被毁，连回乡也曾被保守势力阻挡在江面上不准上岸。居养知书屋后，他求学心未改，仍对来访者宣传国外见闻，时而评说清廷无能。这份睁眼看世界的执著，在当时弥足珍贵，也为后来的湖湘学子树立了标榜。郭氏也在这里留下了不少诗文，如《九日邀同吴南屏、张子恒等登定王台、天心阁，归饮养知书屋》：

二十四年无此会，日头携酒话重阳。
风流十客八登阁，老病三秋一举觞。
坏草遗台今日梦，杖藜簪鬓少年狂。
黄花迟暮诗翁健，胜事招寻到草堂。

“养知”，不断学习、增长知识之意。他自撰一联题于书屋，联曰：

无补清时，终老书丛原宿愿；
偶谈瀛海，重摊诗卷纪前游。

华曙高科 CEO、国际 3D 打印制造领域知名专家、“SLS 之父”许小曙博士，也从这里走出。这位被誉为制定世界标准的湘潭大学人，曾获得过“世界 100 位应用科学领域突出贡献奖”、“最佳人工智能奖”、世界研究与开发 100 奖（R&D100 誉为工业界的诺贝尔奖)、“Dinosaur Award——恐龙奖”(终身成就奖)等世界级分量的奖项。他当过知青，筑过铁路，修过机床……并曾一度以为自己已经定型为农民，被推荐上大学后，他如饥似渴地主动学习了机械、数学、计算机三个专业的知识，这为他以后的研究打下了厚实的基础。到美国矿业大学工作和学习，他与导师仅第一周某个上午见了一下面，导师简单介绍了学校科研情况，并向他交代了一个任务——编写关于不锈钢铁质含量分析的专家系统。导师的意图是想让他先熟悉熟悉工作内容，帮助查一查相关资料，做些准备工作。谁知，一周后导师出差回来，却吃惊地发现许小曙已将整个专家系统写好了。这个系统至今仍被广泛应用于不锈钢焊接的应用与研究。一年后，许小曙开始在该校攻读博士学位，主修应用数学，副修材料学。他在这所治学严谨的大学里屡屡“破例”：他是该校唯一一个既不用考GRE也不用考TOEFL的学生，也是唯一一个在国内研究生阶段的所有学分都可与该校全部换算的学生；在难度最大的实分析考试中，老师认为最高等级“A”还不能合理衡量他的成绩，破例给他一个“A+”的成绩。读博期间，许小曙发明了一种神经元的算法，许多年后还被他的博导骄傲地提起；而博士毕业前一年，他开发了世界上第一个基于个人计算机的专家系统WeldSelector，为该领域的研究取得了突破性的进展。毕业后，许小曙选择了到美国焊接研究所工作，成功地对CH-46军用运输直升机进行整体改造和提升，使其服役年限延长了15年，美国海军称赞这为“史无前例的杰出工作”。在科研之外，他还是一个兴趣广泛、对生活充满热情的人，酷爱音乐，擅长手风琴、二胡等多种乐器，人到中年又开始学起了钢琴。为此，他还制作了一个名叫“MusicWriter”的软件，通过该软件不仅可方便地编写打印五线谱与简谱，并可实现五线谱与简谱的自动互译。

还不得不说南学会。南学会是中国戊戌变法时期成立于湖南讲求新学的政治性团体，成立于六堆子的长沙孝廉堂。百多年前，熊希龄、谭嗣同、唐才常常在此集会，并创办《湘报》。成立南学会的目的是"思保湖南的独立"，使南中国"可以不亡"，成立于光绪二十四年（1898）二月初一（2月21日），延聘今文经学家皮锡瑞（1850～1908）为学长，黄膺、戴德成为佐办，主会者则为湖南巡抚陈宝箴。当时，由上海来湘的《时务报》主笔梁启超也参与了筹划，并为南学会作叙，叙文强调在民族危机空前严重的形势下，建立学会以挽救危亡的重要性，并引欧洲各国历史上设立各种"会"而洗刷国耻的实例加以证明，突出南学会御侮救亡的性质。南学会在长沙设总会，各府厅州县设分会，主要活动是讲演。先后在孝廉堂作讲演的有皮锡瑞、陈宝箴、黄遵宪、徐仁铸（1863～1900）、谭嗣同、熊希龄、戴德成、李维格、杨自超、邹代钧、欧阳中鹄、乔树枏（1850～1917，字松年，号茂轩、孟宣，四川华阳人，曾任刑部主事，后转入吏部、学部左丞）、曾广钧等。它既与时务学堂相表里，又有《湘报》配合宣传，思想甚为活跃，影响也相当广泛，对促进湖南推行新政，转变社会风气，起了重要作用。

当然，这里还留下了很多巨贾的足迹。湖南第一膏药鄢福兴，金铺超级老板余太华，湖南银行界巨子金贡安……都留下了厚重的脚印。他们因时因势而变，改革金融管理方针、改善运营方式等的行为，至今犹令商家叹服、学者深钻重研。

三、湖湘文化之场

老街老巷，皆是文化之载体。冯骥才先生就说："城市是有生命的，所以我们结识了一个城市之后，总会问一问这城市的由来。有的城市没有留下童年的痕迹，它的历史仅存于空洞的文字记载中，有的却活生生留存至今——这便是城中的老街。"譬如清朝的赐闲湖巷，道路两旁接连是森严的官府衙门和深宅大院，又一村、府正街、府后街、老照壁等昔日的旧地名，都足以引起后世追溯历史、感叹华年，而中山纪念堂故址碑、清湖南贡院故址碑、教育会坪故址碑，会让阅读者心中不断泛起追慕前人的涟漪。

明代园林赐闲湖，是处著名的文化场所，湖湘文化名人辈出，值得一再提起。《湖广通志》载：

明湖广督学颜鲸，退居长沙城址，吉藩赐以园地，名赐闲湖，建有亭台桥榭……

颜鲸（1515～1589），字应雷，别号冲宇，浙江慈溪城南（今宁波慈城镇）人。嘉靖三十五年（1556）进士，授行人，擢御史。他曾上漕政便宜六事，极大改善水利交通，促进江南经济发展；巡视仓场，论杀奸人马汉；出按河南，计惩伊王典樸；不畏强权，执治景王越界夺民产之爪牙，又强令假钦赐名树碑为界夺民田的魏国公成边；任督畿辅学政，不顾龙颜大怒，弹劾朱希孝乱法，被贬为安仁典史……他赋闲在赐闲湖居住时，文朋满座，吟诗作画者不下百人。清雍正元年（1723），湖南巡抚填赐闲湖建湖南贡院，东至今蔡锷北路，南至今中山路（当时称贡院街），西靠又一村，北至营盘街。光绪二年（1876），此处又扩建贡院号舍，青砖飞檐，琉璃瓦亮，古井悠深，有成就的学子士人不胜枚举，曾国藩、刘权之、郭嵩焘……都从这里走出。现今，厚实的青砖墙仍然完整保留，砖边还嵌有一方石碑，石碑上书："贡院巡道街宽一丈一尺。"民国时，湘督谭延闿亦在此建有一处宅园，名"赐闲园"。谭是一位美食大家，经常召集文人学子在此聚会，尤其是南社诗人常在此雅集，厨香远飘，与书生意气可谓绝配。1929年，在清贡院原址上建起了中山图书馆，内有咏风亭。曹典球（1877～1960，长沙县人，著名教育家，创办文艺中学，曾任湖南大学校长、湖南省政府代主席、湖南省文史研究馆副馆长等职）曾作《咏风亭记》，对赐闲湖的历史进行了细致剖析，并借机阐明了自己的教育理念：

余维教学之法，莫善于诗。诗以风为首……风以动之，教必化之，盖风者大气之鼓荡，人无风则窒其息。以风为教，其取义之精微，非深于教育之理者，莫能知也。

位于营盘街与蔡锷路交汇处西北面路边的湘绮楼更是闻名天下。湘绮楼原本是清道光年间长沙名士、湖广总督裕泰幕僚陈花农的故宅。光绪三年（1877），陈花农的孙子陈鲁詹要离开长沙去四川，就把楼出售给了著名的大学者王闿运。宅院为二层楼房，前有庭院，今已不存。李寿蓉（1825～1895，字篁仙，长沙人，谭嗣同的岳父，咸丰进士，曾任户部主事，与王闿运、邓弥之、邓葆之、龙皞臣并称湘中五子）为之题诗曰：

东城有高楼，绮疏拓幽敞。
开春纳明景，朋辈攸然往。
落落四五人，结禊盛畴曩。
中年生乖离，落月积梦想。
岂无偶然会，求一罕得两。
东风吹还云，此复萃轮鞅。
悲欢杂狂言，效唾发高响。
出门各遐顾，天地入泱漭。

一代宗师王闿运，曾聘为肃顺家庭教师，为肃顺所倚重，其间曾救左宗棠，故长沙人说他购楼处左宗棠故居侧，有与人友而亲之之意。他的主要成就在其治学和诗文之中。在经学上成绩斐然，治《诗》《礼》《春秋》，宗法《公羊》。诗文卓著非凡，在形式上主要模拟汉魏六朝，为晚清拟古派所推崇。后来，门人辑其著作为《湘绮楼全书》，共 18 种，243 卷，内有《尚书大传补注》《湘军志》《楚辞释》《庄子注》《唐诗选》《湘绮楼诗文集》等。他一生仕途坎坷，为人狂狷谐谑，才高学富，轶闻甚多，名满天下，谤满天下。应袁世凯之邀，出任国史馆馆长兼总统顾问时，他自题一联："顾我则笑；问道于盲。"以谦虚语抒倨傲之情，表明对袁世凯所作所为的不满。他还曾在湘绮楼里戏谑自挽一联，悬于门庭，曰：

春秋表未成，幸有传儿述诗礼；
纵横计不就，空余高咏满江山。

据传此联极有典故。咸丰十一年（1861）8月21日，皇帝驾崩，遗命肃顺等八人为顾命大臣，辅佐幼帝同治。皇太后慈禧则暗中勾结恭亲王，密谋发动政变。作为肃顺幕府“湖南六子”座上客之一的王闿运，赶紧致书曾国藩，希望曾国藩以柱国重臣的身份，带兵到北京“入觐”，支持恭亲王配合顾命八大臣共同辅佐幼帝同治，同时“声明祖制”（妇人不得干政），以粉碎慈禧垂帘听政的阴谋。但是曾国藩一生谨慎，未采纳王闿运的意见，而慈禧两个月后果然政变成功，肃顺等人全军覆灭，王闿运不禁“太息痛恨于其言之不用也”。

原营盘街南侧、位于辛弃疾雕像旁，有一小巷（后改为了加油站），名为听橘园，本为晚清周寿昌、周礼昌兄弟读书处。以在朝廷敢言著称的周寿昌（约1814～1884，字应甫，一字荇农，晚号自庵，长沙人，道光进士，累官至内阁学士，兼礼部侍郎）为其《悔全堂诗集》所作的序曰：

予少居城北之敝庐，曰“听橘园”者，实蔬圃也。圃后有池，广数亩。楼三楹，据其上，蔽池十之四。左右藏书籍，中拓丈余，为予与弟筱楼读书所。楼窗面岳麓，朝霞夕月，吐纳万状。读书之暇，辄肆吟眺。得诗，互相质。亦时持竿，钓于池。客来则掇蔬烹鱼以为供。谈艺外，不许及时事，违者罚，尽醉乃去。

听橘园与叶德辉建于坡子街白果园的藏书楼，同为清末民初长沙古旧书业的缩影，也是当时行业的标志性建筑。具有前瞻眼光的周氏、叶氏，坐拥书城，论学问道，延续着历史文化名城的书香文脉。

在六堆子附近还有一条小巷，叫六尺街，与安徽桐城的六尺巷的故事极其类似。相传这条街上曾住着两个大户人家，一户的男主是当朝刘宰相，一户则是兵部侍郎李大人。两家大门相对，家眷都未随迁。李家人口多，自恃人强力壮，大兴土木，将一堵墙砌到了刘家的门口。刘家生气万分，连夜修书一封火速送往京城。刘宰相得书后，当即教导家人不得再谈此事，并下令拆除自家围墙，退让三尺，以作出进之道。李家也是知书达理之辈，闻听此事，惭愧不已，不但拆除了新墙，还效仿刘家也后退三尺。从此两家来往密切，退出来的六尺地，遂成了百姓的自由通道。

到现当代，营盘街涌现出了大量的文化名人。其中，著名的作家有残雪、徐晓鹤（又名赵无眠，长沙人，著名作家、诗人）、严怪愚（1911～1984，原名正，邵东人，著名新闻出版人），画坛奇人有杨福音、张小纲（1955 年出生于长沙，教授，国家一级美术师）……这里稍讲一下两位。第一位，残雪，原名邓小华，1953 年 5 月 30 日出生于兹，是先锋派文学的代表人物。残雪从小敏感、瘦弱、神经气质，短跑成绩和倔强执拗在学校都很有名。她小学毕业后恰逢“文化大革命”爆发，便失学在家。1970 年进街道工厂工作，做过铣工、装配工、车工，后来又当过赤脚医生，开过裁缝店。她于 1985 年开始发表作品，着眼于深层的精神世界，不断开拓和挖掘，在中国文学界是一个极为独特的存在，代表性作品已有《黄泥街》《山上的小屋》《苍老的浮云》《五香街》《天堂里的对话》《突围表演》《解读博尔赫斯》等。她的小说，现已成为哈佛大学、东京中央大学等世界知名大学的文学教材。第二位，杨福音，1942 年出生于长沙，国家一级美术师，曾任广州书画研究院副院长，湖南师大美术学院客座教授。部分作品由中国美术馆、湖南省博物馆及海内外收藏家收藏。出版有《中国近现代名家画集·杨福音》《杨福音画集》《长岭上》《金枝玉叶》《由红菜薹想起》《日子》《良苗怀新——访谈杨福音》等画集、散文集。杨福音是一个很“传统”的人。现在许多画画和写字的人已经不用笔了，改用电脑，比较方便和时髦，但杨福音仍用毛笔，坚持用线，单纯简约，不少国画的画面纹理有油画的功效，令人称奇。他客居广州，却效仿古人，大隐于市，杜绝一切不必要的人际交往，专心阅读和绘画，以徐渭的芭蕉、八大山人的群鱼、石鲁的榕树为示范，把水墨画的妙处展现得淋漓尽致。

如果说张仲景、韩玄打造了营盘街的童年，辛弃疾驻营扎寨塑造了其青少年时期，则王伟、颜鲸、左宗棠、郭嵩焘、王闿运、谭延闿、黄兴之辈为其书写的传奇已经催其成熟为壮年。如今，张孝骞、残雪、杨福音等正在为其重铸辉煌，续写绵延不绝的历史。

走出号角连营的战争纷乱而转变为文化盘踞之地，营盘街的变迁也在昭示：安定和稳，是社会、人民的福音，这个颠扑不破的真理，值得永铭！

坡子古街：一街说尽长沙事

现天心区的坡子街，东起黄兴南路，西至湘江大道，全长640米，两厢约180亩，将五一商圈、解放西路酒吧街、黄兴南路步行商业街联结成片，是一条传承湖湘文化、引领时代潮流的标志性商业文化街，有国家和省市文物保护单位27处，可谓处处皆历史，满眼是文化。

而在清代，此街以地势坡度大而得名。据同治《善化县志》载，当时的坡子街分为三部分——上坡子街、下坡子街、横坡子街。上坡子街地势较平坦，金融行业店铺较多；下坡子街，坡度较大，药货交易店铺遍布；横坡子街，则是上坡子街中部向南伸出的一条小街，约三百米，与坡子街成T形，散布着各类生活用品销售店铺，尤其是木制业和布业商铺较多。

更远的年代，坡子街也是商贸繁华、人民安居之地。2012 年，考古人员在坡子街南侧，西距湘江约 60 米的建筑工地上，先后发掘出明代、宋代、五代 3 个不同历史时期的古城墙遗迹，其中墙体皆呈南北方向分布，明代墙体中间夯筑填土堆积大部分遭到破坏、仅残存东西两侧的麻石墙体；宋代墙体叠压于西侧明代麻石墙体下方，上部已破坏，残存两侧青砖砌墙体及墙体下部夯筑基础；而五代时期墙体仅残存墙体下方夯筑基础，但结构保存较好。根据相关史料记载，由于湘江水运发达，自唐以来，坡子街一直是长沙的商贸交流重地，可谓一部坡子街发展历史就是长沙千年的浓缩剪影。

一、潇湘美食全品尽

坡子街，与上海的城隍庙、南京的夫子庙、苏州的观前街一同被誉为中国四大小吃名街。这里，演绎着湖湘饮食的源远流长，充分体现着长沙的地方特色与地域性的餐饮风格。一般的外地来长旅客，都会记住的坡子街主要特色美食有酸梅汤、四娭毑臭豆腐、糖油粑粑、糯米粽子、湘宾春卷、龙脂猪血、绿豆沙、汤面、米粉、乾煎鸡油八宝饭、馄饨、萝卜丝饼、薯丁粑粑、油条、嗦螺、口味虾、红烧猪脚、麻辣烫等。每一道美食，都有其历史积淀，都充分展示着潇湘美食的独特魅力。

长沙人自古以米饭为主食，明崇祯年间的《长沙府志》记载说：

吴越家饮食多粥少饭。而长沙饔飧独厚，至宴宾则穷其极品，不，则便以陋啬笑之。

清嘉庆时，长沙人宴客用四冰盘两碗已称极腆，惟婚嫁则用十碗蛏干席，但到道光时已经流行海参席，到戊子己丑年间加四小碗果菜十二盘，后更改用鱼翅席，咸丰时更有人用燕窝席。四季可尝新鲜蔬菜的长沙人烹调讲究色和味，所用佐料多是豆豉和辣椒，尤其是几乎无菜不辣，所谓“湖南人有一怪，不放辣椒不成菜”。特别是被称为送饭菜的压扁爆炒灯笼椒、牛角椒，一度是长沙近效乡民的最爱。长沙人又善于加工贮藏菜肴，熏腊肉、鲊鱼、卤蛋、霉豆腐等，几乎家家都有绝招，而经淘米水泡过的刀豆、芋头梗风味独特，青菜、白菜、排菜经不同方法腌制而成的擦菜、酸菜，以及晾晒腌制的生姜、茄子、苦瓜、萝卜等，都是烹煮当中的美味。家庭副食品中的薯糕、薯粉、年糕、糍粑、汤圆、冻米糕、油粑粑、粽子、八宝果饭、米粉、夏至坨（立夏粳）等，都是令人喜爱的食物。河西、宁乡等地人吃芝麻豆子茶，浏阳北乡人爱吃茴香茶，沩山人吃擂茶，皆成习俗。

而游客们几乎都会去火宫殿看看。这里的小吃，已成为集民俗文化、火庙文化、饮食文化于一体的湖湘饮食文化的杰出代表，进而作为一种地域文化观念深入人心。火宫殿又名乾元宫，过去是一座祭祀火神的庙宇，始建于清乾隆十二年（1747），道光六年（1826）重修。清朝书法家何绍基为其撰写戏台两侧的楹联：

象以虚成，具几多世态人情，好向虚中求实；
味于苦出，看千古忠臣孝子，都从苦里回甘。

建庙后，每年农历6月23日办庙会，举行大规模祭祀活动，人群熙攘，热闹非凡。1938年的“文夕”大火中，全部建筑付之一炬，只余庙前一块石碑，当时留居其庙的伤兵也多被活活烧死。1941年重建神庙，木质神主牌为火神全称“赤皇上品三炁火宫洞阳大帝南丹纪寿天尊”。当时的神庙主事与商贩协议，由商贩出钱，在殿前空坪修建木架棚屋48音作为店面，涌现出一批各具特色的风味小吃，著名的有姜二爹的臭豆腐、周福生的荷兰粉、胡桂英的猪血、邓春秀的红烧蹄花、姜氏女的姊妹团子、张桂生的煮馓子、李子泉的神仙钵饭、罗三的米粉、陈益祥的卤味、胡建岳的牛角饺子。其中，姜二爹 12 岁始学艺做臭豆腐，从师访友，潜心钻研，以丰富的经验使其具有了鲜、香、辣和外焦内嫩的特点，“闻起来臭，吃起来香”，从而使这种食品成为长沙的一张名片。1958 年，毛泽东回湘时仍惦记着火宫殿的“臭豆腐”，直到一尝才了心愿。姊妹团子则是火宫殿的传统风味小吃之一，20 世纪 20 年代初由制团师傅姜立仁和其两个聪明的女儿所创。团子糍糯柔软，鲜甜可口，蒸熟后团子通体透明，有诗赞曰：“油炸豆腐臭中香，有客追忆到台湾；青年田汉回湘日，姊妹团子当早餐。”前国务院总理朱镕基退休后回到长沙，还专程到火宫殿一品美食。

除火宫殿外，坡子街还有一批文化底蕴极其深厚的传统名店。如“伍厚德堂”，就是“上善若水，厚德载物”的文化意会；以烹制特色龟羊狗肉闻名的百年老店“强民小吃”，其倡导的饮食文化是“文明其精神，野蛮其体魄”；“向群锅饺，庸中佼佼”更与博大精深的儒家中庸文化挂钩，店系晚清进士、三湘督军谭延闿宴请贵宾、饮酒赋诗的地方。还有创立于清光绪十一年（1885）的回民风味餐馆“清真李盛”，被认定为中华老字号，大文豪郭沫若、著名艺术家田汉等曾多次光顾。

二、金融故事说不完

长沙的商贸很早就有名，盛唐时期栖居长沙的杜甫这样描述当时的盛况：“茅斋定王城郭门，药物楚老渔商市。”位于长沙市城市中心地段的坡子街，商业文化悠久，可考证的历史有 1200 多年，清代时有“四时恒满金银气，一室常凝珠宝气”的说法。而三街在商贸经营方面又各有不同，引领湖湘潮流。

在民国时，上坡子街的店铺主要是银行、金号（除经营首饰外，主要从事黄金买卖）和钱庄，尤其以钱庄为最多，如中央银行、大陆银行、聚兴城银行、实业银行、金城银行、长沙最大的李文玉金号、余太华金号、恒和钱庄都在这里。据载，1934 年坡子街上登记注册的钱庄就有 14 家。因此，说上坡子街是长沙市的金融中心，一点也不为过。据《长沙工商业及救济事业沿革》记载：余太华金号创建于 1840 年，店主余芬芳是江西鄂城新湖街人，二十岁时学艺已成，离开江西来到湖南开店，开始以小手工为主，多做多得，少做少得，不甚发达。到了咸丰年间，太平军起义失败，曾国藩攻克南京，湘军携大量金银财物而归，长沙市面出现了大量的金银换进换出，便促使了金银首饰店的发展。余芬芳雇用一名帮工、一名学徒，自己每日上炉操作，业务日渐兴旺。他的结发妻子从江西来长沙后不久病逝，便娶沅江贺氏为偏房，料理日常家务。贺氏为人善良，常给贫苦人施棺材、施药、施衣物，为慈善事业捐款。她生有二子，名字陔、介卿，待母亲极孝顺，均随父从事金银首饰行业。余芬芳后来在常德、湘潭均设余太华分店。他把常德分店交余字陔负责，湘潭分店交由堂侄余仲肃、余叔仁兄弟经营，自己在长沙经营总店。为造就人才，他规定三店各自经营，自谋发展，十余年就积蓄了十九万银圆。余芬芳逝世后，长沙总店归余介卿管理。余介卿年富力强，更善于经营企业。首先，他改变经营内容，将过去以银饰为主转向以金饰为主，并精炼纯金，讲究质量。其次，增加品种花样，纯金出售有条块、锭、叶，首饰有项链、戒指、手链、耳环、胸花等，品种达 300 种。再次，提高职工的工资待遇，作坊工人吃烟、剃头、伙食全由店里开支，一般手艺工人每月可拿 8 至 14 银元，最高时可达 30 元，带作师傅（相当于领班）每月可拿银元 35 元。但金融的走势，从来是和政局紧密相连的。到 1904 年，长沙开辟商埠，余太华金号店事日渐衰落。辛亥革命之后，湖南省银行发行纸币，余太华兼开永康福盐号，不久改为新康福，曾大获盈利，但盐生意收归为国有后，情势重回谷底。余介卿死后，企业由其子余承白经营。余承白在上海、汉口等处做投机买卖，与官绅交往，开支甚大，店铺资金日渐减少。长沙解放前夕，余承白携带黄金五百两逃往香港，余太华金号倒闭。但其金银首饰店的生产工艺，至今仍在流传。1949 年后，当年的“金融街”不复存在。中央银行改为商业厅的职工医院，恒和钱庄改为航务局的幼儿园，余太华金号改为长沙市百货公司，李文玉金号改为湖南省茶叶公司……

下坡子街的店铺主要是药材行和疋头号。药材行，经营中药材的批发，多为江西人所开。不过闻名遐迩、实力雄厚、以生产中成药为主的劳九芝堂，却在上坡子街，创建于 1650 年。疋头号，经营棉布和棉纱的批发，如浏阳的夏布、平江的青布，皆以这里为集散地。位于街西端湘江边的小西门码头是一个药材、布匹等诸多货物的重要泊口。

横坡子街是生产和销售时髦木器的地方，如风行一时的宁波床，就只有在这里才有买。后来，它改变了经营方向，多制造和销售普通家具。因为这个行业是手工业和商业的结合体，规模又小，所以存在了一个较长的时间。

1904 年 7 月，长沙开埠，长沙沿江地段“准各轮商指明租用”。开埠不久，就有日、英、德、意等国商人在坡子街小西门至大西门一带开设洋行 17 家。到民国初年，位处小西门的洋行有日本盐川、大石、小岭、金泉洋行，德国谦信、多福洋行以及意大利义信洋行等十多家。

日本驻长沙领事清水八百一在 1924 年完成的《日本驻长沙领事馆辖区报告》中讲到“长沙商业及市场”中有这样的一段描述：

市区商业中心在红牌楼与南门内的约十几条街。黄道街、西坡子街约呈丁字口处，是长沙的第一商业区。当地人的衣料、食品、家具、机械等大店铺相连接，大绸布店、鞋靴商店等都有，日夜人流拥挤。黄兴门街及新坡子街，从小西门外至红牌楼纵约 45 条之间，钱庄、洋货店、贵金属店、丝绸商店，还有其他各种商业机构大店铺都集中在此，和红牌楼一起成为长沙的商业中心区。

日本朝日新闻社记者、中国问题专家神田正雄（1879～1961）在1936年东京海外社发行的《湖南省综览》一书中讲到长沙商务时这么说：

长沙市中心的商业以金属（金银铜铁锡等）、绢布、洋货杂货、烟草、酒食产品、药材等等最为繁盛。外国洋商中，日本、德国、英国的洋行商社约有70多家。其中大多数都集中在小西门、灵官渡、大西门一带。长沙市内商业繁华的地区包括红牌楼、司门口、八角亭一带，还有坡子街、南正街、中山马路及北正街等地。近年来，由于农村经济不振，金融衰退，工商业俱废。但是无论如何，长沙仍旧是湖南省的中央都会。加之，长沙市还是开埠城市，每年的人口均有增加。比起其他城市来，其贸易可谓相当繁盛。

民国时期，设在坡子街的中央银行长沙分行发生了一件被当时媒体称为“乱世黄金案”的案子。故事是这样的：抗战胜利后，全国人民都迫切希望发展经济，重建祖国，但由于“法币”不断贬值，旦夕数变，使得工商业无法经营。这时，国民政府发行金圆券取代法币，以高于黑市的价格收兑黄金、白银，仅两个月内，中央银行长沙分行就兑入黄金数万两，银元数十万元。时任湖南省主席的程潜决定以这批金银作为稳定湖南物价的基础。然而，此时的中央银行负责人却置湖南人民利益于不顾，意欲运走这批金银。省工业会、省商业联合会、省农会、省总工会和长沙市商会、长沙市总工会“六团体”第一次联合起来，推举省商联代理理事长林端生、省总工会理事长林醒民、省农会理事长周鼐古、市商会理事长崔伯鸿、市总工会理事长张福云和湖南省工业会理事长陈云章为领队，率“留长省参议员座谈会”的全体与会人员齐赴坡子街包围中央银行，制止金银外运，声称“如不达到目的；则商人罢市，工人罢工”。中央银行长沙分行经理辛蘅若、副经理陈忠范摄于声势，当即电话邀请湖南省政府秘书长邓介松前来调处。经三方协商后，“六团体”会同中央银行将金库黄金33150两、白银22万余两、银元839000枚、美金840元、港币146元封存，任何一方不得私自启封，由辛蘅若承诺电请中央总行缓运。如必要运时，由他通知省政府。邓介松也向“六团体”负责人保证，省府得到运走消息时，一定通知他们。可是政商的承诺并不值得相信。1949年元旦假期的一天午夜，陈云章突然接到中央银行长沙分行一职员的电话，说黄金已全部运走，白银亦定当晚起运。陈云章即告邓介松，并亲赴金库清点，发现二万多两黄金确已不翼而飞。根据《名人与长沙风景》一书的记载，偷运黄金的行动即由家住潮宗街九如里的辛蘅若直接指挥。他们的行动极为诡秘，先将黄金伪装成镍币20余箱，然后在1949年1月4日凌晨由一位副经理押运，用汽车运往衡阳，再转火车，于1月7日运抵广州。偷运黄金的消息传出后，湖南舆论大哗，金银黑市价格猛涨。辛蘅若自知难逃罪责，连夜从九如里公馆潜逃，企图乘浙赣线火车逃往上海。程潜电令南昌方面在火车上将辛蘅若截留，押回软禁于湘雅医院。当时，湖南省政府要求国民党行政院将黄金运回，作为释放辛蘅若的交换条件，而中央银行总行始终未允。“六团体”也打电话给财政部，声明如不将运走金银退回，则湖南停止缴税。长沙和南京政府之间一度形成对立之局。1949年白崇禧来长沙后，辛蘅若被释放，去了香港，此案最终不了了之。

三、文化往事今流淌

坡子街同时还是文化大街，徜徉其间，不经意便可撞见历代文人墨客留下的痕迹，触摸到历史的脉搏。

今天心区的河东西街又名礼贤街，相传是为纪念陶侃的母亲湛氏礼贤下士而定名的。陶侃乃东晋名将，曾任八州都督，征西大将军，封长沙郡公。他有一个非常贤惠又深明大义的母亲。还在陶侃年轻之时，有天下大雪，陶侃的朋友鄱阳孝廉范逵来访。陶侃因家贫，担心没有招待而怠慢了朋友，心中十分焦急。母亲看在眼里，安慰他说，你只管留客，我会设法招待好的。于是，她把头上的长发剪下，换成酒菜，又卷起铺床的干草切细，喂饱范逵的马。范逵事后得知，感慨地说："非此母不生此子！"不久，陶侃做了渔梁吏，食用官府的腌鱼。他念起贫寒中的母亲，就用陶罐盛了一点送给母亲。不料母亲不但不受，还将陶罐封上退回，并附信责备说："汝为吏，以官物遗我，非惟不能益吾，乃以增吾忧矣！"此事给陶侃以极大的教育，为陶侃后来做官的廉洁奉公打下了基础。人们为了纪念这位母亲，后来就把陶母曾经居住过的地方修建了一座贤母祠，并把福祉所在的街道称之为"礼贤街"。

黄兴南路商业步行街是长沙最繁华热闹的场所之一，但在其南端曲径通幽处，有两条相对僻静的巷子——大古道巷和小古道巷。经过提质改造的古道巷，融合了些许现代气息，又保留了几分古色古香，往事在久远的记忆中更显韵味悠长。小巷故事一箩筐。

大小古道巷是两条平行的街巷，大古道巷东至县正街，小古道巷东至磨盘湾。从喧嚣的步行街步入大古道巷数十米，立有一碑，上书：

洗药有仙留胜迹，题桥无地吊芜苔。
幸邻泮壁存文献，时接宫县到讲台。

据传，这里是隋唐年间著名医学家孙思邈隐居长沙时的居所。他经常在此洗药，留下了洗药庵与洗药井等遗迹，可惜后来毁于"文夕大火"。清朝时，大古道巷还设有著名的徐永盛古玩店，当时雅士文人聚集众多。更远的掌故则更多："一步两搭桥"是唐代护城河经过之处，因河上有两座并列的桥，间隔距离仅一步之遥，故如此称谓；"南倒脱靴"则跟三国战事有关，说的是关羽战长沙时，汉降将魏延追杀长沙太守韩玄，韩玄意欲从城南向北逃跑，当跑到磨盘湾一小巷时，为骗过魏延，有意将一靴子脱下，靴尖朝南放着……

现全长430米、宽5.1米的古潭街，名胜古迹繁多，熊祠巷、西陵里、德厚里、宇仁里，其原始的石库门、青砖墙壁、四合院、回楼护栏、古朴石井，可一窥清代街巷骨架格局的风貌；学宫衙门、长沙府学、“贤关”石坊、登瀛匾星，能一望宋代文庙官学的昌运；娘娘庙、天妃宫、白鹤观的历史传说，使老街愈现神奇，更有韩玄古墓、杜甫江阁、陶侃射台、梅公老屋、白花愉园镶嵌街区，增色增彩。长沙古井泉嘶井，传说晚间常发嘶鸣之声。位于白鹤观的陶侃射台，传说为东晋名将陶侃设台射蟒处——古时岳麓山有一巨蟒，常浮悬空中双眼为灯，吐舌为桥，吞食生民。陶侃镇长沙时，乃于白鹤观筑台操弓射灯，杀死蛇妖。西文庙又名长沙府学宫，始建于宋，北宋年间改庙学为州学，王安石欣然作《潭州新学》诗以贺，是为长沙府学之始。娘娘庙相传为秦孝烈女祠——烈女之父罗均赴任武陵令，经城陵矶舟覆，女与弟投江觅父尸，三日后抱父尸浮出水面，士人葬之而立祠。杜甫江阁更为闻名——唐大历三年，杜甫乘一叶扁舟至长沙，曾租佃湘江边阁楼居住，写诗“层阁凭雷殷，长空面水文”；也是在这里，他逢遇李龟年，写下了其生命中的最后一首七绝：

岐王宅里寻常见，崔九堂前几度闻。
正是江南好风景，落花时节又逢君。

还应该单独说一说坡子街乐新号1号的谢公馆。1949年8月5日，长沙和平解放。而在策划、运筹起义过程中，谢公馆是其重要的据点。公馆主人谢高旭系余太华银楼和丰亨豫钱庄经理，为人慷慨仗义。1949年，唐生明受潘汉年指示，由上海回长沙配合其兄唐生智做程潜、陈明仁和平起义工作，住在谢家，谢公馆遂成为长沙和平起义的联络点。谢高旭将其家眷寄居乡下，自己全心全意掩护唐生明开展工作，多次险遭特务逮捕与暗杀。如今，走进这栋娴静的小楼，回忆过往刀光剑影的历史，人们会倍加珍惜拥有的生活。

比起前面几条明末至民国时并入坡子街的小街，更为长沙市民所记的是三王街。“三王”指明朝吉王朱见浚之前封藩长沙的潭王、谷王和襄王。他们的故事，流传特别多。

潭王朱梓（1369～1390）是朱元璋的第八子，洪武三年（1370）受封，十八年（1385）就藩长沙。《明史》记载说：

梓英敏好学，善属文。尝召府中儒臣，设醴赋诗，亲品其高下，赉以金币。妃于氏，都督显女也。显子琥，初为宁夏指挥。二十三年坐胡惟庸党，显与琥俱坐诛。梓不自安。帝遣使慰谕，且召入见。梓大惧，与妃俱焚死。无子，除其封。

潭王之死，历来众说纷纭。对《明史》记载的质疑，主要是两点：首先，朱元璋对儿子虽然要求十分严格，但“虎毒不食子”，他对儿子的为非作歹至多就是警告一下。三子晋王准备谋反，证据确凿，朱元璋都能原谅，那么，即使朱梓岳父一家真的追随胡惟庸谋反，他受株连的可能性也不大。朱梓应该清楚，他有退路，根本没必要合家自焚。其次，也最关键的是，从历史记载来看，朱梓之死很难与胡惟庸案联系起来。朱梓的岳父于显在洪武二十年（1387）就已病逝，他被列名胡党是因其子宁夏卫指挥于琥的缘故。而于琥被卷入胡案，是因为受到了一个叫封绩的人的攀援。据朱元璋为胡惟庸案发布的《奸党昭示录》称，封绩是一个被谪居南海的罪犯，曾上书揭发胡惟庸专权。胡得知后威胁他说：“你今犯死罪，若去北边走一趟，便饶你不死。”封绩同意后，胡惟庸便把他送到宁夏耿指挥、于指挥（即于琥）等处，由他们引导出境与北元勾结。这里的记载显然不足凭信——胡惟庸要干谋叛这种株连九族的事，派去联络外援的人居然是一个反对他的人，岂不是疯了？而且，胡惟庸死后才有洪武二十三年（1390）五月李善长案发，案系从李善长及吉安侯陆仲亨、平凉侯费聚等高官显贵抓起，顺藤摸瓜，由大及小，于琥被归入胡党是在封绩被抓之后。朱梓自焚在四月初一，他听到于琥案发应在三月，但实际上于琥此时仍安然无恙。正是有了这种质疑，不少后人开始挖掘其中不为人知的事实。查继佐的《罪惟录》和何乔远的《名山藏》就说：朱梓的生母阇妃（或说达定妃）原是陈友谅之妾，朱梓为陈友谅的遗腹子，朱梓被封为潭王奔赴封地时得知真相，愤恨异常；他到长沙后，日夜筹划起兵复仇，并在一铜牌上写了“宁见阎王，不见贼王”八个大字，时刻提醒自己不要忘记复仇；后来，朱元璋得知其欲谋反，派徐达之子魏国公徐辉祖对其讨伐，朱梓自知难拒，抱幼子在城楼绕行数周，掷铜牌于城外，回宫举火自焚。与这一记载相印实的是，据长沙《陈氏家谱》记载，陈友谅即为长沙渔民，家住石门坎，12岁打鱼到湖北，落籍沔阳州，族谱中陈友谅子嗣一栏，“朱梓”赫然在目。当然，徐辉祖攻打长沙朱梓掷牌的说法，全不可靠，任何长沙的官方记录中都无这种大举用兵的记载，上面的推测也就不可轻信。倒是查继佐《罪惟录·潭王梓传》中还透露了这样的一条信息：朱梓相貌俊秀，性极淫荡，在去长沙就国之前就与不少宫女关系暧昧；他就国后，仍经常借朝觐的名义到京城与情人幽会，朱元璋初以为朱梓是眷恋父母才长居宫中，对他更加宠爱，得知真相后雷霆大怒。据此，倒可推测，这可能是潭王朱梓恐惧过度自焚的真正原因。

谷王朱橞（1379～1428）是朱元璋的第十九子。他少年得志，1391年册封为谷王，统领上谷郡地和长城九镇之一的宣府镇。这个时期，他主持并参与扩展宣化城的建筑，将始建于唐代的宣化城扩展为周边24里有奇的城垣，沿城设“一关七门”，成为明代早期城防建筑的典范。他还参与构筑了常峪口至大境门60余公里的明长城，兴建了独石口和锁阳关的关隘，为抵御北方少数民族的袭扰，巩固明朝疆域，做出了贡献。建文元年（1399），燕王朱棣为首的诸王举兵靖难，直逼南京，护卫金川门的朱橞开南城门，迎王纳降。燕王继位后，念朱橞献城有功，封朱橞驻长沙。朱橞自恃有功，骄横霸道。曾先后以忠诚伯茹瑺未曾拜谒而杀之；以长沙史庐廷纲曾状告其“夺民田，侵公税，杀无辜”而株之。更猖狂的是，朱橞大肆搜刮民财，招兵买马，立命中官，造战舰弓弩，练水兵勇，妄图勾引蜀王朱椿结盟造反，推翻成祖朱棣，因蜀王责之未得逞。他的恩师刘璟对此十分着急，曾书十谏，跪门拜请其收敛言行，却仍不被其采纳，刘璟无奈下只得请辞归隐。朱橞的所作所为，最终被成祖察觉，并遭群臣弹劾，遂于永乐十五年（1417）被废为庶人，追随者多遭杀戮。宣德三年（1428），朱橞在狱中去世。但长沙人民记恩，他们记住的是王妃周氏乐善好施、每年定期搭棚施粥，兴修寺院，还记住她的父亲兵马指挥周铎单骑上黑麋峰劝降叛军以免长沙军民涂炭之苦，因而，就有了谷王的系列美德传说，如感召三将、化僧入寺等，尤其以一座谷山来纪念他，这恐怕是朱橞怎么都没有想到的。

明长沙襄王却非一人，而有三位。第一位是襄宪王朱瞻墡，1424 年至 1478 年在位。他是明仁宗朱高炽（明成祖朱棣长子，明王朝第四位皇帝）嫡五子，永乐二十二年（1424）封长沙，宣德四年（1429）就藩长沙府，正统元年（1436）移襄阳府。他在长沙除了兴建王府，并无多大建树。倒是谷山附近的百姓传说其好戏，还曾临时替代名角化妆登台演唱，博得阵阵喝彩，从此可看出其演技不凡、说唱功底雄厚，这也从一个方面说明了其子嗣喜好文学深得遗传基因。更为人乐道的是其二子继帝、父子兄弟之忌。他的长子明英宗朱祁镇（1427～1464）是明王朝第六位皇帝，明宪宗朱见深之父，土木堡之变被瓦剌俘虏。无奈之下，他与于谦等大臣商量让其次子朱祁钰（1428～1457）继位，是为明代宗。英宗被释放之后，一度被软禁于南宫七年。景泰八年（1457），石亨等人发动夺门之变，英宗复位称帝，改元天顺。因立代宗之故，英宗对生父朱瞻墡甚是忌恨，据传其病重期间未曾探视，逝世后也未吊唁祭拜。第二位是襄定王朱祁镛（1429～1488）。他是朱瞻墡嫡第一子，成化十五年（1479）袭封襄王，在位九年。在职期间，他勤政爱民，体恤当地百姓，深受人民的爱戴，死后长沙人民曾在岳麓山、韭菜园等地建祠纪念他。据说，在代宗朱祁钰病重时，曾有大臣主张立当时为襄王世子的朱祁镛为帝，英宗复位后曾因此事对他颇有猜忌。兄弟不亲，是朱祁镛一辈子的内痛，他留下的诗文中颇可见证。第三位是襄简王朱见淑（1451～1490）。他是定王朱祁镛庶第一子，于弘治二年（1489）袭封襄王，但在位仅一年就因病逝世。他聪颖过人，学识渊博，曾得英宗晚年重臣李贤的举荐，但因其父与英宗的过节，未获重用。一生纵情山水，游历九州，写下有不少好的诗文。也就是朱见淑之后，长沙始有三王街的称谓。

还需要扩展说一下。其实，在明代封为长沙的襄王还有五位。第一位是襄怀王朱佑材，朱见淑庶一子，1491 年至 1504 年在位，无子。他是一位风流才子，据传在位为王时不顾身份，与泉嘶街青云楼的名妓赵红云等常聚，填词弹唱，吟诗泼墨，一度为其父及皇帝责罚。第二位是襄康王朱佑樻，朱见淑庶二子，1508 年至 1550 年在位，初封光化王，正德三年（1508）袭封。与他的兄长朱佑材一样，他风流倜傥，无拘无束，但无子，从侄朱厚颎嗣。第三位是襄恭王朱见澇，朱祁镛庶二子，成化十六年（1480）封阳山王，正德十一年（1516）薨，后因其孙朱厚颎嗣封襄王，从而获得追封。第四位是被追封的襄惠王朱祐楬，也是因其其庶子朱厚颎做了第六代长沙襄王而得封。第五位是襄庄王朱厚颎（1531～1566）。他在嘉靖二十四年（1545）十二月受封阳山王，后于嘉靖三十一年（1552）袭封襄王，在位十四年。也是在他继位期间，襄王的封地发生了变化，位移到了湖北。这之后的明代襄王，也出现了几位有名的人物。首先要数襄敬王朱载尧（? ~1595）。他是庄王朱厚颎庶第一子，明朝第七代襄王，在位二十六年，过世后，谥号敬。朱载尧在明代襄王历史上是位极得名望，也屡有建树的郡王，力欲重振朝纲，却不获重用，无奈下只能在郡地大兴水利，重视农业生产，并促进商贸，郡地一度有“赛京都”之盛。金庸的武侠小说《神雕侠侣》中，曾对其以“襄阳王”名进行过描绘。其次，得数襄忠王朱翊铭（? ~1641），朱载尧子。崇祯十四年（1641），大学士杨嗣昌督师，讨伐张献忠，以襄阳为军府，贮五省饷金及弓刀火器，饷金、甲器各数十万皆聚于城内，每门设副将防守。但张献忠使计杀杨嗣昌使者，取其军符，以二十八骑进入襄阳城，夜晚焚城而引起民恐，城池破陷。朱翊铭在南城楼被捉，张献忠给了他一杯酒说：“吾欲借王头，使杨嗣昌以陷藩伏法。”接着就杀了襄王朱翊铭及贵阳王朱常法，砍杀其妃妾四十三人，火烧城楼，焚其尸体。他的儿子福清王朱常澄、进贤王朱常淦因外出借兵而幸免一难。之后，南明政府于弘光元年（1645）四月册封朱常澄为襄王，也即明第九代（最后一代）襄王，永历十六年（1662），南明亡，他不知去向，明襄国灭亡。在如今湖北南漳九集镇古林坪村，有明襄王墓群，分别为康王（朱佑榰）、定王（朱祁镛）、敬王（朱载尧）、庄王（朱厚颎）、宪王（朱瞻墡）墓，坟如小丘，碑记为襄阳府（郡）所辖各县共造。襄庄王墓前去二里之地，路边分别竖有“文官下轿，武官下马”大石碑各一座。可见，明襄王逝世后还备受人们爱戴。

坡子街千年的变迁，正是长沙城的发展变化史的缩影。也是从这里，我们可以清楚地看到湖湘文化的传承脉络。

从商贸的兴起、昌盛到如今的美食一条街，正说明，只有以人民的生活福利为基础，社会才能稳定、繁荣，才有大的发展。而老字号所剩无几，确是我们的大一笔损失，也弥足铭记，反省。

第四编

文之脉

岳麓书院：衡云湘水有斯文

位于长沙河西岳麓山风景区、清风峡入口的岳麓书院，依山傍水，前临湘水，后枕岳麓山，四周林木荫翳，环境幽静雅致，自然景观与人文景观融为一体，是中国历史上有名的四大书院之首，是千年学府、中国最古老的大学，是湖湘文化的重要策源地，是长沙人乃至湖南人的骄傲。清人郭祖翼赋诗云：

赫曦终古屹崔嵬，四座弦歌讲幄开。
乔木百年思老辈，名山一代养奇才。
云端梵呗随风落，槛外泉声绕竹来。
惆怅残碑先泽在，斜阳影里剔苍苔。

一、悠悠千年办学史，不断书生意气

据历史文献考证，岳麓书院作为一所学校的雏形，最早始于唐

末五代。麓山寺的智璇等两个和尚推崇儒者之道，便割地建屋，购书办学。

北宋开宝九年（976），潭州太守朱洞在其基础上正式创立岳麓书院，使其成为具有一定规模的高等学府。咸平二年（999），潭州太守李允则重新扩建书院，使书院得到进一步的发展。咸平四年（1001），他上奏朝廷为岳麓书院修扩舍宇，并请得了国子监的典籍。李允则的扩建，标志着岳麓书院讲学、藏书、供祀三个组成部分的规模已经形成，同时开始学田的设置，从而奠定了书院的基本格局。

大中祥符五年（1012），周式（志载第一位山长，湘阴人）任岳麓书院山长。周式办学成绩卓著，闻名天下，故在祥符八年（1015）受到了宋真宗的召见。宋真宗在天禧二年（1018）赐以“岳麓书院”的门额和内府书籍。这让岳麓书院声誉隆起，前来求学者络绎不绝。

北宋后期，岳麓书院在地方教育体制中的地位发生了变化，被纳入到了“潭州三学”的教育体制之中，学生通过考试，以积分高下逐级安排升舍，官办州学学生考试成绩优良者可升湘西书院，最高者方可升岳麓书院，岳麓书院名副其实地成为地方的高等学府。

南宋是中国书院制度的成熟和繁荣时期，其突出特点就是理学思潮和书院制度密切结合。岳麓书院在南宋走向鼎盛，也与理学思潮的影响分不开。这时期，岳麓书院迎来了其历史上具有标志性的一页。孝宗乾道年间（1165～1173），著名的理学家张栻（1132～1180，字敬夫，又字乐斋，号南轩，抗金名将张浚之子，今四川绵竹人）到书院主持讲事。他主教书院之后，除了继续实现其教育功能外，又增加了学术研究的功能，其他学派的学术大师也被他邀请到岳麓书院展开学术会讲。当时湖湘士子闻风而动，纷纷来此研习理学，形成了一个学术主旨接近且有一定规模的湖湘学派，在南宋政治界、学术界产生一定影响，成为闻名全国的理学基地。

乾道三年（1167），另一位理学大师朱熹（1130～1200，字元晦，号晦庵，江西婺源人）也闻名不远千里从福建赶来书院讲学。前来听朱熹讲学的人很多，盛况空前，开创了岳麓书院自由讲学的风气。朱熹为岳麓书院手书“忠、孝、廉、节”四个大字，刻石嵌于讲堂两壁，这是岳麓书院道统源流的象征。

绍熙五年（1194），朱熹任湖南安抚使。书院规制一新，声誉甚至超过岳麓山腰的千年古寺道林寺，当时有“道林三百众，书院一千徒”的说法。历代的文献史籍上还把岳麓书院和孔子讲学处并提，誉为“潇湘洙泗”。

元朝时期，岳麓书院仍在绵延办学。岳麓书院的教学体制恢复后，由朱熹、张栻所奠定的文化教育传统也得以继承和发扬。明清时代，岳麓书院的教育有了进一步的发展，规制更加完备，尤其是明中叶以后王守仁（1472～1529，字伯安，世称阳明先生，浙江余姚人）及其弟子们纷纷来岳麓书院讲学，他们所倡导的心学思潮对岳麓书院的学术、教育发展也起到了一定的推动作用。

清朝初年，岳麓书院得到官府的更多支持。康熙二十六年（1687），康熙所赐御书“学达性天”匾额，以及十三经、二十一史、经书讲义被护送到岳麓书院，这使书院的学子备受鼓舞，学风日盛。雍正十一年（1733），雍正颁布上谕，扶持一些省会重点书院并称之为“省城书院”，岳麓书院名列其中，从而确立了岳麓书院的地位。

乾隆八年（1743），乾隆亲赐御书“道南正脉”匾额，以表彰岳麓书院传播理学之功。乾隆以后，由于乾嘉学派的影响，一些从事诂经考史的经学家主持书院，他们在岳麓书院研究和传播经学，并取得了一定的学术成果，同时反映了清代的学术特色和成就，使岳麓的学术风尚发生了一定变化。如经学家王文清主院，很注意培养学生“通晓时务物理”和诂经考史的务实学风。道光时，更有湘水校经堂设置，它不课时文，专习经史，成为岳麓书院的一个组成部分，开辟了经学研究的基地。

从宋开始，岳麓书院进入其人才辈出的黄金时期。在它的学生名单中，有著名的学者与诗人如彭龟年、游九言、严如熤、杨昌济、黎锦熙、杨树达，有彪炳史书的名将吴猎、赵方，有中国历史上重要思想家王夫之、魏源，有叱咤风云中兴清朝的曾国藩、左宗棠、郭嵩焘、胡林翼、曾国荃、刘坤一、陶澍、罗绕典，有辛亥革命当中的悍将与先驱唐才常、沈荩、程潜、蔡锷、陈天华，有中国共产党早期的领导人蔡和森、邓中夏以及新中国成立后的最高人民法院院长谢觉哉。毛泽东虽不是岳麓书院的正式学生，但在这里听过课、寄过宿。

从 1903 年至 1926 年的二十多年时间里，受时局及教育发展的影响，岳麓书院完成了从古代书院到现代大学的学制变革，院名也有了“岳麓书院—湖南高等学堂—湖南高等师范学校—湖南公立工业专门学校—湖南大学”的更替。1912 年湘督谭延闿就有创办湖南大学的想法。1916 年筹办湖南大学的呼声更高，经湖南教育界著名人士胡子靖、杨昌济、杨树达、刘宗向、易培基等大力提倡，有关当局同意成立湖南大学筹备处。筹备处设于岳麓书院内，并接管了高师留下来的所有图书设备，由教育家杨昌济（1871 ~ 1920，又名杨怀中，字华生，长沙县人，革命烈士杨开慧之父）主持筹备处工作。杨还专门写了《论湖南创设省立大学之必要》一文。1926 年 2 月 1 日省立湖南大学正式成立，仍以岳麓书院为校本部第一院，先后扩建第二院、科学馆、图书馆、工厂、宿舍等，在校学生规模有 500 人左右。1932 年，胡庶华（1886 ~ 1968，冶金学家，攸县人）担任校长时，将岳麓书院的石刻院训“忠孝廉节”和“整齐严肃”列为湖南大学校训，亲自撰写《湖南大学校歌》明确表示湖南大学是“承朱张之绪，取欧美之长”。1949 年 9 月长沙市军管会接管湖南大学，首任校长为李达。1950 年毛泽东主席手书“湖南大学”校名，标志着湖南大学进入新的历史时代。现在的湖南大学校区以岳麓书院为中心而得到迅速的发展，已经成为一所理、工、文、管、商多学科协调发展的综合性大学。从古代岳麓书院到现代湖南大学，充分证明中国有着绵延不绝的高等教育发展历史，足以与西方任何国家的高等教育相媲美。

拥有岳麓书院的湖南，不仅人文灿烂，书生意气风发，而且把一种阳刚血性也植入了士人的骨髓，随时可能爆发出巨大的能量。南宋末年，蒙古军队兵围长沙，岳麓书院的学生毅然放下书本，参加守城，以血肉之躯阻挡蒙军的进攻，大部分人壮烈牺牲，以至蒙军主帅也感动不已，攻陷长沙后下令不准屠城。王夫之曾领兵抗清，战败后面对“留发不留头”的严酷规定，终身坚决不剃头，清廷也无可奈何。左宗棠在岳麓书院读书期间成绩优异，却数次考不上科举，然而他领兵西征，在晚清危败的局面中，保住了新疆，成为晚清政府在国际舞台上少有的亮点。岳麓书院经世济民的思想，在现实的磨炼中屡现光彩，说明其教育早就超越了科举，这也是其绵延千年不败的最主要的原因。

二、寂寂明清建筑学，留垂后世典范

当然，以现代人的眼光看，如今的岳麓书院，首先吸引人们关注的，是其丰富的古建筑。岳麓书院历史上经历多次战火，曾七毁七建，现占地面积25000平方米，现存建筑大部分为明清遗物。经过20世纪几次大修，一些毁于战火中的建筑得到重建。布局上采用中轴对称、纵深多进的院落形式，主体建筑大体可分为教学、藏书、祭祀、园林、纪念五大建筑格局。教学、藏书建筑集中于中轴线上，祭祀、纪念建筑排列于两旁，而园林建筑则错落有致地安排在其间。这样的建筑形式，除了营造一种庄严、神妙、幽远的纵深感和视觉效应之外，还体现了儒家文化尊卑有序、等级有别、主次鲜明的社会伦理关系。同时，岳麓书院的建筑既不同于官府园林的隆重华丽，也不同于私家园林的喧闹花俏，而是把深刻的湖湘文化内涵和士文化的精神寓予其间，显得典雅朴实。

先说教学建筑。正式进入书院的第一道门即头门，上悬“千年学府”匾，是1986年岳麓书院举行1010周年庆典时，湖南大学长沙校友会赠送的。四字根据唐代长沙籍大书法家欧阳询（557～641）的字镌刻而成。门上有联曰：

千百年楚材导源于此；
近世纪湘学与日争光。

撰联人为虞愚，他曾任中国社会科学院哲学研究所研究员、中国书法协会副主席。对联对书院千百年来在培育人才和学术研究方面的地位和作用给予了点赞，表达了对书院的由衷赞誉，寄托了对湖湘学子的殷切期望。

第二道门即大门，宋代曾名“中门”，又名“黉门”。现存大门系清同治七年（1868）重建，采用南方将军门式结构，建于十二级台阶之上，出三山屏墙，前立方形柱一对，白墙青瓦，置琉璃沟头滴水及空花屋脊，枋梁绘游龙戏太极，间杂卷草云纹，整体风格威仪大方。门额“岳麓书院”为宋真宗字迹。当时任岳麓书院山长的周式，学行兼优，真宗欲任命他为国子监主簿，留在宫中讲学，但他无心留在朝廷做官，坚持要回岳麓执教。这是一个历史性的选择，北宋朝廷少了一位主簿，湖南岳麓却多了一根顶梁。真宗因此而对周式敬重有加，题写了这块门额。这是岳麓书院有史载的第一次宫廷嘉奖，也为其繁盛增加了口碑。大门两旁悬挂有对联“惟楚有材，于斯为盛”，应该说是岳麓书院名气最大的一副对联了。上联出自《左传·襄公二十六年》：“惟楚有材，晋实用之。”下联出自《论语·泰伯》：“唐虞之际，于斯为盛。”源出经典，联意关切，是这对联的主要特点。它简约有力，气势非凡，是岳麓书院千年以来人才辈出的真实写照。相传清嘉庆年间，书院进行大修，完工之后，门人请山长袁名曜（？~1835，字道南，号岘冈，宁乡人）撰写对联。袁名曜以“惟楚有材”嘱诸生应对，众人苦思不得结果。贡生张中阶至，脱口答道：“于斯为盛。”这才有了此完整对联。大门两壁有联：

治无古今，育才是急，莫漫观四海潮流千秋讲院；
学有因革，通变为雄，试忖度朱张意气毛蔡风神。

联为湖南师范大学教授马积高撰，曾晓浒书。联句既呼应历史，又比照时代潮流，呼吁学子在不忘千年学府讲学传统的同时勿违背历史发展规律，治学中掌握传承与革新的辩证关系，这确值得后人思考与学习。大门两旁的一对汉白玉石鼓双面浮雕，也是游客普遍关注的。这是一件艺术珍品，相传是清道光十八年（1838），岳麓书院的著名学生、两江总督陶澍（1779~1839，字子霖，号云汀，安化人）在没收贪官曹百万的财产中发现的。为了报答母校的培育之恩，他捐给了书院珍藏。在官学化办学教育的背景下，这反映了封建知识分子求学出仕的理想。相传大门曾因“风水不对”而在乾隆三十三年（1768）改为偏对麓右，不料中白虎高昂千尺之谶，院中灾病大作，几致撤散。王文清（1688~1779，字廷鉴，号九溪，宁乡人）在《岳麓书院四公德政纪略碑》中记载道：

幸德公纯庵来抚，予为先后详述其事，德公按视之，曰：“此如人面然，移嘴居右耳之旁，尚复成人面乎?”立命有司唤匠作即行拆改，刻其观成，门复旧制，院中暂次安堵如故。

古人将大门的朝向看得很重，这故事为其更披上了一层神秘。再进就是二门。宋元时为礼殿所在，明代嘉靖元年（1522）扩建文庙于院左，始改建为二门。这是过去南方书院典型的建筑，五间单檐悬山，中三间开三门，花岗石门框，左右各辟过道通南北二斋，取通达方便之意。抗日战争期间，二门被日军飞机炸毁，1984 年重建。门额正上方悬有“名山坛席”匾，撰者无考，集清代著名湘籍书法家何绍基字而成。两旁有对联：

纳于大麓；藏之名山。

上联出自《尚书·舜典》："纳于大麓，烈风雷雨弗迷。"下联出自《汉书·司马迁传》："藏之名山，副在京师，俟（后）圣君子。"联意为岳麓书院被浩瀚的林木所掩映，藏在地阔物博的岳麓山中。撰联人为湖南高等学堂的监督程颂万（1865～1932，字子大，一字鹿川，号十发居士，宁乡人）。二门过厅两边有清代山长罗典（1719～1808，字徽五，号慎斋，湘潭人）所撰的对联：

地接衡湘，大泽深山龙虎气；
学宗邹鲁，礼门义路圣贤心。

"大泽深山"出自《左传·襄公二十一年》："深山大泽、实生龙虎。""礼门义路"出自《孟子·万章下》："夫义，路也。礼，门也。惟君子能由是路，出入是门也。"对联称赞书院卧虎藏龙，又表达了修身养性的希冀。二门背面有"潇湘槐市"匾，原为程颂万撰书，毁于抗战，现匾为原全国人大常委会副委员长、民盟中央主席楚图南补书。"槐市"是个文化专有名词，指汉代长安太学读书人聚集的地方，"潇湘槐市"引申为岳麓书院人才济济，如同汉代槐市之盛。明隆庆朝武进士、曾任贵州总兵前军都督的谭敬承（字禹亭，长沙人）在《岳麓书院怀古》中慨然而叹：

幽径迂回苍翠浮，云峰飞动挟危楼。
临流宛听当时讲，授简疑从昔时游。
灵岳薜萝穿象外，道林钟磬落山头。
不禁怀古江天暮，返照高窥大壑秋。

再进入就是中轴线的核心，即讲堂，是书院的教学重地和举行重大活动的场所，又称"静一堂"或"忠、孝、廉、节"堂。2014年4月9日，胡锦涛同志参观岳麓书院，整个行程中停留最久的就是讲堂，大约待了 20 分钟。岳麓书院创建时，即有“讲堂五间”。南宋乾道三年（1167），著名理学家张栻、朱熹曾在此举行“会讲”，至今为人津津乐道。讲堂历史上有 8 次重建，30 余次小规模的修缮，现存建筑为清康熙年间重建，又经过同治年间的大修后遗存下来的。清人旷敏本在《到岳麓书院》中概然写道：

朱张曾此绛筵开，犹忆甘泉讲学台。
岳麓于今真个到，岂如畴昔梦中来。

檐前悬有“实事求是”匾，为民国初期湖南工专校长宾步程（1879～1942，字敏偕，号艺庐，东安人）撰。“实事求是”源于《汉书·河间献王刘德传》中的一句评价语：“修学好古，实事求是。”1917 年前后正是我国教育制度发生变革的关键时期，各种观点层出不穷，莫衷一是，校长以此作为校训，旨在教育学生从社会的实际出发，求得正确的结论。这一校训，对当时寓居在半学斋的毛泽东产生了重大的影响。他在以后的革命实践中丰富和发展了其内涵，使其成为毛泽东思想的精髓，如今成为了中国建设现代化进程中解决复杂疑难问题的指针。

大厅中央悬挂两块鎏金木匾：一为康熙皇帝御赐的“学达性天”，原额被毁，1983 年依康熙字迹重刻；二为乾隆皇帝御赐的“道南正脉”，为原物。第二块匾有关一个叫“程门立雪”的故事，是说：

北宋时期理学在洛阳传播，福建学者杨时来向程颢、程颐兄弟请教。天正下大雪，两位老师正在午休，杨时不敢入内惊扰，就站在门外雪地里等待。待老师醒来屋外雪地里已经留下了两个深深的足印。这感动了二程，于是倾囊相教。当杨时学成南归时，程颐目送他远去的背影感叹地说：“吾道南矣！”

讲堂正中那高约一米的长方形讲台上摆放着两把古椅，是纪念张朱会讲的。当年两位会讲时盛况空前，全国赶来聆听者所寄放的马，居然把院前池塘里的水都喝干了，可见那情形非同一般。

讲堂里，存有不少的对联，多为表达个人的志向、称颂书院或者阐明某些为人处世的道理。较为有名的有八副，其一：

工善其事，必利其器；

业精于勤，而荒于嬉。

联为宾步程所撰，上联摘自《论语·卫灵公》，下联摘自韩愈的《进学解》，当时学院名为湖南公立工业专门学校，上联嵌“工”，下联嵌“业”，是这段历史独特的文化遗留。

其二：

是非审之于己，毁誉听之于人，得失安之于数，陟岳麓峰头，朗月清风，太极悠然可会；

君亲恩何以酬，民物命何以立，圣贤道何以传，登赫曦台上，衡云湘水，斯文定有攸归。

这一副是书院现存对联中含义最为丰富最值得玩味的，也是最长的一副，为清代书院山长旷敏本（1699～1782，字鲁之，号岣嵝，衡山人）所撰。上联写心中的快乐，只要具备了仁者不忧、勇者不惧、智者不惑的品格，那么面对是非、毁誉、得失等人生问题就自然能够镇定自若、从容不迫，游刃有余，进入一种“世路如今已惯，此心到处悠然”（张孝祥《西江月·丹阳湖》）“悠然心会，妙处难与君说”（张孝祥《念奴娇·过洞庭》）的境界。下联写身上的责任，真正的仁者具有一种人文使命感，一种“己饥己溺”“普度众生”的忧患意识，登台怀远之时便有任重道远之想，会自觉担当起历史人生的使命，“为天地立心，为生民立命，为往圣继绝学，为万世开太平”（张载《西铭》），也就是将有限的生命投入到无限壮阔的事业当中，这种以大我忘小我的境界同样是对人生是非、毁誉、得失的超越。这对联，既是体会书院“学达性天”文化的要领，又是对中华传统文化中“忧乐圆融”哲学的深刻了悟，是儒学精神最为突出的特点，也是湖湘文化中经世济民思想的具体表现。

2009年，台湾宋楚瑜访湘期间来到岳麓书院参观，当他走到这副对联面前时，非常惊喜，并当即就背诵了出来。大家诧异万分，宋楚瑜解释说，民国时期谭延闿曾抄送了这副对联给蒋介石，蒋介石看后非常喜欢，后将对联带到台湾挂在了办公室，宋楚瑜常常看因此熟记于心。

其三：

岳麓学府传千载；
书院育材有良规。

此联为北京大学教授张岱年（1909～1982）所撰。

其四：

惟楚有材，于斯为盛；
沅生芷草，澧育兰花。

此联为1982年中科院院士、北京大学教授冯友兰（1895～1990）所撰，上联系书院大门联，下联源出屈原的《九歌》："沅有芷兮澧有兰。"

其五：

一水长流池不涸；
两贤互磋道终同。

此联为美国哈佛大学哲学博士、美籍华人陈荣捷教授1983年所撰。

其六：

院以山名，山因院盛，千年学府传于古；
人因道立，道以人传，一代风流直到今。

此联为全国政协副主席周叔弢（1891～1984）在1982年所撰。

其七：

学贯九流，汇此地人文法海；
秀冠三湘，看群贤事业名山。

这是左宗棠所撰，原为衡阳石鼓书院对联，后重制悬置于此。

其八：

陟此峰巅，看湖浪湘波，总是源头活水；
拜兹堂上，仰贤关圣域，无非心地严师。

此联为清代岳麓书院学生李峨峰撰。

讲堂里还有许多极有价值的碑刻文物，如：堂侧所立的4块大字石碑，上书“忠、孝、廉、节”，为朱熹所撰，现在所见的是清道光年间山长欧阳厚均（1766～1846，字福田，号坦斋，安仁人）重刻的；每块高213厘米，宽131厘米，字高169厘米，宽122厘米，这么大的碑石汉字国内罕见。再如：西厢由清代山长欧阳正焕（字尧章，一字瑶冈，号慕耕，一号竹淦，衡山人）书、欧阳厚均刊立的“整齐严肃”碑，是为了整顿当时的不实、浮夸文风而立，碑文及告诫诸生的诗作一度曾被当作院训。又如：由王文清撰文的《岳麓书院学规碑》《王九溪读书法碑》《六有箴碑》《毕沅诗碑》《欧阳厚均诗碑》等，其部分条款至今还有借鉴作用，是我国书院教育研究中的重要史料，在今天仍有启发意义。1993年3月16日，江泽民总书记参观岳麓书院时曾认真阅读《岳麓书院学规碑》中的9行18条为人为学之规，还特地托有关部门索要此碑的拓片。讲堂屏壁正面刻有《岳麓书院记》，作者为张栻，此文是岳麓书院培养人才的基本大纲。由湖南省书法家协会主席周昭怡1983年所书。屏壁背面刻有麓山全图，摹自《南岳志》。

讲堂两旁有南北二斋，分别为教学斋和半学斋，均为昔日师生居舍，现存建筑为光绪二十九年（1903）改学堂时改建。“教学斋”斋名出自《礼记·学记》：“玉不琢，不成器；人不学，不知道。是故古之王者，建国居民，教学为先。”“半学斋”斋名源出《尚书·说命下》：“惟学（教）学半。”意为教人是学习的一半，引申为半教半学。两个斋名反映的是教与学的辩证关系。半学斋门口挂有对联：

惟楚有材，三湘弟子遍天下；
于世无偶，百代弦歌贯古今。

教学斋门口的对联则为：

业精于勤，漫贪嬉戏思鸿鹄；
学以致用，莫把聪明付蠹虫。

清代著名学者王先谦作有《岳麓书院半学斋偶题》一诗：

山斋得妙理，事外断意识。
花树香正纷，几案静如拭。
晴窗百编横，虚室万想逼。
不如卷此心，贮之水精域。

讲堂左侧再有湘水校经堂，原名成德堂，亦为书院讲堂，始建于明嘉靖六年（1527）。清道光十一年（1831），湖南巡抚吴荣光创办湘水校经堂，目的是为了矫正当时书院教育只考“括贴”（古代试士办法，把经文贴去若干字，令应试者对答）、专重科举仕进的陋习，另辟蹊径，培养通经史、识时务的经世致用人才。清张亨嘉（1847～1911，字燮钧，号铁君，今福州人，光绪九年（1883）进士，累官至兵部右侍郎、礼部左侍郎等职）在《楚南新建校经书院碑记》中指出：

诸生积其忠孝侠烈之性，出肝胆以报君父，举平日所闻于经者，抒之为方略，成之为事功，一洗二百年来穿凿破碎空谈汉宋门户之耻。

校经堂设于今船山祠处，吴荣光亲题门额；光绪元年（1875）迁至城南天心阁附近，原堂址改建为船山祠。校经堂内嵌有其《湘中述别》诗碑、《膏火告示》碑等，门口悬挂左宗棠撰写的楹联：

学贯九流，汇此地人文法海；
秀冠三湘，看群贤事业名山。

再说藏书建筑。最有名的当然就是御书楼。岳麓书院创建始即在讲堂后建有书楼，宋真宗赐书后更名“御书阁”，元明亦称“尊经阁”，位置有所变动，至清康熙二十六年（1687），巡抚丁思孔从朝廷请得十三经、二十一史等书籍，建御书楼于今址。楼位于中轴线尾端，是一座宋代风格的三层楼阁建筑，五间凸形平面，前出门廊，后置山墙，重檐歇山顶，采用钢盘混凝土仿结构，卷棚檐口，琉璃瓦垱，脊上置坐狮和避雷铁剑，吻为琉璃飞龙，气宇轩昂，两侧复廊与讲堂后廊相接，自成院落，复廊前部各建重檐古亭，名为拟兰、汲泉。所悬“御书楼”匾系集朱熹手迹而成，檐前柱上挂有对联：

圣域修文，前有朱张讲坛，宋清宸翰；
名山汲古，上藏三坟五典，诸子百家。

联指楼中书籍众多，是供人汲取古籍、博览群书之地。清代中期，岳麓书院御书楼已发展成为我国民间一座较大型的图书馆，藏书14130卷。里面的藏书的主要来源有三：一是皇帝所赐；二是民间收集及地方官员、士子名绅以个人的名义捐赠的；三是书院自筹经费购买，或者自己刻书珍藏。可惜楼在1938年被日本的飞机炸毁，现存的建筑为1986年重建，现有藏书五万余册，大型工具书如《四库全书》《续解四库全书》《四部丛刊》《四部备要》《古今图书集成》等均有珍藏，但仅供书院教研人员及学生使用。明人陈大绣（举人，江西浮梁人，万历时任长沙府推官）作诗说：

旧是谭经处，幽芳自不伦。
山空云气霭，枝袅鸟声频。
圣道宁今古，亭台倏故新。
悠然归去晚，清兴隔江津。

清人刘光业（清汉军正黄旗人，康熙朝任宝庆府知府）作《登御书楼》诗曰：

高楼耸汉接蓬莱，鸟革翚飞拱上台。
入座江声春浩瀚，宿窗星斗夜昭回。
自来不少谈经客，此际还多作赋才。
端赖赐书堆积满，万年文运一时开。

李尧栋（1753～1821，字东采、松云，乾隆年进士，曾任江宁知府、湖南巡抚）作有《岳麓书院藏书记》一文，他明确指出了藏书楼的作用：

然书不贵能藏，贵能读，苟即此而通之，其视兔园册子何如也。且诸生日与圣贤对，经术明而士习端，士习端而民风醇，读书之益孰大于是？

然后说祭祀建筑。中轴线上面部分主要是文庙和祠庙建筑群。文庙又名孔庙、文宣王庙，位于书院左侧，是主祭孔子的地方，自成院落，由照壁、门楼、大成门、大成殿、两庑、崇圣祠、明伦堂等部分组成。岳麓书院祀孔子始于书院初创时期，北宋时曾建礼殿于讲堂前，内塑先师十哲像，画七十二贤。南宋乾道元年（1165）改为宣圣殿，列绘七十子。明弘治十八年（1505），改名大成殿。正德二年（1507）迁于今址。天启四年（1624）重修，正式称为文庙。明人张元忭（1538～1588，字子荩，浙江山阴人，隆庆进士，曾主岳麓书院讲席）赋《大成殿》诗说：

峨峨绀宇祀先尼，曲曲清泉出涧回。

万壑总归江上去，一源原自谷中来。

翟瓒（山东昌邑人，明正德进士，曾任湖南巡抚）作《圣庙》称：

岳麓三湘畔，丹青两殿虚。
峰峦含栋宇，云雾润琴书。
水近林华冷，山高月色疏。
素王遗像在，吾道独踌躇。

大成殿上悬有康熙皇帝的“万世师表”复制匾，木柱上挂有历代帝王撰写的对联，如“德冠生民，溯地辟天开咸尊首出；道隆群圣，统金声玉振共饮大成”，规制与其他文庙无异。两庑左侧廊柱上有联“异境名山，圣道尊崇有地；春风化雨，英才造就无疆”，联源于明代的《岳麓志》，但撰者无考。右侧廊柱上悬挂着的对联是口气大、最霸道的一副：

吾道南来，原是濂溪一脉；
大江东去，无非湘水余波。

作者为清代王闿运（1833～1916，字壬秋，晚号湘绮老人，湘潭人）。王肄业于长沙城南书院，性情高傲，曾入曾国藩幕，始终不受官，此后专一从事教育，著名的学生有杨度等人。据传，王闿运曾到江浙一带讲学，当地官员为试他的才学高低，故意探问他的学问之流派、渊源，他便随口而出这首对联，令当地学人惊诧不已。王闿运写这副对联时，正是“湘军”如日中天之时，在当时的政治格局中占据着重要地位，是故对联虽然“口气大”，却恰如其分地表现了湖南人及湖湘文化对近世中国所担当的崇高责任。

大成门为清同治七年（1868）建造，门悬的对联是“道若江河，随地可成洙泗；圣如日月，普天皆有春秋”，门前石阶前有一对明代石狮，一公一母，刻工传神。牌楼为明代建筑，一左一右，南北相望，四柱三层，全为麻石垒成，上有龙雕等饰物。照壁为明清建筑，前有孔子铜像，为1996年香港孔教学院汤恩佳先生捐塑。

右边的祠庙建筑群所祭祀的人物，一般为书院所尊奉的学派代表人物、文化名流、建设功臣、有恩于书院的地方长官、知名山长以及著名学生。清嘉庆后期曾有三十余处，受祀者多达百人，可谓全国书院之最，但今多已经不存在，现存最著名的有五：

其一是濂溪祠，专祀周敦颐（1017～1073，字茂叔）。周敦颐既是宋理学的重要代表，又是湖湘文化的开创者，功勋卓绩。祠内悬有“超然会太极”匾，是清代山长车万育（1632～1705，字与山，号鹤田，又号敏州，邵阳人）题书的，原匾散失，现为河南刘顺补书。清人袁名曜作有《濂溪祠记》，欧阳厚均后又作《移建濂溪祠碑记》。

其二为四箴亭，又名“敬一箴”，专祀宋理学的代表人物程颢（1032～1082，字伯淳，洛阳人）、程颐（1033～1107，字正淑，程颢之弟）。明嘉靖七年（1528）岳麓书院得御制“敬一箴”，知府潘镒于九年建“敬一箴亭”于文庙大成殿之后。天启四年（1624）推官林正亨重修。清嘉庆二十三年（1818）迁建于今址。亭内现存清刻程氏《视》《听》《言》《动》四箴碑。

其三为崇道祠，又称“朱张祠”，专祀朱熹、张栻。始建于元延祐元年（1314），合祀朱张及书院建设有功之臣，称诸贤祠，明弘治七年（1494）始建专祠于讲堂后，后毁，清乾隆四十一年（1776）布政使觉罗敦福重建于今址。明王守仁、吴道行、吴愉、张元忭，清张仲举、张世烷都在此处留有诗歌。吴愉诗赞：

新声发黄鸟，古道照危岑。
结想河山邈，浮光草木深。
石巉空欲语，云岫澹无心。
定入如相遇，希微未可寻。

其四为六君子堂，祭祀六位对书院发展和建设有功的先儒——朱洞、李允则、周式、刘珙、陈钢、杨茂元。三间硬山建筑，与崇道祠连成一片，始建于明嘉靖五年（1526），此后多次迁移，又屡有所毁。清嘉庆十七年（1812）重建于今址，祠内嵌有《改建六君子堂碑记》，祠前悬有清代岳麓书院著名学者、外交大臣郭嵩焘（1818～1891，字伯琛，号筠仙，原湘阴今汨罗人）所撰对联。明人黄裳吉（原名焜，字叔闾，长沙人，天启举人，曾任兵部主事、密云兵备道等职）赞曰：

衡南胜概枕湘流，千载名贤只此留。
无数烟萝供俎豆，常鲜日月建旗斿。
碑残卧虎难寻牒，树老盘螭不记秋。
我亦殷勤怀古道，云深径滑几来游。

清人张宏猷（字调鼎，今辽宁锦州人，顺治朝长沙知府）赋诗曰：

春容澹冶写危岑，仰止名贤过道林。
声冷松涛空翠湿，香生桃浪郁红侵。
宗盟落落辉先后，风政悠悠贲古今。
徙倚莽榛看日墓，步趋谁复一相寻。

明朝的黄衷（1474～1553，字子和，今广州人，弘治九年进士，官累至兵部右侍郎）作有《岳麓书院祠祀记》一文，他在文末喟然感叹道："士成乎学，吏成乎义。"清欧阳厚均也写有《改修六君子堂记》。

其五为船山祠，专祀明末著名学者王夫之（1619～1692，字而农，号姜斋，衡阳人）。他既是明心学的主要代表，又是湖湘文化的集大成者。郭嵩焘为其撰联说：

训诂笺注，六经周易犹专，探羲、文、周、孔之精，汉宋诸儒齐退听；

节义文章，终身以道为准，继濂、洛、关、闽而起，元明两代一先生。

另外说说园林建筑。园林位于书院中轴线后部南侧。简要说三处。一是麓山寺碑亭，明成化五年（1469）知府钱澍始建，现存建筑为1962年重建。“麓山寺碑”四字为黎泽泰所书，亭内所存的就是号称“三绝碑”的“麓山寺碑”，由唐开元十八年（730）著名书法家李邕撰文、书丹并镌刻。二是百泉轩，始建于北宋初，屡经兵毁，元至元二十四年（1287）学政刘必大重建，延祐元年（1314）郡别驾刘安仁重修，著名理学家吴澄作《百泉轩记》，1938年为日机炸毁，现存为1986年修复。清人曹耀珩（1674～1740，字鸣佩，号畅阁，益阳人，康熙拔贡，曾任岳麓书院山长）赋诗说：

二贤宗濂洛，性天为根柢。
雅怀诱后进，湖南撷兰芷。
斯文遂在兹，末俗狂澜砥。
薄劣厕河汾，景行缅芳址。

其轩四间单檐硬山，双面出廊，前面花窗，典雅古拙。廊柱有清湖南按察使庆玉的对联：

教同化雨绵绵远；
泉似文澜汩汩来。

溪泉荟萃，历代山长爱溪泉之妙，筑轩而居，享尽天籁之音。南宋乾道三年（1167），朱熹与张栻曾在此“昼而燕坐，夜而栖宿”，论学三昼夜而不息。轩前有书院八景之二，分别是“碧沼观鱼”、“花墩坐月”，清人陶必铨（字士升，号萸江，安化人，诸生）分别赋诗说：

朝昏碧沼边，熟看鱼儿戏。
烟里翡翠群，飞集亦相媚。

不作茅亭好，天空罗幕开。
晚来明镜里，随意坐青苔。

三是碑廊，嵌立有历代遗碑 13 方及新制的岳麓书院文献史料碑刻 27 方，在这些碑刻中，朱熹手书的“道中庸”、“极高明”等碑，是书院的重要遗存。

最后说说纪念建筑。推荐四处：其一，时务轩，是为纪念清末维新派创办的时务学堂而筑的纪念性建筑，位于书院园林内，与百泉轩隔池相望。轩内现嵌有梁启超《时务学堂故址》碑，为民国二十四年（1935）梁启超重游时务学堂旧址所书。另有李肖聃《跋》、李况松《跋》、陈云章《记》、黄曾甫《时务轩记》等碑刻。轩前挂有梁启超撰写的对联：

胸怀子美千间厦
气压元龙百尺楼

子美即杜甫，元龙即三国伏波将军陈登，全联劝诫人们在天下危乱之际，应该心系国家、胸怀天下，切不可为自己的蝇头小利虚度一生。“时务轩”匾为原中国佛教协会会长赵朴初先生题书。

其二为赫曦台。南宋乾道三年（1167），朱熹、张栻观日于岳麓山顶，见到旭日腾空，霞光万丈，山川市井，万物一切都沐浴在朝阳中，朱熹激动不已，拍手道：“赫曦！赫曦！”时人便将他们的驻足地称赫曦台，后来张栻又筑戏台“赫曦台”以示纪念，朱熹题额，台后废。清乾隆五十五年（1790），山长罗典建前亭于院前，又改名前台。道光元年（1821），为存故迹，山长欧阳厚均改前台名为“赫曦台”。台的顶部雕饰有八卦图、蝙蝠、寿字图案，台中央四根木柱，分悬两首对联。面头门的两柱上的对联为“三湘隽士讲研地；四海学人向往中”，为北京大学教授商鸿逵（1907～1983）撰，中央戏剧学院教授王遐举书。面大门的两柱上悬挂的对联是清湖南巡抚左辅（1751～1833）所撰，当代王超尘补书。

赫曦台是岳麓书院的一处人文胜地，对我国古代文人及近代湖湘名流都有相当大的影响。朱熹、张栻曾留下《登赫曦台联句》寄托他们探索宇宙、人生的理想和共同志趣，诗是这样写的：

泛舟长沙渚，振策湘山岑。
烟云渺变化，宇宙穷高深。
怀古壮士志，忧时君子心。
寄言尘中客，莽苍谁能寻。

明代著名理学家、心学创始人王守仁（阳明）被贬贵阳时寄寓书院讲学，写下了《望赫曦台》：

隔江岳麓悬情久，雷雨潇湘日夜来。
安得轻风扫微霭，振衣直上赫曦台。

至于毛泽东1955年回复周世钊的那首七律，此处就不再重提了。

其三为山斋旧址，位船山祠右。南宋乾道元年（1165）由安抚使刘珙始建，张栻、朱熹曾寓居此屋，作同题诗《山斋》。朱诗为：

藏书楼上头，读书楼下屋；
怀哉千载心，俯仰数椽足。

张诗则说：

叠石小峥嵘，修篁高下生；
地偏人迹罕，古井辘轳鸣。

而仅就这两首诗说，朱诗的说教味要浓厚一些，而张诗轻松自然，更多的心静平缓。南宋后期，山斋被战火所毁。清道光二十年

（1840），山长欧阳厚均重建，题额“山斋旧址”。

其四为杉庵，是纪念东晋荆江州刺史陶侃（259—334）任驻长沙时在此读书修性而建。清道光十八年（1838），其后裔、岳麓书院著名学生、两江总督陶澍，为纪念先祖开创岳麓文教之功，特重建“陶桓公杉庵”，摹刻家藏宋拓本《麓山寺碑》嵌于庵内。2001年修复杉庵于文庙后，将陶刻《麓山寺碑》又移嵌庵内。

三、涓涓细流浇花木，栋梁才俊屡现

岳麓书院更为人所关注的是其传统教育底蕴，以及书院里蕴藏的巨大教育能量。一个书院能够人才辈出，且屡成中流砥柱，靠的是其强大的精神力量，胸怀天下、放眼世界的气魄，学以致用、忧国忧民的情操，“治无古今，育才是急，学有因革，通变为雄”的观念和风气。

总结岳麓书院的传统教育理念，最突出的是如下几点：第一，重视人格培养的教育目标。张栻就强调从日用伦常的规范礼仪中获得“从心所欲不逾矩”的精神自由，主张通过个体的道德修养达到“与天地合其德”的崇高精神。岳麓书院的最大成就就是培养出了大量具有道德人格的人才，无数忠贞不屈、浩然正气的爱国志士、豪杰君子，他们保持灵魂高洁，崇尚真才实学，努力追求知识与真理，勇于实事求是，能够为民族尊严和大众利益在战场上流血横尸，乐意服从真理和良知，敢于抵制外辱与邪恶，并依照自己的道德理性作出价值选择，绝不使自己成为声名利禄的奴隶，这种大写人格使他们能达到“天地合德，鬼神同用，悠久无穷”的绝高精神境界。

第二，务实的治学精神。岳麓书院在千年办学过程中，一直将经世致用的价值取向、实事求是的思想方法、学贵力行的治学风格贯穿其中。事实上，强调一切知识必须与社会发展、人民福祉相联系，必须与人们的生活实践相联系，仍是今天知识界、教育界所普遍认同并努力追求的。

第三，博学多思的教育方法。岳麓书院不仅系统地探索了学思结合的教育思想，还使这种教育理念成为一种书院制度的特色得以承传。张栻反复向学生强调“盖君子于天下之事，无所不当究”(《南轩文集·跋孙子》)，将“思”看作是由表面的“学其事”到深刻的“穷其理”的过程。这种敢于怀疑的精神让学生得以不断提出新的观点、学说，并能兼容其他学说，具有“天下兼顾”的情怀。

岳麓书院的兴衰成败，无疑是中国知识群体精神历程的缩写。尤其是对“士精神”的大写具有特别的意义。作为中国古代的知识分子，士一方面承担起了文化知识的传承与创新的历史使命，另一方面又作为“天下有道”的追求者，总是自觉承担起“为天地立心，为生民立命”的社会责任。宋代理学、明代心学、明清实学、乾嘉汉学等不同的学术思潮，体现了不同历史时期的知识群体在文化创新、社会责任方面的成就，岳麓书院是这四个时期的重要学术基地，说明其对士精神的继承与发展起到了顶梁柱的作用。而魏源等代表了向近代化文化的转型，谭嗣同等是新思想、新文化的倡导者，毛泽东等宣传马克思主义，使学术文化向最新、最高层次发展，更充分证明士精神一直在中国社会中起着推陈出新的搅拌机功能。历史已经无数次证明，并将继承证明，无论岳麓书院经历何种历程，只要千年书院文脉在、精神在，书院在先进文化的递进嬗变中，作用永不会失效。

在岳麓书院建立的1200多年之前的春秋时代，楚南公发誓道：“楚虽三户，亡秦必楚。”果然，陈胜吴广起义，树楚怀王的大旗，推翻了秦王朝的统治。书院建立后的1000年，面对摇摇欲坠、内忧外患、颟顸腐败的清政权，杨度坚定地说：“若道中华国果亡，除非湖南人尽死！”果然，黄兴、蔡锷、宋教仁之辈继而雄起，推翻清朝，发动二次革命，高举护法运动大旗，发出了“刚毅好胜、敢为天下先”的湖南怒吼。不久之后的抗日，面对日军先进武器、猛烈攻击，不少当权者有了退兵防御的打算，在岳麓山指挥会战的薛岳斩钉截铁地回答：“有我湘人在，国不会破家不会亡！”果然，四次长沙会战，让日寇闻湘胆寒。开国十大元帅湖南占其三，十位大将湖南占其六，57 位上将湖南有 19 位，177 名中将湖南占据 45 名……历史如此重演，答案如此坚定，岳麓书院所浇灌的浴血重生精神，总让世界如此惊叹！

但这种血胆，也得画地为牢，不能不加规范，否则文化就会成为反文化、反文明。明正德四年（1509），始建于六朝、延脉千年的道林寺为守道吴世忠和一群儒生所拆毁。“文化大革命”中，红卫兵、造反派不仅拉倒佛道神像，也把岳麓书院洗劫一空。

如果前面所说是一篇文章的正文，则后面所说两件事无疑就是小小的两个反面注脚，很值得我们深思与反省。

清代著名学者、“桐城派”创始人姚鼐曾前来岳麓书院寻访，他吟诗道：

夙秉宋贤说，太息怀斯文。
矧近讲席前，遗趾播余芬。
湘东望湘西，连山如陈云。
亟渡入谷口，空翠四边分。
筑室倚峅崿，开宇面岩垠。
当门古涧响，环墉高树曛。
荒榛延暮色，冷风交远闻。
去之六百年，垂教志何勤。
蔼彼援鶉手，伤兹获角麇。
吾志生不就，斯世邈无群。
回舻天地晚，空怅逝沄沄。

他的这种悲不时与，对盛鼎时代人才济济的羡慕，反映的正是岳麓书院在儒学界的崇高地位与巨大影响力。这种能穿透时空的力量，不仅对长沙人、湖南人，而且对所有的读书人，都会产生精神的感召与回响。

相对而言，我更喜欢清人李标（浙江山阴人，武进士，康熙间官抚标右营守备）的《岳麓书院工竣志喜》一诗：

雪霁春日丽，堂开两涧清。
十年荒圮尽，此日美轮成。
礼乐流风远，弦歌见化行。
湘江留异绩，瞻眺不胜情。

这种期盼与希冀，简直如同圣谕，拿岳麓书院取得的业绩与之比对，不由令人宛然。

朱张渡：莽苍谁能寻文津

长沙，这座据说由西汉第一任长沙王吴芮在公元前204年开始修建的城市，历史古老，文化古迹、旧址遍布全城，从走马楼简牍、马王堆汉墓、天心阁城楼、岳麓书院，到贾谊故居、船山学社、爱晚亭、湖南第一师范，世人悉数皆知。它们构成了湖湘文化的深厚底蕴，让到过长沙的人不得不怀抱敬意，仔细揣摩，同时，它们也见证了湖湘乃至中华文化生生不息的发展过程。然而，有一处湖湘文化历史特别重要的遗迹，常为人所忘怀，绝大多数在长沙游历多次或客居多年的文化人根本不知它的存在，甚至不少土生土长的长沙文人也未曾光顾——这便是朱张渡。

朱张渡，旧时长沙设立在湘江边的古渡口之一，和灵官渡、驿步门义渡等广为人知。清《善化县志》曾记载说，朱张渡又称灵官渡。但其实是误传。灵官渡位于天心区原楚湘街江畔、劳动路路口，而朱张渡位于原六铺街江畔、白沙路路口，两者相距大约200米。当然，因为道路改修、时代久远，旧址已废。

如今，站在橘子洲东岸的仿古亭子里，向东西两边张望，可看到潇湘大道和湘江大道上高高耸立的两座牌坊，这就是朱张渡遗址纪念标志。走近看，才发现牌坊为麻石建筑，位于通向防汛码头的入口道路上，东岸标记为“文津”，西岸标记为“道岸”。牌坊两侧有短廊，南北长为100米，东西宽为36米，呈一字排开。

朱张渡是用来纪念宋代两位理学大师朱熹、张栻的，他们在“朱张会讲”时经常在此渡口乘船往来，众多学子求学问道也多经过这个渡口，遂成一时之盛。

一、一条渡船，改写湖湘文化的历史

长沙这座城市，向来盛产“奇迹”。

1938年出土于宁乡黄材镇月山铺转耳仑的商朝晚期青铜礼器四羊方尊，是中国现存商代青铜方尊中最大的一件，整个器物用块范法浇铸，被史学界称为“臻于极致的青铜典范”，位列十大传世国宝之一；1942年出土的子弹库楚帛书，是我国年代最早的帛书，流落到美国后，其研究也逐渐国际化，促进和掀起了国际性帛书研讨热潮；1956年长沙窑遗址被发现，出土陶瓷器近万件，加之后面印尼勿里洞外海海域“黑石号”唐朝沉船的发现，长沙窑被誉为第一个外销型瓷窑，对唐代“海上陶瓷之路”的开辟功不可没，而同时在中国陶瓷史上创造了多个第一，第一个成功发明烧制铜红釉，第一个开创模印贴花，第一个创造并发展了釉下彩绘，第一个涉足商品价值铭文、姓氏铭文，第一个涉足商业广告语；1972年马王堆一座西汉古墓，不仅出土了世界上首次发现的历史悠久、保存完好的湿尸，还出土了一大批品种繁多、保存完整、价值极为珍贵的文物，尤其出土的“禅衣素纱”，衣长128厘米，通袖长195厘米，袖口宽29厘米，腰宽48厘米，下摆宽49厘米，重48克，薄如蝉翼，折叠后不盈一握，织造工艺技术如此高超，一下改变了人们对于西汉初期人们生活简陋、无马车可用只得使用牛车的印象……

一条渡船，竟能改变一部湖湘文化的历史，可信否？

不管你信与不信，事实已经摆在面前——湘江河上朱张渡口的一条渡船，摆过了一段历史，却又让后人在书写历史时，为之浓墨重彩。

这条渡船，很普通，木舢板单桨划船。

这个时间，很不凡，时为南宋乾道三年（1167）9月到10月。

坐船的两个人物，更为了不得。朱熹，南宋著名的理学家、思想家、哲学家、教育家、诗人、闽学派的代表人物，世称朱子，是孔子、孟子以来最杰出的弘扬儒学的大师。张栻，南宋中兴名相张浚之子，著名理学家和教育家，湖湘学派集大成者，与朱熹、吕祖谦齐名，时称“东南三贤”，官至右文殿修撰，著有《南轩文集》等。

这年的8月，朱熹带两弟子从福建崇安启程前来长沙，走了近一个月，行程1500公里。他的目的，简明扼要——他要会晤正在主持岳麓书院的张栻。为何不辞千里劳累奔波？他是前来访学、求师晤友、论道证学的。当时，朱熹已经誉满天下，是学界的著名领袖，仿若如今的功夫明星李连杰，而张栻则如同当下的全国武术散打冠军，曝光率不高。但其实，张栻学识已经非同一般。他在宋绍兴三十一年（1161）遵父命去衡山，拜当时以程颐、程颢的弟子自居的著名理学家胡宏（1104~1161，著有《五峰集》，人称五峰先生，著名经学家胡安国之子）为师。在这位名师的精心指导下，张栻谨遵其师之遗教，“反之吾身”，渐渐积识义理之所存，成为湖湘学派的一代宗师。作为同一时代的两位高手，他们相互关注、相互仰慕，但久未有机缘一见。而师从李侗（1093～1163，字愿中，世称延平先生）的朱熹，曾一度沉迷于训诂学，待感到中庸之义的魅力时老师已撒手人寰，他的心中有了一个结，那就是后悔年少时的轻狂竟错失学习良机，这就好比练功者练到了第九重却怎么也无法找到练第十重的口诀，这种心痛让他吃不好睡不香。这时，他想到了李侗与胡宏属同一渊源，而张栻得到了胡氏真传。他的眼前，豁然一亮。于是，他决定前来与张栻切磋一番。

这次切磋，堪比华山论剑！朱张二人初相见，竟一见如故，湖湘文化也迎来了其第一次剧烈的心跳。

在此之前，虽有屈贾诗文留芳，有李白、杜甫、白居易之辈的明星轻飘飘走过吹起一阵涟漪，也有李群玉之类的本土文化名家崭露头角，但是，湖湘蛮荒之地的恶名刚除，教化的春风还未催开群芳，即便已经闻名天下的岳麓书院，周式、孙胄、彪居正等知名的山长，名声似乎偏安一隅，与书院不能媲美。朱熹的到来，改变了这一切。

在随后两个多月的时间里，朱张两人朝夕晤谈，讨论了相当广泛的学术问题。据记载，他们“举凡天地之精深，圣言之奥妙，德业之进修，莫不悉其渊源，而一归于正大”。尤其对“中和”、“太极”、“仁”等理学中的一系列重要概念，他们作了深入探讨。谈得兴起时，两人竟通宵不眠，百泉轩、白鹤泉（兰涧）等处留下过他们争论的身影，也留下了众多应和的诗句，譬如朱熹《兰涧》诗说：

光风浮碧涧，兰杜日猗猗。
岁竟无人采，含薰只自知。

张栻和诗咏之：

芝兰北涧侧，涧曲风纤余。
愿言直根固，芬芳长慰予。

经过反复的切磋论辩，两人在“太极”等问题上的见解趋于一致，双方都得到很大的启发与收益。朱熹作诗记下了这次意义深远的学术交流活动：

偶泛长沙者，振衣湘山岑。
烟云渺变化，宇宙穷高深。
怀古壮士志，忧时君子心。
寄言尘中客，莽苍谁能寻。

在此期间，两人举行了公开的辩论会，这就是著名的“朱张会讲”。朱张二人坐在岳麓书院的讲堂之上，就儒学尤其是时兴理学中的问题进行公开探讨，众学生则坐在下面旁听。这是一次真正的绝世高手的过招，仅凭只言片语，便触发风云涌动。这更是一次创举，体现了“疑误定要力争”孜孜追求真理的精神。于是，“朱张会讲”引来人们更大的兴趣，前来听讲者络绎不绝。岳麓书院宽敞的讲堂中人满为患，许多人只能挤坐在堂前的走廊上或院子里，而听讲者骑来的马几乎把书院前池里的水都喝干了。

岳麓书院如日中天，湖湘学林精神一振。元代理学家吴澄（1249～1333，字幼清，人称草庐先生，江西人）在《重建岳麓书院记》中说：“自此以后，岳麓之为书院，非前之岳麓也，地以人而重也。”同时，此次会讲纠正了此前湖南的文风——当时湖南学者文字“辞意多急迫，少宽裕”，“全无涵养之轼”，而会讲之后，湖南人始知摒弃上述不足，取长补短，才“归于平正”。更为重要的是，“朱张会讲”树立了自由讲学、互相讨论、求同存异的典范，这样的治学方式对于宋代以后湖湘的办学具有极大的启迪，敢为人先，敢于推陈出新，敢于融合各派之大成集于一身——这些长沙甚至湖南精神的因子，对于今天的我们仍值得推崇和借鉴。还有一点值得谈及，这次会讲后，朱熹就一直与湖湘学派保持密切联系。特别是张栻去世后，有的湖湘学子还不远千里到福建拜朱熹为师求学。

古代的长沙，因湘江跨度大而东西交往甚少。而张栻寓所则在与岳麓书院隔江相望的另一所著名书院——城南书院。应张栻之邀，朱熹还在城南书院讲学。于是，两人经常同舟往返于湘江之上。太守刘珙在岸边建船斋，供两人往返时休息，朱张以《西屿》为题作同题诗自娱。朱诗说：

朝吟东渚风，夕弄西屿月。
人境谅非遥，湖山自幽绝。

张诗则曰：

体系舟西岸，帽巾自来去。
岛屿花木深，蝉鸣不知处。

朱张经过的这条水道，并非两人首渡。而今经众多史学家考证，直到明清时期，从长沙城南经橘子洲到岳麓书院的这条水路，可以说是长沙东西交流的最古老的一条水道。那个舍舟登岸的渡口，也非斯时才有，而只是当时当地学子志士尊敬朱张两位而命名。27 年之后的 1194 年，朱熹任湖南安抚史，移节长沙，振兴岳麓书院，仍取道古渡往来于岳麓书院与官衙公署，白天办公，晚间讲学，相从的门徒多达千人，朱张渡的繁华景象可想而知。

从此，朱张渡成为岳麓书院学子往返于湘江的主要渡口。这似乎是一种学子的追逐理想的情怀，也是一种榜样示范力量的继承。朱张渡，从而不再是张朱两人的渡口，而成为学人的渡口、文化的渡口。清人张先骏（字兰云，长沙人）说：

二贤讲学当年事，古渡犹教胜迹传。
两水平分帆影外，一亭孤峙渚花天。
洲中雨细寻芳若，山里云深隐杜鹃。
漫说文津和道岸，迄今遗绪几时肩。

清朝的隆观易（1838～1878，字无誉，号卧侯，宁乡人）、舒东（字芬照，湘乡人，诸生）、刘蓉（1816～1873，字孟容，号霞仙，湘乡人），民国的王啸苏（1883～1960，名竞，长沙人，南社社员，湖南大学教授）也留有诗作。

文化，只有在流通中才能相互借鉴，交通融汇，获得长足发展。而朱张渡正是湖湘文化交流的起点和重要纽带，它把先进的思想从书院带到了三湘大地甚至更远，在某种意义上，它还是湖湘文化的映照。没有它，两位教育家兼学术大师的思想得不到交流和碰撞，众多学子无法从他们的争论中捕捉生生不息的思辨，灿烂不朽的文化也得不到繁衍。可以说，朱张渡是个文化渡口，是湖湘文化与其它学派沟通融合的桥梁。

因而，朱张渡一直为湖湘贤达、学子、社会名流及普通百姓所重视。清嘉庆十七（1812）年，学政汤甫捐建朱张渡亭于水陆洲，岳麓书院山长袁名曜作记。咸丰十一年（1861），学政胡瑞澜重修渡口。清代朱张渡口的“岁修”、“油舱”之费全由民间捐田、捐钱维持，慷慨之士大有人在。仅道光十一年（1831），杨振声就捐银120两，交“道事”生息，充“岁修”费用；还有蔡先广、蔡先哲兄弟捐店铺2间，租金充作渡口经营之用。

湖湘子弟更是满怀感恩之心祭拜朱张两位大儒。1180年，张栻在留下了《南轩文集》《论语解》《孟子说》等著作后，病逝于湖北江陵，年仅48岁，长沙学人迎葬其于宁乡沩山龙塘（今黄材水库侧），其身旁还葬着他的父亲张浚。据载，张栻之灵柩入长沙时，老稚挽车号恸，数十里不绝，四方贤士泣涕相吊。张栻墓用花岗岩砌成墓围，三色土封冢，青石墓碑，碑文为“宋大儒张南轩先生之墓”，清同治年间又为其立碑，敕令“文官下轿，武官下马”，1959年被公布为湖南省重点文物保护单位，惜乎该墓“文革”期间被毁。而对朱熹，湖湘子弟素来敬仰。朱张会讲时，南宋著名爱国词人张孝祥（1132～1170，字安国，号于湖居士，今安徽和县人）时为潭州留守兼任荆湖南路安抚使，他多次与朱张讨论学术，诗酒流连，朱熹握别之际，张孝祥邀约文友张钦夫、邢少连为其饯行，并赋《南乡子》一阙：

江上送归船，风雨排空浪拍天。赖有清尊浇别恨，凄然，宝烛烧花看吸川。　　楚舞对湘弦，暖响围春锦帐毡。座上定知无俗客，俱贤，便是朱张与少连。

还据传，朱熹也欣然命笔，依韵和了一首：

落日照楼船，稳过澄江一片天。珍重使君留客意，依然。风月从今别一川。　　离绪情危弦，永夜清霜透幕毡。明日回头江树远，怀贤，目断晴窗雁字连。

词人与学者一唱一和，给长沙留下了一段佳话。朱熹来到长沙任职的第二年即1195年，他向学生们讲授的理学被宣布为“伪学”，事态随后急剧恶化，最后升级为“逆党”，朱熹则成为“逆党”之首，差点掉了脑袋。长沙学人在此困难时刻，没有舍弃朱子，而是到处托请朝中湘籍高官，暗中打点，想法为他在帝王相侯面前争得辩护。也正因湘人的力挺与追随，朱熹在去世9年之后得到了平反，其学说被官方奉为指导性思想，湖湘学人争相互道，极力传颂。这种“难中不弃、权贵不求”的道义，成为长沙精神的重要部分。

敬重知识、崇拜名家，形成长沙风气，就自朱张渡始。这以后，长沙百姓屡有这样的义举。赵汝愚（1140~1196，字子直）因力主抗金为韩侂胄所忌被贬永州但至衡阳时暴卒，因为皇室而运送回京，长沙百姓闻之，于其路吊唁和祭奠，要求将他安葬，遂得葬其衣冠于妙高峰下，称为南宋忠定赵福王墓。辛弃疾（1140~1207，字幼安，号稼轩，南宋大词人）曾任潭州知府，建立有抗金的飞虎军，其胆识与办事果断的作风深得百姓拥戴，他被调走后，长沙官民就把他为飞虎军建立营房的一带称为营盘街。宁乡开国男易祓（1156～1241，字山斋，一字彦章，南宋经学家）在宁宗时因主战而遭贬，59岁时返归故里，长沙官民居然不畏朝廷，挟道以迎。文天祥（1236～1283，今江西吉安人，南宋名臣）率军抗元，在五坡岭兵败被俘，被押至大都遇害，消息传到长沙，百姓无视官府的威胁，“断炊寒食，为之三日”。……

二、两座书院，承载潇湘洙泗的传统

朱张渡对于古城长沙来说意味深长。它一头系着岳麓书院，一头系着城南书院，而岳麓书院以西是隐隐的山林，城南书院以北是喧闹的市井，江上桅樯川流，洲上云树如烟，山、水、洲、城都被两座庭院共有的古渡串联在了一起。

这是个极有寓意的境象。岳麓、城南两座书院，不仅在长沙传播着思想文化，而且影响着长沙人的气质与性格，或者说，长沙的文化精神基本就由这两所书院所奠定。

岳麓书院被视为湖湘的人文传统、学术思想、人才培养、文化特色以及精神象征的最鲜明、最集中的代表。其最有成就、最有特色之处就是在一千多年的办学历史上培育了一代代知识群体，包括宋代理学派、明代心学派、明清实学派、清代汉学派等知识群体。由于他们在历史发展的重要时刻勇于承担知识创新、社会道义的责任，充分发挥知识群体在社会历史发展中的作用，故而成就为一代代卓有历史贡献的人才。这一点，到了近代更为突出。如经世改革派的陶澍、魏源、贺长龄、贺熙龄，再如湘军集团和洋务运动的首领曾国藩、左宗棠、胡林翼、郭嵩焘、刘蓉、曾国荃、刘长佑，又如维新变法人才集团的谭嗣同、唐才常、沈荩、熊希龄，民主革命派人才集团的黄兴、蔡锷、陈天华、程潜等，还如早期共产主义者毛泽东、蔡和森、邓中夏、李达以及他们的精神导师杨昌济，都深受这里的院训、校风的影响。这个首功，还是得记在朱熹头上。他在振兴岳麓书院时，还将自己原先在庐山白鹿洞书院讲学时制定的学规揭示于岳麓书院，被称为“朱子学院教条”，之后岳麓书院以此规训学生达千年之久。另外，湖湘学术的传承与发展又总是与岳麓书院息息相关，学者的培养、学术思想的形成、学派的出现、学脉的传承，等等，大多与岳麓书院相关。早在宋代，岳麓书院就形成了以理学为本，同时将经世结合起来的学术传统与特色。明中叶的心学思潮，或是明清之际的实学思潮，或是清代的今文学派、古文学派、理学派均继续了这一学术传统。这种既能够依照时代的变迁而有知识创新、学术变革，又能够保持自己固有的知识传统、学术特色的学风，构成了湖湘文化的深厚传统，也让湖湘学派的主要特点分列出来：政治上主张抗击外侮，反对卖国议和，希望建立一个强有力的中央集权政府，达到富国强兵的目的；学术上讲求性体心用，重视道德践履和经世实学，反对空疏虚妄。长沙，因而得以与孔子的家乡山东相提并论，被誉为“潇湘洙泗”，视为文化奥区和学术思想的源泉。

站在朱张渡口，环视湘江两岸；走向岳麓书院，仰望层林尽染。这让人不禁想起了千年以前的智璇二僧。僧人不盖庙宇，却到岳麓山来割地建屋，办学养士，他们当时怎么想的？南宋岳麓书院山长欧阳守道（约1211～1276，字公权，一字遇父，号巽斋，江西吉州人，进士，文天祥之师）在《赠了敬序》里谈到了二僧办学的用意：“念唐末五季湖南偏僻，风化陵夷，习俗暴恶，思见儒者之道，乃割地建屋，以居士类。”这种“思见儒者之道，不存教门芥蒂”的先进文化理念，就是岳麓书院长盛不衰的机密。

现立于湘江河东书院路的城南书院，是湖南一师的前身，为南宋绍兴三十一年（1161）张浚、张栻父子所建。乾道元年（1165），张栻开始在这里授徒传业。整个书院旧址宽阔，有屋宇31所、基地园土26处。书院有监院、讲堂、书房等六斋。当时虽名为书院，实为私家园林。张浚父子精心营造了“城南十景”——

丽泽堂，书楼，养蒙轩，月榭，卷云亭，集楼台堂榭之胜又月绿竹阴的琮争谷、高邱重叠的南阜，一池如碧的纳湖，纳湖中所置听雨舫和采菱舟。朱熹来访，常与张栻流连往返于十景之中，举杯痛饮，遂有十景的唱和。张栻《月榭》诗云：

危栏明倒影，面面涌金波。
何处无佳月，惟应此地多。

朱熹和诗云：

月色三秋白，湖光四面平。
与君凌倒影，上下极空明。

张栻《听雨舫》诗说：

风吹渡头雨，撼撼蓬上声。
欣然会心处，端复与谁评。

朱熹和之：

彩舟停画桨，容与得欹眠。
梦破蓬窗雨，寒声动一川。

张栻还为之写下了《城南即事六首》《题城南书院三十四咏》《三月七日城南书院偶成》《城南晚步》等大量的诗作。淳熙间，张栻召为吏部员外郎，离开长沙，十景逐渐荒废。明嘉靖四十二年（1563）长沙府推官翟台才在高峰寺下建得学堂5间，万历年间复圮。城南书院真正成为诸生肄业之所，是从清乾隆时开始的。乾隆十年（1745），杨锡绂任湖南巡抚，下车伊始，杨便赴岳麓书院课试生童。然而，前来应试的生童寥寥无几。问其故，只因长沙城到岳麓书院“中隔湘江”，稍遇风涛即船毁人亡，士子故畏葸不前。杨决意将岳麓肄业诸生迁移至湘江东岸的城内就读。恰巧在都正街寻得都司衙门空署一所，于是将其改建成书院，因该书院在城之南隅，乃称“城南书院”。岳州知府黄凝道捐建御书楼于书院南隅。从此天心阁下一片弦诵之声。嘉庆二十五年（1820），巡抚左辅以天心阁下市廛喧嚣，不利研读，在妙高峰下觅得旧址，复建城南学院，至道光年间完全恢复旧观，复建城南十景和书斋、文昌阁、文庙、南轩祠一起散布于青山绿水之间，沉寂五百年的城南书院又盛极一时，直到1910年的灭顶大火。著名学者陈本钦、孙鼎臣、余廷灿、贺熙龄、何绍基、郭嵩焘等先后讲学于城南书院。青年时代的曾国藩、左宗棠、王闿运、黄兴，湘中大儒李元度，著名教育家张百熙、谭云山、杨毓麟，知名之士邓辅纶、樊锥、杨端六、皮宗石、文斐等曾在此修藏或就读。民国傅熊湘（1882～1930，字文渠、君剑，醴陵人，南社社员，曾任北洋政府教育总长等）作有一首《城南读书》以示诸生，诗曰：

山花散幽芳，晴光媚遥渚。
尘羁偶愒息，栏槛暂容与。
杰阁峙崔嵬，风摇铃铎语。
贤圣虽递嬗，芳芬自今古。
乐静可言仁，大化浩穹宇。
胞与扩无际，岂必在濡呴。
长途暑铄金，役夫汗挥雨。
众定寂群喧，渊然此庭庑。
多士集时英，健翮同高翥。
怀哉风浴归，即兹胜沂舞。

书院内旧有吕南屯所撰一联：

人只此人，不入圣，便作狂，中间难站脚；
学须就学，时既过，今又待，何日始回头？

此联深含哲理，上联讲做人，下联讲治学，劝人不可苟且偷安，亦是城南学院育人的真实写照。客观地说，城南学院不如岳麓书院的名气，办学规模、人才培养等方面也稍逊风骚。但是，它所走过的历程，正是私学兴衰的历史。而且，城南书院在宋末那次入官学的机会中，就把自己定位于童生学习之地，以后元明清照此。这是否正是其未能再可与岳麓书院一较高低的原因？在当今之国外，越来越多的教育大家重视童学与启蒙教育，甚至认为最有水平者应去教幼儿，这与我们目前教育人才的分配正好相反。从这个角度去思考教育改革与创新，别具意义。

从河东的朱张渡横过书院路，很快就能来到城南书院。回望对岸绵延若龙的岳麓山，再瞧瞧城南书院后面越显低矮、因周围山峰被削而更加孤单的妙高峰，我的眼中忽然有一种淡淡的潮气：与岳麓山相比，妙高峰也一直是长沙文化的重要山头。清嘉庆进士、两江总督陶澍《长沙竹枝词》云：

妙高山色画屏新，妙高山下水粼粼。
多少游人不知味，出山何似在山真。

但其似乎更易荒芜，更易受到破坏。明末善化禀生俞仪《九日集妙高峰》诗曰：

道脉开南楚，朱张仰昔贤。
往来同讲席，沿革又荒烟。
石断苔痕古，碑残绿字悬。
来游重九日，怀古意茫然。

这种茫然，我到今也有，是一城不能容两院，还是风水使然？环顾四周，高楼林立，城南书院如同置身于高人国的矮子，那些高楼大厦以咄咄逼人之势迫使它退却、萎缩、让步。我猛地记起1936年出版的《长沙市指南》的记载：

妙高峰为本市最高峰，其顶有平地，方可2丈，青草平铺，宛如绿褥。夏间近晚之际，坐憩其地，清风徐来，胸襟顿爽。残阳自麓山反映天际，云霞与江面烟波，互相照耀，往来风帆，悠扬掩映，诚可观也。今建亭于南峰，以供游人休息。

这种景致，在商业开发、楼盘炒作当中，已经不可能再存在了。又记起了妙高峰上那副流传甚广的对联：

长与流芳，一片当年干净土；
宛然浮玉，千秋此处妙高峰。

这简直就是一句谶语：浮玉无根，岂能得生？土地虽净，长流岂可？

余秋雨曾说："我们拥有一个庭院，像中国古代的书院，又像今天和未来的学校。别人能侵凌它、毁坏它，却夺不走它。很久很久了，我们一直在那里，做着一场文化传代的游戏。至于游戏的结局，我们都不要问，因为事关重大，甚至牵涉到民族和人类的命运。"社会进步得太快，人心越来越浮躁，静心修养的时间都被各种匆忙所挤压，记忆也仿佛要被清扫，总会有一些历史会越来越薄，接而沉寂、湮灭，最后成为地图上的一个圆点，甚至连圆点也可能有一天不复存在。

或许，这种被遗忘，我们正在经历，譬如城南学院，譬如朱张渡。

三、无数后人，打通文教湘军的文脉

牵起两个书院交通之线的朱张渡，被儒家视为一种精神的皈依之地，历代为人所吟咏。清嘉庆十七年（1812），原址上建有朱张渡亭，袁名曜（1764～1835，字焘岚，又字道南，号岘冈，宁乡人，嘉庆进士，授翰林院编修，后主讲岳麓书院，陶澍称其为"楚南人物"）作记时就引用学使者汤敦甫先生的话说：

壮于往或终厉，少需焉，而利有攸往也；躁于进则忘危，姑待焉，而无危勿安也。见险能止，相时而动，兹亭亦有裨万一乎！

李家骏（1776～1846，字金门，一字伯声，号芝农，河南河内人，御医）诗云：

一楫苍江渡，千秋胜迹留。
潮添湘水合，沙拥橘洲浮。
道岸先登涉，文津共溯游。
英英三楚地，事业企前修。

革命烈士、湖南第一师范教师方维夏（1880～1936，湖南平江人）思今怀古，借景抒情，奋笔疾书：

风雨城南几十年，摩挲残碣思依然。
即今遥望朱张渡，犹是秋高月中天。

1916年冬，毛泽东邀罗章龙、杨开慧等共攀岳麓山。他们清晨出长沙南门，到朱张渡泛舟过江，在茶亭讨论朱熹、张栻二人在湖南留下的学术影响，至自卑亭稍稍休息后，从凤凰山、天马山分南北两路登云麓宫，并赌以先到者为胜。当时正值大雪封山，冰凌嵯峨，不见鸟迹人踪。几人在凛冽的朔风中，踏着积雪冰泥，艰难前行，足足两小时后才登上北海碑亭。后又上了山顶的云麓宫，直至傍晚时分才下山。又在赫曦台驻足读了当年朱张二人的联韵诗，这对青年毛泽东和罗章龙的触动极大。罗章龙当晚题笔写下了五律《朱张渡》：

共泛朱张渡，层冰涨橘汀。
鸟啼枫径寂，木落翠微冥。
攀险呼俦侣，盘空识健翎。
赫曦联韵在，千载德犹馨。

今人也没有忘怀这个让湖湘文化改头换脸、动脉重新输血的渡口。周行易写联称赞：

长岛卧江心，送波澜涨退，日月沉浮，犹自当年情景；
一舟横古渡，载家国文章，春秋义理，几人对岸归来？

湖南新乡土诗人陈惠芳题诗说：

我摸了摸朱熹与张栻
大师一动不动
已经很多年
我要抱，就要抱这样的大腿
我望着湘江出神
那个渡口呢，那条渡船呢
艄公的子孙们
坐在他们的脚印里
钓鱼
他们不知道，他们的祖先
捂热过大师的几枚铜钱
岳麓山在那边
岳麓书院也在那边
秋天的枫叶
红得像熬红的眼睛
大师站在倾情的交谈之中
对于书卷外的风雪
浑然不知
八百年之后
一介书生
沿袭着大师遗落的手势
指点江山
大江东去

大师西沉
收拢了的光芒
每天都会按时归来

更重要的是，朱张渡把文教的种子根植于湖湘，孕育出了一代代教育大家，不仅影响湖南，而且影响中国。以岳麓书院的山长为例，张栻之后担任这一要职的名家宋代有吴猎（1142～1213，字德夫，号畏斋，醴陵人）、凌登龙（1190～1260，字显夫，长沙人）、欧阳守道，明代有叶性（明弘治九年〔1496〕聘为山长，福州人）、陈论（明正德三年〔1508〕聘为山长，字思鲁，攸县人）、张凤山（明嘉靖十六年〔1537〕聘为山长，浙江胡洲人）、张元忭（1538～1588，字子荩，号阳和，浙江山阴人）、吴道行（1560～1644，字见可，号嵝山，宁乡人），清朝则更多，康乾盛世间就有车万育（1632～1705，字与山，号鹤田，又号敏州，邵阳人）、李中素（1687年任山长，字子鹄，湖北麻城人）、陈际鼎（1707年任善化训导兼山长，字武子，号立崖，湖北黄冈人）、廖俨（1710年被聘为山长，字次仪，宁乡人）、李文炤（1627～1735，字元朗，号恒斋，长沙人）、易宗涒（1682～1771，字公申，号实庵，湘乡人）、曹耀珩（1674～1740，字鸣佩，号畅庵，益阳人）、黄明懿（1740年任山长，字秉直，广西临桂人）、房逢年（1745年主教岳麓书院，湖北嘉鱼人）、王文清（1688～1779，字廷鉴，号九溪，宁乡人）、周泰（1753年任山长，字迪循，茶陵人）、旷敏本（1699～1782，字鲁之，号岣嵝，衡山人）、欧阳正焕（1757年任山长，字尧章，一字瑶冈，号慕耕，一号竹淦，衡山人）、万年茂（1718～1808，字少怀，号南泉，湖北黄冈人）、张九镒（1777年任山长，字权万，号橘州，又号退谷，湘潭人）、熊为霖（1779年任山长，字学桥，江西新建人）、罗典（1719～1808，字徽五，号慎斋，湘潭人）……这些人，或学识超人，或人格高尚，为书院培养塑造一个个品行端庄的文化人做出了不可磨灭的贡献。朱熹在

《观书有感》诗中说：

半亩方塘一鉴开，天光云影共徘徊。
问渠那得清如许，为有源头活水来。

朱张的最大贡献，就是为湖湘学术及文教传统，打开了一扇天窗、找出了源头活水。民国时期，湖南教育大家众多，当与此相关；而当代教育中，湖南优秀教师珍珠串串，都是因有了这种厚重的教育传统。毫不夸张地说，朱张渡为湖湘文教抹上了注重品格、修身为学、知行合一、经世致用、兼学多备、务实创新的底色。这又应了朱熹《春日》一诗的描绘：

胜日寻芳泗水滨，无边光景一时新。
等闲识得东风面，万紫千红总是春。

客观地说，朱张渡作为一个完整的文化故事，其主要章节是在朱张身后长达数百年的时空中由无以数计的文化人共同完成的。它的风韵来自于语言风格和艺术技巧之外的文化人格的融注。朱张渡的实用性、文化性以及延续性处理是非常有难度的。《续修岳麓书院志》第一卷“田额”一栏专列有“朱张渡食田”。食田是文化史上的一个特殊经济概念，即书院通过将土地、铺屋招租，获得租谷、租金，以此作为船夫的工钱和渡船、码头的维修经费。同一栏内，还录有一份《朱张渡捐约》：

立捐约蔡先广同弟先哲，今将……灵官渡内坐南朝北铺屋壹所，计七进，又张公桥上手老岸铺屋壹所，计三栋自愿捐入岳麓书院，岁收租息作朱张渡船夫每岁食用之费。

读着这份捐约，我的心中充满感动，教化的力量巨大，文明的进化、千秋的大业，都在这些平凡而伟大的举动中。这是多情可爱的传统文化中最清芳的部分。但可悲的是，在捐约之后有一条按语：

所存契纸各约于道光二十四年（1844）由城内绅庠概行取去……至咸丰丁巳年（1875）间始将原捐租谷收归书院。

按语表明，供养渡口的产业被人夺去了31年。要使一个主供学子行运的渡口长年运转，十分艰难；要与豪强周旋，要与洪水天灾搏斗，都需要社会各界援手，需要人的善性的觉悟。因此，朱张渡的存在，实际是在考验长沙这座古城的品行和操守。被现代生活所掩蔽的细节，使我看到了人性的善与恶，并有了自己的评判：长沙，整体上打了一个较高的分值。

湖湘文脉，源远流长；朱张渡，永久地留下了朱熹、张栻飘逸挺拔的身影；湖湘文化的历史，在这里有了一个大的转折。

更感动于两位先驱的无私大爱——张栻捐献了自己的庭院，使城南学院（湖南一师）有了最初的基地，并把毕生大部分的精力付诸岳麓书院的建设与人才的培养当中；本只是前来论剑比武的朱熹，除了留下了许多珍贵的思想与著作，还扎实地为岳麓书院的规范与兴盛做了大量极具操作性的工作。在中国历史在战乱与权术的漩涡中挣扎时，朱张两位书写了最具性灵的高雅篇章。尤其在张栻早逝后，年近迟暮的朱熹独自承担起了传学、兴院的两份责任，劳累奔波于城南、岳麓两个书院之间，独自渡江于河东河西，默品孤独，单肩负义，想想那种画面，实在可以让人涕泪长流。

1197年，朱熹的得意门生蔡元定因传播朱张学说而受迫害。官府即行拘捕他的前夕，朱熹闻讯召集百余名学生为他饯行，不少人痛哭失声。蔡元定却从容镇定，表示愿为老师和他的学说去受罪。已知时日不久的朱熹甚是感动，邀请蔡元定与他同卧。这个晚上，与朱张渡一样，应该记入历史。一盏微弱的油灯可以作证，那个呼啸着北风的朱张渡可以作证：师生俩最后相聚的晚上，他们竟然没有谈分别的事，而是通宵达旦修订了《参同契》一书！

朱张渡，更是见证了清晨一个迟暮老人送别爱徒的孤独身影：

他举起手，向那登船的人摇摇，又背过脸，用袖口擦着浑浊的泪水，而举起的右手一直没有放下！

时务学堂：环顾中原谁是主

在长沙市中山西路，有条三贵街（又称小东街）。这是一条颇有历史的老街。三贵街15号有所老宅子，双页门，铜环配在漆着深红色的门腰上，泻出了历史的痕迹，门楣上悬挂一代词人夏承焘(1900~1986，字瞿禅，晚年改字瞿髯，别号谢邻、梦栩生，室名月轮楼、天风阁、玉邻堂、朝阳楼，浙江温州人，毕生致力于词学研究和教学，是中国现代词学的开拓者和奠基人）的手笔“天倪庐”三个大字，更显示了它的历史年轮。据传，这最早是清朝大学士刘权之的住所。刘权之是长沙人，为乾隆二十五年（1760）的进士，在乾隆及嘉庆年间为官50年，历任左都御史、吏部尚书、礼部尚书、兵部尚书、协办大学士等职务，又是《四库全书》校订者之第一人，70岁时告老还乡，荣归故里，逝世后加太子少保衔。刘权之有三兄弟，因此这条街被称作三贵街，附近的几条街也分别被称为太平街、连升街、接贵街、吉祥巷、福兴街、福盛街、小东街（皇帝是大东家，清大学士类宰相是小东家）等。当时人又称刘权之为“相国”，与三贵街相邻的楠木厅，今尚存相国庙遗迹。光绪年间，该宅子转手为益阳人、翰林周桂午（历史学家周谷城的族祖父）所有，周将宅第改造成三进四合院式公馆。

然而，更为熟知长沙历史的学人所知的是，这里就是清末孕育维新变法的学府“时务学堂”的旧址——这个“影响了半部中国近代史”的学堂，是长沙城的光荣与骄傲，本可高调问世，却以残余的半隅窄地（仅为原面积的八分之一），悄然隐身在长沙市粮油公司（现为富湘粮油连锁公司）及长沙市粮食局宿舍区内，很少为人所识得。

走进长方形的院子里，右边是原房主陈云章（1911～2004，益阳天成坑人，早年毕业于湖南大学，后创办职业教育，接办《新潮日报》，曾任省立第九职校校长、中原兴业股份有限公司董事长、湖南省工业会理事长、湖南省参议员等）的住房“思默庐”，正对着大门的是陈云章纪念其父亲陈天倪的纪念堂——“天倪堂”，门楣左边的题字系历史学家周谷城的手书。陈天倪本身亦为著名学者，历任沈阳东北大学国学系教授、中山大学中文系主任、湖南大学第一任中文系主任等职20余年，还曾与著名音韵学家曾运乾教授同任湖南省官书局编撰，合著《中国通史》，在史学界颇有建树。天倪堂，红砖墙，绿色琉璃瓦挑出的门楣，大门上挂着一幅陈天倪自作的对联：“一代宋欧联史席，千秋班马是前身。”横批“高山仰止”。此联是他借史学界的泰斗宋祁、欧阳修、班固及司马迁以自况。堂内供奉着陈氏家族的灵位，摆设着一些名人题字、纪念文字和纪念物，其中有孔德成（1920～2008，字玉汝，号达生，系孔子第77代嫡长孙、袭封31代衍圣公、大成至圣先师奉祀官，台湾大学等高校教授）、李锐（1917～，平江人，原中组部副部长，党史专家）及原台北故宫博物院院长秦孝仪（1921～2007，衡东人，著名学者、政治家）分别题写的墨迹，还有原台湾地区领导人马英九的父亲、蒋介石秘书马鹤龄（1920～2005，祖籍湘潭）1995年为之题写的对联：“云开海峡一老飞来盛会文坛弘大道，章著湘成群仙仰止长留史馆树高峰。”另有不少珍贵的合影照片，譬如清末湖南高僧海印的遗像，再譬如清末民初学者、著名诗人王湘绮与书法家黄自元和江苏学政、岳麓书院及城南书院的院长王先谦三人的合影。院右，伫立在“天倪堂”与“思默庐”之间的一堵绿色琉璃瓦盖顶的高墙，是整个房子的中心。墙身镶嵌四块弥足珍惜的碑刻：梁启超手书的“时务学堂故址”，李淑一之父李肖聃所书的“时务学堂题记”，李况松的跋及陈云章写的题记。碑文四块一溜排开，显示着这块地方不寻常的历史。

一、湖南现代教育肇始

无疑，时务学堂首先承担的是教育教学的重任。但它的特别意义在于，它是清末戊戌变法运动期间维新派最早一批建立的新式学校，是清朝废除科举以后的第一个学堂，是湖南所创办的第一所近代新式学堂，标志着湖南教育由旧式书院向新式学堂转变，也是湖南现代化教育的开端。

时务学堂正式成立于1897年11月29日，比京师大学堂（现北京大学的前身）还早一年成立，因而称其为“中国近代史上第一所高等学府”并不夸张。而在此前的几年，浏阳人、戊戌六君子之一的谭嗣同与维新志士唐才常等人连续倡议创建，但皆无建树。真正得以实现，赖1895年陈宝箴（1831～1900，又名陈观善，字相真，号右铭，晚年自号四觉老人，江西省修水人，时与许仙屏号为“江西二雄”）出任湖南巡抚，成为地方督抚中惟一倾向维新变法的实权派。他以“变法开新”为己任，与按察使黄遵宪、学政江标等一起推行新政锐意整顿，先后设矿务局、铸币局，兴办电信、轮船及制造公司，刊行《湘学报》，一时湖南维新运动风生水起，领全国风气之先，使湖南成为当时最富朝气的省份。1896年冬，湘绅创办宝善成机器制造公司，蒋德钧（1851～1937，字少穆，晚号戒庐老人、乐天老人，湘乡人，是蜀汉名臣蒋琬后裔，曾任四川龙安知府）“嫌其迹近谋利，乃创为添设时务学堂之议”，这极得陈宝箴的赞赏。1897年1月，由岳麓书院山长王先谦领衔正式呈报巡抚陈宝箴批准立案在长沙成立时务学堂，旋由熊希龄、黄遵宪等请两江总督刘坤一拨盐厘加价银7000两为经费（也有说是陈宝箴、黄遵宪、江标及地方绅士所捐）。熊希龄为此进行了选址工作。他首先征得湘绅同意，在长沙城北门外侯家塘购得一块地皮，邻近南湖，计有数百亩。这里前临大河湘江，后倚冈阜妙高峰，颇踞湖山之胜，又邻著名的城南书院，是一处理想的建校所在地。但是，因为经费不足，只得放弃原计划，暂不兴建，拟先租赁民房开办。初拟租用衡清试馆（衡阳县和清泉县的联合试馆，位于开福区戥子桥衡清里今省文史馆所在地）作为校舍，但因校舍狭小，只得又另觅他处。最后熊希龄利用私人关系，找到同榜进士周桂午，租得三贵街的刘氏老宅五进二层（占地约3000平方米）为校舍。

陈宝箴又在这兴学当中，推波助澜。8月，发布《湖南时务学堂缘起》，以日本为例，指出广立学校，培植人才为自强之本，公开表明办学目的为“用可用之士气，开未开之民智”，学习日本攘夷之道，强国保种，并号召湘中同志共同提倡盛举，维持大局。《缘起》对时务学堂寄以莫大期望：“吾湘变，则中国变；吾湘立，则中国存。”不久，又发布《时务学堂招考示》，对时务学堂的办学宗旨、经费来源和用途、招生人数和招生办法，乃至学校选址和将来学生出路等问题作了详尽的说明，宣布“本年议定暂租衡清试馆开办，延聘中西学教习，择期开学，先行招考六十名入堂肄业”。《招考示》刊布后，反响热烈，至八月，投考学生有4000人之多，盛况空前。

时务学堂，取名自“识时务者为俊杰”，强调的是与时代同步，敢为人先，对教育教学进行彻底的改革。这首先体现在课程的改革与创新上。汤志钧（1924～，江苏武进人，著名历史学家，参与《辞海》编订、《宋史》标校等工作）在《戊戌变法史》一书中介绍说：

时务学堂功课，分为两种：一曰普通学，其目有四：“一曰经学，二曰诸子学，三曰公理学，四曰中外史志及格算诸学之粗浅者。”二曰专门学，其目有三：“一曰公法学，二曰掌故学，三曰格算学。”入学六个月以前，读普通学；六个月以后，则各认专门，但普通学仍须兼习。学生所读之书，有涉猎之书，有专精之书。学习时学生须先将《春秋公羊传》和《孟子》反复钻研其中微言大义、民权思想，然后择取中外政治法律比较参证，使之明了维新变法的旨意。

很显然，时务学堂的课业是以维新变法为基础的西体中用之道，在当时是极走于诸省前列的。陈宝箴在《招考新设时务学堂学生示》中就希望湘人士“仰体时艰，深维图治之本”，“以添设学堂为己急务”。他还认为，湖湘“人文极盛”，而“内地之讲求西学者，湘人士实导其先”，湖湘文化在“洞庭、衡岳之间蕴积日深，故在国势危亡之时，必有英奇魁杰继轨前修，出而任匡救之重，以图报国家”。教学内容随之拥有两大特点：一是“以政学为主义”；二是强调“中西并重”。梁启超对湖南的维新抱有极大希望，他说：“十八行省中，湖南人气最可用，惟其守旧之坚，亦过于他省，若能幡然变之，则天下立变也。”故梁启超在亲自拟订的《湖南时务学堂学约十章》中说“使学者于中国经史大义，悉已通彻”后，以其余力“肆力于西籍”，如“西人声、光、化、电、格、算之述作，农、矿、工、商、史、律之记载”等学问。同时，梁启超在讲学时常借“《公羊》、《孟子》发挥民权之政治论”，改革以政治体制改革为先，他提出“以政学为主义，以艺学为附庸”，“今日中国不思自强则已，苟犹思之，其必自兴政学始。”梁启超离开时务学堂后，欧榘甲、唐才常担任讲习，亦以政学教育为主旨，阐明中国经世致用之学，使学生皆自期许有慨然以天下为己任之志。

其次，体现在教学方法上。时务学堂兼采学堂、书院之长，分为外课、内课两种，“兼学西文者为内课，用学堂之法教之，专习中文不学西文者为外课，用书院之法行之。”课堂以教习讲授，学生做笔记为主，课下学生学习时，随时作读书札记，写下读书心得。学堂鼓励学生提问，课堂上设有“待问匦”，学生读书所有疑义，写在待问格纸（专供学生写疑难问题的格纸）上放入“待问匦”中，由总教习当堂批答榜示。学生们在教习指导下互相交流札记本，“或有所问，而互相批答，上下议论，各出心得。”教习们对学生的札记和课卷都进行认真的批改。梁启超任教习期间，每天除上课4小时外，还要批改40名学生的札记和课卷，每一札记或课卷都要写批语，有的长达上千言。为批改札记和课卷，有时教习们竟彻夜不眠。

再次，表现在学习的奖惩措施上。时务学堂采用一种奖惩方法来激励学生，学生的表现通过分数来显示。学生札记五日一交，由院长（或总教习）批答，凡是平日札记做得好、善于提问的学生都另加分数。学生缺课要扣分。每月设月考一次，每季度大考一次，考后即将三个月内的札记册、待问格及课卷三项通统核阅，汇算分数多寡，并列表刊登在《湘报》上。学堂在学生入学三月期满后，由教习会同绅董严加甄别，决定去留。优异者留校为内课生，次者改为外科生。并规定各类学生因成绩可相互流动。学生有压力也有动力，学习格外用功，学风之勤，学业精进之快，非当时其他学堂可比。学堂还鼓励学生参加学会的学术活动。1898年春，南学会成立后，每期讲学，时务学堂学生多去听讲。

1898年7月，戊戌维新运动失败，8月5日谭嗣同等六君子血溅北京菜市口。时务学堂被迫停办，后更名为求实书院，迁至落星田，又改名湖南省城大学堂。1903年，湖南省城大学堂与改制后的岳麓书院合并，组建湖南高等学堂，1926年正式定名为湖南大学。为了纪念时务学堂，湖南大学校友、泰籍华人罗武子(1912～，祖籍宁乡东鹜山）出资七千美金，在岳麓书院内建立一纪念亭“时务轩”，并将“时务学堂故址”碑嵌入其中。

而三贵街的时务学堂重新回到周桂午后人手中。后来周桂午的儿媳将其租予湘潭人言清华，1915年办起了泰豫旅馆。1922年，梁启超应湖南省长赵恒惕之邀来湘讲学，8月30日抵长，次日在李肖聃（李淑一之父，曾任梁启超秘书）等的陪同下，专程访问了时务学堂故址。梁当年在长沙讲学时才25岁，25年后旧地重游，已年过半百。世事沧桑，他百感交集。李肖聃所写碑记云，梁任公“周览堂舍，感怆积中，盖距先生居此时，已阅二十六年，昔时学生，泰半物故，乃泫然书此六子以为记，馆人张之于壁”。题墨全文为：“时务学堂故址　二十六年前讲学处　民国壬戌八月重游泐记　梁启超。”泰豫旅馆老板言清华将梁启超题墨视为珍宝，装裱悬挂于中堂，“泰豫”遂名声大噪，营业日盛。

9 月 1 日下午 4 时，梁启超在长沙第一中学讲堂讲演，称：

此回来湘，有一最新之感慨，即予在时务学堂时为 25 岁，今年恰 50 岁，是半生之中心点，适在湖南，今岁又来湖南，殊为巧合，故予十分愉快。但又因此发生许多感慨，予在时务学堂日，一班四十人中，有 11 人随我俱去……至今 11 人中惟范静生一人，我不禁生悲绪……我与湖南有最深之历史，自有最大之希望。今日得见诸君，正如二十五年前所见之时务学生，生气勃勃，大有希望。

青年毛泽东在长沙创办新民学会时，数次谈到长沙时务学堂，谈起对他影响很大的时务学堂总教习梁启超。毛泽东说：

湖南之有学校，应推原戊戌春季的时务学堂。时务以短促的寿命，却养成了若干勇敢有为的青年。

戊戌政变，陈宝箴走，谭嗣同死，梁启超逃，熊希龄被革掉翰林，康圣人的著书，一大堆在小吴门外校场坪聚烧了。于是时务学堂倒了。时务虽倒，而明德方兴。

1938 年，时务学堂旧址在“文夕大火”中烧毁。1945 年，李肖聃的学生陈云章返长创办中原兴业股份有限公司，向周桂午后人用 1.2 万元购得小东街至三贵街 8 亩地皮，在时务学堂废墟上建起了公司三层楼房和自己的住宅（20 世纪 50 年代后公司楼房转给了粮食部门）。也就是在这年，他从言清华之子言泽坤手中以 40 石米买下了梁启超的墨宝，又请李肖聘及衡阳李况松题写了碑记。1958 年，陈云章由南京回湖大任教，为利于墨宝的保养，将其寄存至校图书馆。同年，中山大学教授、著名考古学家商承祚（1902 ~ 1991，字锡永，号驽刚、蠖公、契斋，广东番禺人，古文字学家、考古学家、金石篆刻家、书法家）参观湖大图书馆，见到梁书，惊奇不已，连呼“国宝、国宝”，并建议将其转存省博物馆恒温室保管。于是，梁启超墨宝被同行的蔡季襄（1898 ~ 1979，祖籍江苏吴县，生于长沙，文物鉴定专家，曾清理出四羊方尊等）先生带到了省博物馆。“文革”结束后，墨宝重回陈手，陈云章毫无条件地把其捐给了湖南大学收藏。

2001 年，著名画家黄永玉拜访已 90 高龄的陈云章时，建议重建时务学堂。此事引起当时省委书记杨正午的高度重视，指示长沙市进行规划，湖大古建筑专家柳肃教授设计了重建时务学堂规划草图，但最终因某些原因，不了了之。

二、辛亥骨干培育大营

时务学堂从开办到停办，仅仅只有半年多时间，但其播下的维新、政体改革的种子，却有燎原之势，其培育的优秀人才，不可胜数。

时务学堂只招考过三次：第一次在光绪二十三年（1897）八月二十八日，录取学生四十名；第二次在次年三月初一日，录取内课生三十名，外课生十八名，附课生七名；闰三月，又录取第三期学生，其中内课生四十六名，外课生五十二名，备送北洋学生十名。然而，就在这两百左右学生中，却培养出了一大批杰出的人才，尤其第一班四十人中，不仅有北洋政府教育总长、北京师范大学首任校长范源濂，中央研究院院士、中国科学院院士杨树达，中国第一位物理学博士李复几，黄埔军校代校长兼教育长方鼎英等教育界学者，而且更多辛亥革命志士，包括自立军起义烈士李炳寰（1876 ~ 1900，字虎村，慈利人）、林圭（1875 ~ 1900，字述唐，号悟庵，湘阴人）、田邦璇（1879～1900，字伯玑，一字均一，慈利人）、蔡仲浩（1877～1900，字树珊，常德人）、唐才中（1873～1900，唐才常之弟，浏阳人），幸存者秦力山、唐才质（1880～1966，字华丞，一字法尘，浏阳人，唐才常之弟），更有云南都督、护国战争的组织者和领导者蔡锷等著名的将领。梁启超曾说："予在时务学堂虽仅半年，所得高材生甚多，自我亡命赴日，一班四十人有十一人随我俱去，后唐先生才常在汉口实行革命，十一人中死难八人！"他还说："新旧之哄，起于湘而波动于京师。"可以说，时务学堂既为戊戌维新培养了人才，又是戊戌维新的重要舆论阵地。难怪杨树达要自豪地评价道："一千九百年庚子反清之役，民四倒袁之役，皆时务师生合力为之，以一短命之学堂而能有如此事业者，古今罕见也。"

熊希龄曾有《题时务学堂》联云：

八星谈天，三带说地；
四宗异教，五族同人。

谭嗣同亦题联云：

揽湖海英雄力维时局；
勖沅湘子弟共赞中兴。

他们都寄希望于时务学堂能为维新运动贡献生力军，事实上，时务学堂不仅做到了，而且做得特别出色。

这里简要介绍几位。

蔡锷（1882～1916），原名蔡艮寅，字松坡，邵阳人。他自小颖悟，聪明过人，十三岁即考中秀才，十五岁在两千名青年才俊中脱颖而出，考入时务学堂，成为第一班四十人中最年少者。学习期间，他和谭嗣同、梁启超、唐才常几位老师感情非常深厚，其学习成绩也异常出色，有"白帽轻衫最少年"之称。戊戌政变发生、时务学堂被停办后，他与林圭、李炳寰、蔡钟浩、田邦璇、唐才中、范源濂、秦力山等11位同学冒险离家出走，历尽艰辛从长沙辗转到上海，之后东渡日本，追随梁启超、唐才常继续求学。1900年，10名学生回国参加唐才常在武汉组织的自立军反清起义，他受唐才常之托前往长沙劝说新军首领黄忠浩在湖南同时起义。黄忠浩不赞成起义的时机和行动策略，又爱惜蔡之才华年少，于是就把他几乎软禁在自己家中。数日后，自立军起义事泄失败，唐才常、林圭等师友多人以及五十多名湖湘子弟先后遇难。蔡侥幸得免，但心如刀割，曾作诗“前后谭唐殉公义，国民终古哭浏阳”。他逃回日本后，将名字艮寅改为锷，其意为“砥砺锋锷，复仇雪恨”，决心投笔从戎，考入士官学校，以求来日能掌握军权。11年后的辛亥革命，29岁的蔡锷在云南领导重九起义，推翻了杀害他两名恩师的清王朝。又四年后的1915年，蔡锷发动了护国运动，凭借他坚定不移、临危不惧的精神和为国为民战斗到底的英雄气概，终结了袁世凯复辟皇权的美梦，为挽救民国作出了巨大贡献。

秦力山（1877~1906，原名鼎彝，也名邮，别号遁公、巩黄，原籍江苏吴县，生于长沙，曾任《清议报》主笔），自立军起义组织者也是幸存者。1901年，创办留日学生中的第一份宣传革命的报纸《国民报》。1902年，与章太炎等发起支那亡国纪念会，同年又在上海创办作新社，旋创办《大陆》月刊，竭力驳斥康梁保皇言论。之后一直从事反清活动，直至积劳成疾，英年早逝。

周宏业（1878~?，字伯勋，湘乡人），自立军起义幸存者，事败逃难日本。1902年在东京参与创办《国民报》和《游学译编》，同年与章太炎等十人发起“支那亡国二百四十二周年纪念会”，旋又参与组织“中国青年会”和“军国民教育会”。民国成立后曾任财政次长，著有《万国宪法志》。

戴哲文（1879~1907，字骏友，号石屏，新化人），出身造纸业富商，其二姐夫袁吉六为毛泽东在湖南第一师范时的国文老师。时务学堂停办后东渡日本游学，结识黄兴，加入华兴会，参与组织萍醴浏起义、邵阳起义、广西起义等反清活动。《新化辛亥志士戴哲文事略》载：

光绪三十三年（1907），黄兴、谭人凤自越南攻龙州，哲文负责筹措军饷。战事初谐，哲文径往桂林见松坡，一并游说广西巡抚张鸣岐。鸣岐令清军停战，革命军遂入龙州。时哲文患病已笃；兄石泉、弟石云，皆为革命军运输枪械，劳瘁中暑而死；妻萧氏亦罹重症。松坡悯之，劝哲文珍重身体，哲文未从，竟尽瘁而死。松坡亲自护送三兄弟灵柩回籍，葬于戴氏祖墓。哲文无子，松坡提议以其长兄石渠子思浩为其嗣子，议得立。丧事讫，思浩随松坡返桂林，先后就读于广西讲武堂与湖北陆军中学，后参加武昌首义。民国肇立，松坡请命于中央政府，追认哲文为烈士，入祀湖南烈士祠。思浩得官派日本，为士官生。

杨树达（1885～1956，字遇夫，号积微，晚号耐林翁，长沙人），幼从父读，最好《汉书》。13岁入读时务学堂，后从叶德辉受业，精于训诂之学。后选派日本留学，通日、英文。辛亥革命后回国，任教于长沙多家学校。1919年加入健学会，为“驱张（敬尧）”与毛泽东等人进京请愿。范源濂任教育总长时，他亦入教育部。旋任教于北京师范大学、清华大学，著述不断。后移教湖南大学，从此定居长沙，惟抗战期间避难湘西，开“春秋大义”课激励学生。1956年，他拒绝赴台，更游说陈明仁和平起义。随后，先后在湖南大学、湖南师范大学任教，三次受到毛泽东的接见，书信往来亦不鲜。至其1949年逝世，此种待遇在当时旧学者中相当少见。其生平著述7种，见上海古籍出版社之《杨树达文集》。

范源濂（1874～1927，字静生，湘阴人，实业家范旭东之兄），近代教育家，北京师范大学和天津南开大学的创办者。曾为私塾教师，后就读于湖南时务学堂。维新失败后赴日本留学，毕业后任教于京师大学堂。辛亥革命后，曾任教育部次长、中华书局总编辑部部长、北洋政府教育总长、中华教育文化基金委员会董事长。任内曾力荐蔡元培出任北京大学校长。1915 年，与梁启超、蔡锷等共同发起讨袁护国运动。

李复几（1881～1947，原名李福基，字泽民，祖籍江苏吴县，生于上海），时务学堂学生，后辗转赴英国、德国留学，从事光谱学研究，获高等物理学博士学位，是我国最早获得博士学位的留学生，其博士论文题目是《关于勒纳的碱金属光谱理论的分光镜实验的研究》。勒纳于 1905 年因阴极射线的实验研究而获得诺贝尔物理学奖，是当时德国物理学大权威，后来成为 20 世纪科学领域的主将的爱因斯坦也曾于 1903 年提出申请要做他的助手。这样一位物理大师所建立起来的理论，却被一个年仅 25 岁的中国青年人推翻，足见我国第一位物理学博士出手不凡，直抵当时科学研究的最前沿。

中国第一个重工业家范旭东（1883～1945，湘阴人，原名源让，字明俊，后改名为范锐）是中国化工实业家，中国重化学工业的奠基人，被称作“中国民族化学工业之父”……

黄遵宪维新失败被罢官后，写给时务学堂学生一句话：“国方年少吾将老，青眼高歌望尔曹。”充满了对年轻后辈们的期望与勉励。而这些学子也果然没有辜负前辈和老师们的栽培教导。

在中国历史上，时务学堂像是一道闪电撕开了暗夜的一角，旋即又被黑暗吞噬，历史又回到了寒气透骨的原点。但是，滚腾的热血没有白流，英烈们用高贵不屈的生命堆砌起了那个时代的墓碑，感召着一批又一批前赴后继的掘墓人。

1905 年春，蔡锷从日本回国，应湖南巡抚端方聘请，为湖南新军教练处帮办，教练新军。一日，23 岁的蔡锷登岳麓山，赋诗一首：

苍苍云树直参天，万水千山拜眼前；
环顾中原谁是主，从容骑马上峰巅。

诗中充满了对时局的忧虑，也流露了他矢志革命的豪情。而这，正代表着时务学堂的精神气质——以国家民族的振兴为己任，坚忍卓绝，留取丹心照汗青。

而这种精、气、神，是会落地生根的。至少，会给接受其感召者以力量与鼓舞。陈云章这位购得旧址的学校校长、私企老板，也无形中与其血脉相通，延续了其作风。1948 年春，他以湖南省、长沙市工农商六团体联谊会主席的名义，拟“致国大代表书”，强烈要求“停止内战，呼吁和平”。后又率领省、市工农商六团体代表，阻止长沙中央银行将黄金、白银及银元、美元偷运出省。1949 年 2 月，“天倪庐”成为中共湖南省工委策反组织联络点，刘公武、蔡杞材等著名人士常在此聚会；为了长沙和平解放，说服陈明仁等当政主管，4 月 25 日，他与人亲赴东安县，把唐生智接到了长沙……

三、万世师尊济济一堂

不能不说到时务学堂的教师群体。这是一支不管在革命史上还是教育史上，都可留下浓墨重彩的队伍——曾任中华民国总理的熊希龄是其第一任校长（当时的称呼为“提调”），梁启超为中文总教习，康有为的弟子、广东学者韩文举、叶觉迈，以及谭嗣同、唐才常、欧矩甲被聘为中文分教习；西文总教习为李维格，分教习有王史；数学教习许奎垣……

梁启超于 1897 年 11 月到达湖南长沙，拟定了《时务学堂学约》。这一学约以康有为创办广州万木草堂时制定的《长兴学记》为蓝本，对时务学堂的教育目的、教学内容、教学方法等方面作了明确规定。《学约》分为立志、养心、治身、读书、穷理、学文、乐群、摄生、经世、传教十个部分，旨在培养全面发展的维新人才。他指出学堂学生必须有远大的志向，应该“以天下为己任”。

如果没有这种志向，“虽束身寡过，不过乡党自好之小儒；虽读书万卷，只成碎义逃难之华士。”同时他又指出，远大的志向必须以渊博的知识为基础，“有志须先有智识始得”，“志既定之后，必求学问以敷之，否则皆成虚语，久之亦必堕落也。”

谭嗣同当时正穿梭于湘赣宁沪从事各种变法实务，闻知筹办时务学堂，他即在南京朋友杨文会处代购了一批教学仪器。同时，受黄遵宪和熊希龄的委托，出面延请时为上海《时务报》主撰的梁启超、翻译李维格分任学堂中西文总教习。谭嗣同还曾写信给家乡的老师欧阳中鹄，动员他选派浏阳优秀青年入学。不久之后，谭嗣同回到长沙，以“冲决网罗”的精神欲在湖南大干一场，他的战略考虑是：

上即不变法，而终不能禁下之不兴学，锲而不舍，金石为开。国存而学足以强种，国亡而学亦足以保教，有学斯有会，会大而天下之权归焉，复何为而不成乎？

他以极大的热情投入办学堂（时务学堂）、设学报（《湘报》）、创学会（南学会）当中。“三步走”之后，谭嗣同还规划着把学会向议会的方向引渡，试图以南学会为总会，各州县设立分会，主要担议政之职，借此为变法维新争取权利拓展空间。所以，兴学是谭嗣同无变法之名而有变法之实的关键性举措。他为此付出了极大的心血，出任时务学堂的学监，并担任分教习，同时他也是学堂的九名总理绅士之一（相当于校董）。

熊希龄（1870～1937），凤凰人。先生天生聪慧，有“神童”之称，十五岁中秀才，二十二岁中举人，二十五岁中进士，后点翰林。1896年起在湖南积极从事维新运动，因业绩突出、执意改革而被光绪征召入京，时间几乎与谭嗣同同时。赴京途中因为饮食不慎，突发严重痢疾。在他养病的日子里，戊戌政变发生，六君子北京蒙难，熊希龄侥幸得免。他回忆说：“向非一病，当与六君子同命成七贤矣。”后被指为康梁党徒，受到革职并交地方官严加管束的处分。民国后曾出任内阁财政部长、热河都统等职，1913 年当选民国第一任民选总理。由于他反对袁世凯复辟帝制，不久就被迫辞职。熊希龄晚年致力于慈善和教育事业，1920 年创办著名的香山慈幼院，1932 年更是捐出巨额家产用于儿童慈善。1937 年逝于香港。当时国民政府为他举行了国葬。

李维格（1855 ~ 1918），江苏人。变法失败后，他到上海任江南制造局提调兼南洋公学教授，后被盛宣怀聘为汉阳铁厂总翻译，受派出国考察炼铁新法。回国后被委任为汉阳铁厂总办，全面负责汉阳铁厂的改建和扩建工作。在他的主持下，汉阳铁厂的面貌为之一新，钢铁质量改善，产量也逐年增加。李维格成为汉阳铁厂的主要开拓者，中国钢铁冶金界的先驱，为近代钢铁事业的建设和发展作出了杰出贡献。同时，李维格一直积极办学，临终前还把所置产业的大半，捐赠给了苏州东吴大学（现苏州大学）。

韩文举（1864 ~ 1944），字树园，号孔庵，广东番禺人，师从康有为，曾协助康有为编著《新学伪经考》《孔子改制考》等。后任万木草堂学长，号长兴里万木草堂十大弟子之一，康门十三太保。戊戌政变时务学堂停办后流亡日本，协助梁启超办《清议报》《新民丛报》和横滨大同学校。1900 年参加自立军起义。民国后，在广州办南强公学、觉是草堂。晚年留寓香港。

叶觉迈（1871 ~ 1954），号湘南，广东东莞人。青少年时好学，清光绪二十七年（1901）辛丑科补行、庚子科文举人。师从康有为参加维新运动。事发后逃往日本留学避难，辛亥革命成功后回国，曾任北京图书馆馆员，并出任过东莞县长，其后在家乡从事教育事业。

欧榘甲（1870 ~ 1911），广东惠阳人，康有为门生。戊戌政变后，在日本协助梁启超编《清议报》，撰《中国历代革命说略》，鼓吹革命，曾任《大同日报》总编辑，著有《环球日记》等。

唐才常（1867～1900），浏阳人，字黻拨、佛尘。学识渊博，生性豪放，自少即有英杰气概。十几岁时与谭嗣同一起在大儒欧阳中鹄门下求学，两人结为生死知己，并称“浏阳双杰”。唐才常曾连得县、府、道三级考试的第一名。与谭嗣同一样，他用心时政，开阔眼界，研究学习西方的政治经济制度，从中探寻富国强兵之路。维新变法期间，受谭嗣同推荐，任时务学堂教习，并与谭共同开办《湘报》，唐才常任“总撰述”，鼓吹“君主立宪”、“议会政治”，力求变法图强。谭嗣同北上进京之后，曾电召唐才常赴京参与新政的推广，唐才常刚行至汉口，传来变法失败、六君子血溅菜市口的消息，唐才常悲愤异常，“恨不携二十年刎颈交，同赴泉台”，发誓为谭嗣同报仇。此后，唐才常遍游南洋、日本等地，积蓄力量，培养人员，意再举大事。1900 年，唐才常任总司令组织了自立军，联络长江沿岸兴中会、哥老会等会党起事，入会者近十万众，计划攻取武汉这个战略要地，进而凭此军事基地，举行全国性的起义。可惜天不成事，英雄势孤，自立军起义被湖广总督张之洞剿灭。唐才常高吟着绝命诗“剩好头颅酬死友，无真面目见群魔”，在武昌滋阳湖畔英勇就义。章太炎曾说：“其后武昌首义诸人，多其部下，孙武亦自此出。”

时务学堂对湖南的维新运动和近代教育的发展起了很大的推动作用。它培养的大批人才，有的成为维新运动的中坚，有的则成为资产阶级革命运动的骨干。特别是它促成了湖南各地新式学校的设立和书院制度的改革。受它的影响，湖南各府、州、县都纷纷要求将其书院改为学堂，或改革书院课程，有的干脆直接成立新式学堂。因此，可以说，时务学堂对湖南教育近代化进程起了关键性的作用。

对这段历史有着深刻了解的陈云章在生前曾接受过一次电视采访。他坐在院里藤椅上，情绪有点激动，大声说：

时务学堂是中国民主政治的先声，它不仅是中国新式学堂之始，而且是中国思想启蒙运动之始。

这个评价，实在中肯，值得后来的学者继续探研。

百年湘雅：绵绵湘水绕红楼

有长沙弹词唱道：“湘水拍沙，拍走了春秋冬夏，拍不走岸边，那一墙红砖金瓦，顶天立地的湘雅人，百年济世在长沙”……

这长沙方言的鼓板道情中提到的“那一墙红砖金瓦”，便是一个世纪前坐落于长沙城北麻园岭的湘雅红楼。

2011 年 1 月 24 日，湖南省政府公布第九批省级文物保护单位名录，“湘雅医院早期建筑群（含门诊大楼、小礼堂、外籍教师楼、办公楼）”名列其中。

而湘雅历史研究者，中南大学校史研究室主任黄珊琦却指出，此表述值得商榷，他认为，湘雅红楼，一般指的是 1915 年开建的湘雅医院住院大楼，它只是整个湘雅医学教育体系的一部分，没有 1914 年中美合作创办的湘雅医学专门学校（即今日中南大学湘雅医学院），就没有湘雅红楼，况且，湘雅小礼堂、外籍教师楼、办公楼等，均是当年为湘雅医学专门学校而建，准确的表述应该是：“以红楼为代表的湘雅医学院早期建筑群”。

红楼落成至今，时光已过去了整整一百年。

秋日黄昏，踏着夕阳余晖和湘雅园满院子斑驳的落叶，徜徉在绿树红墙之间，抚摸着红墙砖缝里长出的细细青苔和爬满墙体的藤蔓，感怀着红墙内外的世纪风云际会，只觉得一步步都踩在历史人文之上。

一、西医传入中国

西医是如何传入长沙的，故事得从一百年前说起。

19世纪末的中国，正处于吸收现代文明的萌发时期，神秘的东方古国，吸引着西方列国使团成员的目光，人们习惯地将这些使团成员称为传教士。

1901年2月10日，美国耶鲁大学部分校友，在老校长狄摩非的召集下，聚会于美国康涅狄克州，成立中国雅礼协会，旨在到中国传教和兴医办学。

雅礼协会先后派会员德士敦、席比义、哈蓝·比奇多次来华考察，辗转各地后，他们的脚步停留在湖南长沙。

雅礼协会会员哈蓝·比奇在考察报告中对长沙评价颇高："这里极为清洁，建筑也很好，狭窄的小巷，铺设着麻石路，不仅没有负重的牲畜，而且还有很好的下水道系统，19万居民充塞在城墙之内，少有空地……大人小孩一看便知很聪明，大街上可以经常看到妇女；官员也特别令人愉快且有礼貌……"

湖南，作为中国的一个内陆省份，毗邻广东、湖北，南北通达，走水路可进入长江，人口2100万，是英国的两倍，尽管落后、封闭、还有点排外，但优越的地理位置和淳厚的民俗民风，对耶鲁的传教士们充满着吸引和诱惑。

长沙的夏天很热，雅礼协会会员席比义甚至在长沙湘江水陆州的屋顶上睡了一个晚上，他描述道："我曾经睡在房顶，没有蚊帐，微风从铁栅栏后面轻轻吹来，河东万家灯火，河西荒山高耸，繁星点点，挂在头上，没有比这更好的空气了。"

选址定了，谁来中国兴医办学？来华人选成为雅礼会的当务之急，哈蓝·比奇的目光锁定了正在印度行医的雅礼协会成员、美国医学博士爱德华·休姆。他在给休姆的信中热切召唤："请赶快到中国来吧，这里比印度更需要你……你在孟买做的任何事业，绝不能和在长沙的机遇相比……你在湖南可以创办一所医科大学，这里才是你应该工作的地方。”

医学博士爱德华·休姆，毕业于美国约翰·霍普金斯大学医学院，被美国公共卫生局派往印度工作多年。休姆在印度，成家立业，传道行医，还在孟买开办了一家自己的医院，事业发展得很好，而“创办一所新型的医科大学”，则是他一生的梦想，为了实现这个梦想，1905 年夏天，休姆携带着夫人贾乐德，儿子塔德，举家来到中国长沙。

长沙码头，休姆挈妇将雏，晃晃悠悠地走下跳板，见到了前来迎接他的大学同学席比义，一行人坐上轿子，穿过小巷，从小西门入城，一群中国孩子在轿子后面追着喊：“洋鬼子！洋鬼子！”

弯弯的石板路，厚厚的石城墙，把贾乐德吓得不轻，她在轿子上就嚷开了：“我们要住在这道墙里面吗？那我晚上一定睡不着，我感到它像一块大石头要压碎我。”

妻子嚷归嚷，休姆一家还是在古老而陌生的长沙城里落下了脚。

然而，休姆明白，入乡随俗，想在长沙站稳脚跟，要过的第一关就是语言。

于是，他聘请了曾在上海翻译馆任职，主持过《圣经》翻译的杨熙少做他的中文老师，来到外国人扎堆的庐山牯岭，学习中文。一年之后，休姆不仅能用汉语与人自由地交流，甚至学会了一口地道的长沙话，他从中国的《百家姓》中为自己挑选了一个“胡”姓，取名“美”，当有人问他：“先生，贵姓？”他便高兴地回答：“敝姓胡，名美。”

在长沙兴医办学的 12 年间，爱德华·休姆一直被称之为“胡美医生”，这一年，胡美 29 岁，他甚至觉得，“我的人生是 29 岁在长沙开始的”。

颇费了几番周折，1906 年 9 月，胡美的“新医院”在长沙西牌楼正式挂牌开张。左边是米铺，右边是纸行，租来的老屋被粉刷一新，木板制成的门窗，西式铁栅栏，大门上方立了块 7 英尺长、3 英尺半宽的招牌，黑底描金四个中文大字：“雅礼医院”。

站在牌匾下，胡美博士既兴奋又有些前景未卜的忐忑。他不知道，他的西药丸子和从美国带来的手术刀、显微镜，能否为几千年来习惯于用本草和药罐治病的中国人所接受。

很快胡美感到，在中国长沙，他遇上了两个“医学劲敌”。

一个是天心阁城墙上当年抗击太平军废弃的老炮，炮身糊满红纸，周围燃着香烛并悬挂着写有病人感恩词句的字幅，长沙百姓尊称老炮为“红毛将军”，凡有个三病两痛，首先想到的不是求医，而是求拜“红毛将军”的保佑和庇护。

另一个“劲敌”则是遍布长沙街头巷尾的算命先生，他们的信口开河和手中黑漆竹筒里哗哗摇晃的“神签”，往往被百姓们奉为祛病驱魔或心灵慰藉的“灵丹妙药”。

封闭、守旧、愚昧、固执、排外……在这样的环境和情势下推广西医，胡美觉得独木难支，举步维艰，频频致信雅礼会，要求加派人手，几年后，终于等来了他的中国同行颜福庆。

胡美将这一切写进了他的回忆录《道一风同》，并请时任中国驻美大使胡适题写中文书名。1946 年英文版首发，而译稿手稿却在湘雅故纸堆里躺了半个多世纪，后被发掘整理，该书中文版于 2014 年由岳麓书社正式出版。

在湘雅医学院的创办过程中，有几个中国人值得说一说。

颜福庆，字克卿，祖籍厦门，1882 年生于上海一个基督教牧师家庭，1906 年入耶鲁大学医学院。求学期间，雅礼会资助了他大部分学费，条件是毕业后必须回到中国传道行医。1909 年，颜福庆毕业，获医学博士学位，受聘于雅礼会，如约赴中国长沙。这位

28 岁的耶鲁博士，被雅礼会秘书索曼称之为“上帝送给长沙的礼物”。

1910 年春，在汉口码头，前来接人的胡美拥挤在船栏边的人群中一眼就认出了颜福庆：“一个高瘦的中国青年，还不到 30 岁，穿着一件较厚的美国大衣……他的服装、步伐和机警神态显然与众不同……他好像既属于这个环境，但又与它不同。”

胡美携颜福庆在汉口参加中华博医会年会后，次日，搭乘一艘运送生猪的小火轮，经水路抵达长沙。

在雅礼医院，胡美主持内科，颜福庆主持外科，加上 1909 年从美国来长沙的高级护士、文学士妮娜·盖治主持护理，这所湖南省城最早的西医院——雅礼医院，便在长沙坐堂出诊，救死扶伤，名声渐起。其中较为传奇的是颜福庆为湖南督军谭延闿治病的故事。

谭延闿，字祖庵，时任湖南督军兼省长，权重一方。1912 年，谭延闿患病，持续高烧，经长沙城内多位名老中医诊治，收效甚微，高烧不退，家人受朋友指点，请在雅礼医院任职的颜福庆上门治疗。颜福庆详细问诊了病症病史后，诊断为“大叶性肺炎”，且已近自然痊愈期，颜福庆对症下药，药到病除，谭府上下甚为欣喜，谭延闿也因此与颜福庆、胡美结为好友。

谭延闿为茶陵人，湖南望族，一直固守中医中药的传统观念。此番医病经历，使他对现代西医产生了浓厚兴趣，感激之余，他问胡美、颜福庆：“西方人有这么好的医术，我们为何不学习引进？”这一想法，正好与雅礼会来长沙的初心不谋而合，谭延闿与胡美、颜福庆便开始筹划湖南省政府与美国雅礼会合作，在长沙兴医办学。

双方合作契约上报北洋政府，却受到当时把持卫生行政大权的人士的激烈反对，北洋政府以“地方政府与外国私人团体缔约案无先例”为由，电令湖南取消合约。颜福庆、胡美没有气馁，他们联络在北洋政府任职的35名湘籍官员和知名绅士，发起成立民间团体“湖南育群学会”，以私人团体的名义继续与雅礼会协商合作事宜。

1914年7月，北洋政府终于批准湖南育群学会与美国雅礼会合作，在长沙兴办一所医学校、一所医院、一所护病学校，合作者们在各自的名字中各取了一个字，统一冠名“湘雅”。“湘”乃湖南简称，“雅”即美国雅礼会。

1914年12月8日，中国最早的现代医学教育机构——湘雅医学专门学校，在长沙潮宗街正式开学，汤飞凡、张孝骞等20名预科生与新招的12名青年，成为湘雅的首期学生。1915年2月，雅礼医院、雅礼护校一并从西牌楼迁入潮宗街，改名为湘雅医院和湘雅护校。

湘雅成立后，新校区建设计划随即展开：经双方协商，中方提供了15.6万银元的建筑费和价值5万银元的3000余方土地修筑学校；美方则购地1400方，负责建造医院，并承担医院设备购置费15万美金。

雅礼会聘请美国著名建筑师墨菲为湘雅新址做规划设计。墨菲虽是西方建筑师，却对中国传统建筑和文化极为尊重，于是便设计出这一内部为砖木结构，外部清水红砖，飞檐斗阁，颇具鲜明的东方建筑风格，“中西合璧”的湘雅红楼。

耶鲁大学校友爱德华·哈克拉斯为此独资捐献30万美金，他不愿扬名，但明确要求，所建医院必须成为医学教育机构，医院产权归雅礼协会，建成后，医院运转由中美共同维系。

1915年10月18日，红楼奠基，建设者们将一块刻有中英文医院名和日期的花岗岩基石埋进了大楼墙角。

1917年底，红楼竣工落成，位居“民国四大书法家”之首的谭延闿，亲笔题写“湘雅医院”四字，刻于汉白玉之上，作为医院的招牌。

红楼呈凹字型，开口向南，大楼连地下室计有五层，大小房屋三百余间，以红砖水泥建筑，大楼最高处设有瞭望台，可登临远眺湘江、岳麓山，在胡美看来："像张开双臂的巨人，迎接从长沙城而来的病人。"

1918年春，湘雅医学专门学校、湘雅医院、湘雅护病学校相继从潮宗街迁入新址。

从此，湘雅红楼，坐落于长沙城北，成为长沙地标性建筑。金色琉璃瓦，红白相间的群墙，加上湘雅医学专门学校教学楼，与位于北院的预科楼、外籍教师楼、办公楼、后来的小礼堂一起，掩映在江南郁郁苍苍的绿色中，这一片融合了东西方风韵的建筑群，犹如镶嵌于古城中的一幅至美的图画，被誉为"当时中国最漂亮的建筑"。

杨开慧的表妹，长沙县开慧乡的黄俊元，1934年考入湘雅护校，她如今还清晰地记得当年负笈湘雅红楼的情景："黑衣、黑袜、黑裙，蝴蝶式小翻领的护士服，肃穆的红楼，爬满藤萝的长廊，桌上按时更换的鲜花，教室墙角摆放的钢琴……"

尽管在日本军机轰炸长沙时，时任湘雅医院院长的美国人顾仁在楼顶铺上了星条旗，而红楼并未逃脱毁于日本侵华战火的命运，第三次长沙会战，中日两军在湘雅路和湘春路之间对垒厮杀，战斗胶着数日，日军溃败前，将包括红楼在内的湘雅南北校园付之一炬。

抗战胜利后，学校将大楼主体修复并在四层加盖了吻鸱式的屋顶，墙壁油漆一新，家具水电重新装配，装设了电话20部。同时筹集资金，在红楼的西面加建了一栋四层楼的建筑，为湘雅医学院附属医院，有250张床位；一字排开的红楼、附属医院、门诊处等建筑，保持了墨菲原设计的建筑风格，建筑面积7万平方米，四周红砖清水外墙，顶面以钢筋混凝土紧固，人字歇山屋顶，五处挑檐靴头爪角，上饰回纹收尾，盖栗色筒瓦，谷黄色正脊；室内为水磨石地面，楼梯嵌铜防滑条，大理石台阶，内墙面粉白色石膏。这就是人们后来所看到的红楼。

老人们回忆：1948 年前，“绵绵湘江绕城而过，船家自北溯水而上，看到这幢红楼，便知到了长沙。”

二、湘雅写就半部中华西医史

有人说，湘雅，可以写就半部中华西医史。抚今追昔，令人心生感慨：若没有湘雅，红楼不过就是一幢楼而已，而有了湘雅，红楼已不仅仅是一幢楼。它承载着一百年来湘雅人来矢志兴医，济世安邦的奋斗历程和理想追求，见证了中国现代医学从萌生、起步、再到发展壮大所走过的一个时代。

百年红楼造就了中国现代医学一代先驱。

若论红楼造就的中国现代医学先驱，首当其冲的则是湘雅创始人之一的颜福庆。

1914 ~ 1926 年，颜福庆先后任湘雅医学专门学校校长、湘雅医院院长，为中国培养了汤飞凡、张孝骞、李振翩等一批世界医学界宗师级人才。在此期间，与伍连德等 21 位中国医界精英共同发起成立中华医学会，任首届会长。

1926 年 7 月，北伐军攻入长沙城，湖南工农运动爆发，长沙驱逐外国人以及非湘籍人士，颜福庆被迫离开长沙，赴上海又创办了中央大学医学院（即后来的上海医科大学）。1938 年临危受命，出任南京国民政府卫生署长，统筹战时全国医疗卫生和医学教育。

颜福庆回国就拿了行医执照，且每年按时年检，却没开过一天私家诊所，他毕生的心血智慧都用在“为人群服务”上。他认为：“施诊疗病，乃小者、近者之事也。其所谓大者、远者，乃对人民尽开导启发之责，教其所不知，旷其所不逮，使健康生存之正义，充塞两间。”这种医学教育主张和实践贯穿了他的一生。

早在创办湘雅之初，颜福庆就设立了中国第一个研究中国特殊疾病和公共卫生的实验室以及预防医学系，并身体力行，亲自前往萍乡矿区调查钩虫病感染病因，前往京汉铁路沿线指挥抗击鼠疫防疫战。他深谙“防”重于“治”的科学道理，以“民众健康”为最高使命，为我国预防医学和公共卫生事业做出了开拓性的贡献。被公认为中国医学教育史上代表性人物，中国公共卫生学、预防医学的开山鼻祖。

湘雅首届毕业生汤飞凡，1921 年从红楼走出后，来到协和医学院工作三年，又赴美研修，全面掌握了细菌学理论和实验技术，尤其在沙眼病原学方面颇有研究。1929 年应颜福庆之召回国。

抗战爆发，瘟疫猖獗，组建国家防疫机构急需病毒学家，国难当头，汤飞凡挺身而出，出任中央防疫所所长。抗战期间，汤飞凡率领中央防疫所，研制出多种疫苗、血清，并在昆明高峣村成功研制了国产青霉素，挽救了无数国人和抗战将士的生命。

1949 年，汤飞凡出任中央政府卫生部生物制品研究所所长，为新中国消灭天花、控制传染病做出了重要贡献。

1954 年，57 岁的汤飞凡从行政岗位上退下来，继续从事中断了 20 年的沙眼病毒研究，1955 年 8 月 10 日，成功分离标号为 TH8 的沙眼病毒。为了进一步验证，1956 年元旦那天，汤飞凡“以身试毒”，将沙眼病毒滴入自己的眼睛，40 天内不予治疗，从而验证了 TH8 就是沙眼病原体，这株病毒，被国际微生物界称之为“汤氏病毒”。

1970 年，国际上将“汤氏病毒”和其他几种介于病毒和细菌之间的、对抗生素敏感的微生物命名为“衣原体”。汤飞凡是世界上发现重要病原体的第一位，也是迄今为止唯一一位中国学者，被认为是离诺贝尔医学奖最近的中国人。

与汤飞凡同时走出红楼的湘雅首届毕业生张孝骞，则选择了内科临床。

在母校执教两年后，张孝骞先后来到协和医学院和美国霍普金斯大学深造，对临床消化病学作了大量的研究。

1936 年，张孝骞回到母校，出任内科学教授兼教务长。1937 年卢沟桥事变前，张孝骞受命于危难，接任湘雅医学院第三任院长，自 1937 年 11 月 24 日起，长沙城屡遭日机轰炸，为保护湘雅，他率领师生，1938 年 8 月踏上了艰难颠沛的西迁征程。

在大西南崇山峻岭之间，张孝骞带领湘雅师生自强不息，弦歌不断，一边治病救人，一边坚持办学。1940 年 6 月，湘雅由私立改为国立，改名国立湘雅医学院，张孝骞亲自择定的“公勇勤慎，诚爱谦廉”的院训以及那回荡在贵阳、重庆崎岖山道上的院歌，也正是在这抗日烽火中诞生，成为凝聚几代湘雅人情怀与志向的精神图腾。

从 1921 年 7 月执业从医，到 1986 年 7 月看完最后一个病人，张孝骞行医整整 65 年，被誉为“一代内科国手”“协和泰斗，湘雅轩辕”。

1992 年，中国邮政为纪念对国家做出杰出贡献的科学巨匠，发行了第三组中国现代科学家纪念邮票，汤非凡、张孝骞这两位湘雅首期学生，作为中国现代医学先驱，双双入选。

来自湖南湘乡的李振翩是湘雅第五届学生。求学期间，他与毛泽东一起，办报、办刊、驱逐军阀，为救国救民呐喊呼号，当年毛泽东称他为“水牛”。有个未经证实的传说，毛岸英出生，便是李振翩去清水塘为杨开慧接的生。1921 年，毛泽东赴上海参加中共一大前夕，李振翩与毛泽东相约：“你搞你的政治，我集中精力研究医学，50 年后，我们再相见。”

李振翩的志向是研究细菌学和病毒学。关于他，爱德华·胡美在他的回忆录《道一风同》中有过记载：“姓李的学生来自湘乡，他总是很早就把事情计划好，他说：‘真正能治病的药物太少了，我时常看到连你们老师在遇到严重疾病时都束手无策，我打算做研究人员。’”

1925 年，李振翩正在协和医院实习，遇到在此住院治疗的孙中山，应李恳请，孙中山欣然命笔，写下平生最后一幅题词“学成致用”，作为对李振翩和湘雅同学的期许和勉励。

半个世纪后的 1973 年 8 月 2 日，80 岁的毛泽东与 75 岁的李振翩果然再度相见于中南海菊香书屋。

1921 年与李振翩别后的 52 年间，毛泽东带领人民，缔造了一个新中国；而李振翩则在微生物的微观世界纵横驰骋，他的研究，为发现脊髓灰质炎病毒以及研制预防小儿麻痹症疫苗，作出了卓越贡献，当年的“水牛”，已成为驰名世界的细菌学与病毒学家，杰出的社会活动家。

两位老人纵谈了 90 分钟，会见后，毛泽东还派人将自己菜园里种的苦瓜和冬苋菜送到李振翩下榻的北京饭店，请他品尝家乡的风味。

一百年来，湘雅红楼培养出一批中国现代医学的开拓者和奠基人，其中包括汤飞凡、张孝骞、谢少文、沈克非、魏曦、陈文贵、黎鳌、鞠躬、刘耕陶、姚开泰、夏家辉、周宏灏、刘德培等十三位中国科学院和中国工程院院士。

湘雅史料显示：红楼从 1918 年交付使用到 1938 年 20 年间，毕业 12 届学生，培养医学博士 103 名：中国第一代肺病学家吴绍青；第一代热带病学家应元岳；第一代儿科学家高镜朗、钟世藩；第一代放射学家谢志光；第一代预防医学家刘南山；第一代精神病学家、医学教育家凌敏猷；第一代神经病学家黄友岐；第一代化学家徐善祥；第一代病理学家沈士弼；第一代药理学家朱恒璧、何监清；第一代泌尿病学、皮肤病家学李清亮；第一代内科学家吴执中、李佩林；第一代妇产科学家李瑞林；中华血库创建人易见龙；第一代血液病学专家齐镇垣等，他们都成为中国医学界和医学教育界的栋梁之才。

战争年代，红楼学子为中国人民的民族解放事业和保家卫国浴血奋战:

长征路上，杨成武在血战湘江战斗中右腿膝盖被子弹打穿，时任红三军军医处处长的湘雅毕业生姜齐贤，在担架上为他做了手术；红军东征，肖华在战斗中身负重伤，姜齐贤凭着从老乡家里借来的一把菜刀，在肖华身上取出了十几块弹片。

抗战时期，中日滇缅战略决战，湘雅外科学教授谢陶瀛临危受命，出任中国远征军战地救护队总领队，随中国远征军转战滇西缅北丛林，历时一年，与日寇殊死搏斗。

抗美援朝，湘雅外科学教授林光亨作为朝鲜战场上唯一一位中国战地医学专家，直接参加了著名的上甘岭战役，与志愿军战士一起，在弹片横飞的坑道中坚守整整 20 个昼夜。

20 世纪 40 年代，被誉为当时中国外科“四把金刀”的肖元定、沈克非、谢陶瀛、董炳奇，其中肖、沈、谢三把金刀均出自红楼，他们都是湘雅毕业生或者在湘雅工作过。

从 1948 年至 2010 年，湘雅红楼一直是肩负临床教学、医疗抢救、科学研究等多种任务的医疗阵地，数以万计的中国现代医学人才从这里毕业，红楼是他们学习、工作与成长的摇篮。

从西牌楼到潮宗街再到麻园岭，湘雅从它诞生的第一天起，就与长沙休戚与共，血脉相连，它与这座城市和这一方子民一起，共同经历着荣辱兴衰，悲欢离合。长沙张开宽厚的怀抱容纳、拥抱着湘雅，而湘雅则以自己的丹心妙手服务着长沙。

1906 年 9 月 19 日，湘雅医院在长沙西牌楼挂牌营业，这是长沙有史以来第一家被称之为“医院”的医疗救助机构；1914 年 10 月 18 日，湘雅医学专门学校在潮宗街正式开学，长沙诞生了中国最早的医学教育机构；1918 年，湘雅红楼落成，湘雅逐渐成为长沙高水平的西医救治中心和百姓们疑难杂症的最终求诊地。

1938 年 8 月，日寇铁蹄逼近，为保留中国医学血脉，湘雅医学院被迫西迁贵阳，湘雅医院仍坚守长沙，为长沙人民提供战时医疗救护；1938 年 11 月长沙文夕大火，湘雅收留难民、伤兵无数，校史载：“只要走廊过道里能割下一张床板，也绝对会收下……一个医师几乎每天要看 50 个住院病人和 100 个门诊病人，做 5 到 6 台手术，同时还要接产 2 次。”1941 年“长沙会战”，湘雅红楼所在的南院在战火中化为灰烬，湘雅北院设“难民营”，收容长沙难民八千：“每栋房子能站脚的地方都被占据了，过道里也躺满了人，每棵树下都有一群人。学校食堂整天工作，每天供应每个难民一碗饭，他们倒在衣兜里用手抓食。”

新中国成立后，湘雅回到人民手中，在新社会的阳光下，红楼不断焕发着青春和活力，医疗救治、医学研究和医学教育获得了长足的发展和进步。

当年潮宗街上只有 3 个员工的小诊所，100 年后发展成如此规模：

有着百年学脉传承的“南湘雅”，已是中国最知名的医学教育品牌之一，基础医学、临床医学，进入中国医学教育顶级方阵。

1906 年创办的湘雅医院、1958 年创建的湘雅二医院和 1989 年建设的湘雅三医院，均为国家卫计委直管的三级甲等大型综合性教学医院，拥有国家重点学科 11 个，国家临床重点专科 53 个，共计编制床位 9200 张，年门急诊量近 634.2 万人次，年出院病人数近 27.3 万人次，年手术量 15.5 万台次。

2003 年海口人民医院、2012 年湖南省肿瘤医院先后加入湘雅大家庭；2013 年湘雅口腔医院成立；2014 年全国第一家混合制医院湘雅五医院奠基、湘雅六医院签约……

历经百余年发展，湘雅医疗集群已成为中国重要的医疗诊治、医学教育和医学研究的区域性中心。

湖南最好的医院在长沙，长沙最好的医院是湘雅。红楼屹立，金字招牌，百年不倒。在新的历史时期，湘雅正以全新的面貌，更好地服务长沙人民、湖南百姓和天下大众。

三、百年红楼

弹词中还唱到："牌楼街、潮宗街，街头结尾，争说湘雅的传说与故事；麻园岭、识字岭，岭上岭下，流传湘雅的神奇与佳话。"历尽岁月风雨的红楼，更像一座无字的碑，它沐浴过太多的血与火，目睹过太多的生和死，楼里楼外，演绎着无数动人的传奇。

先说说毛泽东与湘雅红楼。

毛泽东的一生，与湘雅红楼有着难解之缘。

他第一次与湘雅人的交集，是接任湘雅医科大学校报的主编，那时，湘雅正准备从潮宗街迁往红楼。

湘雅医科大学校报是中国最早的大学校报，创刊时叫《学生救国报》，第二期改名为《新湖南》，由湘雅第三届学生龙伯坚担任主编。

1919 年五四运动中，毛泽东在长沙主编的进步刊物《湘江评论》被军阀张敬尧查封，湘雅学生张维、龙伯坚、李振翩等就商议请毛泽东来主持湘雅校报的工作，毛泽东爽快地答应了，《新湖南》自第三期起，就由毛泽东担任主编。毛泽东为《新湖南》提出了"批评社会，改造思想，介绍学术，讨论问题"的办报宗旨，每期都要亲自写几篇政论文章，锋芒直指帝国主义和反动军阀政府。出版第九期后，又遭到军阀张敬尧的查封。但《新湖南》已在全国引起强烈反响，认为是"《湘江评论》的化身"。

1956 年 1 月，毛泽东在中南海丰泽园宴请全国知识界知名人士，湘雅首任校长、时任上海医学院院长的颜福庆坐在毛泽东的身边。

刚落座，毛泽东就对身边的颜福庆说：“30 年前在湘雅医学院时我就认识你了。”他提起，当年杨开慧患病，毛泽东冒雨将她背进湘雅红楼，且身无分文，那时湘雅医院有免费病床，但须院长批准，颜福庆当即免费收治了杨开慧。

“我一点印象也没有了。”一生救人无数的颜福庆实在记不起当年那位“拿油布伞”的青年书生，毛泽东呵呵一笑：“当时你是大名鼎鼎的大学校长，我还是一个无名小卒。”

毛泽东又提起：“你院长室旁边的一幢房子里，门口挂了一块牌子，写着；‘马列主义研究小组’，我当年经常朝这间房间里走，在里面搞活动。”三十年过去，当年的湘雅红楼，毛泽东还记忆犹新。

1952 年，毛泽东先后两次在给亲人的信中推荐亲友到湘雅看病，第一封信说：“湘雅诊不好，北京也不见得能诊好。”第二封信语气更加肯定：“湘雅诊不好，北京也就诊不好了。”这两封信，充分显示了毛泽东对湘雅医疗水平的信任与推崇，湘雅人一直挂在门诊大厅里。

西汉古尸也与湘雅红楼有着不解之缘。

长沙马王堆，举世无双。

1972 年春，距今 2100 年的长沙马王堆汉墓出土古尸，震惊了世界。正在访华的日本首相田中角荣，闻讯向中方讨要古尸作为国礼，遭周总理拒绝。日方退而求其次，多次提出，只要女尸的一根头发，以便进行研究，均被拒绝。

病中的周恩来总理 5 次专门批示：“必须立即采取办法，将尸身转到冰窖，消毒、防腐，加以化工处理……非当机立断不可。”

当夜，辛追古尸被秘密移至湘雅红楼。

以湘雅医学院为主，联合国内 30 多家医疗、生化单位，组成解剖、放射、病理组织、化学检验、病原、中医中药、临床、防腐 8 个小组，对马王堆古尸展开全面研究。内容包括：古尸保存程度；古尸病理变化及死因探讨；墓中中草药研究；古尸内脏防腐研究；古尸防腐原因研究等。1972 年 12 月 14 日，在湘雅红楼里对辛追古尸进行系统病理解剖，主刀人正是湘雅医学院解剖学教授彭隆祥。

墓主辛追的保护与医学研究，40 多年来，一直由湘雅为主承担，开创了我国医学史上古代病理学研究的先河，为研究古病理学、古代疾病史和中国医学发展史，提供了宝贵的科学资料，为世界医学提供了无双范本，贡献巨大。由于湘雅在辛追古尸研究的杰出成果，1976 年毛泽东逝世，湘雅专家王鹏程被急召进京，直接参加毛泽东遗体保护的"一号工程"。

马王堆辛追古尸医学研究，在湘雅已延续了几代人。已故总理周恩来提出马王堆女尸至少保存 200 年，中南大学在"985 工程"建设中，特设"马王堆研究中心"，重点研究如何在未来的 160 年甚至更长的时间内，防止古尸蛋白质降解，防止骨组织脱钙、防止组织细胞水肿或脱水等艰巨的世界级医学课题。

中国遗传学可以说也诞生于湘雅红楼。

世界基因之父摩尔根，一生培养了两名中国弟子，一位是复旦的谈家桢，另一位就是湘雅的卢惠霖。

1929 年，卢惠霖在美国学成回国，1943 年起在湘雅任教授，他毕生追求的就是开创中国的遗传学，而湘雅，是他施展抱负的平台。

1978 年，世界上第一个试管婴儿在英国诞生，年近八旬的卢惠霖发出了"中国也要搞试管婴儿"的豪言，她的女儿，时年 38 岁的外科大夫卢光琇，毅然回归湘雅，接过了遗传生殖工程的科学接力棒。

1988 年 6 月 5 日和 6 月 7 日，我国首例供胚移植试管婴儿和湖南省首例试管婴儿，先后在湘雅诞生，中国遗传生殖研究取得关键性突破。

迄今为止，湘雅辅助生殖技术，帮助不孕不育患者出生婴儿5万多例，2013年妊娠率达63.9%，居国际最高；湘雅创建的世界上最大的人类冷冻精子库，供应全国23个省市，45个生殖中心；同时，湘雅的人类干细胞技术已进入国家级研究层面。

卢光琇传承的是遗传生殖，而卢惠霖的另一个弟子夏家辉则研究的是遗传基因。

20世纪70年代，夏家辉在国内率先掌握了人类染色体的G显带技术，在国际上最早用显带技术研究肿瘤，并于1975年发现了一条鼻咽癌标记染色体；1998年成功克隆人类遗传神经性耳聋疾病基因，实现了中国本土克隆疾病致病基因零的突破，被列为新中国基础研究五十年“理论建树25项成果之一”。

1989年，湘雅医学遗传学研究室发展成夏家辉院士领军的遗传国家重点实验室，一批年轻的医学遗传学家脱颖而出。湘雅人将我国遗传学研究推向一个崭新的阶段。

2014年10月，湘雅百年庆典，长沙迎来了一位尊贵的美国客人，她叫玛迪，这天，她在湘雅度过了她100岁生日。

她不是第一次来到中国长沙，1940年，她就随新婚的丈夫裴文坦在湘雅工作了三年，她在湘雅医院当护士长，而丈夫裴文坦在湘雅医院做外科大夫，他们的第一个儿子也在湘雅出生。

裴文坦，1912年生于上海，先后就读于上海、北京，1929~1937年入美国耶鲁大学医学院学习。受雅礼协会派遣，1940年8月来校任主治医生兼临床教员。学校西迁贵阳时，他随湘雅医院留守长沙。期间，他冒险拍摄了一批日军轰炸、焚毁湘雅校园的照片。

裴文坦在湖南益阳行医时感染了血吸虫，1943年春回美国治疗，1944年底，裴文坦准备带着玛迪和两个孩子重返长沙，但美国政府不允许妇女儿童前往中国战区，裴文坦只好只身前往。回美国治疗期间，裴文坦考取了飞行执照，第二次来到中国便加入了著名的“飞虎队”。抗战胜利，湘雅准备从大西南回迁长沙，但湘雅红楼已在战争中被日军焚毁，裴文坦四次驾机从重庆来长沙，视察湘雅红楼的受损情况，有两次没有降落，有两次降落在橘子洲，他还征用200名日军战俘，为湘雅校园清理废墟瓦砾，指令日军将各处砖头集中到四周院墙基脚做成临时围墙。他从国际救援委员会筹集到旧币400万元用于湘雅的重建，为湘雅医院买了两架飞机以备紧急救护之用。1945年11月18日，裴文坦在第四次驾机从长沙返回时，在贵州黄平县境因大雾撞山，殒命蓝天，年仅38岁。

湘雅师生将裴文坦安葬于红楼脚下的湘雅校园，其墓碑上的英文墓志铭写道："他曾经贡献了他的全部智慧、仁慈和毅力，感恩于他的同事、学生及朋友将永远忘记他。"

湘雅红楼，成为玛迪一家人一辈子的牵挂与念想。

"我爱他！"提起丈夫，百岁老人的眼中泛出泪光："我为他感到骄傲！在他曾工作并为其献出生命的地方度过100岁生日，我很开心！因为我的心从未离开过长沙，我爱湘雅，我爱中国，永远、永远、永远！"

湘雅红楼落成一百年之际，再一次走近它，已是人去楼空，红楼周边被一圈又一圈的彩条布围定——自2010年起，红楼进入大修。

红楼还在。

它安然地蜷缩在长沙城北的大片摩天广厦之中，它的身姿或许不再巍峨，它的气度或许不再轩昂，徒步登上楼顶的瞭望台，四面高墙，也不能像当年那样远眺岳麓，俯瞰湘江，唯有这肃穆的走廊、这油漆有些脱落的木质门窗、这边缘已经磨圆的台阶、还有那一砖一石，它们静静地躺在那里，仿佛在无言地诉说，讲述着这里的故事，讲述着过往的沧桑。

然而，红楼并不落寞，也没有被遗忘。"百年老树二月花"，湘雅红楼，依然是人们心中的"医学圣地"和精神象征，它饱经沧桑的年迈身躯，如今已经繁衍成遍布长沙东西南北，体量比它大出十几倍、几十倍的现代化医学城，它培养的代代学子，活跃在医学研究和救死扶伤的第一线，大部分人已成长为当代中国医疗卫生事业的砥柱中坚。

也许，红楼的生命，正是在他们身上得以永远延续。

雅礼中学：诗书执礼谓雅言

说起长沙的雅礼中学，就不得不提及远在大洋彼岸的美国耶鲁大学。从创始之初，雅礼二字便与耶鲁大学密不可分。

一、“子所雅言，诗书执礼”

19 世纪末 20 世纪初，美国海外传教事业蓬勃发展，兴起了一场轰轰烈烈的“学生志愿海外传教活动”，这一运动鼓励大学生基督徒走出美国，向世界宣传基督教旨，用西方的基督教文化改造世界。1886 年至 1936 年的学生志愿传教活动中，有 5 万名大学生参加，其中 1 万 3 千人到国外传教，占了美国全部海外传教士数目的一半多。

在这种高涨的传教热情的鼓舞下，三位耶鲁大学毕业的哈特福德神学院学生德士敦、威廉士和席比义计划以耶鲁为后盾进行海外传教，他们希望将自己的信仰带到落后地区，以耶鲁的精神影响世界。席比义在信中写道：“在所在地发扬耶鲁精神并有母校作为后盾，我们的生命将更加坚强，这是我们的信念。”凭着这执着的信念，几个年轻人四处奔走，赢得了当时长老会外国传教团委员会和耶鲁大学校方的支持。在他们的努力下，1901 年 2 月 10 日雅礼协会（Yale – in – China Association）正式成立。“雅礼”二字，既是耶鲁（Yale）大学的译音，又取《论语》中的“子所雅言，诗书执礼”之义。可以说，从取名那天起，雅礼就奠定了它特有的中西文化交流融合的精神。

1902 年夏天，雅礼会在耶鲁大学图书馆召开了筹备执行委员会，耶鲁大学的校长哈德黎对日后的雅礼协会传教活动提出了四点要求：雅礼会应该是非宗教的；工作地点为中国；具体传教地址到了中国后再慎重选择；雅礼会不应打耶鲁的旗号，它应该是校友会和全美国社会共同的一项事业。这些高瞻远瞩的要求一开始遭到了不少反对，尤其是将雅礼会定为非宗教性质，岂不是有违传教精神？然而执行委员会的成员们认为，一来教会性质将会损害耶鲁人对雅礼会的财务支持，二来超教派性更容易在中国选拔合适的人才以共同完成雅礼学校的构建。

在早期的一些传教士来华创办的学校中，有不少是完全由教会控制、以传教为目的、培养宗教人士的教会学校。然而也有不少非教会学校，它们以现代普通教育为目标，传授现代文化知识，更注重的是培养学生的一种精神，或者说是人格。雅礼会的性质无疑属于后者，因而从一开始，雅礼会日后在中国的工作重心就定位在了教育办学而非单纯的传教活动上。

1902 年，雅礼会的创始人德士敦来到中国考查，希望能选择一处省会城市建立学校。此时的湖南，可谓机遇与挑战并存。一方面，湖南是反洋教运动最激烈的省份之一。湖南地处内陆，封闭落后，因而民智开发较晚；而湘军的崛起，又强化了湖南人捍卫本土文化的使命感和责任感，谭嗣同曾有言：“夫西人之入中国，前此三百年矣，三百年不骇诧以为奇，独湘军既兴，天地始从而痛绝之。”湖南甚至因而被传教士称为“铁门”，被视为“禁地中的禁地”，“保守主义的大本营”。另一方面，湖南也是维新时期全国最富朝气的省份之一。甲午战争中湘军大败于日军，使得曾经骄傲自大的湖南人认识到变法维新、教育改革的重要性，在湖南的官绅们甚至喊出了“其守旧愈驾者，其变亦愈诚；吾湘立，则中国变；吾湘变，则中国存”的口号，掀起了规模宏大的新式办学、新式教育的热潮。

显然，这样的湖南留给了来华考察的德士敦极为深刻的印象，在他写回美国的信件中提到，“湖南人有很强的阳刚活力、天赋的领导才能、高度的独立能力，非常吸引人为其工作”，湖南人“将和清朝的任何人一样有影响力”，“在一个人口超过二千万省份的首府创设教育及医药事业是一个迫切的需要，同时华中地区也是最理想的地方，因为华中可以影响全中国。”也许是“初生牛犊不怕虎”，也许是“明知山有虎，偏向虎山行”，不论当时的情形多么艰难，德士敦经过了大量艰苦的调查和繁琐的咨询后，毅然选择了湖南长沙作为办学地址。

可不幸的是，德士敦来华后，健康极度恶化，他感染了当时的不治之症——肺结核。这对于刚刚起步的雅礼会事业，真是一个巨大的打击，德士敦不得不于 1903 年踏上了回国的归程，最终于 1904 年逝世，年仅 29 岁。然而雅礼会在华的事业，却并没有因此中断，正如德士敦在信件中所写的：“我向上帝祈祷，不要因我的归国而使耶鲁人灰心丧气，相反应更加激发他们当中一些人的责任感并视之为自己应有的权利……如果有必要，就让我们倒下两三个人，让耶鲁人认识到这是一个值得他们付出英雄行为的事业。”

紧随着德士敦的脚步，耶鲁人盖葆耐、席比义于 1904 年先后来到长沙，并邀请在印度行医的胡美医生（Edward H. Hume M. D）来中国；1906 年解威廉（William J. Hail）来中国工作，不久，德士敦的遗孀德士敦夫人也来到中国，继续丈夫的未竟之业。这些人大都不满 30 岁，他们面临的，不仅是语言的不通，环境的陌生，还有湖南人极为强烈的排外情绪。这些年轻人只得一边学习汉语，一边努力在长沙寻找办学用地。

由于民间排外的情绪激烈，当时的湖南巡抚颁布了严禁将长沙城内任何一寸土地出卖给洋人的禁令，雅礼会寻找土地的工作一年来毫无进展，然而这并没有浇灭这些先驱者的热情。经过多方努力，雅礼会借用一位中间人刘先生的名义，最终于长沙小西门的西牌楼买得民房数间，经过简单的修葺后，开始对外招生。学校定名为“雅礼学堂”，预计为未来的雅礼大学培养预科生，第一班正式录取 30 人，雅礼风雨沧桑的百年旅程由此正式起航。

雅礼学堂历来被视为耶鲁大学在华的延伸，对于中文译名“耶鲁”二字，雅礼早期毕业生何凤山曾这样说道：“骤然视之，以为照字音译出，没有别的意义，殊不知稍加研究，则知有深意存焉。‘耶’指西方的圣人耶稣，‘鲁’则指东方圣人鲁国的孔丘夫子。所以‘耶鲁’二字应是指东西两种文化的融合交流。”回顾历史，从雅礼命名到雅礼学堂这一波三折的诞生，不正如历史上中西文化互动交流的缩影吗？也许道路崎岖不平，也许前途困窘不堪，但却始终缓步向前。

二、中西融通

雅礼学堂发展之初，办学条件简陋，“名为大学预科，实际不够中学水平，而且程度极不整齐”，再加上时局动荡，1908 ~ 1909 年度几乎一半的学生读了一个学期就走了，1906 年入学的第一个班到 1912 年才有人毕业，而最后真正拿到文凭的仅 3 人。然而即便如此，雅礼学堂学生数量几年后便达到了学校所能承受的最大限度。到 1910 年，在校学生数已增长为 51 人，此时西牌楼的校区显得拥挤不堪，一位美籍教员形容说：“我们简直将每一个可能的角落都塞满了学生……”

1910 年，雅礼会在长沙北门麻园岭购得地皮，兴建校舍。据校友回忆，麻园岭校舍是一所气魄宏大美丽的校园，里面不仅有礼堂、教室、寝室，甚至还有很大的足球场。学校的一切都在稳步发展中，各项硬件设施不断完善，学生人数也增长到了 100 多人。1914 年曾在此地成立了短暂的雅礼大学本科，同时保留雅礼中学部。

其时，中国民众反帝反侵略的情绪日益高涨，爆发了一场席卷全国的大规模反基督教运动，提出了收回教育权的要求。1925 年 11 月 16 日，北京政府教育部发布第 16 号公文，规定外国人出资设立的学校须向政府教育部门注册，学校校长必须为中国人，学校不得设立宗教课为必修课，等等。受此情势影响，不少雅礼的学生开始罢课、游行，对学校的洋人教师提出抗议，学校不得不发布公告："1926 年冬，本校因大革命政局影响而停办，美国人员，全部回国，留雷文斯在上海联系。学校则由中国教职员劳启祥、应开识、谭仁义等守护。"雅礼各部宣布全面停课。

1928 年，风潮渐息，形势好转，不少教会学校都纷纷复课，雅礼也准备复校。要不要按照规定向教育部门注册呢？一旦注册，便意味着放弃对学校的控制权。在雅礼会成员多次会议讨论后，终于 1929 年正式向南京教育部门注册立案，并按照教育部门规定，选取中国人黄溥作为校长，教学教育工作也主要交予中国教师承担，聘请何钦思为驻华代表兼教英语。由于人力和财力有限，雅礼大学与湘鄂几所学院在武昌合办华中大学，长沙地区仅仅恢复雅礼中学的办学，1931 年，学校更名为"湖南私立雅礼中学校"。

黄溥，字秋浦，1896 年出生于湖南平江。幼年时，他曾在家附近的私塾接受过五年传统教育，打下了深厚的国学功底，后入读教会办的遵道小学，又接触到了基督教思想。饱受儒家思想熏陶的他，从基督教"宽容、普爱、奉献、服务"等宗教教义中感受到了与儒家思想相通之处，由此成为了一名虔诚的基督徒。1914 年 9 月，黄溥考入雅礼大学，成为本科第一班的学生。1917 年入读美国斯坦福大学，攻读教育学，其毕业论文题目为《The New Educational Organization of China》。正是在此期间，他认识到中西方教育理念的不同，并下决心要将国外新式教育与国内的具体国情联系起来，创造适合中国人的教育方法，这一思想贯穿了他投身教育的一生。1927 年，在国内任湖南醴陵遵道中学校长的他，再一次赴美国哥伦比亚大学师范学院研究院深造，并于 1930 年获得哲学博士学位。1929 年至 1932 年间任雅礼中学校长，后赴华中大学任职。

黄溥是雅礼大学的第一届毕业生，也是雅礼中学第一届华人校长。就职期间，黄溥极为重视中学教育，他认为："一个国家中等教育的好坏关系着这个国家的命脉。美国之所以发达，是因为美国拥有别国无法拥有的庞大而且发达的中等教育……中国教育最薄弱的是中等教育，虽然中国教育有几千年的历史，但历来只有大学与小学之分，中间缺少中等教育。等到中国认识到要大力开办中等教育的时候，由于自己本身没有经验，就一味地抄袭别国的做法，而这些做法不太适合中国的实际。"他大刀阔斧地对雅礼进行了不少改变，正是在他的手中，雅礼真正融合了中国与西方的教育理念，并成功地奠定了一流中学教育的基础。

其一，自黄溥开始，学校的管理权由美国人转到了中国人自己手里。黄溥指出："过去的教会学校，全由西国传教士负责办理，这些办学的西国传教士，只注重传教，多数不知道如何办学，对于中国社会情形与需要，更是莫名其妙，所以自然的结果，就是与中国社会隔离。"因此，他在任校长期间，努力争取中国人的领导地位。据一位雅礼校友回忆，雅礼中学恢复后，虽已任命中国人为校长，但当时雅礼协会驻华代表兼会计主任何钦思的作风仍有些高高在上。有关学校决策问题，何钦思常与黄溥意见不合。但是，每当争论不决之时，往往因黄溥一句"谁是校长?"而使得何钦思不再言语。正是由于黄溥的艰苦抗争，中国人的领导地位才逐步在雅礼中学确立。

其二，在获得了领导权和决策权后，黄溥改革了原有的规章制度，根据我国国情，设置了新的办学制度和课程体系。黄溥任校长以前，雅礼学堂的课程、教材等都毫无定制。因此，黄溥首先就设计好中学的定制，学校“设初级中学三年，高级中学三年，高中暂设普通科，略分文理两组。为适合学生程度，及便于教员教授起见，采用春秋两季始业办法。每期招收新班一次”。由于国内局势动荡，没有统一配套教材，黄溥又要求本校优秀教师自编教材，著名的有《劳氏几何》和《盛氏代数》，后来长沙市各中学都采用这两本教材。

其三，黄溥四处聘请优秀教师，重视各科的教育，保证学生综合素质的发展。在英语教学上，由美国耶鲁大学的毕业生任教，采用英语直接教学法教授英语课，即通过英语直接教学。不少从未接触过英语学习的学生，在这种直接教学法的影响下，潜移默化中很自然地学到了正确的发音和表达的音调、语气，训练了用英语思维的能力和阅读能力，为未来的深造或留学打下了良好的基础。这些年轻的耶鲁大学毕业生读书时一般都是班上的领袖人物，极具有理想和冲劲，又很容易与雅礼的学生打成一片，为雅礼的教学带来一支生力军。

在国文教学上，聘请的是国学名流周铁山，著名的钱币学家钱无咎，还有雅礼大学毕业的文科尖子邵子风。周铁山原是清末学士，雅礼的校歌即为他所做，他对古文字学尤有研究。据校友回忆，当时的铁山夫子从不改学生的作文，特别注意的就是错字，学生要是写错一个字，周铁山便从该字的起源引申至如何发展变化，洋洋洒洒写满几大页；而邵子风在国学上造诣颇深，与杨树达、吴宓等学者都有来往，讲课时生动感人，影响了不少学生。

值得一提的是，即使是对现在被视为副科的体育和音乐，黄溥也毫不偏废，他所聘请的体育教师何家声，后长期任教于雅礼中学。何家声特别擅长于足球、田径和网球，为雅礼中学制订了一系列的体育规章制度。在他的带领下，雅礼中学的足球队是长沙市历届中学足球比赛的冠军。黄溥还亲自在初、高中各年级开设音乐课，音乐课除教唱歌外，还教五线谱。雅礼校友后来评论说："雅礼注重学生全面发展，体育在长沙是盖了帽的，音乐更是一枝独秀。和福湘女中联办的青年合唱团在长沙很有名气，就连新中国成立后全国的部队文工团都到雅礼招收歌唱演员。"

其他学科，黄溥也尽力罗致全国各地的人才，雅礼中学的数学、物理、化学、生物的教学水平在当时湖南省内数一数二。这样重视学生全面能力发展的课程设置，在当时落后的中国教育现状中可谓一个异类。

黄溥不仅对教学体制、师资力量追求尽善尽美，对于学生的培养更是近乎严苛。为了集中精力培养那些有潜力的学生，也因为当时有限的人力物力，黄溥提出了人才培养"重质不重量"的要求。从招生开始，学生就要经过严格的考试选拔。由他本人编了一套合乎本地情况的智力测验作为入学考试，计算学生"智商"以定取录标准。而学生即使入读后也不代表高枕无忧，因为如果期终考试功课不及格，就有留级或被淘汰的危险，即使不及格的科目是体育也是同样待遇。由此带来的是雅礼中学极高的淘汰率和留学率。据校友谢爱群回忆，20 世纪 30 年代的雅礼中学"每年每班都有留级生，从初中一年级到高中三年级毕业，最初入学的人数中，有时竟有半数以上留级了或退学了"，而校友刘赞平也提起自己考入初中时，报考的人数达百人之多，而学校只招收了 60 人，等到高中毕业时，原来一个班的就只能剩下十几个人了。如此之高的淘汰率，鞭策着雅礼的学生专心学习、勤奋苦读。

在对学生的管理上，雅礼中学采取的是严格的寄宿制度。学生除星期六下午五点半到星期日上午可以回家之外，整日实行门禁。据说某次湖南省高官驱车专程探望自己在雅礼中学读书的儿子，因学校的门禁森严，无奈之下不得不打道回府，一时传为佳话。对于住宿的学生，学校也安排有专人对学生实行督促和管理，不少校友至今仍对此记忆犹新。每天早上，起床的钟声刚刚响起，宿管老师便督促学生迅速起床，而就寝的灯光熄灭后，如若仍然讲话，查夜的老师登记后扣分，将影响一学年的各项评比。好的制度又加上好的执行者，这种传统的寄宿制度，最大限度地减少了社会对学生的干扰，使得学生专心致志地投入到学习中去。

黄溥本人虽然是虔诚的基督徒，却并不强迫学生信仰基督教。在他任职期间，改必修的宗教课为选修。黄溥不要求学生盲目地信教，而是强调要学习基督教关于宽容、普爱、奉献等精神，养成一种基督化人格。所谓基督化的人格，“简言之，就是本着博爱的精神，用牺牲的方法去服务人群”，因为“基督教教育与我国固有之精神与道德，决无丝毫妨碍，而且能使其发扬光大……”。因而雅礼在培养人才上，极为注意学生的德育。据校友李星学回忆，当时雅礼每周一的朝会上，经常邀请一些路过长沙的名人、学者给学生讲演，开阔学生的眼界，灌输待人接物的道理，强调为人的品格。校友谢爱群曾回忆说：“一九三一年夏，期中考试时，高中三年级有位学生，也是我的小同乡，因夹带作弊，校长黄溥博士就不准他继续参加考试，随即予以开除学籍处分。不少人对此有不同的看法，认为学校老师们辛勤培育他六年，因一次偶然事件而不让他毕业，实在可惜。但校方认为‘为人不诚实，就不能成为社会有用之才’，从而严格执行校规，忍痛开除。”雅礼教学的这一独特之处，一直在历任的校长中流传下来。如后来主持校务的应开识副校长也十分强调基督化人格的培养，要求学生要诚实、有礼貌、为他人着想。

继黄溥之后，主持学校校务的是校长劳启祥和教务应开识，他们二人在雅礼工作的二十多年里，不仅继承并发扬了黄溥的优良办学思想与措施，还明确提出了“以预备升学为目的”的办学方针，于高三实行文理分科，完善学生管理制度，等等。在这样严格又奋进的学习环境中，到 1933 年，雅礼中学学生总数已达到 309 人，不但较之以往增长较大，与华中地区其他基督教中学相比，其规模也是较大的。到 1938 年，学生人数已增至 391 人。更为人称道的是雅礼中学极高的升学率，其毕业班升学率多为 90% 以上，有些班级更是 100% 升入大学。随着学校规模的日益扩大和教学质量的不断提高，雅礼中学名气大增，成为湖南最著名的中学。

三、斗转星移

斗转星移，时代更迭，无论是雅礼学堂、雅礼大学还是雅礼中学，正如它们共同的名字，它们的教育思想也一脉相承。诚然，作为一所学校，雅礼给予学生们的教育时间是有限的，然而，雅礼的文化与精神却可以滋润学生的一生，从而养育出了灿若星河的优秀学子，这些雅礼校友为雅礼共同谱写了一页页浓墨重彩、烛照历史的光辉篇章。

在早期雅礼学堂时期，有一位貌不惊人、埋头苦读的学生，谁也不曾想到，在不久的将来他的名字竟享誉中国哲学界。他，就是金岳霖。曾执教于清华大学哲学系的张申府，在文章《所思 · 附录》中这样夸赞金岳霖：如果现在中国有一个哲学界，金岳霖先生当是哲学界第一人。不仅如此，金岳霖在教学和其他方面，同样做出了杰出贡献。新中国成立前，金岳霖任教于清华大学时创办了清华大学哲学系；新中国成立后，金岳霖先后任北京大学哲学系系主任、教授，在中国现当代哲学、逻辑学史上有着崇高地位和极高声望。

金岳霖，字龙荪，1895 年出生于湖南长沙一个封建官僚家庭。父亲金聘之是清末官员，曾追随张之洞积极投身洋务运动，先后担任过湖南省铁路总办和黑龙江漠河金矿局总办。在父亲的严格要求下，金岳霖从孩提时起就饱读诗书，据说他晚上做梦时曾背诵四书，家里人拿了书去对，发现他背得一字不差，在家中传为美谈。

1907 年，12 岁的金岳霖结束了在明德学堂的学习，进入雅礼学堂。当时时局动荡，湖南街头流传着“中国若是古希腊，湖南定是斯巴达；中国若是德意志，湖南定是普鲁士；若谓中国即将亡，除非湖南人尽死”的革命歌谣，而就读于雅礼学堂的金岳霖，因学校里教师多为美国人，所学也以西方文化为主，小小年纪的他一方面汲取着先进文化的营养，另一方面也时刻感受着中国教育的落后和国运的衰微，这使得金岳霖从小就有着强烈的爱国忧民的情怀。

雅礼学堂求学的经历使得金岳霖系统地接受了现代西方教育，为留学英美打下了良好的基础。1911 年春，金岳霖考取清华学堂高等科，并于 1914 年留学美国。最初金岳霖根据家人的建议，选择了当时对发展民族经济很有益处的商业簿计学专业（相当于现在的工商管理学）。但这一学科并未引起他的兴趣，因为他认为：“簿计者，小技耳，俺长长七尺之躯，何必学此雕虫之策。昔项羽之不学剑，盖剑乃一人敌，不足学也！”1917 年夏天，金岳霖转而进入哥伦比亚大学学习政治学，因为政治乃“万人敌”的大学问。在哥伦比亚大学，他与张若溪、徐志摩相识，并结下了深厚友谊，兴趣和思维更加开阔。1 年后，金岳霖以《州长的财政权》的论文获得文学硕士学位，2 年后，他以《T·H·格林的政治学说》的毕业论文获得政治学博士学位。

在研究格林的政治学中，金岳霖转而接触到了格林的哲学思想，学习兴趣由政治学转向哲学。金岳霖后来回忆说：“我最初发生哲学上的兴趣是在民国八年（1919）的夏天。那时候我正在研究政治思想史，我在政治思想史的课程中碰到了 T·H·格林。”1921 年后，金岳霖离开美国，赴欧洲开始了 4 年的游学生活，此时，他彻底放弃了实用性强的商业学和“万人敌”的政治学，走上了哲学研究的道路。这一时期，他几乎完全沉浸在西方哲学之中，用他自己的话来说：“世界上似乎有很多的哲学动物，我自己也是一个，就是把他们放在监牢里做苦工，他们脑子里仍然是满脑子的哲学问题。”这种种学习经历，丰富了金岳霖的思想，为他创立自己的哲学、逻辑学体系打下了良好的基础。

1926 年，回国后的金岳霖受赵元任的邀请，来到清华大学任逻辑课教学，随后创立了清华大学哲学系。当时，哲学系只有金岳霖一个教师，学生也只招到一个——沈有鼎，一师一生，号称一系。但金岳霖丝毫没有因此而受到影响，教学和研究工作进行得一丝不苟。为了更好地教好逻辑课，1931 年，他利用休假来到哈佛大学系统地学习逻辑。对于这段经历，金岳霖自嘲是“先教逻辑，后学逻辑”。在学习过程中，他深感中国哲学中逻辑的缺失，决心要改变中国传统逻辑意识薄弱甚至缺乏的现状。经过 4 年的努力，他所著《逻辑》一书出版，成为中国第一本逻辑学教材，这不仅带动了中国数理逻辑的发展，同时为更深入地研究传统逻辑、对逻辑和逻辑系统的区分、对逻辑的意义和功能的探讨提供了颇具特色的逻辑哲学指导。因而当时的《国闻周报》评价说：“不但中国的哲学出版物中少有其匹，即使求之于西洋的同类出版物亦不多见。”这部书后来被多次重印，至今仍不失为逻辑工作者的一部有价值的参考书。

1937 年 7 月抗日战争爆发，金岳霖随着清华师生南下长沙，接着又转移到昆明。在战火纷飞、颠沛流离的情况下，仍完成了自己的两部重要的哲学著作《论道》和《知识论》。1938 年，《论道》由商务印书馆出版。这是一部极富创造性的本体论专著，它用中国的哲学形式，融合西方的哲学内涵，构建起以“道”为核心和基础的形而上学的哲学体系。尽管该书探讨的领域完全属于西方哲学，但出于对民族文化传统的热爱，金岳霖在《论道》中引用了如“道”、“理”、“势”、“性”、“情”、“无极”、“太极”等中国传统哲学所固有的一些字汇和术语作为其哲学体系的基本范畴，从而将中国传统哲学推向了一个新的高峰。1948 年，金岳霖又完成了长达 70 万字的《知识论》，该书引用逻辑分析的方法，把知识论作为一个独立的哲学部分加以专业意义上的探讨，弥补了中国知识论不发达的缺陷，在中国哲学史上第一次构建了一个系统的、完整的知识论体系的著作，至今仍被专家认为毫不逊色于罗素、穆尔、崇培雅那等大师的认识论。至此，以《论道》、《逻辑学》、《知识论》为主体，金岳霖构建起了自己融汇东西方哲学智慧的思想体系。

金岳霖不但在逻辑学和哲学的研究中获得了累累硕果，还为中国培养了具有良好的哲学和逻辑学素养的专门人才。以金岳霖中国逻辑学、哲学界领军人物的特殊身份，却始终不忘教书育人，或许起因还可以追溯到那一段在雅礼学堂求学的经历，对此金岳霖曾说："学校教育这一势力范围的占领是头等重要的大事。头一点要强调，它的对象是青年，不是老年，老年就是争取到了也没有用。要占领的是青年的什么呢？意志、情感、思想，或者两个字'灵魂'……前三者非常之重要，占领了它也就是占领了整个的人。这也就是说，这一势力范围的占领制造了许多黄脸黑头发而又有中国国籍的美国人。"为了培养中国自己的优秀人才，从1926年起，金岳霖先后在中国大学、清华大学、西南联大、北京大学从事教学工作整整30周年。在这期间，他开过逻辑、哲学多门课程，指导过多名研究生，不少学生后来都成为我国著名的哲学家、逻辑学家。汪曾祺在散文《金岳霖先生》中曾评论说："一个人一生中哪怕只教出一个好学生，也值得了。当然，金先生的好学生不止一个人。"的确，著名学者沈有鼎、王宪钧、胡世华、任华、冯契、张遂五、徐孝通、王玖兴、周礼全、唐稚松，以及美籍逻辑学家王浩、台湾学者殷海光等，都曾就学于金先生门下。

1984年10月19日，90高龄的金岳霖因病与世长辞，金岳霖的思想犹如一粒火种，影响了中国的哲学、逻辑学好几代人，给后人留下了宝贵的哲学和逻辑学财富。

雅礼大学成立后存在的时间并不长，然而这短短二十年时间，却为国家、为世界培养出了不少优秀人才。雅礼校友何凤山，二战时的中国驻德外交官，在二次世界大战法西斯的大屠杀中，秉承着中国的仁义道德，怀着博爱之心，在世界外交史上谱写了一曲人道主义的赞歌。他的所作所为，犹如黑暗中的明灯，照亮了许多犹太人的漫漫长夜，何凤山因而被称为“中国的辛德勒”。

何凤山，字久经，1901 年出生。由于家境贫寒，父亲早亡，母亲在当地挪威一家教会打杂、洗衣维持生计，何凤山也被送入挪威教会办的信义小学读书。1921 年，聪颖好学的何凤山考入雅礼大学预科班，后升入雅礼大学。在雅礼就读的几年时光里，他一边在外兼职以赚取读书和生活的费用，一边勤奋苦读，担任了雅礼大学学生会会长、学校的足球队领队。这段求学经历对他影响深远，何凤山不仅因此熟练地掌握了英语，而雅礼的生活更深深地影响了他，他曾感叹“雅礼本身是一个学府，也是一个社会，有各种各样的生活方式，造就你，成全你，只要你愿意接受致用”。1929 年大学毕业后，何凤山通过考试取得了国民政府公费留学的名额，后获经济学博士学位。

1934 年，中国与土耳其建立外交关系，双方互设使馆，何凤山被同乡贺耀祖选作使馆人员，担任二等秘书，由此进入民国外交界。在土耳其的何凤山对土耳其的政治、社会、经济、教育、财政、银行、工业、商业、农业、党务、军事以及各种法规进行了深入研究，并整理出了百万字的系统报告，上交外交部情报司。此外，他还与著名学者、时任使馆参事王芃生合作，编写了介绍中国历史、地理、党、政、军、经济等内容的文集，由土耳其最著名的杂志社发表。1937 年初，由于工作表现突出，何凤山以一等秘书衔二等秘书身份，被调往奥地利维也纳使馆任职。

这时，世界正被战争的阴云笼罩着，宣扬极端民族主义的希特勒试图建立以纳粹德国为首的欧洲新秩序，开始了征服欧洲的计划。1938 年 3 月，德意志第三帝国并吞了奥地利，5 月，当时的国民党政府将奥地利大使馆降为总领事馆，年仅 37 岁的何凤山被任命为总领事。同年 8 月，纳粹当局成立犹太外移中央办公室，开始对犹太人赶尽杀绝。

一批又一批的犹太人被纳粹送进了集中营，按照希特勒当局的要求，要想离开集中营，离开奥地利，就必须拿到前往目的地国家的签证。无数犹太人前往各国领事馆申请签证，可为了不与德国公然作对，不少国家都强调“自身困难”或设立障碍，严格限制发放签证，住在维也纳的犹太人成了瓮中之鳖，插翅难逃。

面对急需逃命签证的犹太难民，何凤山设法与营救犹太人的美国教会及慈善机构取得联系，向犹太人发放前往上海的签证。一个名叫艾瑞克 · 歌德斯德堡的小伙子在维也纳跑遍了 50 多国领事馆，最后为自己和家人从何凤山手中拿到 20 份上海签证，救出了集中营中的亲人。何凤山发放签证的消息迅速在绝望的犹太人中传开，中国总领事馆的门前从早到晚都排着长长的队伍，要知道，一张签证，就意味着一条生命啊。

然而，当时国民党政府与德国结盟，不愿得罪纳粹当局，国民党政府驻柏林的大使陈介几次警告何凤山，要求他停止为犹太人发放签证，还派遣手下秘密调查何凤山是否买卖签证，贪赃受贿，结果账目清楚，一无所获。何凤山没有理会上级的命令，继续签发签证。1939 年初，纳粹当局以犹太人房产为由，没收了中国领事馆的房子，国民党政府找种种借口不给何凤山拨发租房资金。为了多挽救更多犹太人的生命，何凤山自己掏钱，租了一所公寓，继续给犹太人发放签证，直至 1940 年 5 月，他被国民党政府借故调离维也纳。

从 1938 年至 1940 这两年里，究竟有多少犹太人因此而免遭纳粹毒手，何凤山本人从没作过统计。在他 80 多岁高龄撰写的回忆录《我的外交生涯四十年》里，何凤山毫不居功，只用一个段落记录了自己的所作所为，他写道：“自从奥地利被德国兼并后，恶魔希特勒对犹太人的迫害便变本加厉，奥地利犹太人的命运非常悲惨，迫害的事每天都在发生。当时美国一些宗教和慈善组织开始紧急救助犹太人，我一直与这些组织保持着密切联系，我采用一切可能的方式，全力帮助犹太人，大量犹太人因此得以活了下来。”据后人考证，到1938年7月20日，签证号为1193号，而3个月后的10月，也就是何凤山来到维也纳后的第5个月，他已经发出了1900份签证。数千名犹太人借由何凤山的救命签证来到上海定居，或转道前往美国、加拿大等国，开始了新的生活。

何凤山为何能在种种阻挠之下仍然坚定地反对种族歧视，拯救犹太人生命？这一义举或许能从他青年时期在雅礼所受的教育中找到答案。1986年11月，85岁高龄的何凤山曾应邀参加长沙雅礼中学80周年校庆活动。在校庆大会上他发表了题为《怀念雅礼》的长篇讲话。第一句就说“生我者父母，教我成材者雅礼”，在这篇一万余字的讲稿里，他不仅深情地回忆自己求学时期的老师、校友，还特别指出：“雅礼是头一个实施中西待遇平等的单位。在雅礼会派遣学人来华设学之前，他们定了一个共同遵守的原则，即由该会聘请的中西教职员待遇平等。在同一的工作上不因种族的关系而又薪资报酬的差异。这一做法是何等的值得欣赏赞叹……要消除种族歧视与待遇平等，真是谈何容易。时至今日，以号称自由平等的美国，达到此一目标，还有一大段距离。所以雅礼的伟大精神，日子一久，更加显著。”正是雅礼这种平等博爱的精神，深深地扎根在何凤山的灵魂深处，他甚至从未就自己救助犹太人一事大肆宣扬，以至于这段往事鲜为人知。

1997年9月，何凤山在美国去世，他的女儿何曼礼在报纸上刊登的讣告中提到父亲曾向犹太人发放签证一事，不少何凤山救助过的犹太人及其后裔主动与其联系，一些人甚至还保留了当年经何凤山发放的亲笔签证。至此，这段被尘封了60年的历史才得以向世人披露。2000年7月，以色列政府为何凤山颁发“国际义人”荣誉称号，把他的名字刻入犹太人纪念馆的义人园里。何凤山的事迹被写入了小学课本中，在课文的结尾这样称赞着：“有些人虽然早已不在人间，但他们的光辉仍然照亮世界。这些人是月黑之夜的星光，为人类照亮了前程。”

20 世纪的前 50 年是中国社会发生大变迁的 50 年，清末新政的出台、清王朝的覆灭与辛亥革命、20 世纪 20 年代的军阀混战、三十年代的全民抗战、四十年代的国共对立，然而雅礼中学却在这种种困难的环境中顽强地存活了下来，并且培育出了一批又一批优秀人才，正如第一任华人校长黄溥曾说过的：“中学是一个人事业的奠基阶段，在很大程度上决定着一个人的学术倾向与水准。而且，中学应以培养有责任的公民为己任，如果做得好，这个国家的政局就会稳定，政治也会趋于民主。所以办好中学关系到一个国家的学术水平和政治倾向。”

李星学，1917 年生于湖南郴县，地质学家，中国古植物学和陆相地层学的开拓者和奠基人。李星学于 1935 年考入长沙雅礼中学，读书时，老师曾详细地在课堂上讲解中国地质学家丁文江的事迹及其在地质学上的重要贡献，给李星学留下了极为深刻的影响，激发了他对地质科学的兴趣。在 70 后的雅礼校庆上，李星学深情地回忆说：“陈老师不失时机地给我们上的这堂生动的尊重科学和热爱祖国的教育课，对我以后从事地质古生物学事业，是一个非常重要的因素。”在他的人生岁月里，李星学孜孜不倦地追求自己的事业，在地质学和植物学上取得了令人瞩目的成就，他的代表作《华北月门沟群植物化石》是一部研究古植物学的重要文献，提出了华夏植物群早、中、晚三期及南北三区的概念，另一部代表作《中国晚古生代陆相地层》也是地层古生物学工作者不可缺少的重要参考书。

王钟翰，1913 年出生于湖南东安，中央民族大学历史系及民族史研究所教授、博士生导师、终身教授。王钟翰于 1928 年入读雅礼中学，在雅礼度过了人生中极为重要的六年时光。几十年后，73 岁的王钟翰仍牢牢记得雅礼极为严格的要求，“拿我们班来说，当时初一有三个班，每班25～30人。到第二年，剩下两个班，50～60人；第三年，就只有一个班，不过30人。高中三年下来，毕业时才18、9人"，"一位同学在熄灯后轻声说了几句话，不知怎么地被查夜的应老师听到了……本来这位同学各门功课在班上都是第一，那年全校评优等生应该有他，谁知只因他在熄灯后说话犯了规，竟没有被评上。"雅礼这种严格要求，使得王钟翰养成了刻苦学习、严格自律的习惯。从雅礼毕业后，王钟翰考入北平燕京大学历史系，开始了漫长的历史研究道路。1957年，王钟翰出版了自己的第一部论文集《清史杂考》，集中收录了他的研究成果，代表着中国当时清史研究的最高水平。文革后，他的《清史新考》、《清史续考》、《清史余考》三部论文集，更是分条析理地研究了清史、满族史的各个领域。

坚持精英化教学的雅礼从创办之初至今，培养出了不少杰出人才，据统计，雅礼共培养出14名两院院士，还有更多的雅礼学子，在自己的岗位上，创造出了不平凡的业绩！

新中国成立后，随着抗美援朝战争的开始，中美关系日益紧张，雅礼会的大部分美国人都返回美国，1951年，雅礼中学与雅礼会关系中断。雅礼中学改名为"长沙私立解放中学"，第二年学校由政府接管，改为公立学校，更名为"长沙市第五中学"，1985年复名为"雅礼中学"。时至今日，雅礼中学已成为湖南省首批挂牌的八所重点中学之一、全国文明单位、全国现代教育技术实验学校，也是湖南省示范性普通高级中学。无论时代如何变迁，雅礼的精神却始终延续，正如雅礼集团董事长刘维朝在纪念雅礼建校一百周年的文章中所写的："雅礼百年，从雅礼大学堂到雅礼中学、到湖南私立雅礼中学、到长沙解放中学、长沙市第五中学、再到如今的雅礼中学。学校数迁校址，几易校名，岁月更迭，不变的是'公、勤、诚、朴'的校中彝训，激荡出的是'好担当宇宙'的雅礼精神！”

明德学堂：湖湘气韵半明德

清朝广西贡院大门的两侧，曾悬挂过这样一副对联：“十年寒窗，诵四书，言五经，习六艺，只为龙门一跃；三考得志，官七品，威八面，谒九尊，全因河鲤重生。”无数学子头悬梁、锥刺股，十年寒窗，苦读诗书，壮志踌躇地走进这扇大门，目的只有一个：在官场上春风得意，光宗耀祖，“学而优则仕”似乎成了不变的真理。然而在湖南长沙，却有着这样一所私立中学，它的办学主旨与无数人趋之若鹜的仕途大相径庭，宣称“学校所以陶铸人才，自与科举利禄之途异趣……使莘莘学子不徒以学校为仕进之阶，而先务立其远者大者，以默持世运于不坠”。这所特立独行的学校就是创建于1903年，至今已有一百多年历史的长沙明德学堂。

一、“时务虽倒，而明德方兴”

明德学堂是湖南乃至全国最早的私立学校之一。学校创办之际，正值清末民初，社会动荡不安，政治风云变幻不定，而明德作为一所私人创办的学校，不仅在如此恶劣的环境中逐渐发展壮大，甚至还得到毛泽东“时务虽倒，而明德方兴”的推赞，这一切与它的创办人——教育家胡元倓先生“磨血育人”的一生是离不开的。

胡元倓，字子靖，号耐太，1872年9月9日出生于一个世代书香门第，排行第九。他的祖父曾任广东南海县知县，父亲师从广东著名学者陈澄，长兄是著名学者郭嵩焘的弟子，六兄为学者王闿运的女婿，各有著述，家学渊源。胡元倓一开始走上的也是科举一路，他很早就考取了秀才，并被选为丁酉科拔贡。1902年，思想开明的俞廉三任湖南巡抚，选派学生赴日本东京弘文学院师范科学习师范教育，胡元倓得以获选。这次访学时间虽短，却极大地震撼了胡元倓，他在留学期间对日本教育进行了深入研究，尤其佩服日本教育家福泽谕吉。胡元倓认为，正是因为福泽谕吉毕生在野不仕，通过创办庆应义塾为明治维新输送人才，才极大地推动了日本国民的思想启蒙。而日本教育的成功，直接导致了日本明治维新的成功。

当时，中国刚刚经历了甲午、庚子两役的惨败，面对着内忧外患，饱受列强欺凌的中国，不少有识之士提出了救亡图存的法子，有的主张君主立宪，有的主张实业兴国，而这次日本留学，使得胡元倓坚信："非从教育着手不足以救中国之亡，非办私立学校不足以行一己之志。"为了中国的生存，为了民族的强盛，他决定倾注毕身的心血来培养人才，以教育救国，复兴民族。

1903 年，胡元倓学成归国，他与表兄龙璋、表弟龙绂瑞及好友黄忠浩商量办学事宜，几人一拍即合，出资两千银元作为开办经费，租赁长沙城北左文襄公祠为学校校舍，取《大学》开篇之语"大学之道，在明明德，在新民，在止于至善"中的"明德"为学校名号。同年 3 月，明德学堂正式成立。为减小办新学的阻力，特请龙绂瑞之父，刑部侍郎龙湛霖任总理（董事长），胡元倓任监督（即校长），龙绂瑞任副监督。明德学堂于 29 日正式招生，共招收甲乙两班 80 人。

在申办报告《明德学堂开办呈文》中，胡元倓明确提出教育的目的在于"养成中等社会人才"，因而从成立之初，他便摒弃了传统教育只授四书五经，以科举考试为目的的思想，而是根据社会需求，开设实用的各专科学习，以培养为社会服务的新式实用人才，力图造就能振兴民族国家的"救亡"人才。这一目标必须依赖科学的学习内容来实现，于是，纵观明德历史，其学科设置大胆改革，自成体系：由于新式教育师资匮乏，于 1903 年 7 月开设半年毕业的速成师范班；为培育实用人才，研究实业，于1904年开设理化、博物专科；为更好地学习日本改革，于1906年开设专攻日语的东语班；为“求实力之内充”，培养“商战”人才，于1910年开设商业专科，1911年开设银行专科。胡元倓建立的明德教育可谓灵活实际，经世致用。从学制上看，明德初期构建了小学——中学——大学的完整体系，虽然最终由于各种原因的制约，1926年后仅保留下明德中学教育，但胡元倓以教育兴邦之决心由此可见一斑。

然而，明德是私立学校，没有稳定的经费来源，胡元倓又不过一介书生，要发展如此庞大的教育体系，资金从何而来？为了维持明德学堂的办学，胡元倓不得不放下读书人的面子，或向政府部门申请津贴，或向亲人、朋友、同乡、社会人士募捐，据其次子胡毅回忆：“他每年总有半年不在家，而是在国内外各地奔走筹款。”明德学堂创办之初，连教员工资都发放不起，多亏胡元倓的好友，后任湖南督军的谭延闿捐资一千元，方得解困。1904年，由于学校要聘请日文教员，又要添置理化仪器及标本，胡元倓到上海找任上海道的老乡袁树勋募捐，袁初不允应，胡屈膝以求，袁树勋深受感动，捐助万金，成为私人捐款最多的一位。时任内阁总理的熊希龄，因是湖南人，也常被胡元倓讨要募捐。筹款时若熊外出未归，胡便拿着被褥睡在门房等，以至于熊曾对人说：“胡九（胡元倓排行第九）真难对付，常来捐款，不给则坐卧不去，而请其做官，则又坚持不就。”为此，胡元倓被人称为“胡九叫花”，还流传出“人生大不幸，碰到胡子靖”的顺口溜来。

胡元倓为学校筹款不仅常遭人白眼，受人冷遇，更常年在外奔波，经历了千辛万苦。一次，由于明德经费窘迫，无法过年，他至九江裕宁钱局借款，谁料钱局竟不发款，胡元倓“大窘欲死，横江风雪，倍极艰辛。二十九日至镇江，四更抵岸。宿万全楼，坐以待旦”，他后来为此事写诗云：“途穷腊尽成亡命，风雪横江倍怆神。

独倚高楼等天晓，茫茫尘海已醒人。”这样漫长的黑夜，这样辛酸的年关，胡元倓办学的几十年中远不止遭遇这一次。据记载，在他办学的前26年里，在外过年的竟有24年，其中“南京三年、上海两年、苏州一年、杭州一年；旅途两年：一在江轮之上，一在火车之上”，其余时间“或北出榆关，诣赵制军次珊，或南下金陵，求江督端午桥，或赴津门，央严范孙侍郎，或往旧都，托熊秉三总理；或奔走学部，或就商度支，或假湖南常款，或挪江南盐税”。

如此低三下四地周旋腾挪，胡元倓终于凭借一己之力，为明德中学筹款数十万元，修建教学大楼、理化实验室、学生宿舍等数十栋校舍；从上海购置物理仪器、化学药品、生物标本，还扩充图书阅览室，添置数百种杂志刊物，后又从日本、德国购置理化仪器药品，充实实验室。据校友回忆，当时的明德：“校园环境优美，四层教学楼——乐诚堂教室宽敞明亮，楼前有碧波涟漪的两个大池塘，塘边梧桐垂柳，绿荫成行，隔着池塘对面，有两三层楼的西洋古典建筑风格的学生宿舍和图书馆。”而实验室里“物理器械，大多精良，其来自德国者，器精而适用，殊不易得”。明德成为当时教学硬件设备首屈一指的中学。

除了办学经费难筹之外，胡元倓还面临着寻找教师的困境，他明白，一所好的学校，灵魂在于教师。他常说：“学校里只要教员整齐，学生便乐于受教，进步于无形，而职员可以腾出手来从其他方面做增进学生品质和康健的事业，才可以使学生进德修业，三育并进。相反，如果教员程度不一，阵容不齐，学生无尊师之心，不能受教师之益，甚至引起风潮，职员便会忙于边压边哄，补宜罅漏，疲于奔命，无以自圆其说，弄得职员也因而失掉了信仰，转成众矢之的，一切问题常从此起。”

明德创办之初，物理、化学、外语等有新知识的教员非常欠缺。胡元倓亲赴杭州聘请华紫翔来校担任英语教师，从日本聘请理化教员掘井觉太郎、博物教员永江正直来校授课，又邀请他在日本时的同学陈介（后曾任国民政府外交部次长、驻阿根廷大使）当助教兼日语翻译。1905 年，陈介计划留学日本，为了挽留陈介，胡元倓竟不惜放下身段当着全校教师的面向陈介长跪不起，以致陈介感言“此后有所托，当死以之”，答应继续教课。

为邀请白屋诗人吴芳吉来明德执教，胡元倓为他筹集路费，接他的父亲、妻儿来明德居住，吴芳吉感激胡元倓的一片赤诚之心，写下“明德虽俸薄而精神甚安，不思他就”的话，来校任国文教员。由他组织明德学生成立的诗会红叶会，每逢节假日便外出长沙郊游写诗，在长沙影响很大。“现今长沙市望月湖这个地方，起初不为长沙人所看重。这里有条五里长堤，春夏间湘水涨时，堤影横卧湖上，如玉带一样。自吴芳吉带红叶会的学生到此郊游，创作了诗作《五里堤》后，望月湖因此而名倾长沙城，遂成为长沙城里人郊游赏月的好去处。”

何公望是明德旧制 12 班的毕业生。当时胡元倓痛感中国体育落后，耻于“东亚病夫”的称号。受胡元谈的感召，何公望毅然克服没有体育特长和身体差的困难，考上了东南大学体育系，后回明德任教。在何公望严格科学的训练下，明德的体育成绩突飞猛进，尤其是排球，在长沙所向披靡，多次代表长沙参加省运动会夺冠。

在明德所有教员中，最为人熟知的应该是任体育教员的黄兴了。1903 年秋，黄兴应胡元倓之邀来明德任速成师范班主任兼体育、地理等课程。后黄兴在明德暗中从事革命活动准备长沙起义，不料泄密被捕。胡元倓当即亲自去见臬司兼学务处总办张鹤龄。他从容申述：“诸事我均与闻，君如须升官，吾之血即可染红君之顶子，拿我就是。”张深受触动，以手击桌曰：“此狗官谁愿做，此刻看如何保护他们。”胡元倓于是尽力将一切证据销毁，并掩护黄兴逃脱长沙。

正是凭着这样尊重教师、爱惜人才的诚心，不少品德高尚、学问精深的人，一经胡元倓殷勤礼聘，都愿屈就明德中学教员。如著名诗人苏曼殊、吴芳吉，生物学家辛树帜，历史学家罗元鲲、周谷城，音乐家黎锦晖、张曙，化学教师郭德垂、袁鹤皋，语文教师李肖聃、周世钊，英语教师喻子贤、陈剑秋，数学教师陈鹿平、曹赞华、杨少岩，体育教师夏义可、陈奎生，地理教师文士元、谢国度，画家刘寄踪……就如明德教师陈崧涛所言："明德教师既有留洋的，有北高、南高、武高和湖南高师的，也有北大、中大和中山的。"这些教员多数既是一代学人，又是一代名师，由于受胡元倓诚敬精神所感动，多不计较待遇到明德中学任教。曾省斋连续任职十三年之久，"屡欲改就他校优之待遇，但一念及老人之诚敬，即去志顿消。"当时湖南督学姚孟宗曾评价明德教师队伍说："各科教师，多学识优裕。"大家更称赞明德："个个是好教师，没有一个是凑数的。"正是由于拥有这样一支知识渊博、学贯中西的师资队伍，明德才得以规模巨大、巍然屹立，即使历经战乱仍弦歌不绝、英才辈出。

胡元倓曾对黄兴说："养成中等社会，实为立国之本图，惟其事稳而难为。公倡革命，乃流血之举；我办教育，则磨血之人也。"所谓磨血，并不似流血革命那般轰轰烈烈，为世人所瞩目，而是要有足够的恒心与毅力，将自己的心血与精力，一点一滴地拿来推动育人这盘沉重的磨子。几十年里，胡元倓"不治私产，不作官吏，孜孜以明德为务"，大革命成功后，黄兴邀请他做教育部部长，他坚辞不就；历年筹得款项几十万之多，他却始终居住在学校门卫处旁的三间小房子里；晚年的胡元倓自号"磨血老人"，称自己"以筹措经费、伺候学生、敦请教员为要务。虽九死吾犹未悔矣!"更在《自题六十小像》中感叹："已从忧患寻真乐，肯为艰辛息仔肩。"

有了这样"磨血育人"的精神，何愁办不好学校？1917 年教育部视学李步青来湘视察学校，见明德成绩卓著，大嘉奖之，返部报告，有"明德规模宏大，成才众多，在中国私立学校中，实为有数之学校”等语，遂由教育部特奖“成德达材”横匾一方。1926年1月中华教育基金委员会在北京开会通过：津贴明德中学洋一万元，作补充中学部科学教育之用。全国中等学校享受此种津贴者，惟明德与天律南开中学。1934年，天津《大公报》记者胡政之来校参观后，4月28日在《大公报》发表《湘省之教育》一文，评述“明德与南开，不啻南北并立两大学府，依余观察，明德管理之严格，功课之认真，似在南开之上。”从而学校享“北有南开，南有明德”之声誉，传之国内外。国内著名大学，如清华、交大等校均予明德以保送免试学生名额、国文免试资格。

据不完全统计，仅在新中国成立前，明德学校就培养了学生近万名，其中各类毕业生6375人。胡元倓用尽毕生的心血和精力去推动这副磨子，这副磨子也磨尽了他一生的心血和精力。1940年5月，他在重庆逝世，享年69岁，抗日战争胜利后于1948年8月归葬长沙岳麓山。

二、明德新风

著名的德国哲学家雅斯贝尔斯在《什么是教育》一文中提到：“在人的存在和生成中（以人的年龄、教养和素质差别区分），教育环境不可或缺，因为这种环境能影响一个人一生的价值定向和爱的方式的生成。”对于正在形成自我价值和观念的中学生而言，一所好的中学不仅能直接影响其当前的身心发展，又对于其成年期的发展具有深远的影响。

明德创办时，科举尚未废除，一般学堂仍提倡学生不问国事，死啃八股，以图功名利禄。创始人胡元倓借孟子“学以美其身，非学以干其禄”之语反对这种读书观念，在他的心中，读书是为了“天下兴亡，匹夫有责”，是为了“卧薪尝胆，以报国仇”，而教育的目的，则在于造就立志救国的青年。在胡校长的影响下，一批有志革命者来到明德教书，传播革命思想，中国近代史上著名的革命家黄兴，陈天华、张继、周震鳞、苏曼殊、王正廷等人，正是以明德中学为基地，教育学生，宣传革命思想。

黄兴，湖南长沙人，原名轸，改名兴，字克强，与孙中山是至交，辛亥革命时二人并称“孙黄”。黄兴出生于地主家庭，父亲是晚清时期的末代秀才，黄兴小时后接受的就是王夫之文化影响，经张之洞推荐进入武昌两湖书院读书，接触维新思想，并且有了自己的政治主张。1902 年，黄兴从两湖书院毕业前往日本东京弘文学院师范科留学，由此认识了同在日本留学的胡元倓。1903 年回到长沙时，正值明德学堂秋季开学，胡元倓请他主持招考第一期速成师范班学生共计一百一十八人，据胡元倓回忆：“前清癸卯夏，学校开办方一学期，倓赴杭约华紫翔兄来湘授英文。在沪遇克强，方自日本归国，因约其来明德共事，欣然允诺。癸卯秋，开第一期速成师范班，即由克强主持。”

黄兴受日本影响，是“军国民教育”的提倡者，他经常向学生宣传“强国必先强身，强身首在加强体育锻炼”的观点，鼓励尚武精神，并且带领明德中学学生组织了湖南最早的棒球队——扬子江野球队，养成了明德学生勇敢的精神和坚强的意志。在课堂上，黄兴还经常宣传革命思想。据黄兴的学生阎幼甫回忆，黄教师上博物课时告诉他们“鲤鱼终究还是鲤鱼，决不会成龙的”，“历朝都是赶走一个皇帝，又来了一个皇帝，对百姓来说，并没有什么好处。法国的革命党人就聪明一些，他们在革命成功以后，将政体改为民主共和，实行自由平等博爱，再也不要皇帝了，所以大家能过幸福的日子。”黄兴“时向学生灌输革命学说”，讲述天下大势和列强侵略中国强迫签订种种不平等条约，等等，并在明德学堂代印发《革命军》、《新湖南》、《猛回头》、《警示钟》、《血泪书》等革命书刊，散发省城各大高校，以唤醒年轻学生以天下兴亡为己任。

另一方面，借由明德学堂这个基地，黄兴联络志同道合的革命者，开展了广泛的革命活动。1903 年 11 月 4 日，黄兴借自己三十岁生日之名，邀请周震麟、张继、谭人凤、吴禄贞、陈天华、宋教仁、苏玄瑛等数十人，在明德学堂附近的长沙保甲局巷彭渊恂家集会，商议成立革命组织，定名华兴会，宗旨与孙中山发起的兴中会一致："驱除鞑虏，恢复中华"。

翌年 2 月 15 日在明德学堂董事龙璋的西园住所召开华兴会成立大会，与会的有吴禄贞、刘揆一、陈天华、杨毓麟、张继、宋教仁、秦毓鎏、周震鳞等 100 余人，其中不少人是明德师生。华兴会是以湖南同乡为主体的会党组织，为避免引起清政府注意，华兴会对外采用华兴公司名义，发行公司股票，募集股本，声称是兴办矿业。在成立大会上，黄兴发表著名演讲说："吾人发难，只宜采取雄据一省，与各省纷起之法。今就湘省而论，军学界革命思想日见发达，市民亦潜濡默化，且同一排满宗旨之洪会党人久已蔓延固结，惟相顾而莫敢先发。正如炸药既实，待吾辈引入线而后燃，使能联络一体，审时度势，或由会党发难，或由军学界发难，互为声援，不难取湘省为根据地。然使湘省首义，他省无起而应之者，则是以一隅敌天下，仍难直捣幽燕，驱除鞑虏，故望诸同志对于本省、外省各界与有机缘者分途运动，俟有成效，再议发难与应援之策。"这篇纵横捭阖，极具气魄的陈述分析了当时的革命形势，提出了雄踞一省与各省相应的革命策略，结合八年之后的武昌起义来看，黄兴这一分析无疑是十分正确的。面对清王朝的腐朽、帝国主义列强的入侵、阶级矛盾的尖锐对抗，中华民族已经陷于无以复加的深重灾难之中，非革命无以自救。

此后，黄兴继续以明德学堂为基地联络同志，准备起义，甚至连起义所用的弹药都是在明德教员掘井觉太郎的协助下制造，为筹集起义经费，黄兴毁家纾难，变卖"祖遗田产近三百石"。但是，这次酝酿数月的长沙起义，不慎泄密而失败，黄兴被捕，幸得胡元倓、龙绂瑞等多人庇护救助，终乘日本轮船经汉口逃往上海。离开明德学堂后的黄兴，真正走上了一条职业革命家的道路。

当时的明德，除了黄兴这位鼓吹革命的体育教员外，还有一位历史教员，被称为“革命党之大文豪”的陈天华。陈天华，原名显宿，字星台，湖南新化人。陈天华自幼识字，9 岁便熟读《左传》。“少时即以光复汉族为念，遇乡人之称颂胡、曾、左、彭功业者，辄唾弃不顾。”1900 年，陈天华入岳麓书院就读。他每次考试皆名列前茅，道德文章俱优。当时一位有名望的地方官员，非常器重陈天华的才华，欲将自己的爱女许配给天华为妻，陈天华却拒绝说：“天下方多故，安能再以儿女情累我乎？国不安，吾不娶。”1903 年 3 月，陈天华留学日本东京弘文学院师范科。返回湖南后，两度任黄兴主持的速成师范班历史教员，在此期间，襄助黄兴等组织华兴会展开革命活动。

1903 年秋，陈天华所写的《猛回头》与《警世钟》由明德学堂代印发，在文中，陈天华陈述世界各国的亡国之痛及中国所面临的巨大危险，写道：“要保皇的，这时候可以保了，过了这时没有皇了；要革命的，这时候可以革了，过了这时没有命了！一刻千金，时乎时乎不再来，我亲爱的同胞，快醒！快醒！不要再睡了！”号召同胞们振作精神，共赴国难，推翻“洋人的朝廷”。这两本书通俗浅近，简洁明快，一经印发，当即风靡中国。宋教仁曾在日记中记录：“倒卧于席上，仰天歌陈星台《猛回头》曲，一时百感交集，歌已，不觉凄然泪下，几失声。”长沙起义失败后，陈天华逃亡日本，继续革命事业。

1905 年，为抗议日本政府颁布的《取缔清国留学生规则》，陈天华为祖国的前途忧愁惆怅，决定以一死而警醒国人，死之前的《绝命辞》中，他这样解释自己的动机：“恐同胞之不见听而或忘之，故以身投东海，为诸君之纪念。”12 月 8 日，陈天华在日本蹈海自尽，他的死，可以说将湖南人执着于理想的倔强精神发展到了极点。

成立之初的明德学堂，远不止这两位思想进步的革命者，还有阎鸿飞、周震麟、吴璐贞、张继，等等。用保守派领袖人物王先谦的话说，这时的新学堂“排满革命之谈，充塞庠序”。不少学生从明德学堂走出，积极投身革命，成为了革命的骨干，在革命斗争中起了中坚作用。毛泽东在《湘江评论》中曾有这样的论述：“光绪末年的明德学校，在省城学生界颇负时誉，大抵当时的学生好干事，不怕死是他们的特色，反抗官僚，不服压制，是他们外发的特征。”

姚洪业，1881 年出生于湖南清益县，1903 年毕业于明德速成示范班，1904 年 6 月，姚洪业进入日本弘文学院学习。陈天华蹈海事件，极大地震撼了姚洪业。随后，他和秋瑾等 200 余名留日学生集体归国，以示对日本政府的抗议。

回国后，姚洪业深感国内学堂之腐败，认为“国民欲有爱国之思想，不可无自立之学校”。因此，他在上海与另一位明德学生宁调元积极筹划，创办中国公学。然而，由于顽固士绅对公学百般刁难，万般阻挠，工学经费困难，难以为继。1906 年 3 月 26 日，姚洪业奋笔疾书千言遗书，向世人告白：“我之死，为中国公学死之!”次日，姚洪业义无反顾地投身黄浦江，用生命发出最后的呐喊，以身殉国，年仅 25 岁。

陈天华、姚洪业之死，感动了湖南人民，尤其是明德师生更为其悲愤、惋惜。1906 年 7 月，陈、姚的灵柩运回长沙，宁调元、禹之谟发动省城学生不顾官府阻挠，公葬两烈士于岳麓山。明德及长沙各校学生全体出动，共唱挽歌，哀声动天，队伍长达十余里，“观者倾城塞路，军警也只得木立两边，不敢干预”，这是一次声势浩大的政治示威，毛泽东称之为“惊天动地可记的一件事”，并评论说“湖南的民气在这个时候几为中狂发癫，激昂到了极点”。此后萍浏醴起义、广州起义、武昌起义等革命活动，无不能找到明德学生的名字。

魏宗铨，江西萍乡人，字月辉。1904 年赴长沙入明德学堂。结识黄兴、宁调元等，倾心革命。1909 年萍浏醴起义时负责筹集粮饷，起义溃败后仍率领各处会党先后“与密集的清军战斗 40 余次”，1906 年不幸在醴陵被捕，1907 年英勇就义。

柳聘农，湖南长沙人，1903 年入读明德经正一班，得识黄兴、宋教仁等革命志士，深受民主革命思潮的影响，加入华兴会后成为华兴会的重要骨干，1905 年加入中国同盟会。1911 年替设在广州的革命秘密机关运送枪支弹药，待机起义，广州起义失败后逃亡香港。

宁调元，湖南醴陵人。19 岁考入长沙明德学堂第一期速成师范班。受教师黄兴、周震鳞、张继等思想影响，加入黄兴等组织的革命团体“大成会”、“华兴会”。1904 年加入华兴会，参与华兴会长沙起义的筹划，次年留学日本，并加入同盟会。萍浏醴起义爆发后，受东京同盟会本部之命回国。抵沪后与陈其美、秋瑾等磋商，决定分头动员长江一带会党，相机响应，不幸在今岳阳为清军水师营缉捕。1909 年冬，经保获释。武昌起义后，奔走于湖南、湖北之间，进行革命活动，辛亥革命后曾任粤汉铁路总办，二次革命中为袁世凯以“内乱罪”杀害于武昌，年仅 30 岁。

这样的名字还有许多许多，据统计，早期华兴会百余名成员中，有四十多位是明德师生，而后的同盟会里，也有着不少明德人的身影。1912 年 11 月 13 日，黄兴回到明德时发表演说，称明德与民国成立极有关系，实则指明德有很多学生参加革命，很多在辛亥革命中做出了牺牲。黄兴、陈天华等人在明德学堂点燃的革命火种，终燃成了燎原之势。

虽则名义上明德学堂仅仅只是一所学校，然后它对学生的影响远不仅仅传道授业解惑那么简单。在辛亥革命时期，明德凝聚的这一批革命力量，在 20 世纪初的中国历史舞台上演出了一幕幕雄壮、生动的话剧。1919 年 5 月毛泽东到明德中学与学生自治会负责人唐耀章、黄少谷等商量发动学生支援北京五四运动时曾评价说：明德是具有革命历史的学校，黄兴曾在明德任教，也可以看作是辛亥革命在湖南的策源地。这一评价是十分中肯的。

1923 年的春天，明德创立 20 周年，教职员共同集资于校园大池塘中央建造了一个亭子，名曰楚辞亭，用以纪念屈原。池中莲叶田田，莲花亭亭，池边杨柳依依。“亭中，子靖先生请徐桢立先生所画屈子像。刘永济以蝇头小措书《离骚》，配以镜屏。辛树峡先生带领学生采集《楚辞》中所提到的芳草，种植地塘四周。亭柱悬新刻王闿运先生生前楹联‘十步之内芳草；六经以外文章’。”明德校园的大池塘也因此得名曰“屈子湖”。

明德师生崇拜几千年前的屈原，崇拜他坚守理想，崇拜他忧国忧民，甚至崇拜他敢于赴死，而这上下求索、九死不悔的屈原精神也演化成为明德人一代又一代延绵流传的血脉。一百多年来，在这血脉的涌动下，一批又一批的学生从明德走出，带着湖南人的血性，走向中国，走向世界。这其中，有著名的院士如金岳霖、陈翰笙、张孝骞、蒋廷黻、张伯毅等各行各业的佼佼者，也有着大批的历史名人、社会贤达、知名学者，如谭延闿、陈立夫、黄少谷、龙云、吴禄贞、周震鳞、苏曼殊、章士钊、欧阳予倩、辛树帜、张曙、黎锦晖、钱歌川、周世钊、曹典球、龚育之等。明德创办以来，毕业的学生已有 8 万多人，正如胡元倓宣称的“其间遗艰投大，宣劳国家者，固卓然有声；自余粗通一艺之士，亦类能硁硁自守，不苟为曲学以阿世”。

回眸明德百年历程，早已是人事变幻，沧海桑田。楚辞亭在文夕大火中被毁于一旦，与它同时被烧毁的，还有明德曾经的图书馆、宿舍、实验楼、宿舍等十几幢校舍。不过，老校长胡元倓在学校被焚后所说的话却被历史记载下来：“省校虽焚，精神犹在，不难从容恢复也……大家一心此校，真可为复兴民族之先导，兄老矣，恃诸君以成我之苦志，死亦瞑目。”是的，无论时代如何变化，明德的精神永存，湖南人的精神更加不朽！

第一师范：激扬文字多妖娆

湖南省第一师范学校坐落在长沙市书院路，与长沙诸多道路相比，书院路似乎并没有什么特别。马路上，汽车川流如梭，人群熙熙攘攘，两旁，现代住宅高高耸立，店铺比邻而接。然而，当你一眼瞥见书院路一侧绵延百米的灰色矮墙，郁郁葱葱的梧桐树下掩映着的青瓦红柱，以及典雅独特的两层中西结合式建筑，你便会觉得一股文卷气息扑面而来，连心灵也一瞬间沉静下来，让你觉得书院路这地名与这一切竟是那么相得益彰。是的，这里就是闻名遐迩的“千年学府，百年师范”所在地：南宋时，它曾是宋代理学名儒张栻创办的城南书院，1903 年在此地修建了湖南全省师范学堂，1914 年更名为湖南省第一师范，至今已有百年历史。

一、传斯道而济斯民

第一师范学院的前身是南宋的城南书院，最早可追溯到南宋绍兴年间。是年，张栻从湖湘学派创立人五峰先生胡宏处学成而归，与其父张浚居于长沙城南妙高峰之下，见此地远眺巍巍岳麓，近观浩浩湘江，依山傍水，钟灵毓秀，父子二人心喜此景，便精心筑造了一所私立书院，传道授业，“以待来学者”，一座千古不朽的教育殿堂由此诞生。

据《城南书院志》载：整个书院有三十一所屋宇，基地园土二十六处，书院有监院、讲堂及书房 6 斋（左边为居业斋、进德斋、主敬斋、存诚斋，右边为正谊斋、明道斋）120 间。为昌明儒学，书院左侧建有一孔孟圣庙，左书“德配天地”，右书“道贯右今”。书院占地十几亩，里面营造了书楼、丽泽堂、月榭、卷云亭、纳湖、听雨舫、采菱舟等“城南十景”，“木茂泉清，花香鸟韵，城南佳胜，此其最焉”。大门处有张浚亲题“城南书院”四字，为其平生得意之笔。这些景物虽然早已随着历史的车轮灰飞烟灭，但我们仍能从张栻所作《题城南书院三十四咏》中遥想昔日胜景，其中有诗云：

新竹成林蕉叶青，隔篱深处有蝉鸣。
晚凉更觉长堤静，自绕荷花待月明。

又有诗云：

山色顿清秋欲半，湖光更净日平西。
凉风猎猎低荷盖，归翼翩翩度柳堤。

1936 年《长沙市指南》也记录着当时十景之一卷云亭的风貌：

卷云亭在妙高峰中学之门楼上，城南十景，惟此独存，亭仅方丈，可容三四人坐憩。湘水前横，麓山在望，春夏之间，凭窗西眺，烟波云雾，叠叠重重，在湘滨向麓顶上升，如卷绵蔫，此或“卷云”之名所由来。

从这些残留的文史记载看来，当时的城南书院，依山傍水，庭院清幽，堪称修身治学养性的绝好佳境。张栻于此聚众讲学，宣扬自己“传道济民”的教育理念。他认为，只传道而不济民是空虚之教；只济民而不传道是无本之学，教育的目的并不是为了培养侃侃而谈的空想家，也不仅仅是为了功名利禄，更不是为了教育学子如何行文修辞，而在于“以传斯道，而济斯民也”。作为老师，不仅要培养学生明晰儒家“利义”之辩，更要教育学生经世致用的本领，能够于国家危难之际挺身而出，治国安邦。为此，张栻还提出了“知行互发”的教育方法，提出认知与实践双方是互相联结、互相促进的，“盖致知以达其行，而力行以精其知”，一方面认识来源于实践，认识指导实践；另一方面实践又有助于认识的巩固和提高，只有即重视认知又重视实践，才能“天理可得而明，气质可得而化”。

这些观点，即使在几千年后的今天，仍然有不少值得借鉴之处。当时城南书院的学子们并不是脱离实践空空而谈的理论家，他们以研习儒家经籍为主，间或议论时政，一时间，城南书院声名大振，成为“昔贤过化之地，兰芷升庭，杞梓入室，则又湘中子弟争来讲学之区也”。（《湖南省立第一师范学校志》）而后，张栻又受当时湖南安抚使知潭州刘珙的邀请主持岳麓书院，他往返于城南、岳麓两书院讲学，求教之人络绎不绝，湖湘文化由此进入鼎盛时期。在他的宣教下，众多学子履行着传道济民的思想，各种学术和政治活动在当时叠彩纷呈。而他大力提倡的重视躬行实践、经世致用的传统更是开创了湖湘文化的先河，成为湖湘文化的精髓。“惟楚有材，于斯为盛”，从此，在湖湘文化的影响下，一批批以天下为己任的湘籍豪杰壮士，谱写了一代又一代叱咤风云的历史，我们不能不说，这一切正是从张栻倡导的理论实践开始的。

二、改革图新

随着张栻的中年早逝，曾经盛极一时的城南书院慢慢荒废，在元代成了僧寺。到了明朝，又经历了几度兴废。然而，城南书院的身影并未为世人遗忘，历代学子们恢复书院的呼声不绝于耳。乾隆十年（1745），任湖南巡抚的杨锡绂于都正街寻得都司衙门空署一所，将其改建成城南书院，后几经扩修，清道光二年（1822），湘巡抚左杏庄将城南书院迁回妙高峰旧址，为纪念张栻，在妙高峰上增建了“南轩夫子祠”，祠前建“文星阁”，道光皇帝亲书“丽泽风长”四字匾额榜于讲堂，城南书院里又恢复了一片朗朗书声。此时，距张栻逝去已有642年，然而，“弦诵留遗泽，承家仰硕儒”（清李文炤《怀张浚故宅》），张栻所流传下来的崇尚实学、重视实践的湖湘精神并未干涸，洋务运动杰出思想家郭嵩焘、一代名臣曾国藩、湘军名将罗泽南、边疆大吏左宗棠、革命家黄兴等都曾在此修炼或就读，这些历史上赫赫有名的人物也许角度立场不同，但理学的内涵，务实的精神却一直得以延续，其厚重的文化底蕴一直书写着“丽泽风长”的辉煌历史，也奠定了她必将成为湖湘名校——“百年师范”的基石。

清末，随着人民反抗封建专制统治的日趋深入，在维新志士的推动下，民主革命的呼声日益高涨，城南书院也在“废科举、兴学堂”的新政下应运而生。光绪二十九年（1903），城南书院改办为湖南全省师范学堂，次年改名为湖南中路师范学堂，1907年更名为湖南省立初级师范，1912又更名为湖南公立第一师范学校。这短短九年时间，更改的不仅仅是校名，在一批思想先进、追求西化的校长如谭延闿、刘人熙等人的督办下，城南书院由旧式的书院式教育，转变为新式的现代师范教育，学校的所有科目基本都仿照当时的日本学制进行了改革，学校培养目标确立为“以造就小学教员为目的”，学制为五年，所学内容不仅有循旧的经学、国学，更有物理、化学、英文、地理、图画、博物、体操等共16门，教学内容与要求上都体现着西式化改革的思想。

学校的校舍在1910的抢米风潮中曾被愤怒的长沙饥民付之一炬，1912年校园重建，整体格局仍遵循传统书院的前斋后院，亭廊楼榭的形式，然又仿制日本青山师范学院的建筑，融合了不少罗马的拱门、立柱等西式风格，这样中西式结合的独特建筑也体现着当时“师夷长技以制夷”的思想潮流，向世人昭示其由千年书院迈向百年师范的时代跨越。不过，由于辛亥革命前的清朝政府，派系繁多，各种学说此起彼伏，此时的一师范虽然已有新式教育的萌芽，但整体而言，仍处于从封建教育向民主教育过渡阶段。

1911 年辛亥革命爆发，清政府的统治虽被推翻，革命却并未取得完全的胜利。革命后军阀混战，各党派争夺倾轧，中国自身处于剧烈的动荡和内乱中，而另一方面西方列强处心积虑，虎视眈眈，中国外部又面临着被瓜分的巨大威胁，内忧外患，岌岌可危。覆巢之下，安有完卵，无数仁人志士都苦心积虑地探寻着救国图强的道路，或创实业以富国强兵，或学西方以改革图新，或赴革命以救国救民，而此时的湖南第一师范学校也迎来了它历史上极为重要的一任校长——孔昭绶。

孔昭绶，湖南浏阳人，毕业于湖南优级师范学堂，曾留学日本东京法政大学。从 1913 年至 1918 年，他两度担任湖南第一师范学校校长。或许是风云突变带给每个优秀的知识分子救亡图存的压力，或许是强调实践的湖湘文化品格给传承者们带来的深厚影响，面对着充满屈辱的中国历史，经世致用、实事求是之城南遗风与“以天下为己任”的爱国之情在他的心中融汇，让孔昭绶坚定地走上了一条以教育救国的道路。在以孔昭绶为代表的一师当局写的《招生广告》中曾写道：“国家之盛衰视人才，人才之消长视教育，教育之良视师范。师范者，教育之教育，固陶铸国民之模范，造就青年中国之渊泉也”。这立意高远、振聋发聩的教育宣言旗帜鲜明地将教育与民族兴亡、国家前途紧密结合在一起。

古人云：“师者也，教之以事而喻诸德也。”在孔昭绶任职期间，他结合中国实际，融合自己在日本留学时期所学的西方民主教育思想，提出了他教育理念的三大核心：人格教育、军国民教育和实用教育。人格教育在于培养学生健全的品格，做一个高尚爱人之人；军国民教育在于培养学生强健的体魄，军事的思想；而实用教育则强调对社会现实的调查研究。这三大核心在当时制定的《教养学生之要旨》中都有明确规定：“健全之精神宿于健全之身体，故宜使学生谨于摄生，勤于体育”，教员要“使学生尊品格而重自治，爱人道而尚大公”，更明确规定“教授上一切资料务切于学生将来之实用”，“为学之道，不宜专恃教授，务使学生养成自动之能力。”

在他任期内，提出以“知耻”为中心的校训，号召“时时以国耻唤醒学生之自觉心”。1917年5月7日，一师召开国耻日纪念大会，孔昭绶慷慨激昂地发表演讲，告知全体一师学子：“有个人之耻，有国家之耻。德守不坚，学识不优，身体衰弱，无补于社会国家，个人之耻也。纲纪扫地，燕雀哄堂，主权外移，疆土日蹙，国之耻也”，“愿各努力前进，毋忘国耻，毋忘国耻。”

在他任期内，坚持“有治人然后有治法，然无治法未必有治人”的思想，提出以完善的制度来实现学校的科学化管理。在他的组织下，一师范有了明确的教旨与教规，设置了具体细致的课程内容，制定了明确全面的制度，如校务会议和教务会议制度、各类人员职责、教学管理制度和条例，等等，甚至，还极为罕见地规定了统一的校歌、校旗和校服。

最值得后人称道的是，当时的湖南第一师范学校，还汇聚了一批后世公认的名师。对于名师这个称号，也许不同的人有着不同的标准。而当时湖南公立第一师范学校聘请的这一批教员，不仅精通专科知识，学问渊雅，思想上也锐意进取、崇尚改革，更兼自身品格高尚，爱国忧民，的确担得起“名师”这一赞誉，才为一师撑起了一片思想的自由天地，为一师培养出了无数栋梁之才。

徐特立，原名懋恂，湖南善化（今长沙县江背镇）人。出身贫寒，自幼酷爱读书，靠自学成为当时远近闻名的饱学之士，因不满当时的社会风气，改名特立，意为“特立独行，高洁自守，不随流俗，不入污泥”。他以“教育救国”为志，将自己的全副精力都投入到教育事业中。1905年创梨江高等小学堂，1906年创五美初级小学，1907任修业学校中学部教员，1911年任周南女中校长，1912年创长沙师范，可以说，1919年以前的长沙教育，差不多都是徐特立一手办起来的，因而被誉为“教育界的长沙王”。

从1913年至1919年，徐特立专任一师范教育学、教学法教员和教育史系主任，间或任教修身课，这期间，他写下了我国近现代教育史上第一部教学论专著《小学各科教授法》和《教育学》。据后人回忆，徐特立在上课的时候声音洪亮，极富感染力，从不谈抽象空洞的大道理，“那些干巴巴的教条只能让学生打瞌睡，让学生一知半解甚至全然不解”。他总是想法设法地将教学内容与社会上的实际情况和学生们的自身思想结合起来，将枯燥乏味的理论知识讲解得深入浅出，深受学生欢迎，甚至不少教师因此也去听徐特立讲课。

当时一师学子课外自读时，有贪多求快、囫囵吞枣的毛病，读书风气华而不实，徐特立敏锐地察觉到了这一点，特意向学生们提出“不动笔墨不读书”的读书方法。同时，徐特立还号召学生们积极参与实践，他亲自带领学生们到工厂、农村、小学课堂去了解实情，回来后要求学生们根据调查撰写文章，有助于学习与实践的结合。

徐特立又是一位一生追求进步的革命家，他曾到法国勤工俭学，曾到德国、比利时考察教育，在中华民族危难时刻，他走出书斋，参加南昌起义，走过二万五千里长征，身经百战。到延安后也一直致力于教育事业的创新发展。他的一生是身践力行的理论与实践结合的伟大标杆。

毛泽东曾在写给徐特立的60岁生日贺词中称赞道：“你昨天是我的先生，今天仍是我的先生，将来还是我的先生。”这一评价无疑是对他“特立独行，高洁自守”的教育生涯的肯定。而如今，他提出的“实事求是，不自以为是”的口号已成为第一师范的校训，激励着一代一代师范学子脚踏实地地学习工作。

杨昌济，湖南长沙县人，先后求学于城南书院和岳麓书院，为王先谦弟子。1902年通过考试获得留学日本资格，进入东京高等师范学校学习教育学，毕业后前往英国、德国，潜心研究教育学、哲学、伦理学，成为一名“贯通古今，融合中西”的著名学者。而杨昌济最为后人所记的，无疑是他的教学育人功绩，中共历史上著名的革命家毛泽东、蔡和森、何叔衡、李维汉都是他的嫡传弟子。

杨昌济于1913至1918年任湖南第一师范修身与教育学教员，他以教育为发展经济、变革社会的根本，曾提出“欲图根本之革新，必先救人心之陷溺、国民苟无道德……欲救国家之危亡，舍从事国民之教育，别无他法”。他曾经自书对联表明自己的心迹：“强避桃源作太古，欲栽大木拄长天。”由于杨昌济既有深厚的中国传统文化根底，曾反复研习过王夫之、曾国藩、谭嗣同的著作，又在国外接受过近十年西式文化的洗礼和熏陶。因此，在课堂上，他不仅以理学的“立志、修身”要求学生，同时又不断向学生们介绍西方的新思想、新思潮，正如他在教学计划中所言：“本学年所讲不限于西洋之伦理学说，中国先儒如孔孟周程张朱陆王及船山之说亦间取之。”这种中西兼容的思想对当时的一师学生影响极大。

他鼓励学生，欲成大业者，必须有远大的理想和抱负。上修身课时，提出修身的第一要务就是“立志”，所编纂的《论语类钞》开篇第一章也是“立志”，因为“所志大则所学大、所思大、所为大，斯为大人矣。……所志小，则所学小、所思小、所为小，斯为小人矣”；立志除了要远大之外，还要坚忍不拔，他说：“人生之目的在于实现其理想。而理想者，久大者也，包含人、我，包含个人、社会、国家，包含人类全体，包含古今，包含过去、现在、未来。欲实现此久大之理想，固非一手一足所能为力，亦非一朝一夕之所能为功。故实行尤必继之以坚忍，始能竟实行之功也。世界无尽，我愿无尽，而实行终自有限，要在一息尚存，此志不容稍懈而已。”树立了远大志向之外，还需要有务实的作风，不可关在书斋里不问世事，“余谓改良社会之物质生活，能为百年大计者，乃是真人才。

后人回忆起杨昌济在一师范的教学时曾说：“杨先生是长沙人，

在第一师范教修身、伦理学、心理学、教育学、哲学。他对学生常灌输一种正义感：提倡高尚的道德，远大的理想，做有益于社会的人。他曾在日本留学六年，又在英国留学三年，但始终不离中国的理学传统，喜讲周、程、朱、张，喜讲康德、斯宾塞尔和卢梭……杨先生的修为很高，却并不善于辞令，也不装腔作势，但他能得听讲者很大的注意和尊敬，大家都很佩服他的道德学问。”这是对杨昌济道德与教育业绩的确切评价。

1918年，杨昌济受蔡元培邀请，赴北京大学担任哲学系伦理教授，因对毛泽东这个学生十分疼爱，将他介绍到北京大学图书馆工作。从此，这位优秀弟子走上了革命之路，成为“拄长天”的旷世奇才。

方维夏，湖南平江人，1898年考入湖南优级师范学堂习博物科，1905年，考入日本东京农业大学，专攻农业科学，1910年学成回国。1911年至1918年任湖南第一师范学校农业、博物教员和学监主任。他教学上，采取实地教学的方法，经常带领学生去岳麓山和学校附近的小山采集各种标本，现场讲授；又曾带领学生开辟实习园地，与学生一同种植、灌溉、施肥。编写《中等学校农业教科书》上、中、下三册，所编的《儿童训育法询》被教育界誉为“试办小学之良法善本”。

黎锦熙，湖南湘潭人，1905年15岁时考中秀才，有“神童”之称。1909年考入湖南优级师范学堂史地部，三年后，以全校第一名的成绩毕业。毕业后，任《长沙日报》主笔、《湖南公报》总编辑，写社论时评，针砭时弊。1913年至1915年任湖南第一师范历史教员。他任教期间，与杨昌济、徐特立、方维夏等组织“宏文图书编译社”，他任主任，主要编辑“共和国中小学各科教材书”；又附办刊物《公言》，发表正义舆论，抨击教育弊政。

翻开第一师范的校史，从书院路第一师范走出的教师在《辞海》中占有席位的就有16名，我国第一任学部委员李达、语言文字学家杨树达，国歌的词作者田汉，著名历史学家，《中国通史》、《中国社会史论》、《中国政治史》的作者周谷城，曾任新中国最高法院院长的谢觉哉，著名的教育家作家夏丏尊，还有吴晦华、方维夏……可以说无论那一位，都是时代的精英。

正是一师这种强烈的爱国氛围，中西结合、海纳百川的胸襟、科学的课程设置，高尚的名师楷模，使这一个当时并不显赫的庭院成了一块孕育革命火种的园圃，造就了中国近代史上一大批革命先驱，掀起中国革命史的惊天骇浪。

三、兴学育才谱新篇

走进一师的校园，眼前只见古雅别致的四合院纵横相连，长长的回廊幽曲回环，繁茂的树木在每个中庭肆意生长，一切都显得那么宁静。但谁能想象，就是在这看似普通的庭院中曾走出了那么多叱咤风云的英雄和伟人。他们都曾是一师的学生，毛泽东、蔡和森、何叔衡、任弼时、李维汉、罗学瓒、郭亮、毛泽民、毛泽覃、袁国平……在中国近代史上，每个名字都如雷贯耳，每一个名字后面的历史都让后人仰视。

据统计，在一师造就的进步青年中，被列入《辞海》的便有17人，而在大革命和第二次国内革命战争时期英勇牺牲的革命烈士有100余人，北上延安、抗日救国的一师学生则更是多达300余人。这些烈士，还有更多未被收录的优秀青年们，他们在一师就读之时，就已经胸怀大志、敢为人先、以天下为己任。

他们重视体育锻炼，将体操教学、课外锻炼、运动竞赛三者结合起来，强调德智体全面发展，举办校内、校外运动会，因为中国内外患交迫，如果没有尚武的精神，不能强健学生体质，就不能够救国救民。

他们改组学友会，“以砥砺道德，研究教育，增进学识，养成职业，锻炼身体，联络感情为宗旨”，设教育研究部、文学部、音乐部、剑术部、美术部、足球部等团队，以社团的形式丰富课余生活。

他们组建志愿军，志愿军由各班体格强健、自愿报名者参与，“以激发爱国思想，提倡尚武精神，研究军事学术，实施军国民教育为宗旨”，编制为一营两连，一连三排，一排三班，共计269人，以保卫学校，布岗巡逻，维护治安。

他们实行修学旅行，每学期集中分班或分年级组织一次，分为调查和采集两大项。以调查乡土地理、历史古迹、社会改革、教育状况，采集植物、矿物、动物、土壤标本，熟悉社会生活。

他们创办工人夜学，由三、四年级学生主办，为聚居在一师范附近的那些生活困苦，无法接受教育的工厂和铁路上的工人以及其他劳动者传授常识、国文、珠算等知识文化，“由本校酌给油印讲义，并津贴灯油、茶水，不取分文”。

他们针砭时弊，为袁世凯丧权辱国的卖国行为，针锋相对地进行斗争，将反袁的文章翻印刷成小册子，题为《梁启超邓先生对时局的主张》，到处散发。

而毛泽东，无疑是这群人中的佼佼者，也是一师最令人骄傲的学生。1913年的那个春天，20岁的毛泽东以第一名的成绩考入湖南省立第四师范学校（1914年2月，第四师范与第一师范学校合并），编在预科第三班，后转入本科第一部第八班学习（一年级共有第6、7、8、9、10，五个班级）。谁也不知道，当这个高大魁梧、双目炯炯有神的年轻人拖着自己简单的行囊走进一师时，一位伟大的革命家即将从这个校园迈出自己革命生涯的第一步。毛泽东曾这样回忆道：“我没有受过正规的大学教育，也没有到国外留过学，我的知识我的学问，是在一师打下了基础”，“我的政治思想在这个时期开始形成。我也是在这里获得社会行动的初步经验的。”

在来到一师之前，毛泽东虽然接受过不少传统的私塾教育，然而一师开明的学风、进步的思想仍让这个年轻人如饥似渴地求知，他从早到晚地读书，安排了五段课程："晨读英文，午前八时至午后三时上讲堂，四时至晚饭国文，明灯至熄灯温习各门功课，熄灯后以一时运动。所谓五段者如此。"在学习过程中，他有意磨练自己的意志力，经常到去喧闹嘈杂的南门口去看书，任凭人来人往，马跑车过，专心致志，旁若无人。此外，他还格外重视独立思考，在阅读《伦理学原理》一书时，他做的批注长达一万余字，结合书中的观点发表自己的见解，凡认为合理的地方必加圈加点，写上"诚然"、"此言甚切"、"切论"等语，并与中国的历史、思潮进行分析比较；若怀疑否定之处，则批语"殊未必然"、"此处又使予怀疑"等语，加以阐述自己的观点。

青年毛泽东不仅仅阅读往哲先贤的经典著作，"天下兴亡，匹夫有责"的思想更激励着他大量阅读当时的报刊杂志，以了解国内外形式的变化和发展，后来他回忆说："我在第一师范的几年中，一共只花了一百六十元钱……三分之一在报纸上，因为每月订一份报纸就是一块钱，我常常还在书摊上买一些书和杂志。"特别是陈独秀主编的《新青年》，自 1915 年出版后，他便常常将文章中的精辟论述，整段整段地抄写，并加上自己的见解，与同学们一起谈论。当时他的同学们都称呼他为"时事通"，如果谁有不明了的时事问题，只要找毛泽东一谈，便都解决了。

湖南一师的岁月是丰富而深刻的，一方面，青年毛泽东在一师求学刻苦勤奋，"就像牛闯进了人家的菜园，尝到了菜的滋味，拼命地吃。"而另一方面，经世致用的思想在毛泽东身上表现得淋漓尽致，他所有的学习和研究，其目的都是为了改变中国贫穷落后的现状。为此，在第一师范读书与从教的八年间，他做出了非凡的社会成绩，其目的，将"改造中国与世界"的崇高理想付诸脚踏实地的社会实践。毛泽东曾在文章中写道："尝虑吾中国之将亡，今乃知不然。改建政体，变化民质，改良社会……无忧也。"那么，如何去进行这种改革呢?“须再造之,使其如物质之由毁而成,如孩儿之从母腹胎生也。国家如此,民族亦然,人类亦然。各世纪中,各民族起各种之大革命,时时涤旧,染而新之,皆生死成毁之大变化也。”

求学期间,毛泽东每个学期都担任了学友会的重要工作,为各部门制定了切实可行的计划,还为各部门聘请了义务制定老师,由于他领导有方,工作得法,《校志》记载,当时的学友会“人数踊跃,成绩优良,颇极一时之盛”。其次,毛泽东还将自己课余的满腔救国热情放在了工人夜学上,他用白话文起草了《工人夜学招生广告》,热情而细致地管理工人夜学,与不少底层工人们建立了真挚的感情。1917 年暑假,为了熟悉社会,调查社会各阶层的情况,他与自己的好友萧子升一同不带分文地“游学”,历时一个多月,行程 900 华里;1917 年冬和 1918 年春,又同蔡和森两次深入农村调查。1918 年春天,毛泽东与自己志同道合的朋友们一起组建了后来影响颇广的革命团体新民学会,他们共同探讨“如何使个人及全人类的生活向上”的深刻话题,并希望所有会员都能“作成一种奋斗的和向上的人生观”。新民学会后来发展到 70 多人,会员中的蔡和森、何叔衡、陈昌甫、张昆弟、罗学瓒、向警予、周世钊、李维汉等人后来都是中国共产党的早期骨干力量。

毛泽东在一师附小任教时,他先成立文化书社,又组织马克思主义研究会,在老师杨昌济介绍到北京大学任图书管理员时,他接触到了李大钊、陈独秀等革命先驱带来的马克思主义。回到长沙,担任一师附小的主事,开始了更重要的实践活动。

他和新民学会的积极分子,认真学习《共产党宣言》、《新青年》等,出版《湘江评论》、《新湖南》,表面自己的观点,做出了组织共产党和青年团的决定。1921 年 7 月,中国共产党在上海召开第一次代表会议,还在第一师范附小任教的毛泽东和何叔衡作为湖南代表出席会议,并担任了中国共产党湘区区委书记。

古人云："盖世必有非常之人，然后有非常之事；有非常之事，然后有非常之功。"非常者，固常之所异也。毛泽东在一师范就读和工作的八年人生，正是他孜孜不倦地追求改造国家乃至改造整个世界的实践的八年

1993 年，在纪念毛泽东诞辰 100 周年的时候，一师的校门口曾悬挂着一幅气势恢宏的对联：

兴学育才，此校非天阊帝阙；
风骚文采，有生超汉武秦皇。

这副对联不仅是对毛泽东的极高赞誉，更是对第一师范教学的莫大肯定。一座当年并不显赫的庭院，为何成就了这样一位伟人？为何涌出这样多的叱咤风云的英雄？我想任何评论都无从解说，任何评论都显得苍白无力。但无论是偶然还是必然，一师的历史必然因他们而书写了浓墨重彩的一页。不可否认的是，深厚的文化底蕴，经世致用的传统文化，强烈的爱国氛围，海纳百川、中西结合的胸襟和以天下为己任的担当都是这千年学府、百年师范坚硬的基石。正如军旅作家李存葆在参观一师后写道："一师的精神绝不是哪一个人的精神，一师的境界也绝非某一个人的境界，一师是由时间的检验和集体的智慧共同结晶的一师，属于历史的一师是厚重的，血性的，先锋的，是富有献身品质和探索精神的。"

在一师成为了革命的摇篮后，一师学子也成为了当时落后势力的眼中钉。1919 年起，当时的湖南省省长军阀赵恒惕深感一师"学风浮薄，士习嚣张，青年学子，多不以学课为重，而专为出位之图，每借题滋生事端"，借故打压学生，加强思想控制，一师的不少学子对此进行了艰苦的斗争。然而，1938 年 11 月 13 日凌晨，火光冲天的"文夕大火"烧掉了大半个长沙城，一师校舍也在这场人祸中成了一片焦土。此后，随着抗日战争和国共内战的全面爆发，湖南第一师范一直到处迁徙，颠沛流离，直到 1954 年才迁回

原址。1967 年，在党中央和国务院的关心下，湖南一师按原貌复建，就这样，在战火焚毁 30 年后的名校终又焕发新姿。

现在，从书院路走进湖南第一师范学院那并不起眼的大门，迎面而来的，是一幢双层砖木结构的楼房，窗户上白色的拱形图案与青灰色的外墙形成强烈的对比，校舍之间是以长廊相连而组成的一个个各具特色的四合院。一楼的南墙上，题着毛泽东“要做人民的先生，先做人民的学生”的校训，北墙上，题着徐特立“实事求是，不自以为是”的校风。顺着后山拾阶而上，还能看到一师在文夕大火后唯一幸存的一口古井，就是毛泽东当年坚持洗冷水浴的那口。环顾四周，细碎的鹅卵石错落有致地铺散一地，一棵盘根虬枝的老石榴树静静地伫立其旁，每年 5 月，它都会将自己积蓄了整整一个冬天的力量绽放成朵朵如火的红花。后山的最高处是一幢 6 层楼高的教学楼和一个塑胶操场，仍有不少学子就读于此，有晨跑的，有朗读的，有练字的，不时还能听到这些年轻的孩子们唱着第一师范的校歌：“衡山西，岳麓东，城南讲学峙其中。人可铸，金可熔，丽泽绍高风。多材自昔夸熊封。男儿努力，蔚为万夫雄。”

图书在版编目(CIP)数据

长沙 : 城与人 / 张湘涛主编. —湘潭: 湘潭大学出版社,2016.12

ISBN 978-7-5687-0049-8

Ⅰ. ①长… Ⅱ. ①张… Ⅲ. ①文化史-研究-长沙 Ⅳ. ①K296.41

中国版本图书馆 CIP 数据核字(2016)第 285549 号

长沙:城与人

CHANGSHA:CHENG YU REN

张湘涛 主编

责任编辑: 王晓园
装帧设计: 曾天怡
出版发行: 湘潭大学出版社
社　　址: 湖南省湘潭市 湘潭大学出版大楼
电话(传真):0731-58298966　邮编:411105
网　　址:http://press.xtu.edu.cn
印　　刷: 长沙鸿和印务有限公司
经　　销: 湖南省新华书店
开　　本: 787×1092　1/16
印　　张: 35
字　　数: 481 千字
版　　次: 2016 年 12 月第 1 版
印　　次: 2016 年 12 月第 1 次印刷
书　　号: ISBN 978-7-5687-0049-8
定　　价: 85.00 元